SCHÄFFER
POESCHEL

Die neue Schule des Bilanzbuchhalters
Band 1

Buchführung, Abschlüsse nach Handels- und Steuerrecht

Bilanzbuchhalter (IHK)
mit Aufgaben und Lösungen

11., überarbeitete Auflage

Begründet von Prof. Dr. Werner Kresse
Herausgegeben von Dipl. oec. Norbert Leuz, Steuerberater

Bearbeitet von
Dr. Lieselotte Kotsch-Faßhauer, Steuerberaterin
Dipl.-Finanzwirt (FH) Angelika Leuz
Dipl. oec. Norbert Leuz, Steuerberater

2004
Schäffer-Poeschel Verlag Stuttgart

Bibliografische Information Der Deutschen Bibliothek
Die Deutsche Bibliothek verzeichnet diese Publikation in der Deutschen Nationalbibliografie;
detaillierte bibliografische Daten sind im Internet
über <http://dnb.ddb.de> abrufbar.

Gedruckt auf chlorfrei gebleichtem, säurefreiem und alterungsbeständigem Papier

ISBN 3-7910-2247-4

Dieses Werk einschließlich aller seiner Teile ist urheberrechtlich geschützt. Jede Verwertung
außerhalb der engen Grenzen des Urheberrechtsgesetzes ist ohne Zustimmung des Verlages
unzulässig und strafbar. Das gilt insbesondere für Vervielfältigungen, Übersetzungen, Mikroverfilmungen und die Einspeicherung und Verarbeitung in elektronischen Systemen.

© 2004 Schäffer-Poeschel Verlag für Wirtschaft · Steuern · Recht GmbH
www.schaeffer-poeschel.de
info@schaeffer-poeschel.de

Einband: Willy Löffelhardt
Satz: Grafik-Design Fischer, Weimar
Druck und Bindung: Kösel, Krugzell
www.koeselbuch.de

Printed in Germany
November/2004

Schäffer-Poeschel Verlag Stuttgart
Ein Tochterunternehmen der Verlagsgruppe Handelsblatt

Vorwort zur 11. Auflage

Band 1 der »Neuen Schule des Bilanzbuchhalters« behandelt in vier Hauptteilen:
- die Grundlagen der Buchführung,
- allgemeine rechtliche Vorschriften und Grundsätze ordnungsmäßiger Buchführung (GoB),
- Buchführungsorganisation und
- als Schwerpunkt die Bilanzierung nach Handels- und Steuerrecht.

Darüber hinaus sind im Anhang u. a. die am weitesten verbreiteten Kontenrahmen – DATEV SKR 03 und IKR – enthalten, auf die bei der Kontierung zugegriffen werden kann.

Bedingt durch zahlreiche Gesetzesänderungen, insbesondere zum Jahreswechsel 2004,
- Steueränderungsgesetz 2003,
- Haushaltsbegleitgesetz 2004,
- Gesetz zur Umsetzung der Protokollerklärung der Bundesregierung zur Vermittlungsempfehlung zum Steuervergünstigungsabbaugesetz (sog. Korb-II-Gesetz),
- Gesetz zur Änderung des Gewerbesteuergesetzes und anderer Gesetze,

waren umfangreiche Änderungen im Rahmen der Überarbeitung der **11. Auflage** zu berücksichtigen, weshalb Dipl.-Finanzwirt (FH) Angelika Leuz als weitere Autorin verantwortlich zeichnet. Desgleichen sind inhaltliche Erweiterungen sinnvoll geworden:
- Erläuterung der Grundsätze ordnungsmäßiger Buchführung beim Einsatz von Electronic Commerce (**E-Commerce**) in der für Bilanzbuchhalter notwendigen Ausführlichkeit,
- **Querverweise zu den Bewertungsvorschriften nach IAS/IFRS** sowie eine gedrängte Gegenüberstellung der wesentlichen Unterschiede zwischen den handelsrechtlichen Rechnungslegungsvorschriften und den IAS/IFRS (eine detaillierte Erläuterung der internationalen Rechnungslegung erfolgt im Band 6),
- eine vertiefte Darstellung der unterschiedlichen **Jahresabschlusszwecke**.

Damit entspricht der vorliegende Band wieder dem aktuellen Gesetzesstand.

Stuttgart, im September 2004   Herausgeber und Verlag

Vorwort zum Gesamtwerk

Die »Neue Schule des Bilanzbuchhalters« ist ein Lehr- und Nachschlagewerk für den gesamten Bereich des kaufmännischen Rechnungswesens. Es wendet sich nicht nur an diejenigen, die sich auf die Bilanzbuchhalterprüfung vorbereiten sowie an Studierende, sondern dient auch dem kaufmännischen Nachwuchs allgemein zur systematischen Weiterbildung und hilft den erfahrenen Praktikern in Betrieben und Steuerberatungen bei der Lösung von Zweifelsfragen.

Das Gesamtwerk, das mit den Bänden 1–6 eng an die **Rahmenstoffpläne zu den Bilanzbuchhalterprüfungen** national wie international angelehnt ist, umfasst insgesamt 7 Bände:

Die ersten **vier Bände** gewähren eine umfassende Vorbereitung für die schriftliche Prüfung (national). Die **Bände 1 bis 3** enthalten den funktionsspezifischen Teil. Den funktionsübergreifenden Teil deckt der **Band 4** ab. **Band 5** ist ganz auf die Besonderheiten der mündlichen Prüfung (national) ausgerichtet.

Konzipiert an der neuen IHK-Weiterbildungsprüfung »**Bilanzbuchhaltung international**« vermittelt **Band 6** praxisnahe Kenntnisse von Außenwirtschaft und internationalem Finanzmanagement, internationalem Rechnungswesen (IAS, US-GAAP), internationalem Steuerrecht sowie fachbezogenem Englisch.

Band 7 ist ausschließlich **Sonderbilanzen** gewidmet, die einerseits nur zu außerordentlichen Anlässen (Gründung, Umwandlung, Auseinandersetzung, Sanierung, Insolvenz, Liquidation), andererseits für steuerliche Zwecke notwendig sind (steuerliche Sonderbilanzen für Sonderbetriebsvermögen und Ergänzungsbilanzen für Wertkorrekturen des Gesamthandvermögens).

Zum besseren Verständnis und zur Vertiefung des Wissens wurden **Aufgaben** entwickelt, auf die an den entsprechenden Stellen im Text verwiesen wird. Um inhaltliche Zusammenhänge nicht auseinander zureißen, sind die Aufgaben und dazugehörigen **Lösungen** gesondert am Ende des jeweiligen Textteils zu finden.

Kontrollfragen zu jedem Abschnitt erleichtern die schnelle Rekapitulation des Stoffgebiets.

Ein besonderes Anliegen ist die **Praxisbezogenheit** des Werkes, die u. a. durch Berücksichtigung der Belange einer EDV-gerechten und umsatzsteuergerechten Buchungsweise zum Ausdruck kommt, z. B. auch unter Verwendung des DATEV-Kontenrahmens SKR 03.

Herausgeber und Verlag

Verzeichnis der Bearbeiter des Gesamtwerkes

Diethard Erbslöh, Benningen am Neckar

Prof. Dr. Dr. Ekbert Hering, Fachhochschule Aalen

Prof. Dr. Hans-Peter Kicherer, Berufsakademie Heidenheim

Dr. Werner Klein, Universität zu Köln

Dr. Lieselotte Kotsch-Faßhauer, Steuerberaterin, Stuttgart

Dipl.-Finanzwirt (FH) Angelika Leuz, Stuttgart

Dipl. oec. Norbert Leuz, Steuerberater, Stuttgart

Christa Loidl, Stuttgart

Prof. Eberhard Rick, Fachhochschule Ludwigsburg, Hochschule für öffentliche Verwaltung und Finanzen

Prof. Dr. Werner Rössle, Berufsakademie Stuttgart

Prof. Dr. Bettina Schwarzer, Fachhochschule Stuttgart – Hochschule der Medien

Dr. Monika Simoneit, Bad Soden

Prof. Dr. Herbert Sperber, Fachhochschule Nürtingen – Hochschule für Wirtschaft, Landwirtschaft und Landespflege

Dipl.-Betriebswirt Günter Weyrauther, Stuttgart

Cornelia Wobbermin, beeidigte Verhandlungsdolmetscherin, Affalterbach

Prof. Dr. Michael Wobbermin, Fachhochschule Reutlingen, Hochschule für Technik und Wirtschaft

Überblick über das Gesamtwerk

Im **1. Band** werden behandelt:

- Grundlagen der Buchführung
- Grundsätze ordnungsmäßiger Buchführung (GoB), Organisation der Buchführung und EDV
- Abschlüsse nach Handels- und Steuerrecht (Bilanz, GuV-Rechnung, Anhang, Lagebericht, Prüfung, Offenlegung u. a.)

Im **2. Band** werden behandelt:

- Besondere Buchungsvorgänge (Wechselgeschäfte, Leasing, Kommissionsgeschäfte, Reisekosten, Lohn und Gehalt u. a.)
- Konzernrechnungslegung
- Auswertung der Rechnungslegung (Bilanzanalyse)
- Kosten- und Leistungsrechnung
- Finanzwirtschaft und Planungsrechnung

Im **3. Band** werden behandelt:

- Steuern (AO, EStG, KStG, GewStG, UStG, UmwStG, InvZulG)

Im **4. Band** werden behandelt:

- Arbeitsmethodik
- Volkswirtschaftliche Grundlagen (Wirtschaftsordnungen und -systeme, Märkte und Preisbildung, Konjunktur, Geld und Geldpolitik u. a.)
- Betriebswirtschaftliche Grundlagen (Unternehmensziele, betriebswirtschaftliche Steuerungsgrößen, Produktionsfaktoren, betriebliche Funktionsbereiche u. a.)
- Recht (BGB, HGB, Gerichtsbarkeit, Zivilprozess und Mahnverfahren, Gewerberecht, Insolvenzrecht, Arbeits- und Sozialrecht u. a.)
- EDV, Informations- und Kommunikationstechniken

Im **5. Band** werden behandelt:

- Fragen und Antworten zur mündlichen Bilanzbuchhalter-Prüfung

Im **6. Band** werden behandelt:

- Außenwirtschaft, Internationales Finanzmanagement
- Internationale Rechnungslegung nach IAS und US-GAAP im Vergleich zum HGB
- Internationales Steuerrecht
- Fachbezogenes Englisch (Englisch/Deutsch und Deutsch/Englisch)

Im **7. Band** werden behandelt:

- Gründungsbilanzen (einschließlich steuerliche Sonder- und Ergänzungsbilanzen)
- Umwandlungsbilanzen
- Auseinandersetzungsbilanzen
- Sanierungsbilanzen, Insolvenzbilanzen und Liquidationsbilanzen

Inhaltsverzeichnis

BAND 1

Vorwort zur 11. Auflage	V
Vorwort zum Gesamtwerk	V
Verzeichnis der Bearbeiter des Gesamtwerkes	VII
Überblick über das Gesamtwerk	VIII
Abkürzungsverzeichnis	XXIV

1. HAUPTTEIL: GRUNDLAGEN DER BUCHFÜHRUNG

1 Aufgaben und Gliederung des kaufmännischen Rechnungswesens	1
1.1 Begriff und Aufgaben	1
1.2 Gliederung	1
1.2.1 Buchführung	2
1.2.2 Kostenrechnung	2
1.2.3 Betriebsstatistik	2
1.2.4 Planungsrechnung	2
1.3 Erfüllung gesetzlicher Vorschriften	3
2 Die Bilanz als Ausgangspunkt der doppelten Buchführung (Doppik)	4
2.1 Wesen und Rolle der Doppik	4
2.2 Die Bilanz und ihre Veränderungen	4
2.2.1 Die formale Seite des Bilanzbegriffs	4
2.2.2 Die Ableitung der Bilanz aus dem Inventar	5
2.2.3 Die Buchführung als »bewegte Bilanz«	5
2.2.4 Die Weiterführung der Bilanz in den Konten	6
2.3 Die Kontierungsregeln	8
2.4 Der Weg von Bilanz zu Bilanz	9
2.5 Eigenkapitalveränderungen	9
2.5.1 Die Problematik der Erklärung	9
2.5.2 Die Vorkonten des Kapitalkontos	9
3 Die Buchung des Warenverkehrs	12
3.1 Die Warenkonten	12
3.2 Abschluss der getrennten Warenkonten	12
3.3 Einbau der Umsatzsteuerkonten	14
3.4 Der Gesamtzusammenhang der Konten	15
4 Die Kontierung	17
4.1 Der Kontierungssatz (Buchungssatz)	17
4.2 Der Kontenruf	18
5 Ordnung der Konten	18
6 Eröffnung und Abschluss	19
6.1 Die Hilfskonten	19
6.2 Die Bilanzübersicht als Hilfsmittel bei der herkömmlichen Abschlussarbeit	20

    6.2.1 Die Summenbilanz und Saldenbilanz I als Ausgangspunkt der Abschlusstabelle 20
    6.2.2 Die vorbereitenden Abschlussbuchungen und die Saldenbilanz II 21
    6.2.3 Vermögens- und Erfolgsbilanz 22
    6.2.4 Umbuchungsspalten 23
  6.3 EDV-Abschlusstechnik 23

7 Die Umsatzsteuer in der Buchführung 24
  7.1 Rechtsvorschriften 24
  7.2 Herausrechnen der Umsatzsteuer bei Bruttobeträgen 25
  7.3 Entgeltänderungen 26
    7.3.1 Skonto 26
    7.3.2 Sonstige Abzüge 27
  7.4 Mehrere Steuersätze 27
  7.5 Unentgeltliche Wertabgaben 27
  7.6 Abschluss von Vor- und Umsatzsteuer 29

8 Abschreibungen auf Anlagen 29
  8.1 Das Wesen der Abschreibungen 29
  8.2 Bemessungsmethoden der Abschreibungen 30
  8.3 Abschreibungen vom Anschaffungswert bei gleich bleibendem Abschreibungssatz 30
  8.4 Abschreibungen vom Restbuchwert bei gleich bleibendem Abschreibungssatz 31
  8.5 Digitale Abschreibung 31
  8.6 Abschreibungen vom Anschaffungswert unter Berücksichtigung der Inanspruchnahme 32
  8.7 Buchung der Abschreibungen 32
    8.7.1 Direkte Abschreibung 32
    8.7.2 Indirekte Abschreibung 32

9 Abschreibungen auf Forderungen 33
  9.1 Überblick 33
  9.2 Abschreiben uneinbringlicher Forderungen 34
  9.3 Abschreiben wahrscheinlicher Kundenverluste 34
    9.3.1 Einzelwertberichtigung 35
    9.3.2 Pauschalwertberichtigung 36

10 Zeitliche Abgrenzung 38
  10.1 Transitorien 38
  10.2 Antizipativa 39
  10.3 Schematische Zusammenstellung der zeitlichen Abgrenzung 40

2. HAUPTTEIL: ALLGEMEINE RECHTLICHE VORSCHRIFTEN UND GRUNDSÄTZE ORDNUNGSMÄSSIGER BUCHFÜHRUNG

1 Buchführungspflicht 43
  1.1 Buchführungspflicht nach Handelsrecht 43
    1.1.1 Grundregel 43

1.1.2	Kreis der Buchführungspflichtigen	43
1.1.3	Beginn der Buchführungspflicht	44
1.1.4	Ende der Buchführungspflicht	45
1.2	Buchführungspflicht nach Steuerrecht	45
1.2.1	Abgeleitete und originäre steuerliche Buchführungspflicht	45
1.2.2	Beginn und Ende der steuerlichen Buchführungspflicht	46
1.2.3	Besondere steuerliche Aufzeichnungspflichten	46
1.2.3.1	Verpflichtung zur Aufzeichnung der Warenbewegung	46
1.2.3.2	Sonstige steuerliche Aufzeichnungspflichten	46
1.2.4	Bewilligung von Erleichterungen	47

2 Grundsätze ordnungsmäßiger Buchführung (GoB) ... 48
- 2.1 Begriff ... 48
- 2.2 Quellen ... 48
- 2.3 Niederschlag der GoB in den Gesetzen ... 49
  - 2.3.1 Kodifizierte/nicht kodifizierte GoB ... 49
  - 2.3.2 GoB in Handels- und Steuerrecht ... 49
  - 2.3.3 Grundsätzliche Rechtsformunabhängigkeit der GoB ... 49
- 2.4 Die GoB im Einzelnen ... 49

3 Inventur und Inventar ... 53
- 3.1 Stichtagsinventur ... 54
- 3.2 Inventurerleichterungen ... 54
  - 3.2.1 Zeitlich verlegte Inventur ... 54
  - 3.2.2 Permanente Inventur ... 55
  - 3.2.3 Stichprobeninventur ... 56
  - 3.2.4 Festwert- und Gruppenbildung ... 56
- 3.3 Geschäftsjahr, Rumpfgeschäftsjahr ... 57
- 3.4 Aufstellungsfrist für das Inventar ... 57

4 Aufstellung des Jahresabschlusses ... 58
- 4.1 Aufstellungspflicht ... 58
- 4.2 Aufstellungsfristen für den Jahresabschluss ... 58
- 4.3 Sprache, Währungseinheit ... 60
- 4.4 Unterzeichnung, Unterzeichnungsdatum ... 60

5 Ordnungsvorschriften für die Aufbewahrung von Unterlagen ... 60
- 5.1 Besonderheiten beim Einsatz elektronischer Registrierkassen ... 60
- 5.2 Aufbewahrungspflichten beim Einsatz elektronischer Datenübermittlung (EDI) ... 62

3. HAUPTTEIL: ORGANISATION DER BUCHFÜHRUNG UND EDV

1 Buchführungssysteme ... 65
- 1.1 Einfache Buchführung ... 65
- 1.2 Doppelte Buchführung ... 65
  - 1.2.1 Funktion der Grundbücher ... 66
  - 1.2.2 Funktion des Hauptbuchs ... 66
  - 1.2.3 Funktion der Nebenbücher ... 67

2 Belegorganisation ... 67
- 2.1 Belegarten ... 67
- 2.2 Grundsätze der Belegbehandlung ... 68
- 2.3 EDV-Anwendung und Belegfunktion ... 68
- 2.4 Buchungsvorbereitung ... 69

3 Konventionelle Verfahren der doppelten Buchführung ... 70
- 3.1 Amerikanisches Journal ... 70
- 3.2 Durchschreibebuchführung ... 71
  - 3.2.1 Organisatorische Voraussetzungen ... 72
  - 3.2.2 Verfahren der Durchschreibebuchführung ... 72
- 3.3 Manuelle Offene-Posten-Buchführung ... 73

4 EDV-Buchführung ... 74
- 4.1 Anwendung computergestützter Buchführungsverfahren ... 74
  - 4.1.1 Laufendes Buchen ... 74
  - 4.1.2 Monatswechsel ... 75
  - 4.1.3 Jahreswechsel ... 75
  - 4.1.4 Mahnwesen ... 77
  - 4.1.5 Auskunftsbereitschaft, Aufbewahrung ... 77
- 4.2 Besonderheiten bei Datenverarbeitung außer Haus ... 77
  - 4.2.1 Vor- und Nachteile ausschließlicher In- bzw. Außer-Haus-Verarbeitung ... 78
  - 4.2.2 Datenverbund von PC und RZ ... 78
- 4.3 Ordnungsmäßigkeit der EDV-Buchführung ... 79
  - 4.3.1 Besonderheit der EDV-Buchführung ... 79
  - 4.3.2 Grundsätze ordnungsmäßiger DV-gestützter Buchführungssysteme (GoBS) ... 79
  - 4.3.3 Grundsätze ordnungsmäßiger Buchführung bei Einsatz von Electronic Commerce (E-Commerce) ... 83
    - 4.3.3.1 Definition und Ausprägungen von E-Commerce ... 83
    - 4.3.3.2 Besondere rechtliche Problemstellungen bei E-Commerce ... 84
    - 4.3.3.3 Besondere IT-Risiken beim Einsatz von E-Commerce-Systemen ... 84
    - 4.3.3.4 Kriterien für die Beurteilung der Ordnungsmäßigkeit und Sicherheit beim Einsatz von E-Commerce-Systemen ... 85

5 Nebenbuchführungen, Filialbuchführung ... 87
- 5.1 Lohn- und Gehaltsabrechnung ... 87
  - 5.1.1 Aufgaben der Lohn- und Gehaltsabrechnung ... 88
  - 5.1.2 Durchschreibeverfahren ... 88
  - 5.1.3 EDV-Anwendung ... 88
- 5.2 Anlagenbuchführung ... 89
  - 5.2.1 Aufgaben der Anlagenbuchführung ... 89
  - 5.2.2 Konventionelle Verfahren ... 89
  - 5.2.3 EDV-Anwendung ... 90
- 5.3 Lagerbuchführung (Materialrechnung) ... 90
  - 5.3.1 Aufgaben der Lagerbuchführung ... 90
  - 5.3.2 Konventionelle Verfahren ... 91

    5.3.3 EDV-Anwendung im Handel 91
    5.3.4 EDV-Anwendung in der Industrie 92
 5.4 Wechselbuchführung 92
 5.5 Filialbuchführung 93

6 Kontenrahmen und Kontenpläne 94
 6.1 Notwendigkeit der Kontensystematik 94
 6.2 Historische Entwicklung 94
 6.3 Gliederungsgesichtspunkte 95
    6.3.1 Formales Gliederungsprinzip: Dezimalklassifikation 95
    6.3.2 Materielles Gliederungsprinzip: Einkreis- oder
          Zweikreissystem 95
          6.3.2.1 Aufbau des Einkreissystems 95
          6.3.2.2 Aufbau des Zweikreissystems 96
 6.4 Die sachliche Abgrenzung als Bindeglied zwischen
     Finanz- und Betriebsbuchführung 97
    6.4.1 Abgrenzung von Aufwand und Kosten 98
    6.4.2 Abgrenzung von Ertrag und Leistungen 100
    6.4.3 Durchführung der sachlichen Abgrenzung 100
          6.4.3.1 Sachliche Abgrenzung in
                  prozessgegliederten Kontenrahmen 100
          6.4.3.2 Sachliche Abgrenzung in
                  abschlussgegliederten Kontenrahmen 102
    6.4.4 Unterschiede zwischen sachlicher Abgrenzung und
          handelsrechtlicher Ergebnisaufspaltung 104
 6.5 Wichtige Kontenrahmen 105
    6.5.1 Der prozessgegliederte Gemeinschaftskontenrahmen
          der Industrie (GKR) 106
    6.5.2 Der abschlussgegliederte Industriekontenrahmen
          IKR '86 106
    6.5.3 Der prozessgegliederte Kontenrahmen für
          den Groß- und Außenhandel 1988 107
    6.5.4 Der prozessgegliederte EDV-Kontenrahmen SKR 03
          von DATEV 107
 6.6 Für und wider Prozess- oder Abschlussgliederungsprinzip 108

7 Organisation und Technik der Inventur 109
 7.1 Inventurplanung 110
 7.2 Gestaltung der Aufnahmelisten 110
 7.3 Besonderheiten bei der Erfassung der verschiedenen Bestände 112
 7.4 Gliederung des Inventars 115

4. HAUPTTEIL: ABSCHLÜSSE NACH HANDELS- UND STEUERRECHT

1 Grundsätzliches 117
 1.1 Aufgaben und Zwecke des Jahresabschlusses 117
    1.1.1 Dokumentation 117
          1.1.1.1 Gläubigerschutz 118
          1.1.1.2 Gesellschafterschutz 118
          1.1.1.3 Selbstinformation des Kaufmanns 118

   1.1.2 Ausschüttungsbemessungsfunktion 118
      1.1.2.1 Jahresüberschuss als Ausschüttungsrichtgröße 118
      1.1.2.2 Sicherung der Kapitalerhaltung und des
          Haftungsvermögens 118
      1.1.2.3 Mindestausschüttungsregelungen 119
   1.1.3 Der handelsrechtliche Jahresabschluss als Grundlage
     für die Besteuerung 119
   1.1.4 Handelsrechtliche Jahresabschlusszwecke im Vergleich
     zum Steuerrecht 120
   1.1.5 Handelsrechtliche Jahresabschlusszwecke im Vergleich zu
     den Zwecken nach IAS/IFRS 120
      1.1.5.1 IAS/IFRS-Abschluss als Ausschüttungsbemessungs-
          grundlage ungeeignet 120
      1.1.5.2 IAS/IFRS-Abschluss zur Besteuerung ungeeignet 120
 1.2 Der Einfluss der Bilanztheorien auf die handelsrechtliche
   Rechnungslegung 121
   1.2.1 Statische Bilanztheorie 121
   1.2.2 Dynamische Bilanztheorie 121
   1.2.3 Die statische Bilanztheorie in den geltenden Rechnungslegungs-
     vorschriften 122
   1.2.4 Die dynamische Bilanztheorie in den geltenden Rechnungs-
     legungsvorschriften 122

2 Handelsrechtliche Rechnungslegungsvorschriften 123
 2.1 Vorschriften für alle Kaufleute 124
 2.2 Ergänzende Vorschriften für Kapitalgesellschaften (& Co) 124
 2.3 Ergänzende Vorschriften für eingetragene Genossenschaften 125
 2.4 Ergänzende Vorschriften für Unternehmen bestimmter
   Geschäftszweige 125

3 Steuerrechtliche Vorschriften zur Gewinnermittlung 126
 3.1 Betriebsvermögensvergleich und Einnahmen-Ausgaben-Rechnung ... 126
 3.2 Besonderheiten bei der Überschussrechnung 126
 3.3 Wechsel der Gewinnermittlungsart 129
   3.3.1 Notwendigkeit einer Gewinnberichtigung 129
   3.3.2 Nicht korrekturbedürftige Wirtschaftsgüter 130
   3.3.3 Korrekturbedürftige Wirtschaftsgüter 130
   3.3.4 Behandlung eines Übergangsgewinns 130

4 Die Maßgeblichkeit der Handelsbilanz für die Steuerbilanz und
ihre Umkehrung 132
 4.1 Grundsatz der Maßgeblichkeit 132
 4.2 Bilanzansatz 132
 4.3 Bewertung 132
   4.3.1 Maßgeblichkeit und faktische umgekehrte Maßgeblichkeit 133
   4.3.2 Kodifizierte umgekehrte Maßgeblichkeit 133
      4.3.2.1 Übernahme steuerlicher Wahlrechte bei
          Nicht-Kapitalgesellschaften 134
      4.3.2.2 Übernahme steuerlicher Wahlrechte bei
          Kapitalgesellschaften 134

4.3.3 Maßgeblichkeitsprinzip und Wertaufholung	134
4.3.4 Herstellungskosten und Maßgeblichkeitsprinzip	134

5 Bilanzansatz dem Grunde nach: Aktivierung und Passivierung … 135
5.1 Bilanzierungsfähigkeit … 135
    5.1.1 Vermögensgegenstände und Schulden … 136
        5.1.1.1 Vermögensgegenstände … 136
        5.1.1.2 Schulden … 137
    5.1.2 Wirtschaftsgut … 138
    5.1.3 Rechnungsabgrenzungsposten … 138
    5.1.4 Eigenkapital … 139
    5.1.5 Sonderposten mit Rücklageanteil … 139
5.2 Bilanzierungspflicht … 140
    5.2.1 Rechtliche oder wirtschaftliche Zugehörigkeit … 140
        5.2.1.1 Kommissionsgeschäfte … 141
        5.2.1.2 Nießbrauch … 141
        5.2.1.3 Miet- und Pachtverhältnisse … 141
        5.2.1.4 Leasingverträge … 141
    5.2.2 Abgrenzung zwischen Betriebs- und Privatvermögen … 142
    5.2.3 Behandlung von Pensionsrückstellungen … 144
5.3 Bilanzierungszeitpunkt … 145
5.4 Bilanzierungsverbote … 145
5.5 Bilanzierungswahlrechte und Bilanzierungshilfen … 146
5.6 Verrechnungsverbot … 148

6 Gliederung der Bilanz … 149
6.1 Gliederung in Abhängigkeit von Rechtsform und Unternehmensgröße … 149
    6.1.1 Bilanzgliederung für große und mittelgroße Kapitalgesellschaften … 149
    6.1.2 Bilanzgliederung für kleine Kapitalgesellschaften … 151
    6.1.3 Bilanzgliederung für Einzelkaufleute und Personenhandelsgesellschaften … 151
6.2 Gliederungsprinzipien … 154
6.3 Die einzelnen Bilanzpositionen … 156
    6.3.1 Aktivseite der Bilanz … 156
    6.3.2 Passivseite der Bilanz … 177
6.4 Anlagenspiegel … 190
    6.4.1 Horizontale und vertikale Gliederung … 190
    6.4.2 Größenabhängige Erleichterungen … 191
    6.4.3 Anwendungsweise … 191

7 Bilanzansatz der Höhe nach: Bewertung … 193
7.1 Allgemeine Bewertungsgrundsätze … 193
    7.1.1 Bilanzidentität … 194
    7.1.2 Grundsatz der Unternehmensfortführung … 194
    7.1.3 Grundsatz der Bewertung zum Abschlussstichtag und Einzelbewertung … 195
        7.1.3.1 Stichtagsprinzip … 195
        7.1.3.2 Grundsatz der Einzelbewertung … 196
    7.1.4 Grundsatz der Vorsicht … 196

7.1.4.1 Realisationsprinzip 197
7.1.4.2 Imparitätsprinzip 198
7.1.4.3 Wertaufhellungsprinzip 198
7.1.5 Grundsatz der Periodenabgrenzung 199
7.1.6 Grundsatz der Methodenstetigkeit 199
7.2 Bewertungsmaßstäbe 201
7.2.1 Anschaffungskosten 201
7.2.1.1 Begriff der Anschaffungskosten 201
7.2.1.2 Anschaffungskosten bei Erwerb auf Rentenbasis 202
7.2.1.3 Anschaffungskosten bei Ratenkäufen 202
7.2.1.4 Anschaffungskosten bei Mietkaufverträgen 202
7.2.1.5 Anschaffungskosten bei Leasing 203
7.2.1.6 Anschaffungskosten bei Tausch 204
7.2.1.7 Anschaffungskosten bei unentgeltlichem Erwerb 205
7.2.1.8 Anschaffungskosten bei Erwerb mehrerer Vermögensgegenstände zu einem Gesamtpreis 205
7.2.1.9 Anschaffungskosten bei Schwund 206
7.2.1.10 Anschaffungskosten bei Übertragung stiller Reserven 206
7.2.1.11 Anschaffungskosten bei Zuschüssen 206
7.2.1.12 Anschaffungskosten in ausländischer Währung 207
7.2.1.13 Anschaffungskosten bei Übernahme von Verbindlichkeiten 207
7.2.1.14 Anschaffungskosten bei Kaufverträgen zwischen Konzernunternehmen 207
7.2.2 Herstellungskosten 208
7.2.2.1 Begriff 208
7.2.2.2 Ziel der Aktivierung 209
7.2.2.3 Bewertungsstetigkeit 209
7.2.2.4 Vergleich handels- und steuerrechtlicher Vorschriften ... 209
7.2.2.5 Herstellungskosten von Gebäuden 210
7.2.3 Teilwert 212
7.2.4 Gemeiner Wert 213
7.2.5 Sonstige Bewertungsmaßstäbe 213
7.2.5.1 Börsen- oder Marktpreis 213
7.2.5.2 Niedrigerer beizulegender Wert 214
7.2.5.3 Niedrigerer Wert zur Vermeidung von Wertansatzänderungen auf Grund von Wertschwankungen in nächster Zukunft 215
7.2.5.4 Wertansatz auf Grund von Abschreibungen nach vernünftiger kaufmännischer Beurteilung nach § 253 Abs. 4 HGB 216
7.2.5.5 Niedrigerer steuerlicher Wert nach § 254 HGB 216
7.2.6 Die Bewertungsmaßstäbe im Überblick 217
7.3 Bewertungsvereinfachungsverfahren 220
7.3.1 Durchschnittsmethode (gewogener Durchschnitt) 220
7.3.2 Festwertbildung 221
7.3.2.1 Voraussetzungen und Anwendungsbereich 221
7.3.2.2 Bestimmung des Festwerts 221
7.3.3 Verbrauchsfolgeverfahren 222
7.4 Bewertung des nicht abnutzbaren Anlagevermögens 223

7.5 Bewertung des abnutzbaren Anlagevermögens 225
    7.5.1 Vornahme von Abschreibungen 227
    7.5.2 Planmäßige Abschreibungen 229
        7.5.2.1 Abschreibungsmethoden 229
        7.5.2.2 Restwert 231
        7.5.2.3 Steuerliche Sonderregelungen 231
    7.5.3 Außerplanmäßige Abschreibungen 233
        7.5.3.1 Absetzungen für außergewöhnliche technische oder wirtschaftliche Abnutzung (AfaA) 233
        7.5.3.2 Teilwertabschreibungen 234
        7.5.3.3 Erhöhte Absetzungen und Sonderabschreibungen 234
    7.5.4 Sonderfragen der Abschreibungsermittlung 235
        7.5.4.1 Anschaffung oder Herstellung im Laufe des Jahres 235
        7.5.4.2 Nachträgliche Anschaffungs- oder Herstellungskosten .. 236
        7.5.4.3 Wechsel der Abschreibungsmethoden 236
        7.5.4.4 Sofortabschreibung geringwertiger Wirtschaftsgüter 236
7.6 Bewertung des Umlaufvermögens 237
    7.6.1 Übersicht 237
    7.6.2 Bewertung einzelner Wirtschaftsgüter des Umlaufvermögens ... 238
        7.6.2.1 Vorräte 238
        7.6.2.2 Forderungen 240
7.7 Bewertung im Zusammenhang mit dem Eigenkapital 241
7.8 Bewertung des Sonderpostens mit Rücklageanteil 241
    7.8.1 Steuerfreie Rücklagen 241
        7.8.1.1 Rücklage für Ersatzbeschaffung 242
        7.8.1.2 Rücklage für Veräußerungsgewinne bei bestimmten Anlagegütern 242
        7.8.1.3 Weitere steuerfreie Rücklagen 243
    7.8.2 Steuerliche Sonderabschreibungen im Sonderposten mit Rücklageanteil 243
7.9 Bewertung der Rückstellungen 245
    7.9.1 Überblick 245
    7.9.2 Bewertungsmaßstab 245
    7.9.3 Bewertung einzelner Rückstellungen 247
        7.9.3.1 Steuerrückstellungen 247
        7.9.3.2 Pensionsrückstellungen 249
        7.9.3.3 Jubiläumsrückstellungen 251
        7.9.3.4 Rückstellungen für drohende Verluste aus schwebenden Geschäften 252
        7.9.3.5 Rückstellungen für unterlassene Instandhaltung und Abraumbeseitigung 252
        7.9.3.6 Kulanzrückstellungen 253
        7.9.3.7 Aufwandsrückstellungen nach § 249 Abs. 2 HGB 254
7.10 Bewertung der Verbindlichkeiten 255
    7.10.1 Übersicht 255
    7.10.2 Bewertungsmaßstab 255
        7.10.2.1 Höchstwertprinzip 255
        7.10.2.2 Sonderfälle der Bewertung 256
    7.10.3 Bewertung einzelner Verbindlichkeiten 258
        7.10.3.1 Verbindlichkeiten aus Lieferungen und Leistungen 258

	7.10.3.2 Wechselverbindlichkeiten	258
	7.10.3.3 Valutaverbindlichkeiten	258
	7.10.3.4 Rentenverpflichtungen	259

7.11 Wertaufholung ... 260
    7.11.1 Wertaufholung im Handelsrecht ... 260
        7.11.1.1 Wertaufholung bei Einzelunternehmen und Personengesellschaften ... 260
        7.11.1.2 Wertaufholung bei Kapitalgesellschaften ... 260
    7.11.2 Wertaufholung im Steuerrecht ... 261
    7.11.3 Wertaufholung und Maßgeblichkeitsprinzip ... 261

7.12 Latente Steuern ... 262
    7.12.1 Gründe für die Abgrenzung latenter Steuern ... 262
    7.12.2 Methoden der Steuerabgrenzung ... 262
        7.12.2.1 Liability-Methode ... 262
        7.12.2.2 Deffeed-Methode ... 262
        7.12.2.3 Net-of-Tax-Methode ... 263
        7.12.2.4 Handelsrechtliche Zulässigkeit ... 263
    7.12.3 Anwendungsbereich ... 263
        7.12.3.1 Beispiele für aktive latente Steuerabgrenzungen ... 264
        7.12.3.2 Beispiele für passive latente Steuerabgrenzungen ... 265
    7.12.4 Festlegung des Steuersatzes ... 265
    7.12.5 Ermittlung des Abgrenzungspostens ... 265
        7.12.5.1 Saldierung ... 265
        7.12.5.2 Differenzenspiegel ... 266
    7.12.6 Latente Steuern in Verlustsituationen ... 266
        7.12.6.1 Eventuelle Neubildung einer Steuerabgrenzung ... 267
        7.12.6.2 Handhabung von in Vorjahren gebildeten latenten Steuern im Verlustfalle ... 269

8 Ableitung der Steuerbilanz aus der Handelsbilanz ... 270
8.1 Überblick über die Verfahren ... 270
8.2 Saldenübernahme aus handelsrechtlichem Abschluss und Durchführung der steuerlichen Umbuchungen (buchhalterisches Verfahren) ... 270
8.3 Mehr- und Weniger-Rechnung (statistisches Verfahren) ... 272

9 Bilanzänderung und Bilanzberichtigung ... 273
9.1 Bilanzänderung ... 273
    9.1.1 Handelsrechtliche Zulässigkeit ... 274
    9.1.2 Steuerliche Zulässigkeit ... 274
9.2 Bilanzberichtigung ... 275
    9.2.1 Begriff ... 275
    9.2.2 Zusammenwirken von Bilanzberichtigung und steuerlicher Veranlagung ... 276
    9.2.3 Erfolgswirksame oder erfolgsneutrale Berichtigung ... 277
        9.2.3.1 Beispiele für erfolgswirksame Bilanzberichtigungen ... 278
        9.2.3.2 Beispiele für erfolgsneutrale Bilanzberichtigung ... 278

	9.2.4 Durchbrechung des Bilanzenzusammenhangs bei Verstoß gegen Treu und Glauben	278
	9.2.5 Durchführung der Bilanzberichtigung	279

10 Inhalt der GuV-Rechnung ... 282
10.1 Übersicht ... 282
10.2 Steuerliche Besonderheiten ... 282
    10.2.1 Begriff der Betriebsausgaben ... 283
    10.2.2 Abgrenzung zwischen abzugs- und nicht abzugsfähigen Betriebsausgaben und Kosten der Lebensführung ... 283

11 Gliederung der GuV-Rechnung ... 285
11.1 Staffelform als verbindliche Darstellung ... 285
11.2 Aufbau der GuV-Schemata ... 286
    11.2.1 Gliederungsschemata der GuV-Rechnung ... 286
    11.2.2 Ergänzungsposten ... 287
    11.2.3 Erleichterungen für kleine und mittelgroße Kapitalgesellschaften ... 287
11.3 Gesamt- und Umsatzkostenverfahren als Alternative ... 288
    11.3.1 Unterschiede zwischen Gesamt- und Umsatzkostenverfahren ... 288
    11.3.2 Anforderungen an das Rechnungswesen ... 290
11.4 Zuordnungsfragen im Zusammenhang mit der betriebswirtschaftlichen Grobstruktur der GuV-Schemata ... 290
11.5 Einzelposten nach Gesamtkostenverfahren ... 292
11.6 Einzelposten nach Umsatzkostenverfahren ... 303

12 Anhang ... 306
12.1 Allgemeines ... 306
12.2 Berichterstattungsarten ... 307
12.3 Gliederung des Anhangs ... 307
12.4 Checklisten zum Inhalt des Anhangs ... 307
    12.4.1 Pflichtangaben aller Kapitalgesellschaften ... 308
    12.4.2 Weitere Anhangangaben mittelgroßer und großer Kapitalgesellschaften ... 312
    12.4.3 Weitere Anhangangaben großer Kapitalgesellschaften ... 314
    12.4.4 Zusatzangaben der AG und KGaA ... 315
    12.4.5 Zusatzangaben der GmbH ... 318
    12.4.6 Anhangangaben der Genossenschaften ... 318

13 Lagebericht ... 319

14 Prüfung der Rechnungslegung ... 320
14.1 Pflicht zur Prüfung ... 320
14.2 Gegenstand und Umfang der Prüfung ... 321
14.3 Bestellung und Abberufung des Abschlussprüfers ... 322
14.4 Vorlagepflicht und Auskunftsrecht ... 324
14.5 Prüfungsbericht und Bestätigungsvermerk ... 324
14.6 Ergänzende Bestimmungen zur Prüfung ... 326
    14.6.1 Anforderungen an die Objektivität des Prüfers ... 326
    14.6.2 Verantwortlichkeit des Abschlussprüfers ... 326

14.6.3 Meinungsverschiedenheiten zwischen Kapitalgesellschaft und Abschlussprüfer 327

15 Offenlegung 327
15.1 Abgestufte Offenlegungspflichten 327
15.2 Offenlegungsvorschriften großer Kapitalgesellschaften 328
15.3 Offenlegungsvorschriften mittelgroßer Kapitalgesellschaften 328
15.3.1 Verkürzte Bilanz 329
15.3.2 Verkürzter Anhang 329
15.4 Offenlegungsvorschriften kleiner Kapitalgesellschaften 331
15.5 Offenlegungsvorschriften bei Zweigniederlassungen von ausländischen Kapitalgesellschaften 331
15.6 Formvorschriften 331
15.7 Prüfungspflicht des Registergerichts und Festsetzung von Ordnungsgeld 331

16 Straf-, Bußgeld- und Zwangsgeldvorschriften in Zusammenhang mit der Rechnungslegung 333
16.1 Handelsrechtliche Straf-, Bußgeld und Zwangsgeldvorschriften 333
16.1.1 HGB 333
16.1.2 Handelsrechtliche Spezialgesetze 335
16.2 Steuerrechtliche Straf-, Bußgeld- und Zwangsgeldvorschriften 335
16.2.1 Grenzen zwischen Ordnungsmäßigkeit, Ordnungswidrigkeit und Straftat 335
16.2.2 Steuerhinterziehung 336
16.2.3 Steuerordnungswidrigkeiten 336
16.3 Vorschriften des Strafgesetzbuches 337
16.3.1 Insolvenzstraftaten 337
16.3.2 Kreditbetrug 337

17 Wesentliche Unterschiede zwischen den deutschen Rechnungslegungsvorschriften und den IAS/IFRS 338
17.1 International Accounting Standards Board (IASB) 338
17.2 Rechtscharakter der IAS/IFRS 339
17.3 Aufbau des Regelwerks der IAS/IFRS 339
17.4 Zielsetzungen der IAS/IFRS 339
17.5 Vergleich ausgewählter Ansatz- und Bewertungsvorschriften zwischen IAS/IFRS und HGB 339
17.5.1 Unterschiede beim Ansatz immaterieller Vermögensgegenstände 340
17.5.2 Unterschiede beim Ansatz von Entwicklungskosten 340
17.5.3 Unterschiede beim Ansatz von Rückstellungen 340
17.5.4 Unterschiede beim Ansatz von Herstellungskosten 341
17.5.5 Unterschiede bei der Bewertung langfristiger Auftragsfertigung 341
17.5.6 Unterschiede bei der Währungsumrechnung 341
17.5.7 Unterschiede bei der Bewertung von zu Handelszwecken gehaltenen Wertpapieren (trading) 341
17.6 IAS/IFRS-Abschlüsse und Kreditvergabe (Basel II, Rating) 342

AUFGABEN

Aufgaben zum 1. Hauptteil: Grundlagen der Buchführung 343

Aufgabe 1.01 Zusammenhang zwischen Bilanz und Buchführung 343
Aufgabe 1.02 Unterschiedliche Möglichkeiten der Buchung
des Warenverkehrs 343
Aufgabe 1.03 Darstellung der Konten Vorsteuer und Umsatzsteuer 344
Aufgabe 1.04 Von der Eröffnungs- zur Schlussbilanz 344
Aufgabe 1.05 Einfache Buchungssätze 345
Aufgabe 1.06 Zusammengesetzte Buchungssätze im Zahlungsverkehr 345
Aufgabe 1.07 Zusammengesetzte Buchungssätze im Warenverkehr 346
Aufgabe 1.08 Deuten von Buchungssätzen 346
Aufgabe 1.09 Verständnisfragen zur Bilanzübersicht 347
Aufgabe 1.10 Aufstellung der Bilanzübersicht 347
Aufgabe 1.11 Buchen nach dem Nettoverfahren 348
Aufgabe 1.12 Buchen nach Netto- und Bruttoverfahren 348
Aufgabe 1.13 Entgeltänderungen und Umsatzsteuer 349
Aufgabe 1.14 Mehrere Umsatzsteuersätze 349
Aufgabe 1.15 Umsatzsteuer bei Lieferungen und
unentgeltliche Wertabgaben 350
Aufgabe 1.16 Lineare und degressive Abschreibung 351
Aufgabe 1.17 Digitale Abschreibung 351
Aufgabe 1.18 Abschreibung nach Maßgabe der Leistung 351
Aufgabe 1.19 Abschluss bei direkter Abschreibung 352
Aufgabe 1.20 Abschluss bei direkter und indirekter Abschreibung 352
Aufgabe 1.21 Bildung und Auflösung einer Einzelwertberichtigung
auf Forderungen 353
Aufgabe 1.22 Einzel- und Pauschalwertberichtigung auf Forderungen 353
Aufgabe 1.23 Endgültig eintretende Zahlungsausfälle bei einzel- und
pauschalwertberichtigten Forderungen 353
Aufgabe 1.24 Zeitliche Abgrenzung 354
Aufgabe 1.25 Abschluss einer GmbH 354

Aufgaben zum 2. Hauptteil: Allgemeine rechtliche Vorschriften und Grundsätze ordnungsmäßiger Buchführung 357

Aufgabe 2.01 Zur Buchführungspflicht nach Handels- und Steuerrecht 357
Aufgabe 2.02 Zeitgerechtes Buchen 357
Aufgabe 2.03 Zeitlich verlegte Inventur 357
Aufgabe 2.04 Frist für die Erstellung des Jahresabschlusses bei besonderen
Umständen 357
Aufgabe 2.05 Unterzeichnung 357
Aufgabe 2.06 Zur Aufbewahrung von Unterlagen 358
Aufgabe 2.07 Aufbewahrungsfristen 358

Aufgaben zum 3. Hauptteil: Organisation der Buchführung und EDV 359

Aufgabe 3.01 Zur Durchschreibebuchführung 359
Aufgabe 3.02 Zur manuellen Offenen-Posten-Buchführung 359

Aufgabe 3.03 Abgrenzung von Aufwand und Kosten 359
Aufgabe 3.04 Abgrenzung von Ertrag und Leistung 360
Aufgabe 3.05 Zusammenhänge zwischen Buchhaltung und Kalkulation
in prozessgegliederten Kontennetzen 360
Aufgabe 3.06 Verbuchung von Wertdifferenzen aus Verrechnungspreisen
bei prozessgegliederten Kontennetzen 360
Aufgabe 3.07 Durchführung der Abgrenzungsrechnung bei
abschlussgegliederten Kontennetzen am Beispiel des IKR '86 .. 361
Aufgabe 3.08 Abschluss unter Einbeziehung kalkulatorischer Kosten 362

Aufgaben zum 4. Hauptteil: Abschlüsse nach Handels- und Steuerrecht 364

Aufgabe 4.01 Vollständigkeitsgebot 364
Aufgabe 4.02 Gründungsaufwendungen 364
Aufgabe 4.03 Immaterielle Anlagewerte 364
Aufgabe 4.04 Verrechnungsverbot 364
Aufgabe 4.05 Ingangsetzungsaufwendungen, Gründungskosten 364
Aufgabe 4.06 Anlage- und Umlaufvermögen 365
Aufgabe 4.07 Immaterielle Vermögensgegenstände 365
Aufgabe 4.08 Bilanzierung von Mietereinbauten 365
Aufgabe 4.09 Sachanlagen 366
Aufgabe 4.10 Finanzanlagen 366
Aufgabe 4.11 Vorräte 366
Aufgabe 4.12 Forderungen und sonstige Vermögensgegenstände 367
Aufgabe 4.13 Wertpapiere 367
Aufgabe 4.14 Flüssige Mittel 367
Aufgabe 4.15 Kapitalerhöhung 367
Aufgabe 4.16 Eigenkapital 367
Aufgabe 4.17 Ausstehende Einlagen und Jahresfehlbetrag 368
Aufgabe 4.18 Sonderposten mit Rücklageanteil 368
Aufgabe 4.19 Rückstellungen für rückständige Urlaubsansprüche 368
Aufgabe 4.20 Rückstellungen für Altlastensanierung 369
Aufgabe 4.21 Rückstellungen für Zahlungen nach dem
Mutterschutzgesetz 369
Aufgabe 4.22 Nach Abschlussstichtag entstehende Verbindlichkeiten 369
Aufgabe 4.23 Verbindlichkeiten 369
Aufgabe 4.24 Rechnungsabgrenzungsposten 370
Aufgabe 4.25 Rechnungsabgrenzungsposten für Abschlussgebühren
von Bausparverträgen 370
Aufgabe 4.26 Anlagenspiegel beim Verkauf eines Anlageguts 370
Aufgabe 4.27 Anlagenspiegel bei Zuschreibung 370
Aufgabe 4.28 Geringwertige Wirtschaftsgüter im Anlagenspiegel 370
Aufgabe 4.29 Festbewertung und Anlagenspiegel 371
Aufgabe 4.30 Steuerliche Sonderabschreibungen im Anlagenspiegel 371
Aufgabe 4.31 Umbuchungen im Anlagenspiegel 371
Aufgabe 4.32 Wertaufhellung 371
Aufgabe 4.33 Umfang der Anschaffungskosten 371
Aufgabe 4.34 Erschließungsbeiträge als nachträgliche Anschaffungskosten .. 372
Aufgabe 4.35 Retrograde Ermittlung der Anschaffungskosten 372

Aufgabe 4.36 Anschaffungskosten bei Rentenzahlungen 372
Aufgabe 4.37 Anschaffungskosten bei Zuschüssen 372
Aufgabe 4.38 Umfang der Herstellungskosten 372
Aufgabe 4.39 Einzelbewertung oder Bewertungsvereinfachungsverfahren ... 373
Aufgabe 4.40 Gebäudeabschreibung 373
Aufgabe 4.41 Realisations- und Imparitätsprinzip 373
Aufgabe 4.42 Bewertung des Umlaufvermögens bei fallenden Preisen 374
Aufgabe 4.43 6b-Rücklage 374
Aufgabe 4.44 Buchung von Pensionsrückstellungen 374
Aufgabe 4.45 Ansatz von Rückstellungen 375
Aufgabe 4.46 Wertaufholung bei Finanzanlagen 375
Aufgabe 4.47 Verbuchung und Bilanzierung latenter Steuern 376
Aufgabe 4.48 Latente Steuern in Verlustsituationen 376
Aufgabe 4.49 Differenzenspiegel 376
Aufgabe 4.50 Zur buchhalterischen Methode der Ableitung der Steuer- aus
             der Handelsbilanz 377
Aufgabe 4.51 Bilanzänderung 378
Aufgabe 4.52 Bilanzänderung oder Bilanzberichtigung 379
Aufgabe 4.53 Bilanzberichtigung über 3 Jahre mit Mehr- und
             Weniger-Rechnung 379
Aufgabe 4.54 Abschluss einer GmbH 380
Aufgabe 4.55 Zuordnungsfragen in der GuV-Rechnung 380
Aufgabe 4.56 Aufstellung der GuV-Rechnung nach Gesamt- und
             Umsatzkostenverfahren 381
Aufgabe 4.57 Bestätigungsvermerk bei freiwilliger Prüfung 382

LÖSUNGEN

Lösungen zum 1. Hauptteil: Grundlagen der Buchführung 383
Lösungen zum 2. Hauptteil: Allgemeine rechtliche Vorschriften und
                           Grundsätze ordnungsmäßiger Buchführung 404
Lösungen zum 3. Hauptteil: Organisation der Buchführung und EDV 407
Lösungen zum 4. Hauptteil: Abschlüsse nach Handels- und Steuerrecht ... 416

ANHANG

1 Prozessgegliederter Kontenrahmen: Gemeinschaftskontenrahmen
  der Industrie (GKR) 462
2 Prozessgegliederter Kontenrahmen: Kontenrahmen für den Groß- und
  Außenhandel 1988 464
3 Prozessgegliederter Kontenrahmen: DATEV SKR 03 466
4 Abschlussgegliederter Kontenrahmen: Industriekontenrahmen IKR '86 ... 481

Literaturverzeichnis 493

Stichwortverzeichnis 495

Abkürzungsverzeichnis

Abs.	Absatz
Abschn.	Abschnitt
ADS	Adler/Düring/Schmaltz, Rechnungslegung und Prüfung der Unternehmen, Stuttgart
AfA	Absetzung für Abnutzung
AfaA	Absetzung für außergewöhnliche technische und wirtschaftliche Abnutzung
AfS	Absetzung für Substanzverringerung
AG	Aktiengesellschaft
AK	Anschaffungskosten
AktG	Aktiengesetz
AO	Abgabenordnung
a. o.	außerordentlich
BAB	Betriebsabrechnungsbogen
BB	Betriebs-Berater (Zeitschrift)
BfF	Bundesamt für Finanzen
BDI	Bundesverband der Deutschen Industrie e. V.
BewG	Bewertungsgesetz
BFH	Bundesfinanzhof
BFH/NV	Sammlung amtlich nicht veröffentlichter Entscheidungen des Bundesfinanzhofs
BGA	Bundesverband des Deutschen Groß- und Außenhandels e. V.
BGB	Bürgerliches Gesetzbuch
BGBl	Bundesgesetzblatt
BiRiLiG	Gesetz zur Durchführung der Vierten, Siebenten und Achten Richtlinie des Rates der Europäischen Gemeinschaften zur Koordinierung des Gesellschaftsrechts (Bilanzrichtlinien-Gesetz)
BMF	Bundesminister der Finanzen
BStBl	Bundessteuerblatt
BT-Drucksache	Bundestags-Drucksache
DB	Der Betrieb (Zeitschrift)
DIHK	Deutscher Industrie- und Handelskammertag
DRS	Deutscher Rechnungslegungs Standard
DRSC	Deutsches Rechnungslegungs Standards Committee e. V.
DSR	Deutscher Standardisierungsrat (vom Bundesministerium der Justiz mit Vertrag vom 03. 09. 1998 als privates Rechnungslegungsgremium i. S. v. § 342 HGB anerkannt)
EDV	Elektronische Datenverarbeitung
eG	eingetragene Genossenschaft
EGHGB	Einführungsgesetz zum Handelsgesetzbuch
EStDV	Einkommensteuer-Durchführungsverordnung
EStG	Einkommensteuergesetz
EStH	Einkommensteuer-Hinweise
EStR	Einkommensteuer-Richtlinien
EU	Europäische Union
F	Framework (IASB) Beispiel: F.10 = Framework Paragraph 10

FAIT	Fachausschuss für Informationstechnologie des Instituts der Wirtschaftsprüfer in Deutschland e. V.
GAS	German Accounting Standard
GDPdU	Grundsätze zum Datenzugriff und zur Prüfbarkeit digitaler Unterlagen (BMF-Schreiben vom 16. 07. 2001, BStBl I 2001, S. 415)
GenG	Gesetz betreffend die Erwerbs- und Wirtschaftsgenossenschaften (Genossenschaftsgesetz)
GewStDV	Gewerbesteuer-Durchführungsverordnung
GewStG	Gewerbesteuergesetz
GewStR	Gewerbesteuer-Richtlinien
GKR	Gemeinschaftskontenrahmen der Industrie
GmbH	Gesellschaft mit beschränkter Haftung
GmbHG	Gesetz betreffend die Gesellschaften mit beschränkter Haftung
GoB	Grundsätze ordnungsmäßiger Buchführung
GoBS	Grundsätze ordnungsmäßiger DV-gestützter Buchführungssysteme
GuV	Gewinn- und Verlustrechnung
HB	Handelsbilanz
HFA	Hauptfachausschuss des Instituts der Wirtschaftsprüfer in Deutschland e. V.
HGB	Handelsgesetzbuch
HK	Herstellungskosten
HR	Handelsregister
Hrsg.	Herausgeber
IAS	International Accounting Standards Beispiel: IAS 1.11 = IAS 1, Paragraph 11
IASB	International Accounting Standards Board
IASC	International Accounting Standards Committee
IDW	Institut der Wirtschaftsprüfer in Deutschland e. V.
IDW PS	IDW Prüfungsstandards
IDW RS FAIT	IDW Stellungnahmen zur Rechnungslegung des Fachausschusses für Informationstechnologie
IDW RS HFA	IDW Stellungnahmen zur Rechnungslegung des Hauptfachausschusses
IFRS	International Financial Reporting Standards
IHK	Industrie- und Handelskammer
IKR	Industriekontenrahmen
IT	Informationstechnologie
JA	Jahresabschluss
KapCoRiliG	Kapitalgesellschaften- und Co-Richtlinie-Gesetz (2000)
KER	Kurzfristige Erfolgsrechnung
KG	Kommanditgesellschaft
KGaA	Kommanditgesellschaft auf Aktien
KLR	Kosten- und Leistungsrechnung
KonTraG	Gesetz zur Kontrolle und Transparenz im Unternehmensbereich (1998)
KStG	Körperschaftsteuergesetz
KStR	Körperschaftsteuer-Richtlinien
OFD	Oberfinanzdirektion
OHG	Offene Handelsgesellschaft
PublG	Gesetz über die Rechnungslegung von bestimmten Unternehmen und Konzernen (Publizitätsgesetz)

SABI	Sonderausschuss Bilanzrichtlinien-Gesetz des Instituts der Wirtschaftsprüfer in Deutschland e. V.
StB	Der Steuerberater (Zeitschrift), Steuerbilanz
StGB	Strafgesetzbuch
StPO	Strafprozessordnung
Tz	Textziffer
US-GAAP	United States Generally Accepted Accounting Principles
UStDV	Verordnung zur Durchführung des Umsatzsteuergesetzes (Mehrwertsteuer)
UStG	Umsatzsteuergesetz
UStR	Umsatzsteuer-Richtlinien
VAG	Gesetz über die Beaufsichtigung der privaten Versicherungsunternehmen (Versicherungsaufsichtsgesetz)
VO	Verordnung
WPg	Die Wirtschaftsprüfung (Zeitschrift)
ZPO	Zivilprozessordnung
& Co	und Co-Gesellschaften nach § 264a HGB (vor allem GmbH & Co KG)

1. HAUPTTEIL:
GRUNDLAGEN DER BUCHFÜHRUNG

Bearbeitet von: Dipl.-Finanzwirt (FH) Angelika Leuz
Dipl. oec. Norbert Leuz, Steuerberater

1 Aufgaben und Gliederung des kaufmännischen Rechnungswesens

1.1 Begriff und Aufgaben

Das betriebliche Rechnungswesen umschließt alle Maßnahmen und Verfahren zur systematischen zahlenmäßigen Erfassung, Darstellung und Abrechnung des betrieblichen Geschehens, soweit dies zahlenmäßig (mengen- und wertmäßig) erfassbar ist. Es spiegelt den Aufbau und den Ablauf der betrieblichen Prozesse wider und will dadurch den Betrieb insbesondere zwecks Verbesserung von Wirtschaftlichkeit und Rentabilität durchleuchten, sowohl nach geplantem als auch nach tatsächlichem Ablauf.

Das Rechnungswesen hat eine zentrale Stellung im Unternehmen. Es ist Sammelpunkt von Daten, die im Verkehr mit der betrieblichen Umwelt entstehen, und dient als interne Informationsquelle, die wesentliche Beiträge zur Entscheidungsfindung liefert, vor allem, wenn beim Einsatz der EDV Daten nach den verschiedensten Gesichtspunkten aufbereitet werden. Für den Kaufmann hat das Rechnungswesen folgende Hauptaufgaben zu erfüllen: Es

- dient der Vermögens- und Erfolgsermittlung einer Unternehmung,
- ermittelt die Kosten und wird damit zum Kontrollmittel für die Preisgestaltung,
- prüft die Wirtschaftlichkeit des Unternehmens und wird damit zu einem wichtigen Mittel der Betriebskontrolle,
- ermöglicht Planungen für die Zukunft.

Die organisatorische Verankerung des Rechnungswesens in einem Unternehmen ist abhängig von der Unternehmensstruktur und vom Informationsbedarf der anderen betrieblichen Funktionsbereiche.

1.2 Gliederung

Die Organisation des Teilbereichs Rechnungswesen selbst ist an die vier Gebiete des Rechnungswesens geknüpft,

- Buchführung,
- Kostenrechnung,
- Betriebsstatistik und
- Betriebsplanung.

Die einzelnen Gebiete sind eng miteinander verzahnt, sie bedingen und ergänzen einander. Sie müssen so organisiert sein, dass sie mit möglichst geringem Aufwand möglichst aussagefähige Kennzahlen als Hilfsmittel zur Unternehmensführung entwickeln. Dabei muss mit dem Einsatz moderner Arbeitsmittel eine zweckmäßige Abrechnungsorganisation verbunden sein. Ziel muss sein, nicht nur die Kosten der Abrechnung zu senken, sondern deren Aussagewerte zu erhöhen und die Abrechnungsdauer zwecks schneller Auswertung zu verkürzen.

1.2.1 Buchführung

Die Buchführung nimmt eine Zentralstellung ein, weil ihr Zahlenmaterial eine wichtige Grundlage bildet für alle übrigen Zweige des Rechnungswesens. Sie hat die Aufgabe, alle Geschäftsfälle planmäßig, der Zeitfolge nach aufzuzeichnen und in gewissen Zeitabschnitten (Jahre, Monate) die Vermögenslage, vor allem aber den Geschäftserfolg festzustellen. Sie ist eine **Zeitrechnung**.

1.2.2 Kostenrechnung

Die Kostenrechnung arbeitet weitgehend mit dem Zahlenwerk der Buchführung, um die Selbstkosten für die betrieblichen Leistungen zu ermitteln. Sie errechnet also die Kosten der einzelnen Produkte bzw. Waren und sonstigen Leistungen, ist somit in ihrem Ziel **primär** eine **Stückrechnung**. Gleichzeitig dient sie der Kostenkontrolle in allen Bereichen der Unternehmung.

Die Abrechnung vollzieht sich nach Leistungseinheiten oder Leistungsgruppen (Einheit des Kostenträgers oder der Kostenträgergruppe). Neben der Kostenträgerstückrechnung besteht auch eine **Kostenträgerzeitrechnung**.

1.2.3 Betriebsstatistik

Die Statistik wertet das Zahlenwerk von Buchführung und Kostenrechnung aus, stützt sich aber auch auf eigene Erhebungen. Sie verarbeitet die Zahlen zu Tabellen, grafischen Darstellungen u. a., um durch Vergleich wichtige Zusammenhänge und Beziehungen aufzuzeigen (Beispiel: Entwicklung des Umsatzes und der Kosten, Vergleich zwischen Kosten- und Umsatzentwicklung). Sie ist eine **Vergleichsrechnung**, die der Betriebskontrolle dient und die Wirtschaftlichkeit prüft.

1.2.4 Planungsrechnung

Die Planungsrechnung ist eine **Vorschaurechnung**. Sie bestimmt auf Grund der Verhältnisse der Vergangenheit und der erwarteten Entwicklung, wie das Unternehmen in Zukunft arbeiten soll (Produktions-, Umsatz-, Kostenpläne), wie es zu finanzieren ist u. a. Man spricht auch von Etataufstellung oder vom Betriebsbudget.

Die Wirtschaftsplanung ist nur dann verlässlich, wenn sie von Buchführung, Kalkulation und Statistik einwandfreie Unterlagen über die Verhältnisse der Vergangenheit erhält, die einen Schluss auf die Zukunft gestatten, und wenn die erwartete Entwicklung sorgfältig abgeschätzt wurde.

1.3 Erfüllung gesetzlicher Vorschriften

Während Kostenrechnung, Betriebsstatistik und Planungsrechnung rein innerbetriebliche Instrumentarien darstellen, nimmt die Buchführung eine Zwitterstellung ein. Neben der Versorgung des Kaufmanns mit Informationen fällt der Buchführung auch die Aufgabe zu, externe Adressaten, z. B. den Fiskus und im Falle der Offenlegungspflicht die interessierte Öffentlichkeit, über das Unternehmensgeschehen zu informieren. Die durch gesetzliche Rechnungslegungsvorschriften geforderte Information hat **Dokumentationscharakter** und ist auf periodische Datenzusammenstellungen in Form von Bilanz und Gewinn- und Verlustrechnung beschränkt, die im Handelsrecht von bestimmten Unternehmen durch zusätzliche Angaben in Anhang und Lagebericht ergänzt werden.

Handels- und steuerrechtliche Vorschriften haben aber unterschiedliche Zielsetzungen. Die mit Buchführung und Abschluss verfolgten kaufmännischen Ziele sind, über Erfolg, Vermögen und Schulden zu informieren; steuerrechtliche Vorschriften dagegen sind auf die Ermittlung der Steuerbemessungsgrundlage ausgerichtet.

Während die Aufgabe der Steuerbilanz für alle Unternehmensformen gleich bleibt, gewinnt bei den Handelsbilanzen der **Gläubigerschutz** an Bedeutung, wenn die Haftung auf das Unternehmensvermögen beschränkt ist.

In diesem Fall muss die Handelsbilanz neben **Information und Dokumentation** auch die Aufgabe übernehmen, diejenigen Beträge zu bestimmen, die **ausgeschüttet** werden dürfen und die im Unternehmen als Haftungsmasse verbleiben müssen.

Daher sind für Kapitalgesellschaften die gesetzlichen Ansprüche an die Rechnungslegung dahingehend erweitert, dass der Jahresabschluss ein den **tatsächlichen Verhältnissen entsprechendes Bild der Vermögens-, Finanz- und Ertragslage** des Unternehmens zu vermitteln hat (§ 264 Abs. 2 HGB).

Kontrollfragen

1. Definieren Sie den Begriff »Rechnungswesen«.
2. Wie ist das Rechnungswesen organisiert?
3. Welche Aufgaben hat das Rechnungswesen
   - für den Kaufmann,
   - für die Öffentlichkeit
   zu erfüllen?
4. Was ist Aufgabe
   - der Handelsbilanz,
   - der Steuerbilanz?
5. Welche zusätzlichen Aufgaben fallen Handelsbilanzen im Falle der Haftungsbeschränkung zu?
6. Weshalb bezeichnet man die Buchführung als eine Zeitrechnung?
7. Warum ist die Kostenrechnung vor allem eine Stückrechnung?
8. Warum sind bei Kapitalgesellschaften die gesetzlichen Anforderungen an die Rechnungslegung höher als bei Nichtkapitalgesellschaften?

2 Die Bilanz als Ausgangspunkt der doppelten Buchführung (Doppik)

2.1 Wesen und Rolle der Doppik

Jeder Geschäftsfall hat eine zweiseitige Auswirkung. Bei einer Bankabhebung mindert sich das Bankguthaben und erhöht sich der Bargeldbestand. Wer Ware auf Kredit kauft, erhöht zugleich Warenvorrat und Verbindlichkeiten. Wenn man konsequent bei seinen Aufzeichnungen diese doppelte Wirkung verfolgt, bedient man sich der Doppik. Sie bedeutet **doppelte** Buchführung. Ihr stand früher die einfache Buchführung gegenüber, die bei den Aufzeichnungen die doppelte Auswirkung eines Vorganges nur teilweise berücksichtigt.

Heute sind alle Verfahren und Formen der Buchführung – bis hin zur elektronischen Bewältigung des Buchungsstoffes – nach der Doppik orientiert. Wer sich in den Daten der Buchführung zurechtfinden will, muss deshalb die Grundlagen der Doppik beherrschen.

2.2 Die Bilanz und ihre Veränderungen

2.2.1 Die formale Seite des Bilanzbegriffs

Von Bilanzen spricht man nicht nur im Rechnungswesen. Man verwendet diesen Begriff häufig schon dann, wenn man zwei verschiedene Zahlenreihen in Beziehung bringt und durch Einsetzen der Differenz ausgleicht. Beispiele: Zahlungsbilanz, Handelsbilanz, Bilanz einer Badereise u. a.

Die **buchhalterische Bilanz** ist (formal gesehen) eine zweiseitig geführte Rechnung, die für einen bestimmten Stichtag auf ihrer linken Seite **(Aktivseite)** das Unternehmungsvermögen nach seiner Zusammensetzung und auf ihrer rechten Seite **(Passivseite)** nach seiner Finanzierung ausweist.

Die linke Seite zeigt also, welche Mittel im Unternehmen vorhanden sind. Die rechte Seite sagt aus, wer der Kapitalgeber ist. Man bezeichnet sie auch als Kapitalseite.

Aktiva	Bilanz	Passiva
Anlagevermögen Grundstück Gebäude Betriebs- und Geschäftsausstattung **Umlaufvermögen** Waren Forderungen Kasse Bank	**Eigenkapital** **Verbindlichkeiten**	

Bedingt durch das Wesen der Doppik müssen die beiden Seiten der Bilanz stets zum Ausgleich kommen wie die Schalen einer Waage (bi lancia = Waage). Es gilt die Bilanzgleichung:

Summe der Aktiva = Summe der Passiva

2.2.2 Die Ableitung der Bilanz aus dem Inventar

Die Bilanz ist eine gedrängte und gegliederte Gegenüberstellung von Vermögen und Kapital der Unternehmung. Sie gründet sich auf das Inventar, das Vermögensverzeichnis.

Das **Inventar** ist eine ins Einzelne gehende Zusammenstellung aller Vermögens- und Schuldenposten einer Unternehmung, die durch Inventur festgestellt wurden.

Der Vorzug des Inventars liegt in seinem bis ins Einzelne gehenden Nachweis. Der Vorzug der Bilanz besteht in ihrer Übersichtlichkeit, da sie die vielen Einzelposten des Inventars in Gruppen zusammenfasst.

2.2.3 Die Buchführung als »bewegte Bilanz«

Die vom Standpunkt der Buchungstechnik aus wichtigste Eigentümlichkeit der Bilanz gipfelt in der Bilanzgleichung, die unzerstörbar ist. Alle Buchungen eines Unternehmens bedeuten immer nur eine Fortführung der Bilanz. Sie lassen sich im Prinzip auf **vier typische Vorgänge** zurückführen. Das gilt für jede doppelte Buchführung, ob konventionell oder als EDV-Buchführung geführt.

Man spricht mit Recht von einer »bewegten Bilanz«.

(1) Umschichtung innerhalb der Aktiva bei unveränderter Bilanzsumme **(Aktivtausch)**

> **Beispiel**
> Barzahlung eines Kunden 3 000 €.
> Der Aktivposten Kasse nimmt zu (kurz: A +).
> Der Aktivposten Ware nimmt ab (kurz: A –).
> Die Änderungen beschränken sich demnach auf einzelne Aktivposten (Aktivtausch).
> Die Endsummen der Bilanz bleiben unverändert.

(2) Umschichtung innerhalb der Passiva bei unveränderter Bilanzsumme **(Passivtausch)**

> **Beispiel**
> Zahlung an einen Lieferer durch Schuldwechsel 2 000 €.
> Der Passivposten Verbindlichkeiten nimmt ab (P –).
> Der Passivposten Schuldwechsel nimmt zu (P +).
> Die Änderungen beschränken sich hier auf einzelne Passivposten (Passivtausch).
> Die Endsummen der Bilanz bleiben wieder unverändert.

(3) Zugang auf beiden Seiten der Bilanz, also Zunahme der Bilanzsumme **(Bilanzvergrößerung)**

> **Beispiel**
> Zielkauf von Waren 4 000 €.[1]
> Der Aktivposten Waren nimmt zu (A +).
> Der Passivposten Verbindlichkeiten nimmt ebenfalls zu (P +).
> Die Änderungen berühren beide Bilanzseiten.
> Die Endsummen der Bilanz erhöhen sich auf beiden Seiten gleichmäßig (Bilanzvergrößerung).

---

1 Der Unterschied zwischen Einkaufs- und Verkaufspreisen sowie die Umsatzsteuer werden aus methodischen Gründen hier noch vernachlässigt.

(4) Abgang auf beiden Seiten der Bilanz, also Abnahme der Bilanzsumme **(Bilanzverkleinerung)**

Beispiel
Zahlung an einen Lieferanten per Bank 1 000 €.
Der Passivposten Verbindlichkeiten nimmt ab (P −).
Der Aktivposten Bank nimmt ebenfalls ab (A −).
Die Änderungen berühren wieder beide Bilanzseiten.
Die Endsummen der Bilanz vermindern sich auf beiden Seiten gleichmäßig (Bilanzverkleinerung).

Ergebnis: Jeder Geschäftsfall verändert einzelne Bilanzposten. Er kann auch die Endsummen der Bilanz ändern, niemals aber die Bilanzgleichung zerstören.

Man könnte sich also eine Buchführung denken, die nach jedem Geschäftsfall eine neue, veränderte Bilanz darstellt. **Dieser Gedanke der Bilanzfortführung beherrscht die gesamte Buchführungstechnik**, auch die der EDV. Da jeder Vorgang eine doppelte Auswirkung hat, spricht man von der »Doppik« (doppelte Buchführung).

2.2.4 Die Weiterführung der Bilanz in den Konten

Zur Darstellung der einzelnen Geschäftsfälle **zieht man die Bilanz in Konten auseinander**, man zerlegt die Bilanz und schafft Einzelabrechnungen für jeden Bilanzposten.

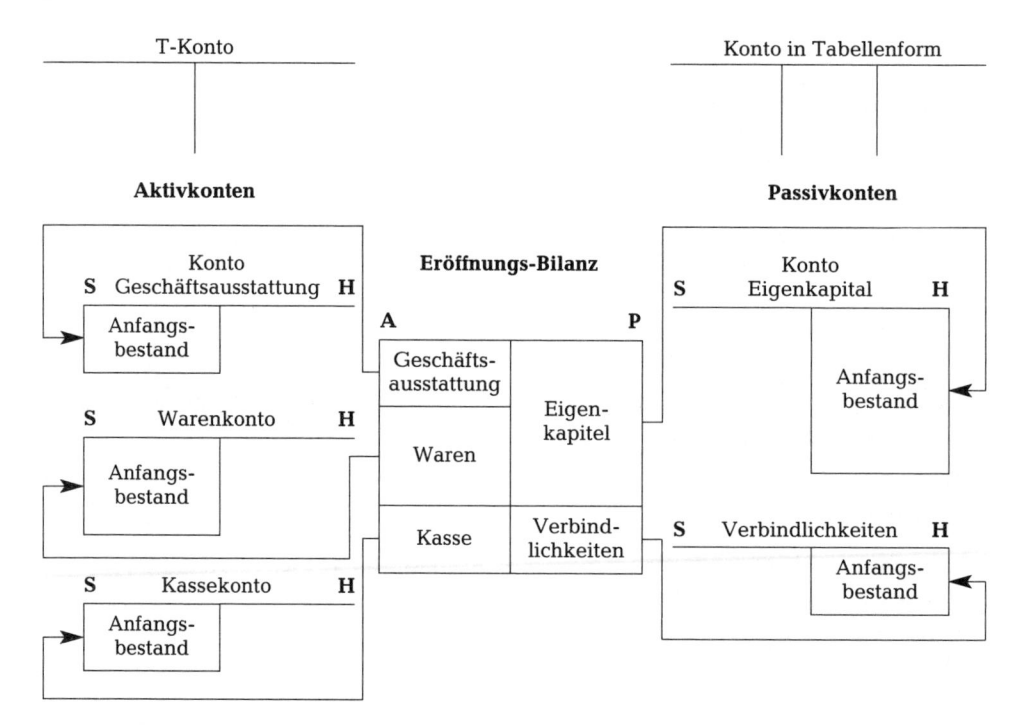

Abb. 1.1: Auflösung der Bilanz in Konten
Anfangsbestand der Aktivposten = Anfangsbestand der Passivposten

Die aus der Bilanz entwickelten Konten sind zweiseitig geführte Rechnungen für einzelne Bilanzposten, die den Buchungsstoff in Additionsposten auf der einen und in Subtraktionsposten auf der anderen Seite ordnen, sodass sich jederzeit der Unterschied der beiden Seiten – der **Saldo** – errechnen lässt.

Entsprechend der Gliederung der Bilanz in Aktiva und in Passiva unterscheidet man **Aktivkonten** und **Passivkonten**.

Da die Konten durch das Auseinanderziehen der Bilanz entstehen, trägt man die Anfangsbestände auf die gleiche Seite ein wie in der Bilanz.

Der Form nach unterscheidet man in der konventionellen Buchführung die so genannten T-Konten von den Konten in Tabellenform. In den Schaubildern verwenden wir nur T-Konten, da sie übersichtlicher sind.

Durch die Auflösung der Bilanz in Konten ändert sich also sachlich nichts. Die Bilanz erhält nur eine neue Form. Will man das alte Bilanzbild wieder herstellen, so braucht man nur die Konten gewissermaßen wieder zusammenzuschieben.

> **Die linke Seite** eines Kontos bezeichnet man als die **Soll-Seite, die rechte Seite** als die **Haben-Seite**.
> **Die Anfangsbestände der Aktivkonten** stehen im Soll, **die Anfangsbestände der Passivkonten** dagegen im Haben.

Aktivkonten haben also einen Aufbau, der dem der Passivkonten entgegengesetzt ist. Das Verständnis für die Gegensätzlichkeit der beiden Kontenreihen ist der Schlüssel zum Verständnis der gesamten Buchführung.

Neben diesen aus der Bilanz entwickelten Konten, die man als »**Sachkonten**« bezeichnet, gibt es als Unterkonten die »**Personenkonten**« für die einzelnen Gläubiger und Schuldner. Sie gliedern die Sachkonten »Verbindlichkeiten« und »Forderungen« weiter auf, geben also den Nachweis über die Schuldverhältnisse im Einzelnen.

Die Summen und Salden aller Schuldnerpersonenkonten (Debitoren)	sind gleich	Summe und Saldo des Sachkontos »Forderungen aus Lieferungen und Leistungen«
Die Summen und Salden aller Gläubigerpersonenkonten (Kreditoren)	sind gleich	Summe und Saldo des Sachkontos »Verbindlichkeiten aus Lieferungen und Leistungen«

Die Bezeichnungen »Soll« und »Haben« stammen aus der so genannten Personifikationstheorie. Sie personifizierte jedes Konto, das sie als »Sachwalter und Abrechner für eine bestimmte Vermögens-, Kapital- oder Schuldenposition« ansah.

Dabei galt als Grundsatz, dass derjenige, der »geben« soll, zu belasten ist (Sollbuchung) und dass demjenigen, der etwas gut hat, der Betrag gutzuschreiben ist (Habenbuchung). Diese Erklärung ist für die Personenkonten (Einzelkonten für Kunden und Lieferanten) einleuchtend, für alle anderen Konten (insbesondere die Erfolgskonten) führt sie zu geschraubten Konstruktionen. Sie ist überlebt und wird hier nur genannt, weil sie eine Erklärung für die Begriffe »Soll« und »Haben« gibt.

Man überschrieb die linke Seite mit dover dare (soll geben), die rechte Seite mit dover avere (soll haben). Später ließ man links dare und rechts dover weg. Das ergab links dover = **Soll**, rechts avere = **Haben**.

Kontrollfragen

1. Was bedeutet der Begriff »Doppik«?
2. Was bedeutet der Begriff »Bilanz«?
3. Was versteht man unter einem Konto?
4. Wie lassen sich die Konten vom Bilanzaufbau her gliedern?
5. Wie lautet die Bilanzgleichung?
6. Warum bezeichnet man die Buchführung als »bewegte Bilanz«?
7. Wie lauten die vier typischen Bilanzveränderungen? Nennen Sie Beispiele.
8. Wie hängen die Personenkonten für Gläubiger und Schuldner mit den entsprechenden Sachkonten zusammen?

2.3 Die Kontierungsregeln

Die Buchung der laufenden Geschäftsfälle wird von der Stellung des Anfangsbestandes aus bestimmt. Jeder Zugang erhöht den ursprünglichen Bestand und ist ihm deshalb zuzurechnen. Er muss also auf **der** Seite des Kontos gebucht werden, auf der sich bereits der Anfangsbestand befindet.

> **Zugänge von Aktivposten gehören** deshalb ins **Soll** (Lastschrift).
>
> **Zugänge von Passivkonten** gehören ins **Haben** (Gutschrift).

Die Abgänge werden auf der Gegenseite gespeichert, damit man durch Vergleich beider Seiten jeweils den Schlussbestand ermitteln kann.

> **Abgänge von Aktivkonten** gehören deshalb ins **Haben**.
>
> **Abgänge von Passivkonten** gehören dagegen ins **Soll**.

Aktivkonten haben immer einen Sollüberschuss (**Sollsaldo**, von ital. saldare = ergänzen). Im Falle der Kontenauflösung wird er als Schlussbestand auf die kleinere Seite, also ins Haben eingesetzt. Die Gegenbuchung erfolgt auf dem Schlussbilanzkonto im Soll.

	Aktivkonten			Passivkonten	
Soll		**Haben**	**Soll**		**Haben**
Anfangsbestand					Anfangsbestand
		./. Abgänge	./. Abgänge		
+ Zugänge					+ Zugänge
		Schlussbestand	Schlussbestand		

Aktivkonten		Passivkonten	
Anfangsbestand (AB): ins Soll		Anfangsbestand (AB): ins Haben	
Daher Zugänge (+): ins Soll		Daher Zugänge (+): ins Haben	
Daher Abgänge (–): ins Haben		Daher Abgänge (–): ins Soll	
Daher Schlussbestand (SB): ins Haben		Daher Schlussbestand (SB): ins Soll	

Abb. 1.2: Bewegungen auf Aktiv- und Passivkonten

Passivkonten haben einen Habenüberschuss (**Habensaldo**). Bei Kontenauflösung wird er zum Ausgleich ins Soll eingetragen. Die Gegenbuchung erfolgt dann auf dem Schlussbilanzkonto im Haben.

Beim Buchen auf ein Konto muss man also folgende schrittweise Überlegungen anstellen:

(1) Welche Konten werden berührt?
(2) Welchen Charakter hat jedes Konto: Aktiv- oder Passivkonto? (A oder P?)
(3) Liegt ein Zugang (+) oder ein Abgang (–) vor?
(4) Auf welche Kontenseite ist demnach zu buchen?

2.4 Der Weg von Bilanz zu Bilanz

Da durch die Buchungen die Bilanzgleichung nicht zerstört wird, muss sich durch Zusammenziehung der Konten jederzeit wieder eine Bilanz ergeben.

Die Bilanz zu Beginn einer Abrechnungsperiode bezeichnet man als **Eröffnungsbilanz**. Sie wird durch die Buchungen zur **Schlussbilanz** fortentwickelt.

Schematisch stellt sich das (zunächst unter Vernachlässigung der so genannten Erfolgskonten), wie in der Abbildung 1.3 gezeigt, dar.

Zusammenfassung: Die doppelte Buchführung hat die Bilanz als Grundlage. Sie geht von der Bilanzgleichung **Aktiva = Passiva** aus und sieht in den Konten Teilausschnitte der Bilanz.

Entsprechend dem Bilanzaufbau sind **zwei Kontenreihen** zu unterscheiden (Zweikontenreihen-Theorie), nämlich **Aktiv- und Passivkonten**. Die Buchführung wird damit zu einem angewandten Gleichungsrechnen.

2.5 Eigenkapitalveränderungen

2.5.1 Die Problematik der Erklärung

Aufwendungen und Erlöse werden in den **Erfolgskonten** gebucht, z. B. auf den Konten Löhne, Materialverbrauch, Reisekosten, Verkaufserlöse, Zinserträge u. a.

Es hat zunächst den Anschein, als wären diese Konten in den zwei dargestellten Kontenreihen der Aktiv- und Passivkonten nicht unterzubringen. Man muss sich aber bewusst sein, dass sie alle **Vorkonten des Kontos Eigenkapital** sind, weil Gewinne das Eigenkapital erhöhen, Verluste es vermindern. Sie sind also als Passivkonten zu behandeln.

2.5.2 Die Vorkonten des Kapitalkontos

Dem Kapitalkonto werden zunächst **Aufwand- und Erlöskonten** vorgeschaltet. Aufwendungen betrachtet man dann als Kapitalabgänge (Buchung im Soll), Erlöse dagegen als Kapitalzugänge (Buchung im Haben).

Das Eigenkapital kann auch durch außerbetriebliche Einflüsse geändert werden. Wenn ein Kaufmann Geld, Ware oder anderes aus seiner Unternehmung herausnimmt, wenn er also **Privatentnahmen** macht, so lässt er sich damit einen Teil seiner früheren Einlagen zurückgeben, verkleinert also sein Eigenkapital. Durch Neueinlagen kann er es auch vergrößern.

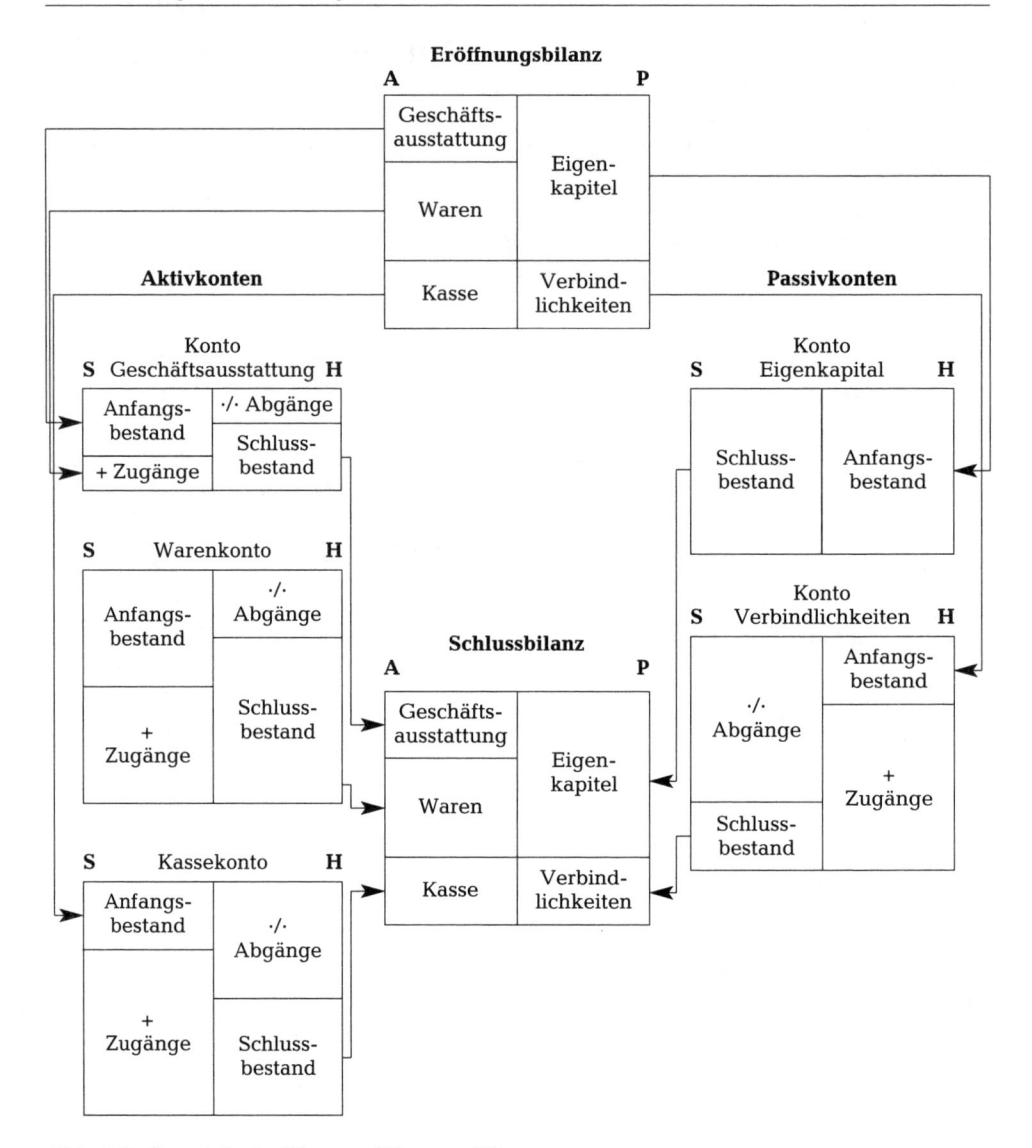

Abb. 1.3: Der einfache Weg von Bilanz zu Bilanz

Alle diese Vorgänge sind auf Vorkonten des Kapitalkontos zu buchen.

Beim Abschluss geben die Erfolgskonten ihre Salden an das GuV-Konto ab, das wie das Privatkonto mit dem Kapitalkonto abgeschlossen wird.

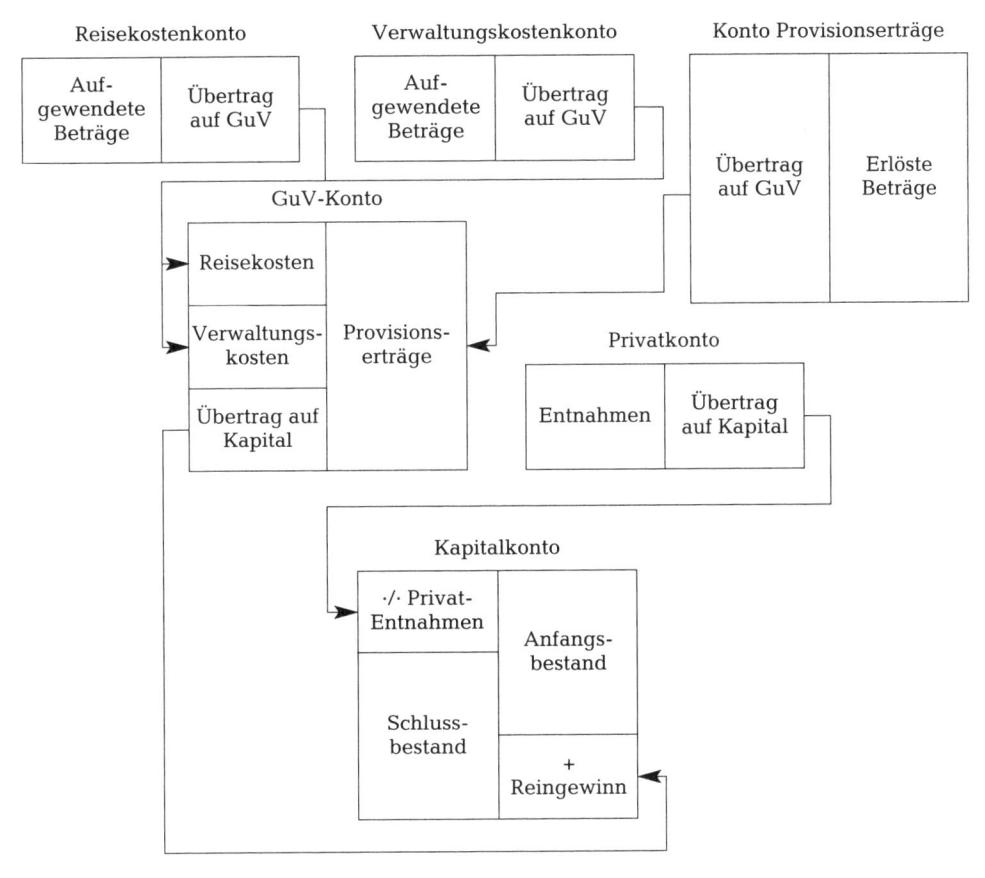

Abb. 1.4: Schematisches Beispiel für einen Handelsvertreter

Aufwand und Privatentnahmen sind **Kapitalabgänge** (P–, Sollbuchung).
Erträge und Neueinlagen sind **Kapitalzugänge** (P+, Habenbuchung).
Die Vorkonten des GuV-Kontos nennt man **Erfolgskonten**, die unmittelbar aus der Bilanz zu entwickelnden Konten dagegen **Bestandskonten**.

Kontrollfragen
1. Wo werden Zugänge bei Aktivkonten, wo bei Passivkonten verbucht?
2. Welche Konten haben einen Sollsaldo, welche einen Habensaldo?
3. Worin unterscheiden sich die Erfolgskonten von den Bestandskonten?
4. Wie lautet das Sammelkonto für Erfolgskonten?
5. Wie werden Erfolgskonten abgeschlossen?
6. Welchen Charakter hat ein Privatkonto?
7. Was bedeutet es, wenn auf dem Kapitalkonto einmal ein Sollsaldo steht?

Aufgabe 1.01 *(Zusammenhang zwischen Bilanz und Buchführung)* S. 343

3 Die Buchung des Warenverkehrs

3.1 Die Warenkonten

Die Waren sind bei Eingang zu **Einstandspreisen** zu buchen, bei Verkäufen zu **Verkaufspreisen**. Deshalb werden ein Wareneinkaufs- und ein Warenverkaufskonto geführt; Letzteres bezeichnet man auch als Erlöskonto.

Ein **ungeteiltes Warenkonto** hätte den Nachteil, dass sein Saldo weder Bestand noch Erfolg messen würde. Derartige Konten werden als **gemischte Konten** bezeichnet und in der Praxis aufgelöst.

Die Erklärung der beiden Konten und ihre Einordnung in die beiden Kontenreihen der Aktiv- und Passivkonten ist etwas kompliziert.

Das **Wareneinkaufskonto** ist ein Aktivkonto. Es empfängt den Anfangsbestand laut Bilanz, wird mit allen Zugängen belastet und übernimmt den durch Inventur ermittelten Schlussbestand. Buchungen erfolgen zu Einstandspreisen. Es ist kein reines Bestandskonto, sondern der Art nach noch immer ein gemischtes Konto, weil es neben dem durch Inventur ermittelten Schlussbestand noch einen Erfolgsteil enthält, nämlich den Wareneinsatz.

Das **Warenverkaufskonto** geht nicht aus der Bilanz hervor. Es ist ein reines Erfolgskonto. Da es die Verkäufe (Abgänge) an Waren nachweist, ist es eine Ergänzung zum Wareneinkaufskonto. Seine Gutschriften belegen aber wertmäßig nur insoweit einen Abgang des Aktivpostens Ware, als sie den Einstandspreis umschließen.

3.2 Abschluss der getrennten Warenkonten

Beim Abschluss der Warenkonten ist der Einstandspreis der verkauften Waren bzw. der Wareneinsatz zu ermitteln:

  Anfangsbestand
+ Einkäufe
./. Schlussbestand (durch Inventur ermittelt)

= abgesetzte Waren zu Einstandspreisen (Wareneinsatz)

Wird dieser Betrag zur Erfolgsermittlung auf das Warenverkaufskonto übertragen, so spricht man vom so genannten **Nettoabschluss**. Dann gilt:
- Saldo Wareneinkaufskonto = Wareneinsatz
- Saldo Warenverkaufskonto = Rohgewinn

Beim Nettoabschluss ist von **Nachteil**, dass sich die Bemessungsgrundlage bei der Umsatzsteuer (d. h. die steuerpflichtigen Umsätze) nicht mehr aus den Warenverkaufskonten ableiten lässt.

Aussagefähiger ist der so genannte **Bruttoabschluss**. Dabei werden sowohl das Wareneinkaufs- als auch das Warenverkaufskonto jeweils direkt über das GuV-Konto abgeschlossen, sodass sich dort Wareneinsatz (im Soll) und Warenerlöse (im Haben) gegenüberstehen. Der Vorteil des Bruttoabschlusses besteht im Aufzeigen des Zustandekommens des Rohgewinns als Differenz zwischen Umsatzerlösen und Wareneinsatz. Außerdem bleibt der Saldo des Warenverkaufskontos für Zwecke der Umsatzsteuervoranmeldung und -erklärung erhalten.

Wareneinkaufskonto / Warenverkaufskonto

Wareneinkaufskonto	
Anfangsbestand	Rücksendungen an Lieferanten
	Nachlässe von Lieferanten
Wareneinkäufe	Schlussbestand
Bezugskosten	Wareneinsatz (zum Einstandspreis)

Warenverkaufskonto	
Rücksendungen von Kunden	Warenverkäufe
Nachlässe an Kunden	
Wareneinsatz (zum Einstandspreis)	
Rohgewinn	Warenentnahmen

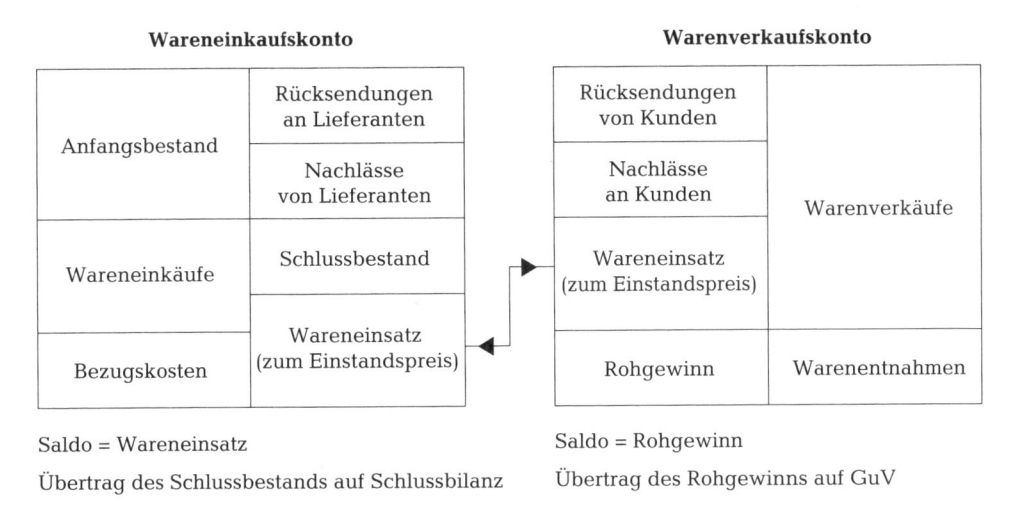

Saldo = Wareneinsatz
Übertrag des Schlussbestands auf Schlussbilanz

Saldo = Rohgewinn
Übertrag des Rohgewinns auf GuV

Abb. 1.5: Wareneinkaufs- und Warenverkaufskonto beim Nettoabschluss

Wareneinkaufskonto	
Anfangsbestand	Rücksendungen an Lieferanten
	Nachlässe von Lieferanten
Wareneinkäufe	Schlussbestand
Bezugskosten	Wareneinsatz (zum Einstandspreis)

Warenverkaufskonto	
Rücksendungen von Kunden	Warenverkäufe
Nachlässe an Kunden	
Saldo	
	Warenentnahmen

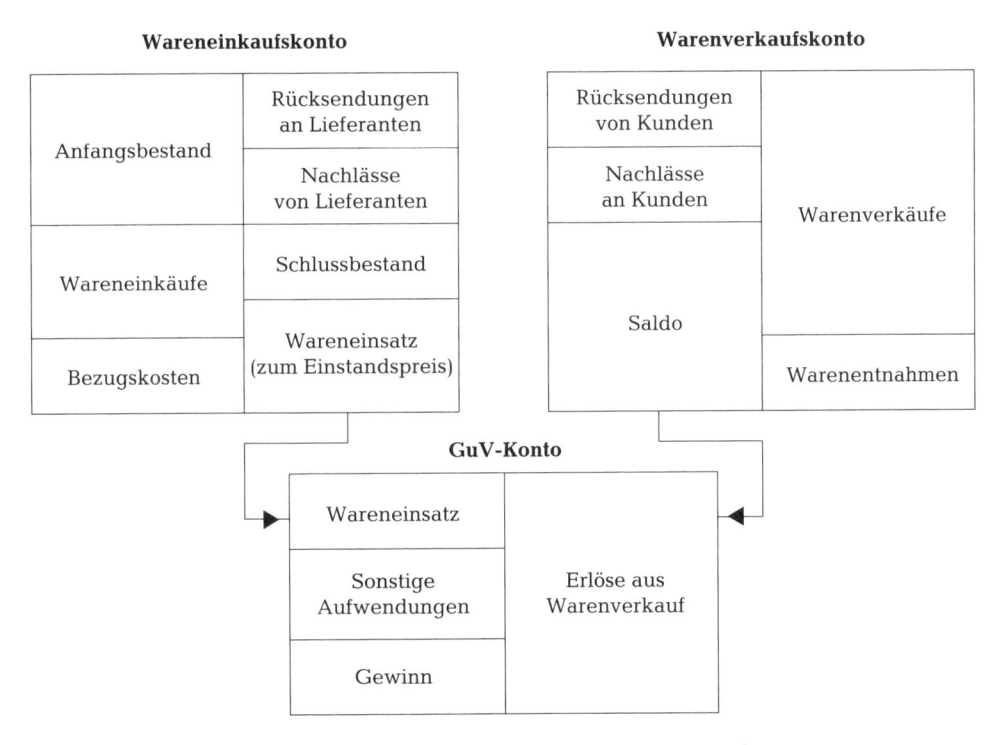

GuV-Konto	
Wareneinsatz	Erlöse aus Warenverkauf
Sonstige Aufwendungen	
Gewinn	

Abb. 1.6: Wareneinkaufs- und Warenverkaufskonto beim Bruttoabschluss

Bei **Industriebetrieben wird** zwischen Wareneinkaufs- und GuV-Konto meistens das **Materialaufwandskonto** geschoben. Dadurch wird das Wareneinkaufskonto zum reinen Bestandskonto. Materialeinsatz bzw. -verbrauch sind auf einen Blick ersichtlich.

Diese Buchungsweise wäre auch für **Handelsbetriebe** (durch Einführung eines Wareneinsatzkontos) anwendbar. **In der Praxis** dagegen führen Handelsbetriebe häufig ein **Wareneinkaufskonto**, das alle Einkäufe des Geschäftsjahres aufnimmt, sowie **ein Warenbestandskonto**, das nur den Anfangsbestand zeigt und das Jahr über unverändert bleibt. Am Jahresende übernimmt es den durch Inventur ermittelten Endbestand. Die Differenz wird dem Wareneinkaufskonto belastet oder gutgeschrieben, wodurch das Wareneinkaufskonto den Wareneinsatz bzw. -verbrauch des Geschäftsjahres aufzeigt.

Aufgabe 1.02 *(Unterschiedliche Möglichkeiten der Buchung des Warenverkehrs) S. 343*

3.3 Einbau der Umsatzsteuerkonten[1]

Die Umsätze des Unternehmers unterliegen der Umsatzsteuer (USt). Sie ergibt sich in der Regel aus den Rechnungen für Lieferungen und sonstige Leistungen.

Die von den Lieferanten berechnete Vorsteuer wird in der Regel auf die Steuerschuld angerechnet (Allphasenbesteuerung mit Vorsteuerabzug).

Zur Einführung ist von folgenden sechs Grundregeln auszugehen:

(1) Wer Waren liefert oder sonstige steuerpflichtige Leistungen ausführt, berechnet in den Ausgangsrechnungen neben dem Nettobetrag noch die Umsatzsteuer. Sie beträgt zurzeit in der Regel 16 %, in Sonderfällen, u. a. bei den meisten Lebensmitteln, Büchern, Kunstgegenständen, Rohholz, 7 % (so genannte Steuertraglast).
(2) Oft bucht man zunächst brutto und ermittelt die Steuer am Monatsende.
(3) Die Umsatzsteuer auf die Ausgangsrechnungen wird in dem Konto »Umsatzsteuer« gebucht. Es gehört zu den Konten für Verbindlichkeiten und ist ein passives Bestandskonto.
(4) Der Rechnungsempfänger bucht bei Rechnungseingang die Steuer in das Konto »Vorsteuer«. Dieses Konto bildet für ihn gewöhnlich ein Aktivum, weil die Vorsteuer in der Regel auf die eigene Steuerschuld angerechnet oder sogar zurückgezahlt wird, wenn sie die Steuertraglast übersteigt.
(5) Anrechenbar ist in der Regel auch Vorsteuer, die auf Käufe von Anlagegütern oder auf Entgelt für empfangene sonstige Leistungen (z. B. Vertreterprovision) entfällt.
(6) Die Steuerschuld (Zahllast) des Unternehmers ergibt sich aus der Gleichung

$$\text{Zahllast} = \text{Traglast} \ \cdot/\cdot \ \text{Vorsteuer}$$

Buchungsbeispiel

(1) Warenbezüge eines Monats netto   100 000 € + 16 % Steuer,
brutto also 116 000 €
(2) Warenverkäufe eines Monats netto   140 000 € + 16 % Steuer,
brutto also 162 400 €

Konto Wareneinkauf		Konto Warenverkauf	
(1) Warenbezüge, netto 100 000 €			(2) Warenverkäufe, netto 140 000 €

---

[1] Näheres siehe Abschnitt 7 (S. 24 ff.). Vorläufig soll nur die Rolle der Umsatzsteuerkonten im Zusammenhang der Konten gezeigt werden.
Eine geschlossene Darstellung des Umsatzsteuerrechts befindet sich im Band 3.

Konto Vorsteuer		Konto Umsatzsteuer	
(1) In den ER enthalten 16 000 €			(2) In den AR enthalten 22 400 €

Konto Verbindlichkeiten		Konto Forderungen	
	(1) Warenbezüge, brutto 116 000 €	(2) Warenverkäufe, brutto 162 400 €	

Es ist **unzweckmäßig**, am Monatsende das **Konto »Vorsteuer« mit dem Konto »Umsatzsteuer« abzuschließen**, weil Umsatzsteuer und Vorsteuer sowie die Bemessungsgrundlage der Umsatzsteuer in der Umsatzsteuer-Voranmeldung sowie der Umsatzsteuer-Jahreserklärung gesondert auszuweisen sind (§ 18 UStG).

Aufgabe 1.03 *(Darstellung der Konten Vorsteuer und Umsatzsteuer) S. 344*

3.4 Der Gesamtzusammenhang der Konten

Der Weg der Zahlen aus der Eröffnungsbilanz über die Konten zur Schlussbilanz bildet einen **geschlossenen Kreislauf**, der lediglich durch die **Inventur unterbrochen** wird. Auf Grund der Inventurdaten werden die Kontensalden gegebenenfalls korrigiert und wird sodann die Schlussbilanz erstellt.

In der Abbildung 1.7 für ein Handelsunternehmen kennzeichnen

```
............  = vorbereitende Abschlussbuchungen,
------------  = Abschluss der Erfolgskonten bzw. der gemischten Konten mit deren Erfolgsteil,
– – – – – –   = Übertragung des Reingewinns auf das Kapitalkonto,
―――――――       = Eröffnung und Abschluss der Bestandskonten bzw. der gemischten Konten mit ihrem Bestandsteil.
```

Kontrollfragen

1. Warum spaltet man das Warenkonto in mindestens zwei, in der Praxis häufig in drei Konten auf?
2. Welche Positionen enthält das Wareneinkaufskonto in Soll und Haben, welche das Warenverkaufskonto?
3. Was ist der Unterschied zwischen Netto- und Bruttoabschluss der Warenkonten? Warum ist der Bruttoabschluss aussagefähiger?
4. Wie ermittelt man den Warenrohgewinn?
5. Welche Konten werden mit der Bilanz abgeschlossen?
6. Welche Konten werden mit dem GuV-Konto abgeschlossen?
7. Welche Konten werden mit dem Kapitalkonto abgeschlossen?

Aufgabe 1.04 *(Von der Eröffnungs- zur Schlussbilanz) S. 344*

16 Grundlagen der Buchführung

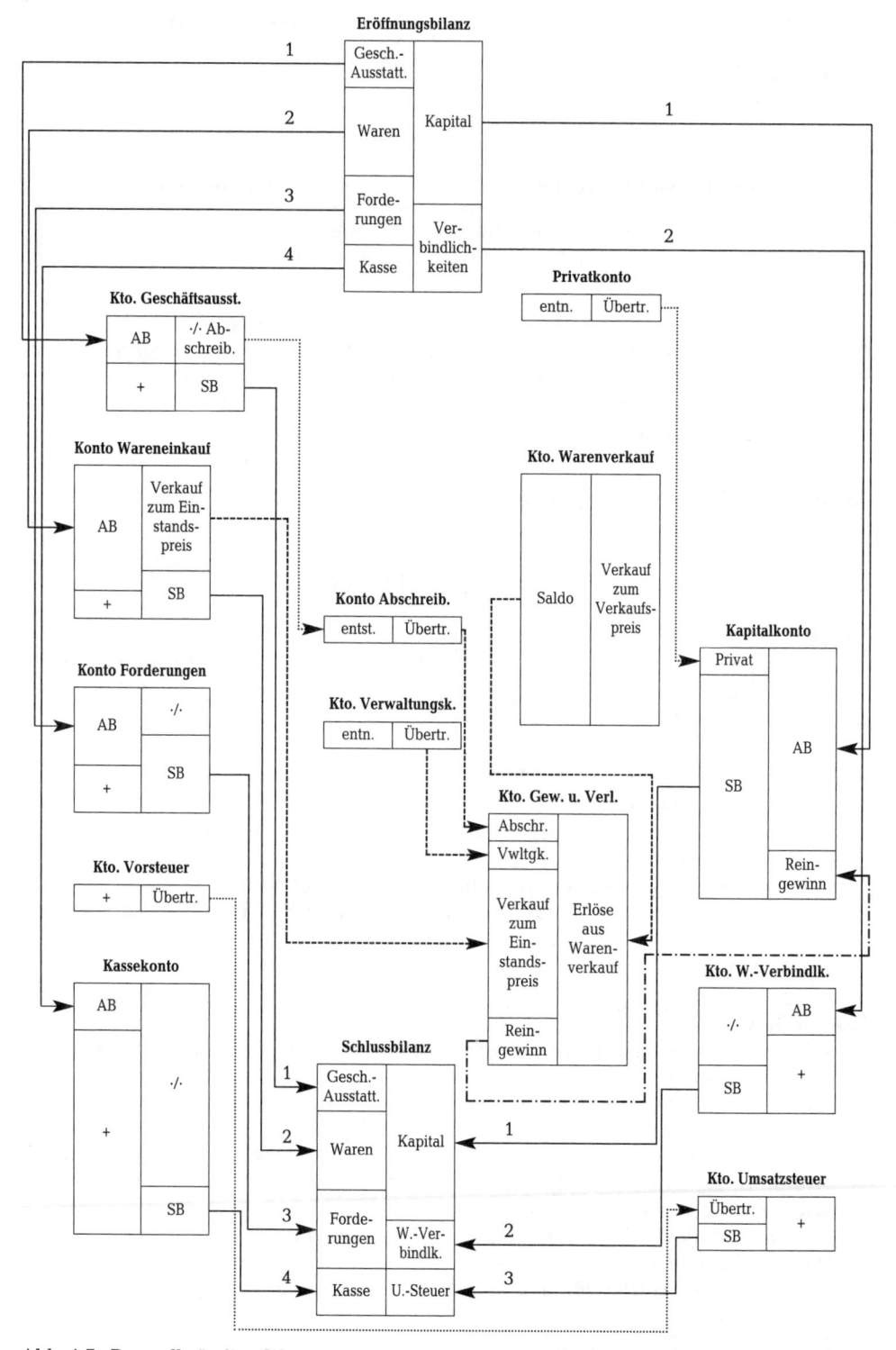

Abb. 1.7: Der vollständige Weg von Bilanz zu Bilanz

4 Die Kontierung

4.1 Der Kontierungssatz (Buchungssatz)

Im Rechnungswesen der Praxis herrscht meist Arbeitsteilung. Die Arbeiten müssen in **Buchungsvorbereitung** und **Buchungsausführung** gegliedert werden. Auch bei Einsatz der EDV sind Vorbereitungsarbeiten nötig. Zu diesen gehört das Bestimmen der Konten, das **Kontieren**. Früher bediente man sich dazu des förmlichen, oft mehrteiligen Buchungssatzes, der heute meist auf die bloße Kontenangabe (Kontierung) beschränkt bleibt.

Im **Buchungssatz** nennt man zuerst das Konto der Sollbuchung und verbindet es durch das Verhältniswort »an« mit dem Konto der Habenbuchung.

Meist verwendet man aber **Buchungsstempel** mit besonderen Feldern für Last- und Gutschrift. Die Kontierung bringt man auf dem Beleg an. Dabei genügt die Angabe der Kontennummer, die sich aus dem Kontenplan des Unternehmens ergibt (siehe S. 94).

Buchungsstempel

Lastschrift	140	gebucht
Gutschrift	100	

Der Buchungssatz war schon in der Frühzeit der Buchführung bekannt. Zunächst wurden alle Vorgänge in ein **Journal** (Tagebuch, Primanota, Memorial) eingetragen und dann erst in die Konten übernommen, in das so genannte Hauptbuch. Dann war es zweckmäßig, bereits im Journal die Kontierung anzugeben.

Der Buchungssatz bzw. die Kontierung kennzeichnet den Geschäftsfall kurz und eindeutig. Daher ist aus ihm Rückschluss auf den zu Grunde liegenden Geschäftsfall möglich.

Beispiele für Buchungssätze konventioneller Form

Einfache Buchungssätze
(nur ein Lastschrift- und ein Gutschriftkonto sind berührt)

Barabhebung von der Bank 300 €:
einzeilig: Kasse an Bank   300 €
oder zweizeilig: Kasse   300 €
                        an Bank   300 €

Zusammengesetzte Buchungssätze
(mehrere Lastschrift- oder mehrere Gutschriftkonten sind berührt)

Zahlung eines Kunden durch Bank 200 € und Postbank 100 €:

Bank   200 €
Postbank   100 €
   an Forderungen   300 €

Schrittweise Überlegungen bei der Kontierung:

(1) Welche Konten werden durch den Geschäftsfall betroffen?
(2) Sind es Aktiv- oder Passivkonten?
(3) Liegt Zugang oder Abgang vor?
(4) Welche Kontenseite wird berührt?
(5) Wie lautet also die Kontierung?

Aufgabe 1.05 *(Einfache Buchungssätze) S. 345*

Aufgabe 1.06 *(Zusammengesetzte Buchungssätze im Zahlungsverkehr) S. 345*

Aufgabe 1.07 *(Zusammengesetzte Buchungssätze im Warenverkehr) S. 346*

4.2 Der Kontenruf

Bei Eintragung in die Konten braucht man nur das Gegenkonto anzugeben. Diese Eintragung nennt man **Kontenruf**. Die Lastschriften wurden früher mit dem Wörtchen »an«, die Gutschriften mit »von« oder »per« begonnen. Der Kontenruf in dieser Form hat heute keine Bedeutung mehr, ist aber für die Einführung in die Kontierungstechnik wichtig. Bei moderner Buchführung wird der Kontenruf durch die Angabe der Kontennummer des Gegenkontos ersetzt.

Beispiel
Kasse an Bank 300 €

Soll	**Konto Kasse**	Haben
an Bank 300 €		

Soll	**Konto Bank**	Haben
	von Kasse	300 €

oder mit Kontennummern (nach dem Kontenrahmen SKR 03 von DATEV):

Soll	**1000 Kasse**	Haben		Soll	**1200 Bank**	Haben
1200 300 €					1000	300 €

Aufgabe 1.08 *(Deuten von Buchungssätzen) S. 346*

5 Ordnung der Konten

Wenn man die Vielzahl der in der Praxis geführten Konten sinnvoll erfassen will, so muss man diese ordnen. Sie bilden ein System, d. h. ein einheitlich gegliedertes Ganzes. Dabei genügt es nicht, nur aktive und passive Konten zu unterscheiden.

Die Kontenordnung einer Unternehmung ist in ihrem **Kontenplan** festgelegt. Darin ist jedes einzelne Konto mit einer Nummer versehen. Die Nummerierung folgt einem sinnvollen Gliederungsplan, sodass aus der jeweiligen Nummer eines Kontos zu ersehen ist, welchen Charakter es hat, ob es sich z. B. um ein Bestands- oder Erfolgskonto handelt und über welches andere Konto es am Schluss des Geschäftsjahres abzuschließen ist.

Die einzelnen Konten sind dabei im Allgemeinen auf zehn **Kontenklassen** aufgeteilt, die man von 0 bis 9 nummeriert. Innerhalb der Klassen können die Konten noch zu **Kontengruppen** zusammengefasst werden. Die erste Ziffer der Kontennummer nennt stets die Klasse, die zweite kennzeichnet die Kontengruppe. Jede weitere Ziffer dient der tieferen Untergliederung.

Beispiel
1 Finanzkonten
15 Zahlungsmittel
151 Kasse
152 Postbank

Welche einzelnen Konten ein Betrieb in seinen Kontenplan aufnimmt, richtet sich danach, welche Geschäftsvorfälle in Zukunft zu erwarten sind. Das jeweils günstigste Ordnungsschema ist von Wirtschaftszweig zu Wirtschaftszweig verschieden, sodass für einen Handelsbetrieb meist ein anderes Ordnungsschema als Richtschnur dient als für einen Industriebetrieb.

Eine solche einheitliche Richtschnur bezeichnet man als **Kontenrahmen**[1].

Im Anhang sind verschiedene Kontenrahmen abgedruckt. Welche Kontenrahmen den einzelnen Aufgaben zugrunde liegen, ist aus der jeweiligen Aufgabenstellung ersichtlich.

Kontrollfragen
1. *Worin liegt die Bedeutung des Kontierungssatzes?*
2. *Welche Einsichten sind nötig, um immer treffsicher buchen zu können?*
3. *Welche schrittweisen Überlegungen hat man also vor der Buchung anzustellen?*
4. *Wie werden die Konten einer Unternehmung geordnet?*
5. *Was kennzeichnet die erste Ziffer einer Kontennummer? Was besagen die folgenden Ziffern?*

6 Eröffnung und Abschluss

6.1 Die Hilfskonten

Hilfsmittel zu doppikgemäßer Eröffnung der Konten ist das **Eröffnungsbilanzkonto**, Hilfsmittel beim Abschluss das **Schlussbilanzkonto**. Eröffnungs- und Schlussbilanzkonto dürfen mit den Eröffnungs- und Schlussbilanzen nicht verwechselt werden, denn sie sind lediglich aus der Doppik zu erklärende **Hilfskonten** für Eröffnung bzw. Abschluss. Eröffnungs- und Schlussbilanz dagegen stehen außerhalb der Systematik der Doppik und werden praktisch nur nach bestimmten Vorschriften aus den Konten bzw. dem Inventar »abgeschrieben«.

---

1 Eine ausführliche Darstellung der Ordnungsprinzipien der einzelnen Kontenrahmen und verschiedener Buchungsfälle folgt auf S. 94 ff.

Bei konventioneller Buchführung verzichtet man meist sowohl auf formelle Eröffnungsbuchungen als auch auf förmliche Abschlussbuchungen. Eröffnungs- und Schlussbilanzkonto haben dort nur theoretische Bedeutung. Sie sind dank der Betriebsübersicht entbehrlich. Bei der EDV werden Eröffnungs- und Abschlussbuchungen durchgeführt.

Die **Eröffnungsbuchungen** lauten grundsätzlich:

(1) **Sammlung der Aktivbestände:** Alle Aktivkonten an Eröffnungsbilanzkonto.
(2) **Sammlung der Passivbestände:** Eröffnungsbilanzkonto an alle Passivkonten.

Die **Abschlussbuchungen** lauten grundsätzlich:

(1) **Sammlung der Aktivbestände:** Schlussbilanzkonto an alle Aktivkonten.
(2) **Sammlung der Passivbestände außer dem Kapitalbestand:** Alle Passivkonten (außer Kapitalkonto) an Schlussbilanzkonto.
(3) **Sammlung der Aufwendungen:** GuV-Konto an alle Aufwandskonten.
(4) **Sammlung der Erträge:** Alle Ertragskonten an GuV-Konto.
(5) **Übertrag des Reingewinns:** GuV-Konto an Kapitalkonto (bei Reinverlust: Kapitalkonto an GuV-Konto).
(6) **Abschluss des Kapitalkontos:** Kapitalkonto an Schlussbilanzkonto.

6.2 Die Bilanzübersicht als Hilfsmittel bei der herkömmlichen Abschlussarbeit

Die Bilanzübersicht (bzw. Betriebsübersicht, Abschlusstabelle oder Hauptabschlussübersicht) dient

– dem Aufdecken von formellen Buchungsfehlern,
– der Zusammenstellung der Abschlussbuchungen,
– dem Aufstellen einer Probebilanz vor Realisierung bilanzpolitischer Erwägungen.

6.2.1 Die Summenbilanz und Saldenbilanz I als Ausgangspunkt der Abschlusstabelle

Erst nach Addition aller Konten zeigt sich bei konventioneller Buchführung die formelle Richtigkeit der Buchungen. Das Fehlerfeld ist also sehr groß. Deshalb stellt man nach Addition der Konten die unsaldierten **Seitensummen** zur Summenbilanz zusammen. Wenn in der Summenbilanz die Solladdition mit der Habenaddition übereinstimmt, dann ist bewiesen,

(1) dass beim Buchen die Bilanzgleichung gewahrt wurde,
(2) dass die Konten richtig aufgerechnet wurden.

Anschließend ermittelt man die **Kontensalden** und stellt die Saldenbilanz I auf. Die Salden stehen dabei auf der wertmäßig größeren Seite.

Wenn in der Saldenbilanz I die Solladdition mit der Habenaddition übereinstimmt, so ist bewiesen, dass alle Salden richtig gezogen wurden.

Fehler, die sich gegenseitig ausgleichen, werden durch Summen- und Saldenbilanz I allerdings nicht entdeckt, vgl. folgende Abbildung 1.8.

Kto. Nr.	Konto	Summenbilanz		Saldenbilanz I	
		Soll T€	Haben T€	Soll T€	Haben T€
033	Betriebs- und Geschäftsausstattung	500	—	500	—
060	Kapital	—	1 350	—	1 350
100	Forderungen	2 050	1 450	600	—
140	Vorsteuer	590	—	590	—
151	Kasse	3 210	3 190	20	—
160	Privat	150	—	150	—
170	Verbindlichkeiten	1 600	2 130	—	530
180	Umsatzsteuer	—	480	—	480
300	Wareneinkauf	3 400	—	3 400	—
380	Wareneinsatz	—	—	—	—
400	Personalkosten	200	—	200	—
411	Miete	100	10	90	—
480	Verwaltungskosten	50	—	50	—
490	Abschreibungen	—	—	—	—
800	Warenverkauf	—	3 100	—	3 100
872	Provisionserträge	—	140	—	140
		11 850	11 850	5 600	5 600

Abb. 1.8: Summen- und Saldenbilanz I[1]

6.2.2 Die vorbereitenden Abschlussbuchungen und die Saldenbilanz II

Nicht alle Beträge der Saldenbilanz I stimmen mit den durch **Inventur ermittelten Beständen** überein. Um den Geschäftserfolg zu ermitteln, sind **Umbuchungen** – vorbereitende Abschlussbuchungen – nötig.

Beispiele

(1) Die Betriebs- und Geschäftsausstattung, die mit 500 000 € zu Buch steht, wird in der Inventur mit 400 000 € bewertet. Es sind 100 000 € abzuschreiben.

Buchung: **Abschreibungen**
           an Betriebs- und Geschäftsausstattung   100 000 €

(2) Der Wareneinsatz (= Warenverbrauch) ist noch zu ermitteln.[2] Er ergibt sich nach Ermittlung des Wareninventurbestandes von 880 000 € durch folgende Rechnung:

Wareneinkaufskonto Soll	3 400 000 €
·/· Schlussbestand lt. Inventur	880 000 €
Wareneinsatz	2 520 000 €

Buchung: **Wareneinsatz**
           an Wareneinkauf   2 520 000 €

---

1 Kontennummern in Anlehnung an den Großhandelskontenrahmen. Vgl. S. 464.
2 Zu anderer Buchungsweise des Warenverkehrs vgl. S. 12 und Aufgabe 1.02 auf S. 343.

(3) Abschluss des Privatkontos:

Buchung: **Kapital**
an Privat 150 000 €

Durch die vorbereitenden Abschlussbuchungen ändern sich einige Salden. Die Richtigkeit der neuen Salden wird durch die Saldenbilanz II bewiesen.

Kto.	Konto-Name	Summen-bilanz		Salden-bilanz I		Salden-bilanz II		Vermögens-bilanz		Erfolgs-bilanz	
		Soll T€	Haben T€	Soll T€	Haben T€	Soll T€	Haben T€	Aktiva T€	Passiva T€	Aufw. T€	Erträge T€
033	Betriebs- u. Geschäfts-ausstattung	500	—	500	—	400	—	400	—	—	—
060	Kapital	—	1 350	—	1 350	—	1 200	—	1 200	—	—
100	Forderungen	2 050	1 450	600	—	600	—	600	—	—	—
140	Vorsteuer	590	—	590	—	590	—	590	—	—	—
151	Kasse	3 210	3 190	20	—	20	—	20	—	—	—
160	Privat	150	—	150	—	—	—	—	—	—	—
170	Verbindlichkeiten	1 600	2 130	—	530	—	530	—	530	—	—
180	Umsatzsteuer	—	480	—	480	—	480	—	480	—	—
300	Wareneinkauf	3 400	—	3 400	—	880	—	880	—	—	—
380	Wareneinsatz	—	—	—	—	2 520	—	—	—	2 520	—
400	Personalkosten	200	—	200	—	200	—	—	—	200	—
411	Miete	100	10	90	—	90	—	—	—	90	—
480	Verwaltungskosten	50	—	50	—	50	—	—	—	50	—
490	Abschreibungen	—	—	—	—	100	—	—	—	100	—
800	Warenverkauf	—	3 100	—	3 100	—	3 100	—	—	—	3 100
872	Provisionserträge	—	140	—	140	—	140	—	—	—	140
		11 850	11 850	5 600	5 600	5 450	5 450	2 490	2 210	2 960	3 240
						Gewinn		—	280	280	—
								2 490	2 490	3 240	3 240

Abb. 1.9: Bilanzübersicht

6.2.3 Vermögens- und Erfolgsbilanz

Die Zahlen der Saldenbilanz II bedeuten Bestand und Erfolg. In der Vermögensbilanz (Inventurbestände) und der Erfolgsbilanz (GuV-Rechnung) werden sie sortiert. Damit ist die Bilanzübersicht bis auf die Gewinn- bzw. Verlustermittlung fertig gestellt.

Der Jahreserfolg lässt sich also – dies ist ein Wesensmerkmal der doppelten Buchführung – auf doppelte Art und Weise ermitteln:

(1) aus der Vermögensbilanz, durch das Ermitteln des Saldos aus Aktiva und Passiva (bei gegenüber dem Vorjahr nur durch Privatentnahmen und -einlagen verändertem Kapitalkonto),
(2) aus der Erfolgsbilanz, die die Erfolgsquellen im Einzelnen offen legt, durch das Bilden der Differenz aus Erträgen und Aufwendungen.

Wenn richtig gebucht worden ist, **müssen** beide Rechnungen zu demselben Ergebnis führen.

Die Bilanzübersicht hat – wie das Beispiel auf S. 22 zeigt – mindestens fünf Doppelspalten, kann aber bis zu acht Doppelspalten aufweisen, nämlich zusätzlich

- die Eröffnungsbilanz als erste Doppelspalte,
- die Verkehrszahlen als zweite Doppelspalte,
- die Umbuchungen als Doppelspalte zwischen Saldenbilanz I und Saldenbilanz II.

6.2.4 Umbuchungsspalten

Zwischen Saldenbilanz I und II wird in der Regel eine Spalte zur Kontrolle der vorbereitenden Abschlussbuchungen eingebaut. Von ihr werden natürlich nur die Konten berührt, in denen vorbereitende Abschlussbuchungen vorgenommen werden.

Konto	Umbuchungsspalte	
	Soll	Haben
Betriebs- und Geschäftsausstattung	0	100 000
Kapital	150 000	0
Privat	0	150 000
Wareneinkauf	0	2 520 000
Wareneinsatz	2 520 000	0
Abschreibungen	100 000	0
	2 770 000	2 770 000

6.3 EDV-Abschlusstechnik

Der Jahresabschluss beginnt auch bei der EDV-Buchführung in der Regel mit dem Erstellen einer vorläufigen Bilanzübersicht; nur mit dem Unterschied, dass dies – durch ein Bilanzprogramm gesteuert – der Computer selbst besorgt.

Zunächst liefert er eine Bilanzentwicklungsübersicht bis zur vorläufigen Saldenbilanz meist mit Ausweis eines vorläufigen Ergebnisses. Auf Grund dessen bestimmt der Bilanzierende die Berichtigungen und Umbuchungen und gibt sie im Dialog über den Bildschirm in die Anlage ein. Anschließend druckt der Computer eine vollständige Betriebsübersicht aus und erstellt die Bilanz und GuV-Rechnung. Außerdem liefert ein qualifiziertes EDV-Buchführungs- und Bilanzprogramm auch noch aufschlussreiche Kennzahlen für die betriebwirtschaftliche Auswertung und erstellt – häufig in Verbindung mit der EDV-Anlagenbuchführung – den Anlagenspiegel gemäß HGB.

Dass der Computer die endgültigen Salden automatisch zur Bilanz und GuV-Rechnung zusammenstellt, beruht darauf, dass im Programm ein Bilanz- und GuV-Rechnungsschema vorgesehen ist.

Dabei kann es sich um individuelle Zusammenstellungen oder um die gesetzlichen Schemata des HGB für Kapitalgesellschaften handeln. Die programmierten Schemata sind nach Positionen aufgebaut. Alle Kontennummern des Kontenplans sind durch das Programm bestimmten Abschlusspositionen zugeordnet. Dementsprechend werden die Bilanz und die GuV-Rechnung ausgedruckt.

Wenn sich auch durch die Art der verwendeten EDV-Anlage, durch den organisatorischen Einsatz (insbesondere Computer »im Haus« oder »außer Haus« bzw. Verbund zwischen interner und externer Verarbeitung), durch das verwendete Programm (vor allem Standard- oder Individualprogramm) u. a. im Detail unterschiedliche Abläufe ergeben können – am Grundsätzlichen der in groben Zügen besprochenen EDV-Abschlusstechnik ändert sich dadurch nichts. Vgl. auch die Ausführungen zur EDV-Buchführung auf S. 74.

Auf Feinheiten qualifizierter Bilanzprogramme, wie

– die automatische Erstellung von Umsatzsteuer-Voranmeldungen,
– die automatische Gewerbesteuerermittlung,
– den Einbau von Vorjahreswerten und Prozentvergleichen in die Abschlussrechnungen,
– die Möglichkeit, in zwei Geschäftsjahren parallel zu buchen, sodass zu einem späteren Zeitpunkt noch problemlos Vorgänge nachgebucht werden können, die das abgelaufene Wirtschaftsjahr betreffen, u. a.,

kann hier nicht näher eingegangen werden. Die Ausführungen zur konventionellen Buchführung über den Aufbau der Bilanzübersicht, das Sammeln der Berichtigungsangaben und das Abschließen der Buchführung gelten entsprechend auch für die EDV-Buchführung. Die Verkehrszahlen brauchen bei EDV-Buchführungen für den Jahresabschluss nicht aufbereitet zu werden; sie liegen bereits in den gespeicherten Jahresbewegungen je Konto fertig vor.

Kontrollfragen
1. Worin liegt der Unterschied zwischen Eröffnungs- bzw. Schlussbilanz und Eröffnungs- bzw. Schlussbilanzkonto?
2. Wie lauten die Eröffnungsbuchungen?
3. Wie lauten die Abschlussbuchungen? In welcher Reihenfolge sind sie vorzunehmen?
4. Warum sind sie in der Praxis bei konventioneller Buchführung entbehrlich?
5. Welchen Zwecken dient die Bilanzübersicht?
6. Wie werden die einzelnen Spalten der Bilanzübersicht bezeichnet?
7. Wie lässt sich der Jahreserfolg auf doppelte Art und Weise ermitteln?

Aufgabe 1.09 *(Verständnisfragen zur Bilanzübersicht) S. 347*

Aufgabe 1.10 *(Aufstellung der Bilanzübersicht) S. 347*

7 Die Umsatzsteuer in der Buchführung

7.1 Rechtsvorschriften

Die Umsatzsteuer in Form der so genannten Mehrwertsteuer hat auf die Buchführung einen außerordentlich großen Einfluss. Gemäß § 22 UStG hat der Unternehmer zur Feststellung der Steuer und der Grundlagen ihrer Berechnung Aufzeichnungen zu machen.

Im **Beschaffungsbereich** müssen aufgezeichnet werden:

- die **Entgelte** für empfangene steuerpflichtige Lieferungen/sonstige Leistungen und die darauf entfallenden **Steuerbeträge** (§ 22 Abs. 1 Nr. 5 UStG),
- die **Bemessungsgrundlagen** sowie die darauf entfallenden **Steuerbeträge** (§ 22 Abs. 1 Nr. 6, 7 und 9 UStG) für die
    - **Einfuhr/innergemeinschaftlicher Erwerb** von Gegenständen und
    - **Auslagerungen aus einem sog. Umsatzsteuerlager** gemäß § 4 Nr. 4a Satz 1 Buchstabe a Satz 2 UStG.
- Für Werklieferungen und sonstige Leistungen eines im Ausland ansässigen Unternehmers sind wegen der **Steuerschuldnerschaft des Leistungsempfängers** die Angaben wie im Absatzbereich entsprechend § 22 Abs. 1 Nr. 1 UStG zu machen.

Im **Absatzbereich** sind die vereinbarten **Entgelte** für die vom Unternehmer ausgeführten Lieferungen und Leistungen darzustellen und dabei

- nach steuerfreien und steuerpflichtigen Umsätzen sowie
- nach Steuersätzen zu trennen (§ 22 Abs 1 Nr. 1 UStG).

7.2 Herausrechnen der Umsatzsteuer bei Bruttobeträgen

Die Steuer selbst kann entweder jeweils bei der Buchung ausgegliedert oder erst nachträglich herausgerechnet werden (§ 63 Abs. 3, 5 UStDV). Deshalb unterscheidet man Netto- und Bruttoprinzip der Verbuchung.

Die **Nettobuchung** ist das theoretisch richtige Verfahren, weil nur die Nettowerte Ausgangspunkt für die Berechnung von Einstandswerten und Erlösgrößen sind. Wo aber die Steuer in der Rechnung nicht besonders ausgewiesen ist, was bei Rechnungsbeträgen bis 100 € (§ 33 UStDV) sowie generell im Einzelhandel möglich ist, bietet sich die **Bruttobuchung** an.

Das Herausrechnen der Umsatzsteuer bei jeder einzelnen Buchung kann bei **konventioneller Buchführung ziemlich zeitaufwändig** sein. Bei **EDV-Buchführung** dagegen erfolgt die Ermittlung und Buchung der Vor- oder Mehrwertsteueranteile nach Eingabe eines **Umsatzsteuerschlüssels** (z. B. die Ziffer 1 für 16 %, die Ziffer 2 für 7 %) programmgesteuert.

Die im Bruttoumsatz enthaltene Umsatzsteuer kann bei konventioneller (d. h. manueller) Buchführung nach dem Bruchteils- oder nach dem Multiplikationsverfahren herausgerechnet werden.

Beim **Bruchteilsverfahren** wird der Bruttorechnungsbetrag

mit dem Faktor $\frac{16}{116}$ (bei vollem Umsatzsteuersatz) bzw.

mit dem Faktor $\frac{7}{107}$ (bei ermäßigtem Umsatzsteuersatz)

multipliziert.

Beim **Multiplikationsverfahren (inverse Rechnung)** sind diese durch einen Bruch ausgedrückten Faktoren bereits ausgerechnet. Sie betragen

- für 16 %ige Umsatzsteuer 13,7931,
- für 7 %ige Umsatzsteuer 6,5420.

In der Praxis wird es nicht beanstandet, wenn als Multiplikatoren 13,79 bzw. 6,54 angewendet werden, allerdings entstehen dabei Rundungsdifferenzen.

Aufgabe 1.11 *(Buchen nach dem Nettoverfahren) S. 348*

Aufgabe 1.12 *(Buchen nach Netto- und Bruttoverfahren) S. 348*

7.3 Entgeltänderungen

7.3.1 Skonto

Da das Entgelt Bemessungsgrundlage für die Steuerberechnung ist, müssen nachträgliche Entgeltkorrekturen zu nachträglichen Steuerkorrekturen bei Lieferanten und Kunden führen.

Beispiel

Großhändler Groß lieferte an Einzelhändler Klein	4 000 €
+ Umsatzsteuer 16 %	640 €
	4 640 €

Klein überweist unter Abzug von 2 % Skonto.

Buchungen für (1) Lieferung, (2) Bezahlung, (3) Steuerkorrektur

Buchung bei Klein

(1) Wareneinkauf 4 000,00
    Vorsteuer   640,00
    an Verbindl.   4 640,00

(2) Verbindl. 4 640,00
    an Bank   4 547,20
    an Lieferantenskonti   92,80

(3) Lief.-Skonti 12,80
    an Vorsteuer   12,80

Buchung bei Groß

(1) Forderungen 4 640,00
    an Warenverkauf   4 000,00
    an Umsatzsteuer   640,00

(2) Bank 4 547,20
    Kundenskonti   92,80
    an Forderungen   4640,00

(3) Umsatzsteuer 12,80
    an Kundenskonti   12,80

300 Wareneinkauf		800 Warenverkauf	
(1) 4 000 €			(1) 4 000 €

140 Vorsteuer		180 Umsatzsteuer	
(1) 640 €	(3) 12,80 €	(3) 12,80 €	(1) 640 €

130 Bank		130 Bank	
	(2) 4 547,20 €	(2) 4 547,20 €	

308 Lieferantenskonti		808 Kundenskonti	
(3) 12,80 €	(2) 92,80 €	(2) 92,80 €	(3) 12,80 €

170 Verbindlichk. (Lieferant.)		100 Forderungen (Kunden)	
(2) 4 640 €	(1) 4 640 €	(1) 4 640 €	(2) 4 640 €

7.3.2 Sonstige Abzüge

Steuerkorrekturen für sonstige Abzüge, z. B. Nachlässe wegen Mängelrüge, Boni, nachträgliche Rabatte u. a., sind im Prinzip genauso zu behandeln wie Skonti. Sie bedürfen nur immer eines besonderen Beleges.

Aufgabe 1.13 *(Entgeltänderungen und Umsatzsteuer) S. 349*

7.4 Mehrere Steuersätze

Neben dem Normalsteuersatz von 16 % spielt noch der Satz von 7 % eine Rolle (§ 12 Abs. 2 UStG). Er gilt vor allem für Umsätze von Gegenständen, die in einer Liste aufgeführt sind, die dem Gesetz als Anlage beigegeben wurde. Zu solchen Gütern gehören u. a. viele Lebensmittel, zum Beispiel Gemüse, Getreide, Mehl, Fleisch, Milch (aber nicht bei Verzehr an Ort und Stelle), Bücher, Broschüren, Zeitungen u. Ä., Wasser und Holz. Der ermäßigte Steuersatz kommt auch in Frage für die Personenbeförderung innerhalb einer Gemeinde oder bei einer Beförderungsstrecke bis zu 50 km.

Nach § 22 Abs. 2 Nr. 1 UStG ist bei der Aufzeichnung der Entgelte für die **von einem Unternehmer** ausgeführten Lieferungen und sonstigen Leistungen kenntlich zu machen, wie sich die Entgelte nach den einzelnen Steuersätzen bzw. nach Steuerpflicht und Steuerfreiheit verteilen. Nach § 63 Abs. 3 UStDV ist es jedoch gestattet, die jeweiligen Bruttobeträge einschließlich der Steuer getrennt nach Steuersätzen aufzuzeichnen und am Schluss des Voranmeldungszeitraums insgesamt in Bemessungsgrundlage und Steuer aufzuteilen.

Für die **an den Unternehmer** für sein Unternehmen ausgeführten Lieferungen und sonstigen Leistungen bedarf es keiner Aufgliederung nach Steuersätzen, wohl aber der zumindest nachträglichen Trennung von abzugsfähiger und nicht abzugsfähiger Vorsteuer (§§ 22 Abs. 2 Nr. 5 und 15 Abs. 4 UStG).

Aufgabe 1.14 *(Mehrere Umsatzsteuersätze) S. 349*

7.5 Unentgeltliche Wertabgaben

Die Umsatzsteuer ist ihrem Wesen nach eine Verkehrsteuer. Sie besteuert den Umsatz vom Unternehmer an einen Abnehmer. Auch unentgeltliche Wertabgaben (sog. Eigenverbrauch) sind Umsatz, nämlich vom Unternehmer in seiner Eigenschaft als Unternehmer an sich selbst als Privatperson, und werden deshalb den entgeltlichen Lieferungen und Leistungen gleichgestellt. **Voraussetzung** ist (ausgenommen im Fall des § 3 Abs. 9a Nr. 2 UStG), dass die Lieferungen oder Leistungen mit Umsatzsteuer belastet waren und der Unternehmer hinsichtlich dieser Steuer zum vollen oder zumindest teilweisen Vorsteuerabzug berechtigt war. Dabei sind folgende Möglichkeiten zu unterscheiden:

(1) Unentgeltliche Entnahme von Gegenständen (§ 3 Abs. 1b UStG):
- unentgeltliche Entnahme von Gegenständen durch den **Unternehmer** (§ 3 Abs. 1b Nr. 1 UStG), z. B. Waren zur Verwendung im eigenen Haushalt;
- unentgeltliche Sachzuwendungen an das **Personal**, (§ 3 Abs. 1b Nr. 2 UStG), wobei sog. Aufmerksamkeiten (d. h. Sachzuwendungen bis 40 €, vgl. R 73 LStR) aber nicht besteuert werden;
- andere unentgeltliche Zuwendungen, die aus unternehmerischen Gründen, z. B. zur **Werbung oder Imagepflege**, erbracht werden (§ 3 Abs. 1b Nr. 3 UStG), z. B. höherwertige Geschenke an Geschäftsfreunde, Sachspenden an Vereine, Warenabgaben anlässlich von Preisausschreiben, Verlosungen usw., wobei Geschenke von geringem Wert (bis 35 €) und Warenmuster aber nicht besteuert werden;

(2) Unentgeltliche Leistungen (§ 3 Abs. 9a UStG):
- unentgeltliche **Verwendung von dem Unternehmen zugeordneten Gegenständen** für private Zwecke des Unternehmers oder seiner Arbeitnehmer (§ 3 Abs. 9a Nr. 1 UStG), z. B. Verwendung einer unternehmerischen Telefonanlage für private Zwecke oder private Nutzung von Maschinen und Werkzeugen;
- unentgeltliche **Leistungserbringung** (§ 3 Abs. 9a Nr. 2 UStG), z. B. Einsatz betrieblicher Arbeitskräfte für den privaten Bedarf des Unternehmers (Vornahme einer Kfz-Reparatur am Privatwagen der Ehefrau).

Beispiele zur Verbuchung (nach EDV-Kontenrahmen DATEV SKR 03, vgl. S. 466):

zu (1): Die Buchung

>   1800 Privatentnahmen allgemein
>   an 8000 Warenverkauf
>   1770 Umsatzsteuer

ist zwar sachlich richtig, erfüllt jedoch nicht die nach § 22 Abs. 2 Nr. 3 UStG vorgeschriebene **besondere Aufzeichnungspflicht** für unentgeltliche Wertabgaben. Daher besser:

>   1800 Privatentnahmen allgemein
>   an 8910 Entnahme von Gegenständen
>   1770 Umsatzsteuer

zu (2): Dieselben Überlegungen gelten auch für die Entnahme von Leistungen. Wird beispielsweise ein Firmenfahrzeug an drei Tagen privat für Lastentransporte genutzt, dann führt die Buchung

>   1800 Privatentnahmen allgemein
>   an 4500 Fahrzeugkosten
>   1770 Umsatzsteuer

zwar in Höhe des Privatanteils zu einer Berichtigung der Kfz-Kosten und der gebuchten Vorsteuer. Über den Saldo des Kontos Kfz-Kosten ist aber die **besondere Aufzeichnungspflicht** nicht ableitbar.
Außerdem ist keine **Umsatzsteuerverprobung** möglich. Deshalb ist folgende Buchung sinnvoller:

>   1800 Privatentnahmen allgemein
>   an 8920 Entnahme von sonstigen Leistungen
>   1770 Umsatzsteuer

Sie bewirkt eine GuV-Verlängerung.

	GuV
4500 Kfz-Kosten (volle Höhe)	8920 Entnahme von sonstigen Leistungen (Privatanteil an Kfz-Kosten)

Die **Überlassung von Firmenwagen an das Personal** zur privaten Nutzung fällt im Normalfall nicht unter die Regelung des § 3 Abs. 9a UStG: Der Tatbestand umfasst nur **unentgeltliche** Zuwendungen an das Personal. Die Überlassung eines Firmenwagens wird von der Finanzverwaltung nämlich als entgeltliche Leistung angesehen, wobei das Entgelt in einer zusätzlichen Arbeitsleistung besteht.

Der Tatbestand des **früheren Aufwendungs-Eigenverbrauchs** (§ 1 Abs. 1 Nr. 2c UStG alte Fassung) ist durch das Steuerentlastungsgesetz 1999/2000/2002 ersatzlos weggefallen; die entsprechenden Vorgänge werden jetzt durch ein Vorsteuer-Abzugsverbot in § 15 Abs. 1a UStG geregelt.

Aufgabe 1.15 *(Umsatzsteuer bei Lieferungen und unentgeltlichen Wertabgaben)*
S. 350

7.6 Abschluss von Vor- und Umsatzsteuer

Es ist nicht **sinnvoll, die Vorsteuer- und Umsatzsteuerkonten miteinander zu verrechnen**, denn im Rahmen der monatlichen Umsatzsteuer-Voranmeldungen und der Umsatzsteuer-Jahreserklärung werden die **Einzelsalden dieser Konten** benötigt (vgl. § 18 UStG). Die Zahllast wird auf den amtlichen Vordrucken ermittelt.

Lediglich in der Schlussbilanz wird der Saldo zwischen Vor- und Umsatzsteuer ausgewiesen. Die Schlussbilanz ist ja eine Zusammenstellung aggregierter Daten.

Kontrollfragen
1. Wann tritt die Frage der Brutto- oder Nettoverbuchung auf?
2. Wie kann die Umsatzsteuer bei Bruttobeträgen manuell herausgerechnet werden?
3. In welchem Zusammenhang stehen Entgeltänderungen und Umsatzsteuer?
4. Welche Auswirkungen haben unterschiedliche Umsatzsteuersätze auf die Kontengliederung?
5. Warum sind auch Warenentnahmen umsatzsteuerpflichtig? Worauf ist bei der Verbuchung besonders zu achten?

8 Abschreibungen auf Anlagen

8.1 Das Wesen der Abschreibungen

Die meisten Anlagegüter unterliegen der Abnutzung und damit der Entwertung. Dem wird durch Abschreibung Rechnung getragen.

Abschreibungen dienen dazu, die **Anschaffungs- oder Herstellungskosten** abnutzbarer Anlagegüter auf die voraussichtliche Gesamtdauer der Verwendung oder

Nutzung zu verteilen. Sie repräsentieren den dem jeweiligen Geschäftsjahr zugerechneten Wertverlust.

Der Begriff der Abschreibung ist ein betriebswirtschaftlich-handelsrechtlicher Begriff. Ihm entspricht im Steuerrecht der Begriff der **Absetzung für Abnutzung**, der Absetzung wegen Substanzverringerung oder auch der Teilwertabschreibung.

Die Abschreibung bestimmt sich durch unterschiedliche Faktoren (Beispiele vgl. Abbildung 1.10).

Technische Abnutzung, z. B. beeinflusst durch	Wirtschaftliche Entwertung, z. B. beeinflusst durch	Rechtliche Ursachen, z. B. beeinflusst durch
– Beanspruchungsdauer – Beanspruchungsintensität – klimatische Bedingungen – Art der Bedienung – Anlagenpflege	– technischen Fortschritt – gesunkene Wiederbeschaffungskosten – Leistungen nicht mehr gefragt	– gesetzgeberische Maßnahmen (z. B. im Bereich Umweltschutz) – Zeitablauf (z. B. bei Patenten)

Abb. 1.10: Bestimmungsgründe für Abschreibungen

8.2 Bemessungsmethoden der Abschreibungen

Jede Bemessungsgrundlage der Abschreibung ist problematisch, weil nicht allen Faktoren des Verschleißes entsprochen werden kann. Die einzelnen Verfahren der Abschreibung unterscheiden sich zunächst durch die Wahl der **Abschreibungsbasis**. Danach unterscheidet man vor allem die Abschreibung vom Anschaffungswert und vom Restbuchwert.

Hinsichtlich der **Abschreibungssätze** kommen hauptsächlich gleich bleibende oder fallende, aber auch veränderliche Sätze in Betracht.

Veränderliche Abschreibungssätze sollen vor allem der Beanspruchung des Anlagegegenstandes Rechnung tragen, z. B. bei Abschreibungen nach Maßgabe der Leistung (bei Abschreibung einer Kiesgrube oder von Fahrzeugen).

8.3 Abschreibungen vom Anschaffungswert bei gleich bleibendem Abschreibungssatz

Wenn sowohl Abschreibungsbasis als auch Abschreibungssatz gleich bleiben, so ergeben sich zeitproportionale Abschreibungen. Der Abschreibungsverlauf ist **linear**. Bezeichnet man die Nutzungsdauer (in Jahren) mit n, so bestimmt sich der Abschreibungssatz durch die Formel

$$p = \frac{100}{n}$$

Hierbei ist vernachlässigt, dass die Anlagegüter am Ende der Nutzungsdauer (n) manchmal noch einen Schrottwert (S) haben. Wenn man auf den Schrottwert abschreiben will, so ergibt sich die Formel

$$p = \frac{100}{n} \cdot \frac{AW - S}{AW} \qquad (AW = \text{Anschaffungswert})$$

Die Abschreibungen sind jedoch grundsätzlich so zu bemessen, dass nach Ablauf der betriebsgewöhnlichen Nutzungsdauer eines Wirtschaftsgutes ein Wertansatz entfällt. Nur bei Gegenständen von großem Gewicht oder wertvollem Material muss der Schrottwert bei der Bemessung der Abschreibungen einbezogen werden.

8.4 Abschreibungen vom Restbuchwert bei gleich bleibendem Abschreibungssatz

Die Abschreibung vom Restbuchwert führt bei gleich bleibendem Abschreibungssatz zu in geometrischer Reihe fallenden Abschreibungsbeträgen.

Sie verläuft also **degressiv**. Bei kurzer Nutzungsdauer und damit hohen Abschreibungssätzen ist die Degression außerordentlich groß. Dabei ist zu beachten, dass die Abschreibung praktisch niemals auf 0 führt. Der degressiven Abschreibung sind steuerlich enge Grenzen gezogen; zulässig ist zurzeit höchstens das Zweifache des linearen Satzes, Maximalsatz 20 % (§ 7 Abs. 2 EStG). Ein Übergang zur linearen Abschreibung ist möglich (§ 7 Abs. 3 EStG).

Aufgabe 1.16 *(Lineare und degressive Abschreibung) S. 351*

8.5 Digitale Abschreibung

Auch die digitale Abschreibung hat eine degressive Wirkung (digital – an den Fingern abzuzählen). Sie geht vom Anschaffungswert aus, verändert aber alljährlich die Abschreibungssätze.

Den Abschreibungssatz bestimmt man in Form eines Bruches, dessen Zähler im ersten Jahr der Anzahl der Nutzungsjahre entspricht und dann jährlich um 1 abnimmt. Der Nenner besteht aus der zahlenmäßigen Summe der Jahre, in denen abgeschrieben werden soll.
Bezeichnet man die Nutzungsdauer in Jahren mit n und den Anschaffungswert mit AW, so ergibt sich der Abschreibungsbetrag A für

erstes Jahr: $A = \dfrac{n}{\sum 1 + 2 + .. + n} \cdot AW$

zweites Jahr: $A = \dfrac{n-1}{\sum 1 + 2 + .. + n} \cdot AW$

letztes Jahr: $A = \dfrac{1}{\sum 1 + 2 + .. + n} \cdot AW$

Bei einer Nutzungsdauer von 10 Jahren hat man im ersten Jahr 10/55 des Anschaffungswertes abzuschreiben, im zweiten Jahr 9/55, im letzten Jahr 1/55.

Die digitale Abschreibung ist steuerlich nicht zulässig (vgl. § 7 Abs. 2 EStG).

Aufgabe 1.17 *(Digitale Abschreibung) S. 351*

8.6 Abschreibungen vom Anschaffungswert unter Berücksichtigung der Inanspruchnahme

Eine genaue Abschreibung müsste die Inanspruchnahme der Anlagegüter berücksichtigen (also gewissermaßen Zerlegung der Abschreibung in einen festen Satz für das Altern und in einen veränderlichen Satz für die Beanspruchung). Abschreibungen nach der Inanspruchnahme sind steuerrechtlich zulässig, wenn

– die Leistungsabgabe und damit der Verschleiß erheblichen Schwankungen unterliegen und
– der auf das einzelne Wirtschaftsjahr entfallende Umfang der Leistung nachgewiesen wird, z. B. bei einem Kfz durch den Kilometerzähler oder bei Spezialmaschinen durch ein die Anzahl der Arbeitsvorgänge registrierendes Zählwerk (vgl. § 7 Abs. 1 EStG i. V. m. R 44 Abs. 5 EStR).

Aufgabe 1.18 *(Abschreibung nach Maßgabe der Leistung) S. 351*

8.7 Buchung der Abschreibungen

Für die Buchung sind zwei Verfahren möglich: direkte oder indirekte Abschreibung.

8.7.1 Direkte Abschreibung

Beim direkten Verfahren werden die abzuschreibenden Beträge direkt als Abgänge im Haben des Anlagekontos gebucht.

Beispiel
Der Anschaffungswert der Betriebs- und Geschäftsausstattung beträgt 600 000 €. Davon sind am Jahresende 12,5 % = 75 000 € abzuschreiben.

Buchung:
>   Abschreibungen
>   an Betriebs- und Geschäftsausstattung   75 000 €

Der Restbuchwert, im Beispiel 525 000 €, wird am Ende des Geschäftsjahres in die Schlussbilanz übernommen.

8.7.2 Indirekte Abschreibung

Die indirekte Abschreibung wird mit Hilfe eines Wertberichtigungskontos (Passivkonto) durchgeführt. Das Anlagenkonto wird nicht berührt.

Buchung (nach obigem Beispiel):
>   Abschreibungen
>   an Wertberichtigungen   75 000 €

Der Anschaffungswert wird voll auf der Aktivseite der Bilanz ausgewiesen. Die Abschreibungen sind im Konto Wertberichtigung zu speichern; in der Bilanz werden die

Wertberichtigungen auf der Passivseite eingesetzt. Sie bilden einen »Konteraktivposten«. Durch den Vergleich zwischen dem Bilanzansatz in den Aktiven und den in den Passiven ausgewiesenen Wertberichtigungen ergibt sich der Restbuchwert der Anlagen.

Einzelkaufleute und Personengesellschaften sind frei in der Wahl der Form der Abschreibung[1]. Falls Kapitalgesellschaften die indirekte Abschreibung anwenden wollen, müssen sie die Wertberichtigung in der Bilanz jedoch aktivisch absetzen, denn eine Passivierung der Wertberichtigung ist ihnen nach § 266 Abs. 3 i. V. m. § 268 Abs. 2 HGB nicht gestattet.

Kontrollfragen
1. Was sind Abschreibungen?
2. Welche Abschreibungsverfahren werden in der Praxis angewandt?
3. Wie bestimmen sich die Abschreibungsbeträge
   – bei der linearen,
   – bei der degressiven,
   – bei der digitalen Abschreibung?
4. Unter welchen Bedingungen ist steuerrechtlich eine Abschreibung nach Maßgabe der Leistung gestattet?
5. Wie können Abschreibungen verbucht werden?
6. Auf Grund welcher Vorschriften sind Kapitalgesellschaften bei Abschreibungen zu einem Ausweis auf der Aktivseite verpflichtet?

Aufgabe 1.19 *(Abschluss bei direkter Abschreibung)* S. 352

Aufgabe 1.20 *(Abschluss bei direkter und indirekter Abschreibung)* S. 352

9 Abschreibungen auf Forderungen

9.1 Überblick

Der wirkliche Wert einer Forderung (Tageswert) deckt sich nicht immer mit ihrem Nennwert (Anschaffungswert). Ausfälle, vor allem wegen Zahlungsunfähigkeit der Kunden, sind möglich. Das muss spätestens beim Abschluss berücksichtigt werden (Abschreibung).

Die Kundenforderungen lassen sich in drei Gruppen einteilen:

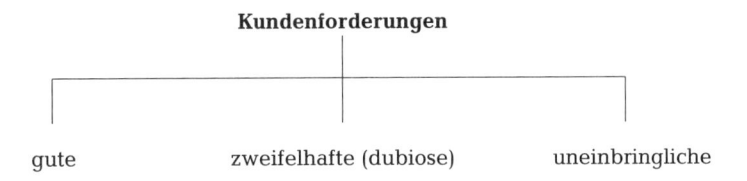

Kundenforderungen

| gute | zweifelhafte (dubiose) | uneinbringliche |

---
[1] Vgl. ADS § 253 Tz 352, 353.

Zweifelhafte Forderungen sind solche Forderungen, mit deren Eingang man nicht sicher rechnen kann (z. B. Kunde beachtet keine Mahnungen oder zahlt schleppend). Sie können ganz eingehen, sie können zum Teil oder auch ganz ausfallen. **Uneinbringlich** sind die Forderungen, bei denen man mit Sicherheit weiß, dass mit ihrem Eingang nicht mehr zu rechnen ist (z. B. bei Konkurseinstellung mangels Masse).

9.2 Abschreiben uneinbringlicher Forderungen

Uneinbringliche Forderungen dürfen erst dann ausgebucht werden, wenn die Uneinbringlichkeit wirklich feststeht.

Beispiel
Der Unternehmer Treu verkauft an den Kunden Habenichts Waren auf Ziel im Wert von 6 000 € zuzüglich 960 € Umsatzsteuer.

Buchungssatz:
    Forderungen aus Lieferungen und Leistungen   6 960 €
        an Warenverkauf   6 000 €
        an Umsatzsteuer   960 €

Habenichts leistet jedoch keine Zahlungen, sondern gibt die eidesstattliche Versicherung nach § 807 ZPO ab, dass er vermögenslos ist. Eine Verbesserung seiner Vermögenslage ist nicht zu erwarten. Treu muss die Forderung in voller Höhe abschreiben.

Buchungssatz:
    Forderungsverluste   6 000 €
    Umsatzsteuer   960 €
        an Forderungen aus Lieferungen und Leistungen   6 960 €

Die Forderungsminderung ist gleichzeitig auf dem Personenkonto des Kunden zu buchen. Wesentlich ist in diesem Zusammenhang die **Umsatzsteuerkorrektur**.

Nach § 10 UStG ist die Bemessungsgrundlage für die Umsatzsteuer bei Lieferungen das Entgelt. Entgelt ist alles, was der Empfänger aufwendet, um die Lieferung zu erhalten, ohne Umsatzsteuer. Im obigen Beispiel hat sich die Bemessungsgrundlage nachträglich auf 0 geändert. Nach § 17 Abs. 2 Nr. 1 UStG ist die Umsatzsteuer zu korrigieren, der Rest (Nettoforderungsbetrag) stellt einen Verlust dar und ist abzuschreiben. Zu beachten ist, dass die Umsatzsteuerkorrektur erst dann vorgenommen werden kann, wenn die **Uneinbringlichkeit endgültig** ist.

9.3 Abschreiben wahrscheinlicher Kundenverluste

Ein wichtiger Bewertungsgrundsatz ist das **Prinzip der Vorsicht**. Vorsichtig zu bewerten heißt, alle Risiken und Verluste, die bis zum Abschlussstichtag vorsehbar und entstanden sind, zu berücksichtigen (§ 252 Abs. 1 Nr. 4 HGB). Wo die Güte jedes Kunden einzeln beurteilt werden kann (bei Großabnehmern), ist Einzelbewertung möglich. Sonst muss man auf Grund der Forderungsausfälle der letzten Jahre einen Abschreibungsprozentsatz für die gesamten Forderungen schätzen und eine Pauschalbewertung durchführen. Entsprechend unterscheidet man **Einzelwertberichtigung** und **Pauschalwertberichtigung**. In der Praxis werden häufig

Einzel- und Pauschalwertberichtigung nebeneinander angewendet (Mischverfahren). In diesem Fall ist der Pauschsatz entsprechend niedriger, da einzelwertberichtigte Forderungen für die Pauschalwertberichtigung nicht mehr in Frage kommen.

9.3.1 Einzelwertberichtigung

Die buchtechnische Durchführung einer Einzelwertberichtigung kann direkt oder indirekt vollzogen werden. Eine **direkte Abschreibung** wird man bei Kundenforderungen jedoch nicht gern vornehmen. Es ergäbe sich nämlich dann, dass das Kundensammelkonto (d. h. das Sachkonto »Forderungen aus Lieferungen und Leistungen«) einen um die Abschreibung niedrigeren Saldo ausweisen würde als die Summe der Salden der Einzelforderungen (d. h. der Personenkonten »Kunden«). Vom Kundenkonto kann ja noch nichts ausgebucht werden, da man den vollen Rechnungsbetrag für (weitere) Mahnungen oder für die Anmeldung zur Konkurstabelle benötigt und ja noch nicht feststeht, in welcher Höhe ein Ausfall entsteht. Deshalb wird man bei Kundenforderungen fast ausschließlich die **indirekte Abschreibung** mit Hilfe eines Wertberichtigungskontos anwenden.

> **Beispiel**
> Am Jahresabschluss stellt der Unternehmer Schenkemann fest, dass der Kunde Zahlnichtgern, der 11 600 € schuldet, sich in Zahlungsschwierigkeiten befindet. Schenkemann schätzt den Forderungsausfall auf 30 %.
> Im Interesse der Klarheit der Buchführung trennt man die zweifelhaften von den einwandfreien Forderungen. Der geschätzte Ausfall wird wertberichtigt.
>
> Buchungssätze:
>   Zweifelhafte Forderungen
>   an Forderungen aus Lieferungen und Leistungen   11 600 €
>   Abschreibungen auf Forderungen
>   an Einzelwertberichtigung auf Forderungen   3 000 €
>
> Hier darf **keine Umsatzsteuerkorrektur** vorgenommen werden, da es sich um einen **wahrscheinlichen Verlust** und noch nicht um einen endgültigen handelt.
> Im Folgejahr ergibt sich, dass die zweifelhafte Forderung in voller Höhe uneinbringlich ist. Sie wird ausgebucht, und die Einzelwertberichtigung ist aufzulösen.
>
> Buchungssätze:
>   Forderungsverluste   10 000 €
>   Umsatzsteuer   1 600 €
>   an Zweifelhafte Forderungen   11 600 €
>   Einzelwertberichtigung auf Forderungen
>   an Erträge aus Herabsetzung der Einzelwertberichtigung 3 000 €
>
> Es wäre auch möglich, die Buchung des endgültigen Ausfalls und die Auflösung der Einzelwertberichtigung wie folgt zusammenzufassen:
>
>   Einzelwertberichtigung auf Forderungen   3 000 €
>   Forderungsverluste   7 000 €
>   Umsatzsteuer   1 600 €
>   an Zweifelhafte Forderung   11 600 €

Diese Handhabung hat jedoch den Nachteil, dass der Saldo des Kontos »Forderungsverluste« zu Zwecken der **Umsatzsteuer-Voranmeldung** (als Entgeltminderung) nicht mehr herangezogen werden kann.

Das Konto »Einzelwertberichtigung« hat – wie auch das Konto »Pauschalwertberichtigung« – passivischen Charakter. Kapitalgesellschaften dürfen im Gegensatz zu Einzelkaufleuten und Personengesellschaften Wertberichtigungen nicht in die Passivseite der Bilanz einstellen (§ 266 Abs. 3 HGB). Sie müssen daher die Salden eventueller Wertberichtigungskonten am Ende des Geschäftsjahres bei den entsprechenden Aktivposten absetzen.

Auch für das Konto »Zweifelhafte Forderungen« ist in der Bilanzgliederung von Kapitalgesellschaften keine eigene Bilanzposition vorgesehen. Beim Abschluss ist es deshalb als Unterkonto zu »Forderungen aus Lieferungen und Leistungen« zu behandeln.

Aufgabe 1.21 *(Bildung und Auflösung einer Einzelwertberichtigung auf Forderungen) S. 353*

9.3.2 Pauschalwertberichtigung

Durch die Pauschalwertberichtigung wird eine jährliche Abschreibung auf Forderungen durchgeführt, die sich an einem bestimmten Erfahrungssatz der Gesamtforderungen (Nettowert) orientiert. Bei Kombination mit Einzelwertberichtigung ist der Prozentsatz entsprechend niedriger, ein pauschaler Abschlag wird nur auf die nicht einzelwertberichtigten Forderungen gemacht. Die **Finanzverwaltung** erkennt nur noch **einen pauschalen Abschlag in Höhe von 1 %** vom Nettowert der nicht einzelwertberichtigten Forderungen an (sog. **Nichtaufgriffsgrenze**), es sei denn, ein höherer Abschlagssatz wird nachgewiesen.

Die Pauschalwertberichtigung erfasst in erster Linie

- das Ausfallrisiko, daneben noch
- Zinsverluste durch verspätete Kundenzahlungen,
- noch zu erwartende Skontoabzüge und
- Kosten der Beitreibung (Inkassoprovisionen, Kosten für Mahnungen, Zwangsvollstreckungen u. a.).

Beispiel
Auf einen Forderungsbestand von 95 120 € ist eine Pauschalwertberichtigung von 1 % vorzunehmen. Sie errechnet sich wie folgt:

Forderungsbestand am 31. 12.	95 120 €
darin enthaltene Umsatzsteuer	13 120 €
Forderungen (netto)	82 000 €

Pauschalwertberichtigung: 1 % von 82 000 € = 820 €

Buchungssatz:
**Abschreibungen auf Forderungen
an Pauschalwertberichtigung auf Forderungen   820 €**

Für die **Verbuchung der wirklich eintretenden Forderungsverluste** im Laufe des Folgejahres gibt es mehrere Methoden. Man sollte – wie bei der Einzelwertberichtigung – eine solche anwenden, die die Umsatzsteuerverprobung nicht stört. Sinnvoll ist es, alle Forderungsausfälle auf dem Konto »Forderungsverluste« zu erfassen und das Konto »Pauschalwertberichtigung« das Jahr über unverändert zu belassen.

Beispiel
Eine Forderung über 1 044 € (brutto) wird uneinbringlich.

Buchungssatz:
Forderungsverluste	900 €	
Umsatzsteuer	144 €	
an Forderungen aus Lieferungen und Leistungen		1 044 €

Erst am Jahresende wird die bestehende Pauschalwertberichtigung aufgelöst und sogleich wieder eine neue gebildet **(Bruttobuchungstechnik)**.

Ist der Forderungsbestand gegenüber dem Vorjahr von 82 000 € netto beispielsweise auf 70 000 € netto gefallen, so ergeben sich folgende Buchungen:

Buchungssatz bei Auflösung:
Pauschalwertberichtigung auf Forderungen
an Erträge aus Herabsetzung der Pauschalwertberichtigung   820 €

Buchungssatz bei Neubildung:
Abschreibungen auf Forderungen
an Pauschalwertberichtigung auf Forderungen   700 €

Diese beiden Buchungen kann man auch zusammenfassen, indem man den Saldo der vorjährigen Pauschalwertberichtigung bei der Neubildung mit einbezieht **(Nettobuchungstechnik)**.

Buchungssatz:
Pauschalwertberichtigung auf Forderungen
an Erträge aus Herabsetzung der Pauschalwertberichtigung   120 €

Sinngemäß ist bei einer Erhöhung des Forderungsbestands zu verfahren.

Das Konto »Pauschalwertberichtigung« darf wie das Konto »Einzelwertberichtigung« bei Kapitalgesellschaften nicht auf die Passivseite der Bilanz eingestellt werden, sondern die Forderungen sind um die Wertberichtigung gekürzt auszuweisen.

Kontrollfragen
1. Was sind zweifelhafte, was uneinbringliche Forderungen?
2. Wann sind Forderungen abzuschreiben? In welchem Fall hat eine Umsatzsteuerkorrektur zu erfolgen?
3. Was versteht man unter
   - Einzelwertberichtigung,
   - Pauschalwertberichtigung?
4. Welche Buchungsschritte sind bei der Einzelwertberichtigung durchzuführen?
5. Warum wird man bei wahrscheinlichen Forderungsverlusten nicht gern eine direkte Abschreibung vornehmen?

6. Wie ist der Prozentsatz zur Errechnung der Pauschalwertberichtigung zu ermitteln?
7. Welche Risiken erfasst die Pauschalwertberichtigung?

Aufgabe 1.22 *(Einzel- und Pauschalwertberichtigung auf Forderungen) S. 353*

Aufgabe 1.23 *(Endgültig eintretende Zahlungsausfälle bei einzel- und pauschalwertberichtigten Forderungen) S. 353*

10 Zeitliche Abgrenzung

Ein alter Bewertungsgrundsatz ist der **Grundsatz der Periodenabgrenzung**. Er besagt, dass Aufwendungen und Erträge eines Geschäftsjahres unabhängig von den Zeitpunkten der entsprechenden Zahlungen im Jahresabschluss zu berücksichtigen sind (§ 252 Abs. 1 Nr. 5 HGB). Deshalb ist beim Abschluss zu prüfen,

– ob alle in den Erfolgskonten ausgewiesenen Beträge wirklich in das abzuschließende Geschäftsjahr gehören oder bereits das neue angehen, oder
– ob alle Aufwendungen und Erträge, die in das alte Jahr gehören, in der Buchführung auch erfasst worden sind.

Dieser als zeitliche Abgrenzung bezeichnete Vorgang wird **über folgende Posten abgewickelt**:
– Transitorien (auszuweisen als aktive und passive Rechnungsabgrenzungsposten),
– Antizipativa (auszuweisen als sonstige Forderungen und sonstige Verbindlichkeiten).

10.1 Transitorien

Transitorische Posten sind bereits im alten Jahr gebucht worden (Beleg im alten Jahr), **gehören aber wirtschaftlich ins neue**. Sie müssen deshalb über die Schlussbilanz in das neue Jahr hinübergenommen werden (transire = hinübergehen), vgl. § 250 HGB.

Bei transitorischen Aktiva **(aktive Rechnungsabgrenzungsposten)** ist der Zahlungsvorgang (Ausgabe) im alten Jahr erfolgt; der Aufwand gehört ganz oder teilweise ins neue Jahr.

Beispiel
Am 1. Juli des laufenden Jahres wurde die Kfz-Versicherungsprämie für das betriebliche Fahrzeug für ein Jahr im Voraus bezahlt. Die Jahresprämie beträgt 800 €.

Abschlussbuchung:
  Aktive Rechnungsabgrenzung
    an Kfz-Kosten   400 €

Damit wurde der Aufwand für das Abschlussjahr periodengerecht abgegrenzt. Da die Ausgabe am 1. Juli des Abschlussjahres den Zahlungsmittelbestand minderte, musste ein neuer Aktivposten zur Korrektur des Vermögens in die Bilanz eingestellt werden, nämlich der Posten der aktiven Rechnungsabgrenzung.

Im Folgejahr ist die aktive Rechnungsabgrenzung über das entsprechende Aufwandskonto wieder aufzulösen. Somit werden die zeitlich abgegrenzten Aufwendungen im neuen Wirtschaftsjahr erfolgswirksam.

Buchung im neuen Jahr:
Kfz-Kosten
an Aktive Rechnungsabgrenzung 400 €

Typische Fälle transitorischer Aktivposten sind vorausgezahlte Unfallversicherungsprämien, Mieten und Steuern.

Bei transitorischen Passiven **(passive Rechnungsabgrenzungsposten)** ist der Zahlungsvorgang (Einnahme) im alten Jahr erfolgt; der Ertrag gehört ganz oder teilweise ins neue Jahr.

Beispiel
Teile des Geschäftsgrundstücks werden zu betrieblichen Zwecken fremd vermietet. Am 1. November des Abschlussjahres überweist der Mieter die Miete in Höhe von 3 000 € zuzüglich Umsatzsteuer für den Zeitraum 1. November des Abschlussjahres bis 31. Januar des Folgejahres.

Abschlussbuchung:
Mieterträge
an Passive Rechnungsabgrenzung 1 000 €

Damit wurde der Ertrag für das Abschlussjahr periodengerecht abgegrenzt. Da die Einnahme am 1. November des Abschlussjahrs den Zahlungsmittelbestand erhöhte, musste ein neuer Passivposten in die Bilanz eingestellt werden, nämlich der Posten der passiven Rechnungsabgrenzung.

Im Folgejahr ist die passive Rechnungsabgrenzung über das entsprechende Ertragskonto wieder aufzulösen. Somit werden die zeitlich abgegrenzten Erträge im neuen Wirtschaftsjahr erfolgswirksam.

Buchung im neuen Jahr:
Passive Rechnungsabgrenzung
an Mieterträge 1 000 €

Typische Fälle transitorischer Passiva sind im Voraus erhaltene Zinsen oder Mieten, im Voraus erhaltene Provisionen.

10.2 Antizipativa

Im Abschlussjahr können Aufwendungen und Erträge zu berücksichtigen sein, **ohne dass Zahlungsvorgänge stattgefunden haben.** Handelt es sich bei den Vorgängen um echte Ansprüche oder Verpflichtungen, so sind diese unter den Bilanzpositionen »Sonstige Forderungen« oder »Sonstige Verbindlichkeiten« auszuweisen. Sie gehören als so genannte antizipative Posten **wirtschaftlich ins alte Jahr**. Der Beleg fällt aber erst im neuen Jahr an, wenn die Einnahme oder Ausgabe erfolgt.

Charakteristik **antizipativer Aktiva (sonstiger Forderungen):** Ertrag ganz oder teilweise im alten – Einnahme erst im neuen Jahr.

Beispiel
Zum Schluss des Wirtschaftsjahres stehen die Zinsen für ein hingegebenes Darlehen, die halbjährlich nachschüssig fällig sind, noch aus. Es handelt sich um 1 800 €.

Abschlussbuchung:
    Sonstige Forderungen
        an Zinserträge   1 800 €

Typische Fälle antizipativer Aktiva sind noch nicht gutgeschriebene Zinsen, noch nicht berechnete Provisionserträge, noch nicht erhaltene Darlehen.

Charakteristik **antizipativer Passiva (sonstiger Verbindlichkeiten):** Aufwand ganz oder teilweise im alten – Ausgabe erst im neuen Jahr.

Beispiel
Der Beitrag für einen Fachverband beläuft sich für das zweite Halbjahr auf 300 €. Überweisung erfolgt erst im Januar des Folgejahres.

Abschlussbuchung:
    Beiträge
        an Sonstige Verbindlichkeiten   300 €

Typische Fälle antizipativer Passiva sind noch nicht bezahlte Löhne und Gehälter, noch abzurechnende Provisionsverpflichtungen.

Werden die sonstigen Forderungen und sonstigen Verbindlichkeiten später **im darauf folgenden Wirtschaftsjahr ausgeglichen**, so sind diese Buchungen erfolgsunwirksam. Im ersten Fall handelt es sich um einen Aktivtausch, im zweiten Fall um eine Aktiv-/Passivminderung.

10.3 Schematische Zusammenstellung der zeitlichen Abgrenzung

Bei den transitorischen und antizipativen Posten wird sichtbar, wie wichtig es ist, Aufwendungen und Erträge genau periodengemäß abzugrenzen. Die Bilanzierung ist weitgehend ein Abgrenzungsproblem.

Besonders deutlich ist das bei Aktivierung von Anlagen, die der Abnutzung unterliegen. Hier geht es in erster Linie darum, mit Hilfe der Abschreibung die Anschaffungskosten auf die Nutzungsdauer der Anlage zu verteilen, also abzugrenzen. Die Abschreibung dient der Aufwandsverteilung. Auch sie ist eine Maßnahme der Rechnungsabgrenzung.

Die Bilanz wird damit zu einem unvollkommenen Mittel der Aufwandsabgrenzung. Ihr Hauptziel ist die Dokumentation des Vermögens. Durch Abschreibung und Rechnungsabgrenzung steht sie stärker im Dienste der Erfolgsrechnung.

Zum besseren Verständnis sind die verschiedenen zeitlichen Abgrenzungen nachstehend schematisch zusammengestellt (vgl. Abb. 1.11).

Art der Abgrenzung	Beispiele	Vorgang		Wirkung auf das Ergebnis des alten Jahres	Bilanzposten
		im alten Jahr	im neuen Jahr		
Aktivposten: transitorisch	im Voraus geleistete Zahlungen an Miete, Versicherungen, Zinsen u. a.	Ausgabe	Aufwand	mindert den Aufwand	Aktive Rechnungsabgrenzung
antizipativ	Ansprüche auf Rabatte, Frachterstattungen, Umsatzprämien, Steuergutschriften, Provision u. a.	Ertrag	Einnahme	erhöht den Ertrag	Sonstige Forderungen
Passivposten: transitorisch	im Voraus erhaltene Zahlungen an Miete, Zinsen u. a.	Einnahme	Ertrag	mindert den Ertrag	Passive Rechnungsabgrenzung
antizipativ	Verpflichtungen zur Zahlung von Vergütungen, Steuern, Löhnen, Zinsen, Gas- und Wassergebühren u. a.	Aufwand	Ausgabe	erhöht den Aufwand	Sonstige Verbindlichkeiten

Abb. 1.11: Übersicht über die zeitliche Abgrenzung

Kontrollfragen
1. Was bezweckt die zeitliche Abgrenzung?
2. Wie wird sie durchgeführt?
3. Was ist der Unterschied zwischen transitorischen und antizipativen Posten? Welche Bilanzposten berühren sie?
4. Nennen Sie einige Beispiele für aktive und passive Rechnungsabgrenzungsposten.
5. Nennen Sie Geschäftsfälle, die man als sonstige Forderungen bzw. sonstige Verbindlichkeiten behandeln muss.

Aufgabe 1.24 *(Zeitliche Abgrenzung) S. 354*

Aufgabe 1.25 *(Abschluss, einer GmbH) S. 354*

2. HAUPTTEIL: ALLGEMEINE RECHTLICHE VORSCHRIFTEN UND GRUNDSÄTZE ORDNUNGSMÄSSIGER BUCHFÜHRUNG

Bearbeitet von: Dipl.-Finanzwirt (FH) Angelika Leuz
Dipl. oec. Norbert Leuz, Steuerberater
Prof. Dr. Reinhard Heyd (bis 1999)

1 Buchführungspflicht

Da ordnungsmäßige Buchführung sowohl im betriebswirtschaftlichen als auch im gesamtwirtschaftlichen Interesse liegt, hat sie von jeher das Interesse des Gesetzgebers gefunden, und zwar im Wirtschafts- wie im Steuerrecht.

1.1 Buchführungspflicht nach Handelsrecht

1.1.1 Grundregel

Gemäß § 238 Abs. 1 HGB ist jeder Kaufmann verpflichtet, Bücher zu führen und in diesen

– seine Handelsgeschäfte und
– die Lage seines Vermögens

nach den Grundsätzen ordnungsmäßiger Buchführung ersichtlich zu machen.

1.1.2 Kreis der Buchführungspflichtigen

Die Vorschriften gelten nur für **Kaufleute**, nicht aber für **Kleingewerbetreibende**, die wegen ihres geringen Geschäftsumfangs einen in kaufmännischer Weise eingerichteten Geschäftsbetrieb nicht benötigen (§ 1 HGB). Allerdings können Kleingewerbetreibende zur Kaufmannseigenschaft **optieren** (§ 2 HGB). Die Bestimmungen haben auch für **Nichtgewerbetreibende** – z. B. Freiberufler – keine Gültigkeit.

Als **Kaufleute im Sinne der Buchführungsvorschriften** sind im Einzelnen anzusehen:

(1) Gewerbetreibende, deren Tätigkeit nach Art und Umfang einen in kaufmännischer Weise eingerichteten Geschäftsbetrieb erfordert (§ 1 HGB, Istkaufleute),
(2) Kleingewerbetreibende, die nach § 2 HGB zur Kaufmannseigenschaft optiert haben (Kannkaufleute),
(3) Land- und Forstwirte, die nach § 3 HGB die Eintragung in das Handelsregister wegen ihres Geschäftsumfangs herbeigeführt haben (Kannkaufleute),
(4) Handelsgesellschaften i. S. des § 6 Abs. 1 HGB (nämlich OHG, KG, AG, KGaA, GmbH),

(5) eingetragene Genossenschaften (§ 17 Abs. 2 GenG),
(6) Versicherungsunternehmen, die nicht kleinere Vereine sind (§ 53 Abs. 1 Satz 1 VAG, § 341a Abs. 1 HGB),
(7) gewerbliche Unternehmen von Gebietskörperschaften, die die Voraussetzungen des § 1 Abs. 2 HGB erfüllen oder die Option nach § 2 HGB ausgeführt haben.

1.1.3 Beginn der Buchführungspflicht

Beginn und Ende der Buchführungspflicht hängen von der Klassifikation der Kaufleute nach HGB ab (vgl. Abbildung 2.1). Die Verpflichtung zur Buchführung beginnt

Istkaufmann Kaufmann kraft Gewerbebetriebs (§ 1 HGB)	**Kannkaufmann** Kaufmann kraft Eintragung (§§ 2, 3 und 5 HGB)	**Formkaufmann** Kaufmann kraft Rechtsform (§ 6 Abs. 2 HGB)
1. Kaufmann ist, wer ein **Handelsgewerbe** betreibt (Istkaufmann, § 1 Abs. 1 HGB).	1. Gewerbetreibende, die keinen in kaufmännischer Weise eingerichteten Geschäftsbetrieb benötigen **(Kleingewerbe)**, sind **Nichtkaufleute**.	1. Formkaufmann ist jeder Verein, dem das Gesetz ohne Rücksicht auf den Gegenstand des Unternehmens Kaufmannseigenschaft beilegt (§ 6 Abs. 2 HGB).
2. Handelsgewerbe ist **jeder Gewerbebetrieb, es sei denn**, dass das Unternehmen nach Art und Umfang einen in kaufmännischer Weise eingerichteten Geschäftsbetrieb nicht erfordert (§ 1 Abs. 2 HGB).	2. Sie haben die Möglichkeit zum freiwilligen Erwerb der Kaufmannseigenschaft (**Option**, § 2 HGB).	2. Hierunter fallen die Handelsgesellschaften – AG (§ 3 AktG), – KGaA (§ 278 AktG), – GmbH (§ 13 Abs. 3 GmbHG).
3. Als Gewerbebetrieb zählen – Warengeschäfte, – sonstige Handelsgeschäfte, – Dienstleistungsgewerbe, – Handwerk.	3. Dies gilt auch für **land- und forstwirtschaftliche Unternehmen**, die einen in kaufmännischer Weise eingerichteten Geschäftsbetrieb erfordern (§ 3 Abs. 2 HGB).	3. Darüber hinaus auch – die eingetragene Genossenschaft (§ 17 GenG) und – Versicherungsunternehmen, die nicht kleinere Vereine sind (§ 53 VAG, § 341a Abs. 1 HGB).
4. Kein Gewerbe betreiben – Freiberufler, – Land- und Forstwirte (§ 3 Abs. 1 HGB).	4. Eintragung ins Handelsregister – ist **fakultativ** und – wirkt **konstitutiv** (rechtsbegründend).	4. Eintragung ins Handelsregister – ist **obligatorisch** und – wirkt **konstitutiv**.
5. Eintragung ins Handelsregister – ist **obligatorisch** (§ 29 HGB), – wirkt aber nur **deklaratorisch** (rechtsbekundend, d. h. es besteht Kaufmannseigenschaft auch ohne Eintragung).	5. Die Option ist mit einem **Löschungsantragsrecht** verbunden.	
	6. Die während der Kaufmannszeit begründeten Rechte und Pflichten unterliegen **Kaufmannsrecht**, auch nach einer Löschung im Handelsregister.	

Abb. 2.1: Unterscheidung der Kaufleute nach HGB

Istkaufmann Kaufmann kraft Gewerbebetriebs (§ 1 HGB)	Kannkaufmann Kaufmann kraft Eintragung (§§ 2, 3 und 5 HGB)	Formkaufmann Kaufmann kraft Rechtsform (§ 6 Abs. 2 HGB)
Sonderfälle		
1. Die Vorschriften über den Istkaufmann und Kannkaufmann sind auch auf die **Personenhandelsgesellschaften** anzuwenden (6 Abs. 1 HGB), also – OHG und – KG. Damit ist der Zugang zu dieser Rechtsform auch – Kleingewerbetreibenden und – Vermögensverwaltungsgesellschaften offen (§ 105 Abs. 2 HGB).		
2. Auch **gewerbliche Unternehmen von Gebietskörperschaften** (Bund, Land, Gemeinde u. Ä.) fallen durch die Aufhebung des früheren § 36 HGB unter Kaufmannsrecht. Dies gilt z. B. für – rechtlich unselbstständige wirtschaftliche Eigenbetriebe oder Regiebetriebe, wie z. B. kommunale Versorgungsbetriebe (Gas-, Wasserwerke) und Verkehrsbetriebe sowie – selbstständige öffentlich-rechtliche Anstalten (kommunale Sparkassen). Die Anmeldung zum Handelsregister musste bis 31. 03. 2000 erfolgen (Art. 38 Abs. 3 EGHGB).		

Abb. 2.1: Unterscheidung der Kaufleute nach HGB (Fortsetzung)

– bei **Istkaufleuten** (§ 1 HGB), die nicht Kleingewerbetreibende sind, mit der Eröffnung des Unternehmens bzw. Aufnahme des Geschäftsbetriebs,
– bei **Kannkaufleuten** aller Art (§§ 2, 3 HGB) mit der Eintragung,
– bei **Formkaufleuten** (§ 6 Abs. 2 HGB) mit Gründung der Gesellschaft (Abschluss des Gesellschaftsvertrags).

1.1.4 Ende der Buchführungspflicht

Die Verpflichtung zur Buchführung endet

– bei **Istkaufleuten** mit Einstellung des Handelsgewerbes oder Herabsinken zum Kleinbetrieb (ab dann Kannkaufmann) und beantragter Löschung im Handelsregister (§ 2 Satz 3 HGB),
– bei **Kannkaufleuten** mit Löschung im Handelsregister,
– bei **Formkaufleuten** wenn die Liquidation bzw. Abwicklung abgeschlossen ist.

1.2 Buchführungspflicht nach Steuerrecht

Die Buchführungspflicht nach Handelsrecht erstreckt sich nur auf Kaufleute. Die steuerrechtlichen Regelungen sind diesbezüglich umfassender und sehen daneben noch weitere besondere Aufzeichnungen vor.

1.2.1 Abgeleitete und originäre steuerliche Buchführungspflicht

Im Steuerrecht wird zwischen abgeleiteter und originärer Buchführungspflicht unterschieden.

Die **abgeleitete (derivative) Buchführungspflicht** ergibt sich aus § 140 AO, der besagt: Wer nach anderen als den Steuergesetzen Bücher und Aufzeichnungen zu führen hat, die für die Besteuerung von Bedeutung sind, hat die damit auferlegten Verpflichtungen auch im Interesse der Besteuerung zu erfüllen.

Diese Bestimmung wird für Kaufleute angewendet.

Daneben besteht eine **originäre steuerliche Buchführungspflicht** (§ 141 Abs. 1 AO). Gewerbliche Unternehmer sowie Land- und Forstwirte sind buchführungspflichtig, wenn die Finanzbehörde für den einzelnen Betrieb feststellt:

1. Umsätze einschließlich steuerfreier (ausgenommen nach § 4 Nr. 8–10 UStG) von mehr als 350 000 € im Kalenderjahr oder
2. selbst bewirtschaftete land- und forstwirtschaftliche Flächen mit einem Wirtschaftswert (§ 46 BewG) von mehr als 25 000 € oder
3. Gewinn aus Gewerbebetrieb von mehr als 30 000 € im Wirtschaftsjahr oder
4. Gewinn aus Land- und Forstwirtschaft von mehr als 30 000 € im Kalenderjahr.

1.2.2 Beginn und Ende der steuerlichen Buchführungspflicht

Bei **abgeleiteter** steuerlicher Buchführungspflicht beginnt und endet diese wie nach Handelsrecht (vgl. oben).

Die **originäre** steuerliche Buchführungspflicht beginnt in dem Wirtschaftsjahr, das auf die Mitteilung folgt, in der das Finanzamt auf diese Verpflichtung hingewiesen hat. Die Verpflichtung endet mit dem Ablauf des Wirtschaftsjahres, das auf dasjenige folgt, in dem die Finanzbehörde feststellt, dass die Voraussetzungen für die Buchführungspflicht nicht mehr vorliegen (§ 141 Abs. 2 AO).

1.2.3 Besondere steuerliche Aufzeichnungspflichten

1.2.3.1 Verpflichtung zur Aufzeichnung der Warenbewegung

Zur Erleichterung steuerlicher Überprüfungen sind noch besondere Vorschriften über die Aufzeichnung der Warenbewegung ergangen (vgl. Abbildung 2.2). Diese Aufzeichnungen sind nur dann gesondert vorzunehmen, wenn sie nicht bereits aus der Buchführung ersichtlich sind.

Aufgabe 2.01 *(Zur Buchführungspflicht nach Handels- und Steuerrecht)* S. 357

1.2.3.2 Sonstige steuerliche Aufzeichnungspflichten

Zur Feststellung besonderer Sachverhalte sind in verschiedenen Steuergesetzen und Verordnungen weitere Aufzeichnungspflichten vorgesehen, z. B.

– zur Feststellung und Berechnung der Umsatzsteuer (§ 22 UStG, §§ 63 ff. UStDV),
– zur Berücksichtigung bestimmter Betriebsausgaben bei der Gewinnermittlung, z. B. Geschenke, Bewirtungskosten u. Ä. (§ 4 Abs. 5 und 7 EStG, R 21 EStR),
– für geringwertige Wirtschaftsgüter, die in voller Höhe als Betriebsausgaben abgesetzt werden (§ 6 Abs. 2 EStG, R 40 EStR),
– für Arbeitnehmerdaten auf dem Lohnkonto (§ 41 EStG, § 4 LStDV),
– für buchführende Land- und Forstwirte die Erstellung eines Anbauverzeichnisses, aus dem hervorgeht, mit welchen Fruchtarten die selbst bewirtschafteten Flächen im abgelaufenen Wirtschaftsjahr bestellt waren (§ 142 AO).

Wareneingang (§ 143 AO)	**Warenausgang** (§ 144 AO)
I. Der Wareneingang ist von allen gewerblichen Unternehmen gesondert aufzuzeichnen. II. Aufzeichnungspflichtig sind – Waren, – Rohstoffe, – unfertige Erzeugnisse, – Hilfsstoffe, – Zutaten, soweit im Rahmen des Gewerbebetriebes zur Weiterveräußerung oder zum Verbrauch entgeltlich oder unentgeltlich für eigene oder fremde Rechnung erworben; dies gilt auch dann, wenn die Waren zuvor be- oder verarbeitet werden sollen. III. Die Aufzeichnungen müssen folgende Angaben enthalten: 1. Tag des Wareneingangs oder Datum der Rechnung, 2. Name oder Firma und Anschrift des Lieferers, 3. handelsübliche Bezeichnung der Ware, 4. Preis der Ware, 5. Beleghinweis.	I. Der Warenausgang ist von allen gewerblichen Unternehmen gesondert aufzuzeichnen, soweit erkennbar an andere gewerbliche Unternehmer zur Weiterveräußerung oder zum Verbrauch als Hilfsstoff geliefert. II. Dies gilt für alle Waren, die – auf Rechnung, Tausch oder unentgeltlich geliefert werden, – gegen Barzahlung jedoch nur, wenn der Preis wegen der abgenommenen Menge unter dem üblichen Verbraucherpreis liegt. III. Die Aufzeichnungen müssen folgende Angaben enthalten: 1. Tag des Warenausgangs oder Datum der Rechnung, 2. Name oder Firma und Anschrift des Abnehmers, 3. handelsübliche Bezeichnung der Ware, 4. Preis der Ware, 5. Beleghinweis. Über den aufzeichnungspflichtigen Warenausgang ist ein Beleg zu erteilen, es sei denn, dass nach § 14 Abs. 2 UStG eine Gutschrift an die Stelle einer Rechnung tritt oder § 14 Abs. 6 UStG Erleichterungen gewährt.

Abb. 2.2: Aufzeichnungspflicht der Warenbewegung nach Steuerrecht

Den drei erstgenannten Aufzeichnungspflichten wird im Allgemeinen bereits im Rahmen der normalen Finanzbuchführung entsprochen: für die Umsatzsteuer z. B. im Zusammenhang mit der Belegbehandlung und durch Führung von nach Steuersätzen getrennten Konten, für die angesprochenen Betriebsausgaben durch Führung besonderer Konten, für die geringwertigen Wirtschaftsgüter ebenfalls durch Einrichten eines Sonderkontos.

1.2.4 Bewilligung von Erleichterungen

Die Finanzbehörden können für einzelne Fälle oder für bestimmte Gruppen von Fällen Erleichterungen bewilligen, wenn

- die Einhaltung der durch die Steuergesetze begründeten Buchführungs-, Aufzeichnungs- und Aufbewahrungspflichten Härten mit sich bringt und
- die Besteuerung durch die Erleichterung nicht beeinträchtigt wird.

Erleichterungen können rückwirkend bewilligt werden. Die Bewilligung kann widerrufen werden (§ 148 AO).

Kontrollfragen
1. Was bedeutet Buchführungspflicht?
2. Wer ist nach handelsrechtlichen Vorschriften buchführungspflichtig?
3. Wonach richtet sich Beginn und Ende der Buchführungspflicht im Handels- und Steuerrecht?
4. Was beinhaltet die abgeleitete und die originäre steuerliche Buchführungspflicht?
5. Welche Angaben sind bei Aufzeichnungen über Warenein- und -ausgang zu machen?
6. Unter welchen Bedingungen kann die Finanzbehörde Buchführungserleichterungen gewähren?

2 Grundsätze ordnungsmäßiger Buchführung (GoB)

2.1 Begriff

Bei den GoB handelt es sich um Regeln für die formelle und materielle Ordnungsmäßigkeit der Buchführung und des Jahresabschlusses, d. h. Regeln, nach denen **Geschäftsvorfälle aufzuzeichnen sind und der Jahresabschluss darzustellen ist.**

2.2 Quellen

Die GoB sind formell ein **unbestimmter Rechtsbegriff**, der durch sein Erscheinen in gesetzlichen Normen (z. B. §§ 238 Abs. 1, 239 Abs. 4, 243 Abs. 1, 256, 264 Abs. 2 HGB und § 5 Abs. 1 EStG) Teil der Rechtsordnung ist. Er dient der Interpretation und Auslegung von Rechtsfragen, dem Ausfüllen von Gesetzeslücken und der Ergänzung von gesetzlichen Freiräumen.

Materiell bestehen verschiedene Methoden zur Gewinnung von GoB:

(1) induktiv durch Orientierung an der tatsächlichen Übung ordentlicher Kaufleute,
(2) deduktiv durch entscheidungslogische Ableitung von Normvorgaben aus den Zielen der Rechnungslegung, um eine zweckadäquate Jahresabschlussgestaltung zu gewährleisten.

Dabei können jedoch folgende Probleme auftreten:

zu (1): Es ist unwahrscheinlich, auf diese Art eine **Fortentwicklung** bestehender Kaufmannsbräuche zu bewirken, wenn ein Istzustand zur Norm (Sollvorgabe) erhoben wird.

zu (2): Da die Rechnungslegung ein **Kompromiss** zwischen zum Teil widerstreitenden Zielen ist, ist zwar eine deduktionslogische Ableitung in Bezug auf **ein** Jahresabschlussziel durchführbar. Eine einheitliche Ableitung in Bezug auf **alle** Jahresabschlussziele ist jedoch nur kompromissweise möglich.

Die Quellen der GoB sind somit im Einzelnen:
- die praktische Übung ordentlicher Kaufleute,
- die Rechtsordnung mit Gesetzen, Verordnungen und Rechtsprechung,
- Erlasse, Empfehlungen und Gutachten von Behörden und Verbänden,
- wissenschaftliche Veröffentlichungen.

2.3 Niederschlag der GoB in den Gesetzen

2.3.1 Kodifizierte/nicht kodifizierte GoB

Für die GoB hat der Gesetzgeber keine bis ins Einzelne gehenden gesetzlichen Kodifikationen vorgesehen, da die Flexibilität und die Möglichkeit der Weiterentwicklung der GoB erhalten werden soll. Auch ist nur ein Teil der GoB im Gesetz ausdrücklich erwähnt (z. B. §§ 239 Abs. 2, 246, 252 HGB), anderen Grundsätzen wird über die globale Bezugnahme in so genannten Generalklauseln (z. B. §§ 243 Abs. 1, 264 Abs. 2 HGB) Rechtswirkung verliehen. Allerdings besteht kein Gegensatz zwischen einzelnen Rechtsvorschriften über die Rechnungslegung, kodifizierten GoB und nicht kodifizierten GoB. Vielmehr sind die GoB Ausdruck aller die handelsrechtliche Buchführung, Inventarisierung und Jahresabschlussgestaltung betreffenden Rechtsvorschriften, unabhängig davon, ob sie kodifiziert sind oder nicht.

2.3.2 GoB in Handels- und Steuerrecht

Obwohl die GoB ihren Ursprung und ihre Bedeutung in handelsrechtlichen Buchführungs- und Jahresabschlussproblemen haben, gelangen sie über das Maßgeblichkeitsprinzip in das Steuerrecht im Rahmen der Gewinnermittlung nach § 5 Abs. 1 EStG. Dies geschieht allerdings **nicht ohne Modifikationen** durch zwingende steuerliche Vorschriften. Die GoB sind also auch im Steuerrecht Grundlage und Ausgangspunkt der Gewinnermittlung, auch wenn anerkannte Unterschiede zwischen handels- und steuerrechtlicher Rechnungslegung bestehen. Die globale Bezugnahme auf die GoB in § 5 Abs. 1 EStG bedeutet einen Rekurs auf alle kodifizierten und nicht kodifizierten Grundsätze und Einzelvorschriften des Handelsrechts, die das Rechnungswesen und den Jahresabschluss betreffen.

2.3.3 Grundsätzliche Rechtsformunabhängigkeit der GoB

In der Literatur wurde lange Zeit die Frage diskutiert, ob GoB rechtsformunabhängig sind oder nur bei bestimmten Rechtsformen (z. B. nur Kapitalgesellschaften) Anwendung finden. Danach gilt, dass
- GoB grundsätzlich für alle Rechtsformen Gültigkeit haben,
- ihre Bedeutung aber für die einzelnen Rechtsformen unterschiedlich sein kann, was unter Umständen zu unterschiedlichen Kompromissen im Falle widerstreitender Grundsätze führen kann.

Formalrechtlich wird diese Frage durch die Positionierung der einzelnen GoB im Gesetz geregelt, je nachdem, ob sie im rechtsformunabhängigen Teil, im nur für Kapitalgesellschaften geltenden Abschnitt oder in den rechtsformspezifischen Einzelgesetzen (z. B. AktG, GmbHG, GenG) stehen.

2.4 Die GoB im Einzelnen

Die GoB erscheinen auf den ersten Blick als Summe heterogener Grundsätze, die nur schwer in eine hierarchische und systematische Ordnung zu bringen sind. Analog den Aufgaben von Rechnungswesen im Allgemeinen und Jahresabschluss im Besonderen unterscheidet man Grundsätze, die der **Dokumentation,** und Grundsätze, die der **Rechenschaftslegung** (d. h. dem **Jahresabschluss**) dienen.[1]

Während die Dokumentationsfunktion vornehmlich auf den eher formalen Grundsätzen

- des systematischen Aufbaus der Buchführung,
- der Vollständigkeit,
- der Ordnungsmäßigkeit des Belegwesens und der Belegaufbewahrung

basiert, gründet sich die Rechenschaftslegung bzw. Jahresabschlusserstellung vor allem auf die eher materiellen Grundsätze der

- Klarheit,
- Wahrheit,
- Kontinuität,
- Vorsicht.

Letztere werden oft als Bilanzierungsgrundsätze bezeichnet.

Bezeichnung des Grundsatzes	Ausprägungen des Grundsatzes

1. Grundsatz des systematischen Aufbaus der Buchführung	Gegenstand der Buchführung und des Jahresabschlusses ist die korrekte Darstellung der Handelsgeschäfte und der Lage des Unternehmens (§ 238 Abs. 1 HGB).
	1. Richtigkeit
	   - Richtige Verbuchung und Aufzeichnung von Geschäftsvorfällen (§ 239 Abs. 2 HGB)
	2. Übersichtlichkeit
	   - Sachverständiger Dritter muss sich in angemessener Zeit einen Eindruck von der Lage des Unternehmens machen können (§§ 238 Abs. 1 Satz 2, 243 Abs. 2 HGB, § 145 Abs. 1 AO, R 29 EStR)
	3. Zeitgerechtheit
	   - Zeitnahe Buchungen (à-jour-Prinzip, § 239 Abs. 2 HGB)
	   - Tägliche Eintragungen nur im Kassenverkehr (§ 146 Abs. 1 AO)
	4. Zeitfolgegemäßheit
	   - Buchungen in zeitlich fortlaufender Folge
	   - Vornahme nur der zum jeweiligen Buchungszeitraum (z. B. Monat) gehörenden Buchungen (Verbuchung von Belegen aus anderen Buchungszeiträumen hat zu unterbleiben)
	   - Summe der Monatsumsätze muss dem Jahresumsatz entsprechen
	5. Geordnetheit
	Die Buchführung hat neben zeitlichen auch sachlichen Ordnungskriterien zu folgen durch
	   - Vorhandensein eines Kontenplans
	   - Trennung von Sach- und Personenkonten, Bestands- und Erfolgskonten
	   - Grund- und Hauptbuchfunktion der Buchhaltung (zeitliche und sachliche Gliederung)

2. Grundsatz der Vollständigkeit	1. Der Jahresabschluss hat sämtliche Vermögensgegenstände, Schulden, Rechnungsabgrenzungsposten, Aufwendungen und Erträge zu enthalten, soweit gesetzlich nichts anderes bestimmt ist (§ 246 Abs. 1 HGB)

Abb. 2.3: Grundsätze ordnungsmäßiger Buchführung

---

[1] Vgl. die ausführliche Darstellung bei Leffson: Die Grundsätze ordnungsmäßiger Buchführung, 7. Auflage, Düsseldorf 1987.

Bezeichnung des Grundsatzes	Ausprägungen des Grundsatzes
	2. Wahrnehmung von Ausweiswahlrechten und -verboten nur im gesetzlich genau umgrenzten Rahmen 3. Keine Verrechnung von Posten der Aktivseite mit Posten der Passivseite, von Aufwendungen mit Erträgen, von Grundstücksrechten mit Grundstückslasten (Verrechnungsverbot, § 246 Abs. 2 HGB) 4. Alle Geschäftsvorfälle sind einzeln aufzuzeichnen (und grundsätzlich einzeln zu bewerten)

3. Grundsatz der Ordnungsmäßigkeit des Belegwesens und der Belegaufbewahrung	Die Geschäftsvorfälle müssen sich in ihrer Entstehung und Abwicklung verfolgen lassen (§ 238 Abs. 1 Satz 3 HGB).
	1. Belegzwang für Buchungen
	   – Keine Buchung ohne Beleg
	2. Rechnerische Richtigkeit des Beleginhalts
	3. Datumspflicht von Buchungsbelegen
	   – Jeder Beleg ist mit einem Ausstellungsdatum zu versehen
	4. Unmissverständlicher Belegtext bei hinreichender Erklärung des Geschäftsvorfalls
	   – Belege müssen in einer lebenden Sprache gehalten werden (§ 239 Abs. 1 HGB), Aufstellung des Jahresabschlusses dagegen in deutscher Sprache (§ 244 HGB)
	   – Bedeutung von Abkürzungen, Ziffern, Buchstaben und Symbolen muss eindeutig festliegen (§ 239 Abs. 1 Satz 2 HGB)
	5. Gegenseitiges Verweisprinzip
	   – Von der Buchung zum Beleg, vom Beleg zur Buchung
	6. Korrekturverbot
	   – Keine nachträgliche Veränderung einer Eintragung oder Aufzeichnung, sodass der ursprüngliche Inhalt nicht mehr feststellbar ist (§ 239 Abs. 3 Satz 1 HGB)
	   – Auch keine Vornahme solcher Änderungen, deren Beschaffenheit es ungewiss lässt, ob sie ursprünglich oder erst später gemacht worden sind (§ 239 Abs. 3 Satz 2 HGB)
	   – Pflicht zum Storno fehlerhafter Eintragungen, Aufzeichnungen und Buchungen (der fehlerhafte Vorgang ist aus Gründen der Klarheit und Übersichtlichkeit offen rückgängig zu machen)
	   – Pflicht zur Belegerstellung auch für Stornobuchungen
	7. Aufbewahrung von Unterlagen der Rechnungslegung
	   – Verpflichtung zur Aufbewahrung von Schriftgut, sofern es Belegcharakter hat (§ 257 Abs. 1 HGB)
	   – Zurückbehaltung von Abschriften abgesandter Handelsbriefe (auch mittels moderner Wiedergabeverfahren, § 238 Abs. 2 HGB)
	   – Einhaltung der Belegaufbewahrungsfristen (vgl. § 257 Abs. 4 HGB und S. 60 ff.)
	8. Einhaltung der Bestimmungen über den Bücherersatz
	   – Handelsbücher und sonst erforderliche Aufzeichnungen können auch in der geordneten Ablage von Belegen (z. B. Offene-Posten-Buchhaltung) bestehen oder auf Datenträgern geführt werden (§ 239 Abs. 4 HGB)
	   – Buchführungsformen und -verfahren müssen den GoB entsprechen (bei EDV Beachtung der Grundsätze ordnungsmäßiger Buchführung bei Einsatz von Informationstechnologie bzw. der Grundsätze ordnungsmäßiger DV-gestützter Buchführungssysteme, vgl. S. 79 ff.)
	   – Daten müssen während der Aufbewahrungsfrist verfügbar sein
	   – Daten müssen unverzüglich lesbar gemacht und maschinell ausgewertet werden können (§ 146 Abs. 5 AO)

Abb. 2.3: Grundsätze ordnungsmäßiger Buchführung (Fortsetzung)

Bezeichnung des Grundsatzes	Ausprägungen des Grundsatzes

4. Grundsatz der Klarheit	Hier handelt es sich um formale Gliederungs- und Gestaltungsgrundsätze.
	1. Postengliederung in der vorgeschriebenen Reihenfolge
	2. Zutreffende und eindeutige Postenbezeichnung
	3. Verrechnungsverbot
	4. Einhaltung vorgeschriebener Ausweisformen
	   – Kontoform für Bilanz (§ 266 HGB)
	   – Staffelform für GuV-Rechnung (§ 275 HGB)
	5. Beachtung des Grundsatzes der Wesentlichkeit (Materiality)
	   – Keine Darstellung unbedeutender, irreführender oder verwirrender Vorgänge und Sachverhalte

5. Grundsatz der Wahrheit	Hier ist die materielle, inhaltliche Ordnungsmäßigkeit angesprochen. Sie bezieht sich auf Ansatz- und Bewertungsfragen gleichermaßen.
	1. Vollständigkeit
	   – Generelle Ansatzpflicht
	   – Ansatzwahlrechte und -verbote nur in den gesetzlich bestimmten Ausnahmefällen
	   – Verbot der Aufnahme fiktiver Posten
	2. Verbot der Täuschung oder Irreführung Dritter
	   – Richtige Darstellung der Vermögenslage (§ 238 Abs. 1 HGB)
	   – Vermittlung eines den tatsächlichen Verhältnissen entsprechenden Bildes der Vermögens-, Finanz- und Ertragslage (true and fair view, nur von Kapitalgesellschaften verlangt, § 264 Abs. 2 HGB)
	3. Richtigkeit
	   – Materiell richtige Verbuchung von Geschäftsvorfällen
	   – Materiell richtige Gestaltung des Jahresabschlusses

6. Grundsatz der Kontinuität	**Formelle Kontinuität**
	1. Übereinstimmung der Eröffnungsbilanz mit der Schlussbilanz des Vorjahres bezüglich Gliederung, Ansatz und Bewertung
	2. Beibehaltung der Gliederungsprinzipien im Zeitablauf hinsichtlich
	   – Postenbenennung
	   – Reihenfolge der Posten in Bilanz und GuV- Rechnung
	   – inhaltlicher Abgrenzung der einzelnen Posten zueinander, zusätzliche Berichtspflichten bei Abweichungen
	3. Beibehaltung des gewählten Bilanzstichtags im Zeitablauf
	
	Materielle Kontinuität
	1. Beibehaltung gewählter Ansatz- und Bewertungsgrundsätze einschließlich Abschreibungsmethoden
	2. Beibehaltung des Wertzusammenhangs durch Wertfortführung im Zeitablauf.

7. Grundsatz der Vorsicht	1. Zurückhaltende Einschätzung der Chancen aus der Geschäftstätigkeit
	2. Realistische, vorsichtige Einschätzung der Risiken aus der Geschäftstätigkeit
	3. Auswirkungen auf Ansatz und Bewertung
	   – Niederstwertprinzip für Aktiva
	   – Höchstwertprinzip für Passiva
	   – Realisationsprinzip für nicht realisierte Gewinne (§ 252 Abs. 1 Nr. 4 HGB)
	   – Imparitätsprinzip für nicht realisierte Verluste (§ 252 Abs. 1 Nr. 4 HGB)
	   – Anschaffungswertprinzip (§ 253 Abs. 1 HGB
	   – Aktivierungsverbot unentgeltlich erworbener immaterieller Anlagegüter (§ 248 Abs. 2 HGB)

Abb. 2.3: Grundsätze ordnungsmäßiger Buchführung (Fortsetzung)

Hinweis zur Verbuchung von Bargeschäften im Einzelhandel (GoB): Die Grundsätze ordnungsmäßiger Buchführung erfordern grundsätzlich die Aufzeichnung jedes einzelnen Handelsgeschäfts in einem Umfang, der eine Überprüfung seiner Grundlagen, seines Inhalts und seiner Bedeutung für den Betrieb ermöglicht. Das bedeutet nicht nur die Aufzeichnung der in Geld bestehenden Gegenleistung, sondern auch des Inhalts des Geschäfts und des Namens oder der Firma und der Anschrift des Vertragspartners (Identität).

Eine Einzelaufzeichnung der baren Betriebseinnahmen im Einzelhandel ist nach der Rechtsprechung des BFH unter dem Aspekt der Zumutbarkeit nicht erforderlich, wenn Waren von geringem Wert an eine unbestimmte Vielzahl nicht bekannter und auch nicht feststellbarer Personen verkauft werden (BFH, BStBl 1966 III S. 371).

Von der Zumutbarkeit von **Einzelaufzeichnungen über die Identität** ist jedenfalls bei einer Annahme von Bargeld im Wert von **15 000 € und mehr** auszugehen (BMF vom 05. 04. 2004, IV D 2 – S 0315-9/04). Außersteuerliche Buchführungs- und Aufzeichnungspflichten bleiben unberührt.

Kontrollfragen
1. Was versteht man unter den Grundsätzen ordnungsmäßiger Buchführung?
2. Sind die GoB von der Rechtsform des Unternehmens abhängig?
3. Wie lassen sich die GoB systematisieren?
4. Welche Anforderungen werden an Sprache und Schriftzeichen bei Belegen gestellt?
5. Wie lauten die Bilanzierungsgrundsätze? Was besagen sie?

Aufgabe 2.02 *(Zeitgerechtes Buchen) S. 357*

3 Inventur und Inventar

Jeder Kaufmann ist nach § 240 HGB verpflichtet, zu Beginn seines Handelsgewerbes und danach für den Schluss eines jeden Geschäftsjahrs ein Inventar aufzustellen, in dem

– seine Grundstücke,
– seine Forderungen und Schulden,
– der Betrag seines baren Geldes und
– seine sonstigen Vermögensgegenstände

genau zu verzeichnen sind, und zwar sowohl nach Menge als auch Wert der einzelnen Wirtschaftsgüter.

Das **Inventar** ist somit eine bis ins Einzelne gehende Zusammenstellung der Vermögens- und Schuldposten einer Unternehmung, und zwar nach Art, Menge und Wert. Es kann oft sehr umfangreich sein.

Inventur ist die Aufnahme des Vermögens und der Schulden zwecks Aufstellung des Inventars. Grundform der Inventur ist die **körperliche Bestandsaufnahme** der (körperlichen) Vermögensgegenstände einer Unternehmung durch Messen, Zählen und

Wiegen (wobei die ermittelten Mengen bei oder nach der Bestandsaufnahme bewertet werden müssen). Sie wird durch die so genannte **Buchinventur** ergänzt, die das Feststellen und Prüfen der unkörperlichen Wirtschaftsgüter (z. B. der Forderungen und Verbindlichkeiten) beinhaltet.

Zu **Organisation und Technik** der Inventur und Gliederung des Inventars vgl. S. 109 ff.

3.1 Stichtagsinventur

Die Inventur zum Bilanzstichtag wird **Stichtagsinventur** genannt. Sie muss nicht am Bilanzstichtag, aber zeitnah – in der Regel innerhalb einer Frist von 10 Tagen vor oder nach dem Bilanzstichtag – durchgeführt werden und wird als **ausgeweitete Stichtagsinventur** bzw. **zeitnahe Stichtagsinventur** bezeichnet. Dabei muss sichergestellt sein, dass Bestandsveränderungen zwischen dem Bilanzstichtag und dem Tag der Bestandsaufnahme anhand von Belegen oder Aufzeichnungen ordnungsgemäß berücksichtigt werden (R 30 Abs. 1 EStR).

3.2 Inventurerleichterungen

Die Vollaufnahme der Bestände zum Abschlussstichtag ist mit hohem Personal- und Zeitaufwand verbunden; dadurch kann die Lieferbereitschaft erheblich beeinträchtigt sein. Aus diesen Gründen sind Inventurerleichterungen möglich, die den Zeitpunkt und die Art der Aufnahme betreffen.

Zeitliche Erleichterungen werden durch die permanente und die verlegte Inventur, **Aufnahmeerleichterungen** durch die Stichprobeninventur sowie Festwert- und Gruppenbildung gewährt.

Eine Inventur entfällt lediglich bei beweglichem Anlagevermögen, wenn ein fortlaufendes Bestandsverzeichnis hierfür geführt wird (R 31 Abs. 5 EStR).

3.2.1 Zeitlich verlegte Inventur

Die zeitlich verlegte Inventur (§ 241 Abs. 3 HGB), die auch vor- oder nachverlegte Inventur genannt wird, gestattet die Aufstellung eines **besonderen Inventars** auf einen Zeitpunkt innerhalb der **letzten drei Monate vor oder der beiden ersten Monate nach dem Bilanzstichtag**, dessen einzelne Inventarposten lediglich wertmäßig, nicht nach Art und Menge fortzuschreiben bzw. zurückzurechnen sind.

Dieses besondere Inventar kann auch auf Grund einer permanenten Inventur erstellt werden. Die in dem besonderen Inventar erfassten Vermögensgegenstände brauchen nicht im Inventar für den Schluss des Geschäftsjahres verzeichnet zu werden, vgl. im Einzelnen R 30 Abs. 2 EStR.

Die zeitlich verlegte Inventur ist wie die permanente Inventur für Bestände, bei denen ins Gewicht fallende unkontrollierbare Abgänge eintreten, und für besonders wertvolle Wirtschaftsgüter **nicht zugelassen** (R 30 Abs. 3 EStR).

Die Anwendung der vor- oder nachverlegten Stichtagsinventur ist wegen der nur wertmäßigen Vor- und Rückrechnung dann **mit Schwierigkeiten verbunden**, wenn am Bilanzstichtag für die Anwendung von Bewertungsvorschriften auf den Bestand auch Informationen über **Art, Menge und Beschaffenheit der Bestandspositionen** erforderlich sind. Dies gilt beispielsweise bei Anwendung von Verbrauchsfolgeverfahren (z. B. Lifo).[1]

Bezüglich der **wertmäßigen Vor- oder Rückrechnung** ist zu beachten, dass die Zu- und Abgänge auf unterschiedlichen Wertkategorien basieren:

- Die Zugänge zwischen Bilanzstichtag und Aufnahmetag sind auf den Wareneinkaufskonten zu Anschaffungskosten erfasst.
- Die Abgänge zwischen Bilanzstichtag und Aufnahmetag ergeben sich aus den Warenverkaufskonten, dort allerdings zu Nettoverkaufspreisen.

Um eine einheitliche Wertbasis zu erhalten, ist es deshalb notwendig, die Nettoverkaufspreise in Anschaffungskosten bzw. Nettoeinkaufspreise umzurechnen. Nach R 30 Abs. 2 Satz 9 EStR kann hierfür **vereinfachend** folgende Formel angewandt werden:

Wareneinsatz = Umsatz ·/· durchschnittlicher Rohgewinn
bzw.
durchschnittlicher Rohgewinn = Umsatz ·/· Wareneinsatz

Wenn der **Inventurstichtag vor dem Bilanzstichtag** liegt, so gilt folgende Rechnung:

Wert des Warenbestands am Inventurstichtag
+ wertmäßige Zugänge (Anschaffungskosten)
·/· wertmäßige Abgänge (Umsatz ·/· durchschnittlicher Rohgewinn)
= Wert des Warenbestands am Bilanzstichtag

Wenn der **Inventurstichtag nach dem Bilanzstichtag** liegt, so ist genauso zu verfahren, nur mit umgekehrten Vorzeichen.

Aufgabe 2.03 *(Zeitlich verlegte Inventur)* S. 357

3.2.2 Permanente Inventur

Bei der permanenten Inventur (§ 241 Abs. 2 HGB) kann die Erfassung der einzelnen Bestände über das **gesamte Geschäftsjahr** verteilt werden (z. B. Bestandsaufnahme dann, wenn der jeweilige Bestand sehr niedrig ist). Sie setzt genaue Aufzeichnungen über Bestände, Zu- und Abgänge nach

- Tag,
- Art und
- Menge (Stückzahl, Gewicht, Kubikinhalt)

voraus, aus denen sich die Stichtagsbestände der einzelnen Wirtschaftsgüter ermitteln und bewerten lassen. Die permanente Inventur ist **nur dann ordnungsgemäß,** wenn gewährleistet ist, dass jeder Inventurposten einmal im Jahr inventurmäßig erfasst wird; sie darf sich nicht nur auf Stichproben oder die Verprobung eines repräsentativen Querschnitts beschränken (vgl. im Einzelnen die Regelung in H 30 »permanente Inventur« EStH).

---

[1] Vgl. hierzu auch HFA 1/1990: Zur körperlichen Bestandsaufnahme im Rahmen von Inventurverfahren, in: IDW-Fachgutachten/Stellungnahmen (Loseblattwerk), Düsseldorf, S. 193, sowie R 30 Abs. 2 Satz 10 EStR.

Die permanente Inventur ist nach R 30 Abs. 3 EStR **nicht zulässig** für Wirtschaftsgüter, die

- besonders wertvoll sind (abgestellt auf die Verhältnisse des Betriebs) oder
- unkontrollierbaren Abgängen unterliegen (z. B. durch Schwund, Verderb, Zerbrechlichkeit), es sei denn, dass diese Abgänge auf Grund von Erfahrungssätzen schätzungsweise annähernd zutreffend berücksichtigt werden können.

3.2.3 Stichprobeninventur

Bei der Aufstellung des Inventars darf der Bestand der Vermögensgegenstände nach Art, Menge und Wert auch mit Hilfe anerkannter mathematisch-statistischer Methoden auf Grund von Stichproben ermittelt werden (§ 241 Abs. 1 HGB). Der Aussagewert des auf diese Weise aufgestellten Inventars muss dem eines auf Grund einer körperlichen Bestandsaufnahme aufgestellten Inventars gleichkommen.

Voraussetzung für die Anwendung dieser Methode ist, dass die Lagerpositionen durch **Zufallsauswahl** aus dem Lagerkollektiv in die Stichprobe gelangen. Das Verfahren muss den GoB entsprechen (Erfassung **aller** Positionen der Grundgesamtheit und **vollständige** Aufnahme der Stichprobenglieder, **Richtigkeit** des Schätzverfahrens, **Nachprüfbarkeit** der Anwendung)[2].

Während die anderen Inventurformen auf dem Prinzip des Zählens aller Bestände beruhen, sucht die Stichprobeninventur über das Zählen einiger, in der Stichprobe erfasster Vermögensgegenstände und das dort erkannte Ausmaß der Richtigkeit bzw. Fehlerhaftigkeit auf die herrschende bzw. fehlende Übereinstimmung zwischen den Soll- und Istbeständen der restlichen Inventurposten zu schließen. Sind die Ergebnisse der Stichprobe zufrieden stellend ausgefallen, können die übrigen Sollbestände ohne weitere Prüfung, der Stichprobe angepasst, in das Inventar übernommen werden; wenn nicht, ist zu erfassen wie bisher.

Daraus ergibt sich, dass dieses Verfahren in Lägern mit vielen unterschiedlichen Vermögensgegenständen erhebliche Einsparungen an Zeit und Personal mit sich bringt, vorausgesetzt, dass die gesamte Bestandsführung stimmt. Deshalb zwingt die Anwendung dieses Verfahrens zu einer **exakten Bestandsführung**, die von vornherein mögliche Fehlerquellen auszuschalten versucht.

3.2.4 Festwert- und Gruppenbildung

§ 240 Abs. 2 und 3 HGB erlaubt unter bestimmten Voraussetzungen die Erleichterung von Inventur und Bewertung durch den Ansatz eines Festwerts oder die Zusammenfassung zu Gruppen, vgl. hierzu die Ausführungen von S. 220 ff.

---

2 Die Grundlagen zum Einsatz des Verfahrens behandelt die Stellungnahme HFA 1/1981 i. d. F. 1990: Stichprobenverfahren für die Vorratsinventur zum Jahresabschluss, in: IDW-Fachgutachten/Stellungnahmen (Loseblattwerk), Düsseldorf, S. 59.

Keine Verfahren zur Erleichterung der Aufnahme sind dagegen die Verbrauchsfolgeverfahren nach § 256 HGB, die der vereinfachten Ermittlung von Anschaffungs- und Herstellungskosten dienen (ADS § 256 Tz 7 und 9).

3.3 Geschäftsjahr, Rumpfgeschäftsjahr

Das **Geschäftsjahr** umfasst den Zeitraum, für den der Jahresabschluss gefertigt wird. Das Geschäftsjahr ist vom **Kalenderjahr unabhängig**, wenn es auch in der Mehrzahl der Fälle dem Kalenderjahr entspricht. Die Dauer des Geschäftsjahres darf 12 Monate nicht überschreiten (§ 240 Abs. 2 HGB).

Rumpfgeschäftsjahr wird ein Geschäftsjahr genannt, das weniger als 12 Monate umfasst. Es kann sich ergeben bei

- Gründung,
- Erwerb,
- Aufgabe oder Veräußerung eines Unternehmens sowie bei
- Verlegung des Bilanzstichtags (§ 8b EStDV).

Wirtschaftsjahr ist die steuerliche Bezeichnung für das Geschäftsjahr. Die Umstellung eines Wirtschaftsjahres auf ein vom Kalenderjahr abweichendes Wirtschaftsjahr kann nur im Einvernehmen mit dem Finanzamt vorgenommen werden (§ 4a Abs. 1 Nr. 2 EStG).

3.4 Aufstellungsfrist für das Inventar

Zeitlich ist zwischen Inventurdurchführung und Inventaraufstellung zu unterscheiden. Während der Zeitpunkt der Bestandsaufnahme vom jeweiligen Inventurverfahren bestimmt ist, gibt es keine genaue Zeitvorgabe für die Aufstellung des Inventars. § 240 Abs.2 HGB besagt lediglich, dass die Aufstellung des Inventars **innerhalb der einem ordnungsmäßigen Geschäftsgang entsprechenden Zeit** zu bewirken ist.

Dieselbe Formulierung wird für die **Aufstellungsfrist des Jahresabschlusses** verwendet (§ 243 Abs. 3 HGB). Da man zur Aufstellung der Bilanz auf die Inventurergebnisse und damit auf das Inventar zurückgreifen muss, sind die Fristen zur Jahresabschlussaufstellung, die von Rechtsform, Unternehmensgröße und Wirtschaftszweig abhängig sind, auch für das Inventar verbindlich. Vgl. Abbildung 2.4.

Kontrollfragen

1. Worin unterscheiden sich Inventar und Bilanz?
2. In welchem Zeitraum ist eine Stichtagsinventur durchzuführen?
3. Worin liegen die Nachteile der körperlichen Bestandsaufnahme zum Abschlussstichtag?
4. Welche Inventurerleichterungen gibt es?
5. Was ist der Unterschied zwischen permanenter und zeitlich verlegter Inventur?
6. Was ist das Wesen der Stichprobeninventur?
7. Welche Bedingungen müssen erfüllt sein, damit die Stichprobeninventur angewendet werden darf?

4 Aufstellung des Jahresabschlusses

4.1 Aufstellungspflicht

Außer dem Inventar ist bei Geschäftsbeginn eine **Eröffnungsbilanz** und am Schluss eines jeden Geschäftsjahres ein **Jahresabschluss aufzustellen**. Dieser besteht **für alle Kaufleute** aus Bilanz und GuV-Rechnung (§ 242 HGB); **Kapitalgesellschaften und eingetragene Genossenschaften** haben noch einen Anhang beizufügen (§§ 264, 336 HGB).

Die **Bilanz** ist ein das Verhältnis des Vermögens und der Schulden des Kaufmanns darstellender Abschluss (§ 242 Abs. 1 HGB). Sie ist im Gegensatz zum Inventar, auf das sie sich stützt, eine Gegenüberstellung (Darstellung in Kontoform), in der zum besseren Überblick, unter Verzicht auf Einzelangaben über Art und Menge von Wirtschaftsgütern, gleichartige Posten gruppenweise zusammgefasst sind. Zu Inhalt und Gliederung der Bilanz sowie zur Bewertung vgl. S. 135 ff.

Die **GuV-Rechnung** ist eine Gegenüberstellung der Aufwendungen und Erträge des Geschäftsjahres (§ 242 Abs. 2 HGB). Sie zeigt, aus welchen Einzelkomponenten sich das Jahresergebnis zusammensetzt. Zu Inhalt und Gliederung der GuV-Rechnung vgl. S. 282 ff.

Der **Anhang** als dritter Teil des Jahresabschlusses von Kapitalgesellschaften und eingetragenen Genossenschaften hat die Aufgabe, Bilanz und GuV-Rechnung zu erläutern und den Informationsgehalt durch zusätzliche Angaben zu verbessern. Vgl. hierzu S. 306 ff.

4.2 Aufstellungsfristen für den Jahresabschluss

§ 243 Abs. 3 HGB fordert die Aufstellung des Jahresabschlusses **innerhalb der einem ordnungsgemäßen Geschäftsgang entsprechenden Zeit**. Von der Bestimmung fester Fristen für **Kaufleute**, die als Einzelunternehmer oder in Gestalt von Personengesellschaften am Erwerbsleben teilnehmen, wurde abgesehen. Trotzdem können Fristverlängerungen, die die Finanzämter für die Abgabe von Steuererklärungen ausgesprochen haben, nicht einfach unbesehen auch für die Erstellung von handelsrechtlichen Jahresabschlüssen übernommen werden. In der Regel darf man aber unterstellen, dass eine steuerlich genehmigte Terminierung der handelsrechtlichen Ordnungsmäßigkeit nicht zuwiderläuft. Der BFH hat in seinem Urteil vom 6. 12. 1983 (BStBl 1984 II S. 227) angenommen, dass die einem ordnungsgemäßen Geschäftsgang entsprechende Zeit **nicht länger als ein Jahr** sein darf.

Die Aufstellungsfristen sind ansonsten von **Rechtsform, Unternehmensgröße und Wirtschaftszweig** abhängig. Sie sind in der Abbildung 2.4 zusammengestellt.

Von der **Aufstellung** des Jahresabschlusses ist die **Feststellung** zu unterscheiden.

- **Aufstellung** bedeutet die Vorbereitung des Jahresabschlusses der Gesellschaft bis zur Beschlussreife. Die Aufstellung fällt eindeutig in die Kompetenz der Geschäftsführung bzw. der geschäftsführenden Gesellschafter.
- Als **Feststellung** des Jahresabschlusses wird die Verbindlicherklärung des Jahresabschlusses im Verhältnis der Gesellschafter untereinander sowie im Verhältnis der Gesellschaft zu Dritten verstanden.
  Bei der Feststellung geht es z. B. bei Personengesellschaften darum, die Grundlage für die Berechnung der Gewinnansprüche sämtlicher Gesellschafter festzule-

gen. Der festgestellte Jahresabschluss enthält somit die Konkretisierung des dem Grunde nach bereits im Gesellschaftsvertrag begründeten Gewinnanspruchs.

Beim Einzelkaufmann fallen Aufstellung und Feststellung zusammen.

	Art der Unternehmen	Frist
I. Aufstellungsfristen Sie sind von Rechtsform, Betriebsgröße und Wirtschaftszweig abhängig	Einzelkaufmann	innerhalb der einem ordnungsgemäßen Geschäftsgang entsprechenden Zeit (§ 243 Abs. 3 HGB); gemäß BFH (BStBl 1984 II S. 227) nicht länger als 1 Jahr
	Große und mittlere Kapitalgesellschaft	3 Monate (§ 264 Abs. 1 HGB)
	Kleine Kapitalgesellschaft	6 Monate (§ 264 Abs. 1 HGB)
	Erwerbs- und Wirtschaftsgenossenschaften	5 Monate (§ 336 Abs. 1 HGB)
	Publizitätspflichtige Unternehmen	3 Monate (§ 5 Abs. 1 und 2 PublG)
	Kreditinstitute	3 Monate (§ 340a Abs. 1 HGB)
	Versicherungsunternehmen	4 Monate (§ 341a Abs. 1 HGB)
	Rückversicherungsunternehmen	10 Monate (§ 341a Abs. 5 HGB)
	Konzerne	5 Monate (§ 290 HGB, § 13 PublG)
II. Feststellungsfristen Die Genehmigung des aufgestellten Jahresabschlusses durch das dafür gesetzlich oder gesellschaftsvertraglich vorgesehene Organ kann von – Prüfung, – Offenlegung und – Einberufung dieses Organs abhängen. Feststellungsfristen sind daher oft nicht eindeutig fixiert.	Einzelkaufmann	wie Aufstellungsfrist
	GmbH	8 Monate, kleine GmbH 11 Monate (§ 42a Abs. 2 GmbHG)
	AG	ca. 7–8 Monate (§ 175 Abs. 1 i.V. m. § 123 Abs. 1 AktG)

Abb. 2.4: Überblick über Aufstellungs- und Feststellungsfristen des Jahres-/Konzernabschlusses

Aufgabe 2.04 *(Frist für die Erstellung des Jahresabschlusses bei besonderen Umständen) S. 357*

4.3 Sprache, Währungseinheit

§ 244 HGB verlangt die Erstellung des Jahresabschlusses für alle inländischen Unternehmen in **deutscher Sprache** und in **Euro**. Lag bei der Führung der Handelsbücher oder den sonst erforderlichen Aufzeichnungen eine andere lebende Sprache zugrunde (§ 239 Abs. 1 HGB), ist daher eine Übersetzung notwendig. Vermögensgegenstände und Verpflichtungen, die in **fremder Währung** valutieren, sind in Euro umzurechnen. Vgl. auch die entsprechenden Vorschriften im Steuerrecht (§§ 87 Abs. 1 und 2, 146 Abs. 3 AO).

4.4 Unterzeichnung, Unterzeichnungsdatum

Nach § 245 HGB hat der **Kaufmann** den Jahresabschluss unter Angabe des Datums zu unterzeichnen, bei Personengesellschaften **alle persönlich haftenden Gesellschafter**. Bei Kapitalgesellschaften sind von dieser Pflicht die gesetzlichen Vertreter betroffen, d. h. **alle Mitglieder des Vorstands bzw. der Geschäftsführung**.

Prokuristen und andere Bevollmächtigte sind zur Unterzeichnung nicht berechtigt.

Die Unterschrift muss am Ende des Jahresabschlusses stehen, also nach der GuV-Rechnung bzw. nach dem Anhang.

Aufgabe 2.05 *(Unterzeichnung) S. 357*

5 Ordnungsvorschriften für die Aufbewahrung von Unterlagen

Die Aufbewahrungsvorschriften regeln, welche Unterlagen einer geordneten Verwahrung bedürfen und welche Fristen dabei zu beachten sind. Die hierzu ergangenen Vorschriften im Handels- und im Steuerrecht (§ 257 HGB, § 147 AO) sind fast identisch. Während sich die handelsrechtlichen Regelungen allerdings nur auf Kaufleute beziehen, umfassen die steuerrechtlichen Vorschriften auch die sonst nach Steuerrecht erforderlichen Aufzeichnungen. In der Abbildung 2.5 sind beide Vorschriften zusammengefasst dargestellt.

5.1 Besonderheiten beim Einsatz elektronischer Registrierkassen

Nach H 29 »Aufbewahrungspflichten« EStH ist eine **Aufbewahrung** von **Registrierkassenstreifen, Kassenzetteln, Bons und dergleichen (Kassenbeleg)** im Einzelfall **nicht erforderlich**, wenn der Zweck der Aufbewahrung in anderer Weise gesichert und die Gewähr der Vollständigkeit der vom Kassenbeleg übertragenen Aufzeichnungen nach den tatsächlichen Verhältnissen gegeben ist.

Aufbewahrung von Originalunterlagen und Wiedergabe von Handelsbriefen		Behandlung zulässiger Wiedergaben auf Bild- oder anderen Datenträgern
Aufbewahrungsfristen	Beginn der Aufbewahrungsfristen	
I. 10-jährige Frist 1. Handelsbücher bzw. Bücher und Aufzeichnungen, 2. Inventare, 3. Eröffnungsbilanzen, 4. Jahresabschlüsse/Konzernabschlüsse, 5. Lageberichte/Konzernlageberichte, 6. die zum Verständnis erforderlichen Arbeitsanweisungen, 7. sonstige Organisationsunterlagen, 8. Buchungsbelege. **II. 6-jährige Frist** 1. Empfangene Handels- oder Geschäftsbriefe, 2. Wiedergabe der abgesandten Handels- oder Geschäftsbriefe, 3. sonstige Unterlagen, soweit sie für die Besteuerung von Bedeutung sind. **III. Hemmung der Frist** Die Aufbewahrungsfrist läuft nicht ab, soweit und solange die Unterlagen für Steuern von Bedeutung sind, für die die Festsetzungsfrist noch nicht abgelaufen ist.	Schluss des Kalenderjahrs, in dem – die letzte Eintragung in das Handelsbuch bzw. Buch gemacht, – das Inventar aufgestellt, – die Eröffnungsbilanz oder der Jahresabschluss festgestellt, – der Konzernabschluss aufgestellt, – der Handels- oder Geschäftsbrief empfangen oder abgesandt, – der Buchungsbeleg entstanden, – die Aufzeichnung vorgenommen, – sonstige Unterlagen entstanden sind.	Mit Ausnahme der Eröffnungsbilanz, Jahres- und Konzernabschlüsse ist Aufbewahrung in Form der Wiedergabe auf einem – Bildträger oder – anderen Datenträger zulässig, wenn dies den GoB entspricht und sichergestellt ist, dass die Wiedergabe oder die Daten – mit den empfangenen Handels- oder Geschäftsbriefen und Buchungsbelegen bildlich und – mit den anderen Unterlagen inhaltlich übereinstimmen, wenn sie lesbar gemacht werden, – während der Aufbewahrungsfrist jederzeit verfügbar sind, – unverzüglich lesbar gemacht und maschinell ausgewertet werden können.

Abb. 2.5: Aufbewahrungspflichten für Unterlagen der Rechnungslegung (§ 257 HGB, § 147 AO)

Die Gewähr der Vollständigkeit – und daraus folgend ein Verzicht auf die Aufbewahrung von Kassenstreifen – ist nach einem BMF-Erlass (BStBl 1996 I S. 34) bei **elektronischen Registrierkassen** dann gegeben, wenn die nachstehend genannten Unterlagen aufbewahrt werden.

(1) Nach § 147 Abs. 1 Nr. 1 AO sind die zur Kasse gehörenden
- **Organisationsunterlagen**, insbesondere die Bedienungsanleitung, die Programmieranleitung, die Programmabrufe nach jeder Änderung (u. a. der Artikelpreise), Protokolle über die Einrichtung von Verkäufer-, Kellner- und Trainingsspeichern u. Ä. sowie
- alle weiteren Anweisungen zur Kassenprogrammierung (z. B. Anweisungen zum maschinellen Ausdrucken von Proforma-Rechnungen oder zum Unterdrücken von Daten und Speicherinhalten) aufzubewahren.

(2) Nach § 147 Abs. 1 Nr. 3 AO sind die mit Hilfe von Registrierkassen **erstellten Rechnungen** aufzubewahren.

(3) Nach § 147 Abs. 1 Nr. 4 AO sind die Tagesendsummenbons mit Ausdruck
- des Nullstellungszählers (fortlaufende sog. »Z-Nummer« zur Überprüfung der Vollständigkeit der Kassenberichte),
- der Stornobuchungen (sog. Managerstornos und Nach-Stornobuchungen),
- Retouren,
- Entnahmen sowie
- der Zahlungswege (bar, Scheck, Kredit) und
- alle weiteren im Rahmen des Tagesabschlusses abgerufenen Ausdrucke der EDV-Registrierkasse (z. B. betriebswirtschaftliche Auswertungen, Ausdrucke der Trainingsspeicher, Kellnerberichte, Spartenberichte)

im Belegzusammenhang mit dem **Tagesendsummenbon** aufzubewahren

(4) Darüber hinaus ist die Vollständigkeit der Tagesendsummenbons durch organisatorische oder durch programmierte **Kontrollen** sicherzustellen.

5.2 Aufbewahrungspflichten beim Einsatz elektronischer Datenübermittlung (EDI)

Mit dem Aufkommen der elektronischen Datenübermittlung stellt sich die Frage, wie die ausgetauschten elektronischen Nachrichten zu behandeln sind, um den Aufbewahrungspflichten gerecht zu werden. Der Gesetzgeber hat bewusst darauf verzichtet, zu bestimmten Verfahren/Techniken Regelungen zu treffen und somit auch für EDI keine auf diese besondere Technik abgestimmten Vorschriften vorgegeben.

Der **Fachausschuss für Informationstechnologie (FAIT)** des IDW hat sich zu den Besonderheiten bezüglich der Aufbewahrungspflichten beim Einsatz von EDI in einer Verlautbarung wie folgt geäußert (IDW RS FAIT 2: Grundsätze ordnungsmäßiger Buchführung bei Einsatz von Electronic Commerce, in: IDW Prüfungsstandards (IDW PS), IDW Stellungnahmen zur Rechnungslegung (IDW RS), Loseblattwerk, Düsseldorf, Tz 47 ff.):

- Grundsätzlich sind eingehende EDI-Nachrichten insoweit aufbewahrungspflichtig, als Daten, die über dieses standardisierte Verfahren übermittelt werden, Handelsbrief- oder Belegfunktion entfalten.
- Zur Archivierung von EDI-Daten, die durch den Empfänger akzeptiert (autorisiert) wurden, bestehen keine besonderen Anforderungen an ein bestimmtes Aufbewahrungsformat.
- Soweit eine EDI-Nachricht Belegfunktion hat, hat die Archivierung im sog. Inhouse-Format (= in eine lesbare Form überführte Daten) zu erfolgen. Das zur Archivierung von EDI-Daten verwendete Verfahren muss sicherstellen, dass die Daten in angemessener Zeit lesbar gemacht werden können. Dies kann bei der getrennten Speicherung von Schlüsseldateien und EDI-Nachricht über einen längeren Zeitraum schwierig sein, da hierfür eine exakte Historienführung der Stammdatenänderung Voraussetzung ist.

Kontrollfragen
1. *Was ist ein Rumpfgeschäftsjahr? Wann kann es entstehen?*
2. *Innerhalb welchen Zeitraumes ist der Jahresabschluss aufzustellen? Wovon ist die Frist abhängig?*

3. Wer muss den Jahresabschluss bei Personen- und Kapitalgesellschaften unterzeichnen?
4. Welche Rechnungslegungsunterlagen sind 10, welche 6 Jahre aufzubewahren?
5. Welche Rechnungslegungsunterlagen können als Wiedergabe auf einem Bild- oder anderen Datenträger aufbewahrt werden?

Aufgabe 2.06 *(Zur Aufbewahrung von Unterlagen) S. 358*

Aufgabe 2.07 *(Aufbewahrungsfristen) S. 358*

3. HAUPTTEIL: ORGANISATION DER BUCHFÜHRUNG UND EDV

Bearbeitet von: Dipl.-Finanzwirt (FH) Angelika Leuz
Dipl. oec. Norbert Leuz, Steuerberater

1 Buchführungssysteme

Im Allgemeinen werden drei Buchführungssysteme unterschieden:
- kameralistische,
- einfache und
- doppelte Buchführung.

Die **kameralistische** Buchführung wird von Teilen der öffentlichen Verwaltung angewandt. Sie ist eine Haushaltsrechnung, die den Nachweis über Einnahmen und Ausgaben sowie über Abweichungen vom Haushaltsplan (Etat) zu führen hat. Die Vermögens- und die Erfolgsrechnung gehören nicht zu ihren Systembestandteilen.
    Einfache und doppelte Buchführung sind kaufmännische Buchführungssysteme.

1.1 Einfache Buchführung

Bei der einfachen Buchführung werden alle Geschäftsvorfälle **lediglich chronologisch** erfasst, die baren in einem Kassenbuch, die unbaren in einem Tagebuch. Diese beiden Bücher bilden zusammen das Grundbuch, das Grundlage für die Buchung im Personenkonten-Hauptbuch ist. Dieses gibt Auskunft über den Stand der Forderungen und Verbindlichkeiten.
    Eine **systematische bzw. sachliche Ordnung** der einzelnen Buchungen wird **nicht** vorgenommen; Sachkonten werden also nicht benötigt. Aus diesem Grund kann am Ende des Geschäftsjahres das Betriebsvermögen nur durch Inventur festgestellt werden. Da auch Erfolgskonten fehlen, kann man keine GuV-Rechnung erstellen, sodass sich der Gewinn allein durch Betriebsvermögensvergleich (vgl. § 4 Abs. 1 EStG) ermitteln lässt. Eine Kontrolle wie bei der doppelten Buchführung ist nicht möglich.
    Aus diesen Ausführungen wird deutlich, dass die einfache Buchführung den Erfordernissen der Praxis nicht gerecht werden kann. Sie ist heute bedeutungslos. Da nach § 242 HGB jeder Kaufmann für den Schluss eines jeden Geschäftsjahres einen Jahresabschluss aufzustellen hat, zu dem auch die GuV-Rechnung zählt, wird die Buchführungspflicht der Kaufleute durch die einfache Buchführung nicht erfüllt, vgl. S. 47 über die **Aufzeichnungspflichten von Kleingewerbebetreibenden** nach Steuerrecht.

1.2 Doppelte Buchführung

Die doppelte Buchführung ist dadurch gekennzeichnet, dass sie stets die zweiseitige Auswirkung jedes Geschäftsvorfalles berücksichtigt und deshalb eine dauernde Fortführung der Bilanz bedeutet (vgl. ausführlich S. 4 ff.).

- Die Bilanz wird in Konten aufgelöst, in denen die Geschäftsvorfälle darzustellen sind.
- Der Abschluss bedeutet Zusammenführen der Konten zur Bilanz. Die Buchführung ist damit eine bewegte Bilanz.
- Der Gewinn ist sowohl in der GuV-Rechnung als auch in der Schlussbilanz feststellbar.

Die doppelte Buchführung wird durch verschiedene Verfahren realisiert. Man unterscheidet vor allem **konventionelle und EDV-Verfahren.**

Die Hauptbestandteile der doppelten Buchführung werden aus historisch bedingten Gründen auch heute noch in den einschlägigen Gesetzen als **Bücher** bzw. **Handelsbücher** bezeichnet (§ § 238, 239 HGB, § § 146, 147 AO), auch wenn sie nicht in Buchform vorliegen. Denkt man an eine EDV-Buchführung, bei der alle Buchungen auf Datenträgern ausgeführt und erst bei Bedarf ausgedruckt werden (§ 257 Abs. 3 HGB, § 147 Abs. 2 AO), so erscheint der Gebrauch von Begriffen, wie Hauptbuch, Geschäftsfreundebuch, antiquiert. Das EDV-Verfahren verändert jedoch nichts an der grundsätzlichen Systematik der doppelten Buchführung, weshalb

- Grundbuchfunktion,
- Hauptbuchfunktion und
- Nebenbuchfunktion

auch bei ihm stets gewahrt bleiben.

1.2.1 Funktion der Grundbücher

Die Funktion der Grundbücher (auch als **Journale, Primanoten oder Memoriale** bezeichnet) besteht darin, alle Geschäftsvorfälle in **zeitlicher Folge** aufzuzeichnen. Chronologische Aufzeichnungen sind ein wichtiges Kontrollmittel, denn sie sind das Bindeglied zum Beleg.

Ursprünglich gab es für die Aufnahme aller Geschäftsfälle ein einziges Grundbuch, das später nach Aufgabengebieten aufgeteilt wurde, z. B. in ein Kassenbuch für die täglichen Kasseneinnahmen und -ausgaben (vgl. § 146 Abs. 1 AO), Tagebuch, Rechnungseingangsund -ausgangsbuch und anderes mehr. Heute können »Bücher« ausdrücklich auch in der geordneten Ablage von Belegen bestehen (Offene-Posten-Buchhaltung, vgl. S. 73) oder auf Datenträgern geführt werden (§ 239 Abs. 4 HGB, § 146 Abs. 5 AO).

Einzelheiten über Grundbuchaufzeichnungen sind in R 29 Abs. 1 EStR und H 29 EStH enthalten.

1.2.2 Funktion des Hauptbuchs

Das Hauptbuch **(Sachkontenbuch)** ist das **Kernstück** der doppelten Buchführung. Es nimmt die Sachkonten auf und dient damit der **sachlichen oder systematischen Gliederung** des gesamten Buchungsstoffes. Eine solche Gliederung ist Voraussetzung dafür, um am Ende eines Geschäftsjahres einen »buchmäßigen« Abschluss durchführen zu können.

1.2.3 Funktion der Nebenbücher

Die Funktion der Nebenbücher, die in der Regel außerhalb des Kontensystems geführt werden, besteht darin, bestimmte **Sachkonten des Hauptbuchs weiter zu untergliedern** oder näher zu erläutern. So ergänzt z. B. das Lagerbuch die wertmäßigen Aufzeichnungen der entsprechenden Sachkonten um mengenmäßige Nachweise.

Weitere Nebenbücher sind z. B. das **Anlagen-, Wechsel- sowie Lohn- und Gehaltsbuch**.

Auch das **Kontokorrentbuch**, das die Sachkonten »Forderungen« und »Verbindlichkeiten« in die Personen- bzw. Einzelkonten für Kunden und Lieferanten aufsplittet, gehört seiner Funktion nach zu den Nebenbüchern. Es unterscheidet sich aber dadurch ganz wesentlich von den anderen Nebenbüchern, dass es bei EDV-Buchführung und der früher weit verbreiteten Durchschreibebuchführung integraler Bestandteil der Finanzbuchführung ist. Im Zusammenhang mit dem Kontokorrent kann der Begriff Nebenbuch oder Nebenbuchhaltung daher leicht zu Missverständnissen führen.

2 Belegorganisation

Das Rechnungswesen stützt sich auf schriftliche Aufzeichnungen, die man als Belege bezeichnet. Sie bilden die Brücke zwischen betrieblichem Vorgang und Buchung.

2.1 Belegarten

Ein Beleg ist eine **Urkunde**, auf der

- ein Geschäftsvorfall und
- die Auswirkungen, die seine Verbuchung im Rechnungswesen der Unternehmung auslösen (z. B. angesprochene Konten, Beträge, Buchungssatz)

beschrieben sind. Zur Gliederung der Belege vgl. Abbildung 3.1.

2.2 Grundsätze der Belegbehandlung

Die Bedeutung der Belege zwingt zu ihrer einheitlichen und sorgfältigen Behandlung. Es gelten die folgenden fünf Grundsätze:

(1) **Belegzwang:** Keine Buchung ohne Beleg! Das gilt auch für Umbuchungen, Stornierungen und Abschlussbuchungen.
(2) **Einheitliche Belegwahl:** Oft fallen mehrere Belege für den gleichen Vorgang an (Bankauszug, Scheckliste). Eindeutig festlegen, was als Buchungsbeleg gilt.
(3) **Urkundliche Behandlung:** In Belegen nichts radieren oder unleserlich machen. Belege abzeichnen, Änderungen beglaubigen.

nach der Entstehung des Belegs	nach den Beziehungen, die in den belegten Vorgängen ausgewiesen werden	nach dem Charakter des Beleginhalts
1. Urbelege (geborene Belege), Urkunden, die im Geschäftsverkehr mit Dritten entstehen und deren Original oder Durchschrift als Grundlage für die Verbuchung im Rechnungswesen genommen wird – Eingangs- und Ausgangsrechnungen – Frachtbriefe – Kassenquittungen	1. Belege der Außenbeziehung des Betriebes – Rechnungen – Kassenquittungen 2. Belege der innerbetrieblichen Beziehungen – Entnahmescheine – Buchungsanweisungen für Abrechnung und Abschluss	1. Verfügungen – Zahlungsanweisung 2. Beurkundungen – Entnahmeschein 3. Buchungsanweisungen – Anweisungen für Stornierungen – Anweisungen für Umbuchungen u. a.
2. Ersatzbelege (gekorene Belege), Belege von Vorgängen, bei denen nicht automatisch ein Dokument anfällt, sondern bei denen erst eine schriftliche Beschreibung des Vorgangs mit den erforderlichen Angaben erstellt werden muss – Verbuchung von Abschreibungen – Auflösung von Rückstellungen – Rechnungsabgrenzungsposten – interne Arbeitsanweisungen über innerbetriebliche Buchungsvorgänge		

Abb. 3.1: Gliederung der Belege

(4) **Kontierung:** Im Beleg Konten angeben, in die gebucht wird. Damit Sicherung einheitlichen Buchens, Arbeitsteilung, Erleichterung bei späterem Nachschlagen.

(5) **Belegregistratur:** Einheitliche und übersichtliche Belegablage, Ordnungsprinzipien genau festlegen. Aufbewahrungsfrist: 10 Jahre (§ 257 Abs. 4 HGB, § 147 Abs. 3 AO).

In größeren Betrieben ist für die wichtigsten Belege genau festzulegen, welchen Stellen sie zuzuleiten sind. Eine reibungslose Abrechnungsarbeit ist nur gewährleistet, wenn

– ein genauer Belegdurchlaufplan eingehalten wird,
– Weitergabetermine verbindlich festgelegt sind und
– ein Weitergabenachweis geführt wird.

2.3 EDV-Anwendung und Belegfunktion

Bei EDV-Anwendung bestehen gewisse Besonderheiten. Die Bedeutung der Belege liegt ja nicht in erster Linie in ihrer äußeren Form als »papierene« Dokumente, sondern in ihrer **Funktion, die Übereinstimmung zwischen Buchung und eingetretenem Geschäftsfall nachzuweisen.**

Bei einer EDV-Buchführung kann durch Programm sichergestellt werden, dass alle Vorgänge vergleichbarer Ausgangslage einheitlich verarbeitet werden. In einem solchen Fall ist keine Einzelbelegung erforderlich, sondern es reicht der Nachweis durch die **Dokumentation** des betreffenden programmierten Verfahrensablaufs aus. Die Dokumentation besitzt insoweit die Funktion eines Dauerbeleges **(Belegfunktion)**. Das gilt z. B. bei der automatischen Korrektur von Vorsteuer oder Umsatzsteuer im Falle des Skontierens, bei der Berechnung der Kursdifferenz für Auslandskunden, bei der Bonusabrechnung auf der Grundlage des Jahresbezugs u. a.

Innerhalb eines EDV-Systems können Belege bei entsprechender Dokumentation auch **direkt auf Datenträgern hergestellt** werden. Außerdem können Belege auch auf Grund eines Austausches von Datenträgern oder im Wege der Datenfernübertragung empfangen werden. Dabei ist die Belegfunktion erfüllt, wenn die **Vollständigkeit der Inhalte** nachgewiesen werden kann.

So kann man den Grundsatz »Keine Buchung ohne Beleg« im Hinblick auf die automatische Datenverarbeitung abwandeln in »Keine Buchung ohne Belegfunktion«, wobei freilich die Hauptmasse der Buchungen in der Regel nach wie vor durch herkömmliche »papierne« Buchungsbelege nachgewiesen wird.

Vgl. auch die Ausführungen über die Grundsätze ordnungsmäßiger DV-gestützter Buchführungssysteme (GoBS) auf S. 79 ff.

2.4 Buchungsvorbereitung

Je besser die Belege zur Buchung vorbereitet werden, desto zügiger kann gebucht werden. Man kann folgende Arbeitsstufen unterscheiden:
- formale und rechnerische Prüfung,
- sachliche Prüfung,
- Belegsortierung (nach Buchungskreisen),
- Kontierung (eventuell unter Zuhilfenahme von Buchungsstempeln),
- Vornahme der Buchung.

Häufig richtet man sechs **Buchungskreise** ein, nämlich für **Kasse, Bank, Postbank, Eingangsrechnungen, Ausgangsrechnungen und Sonstiges** (z. B. für Vornahme von Wechselbuchungen, Anlagenverkäufe, Lohn- und Gehaltsabrechnung).

Die Bedeutung der Buchungskreise ist bei konventionellen und EDV-Buchführungsverfahren verschieden.

Bei **konventionellen Verfahren** ist die Belegorganisation nach Buchungskreisen vor allem Voraussetzung für rationelles (manuelles) Buchen. Viele der Buchungen betreffen ein Personen- und ein Sachkonto. Die Personenkonten wechseln bei jeder Buchung, die Sachkonten dagegen bleiben für eine große Zahl von Buchungen die gleichen. Deshalb können die Buchungen auf den Sachkonten jeweils in einem Posten zusammengefasst werden **(Prinzip der Sammelgegenbuchung)**.

Beispiele:
100 Postbankeingänge = 100 Gutschriften auf den Kundenkonten
           1 Lastschrift auf dem Postbankkonto

50 Ausgangsrechnungen = 50 Belastungen auf den Kundenkonten
            1 Gutschrift auf dem Konto »Warenverkauf«

Auch bei EDV-Buchführung, bei der die Verbuchung nicht mehr so zeitaufwändig ist, ist die Belegvorbereitung nach Buchungskreisen häufig zweckmäßig. Dieses Vorgehen gewährleistet zügiges Kontieren, vereinfacht die Belegablage und erlaubt die automatische Kontrolle der voraddierten Sammelbuchungsbeträge (Vermeidung von Falscheingaben). Wird bei Außer-Haus-Verarbeitung für die Datenerfassung ein einfaches Terminal (Datenerfassungsgerät) eingesetzt, ist die Belegvorbereitung nach Buchungskreisen meist unumgänglich.

Allgemein gilt: Eine leistungsfähige Software unterstützt die einzelnen Arbeitsschritte der Buchungsvorbereitung (z. B. durch automatische Kontrolle von Skontofristen auf Grund der Stammdaten), macht sie aber nicht entbehrlich.

Kontrollfragen
1. Warum wird die kameralistische Buchführung nicht zu den kaufmännischen Buchführungssystemen gezählt?
2. Welche Arten von Konten kommen in der einfachen Buchführung nicht vor?
3. Warum erfüllt die einfache Buchführung die Buchführungspflicht der Kaufleute nicht?
4. Welche Funktion haben
   – Grundbücher,
   – Hauptbuch und
   – Nebenbücher
   bei der doppelten Buchführung?
5. Wodurch unterscheidet sich das Kontokorrentbuch von den anderen Nebenbüchern?
6. Welches sind die wichtigsten Grundsätze der Belegbehandlung?
7. Wodurch wird die Belegfunktion bei EDV-Anwendung gewährleistet?
8. Welche Arbeitsstufen unterscheidet man bei der Buchungsvorbereitung?
9. Welche Vorteile hat das Buchen nach Buchungskreisen? Welche Buchungskreise unterscheidet man?

3 Konventionelle Verfahren der doppelten Buchführung

Bestimmend für die Entwicklung der verschiedenen manuellen Buchführungsverfahren der doppelten Buchführung waren **Übertragungs- und Abstimmungsprobleme**. Sie ergaben sich dadurch, dass nach dem chronologischen Prinzip der Zeitfolge in das Grundbuch und nach dem systematischen Prinzip in die Konten zu buchen ist.

Bei der der Vergangenheit angehörenden **Übertragungsbuchführung** wurden die zeitliche und die sachliche Buchung getrennt (nacheinander) durchgeführt. Die einzelnen Verfahren (italienische, deutsche, französische Methode) unterschieden sich vor allem durch die unterschiedliche Aufgliederung des Grundbuchs.

3.1 Amerikanisches Journal

Eine Verbesserung der Buchführungsorganisation brachte das »amerikanische Journal«. Es ermöglichte, die zeitliche und sachliche Buchung in einem Zug zu erledigen. Die Konten des Hauptbuches wurden in Spaltenform dem Grundbuch angegliedert;

so wurde die zeitliche Ordnung des Tagebuches mit der systematischen Ordnung des Hauptbuches kombiniert.

Der zweite Übertragungsvorgang, das Übernehmen der journalisierten Kreditgeschäfte auf **Personenkonten**, konnte bei der amerikanischen Buchführung jedoch nicht ausgeschaltet werden.

Nachfolgend ist ein amerikanisches Journal in stark vereinfachter Form wiedergegeben.

Beleg-Nr.	Tag	Text	Betrag	Kasse		Bank		Waren-einkauf		Waren-verkauf		Verw.-kosten		u. a.
				S	H	S	H	S	H	S	H	S	H	
1	01.03.	Bankeinzahlung	900		900	900								
2	03.03.	Miete (Überweisung)	770				770					770		

Grundbuch | Hauptbuch

Abb. 3.2: Amerikanisches Journal

In diesem Journal sind folgende Buchungen durchgeführt:
    01.03. Eine Bankeinzahlung aus der Kasse   900 €
    03.03. Miete wird durch Banküberweisung bezahlt   770 €

Die Angabe der Buchungssätze ist entbehrlich, da sich die Kontierung aus den Spalten des amerikanischen Journals ergibt.

Das amerikanische Journal erscheint für einfachste Verhältnisse geeignet. Man darf jedoch nicht übersehen, dass die **Zahl der Sachkonten ziemlich beschränkt** ist.

Zur Vervollständigung der Sachkonten ist das Konto »Diverse« oder »Verschiedene« als letzte Spalte der Journalseite unentbehrlich (wobei die jeweilige Buchung hinsichtlich spezieller Kontenzugehörigkeit in der Spalte »Bemerkungen« näher zu erläutern ist). Am Monatsabschluss wird dieses Sammelkonto aufgegliedert.

3.2 Durchschreibebuchführung

Die entscheidende Umstellung der Buchführungsorganisation ergab sich aus dem Gedanken der **Durchschrift**. Mit Hilfe des Durchschreibens ist es möglich, **Hauptbuch und Grundbuch gleichzeitig zu bebuchen**. Damit fällt ein Übertragungsvorgang, den alle alten Buchführungsmethoden mit Ausnahme des amerikanischen Journals an sich hatten, fort. Aber auch die **zweite Stufe der Übertragung**, die getrennte Durchführung der Personenbuchung, wird vermieden.

Beispiel zur Buchung eines Kreditgeschäfts:
- Die Buchung eines Kreditgeschäfts erfolgt unmittelbar auf dem betreffenden Personenkonto.
- Das unterlegte Grundbuchblatt empfängt die Durchschrift. Dieses weist (in Anlehnung an das amerikanische Journal) mehrere Buchungsspalten auf, eine

von ihnen ist für Kunden, die andere für Lieferanten gedacht. Sie vertreten die Hauptbuchkonten »Forderungen an Kunden« und »Verbindlichkeiten gegenüber Lieferanten«, sodass mit der Buchung auf dem Personenkonto, die automatisch in die richtige Spalte des Journals kommt, praktisch auch schon die Hauptbucheintragung bewirkt ist; lediglich die Summen dieser Spalten werden von Zeit zu Zeit (meist nur monatlich) auf Sachkontenblätter übernommen.

Die Durchschreibebuchführung, deren Verbreitung in der Praxis zugunsten der EDV-Buchführung stark zurückgegangen ist, vereinigt somit folgende Vorteile:

- Es können beliebig viele Konten übersichtlich geführt werden.
- Zeit- und Sachbuchung werden in einem Arbeitsgang erledigt.
- Übertragungen auf die Kontokorrentkonten entfallen.

3.2.1 Organisatorische Voraussetzungen

»Durchschreiben« kann man nur unvollkommen von Buch zu Buch. Man musste also mit der Verwendung gebundener Bücher brechen. Gegen die Verwendung loser Blätter bestanden lange Zeit große Vorurteile.

Die Loseblatt-Durchschreibebuchführung muss folgende Voraussetzungen erfüllen:

- Der Kontenplan hat eine klare Übersicht über Bestände, Aufwand und Ertrag zu gewährleisten.
- Alle in der Buchhaltung verwendeten losen Blätter sind in ein Register einzutragen.
- Gegen Verlegung, Entfernung oder Umstellung von Buchungsblättern sowie gegen Fälschungen müssen Vorkehrungen getroffen werden.
- Der Zusammenhang zwischen Beleg, Journalbuchung und Konteneintrag muss durch gegenseitige Hinweise und Buchungszeichen klar erkennbar sein.

3.2.2 Verfahren der Durchschreibebuchführung

Die Durchschrift ist grundsätzlich auf zwei Arten möglich: Urschrift auf das Konto (Kontooriginalmethode) oder ins Grundbuch (Journaloriginalmethode). Die Kontooriginalmethode hat sich als überlegen erwiesen.

Man kann Journale mit einer unterschiedlichen Zahl von Buchungsspalten verwenden und unterscheidet deshalb Ein-, Zwei-, Drei- und Vierspaltenverfahren. In der Praxis wird hauptsächlich das Drei- oder Vierspaltenverfahren angewendet.

Das **Dreispaltenjournal** enthält drei Spaltenpaare, die in der Regel für

Spalte 1:	Spalte 2:	Spalte 3:
Lieferantenkonten	*Kundenkonten*	*Sachkonten*

bestimmt sind. In den Konten ergibt sich die gleiche Spaltenanordnung.

Zwangsläufig wird jede Buchung vom Konto auf die entsprechende Spalte des Journals durchgeschrieben Damit sind aus dem Journal die Umsätze nach Lieferanten, Kunden und Sachkonten getrennt ersichtlich. Der Stand der Forderungen und Verbindlichkeiten ist jederzeit sofort feststellbar.

Darüber hinaus gibt es, wie in den anderen Verfahren auch,

- zwei Vorspalten für die Aufnahme der Kunden- und Lieferantenskonti und
- zwei Nachspalten zur Aufnahme von Vor- und Umsatzsteuerbeträgen.

Sie ermöglichen die Durchführung entsprechender **Sammelbuchungen**.
Im Vierspaltenjournal gliedert man den Buchungsstoff gewöhnlich nach

Spalte 1:	Spalte 2:	Spalte 3:	Spalte 4:
Lieferantenkonten	*Kundenkonten*	*Bestandskonten*	*Erfolgskonten*

Der besondere Vorteil dieser Gruppierung liegt darin, dass sie auch über die laufenden Veränderungen der Bestandskonten sowie über die Aufwendungen und Erträge summarisch Auskunft gibt, ohne dass die einzelnen Sachkonten addiert, saldiert und diese Zahlen zusammengestellt werden müssen.

Das **Nachspaltenverfahren** ist eine Kombination der Durchschreibebuchführung mit dem amerikanischen Journal. Buchungen auf häufig benutzten Konten werden nicht durchgeschrieben, sondern in »amerikanischen Spalten« gesammelt und in Monatssummen auf die Konten gebucht.

Aufgabe 3.01 *(Zur Durchschreibebuchführung) S. 359*

3.3 Manuelle Offene-Posten-Buchführung

Die Offene-Posten-Buchführung basiert auf der geordneten Ablage der Belege (§ 239 Abs. 4 HGB, § 146 Abs. 5 AO) und wird deshalb auch als **Belegbuchführung** (bzw. kontenlose Buchführung) bezeichnet. Sie kommt stets in Verbindung mit einer anderen Form der Buchführung vor. Die Belegablage ersetzt Aufzeichnungen
- im Journal (Grundbuch, chronologische Erfassung) und
- in der Kontokorrent- und Wechselbuchführung (Nebenbuchhaltungen).

Die Belege sind zweifach auszufertigen.

> **Beispiel für Ausgangsrechnungen:**
> 1. Kopie der Ausgangsrechnung: Nummernkopie, Ersatz des Journals (zeitliche Ordnung)
> 2. Kopie der Ausgangsrechnung: Namenskopie, Ersatz des Kundenkontos
>
> Auf den Namenskopien ist der Zahlungausgleich unter Angabe etwaiger Abzüge einzutragen. Endgültig ausgeglichene Namenskopien kommen in die Endablage.

Für die Kontokorrentbuchführung sind die **organisatorischen Voraussetzungen** in Erlassen der obersten Finanzbehörden der Länder geregelt (vgl. BStBl 1963 II S. 89 ff. und R 29 Abs. 1 EStR).
(1) Es ist ein Zeitfolgenachweis zu führen. Das geschieht durch die nummernmäßige Ablage. Die Summen der Bewegungen in den Konten »Forderungen« und »Verbindlichkeiten« sind nach Tagen zu addieren. Daraufhin sind die Tagessummen in die entsprechenden Sachkonten zu übernehmen. Für den Zahlungsverkehr ist sinngemäß zu verfahren.
(2) Die Namenskopien sind so aufzubewahren, dass sich Forderungen und Schulden jederzeit feststellen lassen. Auch nach dem Zahlungsausgleich ist eine geordnete Aufbewahrung nötig (Griffbereitschaft).
(3) Zahlungen und Abzüge sind in den Namenskopien aufzuzeichnen.

(4) Die Sachkonten »Forderungen« und »Verbindlichkeiten« sind in angemessenen Zeitabständen mit den Namenskopien abzustimmen.
(5) Nummern- und Namenskopien einschließlich etwaiger Zusammenstellungen müssen 10 Jahre aufbewahrt werden, da sie Grundbuchfunktion haben (H 29 »Aufbewahrungspflichten« EStH).

Teilzahlungen sind auf der Namenskopie zu vermerken. Diese ist so lange bei den unbezahlten Rechnungen aufzubewahren, bis die letzte Zahlung erfolgt ist.

Aufgabe 3.02 *(Zur manuellen Offenen-Posten-Buchführung) S. 359*

4 EDV-Buchführung

Die Organisation der Buchhaltung hängt eng mit den Verfahren zusammen, mit denen die Buchführung vollzogen wird. Eine sich auf konventionelle Basis gründende Buchführung stellt in organisatorischer Sicht und technischer Durchführung andere Anforderungen an den Anwender als eine EDV-Buchführung. Die Formen der EDV-Buchführung wiederum können sehr verschieden sein, z. B.

- mit oder ohne Ausdruck von Buchungsdaten,
- In- oder Außer-Haus-Verarbeitung,
- Datenverarbeitung im Verbund.

Eine über das Grundsätzliche hinausgehende, detaillierte Beschreibung organisatorischer Voraussetzungen und Abläufe im EDV-Bereich ist ohne genaues Eingehen auf die Software des jeweiligen Anbieters und die Besonderheiten der genutzten Hardware nicht möglich, aber auch nicht notwendig. Denn die **Grundsätze ordnungsmäßiger DV-gestützter Buchführungssysteme (GoBS)** sind hier ein wichtiges Bindeglied und Regulativ. Sie werden im Anschluss an die Beschreibung der EDV-Buchführung ausführlich dargestellt (vgl. S. 79 ff).

4.1 Anwendung computergestützter Buchführungsverfahren

Wesenhaftes Merkmal der EDV-Buchführung sind jederzeit verfügbare Salden.
Bei den manuellen Buchführungsverfahren dagegen ist bzw. war deren laufende Ermittlung mit Zeit raubenden Arbeiten verbunden und unrationell, weshalb sich die Praxis meist damit begnügte, die Salden monatlich zu ermitteln.
Im Folgenden werden die wichtigsten Schritte eines qualifizierten **Finanzbuchführungsprogramms** für PC beschrieben (In-Haus-Verarbeitung).

4.1.1 Laufendes Buchen

Das laufende Buchen per Computer ist durch Zeitersparnis, Tagfertigkeit und ständige Auskunftsbereitschaft ohne Papierberge geprägt.

- Gegenbuchungen können automatisch gebildet werden; auf Konten mit »Häufigkeitsbuchungen« (z. B. Erlös- und Geldkonten) als Sammelgegenbuchung.

- Vor- und Umsatzsteuer werden (auch aus Skontobeträgen) laufend errechnet, verdichtet, gebucht.
- Ist während des Buchens ein neues Konto anzulegen, so kann man per Tastendruck in die Kontenanlage verzweigen.
- Die **Kontenpflege im Personenkontenbereich** wird durch **Anzeige offener Posten** auf dem Bildschirm automatisiert. Skontobeträge werden beim Buchen des Geldbetrages durch den PC errechnet, können ohne Vorarbeit kontrolliert und ohne weitere Eingabe verarbeitet werden. Alle Salden werden nach jeder Buchung auf den neuesten Stand gebracht. Die Tagfertigkeit ist jederzeit gegeben.
- Kontokorrentbewegungen werden laufend verdichtet auf die Sachsammelkonten übernommen.
- Nicht bekannte Nummern von Personenkonten können ohne Unterbrechung des laufenden Buchens per Namen gesucht werden.
- Es ist nicht erforderlich, für jeden Kunden ein Einzelkonto zu führen, um z. B. mahnen zu können. Man legt diverse Konten fest. Beim Buchen auf diese Konten »weiß« der Computer, dass man zu jeder Buchung die Möglichkeit bekommen muss, eine Anschrift einzugeben.
- Durch die Anzeige der offenen Posten auf dem Bildschirm und die ständige Tagfertigkeit wird insbesondere die Verbuchung von **Zahlungseingängen** erleichtert. Man hat alle für die Bearbeitung der Zahlung erforderlichen Daten beim Buchen verfügbar. **Der Ordner »unbezahlte Rechnungen« wird nicht mehr benötigt**.
- Kontrollsummen sorgen für kleine Fehlerfelder.
- Versehentlich eingegebene Kontonummern nicht vorhandener Konten führen zur Rückmeldung.
- Zu jedem Konto wird die entsprechende Bezeichnung angezeigt, somit werden Buchungen auf ein falsches Konto vermieden.
- Eventuelle Differenzen zwischen Soll und Haben werden durch eine Fehlermeldung angezeigt.
- Prüfprogramme sorgen dafür, dass z. B. die offenen Posten mit den Kontensalden und die Personenkonten mit den zugehörigen Sachkonten übereinstimmen.

4.1.2 Monatswechsel

Am Monatsende lässt man sich vom Computer die Umsatzsteuer-Voranmeldung ausdrucken (in den amtlichen Vordruck). Oft werden monatlich **Saldenlisten** für Sach- und Personenkonten ausgedruckt, die über die reinen Salden hinaus auch betriebswirtschaftliche Auswertungen enthalten.

Der Monatswechsel wird nicht zur »Warteschlange«, denn man bucht in »zwei Perioden«. Auch wenn man den abgelaufenen Monat noch nicht abgeschlossen hat, kann man im begonnenen, neuen Monat buchen. Die Monatsumsätze werden dadurch nicht verfälscht, sondern sauber nach Perioden getrennt gespeichert.

4.1.3 Jahreswechsel

Auch am Jahreswechsel entstehen keine großen Arbeitsspitzen mehr in der Buchführung. Man veranlasst den Computer, das Geschäftsjahr »vorläufig«, d. h. buchmäßig abzuschließen. Er eröffnet das neue Geschäftsjahr und übernimmt die offenen Posten des Kontokorrents, wonach man Bewegungen des neuen Geschäftsjahres buchen kann.

Die Salden des alten Geschäftsjahres können später, auf Grund der Jahresabschlussarbeiten, berichtigt werden. Die Anfangsbestände und Salden des neuen Geschäftsjahres werden dabei automatisch korrigiert.

Über das laufende Buchen hinaus gestattet ein **Bilanzprogramm** die Erstellung der Hauptabschlussübersicht sowie der Bilanz und GuV-Rechnung (vgl. Abbildung 3.3 sowie die Ausführungen auf S. 23 f.).

Weitgehende Entlastungen ergeben sich auch für Inventur und Bewertung der Bestände – entsprechende Software vorausgesetzt. So können z. B. Inventurlisten erstellt werden.

Laufendes Buchen und periodische Abstimmung	Jahresabschluss und Wiedereröffnung	Geschäftsverbindung mit Kunden	Geschäftsverbindung mit Lieferanten
– Führen von Personen und Sachkonten mit vielfältigen Buchungshilfen, wie automatischer Gegenbuchung, selbstständiger Umsatzsteuer-Errechnung, automatischen Verdichtungsbuchungen u. a. – Führung von EDV-Journalen – Erstellung von Offene-Posten-Listen mit summarisch nach Fälligkeiten und Mahnstufen gegliederter Forderungsaufstellung – Erstellung von Saldenlisten für Kunden, Lieferanten und Sachkonten mit betriebswirtschaftlichen Auswertungen – Zusammenstellung der Daten für die Umsatzsteuer-Voranmeldung – Ausdruck verdichteter und betriebswirtschaftlich gegliederter Periodenergebnisse (Unternehmensspiegel) – Ausdruck grafischer Darstellungen zum Unternehmensspiegel	– Ausdruck von Jahressachkonten – Erstellung der Bilanzübersicht bis zur vorläufigen Saldenbilanz – Buchung der Berichtigungen und Umbuchungen – Ermittlung der endgültigen Salden und Ausfertigung der endgültigen Bilanzübersicht – Erstellung von Reinschrift der Bilanz und GuV-Rechnung – Errechnung und Ausdruck von Kennzahlen aus Bilanz und GuV-Rechnung – Ausdruck von Jahresabschlusswerten in grafischer Form – Eröffnung des neuen Geschäftsjahres und Anlegen der Konten – Vortragen der Kunden- und Lieferantensalden ins neue Geschäftsjahr	– Überwachung der Fälligkeit von Kundenrechnungen – Ausfertigung von Mahnungen und Erstellung von Übersichten mit Fälligkeitsstruktur der Forderungen – Ausfertigung der Lastschriftbelege für Bankeinzug – Prüfung der Skontoabzüge auf Richtigkeit und gegebenenfalls automatische Buchung – Erstellung von Kontoauszügen zur Saldoabstimmung – Schreiben von Adressaufklebern und Adressenlisten	– Errechnung und Kürzung von Skonti bei Zahlungen an Lieferanten – Ausstellung von Schecks mit Begleitschreiben für Eingangsrechnungen – automatische Buchung der Zahlungen in Lieferantenkonten – Schreiben von Adressaufklebern und Adressenlisten

Abb. 3.3: Leistungsumfang eines EDV-Finanzbuchführungs- und -Bilanzprogramms im Überblick

4.1.4 Mahnwesen

Das Mahnwesen wird durch EDV erheblich erleichtert. Alle Daten, die benötigt werden, um Mahnungen zu schreiben, nämlich Adresse des Kunden, die offenen Posten, ihre Fälligkeit und die Vermerke, ob die Bezahlung schon angemahnt wurde und gegebenenfalls wie oft, sind gespeichert.

Durch Zusatzinformationen, die zum Mahnen gegeben werden, wird veranlasst,

– dass Mahngebühren und/oder Verzugszinsen zu berechnen sind,
– wie »streng« der Mahntext sein soll und
– ob eine letzte Zahlungsfrist zu setzen ist.

Ferner sind »besondere Anweisungen« möglich, um einzelne Posten vom Mahnen auszuklammern (z. B. im Zusammenhang mit Reklamationen) oder des Inhalts, dass bestimmte Kunden überhaupt nicht gemahnt werden sollen. Man kann sich auch vor dem Ausdrucken von Mahnungen eine Mahnvorschlagsliste erstellen lassen, um sie nach eventuellen Ausnahmefällen durchzusehen.

Den Mahnturnus kann man beliebig festlegen, z. B. alle zehn Tage, zweimal monatlich.

4.1.5 Auskunftsbereitschaft, Aufbewahrung

Nach § 257 Abs. 3 HGB können Rechnungslegungsunterlagen (mit Ausnahme von Eröffnungsbilanz, Jahres- und Konzernabschluss) auch auf Datenträgern aufbewahrt werden, Ausdrucksbereitschaft vorausgesetzt. Für welchen Zeitraum das möglich ist, hängt im Prinzip von der eingesetzten Anlage und der Software ab. In der Praxis wird man i. d. R. einen **monatlichen oder jährlichen Ausdruck** aller nötigen Rechnungsunterlagen vorsehen.

Eine eventuelle Aufbewahrung auf einem Datenträger ohne Ausdruck würde voraussetzen, dass sowohl Software als auch Hardware 10 Jahre unverändert einsatzfähig bereitstünden. Das ist unrealistisch, denn die Systeme sind nicht statisch, sondern unterliegen einem steten Innovationsdruck.

Zu beachten ist, dass durch das Steuersenkungsgesetz (BGBl I 2000, S. 1433) die **steuerlichen Vorschriften zur Aufbewahrung und Auskunftsbereitschaft**, die bis dato mit den handelsrechtlichen im Einklang waren (vgl. § 257 Abs. 2 Nr. 2 HGB), **verschärft** worden sind: § 147 Abs. 2 Nr. 2 AO verlangt jederzeitige Verfügbarkeit, unverzügliche Lesbarmachung und maschinelle Auswertungsmöglichkeit. § 147 Abs. 6 AO erlaubt das Recht, im Rahmen einer Außenprüfung Einsicht in die gespeicherten Daten zu nehmen und das Datenverarbeitungssystem des Steuerpflichtigen zur Prüfung zu nutzen **(EDV-gestützte Betriebsprüfung)**.

4.2 Besonderheiten bei Datenverarbeitung außer Haus

Datenverarbeitung außer Haus ist ein Sonderfall der EDV-Buchführung. Dabei wird die **Datenerfassung** im Anwenderbetrieb, in der Kanzlei des Steuerberaters oder in einem Servicebüro vorgenommen, die **Auswertung bzw. Verarbeitung erfolgt im Dienstleistungs-Rechenzentrum** (RZ).

Während bei In-Haus-Verarbeitung die Auswertungsergebnisse, eine entsprechende Personalkapazität vorausgesetzt, sozusagen »sofort« zur Verfügung stehen, kommt es bei der Datenverarbeitung außer Haus auf die Art des Datenaustausches an. Dieser kann durch Transport von Datenträgern oder wesentlich schneller durch Datenfernübertragung (DFÜ) erfolgen. Im Falle der DFÜ von und zum Rechenzentrum ist der zeitliche Unterschied zur In-Haus-Verarbeitung in der Regel verschwindend gering.

4.2.1 Vor- und Nachteile ausschließlicher In- bzw. Außer-Haus-Verarbeitung

Für die Abrechnung im Dienstleistungs-Rechenzentrum spricht vor allem, dass
– bei diesem Verfahren im Anwenderbetrieb weniger Arbeit anfällt und
– dennoch problemlos eine Fülle von zusätzlichen Auswertungen erstellt werden kann.

Die Hauptvorteile eines eigenen Computers liegen
– im direkten Zugriff auf Daten, Programme und Auswertungen und
– in der unbeschränkten zeitlichen Verfügbarkeit.

Zu den anderen Faktoren, die bei einer Entscheidung für In- oder Außer-Haus-Verarbeitung zu berücksichtigen sind, gehören Umfang und Schwierigkeitsgrad der abzurechnenden Vorgänge, betriebsindividuelle Anforderungen an die Auswertung, Kenntnisstand der Mitarbeiter und Fragen der Datensicherheit.

4.2.2 Datenverbund von PC und RZ

Von der technischen Ausstattung des Anwenderbetriebs hängt der Grad der Anbindung an das Rechenzentrum ab. Während für die ausschließliche Rechenzentrums-Anwendung ein **einfaches Terminal** (Datenerfassungsgerät) zur Datenerfassung genügt, ist für Datenverarbeitung im Verbund ein **PC** Voraussetzung. Hierbei wird individuelle, zeitnahe Datenverarbeitung im Haus mit vielfältig anwendbarer Datenverarbeitung außer Haus verknüpft. Man überträgt hausintern ermittelte Auswertungsergebnisse zur Weiterverarbeitung mit komplexeren Programmen einem Dienstleistungs-Rechenzentrum (z. B. intern gewonnene Fakturierdaten für die tief gegliederte externe Verkaufsstatistik). Umgekehrt können extern ermittelte Ergebnisse hausintern nach eigenständigen Gesichtspunkten weiter ausgewertet werden.

Insofern stellt sich nicht nur die Frage »In- oder Außer-Haus-Verarbeitung?«, sondern auch: »In welchem Umfang können oder sollen **beide Verfahren nebeneinander** genutzt werden«?

Beim Verbundverfahren hat der Anwender also die Möglichkeit, zu entscheiden, welche Aufgaben er direkt an seinem PC verarbeiten möchte und bei welchen er die Unterstützung des Rechenzentrums in Anspruch nimmt. Er kann auf diese Weise die Vorteile von PC und Rechenzentrum kombinieren: die umfassenden Möglichkeiten eines modernen Großrechenzentrums (breit angelegtes Programm mit allen Abrechnungsvarianten, Datenbanken, vielseitige statistische Auswertungen u. a.) mit Arbeitsersparnis bei Datensicherung, Datenverwaltung und Operating am PC.

4.3 Ordnungsmäßigkeit der EDV-Buchführung

4.3.1 Besonderheit der EDV-Buchführung

Nach den GoB muss die Buchführung so beschaffen sein, dass sie einem sachverständigen Dritten innerhalb angemessener Zeit einen Überblick über die Geschäftsvorfälle und über die Vermögenslage des Unternehmens vermitteln kann (§ 238 HGB, § 145 AO). Dazu sind die aufzeichnungspflichtigen Geschäftsvorfälle vollständig, richtig, zeitgerecht und geordnet festzuhalten (§ 239 Abs. 2 HGB).

Ob diese Anforderungen erfüllt sind, ist **bei konventioneller Buchführung** (anhand der Aufzeichnungen) **ohne weiteres nachprüfbar, bei computergestützten Verfahren dagegen nicht**. Die Beweiskraft bzw. Ordnungsmäßigkeit der EDV-Buchführung steht und fällt mit der Einhaltung bzw. Nichteinhaltung besonderer Anforderungen, die konkretisiert werden durch die Verlautbarungen

– des BMF-Schreibens **(Grundsätze ordnungsmäßiger DV-gestützter Buchführungssysteme – GoBS –,** BStBl 1995 I, S. 738 ff.) und
– des Fachausschusses für Informationstechnologie (FAIT) des IDW (Stellungnahme zur Rechnungslegung vom 24. 09. 2002, IDW RS FAIT 1: **Grundsätze ordnungsmäßiger Buchführung beim Einsatz von Informationstechnologie**, in: IDW Prüfungsstandards (IDW PS), IDW Stellungnahmen zur Rechnungslegung (IDW RS), Loseblattwerk, Düsseldorf).

Die GoBS ersetzen nicht die GoB; sie stellen lediglich eine Präzisierung der GoB im Hinblick auf die EDV-Buchführung dar und beschreiben die Maßnahmen, die der Buchführungspflichtige ergreifen muss, will er sicherstellen, dass die Buchungen und sonst erforderlichen Aufzeichnungen vollständig, richtig, zeitgerecht und geordnet vorgenommen werden. Für die Einhaltung der GoB ist auch bei der EDV-Buchführung der Buchführungspflichtige verantwortlich.

Als EDV-gestütztes Buchführungssystem soll nachfolgend eine Buchführung bezeichnet werden, die insgesamt oder in Teilbereichen kurzfristig oder auf Dauer unter Nutzung von Hardware und Software auf DV-Datenträgern geführt wird. Hierzu gehören neben den **magnetischen Datenträgern** insbesondere auch **elektro-optische Datenträger**. Da die Erstellung der **Mikrofilme** mit Hilfe des COM-Verfahrens (Computer-Output-Microfilm) die integrierte Fortsetzung des EDV-Verfahrens ist, unterliegt dieses Verfahren ebenfalls den GoBS.

4.3.2 Grundsätze ordnungsmäßiger DV-gestützter Buchführungssysteme (GoBS)

Die Richtigkeit einer Buchführung muss **nachprüfbar** sein. Aus dieser Forderung lassen sich für EDV-Verfahren besondere Ordnungsmäßigkeitskriterien ableiten. Sie umfassen:

– die Nachvollziehbarkeit des einzelnen Geschäftsvorfalles von seinem Ursprung bis zur endgültigen Darstellung (also vom Beleg über das Journal bis zum Konto),
– die Nachvollziehbarkeit des Verarbeitungsverfahrens (Verfahrensdokumentation),
– die Angemessenheit und Wirksamkeit des internen Kontrollsystems (IKS),
– Datensicherheit.

Die Realisierung dieser Ordnungsmäßigkeitskriterien beginnt schon bei der Softwareentwicklung, ist aber auch von der sachgemäßen Anwendung der Software abhängig. Vgl. im Einzelnen die Abbildung 3.4.

Anforderungen an die Ordnungsmäßigkeit	Realisierung der Anforderungen

1. Nachvollziehbarkeit des einzelnen Geschäftsvorfalls
 	
(Belegfunktion, Journalfunktion, Kontenfunktion)
	Belegfunktion
	
	Die Belegfunktion ist Grundvoraussetzung für die Beweiskraft der Buchführung. Hierzu sind folgende Angaben erforderlich:
	– Text zur Erläuterung und gegebenenfalls Begründung des Geschäftsvorfalles,
	– zu buchender Betrag oder Mengen- und Wertangaben, aus denen er sich ergibt,
	– Zeitpunkt des Geschäftsvorfalles,
	– Bestätigung (Autorisierung) des Geschäftsvorfalles durch den Verantwortlichen (z. B. Unterschrift, Handzeichen, Verfahrensfreigabe),
	und bei Ausführung der Buchung:
	– Kontierung (Konto und Gegenkonto),
	– Belegnummer bzw. Ordnungskriterium für die Ablage,
	– Buchungsdatum (Kennzeichnung des Zeitpunkts der Buchung).
	
	1. Schreibt das Gesetz die bildliche Wiedergabe der Belege vor, so ist die Belegfunktion erfüllt, wenn digital gespeicherte Belege und Unterlagen bildlich wiedergegeben werden können (nicht aber, wenn lediglich Beleginhalte wiedergegeben werden).
	2. Nicht jede Buchung muss einzeln schriftlich nachgewiesen werden. Belegbarkeit als solche kann genügen bei wiederkehrenden gleichartigen Geschäftsvorfällen durch Dauer- oder Sammelbeleg.
	3. Die Belegfunktion
	  – zu programminternen Buchungen,
	  – Buchungen auf der Basis einer automatischen Betriebsdatenerfassung (BDE) und
	  – Buchungen auf der Basis eines elektronischen Datentransfers (EDI, Datenträgeraustausch)
	  muss durch das jeweilige Verfahren erfüllt werden. Das Verfahren ist in diesem Zusammenhang wie ein Dauerbeleg zu behandeln.
	  Die Erfüllung der Belegfunktion ist durch den Nachweis der Durchführung der in dem jeweiligen Verfahren vorgesehenen Kontrollen sowie durch die Verfahrensdokumentation zu erbringen.
	
	Journalfunktion
	
	Buchungspflichtige Geschäftsvorfälle sind vollständig und möglichst bald nach Entstehung so festzuhalten, dass die weitere buchtechnische Behandlung gesichert (auch Schutz gegen Veränderung und Löschung).

Abb. 3.4: Grundsätze ordnungsmäßiger DV-gestützter Buchführungssysteme (GoBS)[1]

---

[1] Quelle: BMF-Schreiben: Grundsätze ordnungsmäßiger DV-gestützter Buchführungssysteme (GoBS), BStBl 1995 I S. 738 ff. und Stellungnahme zur Rechnungslegung, IDW RS FAIT 1: Grundsätze ordnungsmäßiger Buchführung beim Einsatz von Informationstechnologie, in: IDW Prüfungsstandards (IDW PS), IDW Stellungnahmen zur Rechnungslegung (IDW RS), Loseblattwerk, Düsseldorf.

Anforderungen an die Ordnungsmäßigkeit	Realisierung der Anforderungen
	verfolgbar und nachprüfbar ist. Dieser Nachweis kann durch Protokollierung auf verschiedenen Stufen des Verarbeitungsprozesses erbracht werden (bei der Datenerfassung/-übernahme, im Verlauf oder am Ende der Verarbeitung). 1. Die Protokollierung kann sowohl auf Papier als auch auf einem Bildträger oder anderen Datenträgern erfolgen. 2. Die Journalfunktion, d.h. der Nachweis über die vollständige, zeitgerechte und formal richtige Erfassung, Verarbeitung und Wiedergabe eines Geschäftsvorfalls, muss während der gesetzlichen Aufbewahrungsfrist innerhalb eines angemessenen Zeitraums darstellbar sein. Die Geschäftsvorfälle müssen dabei übersichtlich und verständlich – in zeitlicher Reihenfolge vollständig als auch – auszugsweise dargestellt werden können. Sofern das Journal in ausgedruckter Form aufbewahrt wird, muss die Vollständigkeit der Druckliste z.B. über fortlaufende Seitennummern bzw. Summenvorträge nachweisbar sein. **Kontenfunktion** 1. Zur Erfüllung der Kontenfunktion müssen die Geschäftsvorfälle nach Sach- und Personenkonten geordnet dargestellt werden können. Bei computergestützten Buchführungsverfahren werden Journal- und Kontenfunktion i.d.R. gemeinsam wahrgenommen, indem bereits bei der erstmaligen Erfassung der Geschäftsvorfälle alle für die sachliche Zuordnung notwendigen Angaben erfasst werden. 2. Bei Buchungen verdichteter Zahlen auf Sach- oder Personenkonten muss die Möglichkeit bestehen, die in den verdichteten Zahlen enthaltenen Einzelposten nachzuweisen. 3. Das Medium der Darstellung ist beliebig. Soweit eine Darstellung per Bildschirmanzeige oder anderem Datenträger erfolgt, ist bei berechtigter Anforderung eine ohne Hilfsmittel lesbare Wiedergabe bereitzustellen. 4. Aufzeichnungen zur Erfüllung der Kontenfunktion sollten in der Regel folgende Angaben enthalten: – Kontenbezeichnung, – Nachweis der lückenlosen Blattfolge, – Kennzeichnung der Buchungen, – Summen und Salden nach Soll und Haben, – Buchungsdatum, – Belegdatum, – Gegenkonto, – Belegverweis, – Buchungstext oder dessen Verschlüsselung. 5. Beim Ausdruck der Konten muss die Vollständigkeit der Kontoblätter z.B. über fortlaufende Seitennummern je Konto oder Summenvorträge nachweisbar sein. 6. In der Hauptbuchführung werden bei der Führung von Nebenbüchern i.d.R. nur die Salden der Nebenbuchkonten geführt. Durch Kontroll- und Abstimmverfahren i.V.m. einer entsprechenden Verfahrensdokumentation muss daher der Nachweis der richtigen und vollständigen Übertragung der fortgeschriebenen Salden vom Nebenbuch in das Hauptbuch erbracht werden.

Abb. 3.4: Grundsätze ordnungsmäßiger DV-gestützter Buchführungssysteme (GoBS) (Fortsetzung)

Anforderungen an die Ordnungsmäßigkeit	Realisierung der Anforderungen
2. Nachvollziehbarkeit des Verarbeitungsverfahrens (Verfahrensdokumentation)	1. Die bei EDV-Buchführungen überwiegend maschinenintern ablaufenden Arbeitsprozesse sind für einen Außenstehenden verständlich, wenn ihm – neben den Eingabedaten und – den Verarbeitungsergebnissen – eine ausreichende Verfahrensdokumentation über den Inhalt der Verarbeitungsprozesse bereitgestellt wird. 2. Aus der zugrunde zu legenden Verfahrensdokumentation müssen Inhalt, Aufbau und Ablauf des Abrechnungsverfahrens vollständig ersichtlich sein, insbesondere die Umsetzung der in den obigen Grundsätzen enthaltenen Anforderungen. 3. Der Umfang der erforderlichen Verfahrensdokumentation richtet sich nach der Komplexität der EDV-Buchführung. Auch bei fremderworbener Software ist der Buchführungspflichtige für Vollständigkeit und Informationsgehalt der Verfahrensdokumentation verantwortlich. 4. Die Verfahrensdokumentation muss als sachlogische Beschreibung insbesondere beinhalten: – generelle Aufgabenstellung, – Beschreibung der Anwenderoberflächen für Ein- und Ausgabe einschließlich der manuellen Arbeiten, – Beschreibung der Datenbestände, – Beschreibung von Verarbeitungsregeln, – Beschreibung des Datenaustausches (Datenträgeraustausch/Datentransfer), – Beschreibung der maschinellen und manuellen Kontrollen, – Beschreibung der Fehlermeldungen und der sich aus den Fehlern ergebenden Maßnahmen, – Schlüsselverzeichnisse, – Schnittstellen zu anderen Systemen. 5. Die Verfahrensdokumentation muss sich darüber hinaus auch erstrecken auf: – Dokumentation der programmtechnischen Umsetzung der sachlogischen Anforderungen einschließlich Ausweis von Programmänderungen, – Nachweis der Programmidentität (Freigabeerklärung), – Nachweis der Datenintegrität (Zugriffsberechtigungen, Vorkehrungen gegen unbefugte Veränderungen), – schriftliche Arbeitsanweisungen für den Anwender. 6. Die zum Verständnis der Buchführung erforderliche Verfahrensdokumentation ist 10 Jahre aufbewahrungspflichtig.
3. Angemessenheit und Wirksamkeit des internen Kontrollsystems (IKS)	1. Das interne Kontrollsystem hat durch geeignete organisatorische Vorkehrungen (aufeinander abgestimmte manuelle und maschinelle Kontrollen) sicherzustellen, dass – unvollständige, – falsche und – nicht zeitgerechte Aufzeichnungen selbsttätig aufgedeckt werden. 2. Es umfasst den gesamten Bereich der Datenverarbeitung im Hinblick auf die Buchführung: – Aufbauorganisation des EDV-Bereichs, – Systementwicklung, – Datenverarbeitung/DV-Produktion, – Belegwesen, – Datenfluss und Datenerfassung,

Abb. 3.4: Grundsätze ordnungsmäßiger DV-gestützter Buchführungssysteme (GoBS) (Fortsetzung)

Anforderungen an die Ordnungsmäßigkeit	Realisierung der Anforderungen
	– Prüfung der sachlichen Verarbeitungsregeln, – Aufzeichnung des Buchungsstoffes und – Verfahrensdokumentation.
4. Datensicherheit	Ziel der Datensicherungsmaßnahmen ist es, die Risiken für die gesicherten Programme/Datenbestände hinsichtlich – Unauffindbarkeit (z. B. durch systematische Verzeichnisse), – Vernichtung (z. B. durch geeignete Aufbewahrungsorte und Sicherungskopien), – Diebstahl, – unbefugte Veränderungen (z. B. durch Zugriffsberechtigungskontrollen) oder – unberechtigte Kenntnisnahme zu vermeiden.

Abb. 3.4: Grundsätze ordnungsmäßiger DV-gestützter Buchführungssysteme (GoBS) (Fortsetzung)

4.3.3 Grundsätze ordnungsmäßiger Buchführung bei Einsatz von Electronic Commerce (E-Commerce)

Der **Fachausschuss für Informationstechnologie (FAIT)** des IDW hat sich am 29. 09. 2003 zu den **Besonderheiten hinsichtlich der Risiken und Anforderungen beim Einsatz von E-Commerce** in einer Verlautbarung geäußert: IDW RS FAIT 2: Grundsätze ordnungsmäßiger Buchführung bei Einsatz von Electronic Commerce, in: IDW Prüfungsstandards (IDW PS), IDW Stellungnahmen zur Rechnungslegung (IDW RS), Loseblattwerk, Düsseldorf.

4.3.3.1 Definition und Ausprägungen von E-Commerce

E-Commerce beinhaltet die Anbahnung und Abwicklung von Geschäftsvorfällen von der Kontaktaufnahme bis zum Zahlungsverkehr zwischen Marktteilnehmern in elektronischer Form unter Verwendung verschiedener Informations- und Kommunikationstechnologien über öffentlich zugängliche Netzwerke. E-Commerce umfasst somit alle Aktivitäten, die das Ziel verfolgen, den Handel mit Informationen, Gütern und Dienstleistungen über alle Phasen der Geschäftsabwicklung hinweg elektronisch zu ermöglichen (IDW RS FAIT 2 Rz 1).

Man unterscheidet nach unterschiedlicher Relevanz für die Rechnungslegung folgende **Arten von E-Commerce-Aktivitäten** (IDW RS FAIT 2 Rz 7 und 8):

(1) Information (z. B. Produktdemonstration),
(2) Interaktion (z. B. Austausch von E-Mails),
(3) Transaktion (Abwicklung von Geschäftsvorfällen, z. B. Bestellung, Vertragsabschluss, Lieferung, Rechungsstellung und Zahlung),
(4) Integration bzw. E-Business (vormals isolierte Teilgeschäftsprozesse werden mittels IT zu einem E-Commerce-Geschäftsprozess zusammengeführt, der weitgehend automatisiert und internetbasierend abgewickelt wird; betroffen sind insbesondere die Bereiche Ein- und Verkauf, Logistik und Produktion).

Einfluss auf die Rechnungslegung haben vornehmlich die Nr. (3) und (4).

4.3.3.2 Besondere rechtliche Problemstellungen bei E-Commerce

Neben rechnungslegungsspezifischen Vorschriften (§§ 238, 239 HGB und GoB) bestehen beim Einsatz von E-Commerce zahlreiche weitere **rechtliche Anforderungen**, insbesondere wegen der Internationalität des Internets und grenzüberschreitender Geschäftsabwicklung, z. B.

- nationale und internationale Rechtsfragen des Handels-, Steuer-, Straf- und Zivilrechts,
- Datenschutz (insbesondere personenbezogener Daten),
- Urheberschutzrechte (IDW RS FAIT 2 Rz 12).

Um **Rechtssicherheit und informationelle Selbstbestimmung** beim E-Commerce zu gewährleisten, hat der Gesetzgeber mit dem Gesetz zur Regelung von Rahmenbedingungen für Informations- und Kommunikationsdienste (IuKDG) spezielle Rechtsnormen erlassen (IDW RS FAIT 2 Rz 13), z. B.

- Gesetz zur digitalen Signatur (SigG),
- Teledienstegesetz (TDG),
- Teledienstedatenschutzgesetz (TDDSG),
- Fernabsatzgesetz (FernAbsG).

4.3.3.3 Besondere IT-Risiken beim Einsatz von E-Commerce-Systemen

Durch den Einsatz von internetbasierten Kommunikationstechnologien, die Erweiterung des Kreises der möglichen Geschäftspartner und Beeinflussung durch Dritte (Internet-Service-Provider) ergeben sich E-Commerce-spezifische Probleme (IDW RS FAIT 2 Rz 20 ff.):

(1) **Kommunikationsrisiken**, die sich insbesondere aus der fehlenden Kontrolle über den Datentransfer im Internet ergeben, z. B.
   - unzureichender Schutz vor Verfälschung (Verlust der Integrität),
   - Angriffe durch Viren, Trojanische Pferde, Hacker (Verlust der Verfügbarkeit),
   - fehlende wirksame Authentisierungsmechanismen (falsche Adressen und Rechnernamen),
   - unzureichende Protokollierung der Transaktionsdaten, sodass gewollte Rechtsfolgen nicht bindend herbeigeführt werden können (Verlust der Verbindlichkeit).

(2) **Verarbeitungsrisiken**, die sich bei der Transaktionsdatenverarbeitung insbesondere aus der Konvertierung, Entschlüsselung und Formatierung von Daten in der Schnittstelle zu anderen Teilen des IT-Systems ergeben, z. B.:
   - Durch Integritätsverletzungen bei Daten werden aufzeichnungspflichtige Geschäftsvorfälle nicht oder unvollständig erfasst (Verletzung des Vollständigkeitsgrundsatzes).
   - Mangelnde Authentizität bewirkt, dass Geschäftsvorfälle inhaltlich unzutreffend abgebildet werden (Verletzung des Grundsatzes der Richtigkeit).
   - Störungen bei der Verfügbarkeit des E-Commerce-Systems können eine zeitgerechte Aufzeichnung des Geschäftsvorfalls beeinträchtigen (Verletzung des Grundsatzes der Zeitgerechtheit).
   - Unzureichende Aufzeichnung der eingehenden Daten kann zu einer Beeinträchtigung der Nachvollziehbarkeit der Buchführung und zu einem Verstoß gegen die Aufbewahrungspflichten führen.

4.3.3.4 Kriterien für die Beurteilung der Ordnungsmäßigkeit und Sicherheit beim Einsatz von E-Commerce-Systemen

Die Nachvollziehbarkeit des einzelnen buchführungspflichtigen Geschäftsvorfalls beim Einsatz von E-Commerce-Systemen setzt die Einhaltung bestimmter Ordnungsmäßigkeitskriterien voraus, die denen bei EDV-Buchführung (vgl. S. 79) entsprechen (IDW RS FAIT 2 Rz 27), nämlich

- Nachvollziehbarkeit des einzelnen buchführungspflichtigen Geschäftsvorfalls (Beleg-, Journal- und Kontenfunktion),
- Verfahrensdokumentation,
- Aufbewahrungspflichten und
- Datensicherheit (IT-Kontrollsystem).

Im Einzelnen vgl. Abb. 3.5

Anforderungen an die Ordnungsmäßigkeit	Realisierung der Anforderungen
1. Nachvollziehbarkeit des einzelnen Geschäftsvorfalls (Belegfunktion, Journalfunktion, Kontenfunktion)	**a) Belegfunktion** **Grundsatz der Belegbarkeit** Nach § 238 Abs. 1 HGB muss jede Buchung und ihre Berechtigung durch einen Beleg nachgewiesen werden (Grundsatz der Belegbarkeit). Die Nachvollziehbarkeit vom Urbeleg zum Abschluss und zurück ist die Grundvoraussetzung für die Beweiskraft der Buchführung. Bei E-Commerce gilt nach IDW RS FAIT 2 Rz 29 ff.: Der Vorgang – muss den Bilanzierenden erreichen, – durch den Empfänger autorisiert sein (wann, wie und durch wen), – und ein buchungspflichtiger Vorgang sein. **Elektronische Unterschrift des Absenders?** Eine elektronische Unterschrift des Absenders ist generell **nicht zwingend erforderlich**, da die Buchung bei einer E-Commerce-Transaktion nicht durch die Unterschrift oder digitale Signatur begründet wird, sondern durch den vom Empfänger als buchungspflichtig erkannten Inhalt der übermittelten Daten. Allerdings kann eine **digitale Signatur** zur Akzeptanz der übermittelten Daten notwendig sein (IDW RS FAIT 2 Rz 33). **Nachweis automatisierter Buchungen** Sofern E-Commerce-Geschäftsprozesse automatisierte Buchungen auf Grundlage der übermittelten Transaktionsdaten auslösen und ein Nachweis durch konventionelle Belege nicht erbracht werden kann, ist die Belegfunktion nach IDW RS FAIT 2 Rz 34 über den verfahrensmäßigen Nachweis (Verfahrensdokumentation) zu erbringen. **b) Journal- und Kontenfunktion** Das Buchführungsverfahren muss für Konvertierung und Verarbeitung gewährleisten (IDW RS FAIT 2 Rz 35 ff.), dass die buchungspflichtigen Geschäftsvorfälle bei Versand und Empfang – chronologisch aufgezeichnet werden **(Journalfunktion)** und – die sachliche Ordnung **(Kontenfunktion)** bei Transaktionen mit mehreren Transaktionsschritten gewahrt bleibt. Die Daten müssen innerhalb angemessener Zeit festgestellt und optisch lesbar gemacht werden können (§ 239 Abs. 4 HGB).

Abb. 3.5: Grundsätze ordnungsmäßiger Buchführung bei Einsatz von Electronic Commerce (E-Commerce)

Anforderungen an die Ordnungsmäßigkeit	Realisierung der Anforderungen
2. Nachvollziehbarkeit des Verarbeitungsverfahrens (Verfahrensdokumentation)	**Allgemeine Anforderungen** Für die **Verfahrensdokumentation** von E-Commerce-Systemen gelten die allgemeinen Anforderungen an die Dokumentation von IT-Systemen entsprechend (vgl. S. 82). **Besonderheiten** Der **Schwerpunkt** der Verfahrensdokumentation bei E-Commerce-Systemen liegt in der Beschreibung der technischen Einrichtungen und Verfahren zur Verarbeitung und Übertragung der Daten (IDW RS FAIT 2 Rz 38 ff.), z. B. Beschreibung – der eingesetzten Hard- und Software (Router, Firewall, Virenscanner), – der Netzwerkarchitektur (insbesondere Anbindung an Internet-Service-Provider), – der verwendeten Verschlüsselungsverfahren und Signaturverfahren, – der Datenflusspläne (vom Eingang der Daten bis zu den weiterverarbeitenden Rechnungslegungssystemen), – der Schnittstellen, – der Autorisierungsverfahren einschließlich der Verfahren zur Generierung automatisierter Buchungen, – der Rechte und Pflichten von Providern nebst den vertraglichen Vereinbarungen.
3. Aufbewahrungspflichten	**Sicherstellung der Beweiskraft empfangener Daten** Um die Beweiskraft empfangener Daten sicherzustellen, müssen technische und organisatorische Vorkehrungen gewährleisten, dass – ein Verlust oder – eine Veränderung des Originalzustands der übermittelten Daten über den Zeitraum der gesetzlichen Aufbewahrungsfrist verhindert wird (IDW RS FAIT 2 Rz 42). **Aufbewahrungsfristen** – Sofern empfangene Daten ein **Handelsgeschäft** betreffen, gelten sie als empfangene Handelsbriefe (Aufbewahrung analog § 257 Abs. 1 Nr. 2 i. V. m. Abs. 4 HGB für die Dauer von 6 Jahren). – Die Aufbewahrung für **Daten mit Belegfunktion** beträgt analog § 257 Abs. 1 Nr. 4 i. V. m. Abs. 4 HGB 10 Jahre. – Die **Verfahrensdokumentation** beim Einsatz von E-Commerce ist gemäß § 257 Abs. 1 Nr. 1 i. V. m. Abs. 4 HGB 10 Jahre **aufzubewahren** (IDW RS FAIT 2 Rz 42, 44, 46). **Steuerliche Anforderungen** Nach **Auffassung der Finanzverwaltung** (BMF-Schreiben »Grundsätze zum Datenzugriff und zur Prüfbarkeit digitaler Unterlagen (GDPdU)« sind derzeit (abweichend von handelsrechtlichen Anforderungen) empfangene Daten – in ihrer ursprünglichen Form (Originaldaten) und – bei Konvertierung in ein unternehmenseigenes Format (Inhouse-Format) auch in der umgewandelten Form zu archivieren. Werden **Signatur- und Verschlüsselungsverfahren** eingesetzt, so sind die Schlüssel und Algorithmen ebenfalls während der gesetzlichen Aufbewahrungsfrist vorzuhalten (IDW RS FAIT 2 Rz 45).

Abb. 3.5: Grundsätze ordnungsmäßiger Buchführung bei Einsatz von Electronic Commerce (E-Commerce) (Fortsetzung)

Anforderungen an die Ordnungsmäßigkeit	Realisierung der Anforderungen
4. Datensicherheit	IT-Risiken können insbesondere bei Unternehmen, deren Geschäftstätigkeit überwiegend E-Commerce umfasst, bestandsgefährdend sein. Die gesetzlichen Vertreter haben ein angemessenes und wirksames **IT-Kontrollsystem** einzurichten, das – ein angemessenes Problembewusstsein aller Mitarbeiter, – den Einsatz von Firewalls zum Schutz vor unautorisierten Systemzugriffen, – den Einsatz von Intrusion-Detection-Systemen zur Aufdeckung von unerlaubten Angriffen, – den Einsatz von kryptografischen Verfahren zur Vermeidung von Datenmanipulationen u. a. umfasst (IDW RS FAIT 2 Rz 50 ff.).

Abb. 3.5: Grundsätze ordnungsmäßiger Buchführung bei Einsatz von Electronic Commerce (E-Commerce) (Fortsetzung)

Kontrollfragen
1. Wie ist das amerikanische Journal aufgebaut? Welches ist sein Charakteristikum?
2. Welche Erleichterungen brachte die Durchschreibebuchführung? Beschreiben Sie einen Buchungsfall.
3. Was ist unter der manuellen Offene-Posten-Buchführung zu verstehen? Welche organisatorischen Voraussetzungen sind bei der Anwendung zu beachten?
4. Welches sind die wichtigsten Formen der EDV-Buchführung? Beschreiben Sie die wesentlichen Inhalte eines qualifizierten Finanzbuchführungsprogramms.
5. Welche Besonderheiten sind bei Datenverarbeitung außer Haus zu beachten? Was versteht man unter Datenverarbeitung im Verbund?
6. Welche besonderen Anforderungen an die Ordnungsmäßigkeit der Buchführung müssen bei EDV-Anwendung beachtet werden? Wie wird die Nachprüfbarkeit gewährleistet?
7. Welche Bedeutung kommt bei EDV-Anwendung der Verfahrensdokumentation zu?
8. Was ist unter E-Commerce zu verstehen? Welche E-Commerce-Aktivitäten werden unterschieden?
9. Welche besonderen rechtlichen Problemstellungen sind bei E-Commerce zu bewältigen?
10. Welche besonderen IT-Risiken ergeben sich bei E-Commerce?
11. Nach welchen Kriterien ist die Nachvollziehbarkeit des einzelnen buchführungspflichtigen Geschäftsvorfalls beim Einsatz von E-Commerce-Systemen sicherzustellen?

5 Nebenbuchführungen, Filialbuchführung

5.1 Lohn- und Gehaltsabrechnung

Die praktische Durchführung der Lohn- und Gehaltsabrechnung wirft nicht nur materielle Probleme wie Entgeltbemessung, -versteuerung u. Ä. auf, sondern auch Fragen technischer und organisatorischer Art.

Die damit verbundenen Arbeiten sind zeitaufwändig und termingebunden. Meldungen an das Finanzamt und die Krankenkassen müssen termingerecht erfolgen. Der Monatsabschluss der Finanzbuchführung kann erst vorgenommen werden, wenn die Daten der Lohn- und Gehaltsabrechnung vorliegen.

In welcher Form die Lohn- und Gehaltsabrechnung durchgeführt wird, hängt dabei vor allem von Größe und Art des Betriebes ab.

5.1.1 Aufgaben der Lohn- und Gehaltsabrechnung

Die Lohn- und Gehaltsabrechnung hat im Wesentlichen die Aufgabe, die Bruttobezüge zu ermitteln, die Abzüge festzustellen, die auszuzahlenden Nettoentgelte zu errechnen sowie die gesetzlich geforderten Nachweise gegenüber Finanzamt und Sozialversicherungsträger zu führen.

Die **Gehaltsermittlung** ist ungleich einfacher als die Lohnermittlung, weshalb man die Funktionen der Brutto- und Nettolohnrechnung unterscheidet. Die **Bruttolohnrechnung** (Erfassen der Arbeitszeit, Ermitteln von Zeit-, Akkord-, Prämienlohn, Hinzurechnung von Zulagen) ist Ausgangspunkt der **Nettolohnrechnung** (vor allem Ermittlung der Abzüge und des Auszahlungsbetrags).

5.1.2 Durchschreibeverfahren

Grundsätzlich müssen bei der Lohn- und Gehaltsabrechnung jeweils drei Formulare beschriftet werden:
- das Lohn- bzw. Gehaltskonto, das nach gesetzlicher Vorschrift für jeden Arbeitnehmer zu führen ist (§ 4 LStDV),
- der Verdienstnachweis für den Arbeitnehmer,
- die Lohn- und Gehaltsliste als Sammelbeleg für die Finanzbuchführung.

Alle drei Unterlagen werden in einem Arbeitsgang beschriftet. Vom Lohnkonto wird auf die anderen Blätter durchgeschrieben.

5.1.3 EDV-Anwendung

Bei der EDV-Lohn- und Gehaltsabrechnung kann man sowohl bei der In- als auch der Außer-Haus-Verarbeitung nicht mehr so streng wie bei konventioneller Durchführung zwischen der Abrechnung im engeren Sinne und den übrigen Arbeitsgängen wie Meldungen, Auszahlungen (Überweisungen), Lohnverteilung u. a. unterscheiden.

Für die laufenden Abrechnungen sind lediglich die »**variablen**« Daten zu erfassen. Das sind im Wesentlichen die für den einzelnen Arbeitnehmer abzurechnenden Zeiten. Die Erfassung der Stunden kann laufend bzw. je nach Datenanfall (z. B. wöchentlich oder zweiwöchentlich) erfolgen. Ein Vorordnen der Belege nach Arbeitnehmern oder nach Lohnarten ist nicht erforderlich.

»**Feste Entgelte**«, wie Gehalt, Monatslohn, Arbeitgeberanteil zu vermögenswirksamen Leistungen, werden den Stammdaten der Arbeitnehmer entnommen. Die **Lohnsteuertabellen** sind im Programm gespeichert.

Ein qualifiziertes Programm übernimmt z. B. folgende Arbeiten:
- Errechnung des Bruttolohns,
- Ermittlung der gesetzlichen Abzüge,

- Errechnung des Nettoverdienstes und des auszuzahlenden Betrags,
- Schreiben der Überweisungsträger, Banksammellisten und Geldsortenlisten,
- Erstellung der Abrechnung für den Arbeitnehmer,
- Drucken der Lohnkonten und des Lohnjournals,
- Erstellung der Lohnsteueranmeldung und der Meldungen für die Sozialversicherungsträger,
- Ermittlung der Daten für die Finanzbuchführung und Erstellung des fertig kontierten Belegs,
- Lieferung von aufbereiteten Daten für die Kostenrechnung.

Die Schwächen des PC-Einsatzes **(In-Haus-Verarbeitung)** bei der Lohn- und Gehaltsabrechnung gegenüber **Außer-Haus-Verarbeitung** liegen in der starken personellen Bindung sowie in der hohen Änderungsanfälligkeit und Schwierigkeit des Arbeitsgebiets. Heute gehört die Lohn- und Gehaltsabrechnung als besonders schwieriger und sensitiver Bereich mit zu den wichtigsten Aufgabenfeldern von Rechenzentren. Selbst Großbetriebe nehmen diese Dienstleistung häufig in Anspruch.

5.2 Anlagenbuchführung

5.2.1 Aufgaben der Anlagenbuchführung

Die Anlagenbuchführung ist eine wichtige Nebenbuchhaltung. Sie hat heute vor allem folgende Aufgaben zu erfüllen:

- die Kontrolle über Verbleib und Verwendung der Wirtschaftsgüter zu ermöglichen,
- einen Überblick über die Wertentwicklung der einzelnen Anlagegüter und Anlagengruppen zu liefern,
- die jährliche Abschreibung je Wirtschaftsgut und Anlagengruppe, gegebenenfalls unterteilt nach Kostenstellen, nachzuweisen,
- die steuerliche Verpflichtung zu erfüllen, für jeden Bilanzstichtag im Zusammenhang mit der körperlichen Inventur ein Bestandsverzeichnis der beweglichen Anlagen zu erstellen (R 31 EStR),
- die Voraussetzungen dafür zu schaffen, dass gegebenenfalls auf die steuerlich vorgeschriebene jährliche körperliche Bestandsaufnahme (auf Grund einer laufenden Erfassung der Anlagenbewegungen) in der Anlagenbuchführung verzichtet werden kann (R 31 Abs. 5 EStR),
- den handelsrechtlich geforderten Anlagennachweis in Verbindung mit der Bilanz zu liefern (§ 268 Abs. 2 HGB).

Sie ist somit zugleich **Zahlenlieferant für die Finanzbuchführung**, für die Bilanz und für die Kostenrechnung. Außerdem erleichtert sie die Planung und Überwachung von Investitionen und Instandhaltungsarbeiten.

5.2.2 Konventionelle Verfahren

Für **einfache Verhältnisse** genügt es, die Anlagenrechnung in Form eines Anlagenbuches oder einer einfachen Kontei (1 Anlagenblatt pro Anlagegut) zu führen, weil im Laufe des Jahres verhältnismäßig wenig Buchungsvorgänge auftreten und deshalb die Führung eines Anlagenjournals entbehrlich ist.

Ansonsten ist ein **Durchschreibeverfahren** sinnvoll, das mindestens umfasst:
- das Anlagenstammblatt bzw. Kontenblatt, das für jedes einzelne Wirtschaftsgut die Wertbewegung (auch Instandhaltungskosten) nachweist,
- das Anlagenjournal, das der chronologischen Aufzeichnung dient und die Zusammenfassung der Wertbewegungen (Zugänge, Abgänge, Abschreibungen) nach den Konten der Finanzbuchhaltung erlaubt.

5.2.3 EDV-Anwendung

Wie die anderen Bereiche des Rechnungswesens kann auch die Anlagenbuchführung durch die Anwendung der EDV vereinfacht und verbessert werden. Ein qualifiziertes Programm liefert folgende Unterlagen:
- Journal, das die erfassten Stammdaten und Anlagenbewegungen wiedergibt,
- Anlagekonten, die den jeweils aktuellen Stand für jedes einzelne Anlagegut ausweisen,
- Buchungsbeleg, der die Brücke zur Finanzbuchführung und zur Bilanz darstellt (Ausweis aller erfassten Bewegungen je Sachkonto und je Bilanzposition),
- AfA-Listen, die (auf Grund der in den Stammdaten gespeicherten Abschreibungsarten) einen Überblick über die Abschreibungen nach Teilperioden (z. B. für kurzfristige Erfolgsrechnung) oder über die Jahresabschreibungen geben,
- steuerlich vorgeschriebenes Inventarverzeichnis,
- Anlagenspiegel gemäß § 268 Abs. 2 HGB,
- Liste der Neuzugänge,
- Liste der voll abgeschriebenen Wirtschaftsgüter.

Die Stammdatenverwaltung ist **teilweise mit der Finanzbuchführung** und der Bilanzierung **integriert.** Die für diese Zweige des Rechnungswesens angelegten Bezeichnungen und Nummern von Sachkonten und Bilanzpositionen werden automatisch in die Anlagenbuchführung übernommen. Dadurch liegen die erforderlichen Ordnungsbegriffe für die Auswertung fest. Jedes Anlagegut erhält eine Anlagennummer. Außerdem sind (jeweils verschlüsselt) Anlagenbezeichnung, Zugangsart, Standort, AfA-Art u. a. festzulegen.

5.3 Lagerbuchführung (Materialrechnung)

5.3.1 Aufgaben der Lagerbuchführung

Die Lagerbuchführung bzw. Materialrechnung ist eine wichtige Nebenbuchhaltung zum **Einzelnachweis des Vorratsvermögens und seiner Veränderungen** (Roh-, Hilfs- und Betriebsstoffe, unfertige und fertige Erzeugnisse sowie Waren).

Sie ist **Voraussetzung für die Durchführung der permanenten und zeitlich verlegten Inventur** nach § 241 Abs. 2 und 3 HGB (vgl. die ausführlichen Bestimmungen in R 30 Abs. 2 und 3 EStR sowie H 30 »permanente Inventur« EStH).

Darüber hinaus stellt sie **Ausgangsdaten** zur Verfügung für
- Betriebsabrechnung,
- Kalkulation,
- Materialdisposition.

5.3.2 Konventionelle Verfahren

Die Lagerbuchführung kann sowohl mengen- als auch wertmäßig geführt werden. Einfachstes Organisationsmittel ist die **Lagerfachkarte**. Sie wird unmittelbar bei der lagernden Ware geführt und beschränkt sich auf den mengenmäßigen Nachweis der Bestände und ihrer Veränderungen.

Vielseitiger anwendbar ist das kontenmäßig geführte **Durchschreibeverfahren**. Als Grundlagen für die Buchung dienen Lieferschein bzw. Materialeingangsmeldung, Eingangsrechnung, Ausgangsrechnung sowie Materialentnahme- und -rückgabeschein.

Die konventionelle Lagerbuchführung stößt wegen der **Massenhaftigkeit der Vorgänge** schnell an ihre Grenzen. EDV-Anwendungen sind in der Regel branchenbezogen.

5.3.3 EDV-Anwendung im Handel

Die EDV-Anwendung im Handel bleibt nicht bei den herkömmlichen Aufgaben der Lagerbuchführung stehen, sondern weitet sie zum so genannten **Warenwirtschaftssystem** aus.

Ein anspruchsvolles Warenwirtschaftssystem sollte die folgenden Software-Bausteine (Module) enthalten:

– Stammdatenverwaltung,
– Bestellwesen,
– Wareneingang: Etikettendruck mit Wareneingangsliste, Bestandsfortschreibung, Warenumbuchungen (Filialverwaltung),
– Kalkulation bzw. kurzfristige Erfolgsrechnung nach Verkaufs- sowie Einstandswerten,
– Warenausgangserfassung per Kasse (z. B. Scanner),
– Lagerstatistik mit Lagerbestandsliste, Lagerbestandsentwicklung, Dispositionsliste, Altersreport,
– Inventur,
– sonstige Auswertungen, wie Waren-/Artikelgruppen-Umsatzstatistik, Entwicklung der Kundenzahlen, Preislagenstatistik, Leistungskennzahlen.

Ein leistungsfähiges Warenwirtschaftssystem baut im Einzelhandel meist auf der direkten Erfassung der Verkaufswerte auf. Die von einem Kassensystem gelieferten Werte werden dabei in das Computersystem eingelesen.

In Verbindung mit den Programmteilen Lagerverwaltung, Inventur und Bestellwesen lassen sich dann zu jedem beliebigen Zeitpunkt folgende Auswertungen anzeigen und ausdrucken:

– Mindestbestandsmengen,
– Lagerbestände,
– verkaufte Mengen,
– Erträge,
– erteilte Aufträge.

Dadurch erhält der Anwender Renditeinformationen, wann immer diese benötigt werden. Sie lassen sich aufschlüsseln nach Lieferanten, Waren- und Artikelgruppen, Abteilungen und Filialen sowie Daten über den Gesamtbetrieb. Trends und Schwerpunkte innerhalb des Sortiments lassen sich dann frühzeitig und deutlich erkennen.

5.3.4 EDV-Anwendung in der Industrie

Im Industriebereich ist die Materialrechnung im Zuge der EDV in das Gesamtsystem »**Materialwirtschaft**« integriert. Dessen Ziel besteht darin, die erforderlichen Materialien bzw. Teilprodukte in Menge, Qualität, Kosten und Termin so den nachgelagerten Produktionsbereichen oder dem Markt zur Verfügung stellen zu können, dass keine Engpässe und Leerläufe auftreten und die Lagerbestände so gering wie möglich gehalten werden.

Sowohl von der Aufgabenstellung als auch von den Zielen her ergibt sich eine starke Verflechtung zu anderen betrieblichen Funktionen, vor allem zu Fertigung, Controlling und Vertrieb.

Auf diesem Gebiet werden folgende klassische Anwendungen rechnerunterstützt durchgeführt:

- Auftragserfassung,
- Stücklistenauflösung und Bedarfsermittlung,
- Bestandsermittlung,
- Bestellrechnung und Bestellschreibung,
- Terminverfolgung sowie
- Ermittlung absatzorientierter Statistiken.

Daneben gibt es noch eine Fülle spezieller Programme, die lediglich von Zeit zu Zeit relevant sind, z. B.:

- Bedarfsprognosen,
- Lieferantenbewertung,
- Bestimmen der optimalen Bestellmenge,
- optimale Lagerhaltung.

5.4 Wechselbuchführung

Außer der Buchung in der Finanzbuchführung kommt für Wechsel herkömmlicherweise noch die Eintragung in ein **Wechselkopierbuch** in Betracht, das einem **ins Einzelne gehenden Nachweis des Besitz- und Schuldwechselverkehrs** dient.

Die Organisation der Wechselaufzeichnungen muss so gestaltet sein, dass eine **genaue Verfallkontrolle** möglich ist und auch gleichzeitig ein **Obligonachweis** gegeben wird (vgl. § 251 HGB und S. 190).

Die Bezeichnung »Wechselkopierbuch« ist veraltet, will aber deutlich machen, dass die Eintragungen sehr ausführlich sind (sodass praktisch die Wechsel kopiert werden). Insbesondere Ausstellungsdatum, Wechselsumme, Verfalltag, Name und Anschrift des Ausstellers (und eventueller Vormänner), Name und Anschrift des Bezogenen, Zahlungsort, Diskontierung werden aufgezeichnet.

Damit ist der gesamte Wechselverkehr lückenlos erfasst. Das ist besonders wichtig mit Rücksicht auf den zwingenden Charakter einer Wechselschuld und die sich daraus ergebenden verbindlichen Zahlungstermine.

Wechselnachweise sind auch **im Durchschreibeverfahren** möglich (z. B. sechsgliedriger Formularsatz). Das ist aber nur sinnvoll, wenn der Wechselverkehr in einem

Unternehmen erheblich ist. Der sechsgliedrige Formularsatz erlaubt z. B. folgende Darstellung:

(1) Belastungs- oder Gutschriftsanzeige für Empfänger bzw. Einreicher,
(2) Verfallblatt, das nach Verfallterminen abgestellt wird,
(3) Wechseleinreicherobligo,
(4) Obligoblatt für eigenes Obligo aus weitergegebenen Wechseln,
(5) Buchungsbeleg,
(6) Ersatz des Wechseljournals.

Inzwischen ist es üblich, **Wechselnachweise durch Kopien** (Vorder- und Rückseite) der Wechsel zu führen. Die Kopien werden z. B. mit aufsteigender Nummer versehen und in einem separaten Ordner abgelegt.

Bei **EDV-Buchführung** sind Besitz- und Schuldwechselnachweise häufig im Finanzbuchhaltungsprogramm enthalten. So sind z. B. abrufbar:

- Besitzwechselbestandsliste,
- Schuldwechselbestandsliste,
- Liste für Wechselobligo.

5.5 Filialbuchführung

Bei der Filialbuchführung kommt es darauf an, das **Ergebnis der einzelnen Filialen sowie deren Kosten- und Umsatzentwicklung** gesondert feststellen zu können. Sie ist ein organisatorischer Sonderfall der Buchführung. Die einzelne Filiale wird gleichsam als selbstständige Kostenstelle behandelt.

Die Filialbuchführung wird heute in der Regel per EDV in der Zentrale geführt. Dabei werden für das Hauptgeschäft und für jede einzelne Filiale **selbstständige komplette Kontenkreise** eingerichtet, die durch **Verrechnungskonten** miteinander verbunden sind. Es existieren jeweils ein Verrechnungskonto per Filiale sowie ein spiegelbildliches Verrechnungskonto im Kontenkreis des Hauptgeschäfts. Auf diesen Verrechnungskonten werden alle Geschäftsvorfälle gebucht, die zwischen Zentrale und den Filialen ablaufen.

Bei der Bilanzierung werden die Abrechnungen der Filialen mit der des Hauptgeschäfts konsolidiert (d. h. die Salden der Verrechnungskonten werden gegeneinander aufgerechnet).

Kontrollfragen

1. *Welche Aufgaben hat die Lohn- und Gehaltsabrechnung? Weshalb gehört sie mit zu den wichtigsten Aufgabenfeldern von Rechenzentren?*
2. *Welche Funktionen erfüllt die Anlagenbuchführung? Wie ist sie mit der Finanzbuchführung verbunden?*
3. *Welche Aufgaben hat die Lagerbuchführung bzw. Materialrechnung? Wie unterscheiden sich EDV-Anwendungen in Handel und Industrie?*
4. *Welche Daten werden in einer gesonderten Wechselbuchführung aufgezeichnet?*
5. *Wie ist heute in der Regel die Filialbuchführung organisiert?*

6 Kontenrahmen und Kontenpläne

6.1 Notwendigkeit der Kontensystematik

Von jeher ist in der Buchführung Klarheit darüber nötig, welche Konten geführt werden sollen. Man benötigt also ein Kontenverzeichnis. Ein solches Verzeichnis wird zum Kontenplan, wenn es systematisch aufgebaut ist.

Kontenplan	Kontenrahmen
1. Der Kontenplan ist ein Organisationsmittel der Buchführung, in dem die zu führenden Konten so dargestellt sind, dass sich ein Einblick in – Stellung, – Wesen und – Zusammenhang der einzelnen Konten ergibt. 2. Alle in einer Unternehmung möglicherweise zu führenden Konten sollen – gut auffindbar und – übersichtlich geordnet sein.	1. Im Interesse des Betriebsvergleichs ist es nötig, die Kontenpläne der einzelnen Betriebe nach einheitlichen Grundsätzen zu entwickeln, sie gewissermaßen in einen übergeordneten Kontenrahmen einzupassen. 2. Ein Kontenrahmen wird damit zur Richtschnur bzw. zum einheitlichen Ordnungsschema für die Entwicklung betriebsindividueller Kontenpläne.
Ordnungsprinzipien	
1. Inhaltlich gleichartige Konten werden zusammengefasst und als Einheit (Kontenklasse, Kontengruppe, Kontenuntergruppe) ausgewiesen. 2. Eine später eventuell notwendige Ausweitung der Kontenzahl sollte sich ohne Systembruch vollziehen lassen. 3. Überschneidungen von Konteninhalten müssen vermieden werden; eine einheitliche Kontierung muss gewährleistet sein. 4. Jedes Konto muss eindeutig einer bestimmten Abschlussposition zugeordnet werden können. 5. Einander entsprechende Konten sollen der leichteren Handhabung des Kontennetzes wegen bei Vergabe von Kontennummern jeweils gleichlautende Endziffern erhalten. Das gilt z. B. für Skonti, Rabatte, Boni, sonstige Preisminderungen im Einkauf wie im Verkauf. 6. Buchungen sollten praxisgerecht, d. h. umsatzsteuer- und datenverarbeitungsgerecht, erfolgen können.	

Abb. 3.6: Begriff, Zweck und Ordnungsprinzipien von Kontenrahmen und Kontenplan

6.2 Historische Entwicklung

Die wissenschaftliche Entwicklung von Kontenrahmen wurde von Schmalenbach[1] eingeleitet. Gestützt auf dessen Arbeiten wurde 1937 erstmals ein allgemeiner Kontenrahmen, der so genannte Erlasskontenrahmen, vorgeschrieben, aus dem Spezialkontenrahmen für die einzelnen Wirtschaftszweige abgeleitet wurden. Während sich der

---

1 Schmalenbach: Der Kontenrahmen, Leipzig 1927.

vom BDI 1951 entwickelte Gemeinschaftskontenrahmen für Industriebetriebe (GKR) noch an den gleichen Gliederungsprinzipien orientierte, weist der Industriekontenrahmen (IKR) von 1986 (am Bilanzrichtlinien-Gesetz orientiert) eine völlig andere Grundstruktur auf.

Die Kontenrahmen der einzelnen Wirtschaftszweige haben inzwischen an Bedeutung verloren, weil ihre Anwendung den Betrieben freigestellt ist und ein die Wirtschaftszweige übergreifendes Kontensystem für Rechenzentren, Steuerberater u. Ä. erhebliche Vorteile bringt.

6.3 Gliederungsgesichtspunkte

6.3.1 Formales Gliederungsprinzip: Dezimalklassifikation

Bei der formalen Gliederung der Kontenrahmen bedient man sich des Zehner- bzw. dekadischen Systems und unterscheidet

- Kontenklassen (einstellige Nummern 0–9),
- Kontengruppen (zweistellige Nummern),
- Kontenarten (drei- und mehrstellige Nummern).

Diese Dezimalklassifikation hat zwar den Nachteil, dass infolge der Beschränkung auf zehn Kontenklassen zum Teil unterschiedliche Kontengruppen in eine Klasse eingeordnet werden müssen, andererseits aber den Vorteil, dass durch die Nummerierung die Einordnung eines Kontos in die Gruppenhierarchie zum Ausdruck kommt und ein guter Überblick über die Konten möglich ist.

EDV-Kontennetze sehen praktisch immer Kontonummern mit »fester Länge« vor, etwa mit 4, 5 oder gar 6 Stellen. Die feste Länge wird durch Anhängen von Nullen erreicht. Dieser formale Unterschied ist ohne praktische Bedeutung; auch EDV-Kontennetzen liegt das Dezimalsystem zugrunde, womit sie den gleichen Vor- und Nachteilen dieses Systems unterworfen sind.

6.3.2 Materielles Gliederungsprinzip: Einkreis- oder Zweikreissystem

Die Buchführung gliedert sich in zwei Teilbereiche, die Finanz- bzw. Geschäftsbuchführung sowie die Betriebsbuchführung (siehe Abbildung 3.7).

Werden Finanz- und Betriebsbuchführung in einem einzigen geschlossenen Kontensystem dargestellt, so spricht man von einem **Einkreissystem**. Sind sie dagegen in zwei Kontenkreise getrennt, so spricht man von einem **Zweikreissystem**.

6.3.2.1 Aufbau des Einkreissystems

Beim Einkreissystem werden sowohl Vorgänge mit der Außenwelt als auch der innerbetriebliche Wertefluss in einem Kontenkreis dargestellt. Geschäfts- bzw. Finanzbuchführung, die die Vorgänge mit der Außenwelt, insbesondere den Waren- und Zahlungsverkehr, umfasst, sowie Betriebsbuchführung, die die innerbetriebliche Abrechnung, insbesondere die Abrechnung der Kosten, zum Gegenstand hat, sind also in einem Kreis vereinigt und überlagern sich teilweise.

Die Buchhaltung ist nach dem betrieblichen Wertefluss in Kontenklassen gegliedert. Das Ordnungskonzept ist der Ablauf der betrieblichen Prozesse, z. B. Beschaf-

Finanzbuchführung	Betriebsbuchführung (Kostenrechnung)
– Umfasst alle die Konten, in denen die Vorgänge mit der Außenwelt, insbesondere der Waren- und Zahlungsverkehr, dargestellt werden; – mündet in den Abschluss als offizielle Jahresrechnung; dieser unterliegt nach Form und Inhalt handels- und steuerrechtlichen Vorschriften; – ist als kaufmännische Buchführung im engeren Sinne regelmäßig vom Prinzip der Doppik bestimmt; – ist pagatorisch ausgerichtet; – ist an das Anschaffungswertprinzip gebunden.	– Hat die innerbetriebliche Abrechnung der Kosten zum Gegenstand; – macht detaillierte Aufzeichnungen über die erfolgende Wertschöpfung bzw. Leistungserstellung; – legt Quellen und Komponenten des Erfolgs offen; – ist auf kurzfristige Ergebnisermittlung (z. B. monatlich) ausgerichtet; – wird meist statistisch durchgeführt; – hat kalkulatorischen Charakter; – ist nicht an das Anschaffungswertprinzip gebunden (Verrechnungs- bzw. Wiederbeschaffungspreise ansetzbar).

Abb. 3.7: Wesensmerkmale von Finanz- und Betriebsbuchführung (Kostenrechnung)

fung, Produktion, Absatz. Man spricht **vom Prozessgliederungsprinzip.** Auf die Stellung der Konten zum Abschluss nimmt die Gliederung der Buchhaltung keine Rücksicht, sodass sich Bilanz und GuV-Rechnung aus diesem Kontensystem nur über Umgruppierungen aufstellen lassen. Um das Verfahren nicht zu schwerfällig zu machen, werden den Buchungen zum Teil auch statistische Rechnungen vorgeschaltet.

Nach dem Prozessgliederungsprinzip wurde der so genannte Erlasskontenrahmen von 1937 aufgestellt. Er liegt auch heute noch den meisten Kontenrahmen und Kontenplänen zugrunde (z. B. dem industriellen Kontenrahmen **GKR** und dem **DATEV-Kontenrahmen SKR 03**).

6.3.2.2 Aufbau des Zweikreissystems

Das Zweikreissystem hat zwei getrennte Kontenkreise für die Finanzbuchführung und die Betriebsbuchführung. Die Finanzbuchführung des **IKR** in den Kontenklassen 0 bis 8 ist nach dem so genannten **Abschlussgliederungsprinzip** aufgebaut, einem Ordnungsschema, dessen Kontengliederung vom Aufbau der Bilanz und GuV-Rechnung her bestimmt wird. Dieses Ordnungsschema wird im europäischen Ausland bisher schon überwiegend angewandt. Es hat den Vorteil der klaren Zuordnung aller Konten zu den entsprechenden Abschlusspositionen.

Die für die Kostenrechnung reservierte Kontenklasse 9 ist für die Betriebsbuchführung vorgesehen. Dem Charakter der Betriebsbuchführung gemäß ist diese Kontenklasse prozessorientiert.

Während im Einkreissystem das Rechnungswesen als Ganzheit im Vordergrund steht, ist im Zweikreissystem die unterschiedliche Aufgabenstellung von Finanz- und Betriebsbuchführung durch strikte Trennung und unterschiedliche Gliederung der beiden Kreise voll berücksichtigt.

Dem Abschlussgliederungsprinzip ist neben dem IKR der **DATEV-Kontenrahmen SKR 04** verhaftet.

Kontrollfragen
1. Worin liegt der grundsätzliche Unterschied zwischen einem Kontenrahmen und einem Kontenplan?
2. Welche Grundregeln sollten beim Aufhau von Kontennetzen beachtet werden?
3. Welche Gliederungsprinzipien von Kontennetzen unterscheidet man?
4. In welche Teilbereiche gliedert sich die Buchführung? Wie sind diese abzugrenzen?
5. Wie lassen sich Einkreis- und Zweikreissystem kennzeichnen?

6.4 Die sachliche Abgrenzung als Bindeglied zwischen Finanz- und Betriebsbuchführung

Finanzbuchführung und Betriebsbuchführung bauen auf unterschiedlichen Erfolgsbegriffen auf. In der Finanzbuchführung werden die Begriffe Aufwand und Ertrag verwendet, in der Betriebsbuchführung bzw. Kostenrechnung die Begriffe Kosten und Leistungen.

Finanzbuchführung	Betriebsbuchführung bzw. Kostenrechnung
Aufwand	Kosten
– In Geld ausgedrückter Güter- und Leistungsverzehr, – auf eine Periode bezogen, – beruht auf Ausgaben, die jedoch zeitlich verschoben anfallen können (zeitliche Abgrenzung beachten)	– In Geld ausgedrückter Güter- und Leistungsverzehr, soweit betrieblich bedingt, – periodenbezogen oder stück- bzw. leistungsbezogen, – unabhängig von Ausgaben
Ertrag	Leistungen
– In Geld ausgedrückte Güter- und Leistungsentstehung, – auf eine Periode bezogen, – führt zu Einnahmen, die jedoch zeitlich verschoben anfallen können (zeitliche Abgrenzung beachten)	– In Geld ausgedrückte Güter- und Leistungsentstehung, soweit betrieblich bezweckt, – periodenbezogen oder stück- bzw. leistungsbezogen, – unabhängig von Einnahmen

Abb. 3.8: Begriffe der Finanzbuchführung und der Betriebsbuchführung (Kostenrechnung)

Die Begriffspaare sind inhaltlich nicht deckungsgleich, wodurch sich das Problem der sachlichen Abgrenzung (oft auch kalkulatorische Abgrenzung genannt) zwischen Finanz- und Betriebsbuchführung ergibt. Aufgabe der Abgrenzungsrechnung ist es, das Zahlenmaterial der Finanzbuchführung (Aufwendungen und Erträge) so aufzubereiten und zu untergliedern, dass es (in Form von Kosten und Leistungen) für Zwecke der Kostenrechnung (z. B. für die Kalkulation, Bestimmung der Selbstkosten) genutzt werden kann. Die sachliche Abgrenzung ist daher ein Bindeglied zwischen Finanz- und Betriebsbuchführung.

6.4.1 Abgrenzung von Aufwand und Kosten

Die Beziehungen zwischen Aufwand und Kosten lassen sich folgendermaßen darstellen (vgl. Abbildung 3.9):

Aufwand der Finanzbuchführung					
Neutraler Aufwand					**Zweckaufwand**
betriebs-fremd	außerordentlich		wertver-schieden	das Gesamt-ergebnis betreffend	Aufwand für die Erstellung von Betriebs-leistungen
	außer-gewöhnlich	perioden-fremd			
Aufwand, der nichts mit der Erstellung von Betriebsleistungen zu tun hat oder nicht in voller Höhe zugerechnet wird					
1				2	3
				Grundkosten	Zusatzkosten (= kalkulato-rische Kosten)
				Kosten der Betriebsführung bzw. Kostenrechnung	

Abb. 3.9: Beziehungen zwischen Aufwand und Kosten

Erläuterungen

Neutraler Aufwand

a) betriebsfremder Aufwand = Aufwand, der weder mittelbar noch unmittelbar dem Betriebszweck dient

   Beispiele:
   Veräußerungsverluste bei Wertpapierspekulationen ohne Leistungsbezug, Aufwendungen für betrieblich nicht genutzte Gebäude, Spenden, Schenkungen

b) außerordentlicher Aufwand = betrieblicher Aufwand, der
   - auf Grund seines besonderen Umfangs, seiner besonderen Art oder seines unregelmäßigen Vorkommens **außergewöhnlich ist** oder
   - das Betriebsergebnis anderer Abrechnungsperioden betrifft, d. h. **periodenfremd** ist.

   Beispiele für außergewöhnlichen Aufwand:
   Gründungsaufwand, gezahlte Abfindung für ein Konkurrenzverbot, Verluste aus Anlageabgängen, Verluste aus versicherungsmäßig nicht abgedeckten Schadensfällen

   Beispiele für periodenfremden Aufwand:
   Steuernachzahlungen, Lohn- und Gehaltsnachzahlungen

c) wertverschiedene Posten (Verrechnungskorrekturen) = Aufwand, der seinem Wesen nach zu den Kosten zählt, aber in seiner Höhe nicht kostengleich ist

   Beispiele:
   Haus- und Grundstücksaufwendungen (im Gegensatz zu kalkulatorischer Miete), effektive Zinsaufwendungen (im Gegensatz zu kalkulatorischen Zinsen), bilanzielle Abschreibungen (im Gegensatz zu kalkulatorischen Abschreibungen)

d) das Gesamtergebnis betreffender Aufwand = in erster Linie nicht kalkulierbare Steuern

   Beispiele:
   Körperschaftsteuer, Erbschaft- und Schenkungsteuer

Zweckaufwendungen (= Grundkosten) lassen sich in folgende Hauptgruppen einteilen:

a) Stoffkosten
   - Aufwendungen für Roh-, Hilfs- und Betriebsstoffe,
   - Aufwendungen für bezogene Waren,
   - Aufwendungen für den Stoffkosten gleichzusetzende Fremdleistungen
b) Personalkosten
   - Löhne und Gehälter,
   - Nebenbezüge,
   - soziale Abgaben,
   - Aufwendungen für Altersversorgung und Unterstützung
c) betriebliche Steuern, Gebühren, Beiträge u. Ä.
   - Gewerbeertragsteuer,
   - Kfz-Steuer u. a.,
   - Beiträge (IHK, Fachverbände),
   - Gebühren (z. B. Kaminreinigung),
   - Versicherungsprämien (Sachversicherungen, Haftpflichtversicherung)
d) Werbe-, Reise und allgemeine Verwaltungskosten
   - Anzeigenwerbung,
   - Ausstellungen, Messen,
   - Repräsentationskosten,
   - Dienstreise- und Geschäftsreisekosten,
   - Vertreterkosten,
   - Postkosten,
   - Bürokosten,
   - Bankspesen

Zusatzkosten sind Kosten,

a) denen keine entsprechende Ausgabe gegenübersteht (z. B. kalkulatorischer Unternehmerlohn) oder
b) deren Höhe oder zufälliger Anfall für die Kostenrechnung ungeeignet ist (z. B. kalkulatorische Abschreibungen, kalkulatorische Zinsen), also das ergänzende Gegenstück zu den wertverschiedenen Posten des neutralen Aufwands.

Aufgabe 3.03 *(Abgrenzung von Aufwand und Kosten)* S. 359

6.4.2 Abgrenzung von Ertrag und Leistungen

Erträge und Leistungen sind ähnlich abzugrenzen wie Aufwendungen und Kosten. Erträge, die sich aus der Erfüllung des eigentlichen Betriebszwecks ergeben, nennt man **Betriebserträge**. Sie bilden die **Grundleistung**.

> **Beispiele:**
> Umsatzerlöse, Bestandserhöhungen, aktivierte Eigenleistungen (Kostengutschriften für selbst erstellte Gebäude und Sachanlagen).

Daneben entstehen **neutrale** Erträge, deren Zusammensetzung derjenigen der neutralen Aufwendungen entspricht.

Die Gegenposten der Kosten- und Leistungsrechnung, d. h. die verrechneten kalkulatorischen Kosten, werden nur aus buchungstechnischen Gründen benötigt. Die sonstigen neutralen Erträge haben auf der Aufwandsseite ihre Entsprechung in den Posten, die in Finanzbuchführung und Kostenrechnung wertverschieden angesetzt werden.

betriebsfremd	außerordentlich		Gegenposten der Kosten- u. Leistungsrechnung	sonstige neutrale Erträge
	außergewöhnlich	periodenfremd		
Beispiele	**Beispiele**	**Beispiele**	**Beispiele**	**Beispiele**
– Veräußerungsgewinne bei Wertpapierspekulationen ohne Leistungsbezug, – Erträge aus betrieblich nicht genutzten Gebäuden	– Erhaltene Abfindung für Überlassung einer betrieblichen Tätigkeit, – Erträge aus Anlageabgängen	– Erträge aus Auflösung von Rückstellungen, – Steuererstattungen	– Verrechnete kalkulatorische Abschreibungen, – verrechneter kalkulatorischer Unternehmerlohn, – sonstige verrechnete kalkulatorische Posten	– Haus- und Grundstückserträge, – Zinserträge

Abb. 3.10: Neutrale Erträge (= Erträge, die nicht aus der Erfüllung des eigentlichen Betriebszwecks stammen)

Aufgabe 3.04 *(Abgrenzung von Ertrag und Leistung) S. 360*

6.4.3 Durchführung der sachlichen Abgrenzung

Die konkrete Durchführung der sachlichen Abgrenzung ist in prozess- und abschlussgegliederten Kontennetzen unterschiedlich angelegt.

6.4.3.1 Sachliche Abgrenzung in prozessgegliederten Kontenrahmen

Die inhaltlichen Abweichungen zwischen Finanz- und Betriebsbuchführung werden in prozessgegliederten Kontennetzen üblicherweise in der Kontenklasse 2 aufgefangen. Die dort gesammelten neutralen Aufwendungen und Erträge bilden das **neutrale Ergebnis** (auch als Abgrenzungssammelkonto bezeichnet), das zusammen mit dem Betriebsergebnis zum Gesamtergebnis der Periode führt. Anhand des bekannten Gemeinschaftskontenrahmens der Industrie (GKR) kann dies schematisch wie in Abbildung 3.11 dargestellt werden (prozessgegliederte Praxis-Kontenrahmen, z. B. DATEV-Kontenrahmen SKR 03 oder STOTAX HKR 1, haben die gleiche Grundstruktur):

```
┌─────────────┐   ┌─────────────┐   ┌─────────────┐   ┌─────────────┐
│ Kontenklasse│   │ Kontenklasse│   │ Kontenklasse│   │ Kontenklasse│
│      2      │   │      4      │   │      7      │   │      8      │
├─────────────┤   ├─────────────┤   ├─────────────┤   ├─────────────┤
│  Neutrale   │   │             │   │ Halbfertige │   │             │
│ Aufwendungen│   │ Kostenarten │   │ und fertige │   │   Erträge   │
│ und Erträge │   │             │   │ Erzeugnisse │   │             │
└──────┬──────┘   └──────┬──────┘   └──────┬──────┘   └──────┬──────┘
       │                 │                 │                 │
       ▼                 └────────┬────────┘                 │
┌─────────────┐                   ▼                          │
│  Neutrales  │           ┌─────────────┐                    │
│  Ergebnis   │           │  Betriebs-  │◄───────────────────┘
└──────┬──────┘           │  ergebnis   │
       │                  └──────┬──────┘
       └────────┬────────────────┘
                ▼
        ┌─────────────┐
        │Gesamtergebnis│
        │ (GuV-Konto) │
        └─────────────┘
```

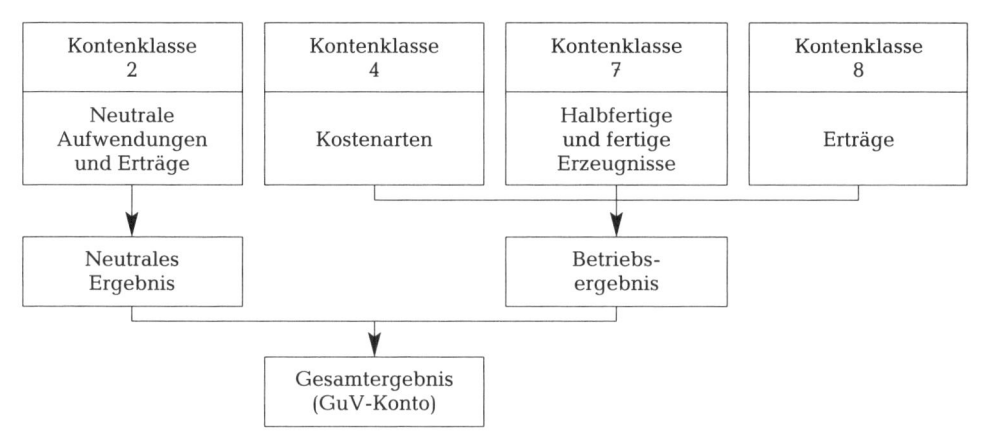

Abb. 3.11: Sachliche Abgrenzung in prozessgegliederten Kontenrahmen

Der Buchungssatz eindeutiger neutraler Aufwendungen lautet
    Klasse 2 an Bank o. Ä.,

für eindeutige Kostenarten
    Klasse 4 an Bank o. Ä.

Die Verbuchung von Aufwendungen mit neutralem und Kostencharakter (wertverschiedene Posten) muss so erfolgen, dass in der Kostenartenrechnung der Kostenteil, in der neutralen Rechnung der Aufwandsteil zur Auswirkung gelangt.

Hierzu als **Beispiel** die Verbuchung von bilanziellen und kalkulatorischen Abschreibungen nach dem GKR:

Eine Maschine mit Anschaffungskosten von 100 000 € soll für den Jahresabschluss linear mit 20 000 € pro Jahr abgeschrieben werden. Die kalkulatorische Abschreibung betrage 30 000 €.

1. Buchung der bilanziellen Abschreibung
    230 Bilanzmäßige Abschreibung
        an 010 Maschinen   20 000 €

2. Buchung der kalkulatorischen Abschreibung
    480 Verbrauchsbedingte Abschreibung
        an 280 Verr. verbrauchsbedingte Abschreibung   30 000 €

3. Abschluss
    a) **987 Neutrales Ergebnis**
          an 230 Bilanzmäßige Abschreibungen   20 000 €
    b) **280 Verr. verbrauchsbedingte Abschreibung**
          an 987 Neutrales Ergebnis   30 000 €
    c) **980 Betriebsergebnis**
          an 480 Verbrauchsbedingte Abschreibung   30 000 €
    d) **987 Neutrales Ergebnis**
          an 989 GuV-Konto   10 000 €

e) **989 GuV-Konto**
   an 980 Betriebsergebnis   30 000 €

	987 Neutrales Ergebnis				980 Betriebsergebnis		
a)	20 000 €	b)	30 000 €	c)	30 000 €	e)	30 000 €
d)	10 000 €						

	989 GuV-Konto		
e)	30 000 €	d)	10 000 €
		Saldo	20 000 €

Dieser Buchungsmodus bewirkt, dass auf dem Konto »Betriebsergebnis« nur kalkulatorisch bedingte, auf dem GuV-Konto nur bilanzielle Aufwendungen zur Auswirkung kommen. Der Saldo des neutralen Ergebnisses hat eine Pufferfunktion.

Aufgabe 3.05 *(Zusammenhänge zwischen Buchhaltung und Kalkulation in prozessgegliederten Kontennetzen) S. 360*

Aufgabe 3.06 *(Verbuchung von Wertdifferenzen aus Verrechnungspreisen bei prozessgegliederten Kontennetzen) S. 360*

Hinweis:
In Aufgabe 3.08 (S. 362) wird aufgezeigt, wie das Datenmaterial eines prozessgegliederten Kontenrahmens in zwei Anwendungsfällen zusammengestellt und ausgewertet werden kann. Dabei wird die unterschiedliche Aussagekraft zwischen GuV-Gliederung nach HGB und Aufteilung des Jahresergebnisses in neutrales und Betriebsergebnis noch einmal verdeutlicht.

6.4.3.2 Sachliche Abgrenzung in abschlussgegliederten Kontenrahmen

Beim **IKR '86** werden in der Finanzbuchführung (Klassen 0 bis 8) überhaupt keine Buchungen, die auf die Kosten- und Leistungsrechnung abzielen, vorgenommen. Die Verrechnungsprozesse zwischen den beiden Rechnungskreisen laufen deshalb als Vorstufe innerhalb der Kosten- und Leistungsrechnung ab. Ob die Kosten- und Leistungsrechnung buchführungsmäßig (in der Klasse 9) oder, was in der Praxis häufiger der Fall sein dürfte, tabellarisch durchgeführt wird, hat auf die Datentransformation als solche keinen Einfluss; der Filterungsprozess erhält nur eine andere Form.
Die Abgrenzung ist in der Klasse 9 des IKR wie folgt vorgesehen:

	Das entspricht im prozessgegliederten GKR
90 Unternehmensbezogene Abgrenzungen (betriebsfremde Aufwendungen und Erträge)	Klasse 2 (Neutrales Ergebnis)
91 Kostenrechnerische Korrekturen	
92 Kostenarten und Leistungsarten	Klassen 4, 7 und 8 (Betriebsergebnis)

Konten der Finanzbuchführung gemäß IKR			GuV (aus Kontenklassen 5, 6, 7 der Finanzbuchführung)		Abgrenzungsrechnung 90 und 91								92 Kosten- und Leistungsarten (Rechnungskreis II)	
					90 Unternehmensbezogene Abgrenzung		91 Kosten- und leistungsrechnerische Korrektur							
					betriebsfremd		außerordentlich		wertverschieden		periodenfremd			
	Kto. Nr.	Konto	I		II		III						IV	
			1	2	3	4	5	6	7	8	9	10	11	12
			Aufw.	Erträge	Aufw.	Erträge	Aufw.	Erträge	Aufw.	Erträge	Aufw.	Erträge	Kosten	Leistg.
1	50	Umsatzerlöse		800 000										800 000
" " " 4	55	Erträge aus Beteiligung		5 000		5 000								

Abb. 3.12: Abgrenzungstabelle beim IKR '86[1]

Die einzelnen Schritte der Abgrenzungsrechnung lassen sich am besten anhand einer Abgrenzungstabelle aufzeigen, die beispielhaft in der Abbildung 3.12 aufgebaut ist.

Ausgangsbasis für die Abgrenzungsrechnung nach IKR sind die Aufwendungen und Erträge der Finanzbuchhaltung (Klassen 5, 6, 7), die zum Gesamtergebnis des Unternehmens führen (GuV-Rechnung). In den Gruppen 90 und 91 werden diese Daten daraufhin untersucht, ob sie dem Betriebsergebnis zugehören; wenn nicht, werden sie dort herausgefiltert, sodass sie die betriebsbezogene Kosten- und Leistungsrechnung nicht beeinflussen können. Die Gruppen 90 und 91 beinhalten damit im Prinzip das, was in prozessgegliederten Kontenrahmen als neutrale Ergebnisrechnung bezeichnet wird.

Alle nicht herausgefilterten Daten werden in die Gruppe 92 übernommen, die mit ihrem Saldo das Betriebsergebnis ausweist. Diese Daten sind dann die Ausgangsbasis für die eigentliche Kosten- und Leistungsrechnung.

Ein Vergleich der Abgrenzungstabelle mit den entsprechenden Schaubildern für prozessgegliederte Kontennetze (vgl. S. 98 und 100) ergibt, dass bestimmte neutrale Aufwendungen und Erträge in prozessgegliederten Kontennetzen auf Grund ihrer Bedeutung nicht in die üblichen Abgrenzungskriterien, wie betriebsfremd, außergewöhnlich, wertverschieden und periodenfremd, mit einbezogen sind. Es handelt sich um die nicht kalkulierbaren Steuern (wie Körperschaftsteuer) sowie Zinserträge, Haus- und Grundstückserträge u. Ä. Diese Positionen werden in der Abgrenzungstabelle des IKR '86 in Ermangelung einer eigenen Rubrik unter »betriebsfremd« abgegrenzt.

Aufgabe 3.07 *(Durchführung der Abgrenzungsrechnung bei abschlussgegliederten Kontennetzen am Beispiel des IKR '86) S. 361*

---
1 BDI (Hrsg.): Empfehlungen zur Kosten- und Leistungsrechnung, Band 1, Köln/Bergisch Gladbach.

6.4.4 Unterschiede zwischen sachlicher Abgrenzung und handelsrechtlicher Ergebnisaufspaltung

In der GuV-Rechnung gemäß § 275 Abs. 2 HGB[1] wird das Jahresergebnis in folgende Komponenten aufgespalten (vgl. Abbildung 3.13):

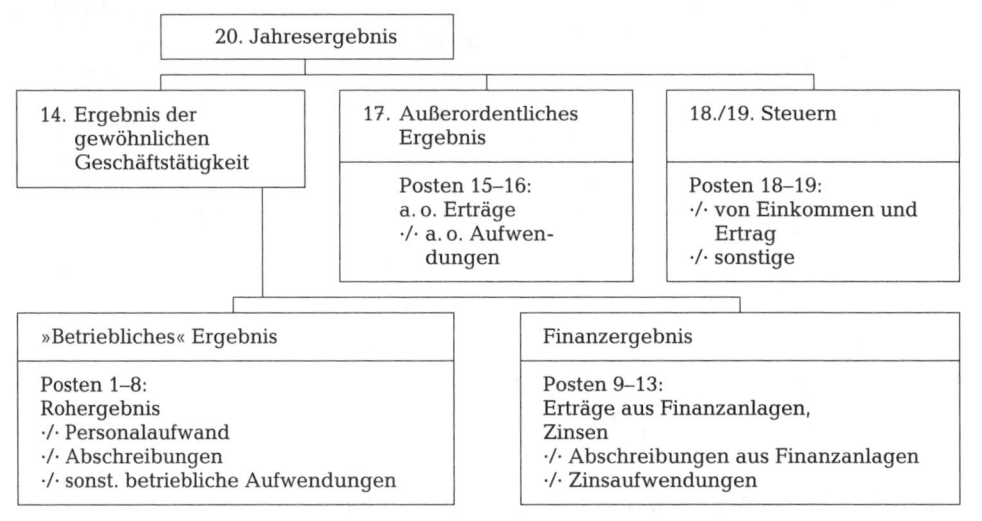

```
                        20. Jahresergebnis
    ┌───────────────────────┬───────────────────────┐
14. Ergebnis der      17. Außerordentliches    18./19. Steuern
  gewöhnlichen              Ergebnis
 Geschäftstätigkeit
                        Posten 15–16:          Posten 18–19:
                         a. o. Erträge         ·/· von Einkommen und
                         ·/· a. o. Aufwen-         Ertrag
                             dungen            ·/· sonstige

»Betriebliches« Ergebnis                   Finanzergebnis

Posten 1–8:                                Posten 9–13:
Rohergebnis                                Erträge aus Finanzanlagen,
·/· Personalaufwand                        Zinsen
·/· Abschreibungen                         ·/· Abschreibungen aus Finanzanlagen
·/· sonst. betriebliche Aufwendungen       ·/· Zinsaufwendungen
```

Abb. 3.13: Aufspaltung des Jahresergebnisses in unterschiedliche Erfolgskomponenten

Diese Aufspaltung des Jahresergebnisses in der GuV-Rechnung hat zwar eine der sachlichen bzw. kalkulatorischen Abgrenzung ähnliche Struktur, entspricht ihr jedoch in wesentlichen Punkten nicht.

- Die GuV-Rechnung als Produkt der Finanzbuchführung weist keine kalkulatorischen und wertverschiedenen Posten aus.
- Das Kriterium der Zugehörigkeit zum »betrieblichen« und Finanzergebnis der GuV (als Teilgrößen des Ergebnisses der gewöhnlichen Geschäftstätigkeit) ist nicht aus kalkulatorischen bzw. kostenrechnerischen Erwägungen abgeleitet, sondern – wie das Schema zeigt – davon, ob ein Geschäftsvorfall als **gewöhnlich** (normal) oder außerordentlich (d. h. **außerhalb der gewöhnlichen Geschäftstätigkeit anfallend**, § 277 Abs. 4 HGB) einzustufen ist. Das hat zur Folge, dass z. B. im »betrieblichen« Ergebnis nach GuV sowohl periodenfremde als auch (aus kalkulatorischer Sicht) betriebsfremde Posten enthalten sein können, weil sie im Rahmen der gewöhnlichen Geschäftstätigkeit anfallen.
- Der Begriff »außerordentlich« ist in der GuV enger gefasst als in der Abgrenzungsrechnung. Unter außerordentlich gehören in die GuV nur solche Geschäftsvorfälle, die ungewöhnlich und selten und von einiger materieller Bedeutung sind (ADS § 277 Tz 79). Erträge aus Anlagenabgängen beispielsweise sind zwar in der Abgrenzungsrechnung grundsätzlich als außerordentlich einzustufen, weil sie sonst zu Schwankungen in der Kalkulation führen würden, in der GuV jedoch nur, wenn sie die oben genannten drei Bedingungen erfüllen.

---

1 Vgl. hierzu die Ausführungen von S. 286 und 290.

Wenn Begriffe wie »betrieblich«, »Betriebsergebnis« oder »außerordentlich« u. Ä. gebraucht werden, ist zu ihrer Interpretation also stets darauf zu achten, ob sie im Zusammenhang mit der Abgrenzungsrechnung oder der GuV gemäß § 275 HGB vorkommen. Ihre Inhalte in den beiden Rechnungen sind unterschiedlich, weil die Einordnung eines Geschäftsvorfalls

– in der Abgrenzungsrechnung mit der Frage nach der Betriebsbezogenheit (im Unterschied zur Unternehmensbezogenheit),
– in der GuV mit der Frage nach der Normalität des Ereignisses (im Unterschied zur Außergewöhnlichkeit)

entschieden wird.

6.5 Wichtige Kontenrahmen

Im Folgenden wird der Aufbau einiger wichtiger Kontenrahmen kurz skizziert, die im Anhang (S. 462 ff.) ausführlich wiedergegeben sind. Es handelt sich um

Klasse	GKR (prozessgegliedert)			IKR '86 (abschlussgegliedert)			
0	Anlagevermögen und langfristiges Kapital			Immaterielle Vermögensgegenstände und Sachanlagen	Aktivkonten	Bilanzkonten	Rechnungskreis I
1	Finanzumlaufvermögen und kurzfristige Verbindlichkeiten			Finanzanlagen			
2	Neutrale Aufwendungen und Erträge			Umlaufvermögen und aktive Rechnungsabgrenzung			
3	Stoffe-Bestände			Eigenkapital und Rückstellungen	Passivkonten		
4	Kostenarten			Verbindlichkeiten und passive Rechnungsabgrenzung			
5	frei für Kostenstellenkontierung der Betriebsabrechnung	Kostenstellen	Kosten- und Leistungsrechnung	Erträge	Ertragskonten	Erfolgskonten	
6				Betriebliche Aufwendungen	Aufwandskonten		
7	Bestände an halbfertigen und fertigen Erzeugnissen	Kostenträger		Weitere Aufwendungen			
8	Erträge			Ergebnisrechnungen			
9	Abschluss			Kosten- und Leistungsrechnung (KLR)			Rechnungskreis II

Abb. 3.14: Unterschiedlicher Grundaufbau von prozess- und abschlussgegliederten Kontenrahmen am Beispiel des GKR und der IKR '86

- die **prozessgegliederten** Kontenrahmen GKR, Groß- und Außenhandel und DATEV SKR 03 sowie
- den **abschlussgegliederten** Industriekontenrahmen IKR.

Von diesen vier Kontenrahmen ist der GKR nicht an die Erfordernisse der §§ 266 und 275 HGB (Bilanz- und GuV-Gliederung) angepasst, sodass er heute in seiner alten Form von Kapitalgesellschaften nicht mehr angewandt werden kann. Allerdings ist das Prozessgliederungsprinzip bei ihm besser verwirklicht als beim Kontenrahmen des Groß- und Außenhandels und beim DATEV SKR 03. Da Praxiskontenrahmen wie der SKR 03 immer wieder an neue Erfordernisse angepasst werden müssen und nur bei weit reichenden Änderungen eine Neustrukturierung erfolgen kann, müssen manchmal Systembrüche beim Einbau weiterer Konten zwangsläufig hingenommen werden.

Die Gegenüberstellung in Abbildung 3.14 zeigt den unterschiedlichen Grundaufbau zwischen Prozess- und Abschlussgliederung am Beispiel des GKR und des IKR.

6.5.1 Der prozessgegliederte Gemeinschaftskontenrahmen der Industrie (GKR)

Beim GKR ist die Verzahnung von Finanz- und Betriebsbuchführung deutlich sichtbar. Die Klassen 4 bis 8 beinhalten die Kostenarten-, Kostenstellen- und Kostenträgerrechnung. Jedoch nur die Kontenklassen 5 und 6 (Kostenstellenrechnung) sind ausschließlich für die Betriebsbuchführung vorgesehen, die Klassen 4, 7 und 8 haben Mischcharakter und dienen der Finanzbuchführung gleichermaßen.

Gut zu sehen ist auch die Gliederung nach Prozessabläufen. In den Klassen 0 und 1 sind die Anlage- und Finanzkonten untergebracht. Aufwendungen, die den Produktionsprozess selbst nicht betreffen, werden in der Klasse 2 abgegrenzt und zum Neutralen Ergebnis (Klasse 9) weitergeleitet. Andere Aufwendungen, die das Betriebsergebnis betreffen und daher Kosten darstellen, werden, gegliedert nach Arten, in der Klasse 4 erfasst, anschließend in 5 und 6 auf die einzelnen Kostenstellen umgelegt und in 7 und 8 den Erzeugnissen und Leistungen (Kostenträger) zugerechnet. Der GKR lässt den Anwendern jedoch die Möglichkeit offen, die Betriebsbuchführung

- kontenmäßig oder
- statistisch

durchzuführen. Bei statistischer Durchführung kann die Kostenartenverbuchung in der Finanzbuchhaltung auf Sammelkonten beschränkt werden. Die genaue Gliederung der Kostenarten erfolgt dann tabellarisch. Das Hilfsmittel für die statistische Durchführung der Kostenstellenrechnung ist der Betriebsabrechnungsbogen **(BAB)**.

Die Kontenklassen 0, 1, 3 und 7 beinhalten Bestandskonten. Sie werden über das Bilanzkonto abgeschlossen.

Die Kontenklassen 2, 4 und 8 beinhalten Ergebniskonten. Ihr Abschluss erfolgt über das GuV-Konto, dem das Neutrale Ergebniskonto und das Betriebsergebniskonto vorgeschaltet sind.

6.5.2 Der abschlussgegliederte Industriekontenrahmen IKR '86

In der Gegenüberstellung werden die gravierenden Unterschiede zwischen prozess- und abschlussgegliederten Kontenrahmen sehr deutlich. Die Kontenklassen 0 bis 8 des IKR bilden den Rechnungskreis I und umschließen die Finanzbuchführung (Dokumentation und Rechnungslegung). Sie wird streng an die Doppik gebunden. Die Kontenklasse 9 wird als Rechnungskreis II bezeichnet, der die Kosten- und Leistungsrechnung einschließlich der Abgrenzungsrechnung (vgl. S. 102 f.) umschließt. Er kann buchhalterisch oder statistisch durchgeführt werden. Die statistische Rechnung wird zweifellos überwiegen.

Die Kontenaufteilung im Rechnungskreis I des IKR führt durch ihre Abschlussorientierung automatisch zum klaren Ablauf der Abschlussarbeiten. Das gilt auch für Zwischenabschlüsse und für den Aufbau von Sonderbilanzen.

Kostenrechnerische Gesichtspunkte entfallen im Rechnungskreis I vollständig. Das ergibt sich schon aus der Übernahme des GuV-Schemas nach § 275 Abs. 2 HGB.

6.5.3 Der prozessgegliederte Kontenrahmen für den Groß- und Außenhandel 1988

Als zweite große Wirtschaftsgruppe – neben der Industrie – hat auch der Groß- und Außenhandel seinen Kontenrahmen auf §§ 266 und 275 HGB angepasst. Der Bundesverband des Deutschen Groß- und Außenhandels hat sich aber entsprechend den Bedürfnissen seiner überwiegend mittelständischen Mitglieder im Kern für die Beibehaltung des Prozessgliederungsprinzips entschieden und dennoch die Anforderungen der für Kapitalgesellschaften vorgeschriebenen Gliederungsschemata für die Bilanz und GuV-Rechnung berücksichtigt.

Auffallend ist die **Gliederung nach Warengruppen** in den **Klassen 3 und 8**, die den branchen- und betriebsindividuellen Gegebenheiten Rechnung trägt. Soweit die Boni, Skonti und andere Nachlässe direkt den Warengruppen zugeordnet werden können, bucht man sie auf Unterkonten der betreffenden Warengruppe, andernfalls werden sie innerhalb der Kontengruppe 36 »Sonstige Minderungen der Wareneinstandskosten« bzw. 86 »Sonstige Erlösminderungen« erfasst.

Außergewöhnlich ist weiterhin, dass die **Kontenklasse 1** nicht mit Kasse- und Bankkonten beginnt, sondern mit dem in dieser Wirtschaftsgruppe meist wichtigsten kurzfristigen Finanzposten, den Forderungen aus Lieferungen und Leistungen.

6.5.4 Der prozessgegliederte EDV-Kontenrahmen SKR 03 von DATEV

In der Praxis spielen EDV-Kontenrahmen eine immer wichtigere Rolle, z. B. die DATEV-Kontenrahmen SKR 03 (prozessgegliedert) und SKR 04 (abschlussgegliedert) und die STOTAX-Kontenrahmen HKR 1 (prozessgegliedert) und HKR 2 (abschlussgegliedert).

Da sie branchenübergreifend konzipiert sind, ist bei ihnen die Anzahl der Konten im Vergleich zu den meisten Branchenkontenrahmen erheblich höher. Für den einzelnen Anwender reduziert sich die Kontenanzahl jedoch, da es von seinen Bedürfnissen abhängt, welche Konten er benötigt und welche nicht.

Als Beispiel für einen EDV-Kontenrahmen ist im Anhang der prozessgegliederte Kontenrahmen SKR 03 (verkürzt) wiedergegeben. Er ist so aufgebaut, dass er zwei Anwendungsfälle erlaubt:

- Hinter jedem Konto ist vermerkt, in welche gesetzlich geforderte Abschlussposition es einmündet. Dieser Zuordnung folgend entstehen Bilanz und GuV-Rechnung nach §§ 266 und 275 HGB.
- Zusätzlich können die Kontensalden der Erfolgskonten nach Kontengruppen geordnet so aufaddiert werden, wie sie in der Reihenfolge (nach Kontennummern)

erscheinen. So zusammengestellt ergeben die Kontengruppen der Klasse 2 das Neutrale Ergebnis, der Klassen 3, 4 und 8 das Betriebsergebnis im herkömmlichen Sinne. Damit kann kalkulatorischen Gesichtspunkten Rechnung getragen werden.

Bei EDV-Buchführung werden die gesetzlich geforderten Schemata und innerbetrieblichen Auswertungen quasi automatisch entwickelt. Sie lassen sich aber auch von Hand statistisch ermitteln.

6.6 Für und wider Prozess- oder Abschlussgliederungsprinzip

Kostenrechnerische Gesichtspunkte innerhalb der Buchführung werden vor allem von der mittelständischen Wirtschaft verfolgt, am meisten von **Handelsbetrieben**, die in der Regel von der Erstellung eines Betriebsabrechnungsbogens absehen und so viel wie möglich an Kostenüberblick aus der Buchhaltung gewinnen möchten. Die von ihnen gehandhabten prozessgegliederten Kontenpläne sind überwiegend durch folgende Merkmale gekennzeichnet:

– Sie nehmen in der **Kontenklasse 2**, den so genannten Abgrenzungskonten, die Abgrenzung der neutralen Aufwendungen und Erträge vor, also solcher Erfolgsbestandteile, die nicht aus der Erfüllung des eigentlichen Betriebszwecks stammen. Dadurch werden die gesamten Aufwendungen nach Kostengesichtspunkten in betriebsbedingte Aufwendungen (keine Kosten und damit nicht in die Kalkulation einfließend) getrennt, wobei Letztere sich aus außerordentlichen, betriebsfremden und periodenfremden Elementen zusammensetzen.
– Sie haben z. B. in der Gliederung der **Konten der Kostenarten** (in der Regel Kontenklasse 4) auch solche Gesichtspunkte mit berücksichtigt, die einer **Kostenstellenrechnung** entsprechen, also Auskunft darüber geben, wo die Kosten entstanden sind. Dies gilt z. B. für die Konten bzw. Kontengruppen »Fahrzeugkosten« und »Raumkosten«.
– Es sind auch Konten für **kalkulatorische Kosten** vorgesehen. Diese stellen zum einen Zusatzkosten dar, die nicht zu Aufwendungen und Ausgaben geführt haben, aber für die Kalkulation noch benötigt werden. Zum anderen ersetzen sie Aufwendungen, die zwar angefallen sind, aber – wie z. B. alle außerordentlichen Posten – nicht mit den in der Abrechnungsperiode zufällig erreichten Werten in die Kostenrechnung eingehen dürfen.

Durch die Berücksichtigung kostenrechnerischer Elemente liefert eine Buchführung nach dem **Einkreissystem** die Grundlage für eine **einfache Selbstkostenrechnung**. Bezüglich des kalkulatorischen Vorteils ist allerdings die Einschränkung zu machen, dass rein buchhalterisch entwickelte Betriebsergebnisse und andere kalkulatorische Auswertungen der Buchführung **niemals die Genauigkeit und Zuverlässigkeit einer ausgebauten Kosten- und Leistungsrechnung aufweisen können**.

Genauere Aussagen kann erst der **BAB** liefern, bei dem man den betrieblichen Aufwand zu einem späteren Zeitpunkt auf seine Kostenrelevanz hin überprüft und entsprechende Um- oder Ausgliederungen vornimmt. Auch lassen sich bei der **Gliederung nach Kostenstellen bzw. Kostenkomplexen** (aus verschiedenen Elementen sich zusammensetzende Kostenarten) **Überschneidungen** nicht vermeiden. Wenn beispielsweise der Kostenkomplex »Fahrzeugkosten« die Abschreibungen auf Fahrzeuge mit erfasst, so fehlt die entsprechende Position im Kostenkomplex »Abschreibungen«.

Auf der anderen Seite gewinnen **Unternehmen ohne Kosten- und Leistungsrechnung** durch die kalkulatorische Ausrichtung der Buchführung **ungefähre betriebsanalytische Unterlagen**.

Eine rein nach dem **Abschlussgliederungsprinzip organisierte Buchführung** ist also der prozessgegliederten im Allgemeinen nur dann vorzuziehen, wenn **daneben noch Kosten und Leistungen exakt erfasst** und verrechnet werden, z. B. mit Hilfe des BAB. Handelsbetriebe, die keine Zweigstellen haben, kommen meistens ohne BAB aus. Für sie ist es daher besonders wichtig, Kostenfaktoren bereits aus einer entsprechenden Buchführung erkennen zu können.

Zusammenfassung:
– Die Anwendung eines **abschlussgegliederten Kontenrahmens** setzt eigentlich voraus, dass **daneben noch eine Kosten- und Leistungsrechnung** durchgeführt wird.
– Wer **keine gesonderte Kosten- und Leistungsrechnung** erstellt, ist mit einem **prozessgegliederten Kontenrahmen besser** bedient, weil er kalkulatorische Elemente beinhaltet.
  – Der Saldo der Klasse 2 ergibt das neutrale Ergebnis.
  – Der Saldo der Klassen 4 und 8 ergibt das Betriebsergebnis.
– Bei abschlussgegliederten Kontenrahmen fallen beim **Jahresabschluss** (oder Zwischenabschlüssen) erheblich weniger **Umbuchungen** an als bei prozessgegliederten, da bei Abschlussgliederung die Reihenfolge der Konten an Bilanz und GuV-Rechnung ausgerichtet ist.

Kontrollfragen
1. Wodurch ergibt sich die Notwendigkeit der sachlichen Abgrenzung?
2. Welche Beziehungen bestehen zwischen Aufwand und Kosten, Erträgen und Leistungen?
3. In welche Posten wird der neutrale Aufwand bzw. neutrale Ertrag untergliedert?
4. Erklären Sie die Begriffe Grund- und Zusatzkosten!
5. Wo wird die sachliche Abgrenzung in prozessgegliederten und wo in abschlussorientierten Kontenrahmen durchgeführt?
6. Wie ist in prozessgegliederten Kontennetzen sichergestellt, dass in der GuV-Rechnung die bilanziellen und in der Kostenrechnung die kalkulatorischen Abschreibungen wirksam werden?
7. Welche Unterschiede bestehen zwischen der sachlichen Abgrenzung und der handelsrechtlichen Ergebnisaufspaltung?
8. Welchen Grundaufbau haben prozessgegliederte Kontennetze bei der Aufteilung in Kontenklassen? Was ist mit dem Begriff »Prozessgliederung« gemeint?
9. Wie kommt das Abschlussgliederungsprinzip beim Aufbau des IKR zum Tragen?
10. Welche Gesichtspunkte sprechen für die Anwendung eines prozessgegliederten Kontenrahmens, welche für die Anwendung eines abschlussgegliederten?

Aufgabe 3.08 *(Abschluss unter Einbeziehung kalkulatorischer Kosten) S. 362*

7 Organisation und Technik der Inventur

Bei der Jahresbilanz ist der Ausgangspunkt die Eröffnungsbilanz zu Beginn des Jahres. In der Buchführung werden im Laufe des Jahres alle Zu- und alle Abgänge (Umsätze) erfasst und den Anfangsbeständen zugerechnet bzw. von ihnen abgezogen. Die sich dann ergebenden Bestände werden zum Teil für die neue Schlussbilanz verwendet werden können, zu einem anderen Teil müssen sie noch geändert werden. Verschiedene Umstände führen dazu, dass bei einigen Konten der buchmäßig ermittelte Bestand nicht mit dem tatsächlichen übereinstimmt. Es muss daher in der Inventur festgestellt werden, welche Bestände tatsächlich vorhanden sind, damit die buchmäßigen entsprechend geändert werden können.

Die **Inventur** schiebt sich also gleichsam wie ein **Filter zwischen Buchführung und Bilanz**. Alle in der Buchführung ermittelten Bestände laufen durch diesen Filter und fließen gereinigt in die Schlussbilanz.

7.1 Inventurplanung

Schnelle und zuverlässige Inventarisierung setzt eine genaue Inventurplanung voraus. Sie soll gewährleisten, dass die Inventurarbeiten zügig ablaufen, die Bestände vollständig und richtig erfasst und Doppelaufnahmen vermieden werden.

Zu einem Inventurplan gehören:

- Abgrenzung der einzelnen Aufnahmebereiche und der jeweiligen Verantwortlichen,
- Festlegung der Aufnahmeverfahren,
- Festlegung der Aufnahmezeiten,
- Vorbereiten der Aufnahmeblocks und Inventurlisten,
- Einteilung des Personals (Zähler, Aufschreiber, Kontrolleure), namentlich und nach Lagerstellen,
- Vorordnen und Vorzählen am Lager, damit das eigentliche Aufnehmen schneller vonstatten geht.

7.2 Gestaltung der Aufnahmelisten

Als Uraufschriebe werden oftmals Aufnahmeblocks und Strichlisten verwendet, die den Aufnahme- bzw. Inventurlisten vorgeschaltet sind.

Die Aufgliederung dieser Listen ist sehr unterschiedlich. Man wird sie zweckmäßigerweise zunächst nach den einzelnen Inventurposten (Bilanzposten) gliedern und sie dann weiter nach einzelnen Aufnahmebereichen aufteilen. Die Inventurlisten sollten die in Abbildung 3.15 dargestellten Spalten aufweisen:

Lfd. Nr. Fach-Nr.	Gegenstand	Nr.	Einheit (kg, m, Stück u. a.)	Menge	Wert		Bemerkungen
					Je Einheit	Gesamt	

Abb. 3.15: Inventurliste

In der Spalte »Bemerkungen« ist zu bestätigen, ob die aufgeführten Gegenstände vorhanden sind. Sind sie nicht mehr vorhanden, kann angegeben werden, ob sie verschrottet wurden, ob eine Abgabe an ein anderes Lager oder eine andere Kostenstelle erfolgte oder ob der Verbleib unbekannt ist. Bei Gegenständen, die noch vorhanden sind, aber nicht mehr genutzt werden, sollte vermerkt werden, ob z. B. eine Verschrottung vorgesehen ist.

Die Formulare sollten **fortlaufend nummeriert** werden, damit kein Blatt unbemerkt verloren gehen kann. Das empfiehlt sich auch, wenn die Formblätter nur Erstaufzeichnungen aufnehmen sollen, die später noch in Reinschrift zu übertragen sind. Soweit in den Aufnahmepapieren bereits bewertet werden soll, sind entsprechende Spalten für Einzelwerte und Gesamtbeträge vorzusehen.

Wesentlich einfacher lassen sich die Inventurlisten durch **Einsatz der EDV** erstellen und bearbeiten, was das folgende Beispiel verdeutlichen soll. Lagerort, Lagernummer, Materialbezeichnung und Mengeneinheit werden ausgedruckt. Die Angabe der Preise kann hier entfallen, da das Rechnen später ebenfalls durch die EDV erfolgt.

Lagerort	Lager-Nr.	Material-Bezeichnung	Mengeneinheit	Lagerbestand	Aufnahmedatum	Kurzzeich. Prüfer	Lagerort
15	440017	LAUFRAD-DICHTUNGEN	ST.	8	14.7. …		15
15	440018	WELLEN-DICHTUNGEN	ST.	12	14.7. …	Si	15
15	440019	DICHTUNGS-BUECHSEN	ST.	2	14.7. …		15
15	440020	KUPPLUNGS-BOLZEN	ST.	20	14.7. …	Si	15

Abb. 3.16: Beispiel einer durch Datenverarbeitung ausgedruckten Aufnahmeliste

Die Abbildung 3.17 zeigt einen per EDV erstellten Einzelbeleg.

Inventur-Beleg

Lagerort	Materialbezeichnung	Maßeinheit	Material-Nr.
1 32	RUNDKANT-STAHL 230 UST 20–3	M	22 46 57

Neuer Lagerort	Aufnahme-Datum Tag Monat Jahr			Raum für Strichliste/Berechnung
	20	7	…	

Aufnahmemenge: 75

Berichtigungsfelder: 79

Strichliste:
//// //// ////
/

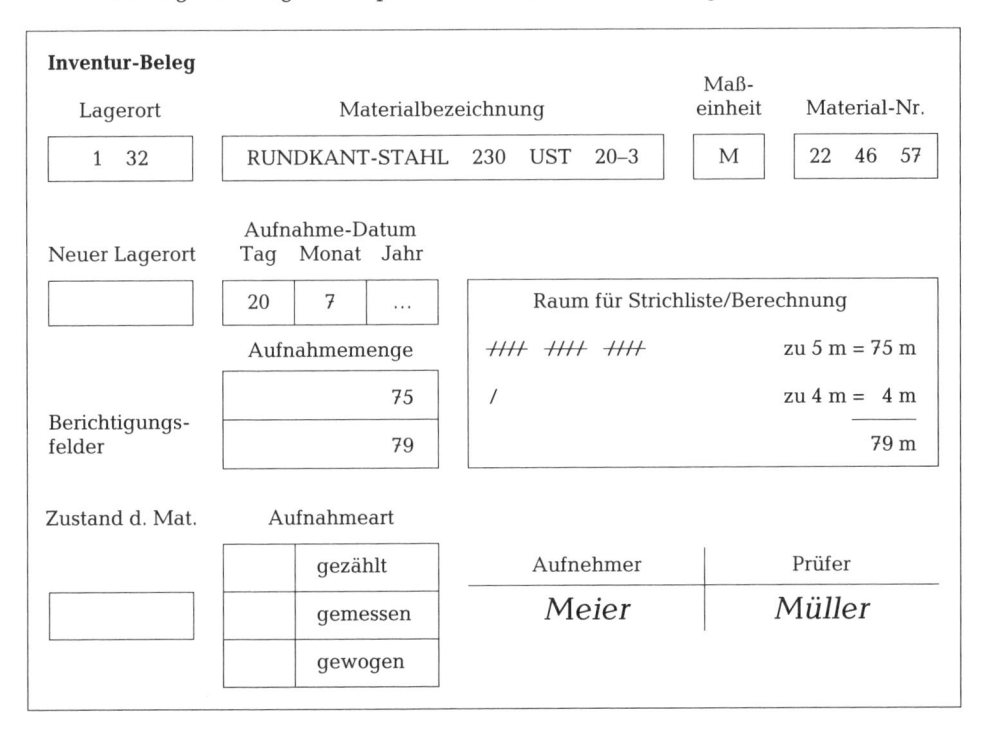

zu 5 m = 75 m
zu 4 m = 4 m
―――――――
79 m

Zustand d. Mat.

Aufnahmeart:
- gezählt
- gemessen
- gewogen

Aufnehmer: *Meier* | Prüfer: *Müller*

Abb. 3.17: Beispiel für einen Inventur-Beleg

7.3 Besonderheiten bei der Erfassung der verschiedenen Bestände

Immaterielle Vermögensgegenstände

Es kann angebracht sein, vor der Inventarisierung in den Schriftwechsel bzw. die Rechtsunterlagen Einblick zu nehmen, um die Schutzrechte, insbesondere hinsichtlich der Schutzfristen, zu überprüfen, woraus sich ergibt, ob und inwieweit die Aufnahme in das Inventar überhaupt berechtigt ist. Die Vertragsdauer bzw. die gesetzlichen Schutzfristen bilden gleichzeitig eine wichtige Grundlage zur Ermittlung des Wertansatzes (z. B. für Patente, Lizenzen), vgl. auch R 31 a EStR.

Immobilien

Die Inventarisierung erfolgt anhand der entsprechenden Anlagekonten bzw. der Anlagenbuchführung. Es kann aber nötig sein, auf etwaige Kaufverträge oder Grundbuchauszüge zurückzugreifen bzw. durch Einsicht ins Grundbuch die Eigentumsverhältnisse zu überprüfen, damit nicht etwa Grund und Boden inventarisiert wird, der längst verkauft wurde.

Die verschiedenen Grundstücksflächen können auf Grund eines Katasterauszugs auf ihren tatsächlichen Bestand hin überprüft werden. Selbstverständlich ist es, dass auch die Belastungen der Kontrolle bedürfen. Soweit Baulichkeiten auf fremdem Grund und Boden erstellt wurden, z. B. auf Pachtgelände, sind Dauer des Pachtvertrages und sonstige Vereinbarungen festzustellen, da sich unter Umständen daraus die Abschreibung ergeben kann.

Im Bau befindliche Anlagen sind nach Möglichkeit vorläufig abzurechnen und entsprechend gesondert zu erfassen.

Bewegliches Sachanlagevermögen

Vgl. hierzu R 31 EStR, der ausführliche Bestimmungen zu
- Bestandsverzeichnis,
- geringwertigen Wirtschaftsgütern und
- Inventurerleichterungen

enthält.

Finanzanlagen

Als Anlage zu den Inventurlisten benötigt man gegebenenfalls:
- für Hypotheken, Grundschulden u. a.: Auszüge aus dem Grundbuch, Hypotheken- und Grundschuldbriefe,
- für in Depot gegebene Wertpapiere (Anleihen, Aktien u. a.): Depotbestätigungen,
- für eigenverwaltete Wertpapiere: Bestandslisten mit Angabe der Stücknummern, der Stückelung, der Zinstermine u. a.,
- für Ausleihungen: die entsprechenden Vertragsunterlagen bzw. Saldenbestätigungen.

Vorratsvermögen

Hierüber gibt R 30 EStR im Einzelnen Auskunft. Der Schwerpunkt der Inventur liegt im **Stoff- und Warenlager**.

Schwierig kann die Aufnahme von Halberzeugnissen sein, also von Produkten, deren Fertigungsprozess noch nicht abgeschlossen ist. Sie unterscheiden sich nicht nur danach, welchen Fertigungsgrad sie bereits erreicht haben, sondern auch danach, ob sie sich unmittelbar in den Fertigungsstellen befinden, wo sie gerade bearbeitet werden, oder ob sie als Einzelteile und Teilerzeugnisse gelagert werden. Dadurch ergeben sich unterschiedliche Erfassungsschwierigkeiten. Am größten sind diese bei Erfassung der **unfertigen Erzeugnisse, die sich in Bearbeitung befinden**. Die mengenmäßige Erfassung wird hier nicht nur ein einfaches Auszählen, Wiegen oder Messen bedeuten, vielmehr sind die in Bearbeitung befindlichen Gegenstände nach dem jeweiligen Fertigungsgrad zu gruppieren, damit sie dem unterschiedlichen Kostenanfall entsprechend bewertet werden können. Bei Fließbandfertigung nimmt man gewöhnlich einen durchschnittlichen Fertigungsgrad an und rechnet die Halberzeugnisse diesem entsprechend in Fertigprodukte um, was die Bewertung erleichtert.

Unfertige Erzeugnisse, die sich in Zwischenlagern befinden, werden nach den Grundsätzen erfasst, die für die Inventur von Stoffen und Waren gelten.

Forderungen

Hier tritt an die Stelle der körperlichen Aufnahme die **Saldenliste**. In einer Aufstellung werden sämtliche Kunden mit Namen, Ort und Saldo aufgeführt. Die Endsummen müssen mit den entsprechenden Sachkonten für Forderungen übereinstimmen. Für den Nachweis zu erwartender Forderungsausfälle empfiehlt sich eine entsprechende Aufgliederung der Liste.

Saldenbestätigungen (bzw. Saldoanerkenntnisse) werden meist nur bei großen Beträgen gefordert. Streitigkeiten über die Höhe des Saldos sind rechtzeitig zu beheben.

Wechsel und Schecks

Wechsel und Schecks bedürfen der Aufnahme auch dann, wenn entsprechende Nebenbuchhaltungen geführt werden, da die Aufzeichnungen ja durch die Inventur kontrolliert werden sollen. Etwaige Rück- und Protestwechsel sind getrennt vom Bestand normaler Handelswechsel aufzuführen. Man sollte neben Wechselsumme, Verfalltag und Zahlungsort den Bezogenen sowie Ort und Tag der Ausstellung angeben. Wenn laufend genaue Wechselnachweise geführt werden, genügt eine betragsmäßige Zusammenstellung, die mit den laufenden Aufzeichnungen abzustimmen ist.

Kassenbestand

Der Kassenbestand ist in einem Aufnahmeprotokoll festzustellen, in dem seine Zusammensetzung im Einzelnen nachgewiesen wird (siehe Abbildung 3.18). Zu den Barbeständen rechnen auch **Briefmarken** und andere Wertzeichen.

Vorschussbelege u. a. dürfen nicht als Bargeld-Ersatz betrachtet werden, vielmehr ist der durch sie belegte Vorgang ordnungsmäßig zu buchen (Erfassung unter den »sonstigen Vermögensgegenständen«).

Werkskasse

1. Bestandsaufnahme

   Scheine
1 × 50 €	= 50 €	
2 × 20 €	= 40 €	
1 × 10 €	= 10 €	
44 × 5 €	= 220 €	320 €

   Münzen
18 × 2,00	= 36 €	
32 × 1,00	= 32 €	
16 × 0,50	= 8 €	
30 × 0,10	= 3 €	
20 × 0,05	= 1 €	
20 × 0,01	= 0,20 €	80,20 €

   Bargeld insgesamt .... 400,20 €

2. Buchbestände

Sollbeträge laut Kassenbuch Seite 197	33 295,73 €
·/· Habenbeträge laut Kassenbuch Seite 197	32 881,93 €
Saldo laut Kassenbuch Seite 197	413,80 €
·/· Unverbuchte Ausgabenbelege	13,60 €
Bestand laut Kassenbuch ·/· unverbuchte Belege	400,20 €

3. Soll-Ist-Vergleich

Sollbestand	400,20 €
·/· Istbestand	400,20 €
Differenz	—

Datum	Uhrzeit	gez. Müller	gez. Lehmann
31. 12. 20 ...	9.00 Uhr	Prüfer	Kassierer

Abb. 3.18: Beispiel eines Protokolls über die Aufnahme der Werkskasse am 31. 12. 20 ... um 9 Uhr

Bankguthaben

Guthaben bei Banken werden durch **Auszug** belegt. Der Bestand des Auszuges muss mit dem eigenen Buchbestand genau verglichen werden. Bei Bankkonten wird es häufig Überschneidungen geben, da Ein- oder Auszahlungen bereits gebucht, von der Bank aber noch nicht gutgeschrieben oder belastet sind. Besondere Schwierigkeiten machen Schecks, die noch laufen. Am besten geht man bei der Abstimmung vom Bank- bzw. Postbankauszug aus. Man setzt dazu, was in der eigenen Buchhaltung bereits gebucht, im Auszug aber noch nicht erfasst ist. Was die Bank schon gebucht hat, in der eigenen Buchhaltung aber noch nicht enthalten ist, muss im Auszug abgesetzt werden. Liegen sonst keine Fehler vor, dann muss der **Saldo des eigenen Kontos mit dem berichtigten Saldo des Auszuges übereinstimmen**.

Verbindlichkeiten aus Lieferungen und Leistungen

Verbindlichkeiten aus Lieferungen und Leistungen ergeben sich – wie die entsprechenden Forderungen – aus den Salden der Personenkonten. Bei großen oder ungeklärten Schuldposten ist unter Umständen eine Saldenbestätigung anzufordern.

Wechselverbindlichkeiten

Die Wechselverbindlichkeiten ergeben sich aus dem Schuldwechselnachweis. Gemeint sind mit ihnen nicht die Obligoverpflichtungen aus weitergegebenen Wechseln, sondern die Verbindlichkeiten, die das Unternehmen als Akzeptant eines gezogenen oder als Aussteller eines eigenen Wechsels übernommen hat. Auf die Vollständigkeit des Schuldwechselnachweises, der mit dem Schuldwechselkonto abzustimmen ist, muss Wert gelegt werden.

Bankschulden und sonstige Verbindlichkeiten

Die Inventur der Bankschulden bedeutet eine Saldenfeststellung anhand der Bankauszüge des Abschlusstages. Gegebenenfalls bedürfen die Salden wegen unterwegs befindlicher Überweisungen oder Auszahlungen noch der Korrektur.

Unter Umständen sind entsprechende Vertragsunterlagen mit heranzuziehen, besonders bei langfristigen Verbindlichkeiten und **Besicherungen**. Es darf nicht vorkommen, dass etwa unersichtlich bleibt, inwieweit Grundpfandrechte eingeräumt worden sind oder sonstige Kreditsicherungen gewährt wurden (Verpfändungen, Sicherungsübereignungen, Abtretungen u. a.). Die Angabe der Sicherheit ist bei Schulden wesentlich wichtiger als bei den Forderungen, da die Sicherungsgeschäfte unmittelbare Auswirkungen auf die Kreditfähigkeit des Unternehmens haben.

7.4 Gliederung des Inventars

Das Inventar folgt der Staffelform und gliedert sich in

– Vermögenswerte,
– Schuldwerte sowie
– Reinvermögen (Gegenüberstellung der Vermögens- und Schuldwerte).

Die **Vermögenswerte**, unterteilt in Anlage- und Umlaufvermögen, gliedert man nach ihrer zeitlichen Bindung bzw. steigenden Liquidierbarkeit (beginnend mit Immobilien, endend mit Kassenbestand), die **Schulden** nach Fälligkeit bzw. Dringlichkeit der Zahlung (beginnend mit langfristigen, endend mit kurzfristigen Schulden).

Vgl. hierzu die Abbildung 3.19.

Kontrollfragen
1. *Welche Inhalte hat ein Inventurplan?*
2. *Nach welchen Kriterien sind Inventurlisten zu fertigen?*
3. *Welche Unterlagen werden unter Umständen für die Inventur*
    – *immaterieller Vermögensgegenstände,*
    – *Immobilien,*
    – *Finanzanlagen*
   benötigt?
4. *Wozu dient ein Saldoanerkenntnis?*
5. *Wie ist der Kassenbestand zu protokollieren?*
6. *Welche Schwierigkeit kann bei der Feststellung von Bank- und Postbankguthaben auftreten?*
7. *Wie ist das Inventar gegliedert?*

Inventar		
der Firma .... zum 31.12.20 ...		

A. Vermögenswerte		
I. Anlagevermögen		
1. Kraftfahrzeuge		
1 Lieferwagen Ford Kombi	14 500	
1 VW-Kleinbus	22 000	36 500
2. Geschäftseinrichtung		
Verschiedene Geschäftseinrichtungen		
lt. Anlagenbuchführung		85 400
3. Genossenschaftsanteil		
1 Anteil bei der Einkaufsgenossenschaft		500
II. Umlaufvermögen		
1. Waren (lt. Inventurlisten)		
105 Kleinlüfter Art. Nr. 93 A je 78,00	8 190	
80 Kleinlüfter Art. Nr. 93 B je 91,00	7 280	
100 Radialventilatoren Art. Nr. 101/5 je 198,90	19 890	
84 Radialventilatoren Art. Nr. 104/5 je 225,00	18 900	
40 Axialventilatoren Art. Nr. 204/1 je 251,00	10 040	
Verschiedene Ersatzteile	17 400	81 700
2. Forderungen (lt. Saldenliste)		
Jung, Karlsruhe	1 200	
Hagmann, Erlangen	6 100	
Hermann, Aalen	3 400	
Haferkorn, München	5 750	
May, Frankfurt	7 300	
Nordmann, Stuttgart	600	
Schwarzhaus, Heilbronn	9 250	
Toller, Bad Mergentheim	3 750	37 350
3. Besitzwechsel		
fällig am 10.1. auf Göppingen	800	
fällig am 22.1. auf München	1 200	
fällig am 3.1. auf Stuttgart	600	2 600
4. Bankguthaben		12 250
5. Postbankguthaben		8 300
6. Kasse (lt. Kassenprotokoll)		2 000
B. Schuldwerte		
I. Langfristige Schulden		
1. Bankschulden		85 000
II. Mittel- und kurzfristige Schulden		
1. Lieferantenschulden		
Express-Werke	15 500	
Rollato-Werke	13 500	
Klimatech GmbH	11 750	
Rapid AG	18 600	59 350
2. Schuldwechsel		
fällig am 15.1., Aussteller: Schäfer & Co.	10 750	
fällig am 21.1., Aussteller: Klimatech GmbH	2 300	
fällig am 9.1., Aussteller: Express-Werke	7 000	20 050
3. Sonstige Verbindlichkeiten		
AOK	1 250	
Finanzamt für Umsatzsteuer	1 780	
Finanzamt für Lohnsteuer	1 225	4 255
C. Reinvermögen		
Summe der Vermögenswerte		266 600
·/· Summe der Schuldwerte		168 655
= Reinvermögen (bzw. Eigenkapital)		97 945

Abb. 3.19: Beispiel für ein Inventar (gekürzte Darstellung)

4. HAUPTTEIL: ABSCHLÜSSE NACH HANDELS- UND STEUERRECHT

Bearbeitet von: Dr. Lieselotte Kotsch-Faßhauer, Steuerberaterin
Dipl.-Finanzwirt (FH) Angelika Leuz
Dipl. oec. Norbert Leuz, Steuerberater
Prof. Dr. Reinhard Heyd (bis 1999)

1 Grundsätzliches

Seit Jahresabschlüsse erstellt werden, wird von wissenschaftlicher Seite untersucht, welchem Zweck sie dienen können und wie sie zur Erreichung dieses Zwecks optimal ausgestaltet sein sollen. Dabei wurden verschiedene Bilanztheorien entwickelt, welche mit unterschiedlichen Prämissen unterschiedliche Empfehlungen für die Jahresabschlussgestaltung geben.

1.1 Aufgaben und Zwecke des Jahresabschlusses

Die **handelsrechtlichen Rechnungslegungszwecke** sind heterogen:
- **Dokumentation** – und damit verbunden – Selbstinformation des Kaufmanns und Rechenschaft gegenüber Außenstehenden,
- Ermittlung einer **Ausschüttungsbemessungsgrundlage** und – damit einhergehend – **nominelle Kapitalerhaltung** von Unternehmen,
- **Grundlage für die Besteuerung**.

Zu den Zwecken des IAS/IFRS-Abschlusses vgl. S. 120.

1.1.1 Dokumentation

Ohne **ordnungsgemäße Dokumentation** ist die Rechnungslegung nicht aussagefähig. Die handelsrechtliche Rechnungslegung normiert drei Dokumentationsinstrumente (vgl. Moxter, Bilanzlehre Band 1, Frankfurt 1984, S. 81):

(1) die laufende Buchführung,
(2) das Inventar und
(3) die Bilanz, die alle im Inventar erfassten Vermögensgegenstände und Schulden in zusammengefasster Form anführt.

1.1.1.1 Gläubigerschutz

Bilanz und Inventar dokumentieren Aktiva und Passiva **alljährlich neu**. Die vollständige Dokumentation **erschwert nachträgliche Änderungen**, z. B. »Beiseiteschaffen« von Vermögensgegenständen und »Erdichten« von Schulden (vgl. hierzu auch § 283b StGB, S. 337), und ist damit **unentbehrliches Gläubigerschutzinstrument**. Kreditgeber haben ein Interesse daran, ob der Kaufmann den Kapitaldienst pflichtgemäß erfüllen kann.

1.1.1.2 Gesellschafterschutz

Entsprechend dient bei mehreren Unternehmenseignern die Dokumentation der zum Gesellschaftsvermögen gehörenden Wirtschaftsgüter auch dem Gesellschafterschutz; sie erschwert die Gefahr der Bereicherung eines Gesellschafters durch heimlichen Entzug von Gesellschaftsvermögen auf Kosten der Mitgesellschafter.

1.1.1.3 Selbstinformation des Kaufmanns

Darüber hinaus dient der Zwang zur Dokumentation der Selbstinformation des Kaufmanns; Bilanz und GuV-Rechnung gewähren ihm einen Überblick über die Vermögens- und Ertragslage (vgl. Küting/Weber, Handbuch der Rechnungslegung – Einzelabschluss, Stuttgart 2004, Kap. 2 Rz 4).

1.1.2 Ausschüttungsbemessungsfunktion

1.1.2.1 Jahresüberschuss als Ausschüttungsrichtgröße

Die **Ermittlung des erzielten Periodenerfolgs** ist systemimmanenter Bestandteil der doppelten Buchführung. Er zeigt sich sowohl in der Bilanz als Veränderung des Eigenkapitals als auch in der GuV-Rechnung, in der die Erfolgsquellen im Einzelnen offen gelegt werden.

Fraglich ist dabei aber die **Beschaffenheit oder Qualität des ermittelten Periodenergebnisses**. Der handelsrechtlich ermittelte Jahresüberschuss ist eine **Ausschüttungsrichtgröße**: Das, was im Geschäftsjahr an Vermögen zugeflossen ist **(Vermögenszuwachs), ist ausschüttbar** (vgl. Moxter, Bilanzlehre Band 1, Frankfurt 1984, S. 101). Diese Formel kommt auch im **Betriebsvermögensvergleich** nach § 4 Abs. 1 Satz 1 EStG zum Ausdruck (Gewinn als Unterschiedsbetrag zwischen dem Betriebsvermögen am Schluss und Anfang des Geschäftsjahres, berichtigt um Entnahmen und Einlagen).

1.1.2.2 Sicherung der Kapitalerhaltung und des Haftungsvermögens

Die Beschränkung des ausschüttbaren Gewinns auf den Vermögenszuwachs hat automatisch eine **(nominelle) Kapitalerhaltung** zur Folge, die damit als weiterer Jahresabschlusszweck aufgeführt werden kann.

Eine Begrenzung des ausschüttbaren Gewinns auf den Vermögenszuwachs und damit **Sicherung der Kapitalerhaltung und Gläubigerschutz** wird durch folgende Vorschriften erreicht (vgl. Küting/Weber, Handbuch der Rechnungslegung – Einzelabschluss, Stuttgart 2004, Kap. 2 Rz 8):

(1) **Ansatzvorschriften:**
- Aktivierungs- und Passivierungsgebote sowie -verbote und
- das Vollständigkeitsprinzip (§ 246 Abs. 1 HGB),

(2) **Bewertungsvorschriften:**
- Festlegung der Anschaffungs- und Herstellungskosten als Wertobergrenze (§ 253 Abs. 1 HGB),
- Realisationsprinzip (§ 252 Abs. 1 Nr. 4),

die bei **Unternehmen, deren Haftung beschränkt** ist, um weitere Kapitalerhaltungsvorschriften ergänzt werden:

(3) Verbot der Rückgewähr von Einlagen (§ 30 GmbHG, § 57 Abs. 1 AktG),
(4) Verpflichtung zur Bildung einer gesetzlichen Rücklage (§ 150 Abs. 2 AktG),
(5) Ausschüttungssperrvorschriften bei Bilanzierungshilfen (z. B. § 269 Satz 2 HGB).

1.1.2.3 Mindestausschüttungsregelungen

Mindestausschüttungsregelungen sind nur dann vorgesehen, wenn ein Unternehmen mehrere »Eigner« hat, da in solchen Fällen **unterschiedliche Ausschüttungsinteressen** bestehen können. Mindestausschüttungsregelungen, die das »Aushungern« von Minderheiten verhindern sollen, finden sich daher nicht in den Rechnungslegungsvorschriften für alle Kaufleute (§§ 238 ff. HGB), sondern in gesellschaftsrechtlichen Vorschriften (vgl. Moxter, Bilanzlehre Band 1, Frankfurt 1984, S. 81).

- § 122 HGB für die **OHG**: Anspruch auf 4 % des letzten Kapitalanteils und, soweit es nicht zum Schaden gereicht, auf den darüber hinausgehenden Anteil am letzten Jahresgewinn.
- § 169 HGB für die **KG**: Anspruch des Kommanditisten auf Auszahlung seines Gewinnanteils.
- § 29 Abs. 1 GmbHG für die **GmbH**: Anspruch der Gesellschafter auf den Jahresüberschuss zuzüglich eines Gewinnvortrags und abzüglich eines Verlustvortrags, soweit der sich ergebende Betrag nicht nach Gesetz, Gesellschaftsvertrag oder durch Gesellschafterbeschluss von der Verteilung unter die Gesellschafter ausgeschlossen ist.
- § 58 Abs. 2 und 3 AktG für die **AG**: Hier ist die Entscheidungskompetenz aufgeteilt: Die **Aktionäre** haben **Anspruch auf den Bilanzgewinn** (nicht auf den Jahresüberschuss!), verbunden mit dem Recht zur Anfechtung des Gewinnverwendungsbeschlusses nach § 254 Abs. 1 AktG. Stellen **Vorstand und Aufsichtsrat** den Jahresabschluss fest (§ 58 Abs. 2, 2a AktG), so können sie einen **Teil des Jahresüberschusses**, höchstens jedoch die **Hälfte**, in andere Gewinnrücklagen einstellen.

Diese Regelungen werden bei Kapitalgesellschaften (und Co.) durch **Bewertungsvorschriften** flankiert:

- Festlegung von Wertuntergrenzen nach § 279 Abs. 1 HGB,
- Wertaufholungsgebot nach § 280 HGB.

1.1.3 Der handelsrechtliche Jahresabschluss als Grundlage für die Besteuerung

Die deutschen **steuerlichen Vorschriften** beinhalten **kein in sich geschlossenes steuerliches Rechnungslegungsrecht**. Deshalb ist das Steuerrecht gezwungen, zur Ermittlung der Steuerbemessungsgrundlage die **Handelsbilanz als Ausgangsbasis** zu nehmen (Grundsatz der Maßgeblichkeit, § 5 Abs. 1 EStG) und unter Berücksichtigung zwingender steuerlicher Vorschriften daraus die Steuerbilanz abzuleiten (§ 60 Abs. 2 EStDV). Vgl. hierzu auch S. 132 ff.

Da die gemeinsame Inanspruchnahme steuerlicher Wahlrechte (z. B. Sonderabschreibungen) in Handels- und Steuerbilanz den Einblick in die Vermögens- und Ertragslage erschweren und damit handelsrechtlichen Zielen zuwiderlaufen kann, steht das Maßgeblichkeitsprinzip (immer wieder) auf dem Prüfstand.

1.1.4 Handelsrechtliche Jahresabschlusszwecke im Vergleich zum Steuerrecht

Die **Besteuerung** richtet sich nach dem **Grundsatz der Leistungsfähigkeit** und dem Grundsatz der **Gleichmäßigkeit der Besteuerung** (Art. 3 Abs 1 GG). In aller Regel wird ein Steuerpflichtiger **Steuerminimierung** anstreben.

Handelsrechtlich steht der Einblick in die Vermögens- und Ertragslage im Vordergrund. Das Ziel Steuerminimierung durch Minderung der Bemessungsgrundlage wird vielfach nicht identisch sein mit der gewünschten **handelsrechtlichen Bilanzpolitik**, die die Leistungsfähigkeit eines Unternehmens z. B. für Aktionäre und Gläubiger gerne durch einen tendenziell höheren Gewinnausweis darstellen möchte; **handels- und steuerrechtliche Bilanzierungszwecke können bzw. werden konkurrieren.**

1.1.5 Handelsrechtliche Jahresabschlusszwecke im Vergleich zu den Zwecken nach IAS/IFRS

Die auf S. 117 angesprochenen **handelsrechtlichen Jahresabschlusszwecke** sind **nicht mit den Zwecken der IAS/IFRS-Bilanzierung identisch.**

Die **IAS/IFRS** haben hauptsächlich **informatorischen Charakter**. Ihr Zweck ist es, bestehenden und potenziellen Anteilseignern möglichst umfassende Informationen über die wirtschaftliche Lage eines Unternehmens zu vermitteln (investororientiert). Als Grundlage für die Besteuerung und zur Ermittlung einer Ausschüttungsbemessungsgrundlage haben sie keinerlei Relevanz.

Aus diesen Gründen sind **Ansatz- und Bewertungsvorschriften zum Teil anders ausgestaltet als beim HGB** (vgl. S. 339 ff.).

1.1.5.1 IAS/IFRS-Abschluss als Ausschüttungsbemessungsgrundlage ungeeignet

Zur Ermittlung einer **Ausschüttungsbemessungsgrundlage** ist ein **IAS/IFRS-Abschluss kaum geeignet**. Dies beruht darauf, dass in den IAS/IFRS – in konsequenter Verfolgung des Informationszweckes – der **Fair-Value-Gedanke** sehr stark betont ist, mit der Folge, dass (nach dem Verständnis des HGB) **noch nicht realisierte Gewinne** (z. B. bloße Wertschwankungen auf Grund der Veränderung von Aktienkursen, Zinssätzen o. Ä.) zu erfassen sind, und zwar in zunehmendem Maße auch erfolgswirksam. Während solch ein Ansatz unter Berücksichtigung des Informationsinteresses Sinn machen kann, erscheint es demgegenüber **wenig sinnvoll, nicht realisierte Gewinne bereits an Anteilseigner auszuschütten**. Selbst der IASB erklärt stets, dass sein Regelwerk allein für Informationszwecke bestimmt ist (BMJ, Referentenentwurf zum Bilanzrechtsreformgesetz, S. 7).

1.1.5.2 IAS/IFRS-Abschluss zur Besteuerung ungeeignet

Auch als **Grundlage für die Besteuerung ist ein IAS/IFRS-Abschluss ungeeignet**. Dem steht die oben erwähnte **vorverlagerte Erfassung von Gewinnen** entgegen, die dem Prinzip einer leistungsgerechten Besteuerung nicht entspricht. Entscheidend ist aber, dass die IAS/IFRS von einem **privaten Gremium**, dem IASB, beschlossen werden. Insofern ist es kaum vorstellbar, dass sich der **nationale Gesetzgeber** hinsichtlich der Steuergesetze seiner **Gesetzgebungskompetenz** teilweise gewissermaßen entledigt und diese Befugnisse auf ein privates Gremium überträgt.

Ebenso seien laut Referentenentwurf zum Bilanzrechtsreformgesetz, S. 7, die bei der Bilanzierung nach IAS/IFRS häufig von Jahr zu Jahr stark schwankenden Ergebnisse keine geeignete Steuerbemessungsgrundlage: Sowohl Steuerzahler als auch Fiskus bräuchten Planungssicherheit und haben ein deutliches Interesse an einer **Verstetigung** der steuerlichen Belastungen einerseits und der **staatlichen Einnahmen** andererseits.

1.2 Der Einfluss der Bilanztheorien auf die handelsrechtliche Rechnungslegung

Der nachhaltigste Einfluss auf die heutigen deutschen Rechnungslegungsvorschriften geht von der statischen und dynamischen Bilanzauffassung aus. Das Wissen um deren Grundzüge macht Fragen der Bilanzierung leichter verständlich.

1.2.1 Statische Bilanztheorie

Nach statischer Bilanztheorie soll ein Jahresabschluss mit seinem dominierenden Instrument, der Bilanz, in erster Linie eine vollständige Gegenüberstellung des Vermögens und der Schulden **(Vermögensstatus)** zum Zweck der **Schuldendeckungskontrolle** darstellen. Ziele sind dabei einerseits die Erschwerung von Unterschlagungen, andererseits der Einblick für Gläubiger in das zu ihrer Befriedigung bereitstehende Haftungspotenzial und (soweit möglich) in die Liquidität.

Aus dieser Funktion lässt sich ableiten, dass

– eine Bilanz vollständig sein muss (Vollständigkeitsgebot, Ausweis des gesamten eingesetzten Kapitals),
– der vorsichtig geschätzte Einzelveräußerungspreis (Verkehrswert) den zentralen Bilanzwert darstellt,
– die Gliederung der Einzelpositionen der Bilanz an Liquiditätsgesichtspunkten orientiert ist (vom Anlagevermögen zu den flüssigen Mitteln, vom langfristig zum kurzfristig angelegten Kapital).

Ein Ansatz von Einzelveräußerungspreisen wird **heute bei Überschuldung** verlangt, um die Zugriffsmasse im Konkursfalle zu ermitteln. Hieraus wird deutlich, dass Vermögen im statischen Sinne als Zerschlagungsvermögen interpretiert wird. Diese vom Reichsoberhandelsgericht (1873) vertretene Auffassung wurde später von Hermann Veit Simon relativiert, der zumindest für das Anlagevermögen die Bewertung zum Anschaffungspreis abzüglich Abschreibungen verlangte.

1.2.2 Dynamische Bilanztheorie

Demgegenüber sieht die dynamische Bilanztheorie (Schmalenbach) den Zweck eines Jahresabschlusses in der Darstellung der Geschäftsentwicklung als Erfolgsquellenrechnung im Zeitablauf **(Gewinnermittlung)**. Durch den Vergleich des Periodenerfolgs sowie der einzelnen Erfolgskomponenten (Aufwendungen und Erträge) soll dem

Kaufmann auf gezeigt werden, wo rentable bzw. weniger rentable Geschäftsbereiche liegen. Da der Jahresabschluss in seiner gesetzlich vorgeschriebenen Form längst seine Bedeutung als internes Kontroll-, Überwachungs- und Steuerungsinstrument an hierfür besser geeignete Instrumente verloren hat, soll er nach neueren Veröffentlichungen zur dynamischen Bilanztheorie insbesondere Anhaltspunkte dafür liefern, wie viel im Durchschnitt an Entnahmen bzw. Einkommen nachhaltig erwartet werden kann (z. B. für Aktionäre von Bedeutung).

Zentrales Problem der dynamischen Bilanztheorie ist die Ermittlung des Gewinns bzw. Abgrenzung der einzelnen Perioden voneinander. Dabei wird in Kauf genommen, dass durch gewisse Unzulänglichkeiten bei der Darstellungsweise von Jahresabschlüssen zwar nicht der »richtige« Gewinn ausgewiesen, wohl aber im Zeitablauf ein »Auf und Ab« in der Geschäftsentwicklung verfolgt werden kann. Daher sind hohe Anforderungen

– an die Vergleichbarkeit der Jahresabschlüsse und
– an die Erfolgsquellendarstellung

zu stellen, wobei solchen Angaben besondere Bedeutung zukommt, die Aufschluss über die **Nachhaltigkeit** der Erfolgskomponenten geben sollen (z. B. Trennung von gewöhnlichen und außergewöhnlichen Geschäftsvorgängen).

1.2.3 Die statische Bilanztheorie in den geltenden Rechnungslegungsvorschriften

Von den Grundsätzen statischer Bilanzauffassung beeinflusst sind z. B.
– die Definition der Vermögensgegenstände und der Schulden (vgl. S. 136),
– die Bilanzierungsverbote für Gründungsaufwendungen und nicht entgeltlich erworbene immaterielle Vermögensgegenstände des Anlagevermögens (§ 248 HGB),
– die Abschreibung auf den niedrigeren Wert am Abschlussstichtag (Niederstwertprinzip, § 253 Abs. 2 Satz 3, Abs. 3 Satz 1, 2 HGB),
– die Pflicht zur Rückstellungsbildung für ungewisse Verbindlichkeiten (§ 249 Abs. 1 HGB),
– die Ausschüttungssperre für Bilanzierungshilfen (§§ 269, 274 Abs. 2 HGB).

Darüber hinaus lassen sich Liquiditätsgesichtspunkte als Instrument der statischen Bilanztheorie aus dem gesonderten Ausweis von Forderungen mit einer Restlaufzeit von mehr als einem Jahr (§ 268 Abs. 4 HGB) und von Verbindlichkeiten mit einer Restlaufzeit bis zu einem Jahr (§ 268 Abs. 5 HGB) erkennen. Auch der Ausweis der nicht aus der Bilanz ersichtlichen Haftungsverhältnisse (§ 251 HGB) und der sonstigen finanziellen Verpflichtungen (§ 285 Nr. 3 HGB) soll Einblicke in mögliche künftige Zahlungsnotwendigkeiten gewähren.

1.2.4 Die dynamische Bilanztheorie in den geltenden Rechnungslegungsvorschriften

Die dynamische Bilanztheorie erfordert ein **Abgehen von reinen Zahlungsvorgängen** bei der Darstellung des Periodenerfolgs (Erfassung von Aufwendungen und Erträgen des Geschäftsjahres unabhängig vom Zahlungszeitpunkt, § 252 Abs. 1 Nr. 5 HGB).

Das zeigt sich besonders bei

- der Bildung von Rechnungsabgrenzungsposten (§ 250 HGB),
- der Bildung von Aufwandsrückstellungen (§ 249 Abs. 2 HGB),
- der Bildung von Bilanzierungshilfen (§§ 269, 274 Abs. 2 HGB) und des entgeltlich erworbenen Geschäfts- oder Firmenwerts (§ 255 Abs. 4 HGB),
- der Pflicht zu planmäßiger Abschreibung im abnutzbaren Anlagevermögen (§ 253 Abs. 2 Satz 1 HGB),
- der Abschreibung zur Vermeidung von Wertansatzänderungen in nächster Zukunft im Umlaufvermögen (§ 253 Abs. 3 Satz 3 HGB).

Darüber hinaus hat sich die Prämisse der **Vergleichbarkeit** von Jahresabschlüssen im Zeitablauf auf viele Vorschriften ausgewirkt, z. B.

- Methoden- und Darstellungsstetigkeit (§§ 252 Abs. 1 Nr. 6, 265 Abs. 1 HGB),
- Angabe von Vorjahreszahlen (§ 265 Abs. 2 HGB),
- Angabe von Abweichungen von Bilanzierungs- und Bewertungsmethoden (§ 284 Abs. 2 Nr. 3 HGB).

Wenngleich Schmalenbachs Erfolgsquellenaufteilung nicht ins HGB übernommen wurde, finden sich auch zur GuV-Rechnung Hinweise auf dynamisches Gedankengut. Dies gilt vor allem für Angaben, die über die **Nachhaltigkeit** der Erfolgskomponenten Aufschluss geben können, z. B.

- Aufteilung in Ergebnis der gewöhnlichen Geschäftstätigkeit und außerordentliches Ergebnis (§ 275 HGB),
- Angabe, in welchem Umfang die Steuern vom Einkommen und vom Ertrag diese Teilergebnisse belasten (§ 285 Nr. 6 HGB),
- gesonderter Ausweis außerplanmäßiger und steuerlicher Abschreibungen (§§ 277 Abs. 3, 281 Abs. 2 HGB).

2 Handelsrechtliche Rechnungslegungsvorschriften

Die handelsrechtlichen Rechnungslegungsvorschriften sind durch das Bilanzrichtlinien-Gesetz **(BiRiLiG)**[1] **schwerpunktmäßig** im Dritten Buch des **HGB** angeordnet. Dieses ist unter Berücksichtigung des zum 09. 03. 2000 in Kraft getretenen Kapitalgesellschaften & Co.-Richtliniengesetzes (**KapCoRiLiG**, BGBl. 2000 I S. 154), das Kapitalgesellschaften & Co. in den Anwendungsbereich des BiRiLiG mit einbezieht, in folgende Anwendungsbereiche untergliedert:

- Vorschriften für alle Kaufleute,
- ergänzende Vorschriften für Kapitalgesellschaften (AG, KGaA, GmbH) sowie bestimmte Personenhandelsgesellschaften,

---

1 Das Bilanzrichtlinien-Gesetz (BGBl 1985 I S. 2355) transformierte die Vierte EG-Richtlinie über den Jahresabschluss von Kapitalgesellschaften, die Siebente Richtlinie über die Konzernrechnungslegung sowie die Achte Richtlinie über die Abschlussprüferqualifikationen in deutsches Recht.

– ergänzende Vorschriften für eingetragene Genossenschaften,
– ergänzende Vorschriften für Unternehmen bestimmter Geschäftszweige.

Bestimmungen in **handelsrechtlichen Nebengesetzen**, wie Aktiengesetz, GmbH-Gesetz, Genossenschaftsgesetz, sind auf spezifische Besonderheiten der jeweiligen Rechtsform begrenzt.

2.1 Vorschriften für alle Kaufleute

Die Vorschriften für alle Kaufleute (§§ 238 ff. HGB) betreffen

– Buchführung und Inventar,
– Eröffnungsbilanz und Jahresabschluss (Aufstellungsgrundsatz, Ansatz- und Bewertungsvorschriften),
– Aufbewahrung von Unterlagen
– Aufbewahrungsfristen, Vorlage im Rechtsstreit.

Die §§ 238 bis 263 HGB gelten allgemein für **Einzelkaufleute und Personenhandelsgesellschaften**, die nicht unter § 264a HGB einzuordnen sind (vgl. auch S. 41). Unterhalb der Größen des Publizitätsgesetzes (§ 1 PublG) regeln sie die bilanziell-buchhalterischen Fragen abschließend. Die Anwendung der strengeren Vorschriften für Kapitalgesellschaften ist möglich.

2.2 Ergänzende Vorschriften für Kapitalgesellschaften (& Co)

Der Anwendungsbereich, der die ergänzenden Vorschriften für **Kapitalgesellschaften** (d. h. für AG, KGaA und GmbH) enthält (§§ 264 ff. HGB), hat den Charakter eines besonderen Teils. Er regelt, welchen Vorschriften Kapitalgesellschaften und Konzerne **zusätzlich** unterworfen sind. Die Bestimmungen gliedern sich in

– Jahresabschluss der Kapitalgesellschaften und Lagebericht,
– Konzernabschluss und Konzernlagebericht,
– Prüfung,
– Offenlegung (Einreichung zu einem Register, Bekanntmachung im Bundesanzeiger), Veröffentlichung und Vervielfältigung, Prüfung durch das Registergericht,
– Verordnungsermächtigung für Formblätter und andere Vorschriften,
– Straf- und Bußgeldvorschriften, Zwangsgelder.

Für Gesellschaften, die unter das **Publizitätsgesetz** fallen (§§ 1, 3, 5 PublG), gelten diese Vorschriften sinngemäß.

Durch **KapCoRiLiG** wurden die ergänzenden Vorschriften für Kapitalgesellschaften (§§ 264 ff. HGB) auf die »&-Co-Gesellschaften« (vorwiegend GmbH & Co KG und AG & Co KG, aber auch die Stiftung & Co KG oder die Genossenschaft & Co KG) **ausgedehnt**. Sie sind überwiegend als Kommanditgesellschaften eine Personengesellschaft, allerdings mit einer Kapitalgesellschaft als Vollhafter. Diese Gesellschaften sind spätestens für das nach dem am 31. 12. 1999 begonnene Geschäftsjahr **als Kapitalgesellschaft zu behandeln**[1] (Art. 48 Abs. 1 EGHGB).

---

1 Im Folgenden werden die »&-Co-Gesellschaften« in der Kurzform als »**& Co**« bezeichnet, aber nur dann gesondert mit angeführt, wenn notwendig.

Merkmale \ Größenklassen	Kleine Kapitalgesellschaft (& Co)	Mittelgroße Kapitalgesellschaft (& Co)	Große Kapitalgesellschaft (& Co)
Bilanzsumme	bis 3 438 000 €	bis 13 750 000 €	über 13 750 000 €
Umsatz	bis 6 875 000 €	bis 27 500 000 €	über 27 500 000 €
Anzahl der Arbeitnehmer	bis 50	bis 250	über 250

(1) Für die Klassifizierung müssen zwei der drei Merkmale zutreffen. Eine Änderung der Größenklasse ergibt sich (außer bei Neugründung oder Umwandlung) erst dann, wenn die Merkmale an den Abschlussstichtagen von zwei aufeinander folgenden Geschäftsjahren jeweils über- oder unterschritten werden.
(2) Eine Kapitalgesellschaft gilt stets als große, wenn
  – sie einen organisierten Markt im Sinne des § 2 Abs. 5 Wertpapierhandelsgesetz durch von ihr ausgegebene Wertpapiere im Sinne des § 2 Abs. 1 Satz 1 Wertpapierhandelsgesetz in Anspruch nimmt oder
  – die Zulassung zum Handel an einem organisierten Markt beantragt ist.

Abb. 4.1: Gliederung des § 267 HGB

Die Anforderungen der §§ 264 ff. HGB sind von der Größenklasse abhängig. Dies gilt z. B. für die Gliederung der Bilanz und der GuV-Rechnung, aber auch für die Prüfung und Offenlegung. Durch KapCoRiLiG wurden diese für den Umfang der Rechnungslegung bedeutsamen Größenmerkmale für Kapitalgesellschaften (§ 267 HGB) um rund 25 % heraufgesetzt (vgl. Abb. 4.1).

Nach Art. 53 Abs. 2 der Bilanzrichtlinie prüft der Europäische Rat auf Vorschlag der Kommission die jeweils geltenden Schwellenwerte unter Berücksichtigung der wirtschaftlichen und monetären Entwicklung und ändert diese Beträge gegebenenfalls.

Durch das sog. **Bilanzrechtsreformgesetz**, das derzeit in Bearbeitung ist, soll die **Schwellenwertrichtlinie** (2003/38/EG vom 13.05.2003) umgesetzt werden, die eine Erhöhung der Schwellenwerte um knapp 17 % vorsieht:
– Erhöhung der Bilanzsummen-Schwellenwerte auf 4 015 000 € und 16 060 000 €,
– Erhöhung der Umsatz-Schwellenwerte auf 8 030 000 € und 32 120 000 €.

2.3 Ergänzende Vorschriften für eingetragene Genossenschaften

Die §§ 336 ff. HGB enthalten die ergänzenden Vorschriften für eingetragene Genossenschaften, nämlich über Pflicht und Aufstellung von Jahresabschluss und Lagebericht, zur Bilanz, zum Anhang und zur Offenlegung. Das Genossenschaftsgesetz selbst ist auf genossenschaftsspezifische Vorschriften beschränkt.

2.4 Ergänzende Vorschriften für Unternehmen bestimmter Geschäftszweige

Für Geschäftszweige wie Banken und Versicherungen sind seit jeher Sondervorschriften zu beachten, z. B. für sog. Pensionsgeschäfte, allgemeine Bankrisiken, Deckungsrückstellungen und Schwankungsrückstellungen. In den §§ 340–340o HGB sind die ergänzenden Vorschriften für **Kreditinstitute** niedergelegt, in den §§ 341–341p HGB die ergänzenden Vorschriften für **Versicherungsunternehmen** und Pensionfonds.

Kontrollfragen
1. Worin bestehen die Aufgaben und Zwecke des handelsrechtlichen Jahresabschlusses?
2. Durch welche Rechnungslegungsinstrumente wird eine ordnungsgemäße Dokumentation gewährleistet? Wozu dient die Dokumentationspflicht?
3. Was ist unter der sog. Ausschüttungsbemessungsfunktion des handelsrechtlichen Jahresabschlusses zu verstehen?
4. Zählen Sie einige Mindestausschüttungsregelungen im Handelsrecht auf.
5. Erläutern Sie die unterschiedlichen Zielsetzungen handels- und steuerrechtlicher Rechnungslegung.
6. Welche Unterschiede bezüglich der Jahresabschlusszwecke bestehen zwischen Handelsrecht und IAS/IFRS-Bilanzierung?
7. Welches sind die grundlegenden Gedanken der statischen und der dynamischen Bilanztheorie?
8. Welche Erfordernisse stellen beide Bilanztheorien an den Jahresabschluss, und wie sind diese ansatzweise im geltenden Recht verwirklicht?
9. Nennen Sie Beispiele für Vorschriften, die
   – dem Einblick in die Liquiditätssituation,
   – dem Vergleichbarkeitsgrundsatz,
   – dem Einblick der Gläubiger in das vorhandene Haftungspotenzial dienen.
10. In welche Anwendungsbereiche sind die handelsrechtlichen Rechnungslegungsvorschriften aufgeteilt?
11. Wie lauten die Größenkriterien für kleine, mittlere und große Kapitalgesellschaften?

3 Steuerrechtliche Vorschriften zur Gewinnermittlung

3.1 Betriebsvermögensvergleich und Einnahmen-Ausgaben-Rechnung

Bei den Einkünften aus Land- und Forstwirtschaft, Gewerbebetrieb und selbstständiger Arbeit ist die Höhe der Einkünfte durch **Ermittlung des Gewinns** festzustellen (§ 2 Abs. 2 Nr. 1 EStG). Hierfür gibt es verschiedene Möglichkeiten:
- Betriebsvermögensvergleich nach § 4 Abs. 1 EStG,
- Betriebsvermögensvergleich nach § 5 EStG,
- Einnahmen-Ausgaben-Rechnung (Überschussrechnung) nach § 4 Abs. 3 EStG.

Diese zählen neben der Ermittlung des Gewinns aus Land- und Forstwirtschaft nach Durchschnittssätzen (§ 13a EStG) zu den **ordentlichen** Gewinnermittlungsarten. Als **außerordentliche** Gewinnermittlung wird die Schätzung nach § 162 AO bezeichnet. Sie kommt im Falle lückenhafter, falscher oder fehlender Aufzeichnungen zur Anwendung.

Die Hauptunterschiede zwischen den Gewinnermittlungsarten und der jeweils in Betracht kommende Personenkreis sind aus der Abbildung 4.2 zu ersehen.

	Betriebsvermögensvergleich (Bestandsvergleich)		Einnahmen-Ausgaben Rechnung
	nach § 4 Abs. 1 EStG	nach § 5 EStG	nach § 4 Abs. 3 EStG
1. Formel für die Gewinnermittlung	Betriebsvermögen Abschlussjahr ·/· Betriebsvermögen Vorjahr + Entnahmen im Abschlussjahr ·/· Einlagen im Abschlussjahr = Gewinn im Abschlussjahr		Betriebseinnahmen ·/· Betriebsausgaben = Gewinn
2. Charakteristik	– Bilanz wird nur für steuerliche Zwecke erstellt, – keine doppelte Buchführung notwendig, – kann bei Einkünften aus Land- und Forstwirtschaft und selbstständiger Arbeit vorkommen.	– Maßgeblichkeit der Handelsbilanz ist zu beachten, – doppelte Buchführung notwendig, – kann nur bei Einkünften aus Gewerbebetrieb vorkommen.	– Es erfolgt im Grundsatz ein Saldenvergleich von Geldbewegungen (Geldverkehrsrechnung); – Vereinfachungsregelung für Steuerpflichtige, denen nach ihren Verhältnissen eine Gewinnermittlung durch Bestandsvergleich nicht zugemutet werden kann; – kann bei Einkünften aus Land- und Forstwirtschaft, Gewerbebetrieb und selbstständiger Arbeit vorkommen.
3. Personenkreis	– Land- und Forstwirte, die zur Buchführung verpflichtet sind (R 12 Abs. 1 Satz 1 EStR), – Land- und Forstwirte, die auf Antrag nach § 13a Abs. 2 EStG freiwillig Bücher führen und regelmäßig Abschlüsse machen (R 12 Abs. 1 Satz 2 EStR), – freiberuflich und sonstige selbstständig Tätige (§ 18 EStG), die freiwillig Bücher führen und regelmäßig Abschlüsse machen (H 142 EStH).	– Istkaufleute, – Gewerbetreibende, die nur steuerrechtlich zur Buchführung verpflichtet sind (§§ 140, 141 AO), – Kleingewerbetreibende, die handels- und steuerrechtlich nicht zur Buchführung verpflichtet sind (§§ 140, 141 AO), aber freiwillig Bücher führen und regelmäßig Abschlüsse machen (§ 5 Abs.1 Satz1 EStG).	– Kleingewerbetreibende, die nicht zur Buchführung verpflichtet sind und freiwillig keine Bücher führen (§§ 140, 141 AO), – freiberuflich und sonstige selbstständig Tätige (§ 18 EStG), die freiwillig keine Bücher führen, – Land- und Forstwirte, die weder zur Buchführung verpflichtet sind, noch die Voraussetzungen des §13a Abs. 1 Nr. 2–4 EStG erfüllen (R 127 Abs. 1 EStR), – Land- und Forstwirte, die auf Antrag nach § 13a Abs. 2 Satz 1 EStG freiwillig Betriebseinnahmen und -ausgaben aufzeichnen und eine Überschussrechnung machen.

Abb. 4.2: Möglichkeiten der Gewinnermittlung

3.2 Besonderheiten bei der Überschussrechnung

Im Gegensatz zur Gewinnermittlung durch Bestandsvergleich gibt es bei der Überschussermittlung **keinen Ansatz** von

- Rechnungsabgrenzungsposten,
- Wertberichtigungen oder
- Rückstellungen,

da hier lediglich die Geldvermögenssalden nach dem Zuflussprinzip des § 11 EStG festgestellt werden. Davon ausgenommen sind die Anschaffungs- oder Herstellungskosten des Anlagevermögens.

Während die Anschaffungs- oder Herstellungskosten der **nicht abnutzbaren** Wirtschaftsgüter des Anlagevermögens erst im Zeitpunkt der Veräußerung oder Entnahme zu Betriebsausgaben werden, sind für Wirtschaftsgüter des **abnutzbaren Anlagevermögens** analog zum Bestandsvergleich jährlich Abschreibungen als Betriebsausgaben zu verrechnen.

Erlaubt sind ferner die Vornahme von erhöhten Absetzungen und Sonderabschreibungen sowie die Anwendung der Bewertungsfreiheit für geringwertige Wirtschaftsgüter (R 40 Abs. 3 EStR). Nicht in Betracht kommen dagegen Teilwertabschreibungen und sonstige Maßnahmen zur Berücksichtigung von Wertschwankungen im Anlagevermögen.

Der Kauf von Wirtschaftsgütern des **Umlaufvermögens** führt im Zeitpunkt der Verausgabung zu Betriebsausgaben.

Ausdrücklich ausgenommen von der Berücksichtigung als Betriebseinnahme oder -ausgabe sind **Einlagen und Entnahmen, Kreditaufnahmen und Kreditrückzahlungen** sowie so genannte durchlaufende Posten, die im Namen und für Rechnung eines anderen vereinnahmt und verausgabt werden (§ 4 Abs. 3 Satz 2 EStG). Sie berühren die Überschussrechnung nicht.

Die Rechtsprechung lässt inzwischen auch die Begründung von **gewillkürtem Betriebsvermögen** (vgl. S. 142) bei der Einnahme-Überschussrechnung zu (Änderung der Rechtsprechung durch BFH BFH/NV 2004, S. 132). Die Zuordnung eines gemischt genutzten Wirtschaftsguts zum gewillkürten Betriebsvermögen scheidet jedoch aus, wenn das Wirtschaftsgut nur in geringfügigem Umfang betrieblich genutzt wird und daher zum notwendigen Privatvermögen gehört. Als geringfügig ist ein betrieblicher Anteil von weniger als 10 % der gesamten Nutzung anzusehen. Die Zuordnung eines Wirtschaftsguts zum gewillkürten Betriebsvermögen ist dabei in unmissverständlicher Weise durch entsprechende, zeitnah erstellte Aufzeichnungen auszuweisen.

Beispiele zur Gewinnermittlung nach § 4 Abs. 3 EStG:

- Ein Steuerberater kauft eine EDV-Anlage für sein Büro.
  Die Anschaffungskosten sind nicht sofort Betriebsausgabe, sondern werden über die Laufzeit abgeschrieben und daher nur in Höhe der jährlichen Abschreibungen als Betriebsausgabe verrechnet.
- Ein Arzt kauft ein Grundstück, auf dem er sein Praxisgebäude errichten will.
  Da es sich hierbei um nicht abnutzbares Anlagevermögen handelt, ist die Anschaffung zunächst gewinneutral. Erst bei Verkauf oder Entnahme wird der dann entstehenden Betriebseinnahme die Betriebsausgabe in Höhe der Anschaffungskosten gegenübergestellt.
- Ein Wirtschaftsprüfer kauft einen Posten Aktien.
  Inzwischen ist auch bei der Einnahme-Überschussrechnung gewillkürtes Betriebsvermögen möglich. Durch unmissverständliche, zeitnah erstellte Auf-

zeichnungen können mit den Aktien zusammenhängende Einnahmen und Ausgaben einschließlich der Erträge als Betriebseinnahmen und -ausgaben erfasst werden.
- Ein Architekt kauft ein Auto, das er teilweise betrieblich nutzen will.
 Bei dem Pkw handelt es sich um ein sog. **gemischt genutztes Wirtschaftsgut**, dessen anteilige Aufwendungen einschließlich der Abschreibungen in den Jahren der betrieblichen Nutzung (auch früher schon) als Betriebsausgaben angesetzt werden können (vgl. H 18 »gemischt genutzte Wirtschaftsgüter« EStH).
- Ein Kleingewerbetreibender erhält im Jahr 01 einen Posten Ware zu 500 € zuzüglich Umsatzsteuer, den er sofort bezahlt. Die Ware wird nach und nach im Folgejahr veräußert.
 Hier kommt das Prinzip der Geldverkehrsrechnung voll zum Tragen. Im Jahr 01 werden die 500 € zuzüglich Vorsteuer in voller Höhe als Betriebsausgabe angesetzt, die Verkäufe des Folgejahrs einschließlich Umsatzsteuer sind Betriebseinnahmen. Eine gewinnneutrale Behandlung von Vor- und Umsatzsteuer ergibt sich nach H 86 EStH wie folgt:

Betriebsausgabe	Betriebseinnahme
Vorsteuer bei Bezahlung an Lieferant	Vorsteuer (bei nächster Umsatzsteuervoranmeldung vom Finanzamt zu erstatten, mindert Umsatzsteuer-Zahllast)
Umsatzsteuer bei Zahlung an Finanzamt	Umsatzsteuer bei Verkauf an Kunden

3.3 Wechsel der Gewinnermittlungsart

Da die für den einzelnen Steuerpflichtigen vorgeschriebene Gewinnermittlungsart an bestimmte Voraussetzungen anknüpft, kann sich bei Änderung der Voraussetzungen auch die Notwendigkeit einer Änderung der Gewinnermittlungsart ergeben, z. B. dadurch, dass

- eine der Wertgrenzen nach § 141 Abs. 1 AO überschritten wird oder
- freiwillig Bücher geführt und Abschlüsse gemacht werden.

In diesen Fällen ist ein Übergang von der Überschussermittlung nach § 4 Abs. 3 EStG zur Gewinnermittlung durch Bestandsvergleich nach § 4 Abs. 1 oder § 5 EStG geboten (vgl. R 17 EStR).

3.3.1 Notwendigkeit einer Gewinnberichtigung

Zwar ist über die Gesamtlebensdauer der Unternehmung der **Totalgewinn** als Summe der Periodengewinne von der Gewinnermittlungsart unabhängig, doch können sich auf den einzelnen **Periodengewinn** bezogen bzw. auf die bis zum Wechsel der Gewinnermittlungsart angefallenen Gewinne Unterschiede ergeben.

Alle Posten der Eröffnungsbilanz bzw. der letzten Bilanz vor dem Übergang zur Überschussermittlung sind daraufhin zu untersuchen, wie sie bei der vorherigen Gewinnermittlungsart behandelt werden. **Gewinnkorrekturen** sind immer dann vorzunehmen, wenn Geschäftsvorfälle bei den einzelnen Gewinnermittlungsarten unterschiedlich behandelt werden.

Wird ein Übergang von der Überschussrechnung zum Bestandsvergleich vorgenommen, so sind in der Eröffnungsbilanz die einzelnen Wirtschaftsgüter mit den Werten anzusetzen, mit denen sie zu Buche stehen würden, wenn von Anfang an der Gewinn durch Betriebsvermögensvergleich ermittelt worden wäre.

Im umgekehrten Falle müssten alle durch die doppelte Buchführung vorweggenommenen Zahlungsvorgänge (z. B. Rückstellungen u. Ä.) rückgerechnet und alle durch die doppelte Buchführung nachträglich erfassten Zahlungsvorgänge (z. B. passive Rechnungsabgrenzungsposten u. Ä.) nachverrechnet werden.

3.3.2 Nicht korrekturbedürftige Wirtschaftsgüter

Folgende Bilanzpositionen erfahren regelmäßig bei einem Wechsel der Gewinnermittlungsart keine Veränderungen:

- Geldkonten,
- Anlagevermögen, sowohl abnutzbares als auch nicht abnutzbares (maßgebend sind hier die tatsächlichen Anschaffungs- oder Herstellungskosten bzw. die um AfA nach § 7 EStG verminderten Anschaffungs- oder Herstellungskosten),
- Eigenkapital,
- Schulden, bei denen bereits Geld zugeflossen ist, also Bank- oder Darlehensschulden (keine Warenschulden),
- Forderungen, bei denen bereits Geld abgeflossen ist (keine Forderungen aus Lieferungen und Leistungen).

3.3.3 Korrekturbedürftige Wirtschaftsgüter

Dagegen bedarf es einer Hinzu- oder Abrechnung für

- Waren- und Materialbestände,
- Warenforderungen, Forderungen aus Anlageverkäufen und sonstige Forderungen,
- Warenverbindlichkeiten, Kundenanzahlungen, Verbindlichkeiten aus Anlagekäufen und sonstige Verbindlichkeiten,
- Rechnungsabgrenzungsposten,
- Rückstellungen,
- Wertberichtigungen auf Forderungen,
- Besitz- und Schuldwechselbestand aus Lieferungen und Leistungen,
- Scheckbestand,
- Damnum,
- steuerfreie Rücklagen.

Ferner sind Teilwertabschreibungen bzw. höhere Teilwerte (z. B. bei Valutaverbindlichkeiten) erst im Zeitpunkt des Übergangs gesondert vorzunehmen oder rückzurechnen, vgl. die Abbildung 4.3.

3.3.4 Behandlung eines Übergangsgewinns

Die Summe der Hinzurechnungen abzüglich der Summe der Abrechnungen ergibt den Übergangsgewinn, der dem laufenden Gewinn zuzuschlagen ist. Da dieser im Einzelfall eine hohe Größenordnung erreichen kann, eröffnet R 17 Abs. 1 Satz 4

	Von der Überschussrechnung zum Bestandsvergleich	Vom Bestandsvergleich zur Überschussrechnung
Waren- und Materialbestände	Hinzurechnung	Abrechnung
Forderungen aus Lieferungen und Leistungen	Hinzurechnung	Abrechnung
Verbindlichkeiten aus Lieferungen und Leistungen	Abrechnung	Hinzurechnung
Aktive Rechnungsabgrenzungsposten	Hinzurechnung	Abrechnung
Passive Rechnungsabgrenzungsposten	Abrechnung	Hinzurechnung
Rückstellungen	Abrechnung	Hinzurechnung
Wertberichtigungen auf Forderungen	Abrechnung	Hinzurechnung
Besitzwechsel auf Forderungen	Hinzurechnung	Abrechnung
Schuldwechsel auf Forderungen	Abrechnung	Hinzurechnung
Scheckbestand auf Forderungen	Hinzurechnung	Abrechnung
Damnum	Hinzurechnung	Abrechnung
Teilwertabschreibung	erst noch vorzunehmen (Abrechnung)	Rückrechnung (Hinzurechnung)
Höherer Teilwert von Valutaverbindlichkeiten	erst noch vorzunehmen (Abrechnung)	Rückrechnung (Hinzurechnung)

Abb. 4.3: Notwendige Gewinnkorrekturen bei Wechsel der Gewinnermittlungsart

EStR die Möglichkeit, ihn bezüglich seiner Steuerwirksamkeit auf **drei Jahre** zu verteilen.

Erfolgt eine Betriebsveräußerung oder eine Betriebsaufgabe, so bedarf es der Fiktion des Übergangs zum Bestandsvergleich unmittelbar vor der Übertragung oder Aufgabe des Betriebs. In diesem Fall ist eine Aufteilung des Übergangsgewinns auf drei Jahre nicht zulässig (R 17 Abs. 1 Satz 5 EStR). Milderung der Einkommensteuerprogression ist jedoch nach § 34 EStG möglich.

Kontrollfragen
1. Welche Charakteristika weisen die drei vom Steuerrecht vorgesehenen Gewinnermittlungsarten auf, und für welchen Personenkreis sind die jeweiligen Verfahren vorgeschrieben?
2. Welche grundlegenden Unterschiede bestehen zwischen den Gewinnermittlungsarten durch Bestandsvergleich und der Gewinnermittlung nach § 4 Abs. 3 EStG?
3. Ist bei einer Gewinnermittlung nach § 4 Abs. 3 EStG der Ansatz von gewillkürtem Betriebsvermögen möglich? Wie sind gemischt genutzte Wirtschaftsgüter zu behandeln?
4. Welche Maßnahmen sind bei einem Wechsel der Gewinnermittlungsarten notwendig? Nennen Sie beispielhaft einige Fälle, in denen Posten zum Übergangsgewinn hinzu- bzw. von diesem abgerechnet werden müssen, und begründen Sie Ihre Angaben.

4 Die Maßgeblichkeit der Handelsbilanz für die Steuerbilanz und ihre Umkehrung

4.1 Grundsatz der Maßgeblichkeit

Der Maßgeblichkeitsgrundsatz, der dem angelsächsischen Bilanzrecht und auch den **IAS/IFRS** fremd ist, hat in Deutschland eine lange Tradition (zurückgehend bis zum Sächsischen Einkommensteuergesetz von 1874 oder zum Preußischen Einkommensteuergesetz von 1891). Er ist die Grundlage für die Beziehung zwischen Handels- und Steuerbilanz.

Das Maßgeblichkeitsprinzip verlangt in § 5 Abs. 1 EStG

– den Ansatz des steuerlichen Betriebsvermögens nach den handelsrechtlichen Grundsätzen ordnungsmäßiger Buchführung,
– soweit nicht zwingende steuerliche Vorschriften entgegenstehen (§ 5 Abs. 6 EStG).

Diese Regel gilt im Grundsatz für Ansatz und Bewertung gleichermaßen.

Trotz anerkannter Unterschiede in der Zwecksetzung werden damit die Vorschriften und Grundsätze des Handelsrechts auch für die steuerliche Gewinnermittlung bindend, wobei jedoch einige Korrekturen der handelsrechtlichen Rechnungslegungsvorschriften in Form von steuerrechtlichen Spezialvorschriften notwendig sind. Die **Steuerbilanz** ist daher keine selbstständige, sondern eine aus der Handelsbilanz **abgeleitete Bilanz**.

4.2 Bilanzansatz

In Bezug auf Fragen des Bilanzansatzes (Aktivierung oder Passivierung) besagt das Maßgeblichkeitsprinzip Folgendes:

Handelsrechtliche **Ansatzge- und -verbote** sind grundsätzlich in die Steuerbilanz zu übernehmen, unabhängig davon, ob es sich um Aktiv- oder Passivposten handelt.

Für **Ansatzwahlrechte** gelten unterschiedliche Vorschriften auf der Aktiv- und Passivseite. Aus der Aufgabe der Steuerbilanz (Ermittlung des Einkommens zum Zwecke der Einkommensbesteuerung) folgert der BFH (Urteil vom 03. 02. 1969, BStBl 1969 II S. 291):

– für handelsrechtliche Aktivierungswahlrechte gelten steuerliche Aktivierungspflichten und
– für handelsrechtliche Passivierungswahlrechte gelten steuerliche Passivierungsverbote.

Ausnahmen: Allerdings ist die Aktivierung von **Bilanzierungshilfen** (vgl. S. 146) mit Blick auf deren fehlende Wirtschaftsguteigenschaft steuerlich gänzlich untersagt. Sowohl **aktive wie passive latente Steuerabgrenzungsposten** der Handelsbilanz finden wegen ihres spezifisch handelsrechtlichen Charakters ebenfalls keine steuerliche Entsprechung. Handelsrechtlich zwingend anzusetzende **Rückstellungen für drohende Verluste aus schwebenden Geschäften** können nicht in die Steuerbilanz übernommen werden (§ 5 Abs. 4a EStG).

4.3 Bewertung

Obwohl dies in der Literatur einige Zeit umstritten war, gilt das Maßgeblichkeitsprinzip grundsätzlich auch im Bereich der Bewertung. Es besagt auch hier, dass die handelsrechtlichen Bewertungsvorschriften einschließlich der bewertungsrelevanten

GoB für die steuerliche Gewinnermittlung maßgebend sind, sofern keine zwingenden steuerlichen Vorschriften entgegenstehen.

Besteht also **handelsrechtlich eine Pflicht** und **steuerlich ein Wahlrecht** zur Durchführung eines bestimmten Bewertungsvorgangs (z. B. handelsrechtlich Pflicht zur Abschreibung bei voraussichtlich dauernder Wertminderung im Anlagevermögen gemäß § 253 Abs. 2 Satz 3 HGB und steuerlich Wahlrecht zu einer Teilwertabschreibung nach § 6 Abs. 1 Nr. 1 Satz 2 EStG), so bedingt nach dem Maßgeblichkeitsprinzip die handelsrechtliche Bewertung auch die steuerliche Vorgehensweise.

Steuerlich konnte für Wirtschaftsjahre, die vor dem 01. 01. 1999 endeten, nach § 6 Abs. 1 Nr. 1 und Nr. 2 EStG bei allen Wirtschaftsgütern des Betriebsvermögens anstelle der (fortgeführten) Anschaffungs- oder Herstellungskosten wahlweise der niedrigere Teilwert angesetzt werden. Nach der durch das **StEntlG 1999/2000/2002** vorgenommenen Änderung sehen die § 6 Abs. 1 Nr. 1 und Nr. 2 EStG für Wirtschaftsjahre ab 1999 nunmehr für alle Wirtschaftsgüter des Betriebsvermögens ein **Verbot der Teilwertabschreibung vor, sofern nicht eine voraussichtlich dauernde Wertminderung vorliegt**. Bei voraussichtlich vorübergehenden Wertminderungen können Handels- und Steuerbilanz also unterschiedliche Werte beinhalten, und zwar beim Anlagevermögen handelsrechtlich durch Ausnutzung des Wahlrechts in § 253 Abs. 2 Satz 3 HGB, beim Umlaufvermögen zwingend.

4.3.1 Maßgeblichkeit und faktische umgekehrte Maßgeblichkeit

Gewähren dagegen **Handels- und Steuerrecht ein Bewertungswahlrecht** gleichermaßen, so hat die Wahlrechtsausübung im Rahmen der GoB und des steuerlichen Bewertungsspielraums **einheitlich** zu erfolgen (BFH, BStBl 1986 II, S.350). Für den Außenstehenden ist in dem hier unterstellten Fall einer Wahlrechtsausübung nicht festzustellen, ob handels- oder steuerrechtliche Überlegungen für den Wertansatz ausschlaggebend waren. Waren steuerliche Überlegungen ausschlaggebend (z. B. um die Ertragsteuern zu minimieren), so kann man von einer Maßgeblichkeit der Steuerbilanz für die Handelsbilanz sprechen (so genannte faktische umgekehrte Maßgeblichkeit).

4.3.2 Kodifizierte umgekehrte Maßgeblichkeit

In der Praxis wichtiger als die Fälle der faktischen umgekehrten Maßgeblichkeit sind bestimmte steuerliche Wahlrechte, die der handelsrechtlichen Rechnungslegung fremd sind. Es handelt sich um steuerliche Wahlrechte, die den Unternehmen aus außerfiskalischen, z. B. umwelt- und wirtschaftspolitischen Gründen gewährt werden und zu Steuervorteilen führen. Um hier die Einheit zwischen Handels- und Steuerbilanz zu wahren, wurden gesetzliche Vorschriften sowohl im Handels- als auch im Steuerrecht erlassen, die eine gleichlautende Bewertung ermöglichen bzw. sicherstellen.

– Die umgekehrte Maßgeblichkeit ist umfassend in § 5 Abs. 1 Satz 2 EStG geregelt, wonach steuerrechtliche Wahlrechte bei der Gewinnermittlung in Übereinstimmung mit der handelsrechtlichen Jahresbilanz auszuüben sind. Dadurch dürfen z. B.

  – erhöhte Absetzungen,
  – Sonderabschreibungen,
  – bestimmte Abzüge von den Anschaffungs- und Herstellungskosten und
  – bewertungsbedingte Steuervergünstigungen (wie z. B. steuerfreie Rücklagen)

  steuerlich nur dann vorgenommen werden, wenn auch handelsrechtlich so verfahren wird.

- Die Übernahme solcher nur auf steuerlichen Vorschriften beruhenden Wahlrechte in die Handelsbilanz wird durch §§ 254 und 247 Abs. 3 HGB erlaubt.

Es gab aber auch steuerliche Bewertungswahlrechte, für die keine Maßgeblichkeit verlangt wird, z. B. die frühere Preissteigerungsrücklage. Für solche Fälle gelten handelsrechtlich bei Kapitalgesellschaften und Nicht-Kapitalgesellschaften unterschiedliche Vorschriften.

4.3.2.1 Übernahme steuerlicher Wahlrechte bei Nicht-Kapitalgesellschaften

Nicht-Kapitalgesellschaften haben die Möglichkeit, die steuerlichen Werte über § 254 bzw. § 247 Abs. 3 HGB in die Handelsbilanz einzuführen, unabhängig davon, ob eine Übernahme dieser Werte ins Handelsrecht steuerlich verlangt wird oder nicht.

4.3.2.2 Übernahme steuerlicher Wahlrechte bei Kapitalgesellschaften

Kapitalgesellschaften haben dagegen eine Ansatzmöglichkeit von steuerlichen Werten, die über das handelsrechtliche Maß hinausgehen, nur, wenn die Anwendung der steuerlichen Vorschrift eine entsprechende handelsrechtliche Vorgehensweise voraussetzt (§§ 273, 279 Abs. 2 HGB). Andernfalls darf ein entsprechender Wertansatz in der Handelsbilanz von Kapitalgesellschaften nicht gebildet werden, was zu einer Durchbrechung des Maßgeblichkeitsprinzip führt.

4.3.3 Maßgeblichkeitsprinzip und Wertaufholung

Die Vorschriften über die Beibehaltung eines niedrigeren Wertes oder über die Wertaufholung sind von der Rechtsform abhängig.

Nicht-Kapitalgesellschaften können niedrigere Wertansätze beibehalten, auch wenn die Gründe dafür nicht mehr bestehen (§ 253 Abs. 5, § 254 Satz 2 HGB).

Für **Kapitalgesellschaften** besteht bei Wegfall der Abschreibungsgründe eine Wertaufholungspflicht (§ 280 Abs. 1 HGB). Allerdings kann nach § 280 Abs. 2 HGB der niedrigere Wert handelsrechtlich beibehalten werden,
- wenn dieser Wert auch steuerlich beibehalten werden kann und
- wenn Voraussetzung für die Beibehaltung ist, dass der niedrigere Wertansatz auch in der Handelsbilanz beibehalten wird.

Da durch das **StEntlG 1999/2000/2002** das früher geltende Wertbeibehaltungswahlrecht aufgehoben und stattdessen ein **striktes Wertaufholungsgebot** eingeführt worden ist (§ 6 Abs. 1 Nr. 1 Satz 4 und Nr. 2 Satz 3 EStG), kann es relativ häufig zu einer Durchbrechung der Maßgeblichkeit kommen, vgl. hierzu die ausführliche Darstellung auf S. 260.

4.3.4 Herstellungskosten und Maßgeblichkeitsprinzip

In der Literatur war früher umstritten, wie das Maßgeblichkeitsprinzip im Bereich der Herstellungskostenermittlung auszuüben ist. Hier gewähren Handels- und Steuerrecht unterschiedliche Wahlrechte hinsichtlich der Einbeziehung bestimmter Kostenbestandteile. Fraglich war, ob aus dem für die Ansatzwahlrechte geltenden BFH-Grundsatz zu folgern ist, dass ein handelsrechtliches Einbeziehungswahlrecht steuerlich eine Einbeziehungspflicht nach sich zieht, sofern keine zwingenden (formell-)steuergesetzlichen Vorschriften entgegenstehen? R 33 EStR ist in dem Zusammenhang nicht als gesetzliche Regelung, sondern als interne Verwaltungsvorschrift anzusehen.

Mit Blick darauf, dass es sich bei der Herstellungskostenberechnung um ein reines Bewertungsproblem handelt, sollten jedoch die hierfür geltenden Grundsätze Anwendung finden, wie sie seit langem, insbesondere von Rechtsprechung und Finanzverwaltung, vertreten werden. Danach ist die Wahlrechtsausübung gleichgerichtet vorzunehmen, wenn in den Steuergesetzen der Wertansatz nicht eindeutig festgelegt ist, handelsrechtlich ein Bewertungswahlrecht besteht und der in der Handelsbilanz gewählte Wertansatz sich in dem durch die Steuergesetze gesteckten Rahmen bewegt. Demnach gilt:

– Bestehen handels- und steuerrechtliche Einbeziehungsgebote (z. B. für Material- und Fertigungseinzelkosten) oder -verbote (z. B. für Vertriebskosten), so sind diese jeweils zu beachten.
– Besteht handelsrechtlich ein Einbeziehungswahlrecht, steuerlich aber eine Einbeziehungspflicht (z. B. für Material- und Fertigungsgemeinkosten), so gilt kein Maßgeblichkeitsprinzip, da steuerrechtliche Regelungen zwingend die freie handelsrechtliche Wahlrechtsausübung in der Steuerbilanz ersetzen.
– Bestehen handels- und steuerrechtlich ein Einbeziehungswahlrecht, so ist dies nach dem Maßgeblichkeitsprinzip gleichgerichtet auszuüben.

Kontrollfragen
1. Was besagt das Maßgeblichkeitsprinzip bezüglich Ansatzgeboten, -verboten und -wahlrechten?
2. Was versteht man unter faktischer und kodifizierter umgekehrter Maßgeblichkeit? Nennen Sie Beispiele.
3. Wie haben handelsrechtlich Verbuchung und Bilanzausweis zu erfolgen, wenn steuerlich eine Sonderabschreibung z. B. nach § 7d EStG in Anspruch genommen wird?
4. Welche Unterschiede bestehen zwischen Nicht-Kapitalgesellschaften und Kapitalgesellschaften in Bezug auf die Übernahme steuerlicher Werte in die Handelsbilanz?
5. Welche Wertaufholungsregelungen bestehen für Kapitalgesellschaften in Handels- und Steuerrecht?

5 Bilanzansatz dem Grunde nach: Aktivierung und Passivierung

Man unterscheidet drei grundsätzliche Bilanzierungsentscheidungen, vgl. hierzu Abbildung 4.4.

5.1 Bilanzierungsfähigkeit

Unter Bilanzierungsfähigkeit eines Wirtschaftsguts versteht man die Eignung, als Aktiv- oder Passivposten in der Bilanz berücksichtigt werden zu können. Gemäß der Doppik der Buchführung und der Zweiseitigkeit der Bilanz lässt sich der Begriff der

Vor dem Ansatz eines Postens in der Bilanz sind stets drei Fragen zu klären:	
(1) Ist der Posten bilanzierungsfähig?	– Mit dieser Frage ist die Bilanzierung dem Grunde nach angesprochen. Der **formale** Bilanzinhalt wird festgelegt. – Bei Verneinung der Frage bzw. Vorliegen eines Bilanzierungsverbots erscheint der fragliche Posten nicht in der Bilanz. – Bei Bejahung der Frage ist zwischen **Bilanzierungspflicht** und **-wahlrecht** zu unterscheiden. Die Ausübung des Wahlrechts ist in das Ermessen des Kaufmanns gestellt. – Wegen der unterschiedlichen Zwecksetzung können in Handels- und Steuerbilanz (trotz des Maßgeblichkeitsprinzips) Abweichungen auftreten.
(2) Wo ist der Posten auszuweisen?	– Mit dieser Frage werden die **Bezeichnung** und die **Einordnung** des fraglichen Postens angesprochen. – Bezeichnung und Einordnung eines Postens sind von der **Bilanzgliederung** abhängig. – Gliederungsfragen spielen in der Steuerbilanz keine Rolle.
(3) Mit welchem Betrag ist der Posten anzusetzen?	– Mit dieser Frage ist die **Bilanzierung der Höhe nach**, d.h. die **Bewertung**, angesprochen. Hierdurch wird der materielle Bilanzinhalt bestimmt. – Bewertungsprobleme entstehen bei allen Posten außer den liquiden Mitteln (Bargeld, Postgiro-, Bankguthaben). – Die Wertfindung richtet sich nach Bewertungsmethoden, die zum einen **Wahlrechte**, zum anderen **Schätzungsspielräume** einräumen können. – Handels- und Steuerbilanzansatz können differieren.

Abb. 4.4: Die grundsätzlichen Bilanzierungsentscheidungen

Bilanzierungsfähigkeit in die Teilbegriffe der Aktivierungs- und Passivierungsfähigkeit aufgliedern.

Eine Bilanzierungsfähigkeit ist immer dann gegeben, wenn

– Vermögensgegenstände oder Schulden vorliegen, die dem (Betriebs-)Vermögen des Bilanzierenden zuzurechnen sind und
– kein gesetzliches Verbot im Einzelfall die Bilanzierung verhindert.

Daneben sind Rechnungsabgrenzungsposten und Eigenkapitalposten nach den entsprechenden Vorschriften zu bilanzieren.

5.1.1 Vermögensgegenstände und Schulden

Die Begriffe Vermögensgegenstände und Schulden sind unbestimmte Rechtsbegriffe, deren Inhalte vor allem durch Literatur und Rechtsprechung näher definiert worden sind.

Im Gegensatz zu dieser handelsrechtlichen Begriffssystematik unterscheidet das Steuerrecht positive und negative Wirtschaftsgüter.

5.1.1.1 Vermögensgegenstände

Folgende Merkmale kennzeichnen den Begriff des Vermögensgegenstandes:

– Es muss sich um wirtschaftliche Werte handeln, die für das Unternehmen einen zukünftigen Nutzen erwarten lassen.

- Der Vermögensgegenstand muss selbstständig bewertbar sein (d. h. es bedarf eines geeigneten Wertmaßstabs, in der Regel durch Vorliegen von Aufwendungen).
- Der Vermögensgegenstand muss selbstständig verkehrsfähig, d. h. einzeln veräußerbar sein. Dieses Erfordernis knüpft an das Gläubigerschutzinteresse an, einzelne Objekte zur Schuldentilgung verwerten zu können.

5.1.1.2 Schulden

Der bilanzrechtliche Begriff der **Schulden** beinhaltet dagegen:
- Es muss sich um Belastungen des Vermögens handeln.
- Diese Belastungen müssen auf einer rechtlichen oder wirtschaftlichen Leistungsverpflichtung des Unternehmens beruhen.
- Sie müssen selbstständig bewertbar (d. h. als solche abgrenzbar und nicht nur Ausfluss des allgemeinen Unternehmensrisikos) sein.

Schulden können sicher oder unsicher sein. Als sicher wird eine Schuld angesehen, wenn sie sowohl dem Grunde als auch der Höhe nach gewiss ist. Man spricht hier von Verbindlichkeiten.

Die unsicheren Schulden werden als **Rückstellungen** bezeichnet. Sie können handelsrechtlich dem Grunde und/oder der Höhe nach ungewiss sein. Ihr Ansatz ist in § 249 HGB geregelt (vgl. Abbildung 4.5).

Nach **IAS/IFRS** ist eine Rückstellungsbildung nur zulässig für Aufwendungen, die Dritte betreffen (IAS 37.10). Demzufolge entfällt die Bildung von Instandhaltungs- und sonstigen Aufwandsrückstellungen bei einem IAS/IFRS-Abschluss.

Passivierungspflicht für	Passivierungswahlrecht für	Passivierungsverbot
1. Ungewisse Verbindlichkeiten – darunter auch für laufende Pensionen und Pensionsanwartschaften (soweit Verpflichtung nach dem 31.12.1986 eingegangen);	1. Im Geschäftsjahr unterlassene Aufwendungen für Instandhaltung, die im folgenden Geschäftsjahr nach Ablauf der ersten drei Monate nachgeholt werden;	Keine Rückstellungsbildung für andere Zwecke.
2. drohende Verluste aus schwebenden Geschäften;	2. Aufwandsrückstellungen, die	
3. im Geschäftsjahr unterlassene Aufwendungen a) für Instandhaltung, die im folgenden Geschäftsjahr innerhalb von drei Monaten, b) für Abraumbeseitigung, die im folgenden Geschäftsjahr nachgeholt werden;	– ihrer Eigenart nach genau umschrieben, – diesem oder einem früheren Geschäftsjahr zuordnbar, – am Abschlussstichtag wahrscheinlich oder sicher, – hinsichtlich ihrer Höhe oder des Zeitpunkts ihres Eintritts unbestimmt sind.	
4. Gewährleistungen, die ohne rechtliche Verpflichtung erbracht werden.		

Abb. 4.5: Bildung von Rückstellungen nach § 249 HGB

5.1.2 Wirtschaftsgut

Das handelsrechtliche Begriffspaar Vermögensgegenstände und Schulden ist mit dem steuerrechtlichen Begriff (positives und negatives) Wirtschaftsgut nicht ganz deckungsgleich. Nach der herrschenden Auslegung liegt ein Wirtschaftsgut vor,

- wenn Aufwendungen entstanden sind, die einen über das Wirtschaftsjahr hinausgehenden Nutzen versprechen, und
- wenn das durch die Aufwendungen Geschaffene selbstständig bewertbar (jedoch nicht notwendigerweise selbstständig veräußerbar) ist.

Der Wirtschaftsgutbegriff umfasst nämlich auch Güter, die zwar bei einer Veräußerung des Unternehmens den Gesamtkaufpreis erhöhen, aber selbst nicht einzeln veräußerbar sind, z. B. Firmenwert einer Unternehmung. Dieser ist nach Handelsrecht kein Vermögensgegenstand, sondern eine Bilanzierungshilfe, wohingegen das Steuerrecht bei ihm ein aktivierungspflichtiges Wirtschaftsgut bejaht.

Unterschiede bestehen auch zwischen dem Begriff der Schulden und der negativen Komponente des Wirtschaftsgutbegriffs, und zwar hinsichtlich der **ungewissen Schulden** bzw. **Rückstellungen**.

Steuerrechtlich ist die Bildung und Beibehaltung von Rückstellungen gegenüber dem Handelsrecht eingeschränkt. Rückstellungen, die in der Handelsbilanz lediglich gebildet werden dürfen, jedoch nicht müssen (Passivierungswahlrecht), sind in der Steuerbilanz nicht zugelassen. Steuerlich bestehen auch Einschränkungen hinsichtlich der **Rückstellungen für ungewisse Verbindlichkeiten**. Sie müssen steuerlich dem Grund nach gewiss, dürfen lediglich nach Höhe und/oder Zeitpunkt des Eintretens ungewiss sein. So kann beispielsweise in der Handelsbilanz eine Rückstellung wegen Patentverletzung schon gebildet werden, wenn Klarheit über die Patentverletzung besteht, in der Steuerbilanz dagegen erst, wenn der Rechtsinhaber Ansprüche geltend gemacht hat oder mit einer Inanspruchnahme ernsthaft zu rechnen ist (§ 5 Abs. 3 EStG).

Steuerrechtlich sind ferner zu beachten

- das Verbot der Bildung von Rückstellungen für bedingt rückzahlbare Zuwendungen (§ 5 Abs. 2a EStG), z. B. bei Filmprojekten, bei denen einer Film-KG Gelder für die Filmproduktion mit der Maßgabe zur Verfügung gestellt werden, diese nur aus künftigen Film-Einspielerlösen zurückzuzahlen (anders noch BFH BStBl II 1997, S. 320),
- die eingeschränkte Bildung von Jubiläumsrückstellungen (§ 5 Abs. 4 EStG),
- das Verbot der Bildung von Drohverlustrückstellungen (§ 5 Abs. 4a EStG),
- das Verbot der Bildung von Rückstellungen für Anschaffungs- oder Herstellungskosten, insbesondere für Wiederaufbereitung von Brennelementen (§ 5 Abs. 4b EStG).

5.1.3 Rechnungsabgrenzungsposten

Als weiterer bilanzierungsfähiger Posten des Handels- und Steuerrechts stellen sich die Rechnungsabgrenzungsposten dar. Sie sind weder Vermögensgegenstand bzw. Wirtschaftsgut noch Schulden, sondern bewirken eine buchhalterische Aufteilung der Erfolgswirkungen von Zahlungsvorgängen auf zwei Rechnungsperioden nach bestimmten Regeln. Dabei können die Erfolgswirkungen den Zahlungsvorgängen zeitlich vor oder nachgelagert sein. Demzufolge spricht man von antizipativen bzw. von transitorischen Rechnungsabgrenzungsposten.

Der Bilanzposten der Rechnungsabgrenzungsposten beinhaltet allerdings nur **transitorische** Posten (§ 250 HGB, § 5 Abs. 5 EStG), da die antizipativen Posten unter »Sonstigen Vermögensgegenständen« bzw. »Sonstigen Verbindlichkeiten« auszuweisen sind.

Zu unterscheiden sind aktive und passive Rechnungsabgrenzungsposten:

– Als aktive Rechnungsabgrenzungsposten sind Ausgaben vor dem Bilanzstichtag auszuweisen, soweit sie Aufwand für eine bestimmte Zeit nach diesem Tag darstellen (§ 250 Abs. 1 Satz 1 HGB, § 5 Abs. 5 Nr. 1 EStG).
– Als passive Rechnungsabgrenzungsposten sind Einnahmen vor dem Bilanzstichtag auszuweisen, soweit sie Ertrag für eine bestimmte Zeit nach dem Bilanzstichtag darstellen (§ 250 Abs. 2 HGB, § 5 Abs. 5 Nr. 2 EStG).

Die Rechnungsabgrenzungsposten resultieren somit nur aus Vorgängen, in denen die Einnahmen oder Ausgaben von vornherein einem bestimmten Zeitraum nach dem Bilanzstichtag erfolgsrechnerisch zuzuordnen sind. Typische Beispiele für Rechnungsabgrenzungsposten sind zeitraumbezogene Ein- oder Auszahlungen, wie z. B. Miete, Pacht, Versicherungsprämien, Beiträge, Zinsen, Kfz-Steuern u. a., wobei sich der Zeitraum, für den diese Beträge gezahlt oder erhalten werden, mit dem Geschäftsjahreswechsel überschneidet oder an diesen anschließt (vgl. auch S. 38 ff.).

Darüber hinaus dürfen handelsrechtlich in die Rechnungsabgrenzungsposten der Aktivseite einbezogen werden **(Bilanzierungswahlrecht)**:

– als Aufwand berücksichtigte Zölle und Verbrauchsteuern auf Vorräte (§ 250 Abs. 1 Nr. 1 HGB), z. B. Biersteuer, Mineralölsteuer, Tabaksteuer u. Ä.,
– als Aufwand berücksichtigte Umsatzsteuer auf Anzahlungen (§ 250 Abs. 1 Nr. 2 HGB),
– Disagio auf Anleihen oder Verbindlichkeiten (§ 250 Abs. 3 HGB).

Für diese Positionen besteht **steuerlich** eine Aktivierungspflicht (§ 5 Abs. 5 Satz 2 EStG, R 31b Abs. 3 EStR, H 37 EStH).

5.1.4 Eigenkapital

Eine weitere Kategorie von Bilanzposten stellen die Eigenkapitalpositionen dar, die je nach Rechtsform unterschiedliche Detailliertheit und unterschiedliche Bezeichnungen haben. Da Eigenkapital stets eine **Residualgröße** darstellt, wirft die Bilanzierungsfähigkeit oder -pflicht keine spezifischen Fragen auf.

Eigenkapital wird zwar handels- und steuerrechtlich gleich behandelt. Auf Grund unterschiedlicher Bilanzierung und Bewertung kann es als Restgröße aber verschieden hoch sein. Gewinnunterschiede zwischen Handels- und Steuerbilanz werden

– bei Einzelkaufleuten und Personenunternehmen in den Kapitalkonten,
– bei Kapitalgesellschaften durch Einstellung eines steuerlichen Ausgleichpostens in der Steuerbilanz

erfasst. Der Steuerausgleichsposten verschwindet bei Angleichung der Handels- an die Steuerbilanz oder wenn die betreffenden Wirtschaftsgüter nicht mehr in den Bilanzen enthalten sind (z. B. durch Abschreibung, Veräußerung), vgl. auch S. 271.

5.1.5 Sonderposten mit Rücklageanteil

Dieser Passivposten ist der Handelsbilanz vom Grundsatz her fremd und wird durch § 247 Abs. 3 HGB nur deswegen handelsrechtlich übernommen, um ein Auseinanderfallen von Handels- und Steuerbilanz zu vermeiden. Er enthält

- steuerfreie Rücklagen und
- steuerliche Sonderabschreibungen und erhöhte Absetzungen, soweit die Abschreibung indirekt vorgenommen wurde (§ 281 Abs. 1 HGB).

Die Möglichkeit zur Bildung des Sonderpostens mit Rücklageanteil wird genutzt, um Steuern zu sparen bzw. die Steuerlast auf einen späteren Zeitpunkt zu verschieben. Im Falle von Sonderabschreibungen und erhöhten Absetzungen ist keinerlei Beziehung mehr zur tatsächlichen Wertminderung gegeben.

Ausführungen über unterschiedliche Regelungen für Kapital- und Nicht-Kapitalgesellschaften, einzelne Vorschriften und Buchungsbeispiele vgl. S. 182 und 243.

5.2 Bilanzierungspflicht

Der Grundsatz der **Vollständigkeit** (§ 246 Abs. 1 HGB) gebietet, dass alle Vermögensgegenstände, Schulden und Rechnungsabgrenzungsposten anzusetzen sind, soweit gesetzlich nichts anderes bestimmt ist. Das heißt, für alle bilanzierungsfähigen Vermögensgegenstände und Schulden besteht eine Bilanzierungspflicht, es sei denn, gesetzliche Sondervorschriften gewähren ein Bilanzierungswahlrecht oder fordern ein Bilanzierungsverbot.

Zu prüfen ist somit, was als bilanzierungspflichtig anzusehen ist. Neben der Definition der Begriffe ergeben sich vor allem folgende Fragen:

- Wem sind die jeweiligen Bilanzierungsobjekte zuzurechnen?
- Wie sind Betriebs- und Privatvermögen voneinander getrennt zu halten?

Darüber hinaus sind die Vorschriften für Pensionsrückstellungen näher zu betrachten, da deren bilanzielle Behandlung von der Unterscheidung zwischen Alt- und Neuzusagen, unmittelbaren und mittelbaren Pensionszusagen abhängig ist.

5.2.1 Rechtliche oder wirtschaftliche Zugehörigkeit

Ursprüngliches Zurechnungskriterium ist der Eigentumsbegriff, der nach § 903 BGB die rechtliche Herrschaftsgewalt über Sachen (§ 90 BGB) beinhaltet. Da dieses Kriterium allein aber bei einigen Formen der Vertragsgestaltung zu unbefriedigenden Ergebnissen führt, wurde mit Blick auf die Verpflichtung zur wirtschaftlichen Betrachtungsweise **das Rechtsinstitut des wirtschaftlichen Eigentums** begründet (§ 39 AO).

Danach sind Wirtschaftsgüter demjenigen zuzurechnen, der als Nichteigentümer die tatsächliche Herrschaft über ein Wirtschaftsgut in der Weise ausübt, dass er den Eigentümer im Regelfall für die gewöhnliche Nutzungsdauer von der Einwirkung auf das Wirtschaftsgut wirtschaftlich ausschließen kann (§ 39 Abs. 2 Nr. 1 AO). Dies ist z. B.

- der Erwerber, auch wenn der Vermögensgegenstand unter Eigentumsvorbehalt geliefert wurde (§ 246 Abs. 1 Satz 2 HGB),
- der Sicherungsgeber bei vereinbartem Sicherungseigentum (es sei denn bei Bareinlagen, § 246 Abs. 1 Satz 2 und 3 HGB),
- der Käufer ab dem Gefahrübergang, unabhängig davon, ob der Eigentumsübergang vollzogen ist,
- der Grundstückskäufer, wenn die Nutzen und Lasten übergegangen sind, auch wenn die Grundbucheintragung noch nicht erfolgt ist,
- der Treugeber bei Treuhandverhältnissen (§ 39 Abs. 2 Nr. 1 AO),
- der Eigenbesitzer beim Eigenbesitz (§ 39 Abs. 2 Nr. 1 AO).

5.2.1.1 Kommissionsgeschäfte

Bei Kommissionsgeschäften (§§ 383 ff. HGB) wird zwischen Verkaufs- und Einkaufskommission unterschieden.

Bei der **Verkaufskommission** verkauft der Kommissionär zwar im eigenen Namen, aber für Rechnung eines anderen (des Kommittenten). Der Kommissionär erwirbt weder das rechtliche noch das wirtschaftliche Eigentum an der Ware. Diese ist bis zum Verkauf vom Kommittenten zu bilanzieren (und zwar als Vorratsvermögen, nicht als Forderung).

Bei der **Einkaufskommission** erwirbt der Kommissionär zwar das rechtliche Eigentum an der Ware. Diese wird wirtschaftlich jedoch sofort dem Kommittenten zugerechnet. Der Kommittent bilanziert die Ware und die Verbindlichkeit, wenn er die Abrechnung vom Kommissionär erhalten hat.

Zur Buchung der Kommissionsgeschäfte vgl. Band 2.

5.2.1.2 Nießbrauch

Nießbrauch ist das Recht, eine Sache zu nutzen, ohne über die Substanz verfügen zu dürfen (§§ 1030 ff. BGB). Der mit Nießbrauch belastete Gegenstand wird grundsätzlich dem rechtlichen Eigentümer zugerechnet.

Eine Zurechnung beim Nießbrauchsberechtigten kommt aber in Betracht, wenn er als wirtschaftlicher Eigentümer anzusehen ist, insbesondere

- wenn der Herausgabeanspruch des Eigentümers infolge der Dauer der Nießbrauchsbemessung keinen wirtschaftlichen Wert mehr hat,
- wenn der Nießbraucher zu Aufwendungen in die Substanz verpflichtet ist, die das Übliche übersteigen (z. B. Umbau, Modernisierung u. Ä.).

Von besonderer Bedeutung ist die einkommensteuerliche Behandlung (vgl. Nießbrauch-Erlass, BStBl 1998 I, S. 914).

5.2.1.3 Miet- und Pachtverhältnisse

Vermieter und Verpächter haben als rechtliche und wirtschaftliche Eigentümer die Miet- und Pachtobjekte in ihrer Bilanz auszuweisen. **Einbauten** in gemietete oder gepachtete Grundstücke, die vom Mieter oder Pächter vorgenommen wurden, sind jedoch beim Mieter oder Pächter zu bilanzieren.

Eine Zurechnung beim Mieter oder Pächter ist vorzunehmen, wenn dieser als wirtschaftlicher Eigentümer anzusehen ist, insbesondere wenn die unkündbare Miet- oder Pachtdauer so bemessen ist, dass nach deren Ablauf die Sache technisch oder wirtschaftlich abgenutzt ist (BFH, BStBl 1978 II, S. 507).

5.2.1.4 Leasingverträge

Besondere Regelungen für die Zurechnung wurden für die verschiedenen Gestaltungsformen des Leasing entwickelt. Von Bedeutung ist dabei das Verhältnis zwischen betriebsgewöhnlicher Nutzungsdauer und Grundmietzeit sowie im Fall des anschließenden Erwerbs das Verhältnis zwischen Kaufpreis und Buch- oder Zeitwert.

Geleaste Spezialgeräte, die nur für den Leasingnehmer wirtschaftlich nutzbar sind, werden generell dem Leasingnehmer zugerechnet.

Nach dem **Mobilien-Leasing-Erlass** (BStBl 1971 I, S. 264) sind bei Leasingverträgen, nach denen die Grundmietzeit mehr als 90 % oder weniger als 40 % der betriebsgewöhnlichen Nutzungsdauer beträgt, die Leasinggegenstände dem Leasingnehmer zuzuordnen. Beträgt dagegen die Grundmietzeit zwischen 40 % und 90 % der betriebsgewöhnlichen Nutzungsdauer, so sind die Leasinggegenstände ohne Kauf- oder Mietverlängerungsoption dem Leasinggeber zuzuordnen. Im Falle einer Kauf- oder Mietverlängerungsoption ist die Höhe des Kaufpreises bzw. der Anschlussmiete (für ein Jahr) ausschlaggebend. Liegen sie unter dem Buch- oder Zeitwert, erfolgt die Zuordnung beim Leasingnehmer, ansonsten beim Leasinggeber (vgl. Abbildung 4.6).

		Grundmietzeit	
		zwischen 40 % und 90 % der betriebsgewöhnlichen Nutzungsdauer	kürzer als 40 % oder länger als 90 % der betriebsgewöhnlichen Nutzungsdauer
ohne Kauf- oder Mietverlängerungsoption		Leasinggeber	Leasingnehmer
mit Kaufoption	Kaufpreis geringer als Buchwert am Ende der Grundmietzeit bei linearer Abschreibung	Leasingnehmer	Leasingnehmer
	Kaufpreis höher oder gleich dem Restbuchwert am Ende der Grundmietzeit bei linearer Abschreibung	Leasinggeber	Leasingnehmer
mit Mietverlängerungsoption	Anschlussmiete niedriger als lineare Abschreibung	Leasingnehmer	Leasingnehmer
	Anschlussmiete höher oder gleich der linearen Abschreibung	Leasinggeber	Leasingnehmer
Spezialleasing		Leasingnehmer	Leasingnehmer

Abb. 4.6: Zuordnung von Leasinggegenständen nach dem Mobilien-Leasing-Erlass (BMF-Schreiben vom 19. 04. 1971, BStBl 1971 I, S. 264)

5.2.2 Abgrenzung zwischen Betriebs- und Privatvermögen

Ein Kaufmann hat nicht sein gesamtes Vermögen und seine gesamten Schulden zu bilanzieren, sondern nur sein Betriebsvermögen und seine Betriebsschulden (vgl. § 5 Abs. 4 PublG). Daher bedarf es einer Trennung der geschäftlichen von der privaten Sphäre. Diese Frage ist jedoch nur bei Einzelunternehmen und Personengesellschaften von Bedeutung, da Kapitalgesellschaften kein Privatvermögen besitzen können.

Das Steuerrecht hat zu dieser Abgrenzungsfrage eine schlüssige Dreiteilung entwickelt in

– notwendiges Betriebsvermögen,
– gewillkürtes Betriebsvermögen und
– notwendiges Privatvermögen (vgl. hierzu die Abbildung 4.7).

Besondere Regelungen bestehen für die Zuordnung von Grundstücken und Gebäuden zum Betriebs- oder Privatvermögen (vgl. R 13 Abs. 7–11 EStR).

Gebäude: Im Gegensatz zu anderen Wirtschaftsgütern werden Gebäude mit unterschiedlichen Nutzungen nicht als Einheit behandelt, sondern das Gebäude wird

Notwendiges Betriebsvermögen	Notwendiges Privatvermögen	Gewillkürtes Betriebsvermögen
1. Zum notwendigen Betriebsvermögen gehören alle Wirtschaftsgüter, die – objektiv geeignet (auf Grund ihrer Beschaffenheit) und – dazu bestimmt sind (auf Grund der tatsächlichen Verwendung), ausschließlich und unmittelbar dem Betrieb zu dienen. 2. Für die Zurechnung entscheidend ist die objektive betriebliche Veranlassung, nicht der subjektive Wille des Kaufmanns (BFH-Urteile, BStBl 1978 II S. 191, 1980 II S. 633). 3. Ein betrieblicher Anlass fehlt z. B., wenn – beim Erwerb eines Wirtschaftsgutes bereits erkennbar ist, dass es dem Betrieb keinen Nutzen, sondern nur Verluste bringen kann, oder – lediglich der Zweck verfolgt wird, sich bereits abzeichnende Verluste aus dem privaten in den betrieblichen Bereich zu verlagern (BFH-Urteil, BStBl 1975 II S. 804). 4. Zwecks Anschaffung eines Wirtschaftsgutes aufgenommene Schulden folgen in der Regel der Behandlung des Wirtschaftsgutes (BFH-Urteil, BStBl 1969 II S. 233). 5. Wirtschaftsgüter des notwendigen Betriebsvermögens sind bilanzierungspflichtig. 6. Bei unterbliebener Bilanzierung ist bilanzberichtigende Einbuchung nötig (zum Wert, der bei von Anfang an richtiger Bilanzierung zu Buche stehen würde BFH-Urteil, BStBl 1978 II S. 191). 7. Typische Beispiele sind Maschinen, Betriebs- und Geschäftsausstattung, Rohstoffe, Waren, Forderungen und Verbindlichkeiten aus Lieferungen und Leistungen.	1. Zum notwendigen Privatvermögen gehören alle Wirtschaftsgüter, die ausschließlich oder nahezu ausschließlich – der privaten Lebensführung des Eigentümers dienen oder – vom Eigentümer aus privaten Gründen einem Familienangehörigen unentgeltlich zur Nutzung überlassen werden (BFH-Urteil, BStBl 1980 II S. 40). 2. Für die Zurechnung entscheidend ist die private Veranlassung, nicht der subjektive Wille des Kaufmanns (BFH-Urteile, BStBl 1978 II S. 191, 1980 II S. 633). 3. Wirtschaftsgüter des notwendigen Privatvermögens dürfen nicht bilanziert werden. 4. Typische Beispiele sind vom Eigentümer ausschließlich selbst bewohntes Einfamilienhaus, Wohnungseinrichtung, Bekleidung, Schmuckgegenstände, in der persönlichen Sphäre entstandene Forderungen und Verbindlichkeiten. 5. Eine Betriebsschuld kann nachträglich zu einer Privatschuld werden, wenn die Schuld mit dem Erwerb eines bestimmten Gegenstandes (z. B. Grundstück, Wertpapier) zusammenhängt, der zulässigerweise aus dem Betrieb entnommen wird (BFH-Urteil BStBl 1972 II S. 620).	1. Zum gewillkürten Betriebsvermögen gehören diejenigen Wirtschaftsgüter, die – weder notwendiges Betriebsvermögen – noch notwendiges Privatvermögen sind, jedoch in einem gewissen objektiven Zusammenhang mit dem Betrieb stehen. 2. Voraussetzungen für die Zurechnung sind – die objektive Eignung, dem Betrieb zu dienen (mittelbare Förderung durch Vermögenserträge) und – der subjektive Wille des Kaufmanns, der durch einen buch- und bilanzmäßigen Ausweis zum Ausdruck kommen muss (BFH-Urteile, BStBl 1968 II S. 522, 1985 II S. 395). 3. An den Begriff der objektiven Eignung, dem Betrieb zu dienen, sind zwar keine übertriebenen Forderungen zu stellen (BFH-Urteil, BStBl 1965 III S. 377). Diese Voraussetzung soll jedoch verhindern, dass Verlustquellen des Privatbereichs in das Betriebsvermögen überführt werden (BFH-Urteil, BStBl 1985 II S. 654). 4. Die Übernahme eines Wirtschaftsgutes ins Betriebsvermögen ist ein Betriebsvorgang, der regelmäßig nur durch einen anderen Betriebsvorgang (Veräußerung, Entnahme bzw. Ausbuchung) mit Wirkung für die Zukunft aufgehoben werden kann (BFH-Urteil, BStBl 1964 III, S. 574). 5. Typische Beispiele sind Wertpapiere, entsprechend genutzte Grundstücke und Gebäude. 6. Bei Schulden gibt es kein gewillkürtes Betriebsvermögen (BFH-Urteil, BStBl 1968 II S. 177). 7. Im persönlichen Bereich entstandene Forderungen können ins gewillkürte Betriebsvermögen überführt werden, wenn ihre Substanz in irgendeiner Weise dem Betrieb dienen kann (BFH-Urteil, BStBl 1965 III S. 377).

1. Bei **gemischter Nutzung** (wenn ein Wirtschaftsgut betrieblichen und privaten Zwecken dient) ist eine **einheitliche Zurechnung** vorzunehmen (ausgenommen Grundstücke und Gebäude nach R 13 EStR). Beträgt der betriebliche Nutzungsanteil eines Wirtschaftsgutes
   – weniger als 10 %,   ist es in vollem Umfang notwendiges Privatvermögen,
   – zwischen 10 % und 50 %   ist ein Ausweis unter gewillkürtem Betriebsvermögen möglich,
   – über 50 %   ist es in vollem Umfang notwendiges Betriebsvermögen (R 13 Abs. 1 EStR).
2. Davon unabhängig ist die Frage, wie die auf den betrieblichen und privaten Nutzungsanteil eines gemischt genutzten Wirtschaftsgutes entfallenden **anteiligen Aufwendungen** (AfA, Reparaturen, Betriebsstoffe) zu verteilen sind (vgl. R 18 Abs. 1, R 117 EStR).

Abb. 4.7: Abgrenzung zwischen Betriebs- und Privatvermögen

entsprechend seiner Nutzung in verschiedene Gebäudeteile aufgeteilt, die jedes für sich ein Wirtschaftsgut darstellen.

Die in Abbildung 4.8 dargestellte Einteilung mit der dazugehörenden Zuordnung ist üblich.

Nutzung eines Gebäudes	Zuordnung
eigenbetrieblich	notwendiges Betriebsvermögen
fremdbetrieblich	gewillkürtes Betriebsvermögen (wenn die allgemeinen Voraussetzungen vorliegen)
zu eigenen Wohnzwecken	notwendiges Privatvermögen
zu fremden Wohnzwecken	gewillkürtes Betriebsvermögen (wenn die allgemeinen Voraussetzungen vorliegen)

Abb. 4.8: Zuordnung von Gebäuden bzw. Gebäudeteilen nach Art der Nutzung

Grund und Boden: Betrieblich genutzte Teile eines Grundstücks stellen notwendiges Betriebsvermögen dar. Privat genutzte Grundstücke stellen Privatvermögen dar. Werden Teile des unbebauten Grundstücks vermietet, so können diese unter den allgemeinen Voraussetzungen (objektiver Zusammenhang zum Betrieb, dem Betrieb förderlich, Ausweis in der Bilanz) als gewillkürtes Betriebsvermögen geführt werden.

Grund und Boden und ein darauf errichtetes Gebäude können nur einheitlich entweder als Betriebs- oder Privatvermögen qualifiziert werden. Wird ein Teil eines Gebäudes eigenbetrieblich genutzt, so gehört der zum Gebäude gehörende Grund und Boden anteilig zum notwendigen Betriebsvermögen (R 13 Abs. 7 EStR).

Die zur Anschaffung eines teils betrieblich, teils privat genutzten Hauses aufgenommene Schuld ist grundsätzlich in demselben Verhältnis aufzuteilen wie das Haus (BFH BStBl 1969 II, S. 233).

5.2.3 Behandlung von Pensionsrückstellungen

Früher **durften** Verpflichtungen eines Betriebes für die Altersversorgung seiner Mitarbeiter handelsrechtlich als Pensionsrückstellungen passiviert werden. Ab 01.01.1987 aber **müssen** Pensionsverpflichtungen gemäß § 249 Abs. 1 Satz 1 HGB als Rückstellungen in der Handelsbilanz ausgewiesen werden. Dies bezieht sich aber nur auf **unmittelbare Zusagen**, bei denen der Pensionsberechtigte seinen Rechtsanspruch am 01.01.1987, dem Tag des In-Kraft-Treten des Bilanzrichtlinien-Gesetzes, oder später erworben hat oder bei denen sich ein vor diesem Zeitpunkt erworbener Rechtsanspruch nach dem 31.12.1986 erhöht (Art. 28 EGHGB); man spricht in diesem Zusammenhang von Neuzusagen bzw. Neufällen.

Neben Altfällen für unmittelbare Zusagen unterliegen **sämtliche mittelbaren** Verpflichtungen aus einer Zusage für eine laufende Pension oder eine Anwartschaft auf eine Pension sowie für eine ähnliche unmittelbare oder eine ähnliche mittelbare Verpflichtung einem handelsrechtlichen Passivierungswahlrecht.

Während unmittelbare Pensionsverpflichtungen vom Betrieb selbst gegenüber den Mitarbeitern eingegangen werden, liegen mittelbare Pensionsverpflichtungen vor, wenn die Verpflichtung Pensions- und Unterstützungskassen oder ähnlichen selbstständigen Rechtsträgern obliegt.

Kapitalgesellschaften müssen allerdings auch die in der Bilanz nicht ausgewiesenen Rückstellungen für »Altfälle« von laufenden Pensionen, Anwartschaften auf

Pensionen und ähnlichen Verpflichtungen jeweils im Anhang in einem Betrag angeben (Art. 28 EGHGB).

Die unterschiedliche Behandlung von Alt- und Neuzusagen sowie von mittelbaren und unmittelbaren Zusagen gilt auch für das **Steuerrecht** (vgl. BMF-Schreiben vom 13. 03. 1987, BStBl 1987 I, S. 365).

Aufgabe 4.01 *(Vollständigkeitsgebot) S. 364*

5.3 Bilanzierungszeitpunkt

Der Zeitpunkt der Bilanzierung ergibt sich aus den Prinzipien, die der Bilanzierung zugrunde liegen, insbesondere dem Realisationsprinzip sowie dem aus dem Vorsichtsgrundsatz abgeleiteten Imparitätsprinzip (§ 252 Abs. 1 Nr. 4 HGB).

Zahlungsvorgänge sind grundsätzlich im Zeitpunkt des Geldzu- oder -abflusses zu berücksichtigen.

Bei **Veräußerungen** ist nicht der rechtliche Eigentumsübergang, sondern die wirtschaftliche Verfügbarkeit für die Bilanzierung maßgebend.

Grundstücke werden beim Käufer vom Tag der Auflassung an bilanziert, also mit Abschluss des notariellen Kaufvertrages, sofern am Bilanzstichtag keine Hindernisse bekannt sind, die der Eintragung entgegenstehen.

Bewegliche Sachen werden ab Gefahrübergang (Wareneingang, Übergabe an den Frachtführer nach § 447 BGB, Aushändigung von Konossementen, Lagerscheinen u. Ä.) beim Käufer bilanziert.

Forderungen aus Lieferungen sind im Realisationszeitpunkt bilanziell zu erfassen, d. h., wenn ein Anspruch auf rechtliche Durchsetzbarkeit entsteht. Das ist der Zeitpunkt, zu dem der Vermögensgegenstand ausgeliefert und die Gefahr des zufälligen Untergangs auf den Käufer übergegangen ist. In der Praxis werden Forderungen in der Regel bei Rechnungserteilung gebucht. Fallen die Zeitpunkte von Lieferung und Rechnungserteilung auseinander, ist am Bilanzstichtag aber eine Korrektur, d. h. exakte Erfassung von Forderungen nötig.

Forderungen aus Leistungen auf Grund eines Dienst- oder Werkvertrags sind zu dem Zeitpunkt zu erfassen, zu dem die Leistung erbracht und der Anspruch auf Gegenleistung entstanden ist.

Schwebende Geschäfte, d. h. Geschäfte, die zwar abgeschlossen, aber noch nicht ausgeführt sind (beiderseitig unerfüllte Schuldverhältnisse), finden so lange keinen bilanziellen Niederschlag, als von einer Gleichwertigkeit von Leistung und Gegenleistung ausgegangen werden kann. Jeder Vertragsteil nimmt an, dass er durch das schwebende Geschäft einen Gewinn, zumindest aber keinen Verlust erzielt. Das Realisationsprinzip verhindert einen vorzeitigen Gewinnausweis. Sind dagegen Verluste zu erwarten, muss handelsrechtlich bereits zum Zeitpunkt der Erkennbarkeit eine Rückstellung für drohende Verluste aus schwebenden Geschäften angesetzt werden (§§ 252 Abs. 1 Nr. 4, 249 Abs. 1 HGB). Steuerlich ist die Drohverlustrückstellung untersagt (§ 5 Abs. 4a EStG).

5.4 Bilanzierungsverbote

Die generelle Bilanzierungspflicht für bilanzierungsfähige Vermögensgegenstände und Schulden wird begrenzt durch gesetzliche Regelungen über Bilanzierungsverbote. Diese

– stellen einerseits in konkreten Einzelfällen klar, dass bestimmte wirtschaftliche Tatbestände wegen fehlender Qualifizierung als Vermögensgegenstand oder Schuld nicht bilanzierungsfähig sind,
– andererseits schränken sie den Kreis der grundsätzlich bilanzierungsfähigen Vermögensgegenstände und Schulden (Bilanzierungsobjekte) ein.

Selbstverständlich ist mit der Beschränkung des Bilanzinhalts auf Vermögensgegenstände und Schulden, Rechnungsabgrenzungsposten und Eigenkapitalposten im Umkehrschluss zu folgern, dass alles, was sich begrifflich nicht unter diese Größen subsumieren lässt, von vornherein mit einem »Bilanzierungsverbot« belegt ist.
Gesetzliche Bilanzierungsverbote bestehen für

– Aufwendungen für die Gründung und Eigenkapitalbeschaffung (§ 248 Abs. 1 HGB),
– nicht entgeltlich erworbene immaterielle Vermögensgegenstände des Anlagevermögens (§ 248 Abs. 2 HGB),
– Aufwendungen für den Abschluss von Versicherungsverträgen (§ 248 Abs. 3 HGB),
– andere als in § 249 Abs. 1 und 2 HGB genannte Rückstellungsarten (§ 249 Abs. 3 HGB).

Auf ein explizites, klarstellendes Aktivierungsverbot für den **originären Firmenwert** wurde im Rahmen der Regelung des § 248 Abs. 2 HGB verzichtet, da diesem ohnehin die Vermögenseigenschaft fehlt.

Über den **Maßgeblichkeitsgrundsatz** binden die handelsrechtlichen Bilanzierungsverbote auch die steuerliche Gewinnermittlung nach § 5 EStG.

Aufgabe 4.02 *(Gründungsaufwendungen)* S. 364

Aufgabe 4.03 *(Immaterielle Anlagewerte)* S. 364

5.5 Bilanzierungswahlrechte und Bilanzierungshilfen

Auch sie stellen eine Durchbrechung des Vollständigkeitsgebotes für alle bilanzierungsfähigen Vermögensgegenstände und Schulden dar (vgl. Abb. 4.9). Die Entscheidung über den Bilanzansatz liegt bei Bilanzierungswahlrechten ebenso wie bei Bilanzierungshilfen (im Gegensatz zu Bilanzierungsverboten) beim Bilanzierenden.

Einen Sonderfall der Bilanzierungswahlrechte stellen die **Bilanzierungshilfen** dar. Früher wurden sie präziser »Aktivierungshilfen« genannt, da sie nur auf der Aktivseite der Bilanz vorkommen.

Im Gegensatz zu den Bilanzierungswahlrechten im eigentlichen Sinne, die echte Vermögensgegenstände oder Schulden darstellen, sind Bilanzierungshilfen keine Vermögensgegenstände, sondern nur auf Grund spezialgesetzlicher Regelung bilanzierungsfähig.

Da den Bilanzierungshilfen auf Grund der fehlenden Eigenschaft als Vermögensgegenstand der Charakter als Haftungspotenzial fehlt, ist ihre Zahl begrenzt, müssen sie gesondert ausgewiesen oder im Anhang erläutert werden und besteht in ihrer Höhe eine **Ausschüttungssperre**. Wird eine Bilanzierungshilfe ausgewiesen, so dürfen Gewinne nur ausgeschüttet werden, wenn die nach der Ausschüttung verbleibenden jederzeit auflösbaren Gewinnrücklagen zuzüglich eines Gewinnvortrags und abzüglich eines Verlustvortrags dem angesetzten Betrag mindestens entsprechen.

Bei den Bilanzierungshilfen handelt es sich um

- die Aufwendungen für die Ingangsetzung und Erweiterung des Geschäftsbetriebs (§ 269 HGB),
- den aktiven Steuerabgrenzungsposten wegen künftiger Steuerentlastung (latente Steuern, § 274 Abs. 2 HGB),
- die Aufwendungen für die Währungsumstellung auf den Euro (Art. 44 EGHGB).

Weitere Bilanzierungshilfen bestehen nicht und dürfen auch vom Bilanzierenden nicht gebildet werden.

Eine Sonderstellung nimmt der **derivative Firmenwert** ein, für den handelsrechtlich ein Ansatzwahlrecht, steuerlich eine Ansatzpflicht besteht. Zwar besteht für ihn keine Ausschüttungssperre, doch ist seine Abschreibung genau geregelt. Er gilt handelsrechtlich als Bilanzierungshilfe, steuerlich wird er als Wirtschaftsgut bezeichnet.

Nach der **Rechtsprechung des BFH** entsprechen handelsrechtlichen Aktivierungswahlrechten steuerliche Aktivierungspflichten und handelsrechtlichen Passivierungswahlrechten steuerliche Passivierungsverbote. Von dieser Regel bestehen folgende **Ausnahmen**:

- Für Bilanzierungshilfen, für die handelsrechtlich ein Ansatzwahlrecht besteht, besteht steuerlich ein Aktivierungsverbot. Die latenten Steuerabgrenzungsposten haben im Steuerrecht zudem keine Entsprechung (vgl. S. 262 ff.).

Aktivierungswahlrechte	Passivierungswahlrechte
– Als Aufwand berücksichtigte Zölle und Verbrauchsteuern, soweit sie auf am Abschlussstichtag auszuweisende Vermögensgegenstände des Vorratsvermögens entfallen (§ 250 Abs. 1 Nr. 1 HGB) – als Aufwand berücksichtigte Umsatzsteuer auf am Abschlussstichtag auszuweisende oder von den Vorräten offen abgesetzte Anzahlungen (§ 250 Abs. 1 Nr. 2 HGB) – Disagio (Rückzahlungsbetrag einer Verbindlichkeit ist höher als Ausgabebetrag, § 250 Abs. 3 HGB) – derivativer (entgeltlich erworbener) Geschäfts- oder Firmenwert (§ 255 Abs. 4 HGB) – Aufwendungen für Ingangsetzung und Erweiterung des Geschäftsbetriebs (Bilanzierungshilfe, § 269 HGB) – Aufwendungen für die Währungsumstellung auf den Euro (Bilanzierungshilfe, Art. 44 EGHGB) – Rechnungsabgrenzungsposten für latente Steuern (Bilanzierungshilfe, § 274 Abs. 2 HGB)	– Sonderposten mit Rücklageanteil (§§ 247 Abs. 3, 273 HGB) – Rückstellungen für unterlassene Aufwendungen für Instandhaltung, die im folgenden Geschäftsjahr nach Ablauf der ersten drei Monate nachgeholt wird (§ 249 Abs.1 HGB) – Aufwandsrückstellungen (§ 249 Abs. 2 HGB) – Pensionsrückstellungen für Altzusagen (Verpflichtung vor dem 01. 01. 1987 eingegangen, Art. 28 EGHGB) – Wertaufholungsrücklagen bei Kapitalgesellschaften (§ 58 Abs. 2a AktG, § 29 Abs. 4 GmbHG)

Abb. 4.9: Handelsrechtliche Bilanzierungswahlrechte

- Für Pensionsrückstellungen besteht nach § 6a EStG formal nur ein Passivierungwahlrecht, doch gebietet das Maßgeblichkeitsprinzip eine der Handelsbilanz entsprechende Vorgehensweise in der Steuerbilanz. Nach § 249 Abs. 1 Satz 1 HGB besteht handelsrechtlich eine Passivierungspflicht.
- Ferner gilt für die meisten steuerfreien Rücklagen bzw. Sonderposten mit Rücklageanteil ein handels- und steuerrechtliches Passivierungwahlrecht. Wiederum gebietet das Maßgeblichkeitsprinzip eine einheitliche Vorgehensweise in Handels- und Steuerbilanz (es sei denn, die jeweilige steuerliche Vorschrift verlangt ausdrücklich keine handelsrechtliche Entsprechung).

5.6 Verrechnungsverbot

Das Verrechnungsverbot wird aus dem Gebot der Klarheit und Übersichtlichkeit und dem Vollständigkeitsgrundsatz abgeleitet. Obwohl der Jahresabschluss als stichtagsbezogene Verdichtung der Kontenstände eine Zusammenfassung verschiedener Konten zu Bilanzpositionen verlangt, ist nach § 246 Abs. 2 HGB eine Zusammenfassung von Soll- mit Haben- bzw. Aufwands- mit Ertragssalden grundsätzlich nicht zulässig.

Hiervon gibt es folgende Ausnahmen:
- Forderungen und Verbindlichkeiten, die sich aufrechenbar gegenüberstehen (also gleichartig sind), den gleichen Geschäftspartner betreffen und zur gleichen Zeit fällig sind,
- Kontokorrentkonten,
- aktive und passive latente Steuerabgrenzungen (§ 274 HGB),
- positive und negative Bestandsveränderungen an fertigen und unfertigen Erzeugnissen in der GuV- Rechnung (Pos. 2 nach Gesamtkostenverfahren, § 275 Abs. 2 HGB),
- Zusammenfassung bestimmter GuV-Posten zum Posten »Rohergebnis« (nur für kleine und mittelgroße Kapitalgesellschaften, § 276 HGB),
- Saldierung von Steuererstattungen mit entsprechenden Steueraufwendungen in der GuV-Rechnung,
- Abzug der Erlösschmälerungen von den Umsatzerlösen (§ 277 Abs. 1 HGB).

Kontrollfragen
1. *Wie sind die Begriffe Vermögensgegenstand, Schulden und Wirtschaftsgut definiert?*
2. *Was kann der Sonderposten mit Rücklageanteil beinhalten?*
3. *Welche Rechnungsabgrenzungsposten sind zulässig?*
4. *Welche Zurechnungskriterien für Bilanzierungsobjekte zum Betriebsvermögen kennen Sie? Nennen Sie Fälle, in denen das Zurechnungskriterium vom bürgerlich-rechtlichen Eigentum abweicht.*
5. *Welche Unterscheidung kennt das Steuerrecht in Bezug auf die Abgrenzung zwischen Betriebs- und Privatvermögen?*
6. *Nennen Sie Beispiele für gesetzliche Bilanzierungsverbote.*
7. *Was versteht man unter Bilanzierungshilfen? Nennen Sie Beispiele.*
8. *Was unterscheidet Bilanzierungshilfen von anderen Bilanzierungswahlrechten?*

Aufgabe 4.04 *(Verrechnungsverbot) S. 364*

6 Gliederung der Bilanz

6.1 Gliederung in Abhängigkeit von Rechtsform und Unternehmensgröße

Nach HGB ist die Gliederung einer Bilanz von der Rechtsform und der Unternehmensgröße (vgl. S. 123 ff.) abhängig.

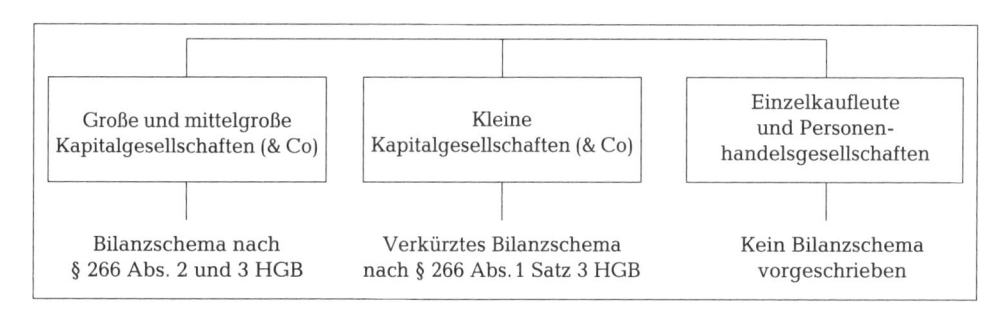

```
┌─────────────────────────────────────────────────────────────────────────┐
│                                                                         │
│  ┌──────────────────┐   ┌──────────────────┐   ┌──────────────────┐     │
│  │ Große und        │   │                  │   │ Einzelkaufleute  │     │
│  │ mittelgroße      │   │ Kleine           │   │ und Personen-    │     │
│  │ Kapitalgesell-   │   │ Kapitalgesell-   │   │ handelsgesell-   │     │
│  │ schaften (& Co)  │   │ schaften (& Co)  │   │ schaften         │     │
│  └──────────────────┘   └──────────────────┘   └──────────────────┘     │
│                                                                         │
│  Bilanzschema nach      Verkürztes Bilanzschema   Kein Bilanzschema     │
│  § 266 Abs. 2 und 3 HGB nach § 266 Abs. 1 Satz 3 HGB vorgeschrieben     │
└─────────────────────────────────────────────────────────────────────────┘
```

Abb. 4.10: Bilanzgliederung

Auf Grund des Geschäftszweigs müssen z. B. Banken, Bausparkassen, Versicherungs- und Verkehrsunternehmen abweichende Regelungen (§ 330 HGB) beachten. Sie haben an Stelle des Bilanzschemas nach § 266 HGB die durch Rechtsverordnung erlassenen Formblätter anzuwenden (§ 330 HGB).

Kapitalgesellschaften haben die Bilanz in **Kontoform** aufzustellen (§ 266 Abs. 1 HGB). Für Personenunternehmen ist die Form nicht vorgeschrieben. Doch hat sich bei ihnen die Kontoform allgemein durchgesetzt.

6.1.1 Bilanzgliederung für große und mittelgroße Kapitalgesellschaften

Das Bilanzschema nach § 266 Abs. 2 HGB für große und mittelgroße Kapitalgesellschaften (& Co, § 264c Abs. 2 HGB) unter Einbeziehung der Vorschriften von § 268 Abs. 4 und 5 HGB über die Restlaufzeit von Forderungen und Verbindlichkeiten ist in der Abbildung 4.11 dargestellt.

Wird in der Praxis diese oder jene Position des Gliederungsschemas nicht benötigt, dann bleibt die Ziffer nicht frei, sondern wird für die nächste Position vergeben (es sei denn, die Ziffer war im Vorjahr besetzt). Unzutreffende Bezeichnungen sind abzuändern. Hat z. B. ein Unternehmen kein Konto bei der Bundesbank, nur ein Guthaben bei der Postbank und keinen Bestand an Schecks, so lautet Position B. IV nur »Kassenbestand, Guthaben bei Kreditinstituten«.

Nach vorstehendem Schema ist unter Umständen auch um »Ausstehende Einlagen auf das gezeichnete Kapital«, »Aufwendungen für die Ingangsetzung und Erweiterung des Geschäftsbetriebs«, »Sonderposten mit Rücklageanteil« sowie »Rückstellungen ...« bzw. »Rechnungsabgrenzungsposten für latente Steuern« zu ergänzen. **Leasinggegenstände**, die dem Leasinggeber zuzurechnen und in seiner Bilanz (meist als Anlagevermögen) auszuweisen sind, müssen als solche erkennbar sein. Dies erfordert i. d. R. einen gesonderten Ausweis über die gesetzliche Gliederung hinaus, z. B. in einer

Aktiva	Passiva

A. *Anlagevermögen*
 I. Immaterielle Vermögensgegenstände
    1. Konzessionen, gewerbliche Schutzrechte und ähnliche Rechte und Werte sowie Lizenzen an solchen Rechten und Werten
    2. Geschäfts- oder Firmenwert
    3. geleistete Anzahlungen
 II. Sachanlagen
    1. Grundstücke, grundstücksgleiche Rechte und Bauten einschließlich der Bauten auf fremden Grundstücken
    2. technische Anlagen und Maschinen
    3. andere Anlagen, Betriebs- und Geschäftsausstattung
    4. geleistete Anzahlungen und Anlagen im Bau
 III. Finanzanlagen
    1. Anteile an verbundenen Unternehmen
    2. Ausleihungen an verbundene Unternehmen
    3. Beteiligungen
    4. Ausleihungen an Unternehmen, mit denen ein Beteiligungsverhältnis besteht
    5. Wertpapiere des Anlagevermögens
    6. sonstige Ausleihungen
 	
 B. *Umlaufvermögen*
 I. Vorräte
    1. Roh-, Hilfs- und Betriebsstoffe
    2. unfertige Erzeugnisse, unfertige Leistungen
    3. fertige Erzeugnisse und Waren
    4. geleistete Anzahlungen
 II. Forderungen und sonstige Vermögensgegenstände
    1. Forderungen aus Lieferungen und Leistungen
       – davon mit einer Restlaufzeit von mehr als einem Jahr
    2. Forderungen gegen verbundene Unternehmen
       – davon mit einer Restlaufzeit von mehr als einem Jahr
    3. Forderungen gegen Unternehmen, mit denen ein Beteiligungsverhältnis besteht
       – davon mit einer Restlaufzeit von mehr als einem Jahr
    4. sonstige Vermögensgegenstände
 III. Wertpapiere
    1. Anteile an verbundenen Unternehmen
    2. eigene Anteile
    3. sonstige Wertpapiere
 IV. Kassenbestand, Bundesbankguthaben, Guthaben bei Kreditinstituten und Schecks
 	
 C. *Rechnungsabgrenzungsposten*
	A. *Eigenkapital*
	 I. Gezeichnetes Kapital
	    (bzw. Kapitalanteile bei & Co)
	 II. Kapitalrücklage[1]
	 III. Gewinnrücklagen[1]
	    1. gesetzliche Rücklage
	    2. Rücklage für eigene Anteile
	    3. satzungsmäßige Rücklagen
	    4. andere Gewinnrücklagen
	 IV. Gewinnvortrag/Verlustvortrag
	 V. Jahresüberschuss/Jahresfehlbetrag
	
	 B. *Rückstellungen*
	    1. Rückstellungen für Pensionen und ähnliche Verpflichtungen
	    2. Steuerrückstellungen
	    3. sonstige Rückstellungen
	
	 C. *Verbindlichkeiten*
	    1. Anleihen
	       – davon konvertibel
	       – davon mit einer Restlaufzeit bis zu einem Jahr
	    2. Verbindlichkeiten gegenüber Kreditinstituten
	       – davon mit einer Restlaufzeit bis zu einem Jahr
	    3. erhaltene Anzahlungen auf Bestellungen (soweit nicht bei den Vorräten offen abgesetzt)
	    4. Verbindlichkeiten aus Lieferungen und Leistungen
	       – davon mit einer Restlaufzeit bis zu einem Jahr
	    5. Verbindlichkeiten aus der Annahme gezogener und der Ausstellung eigener Wechsel
	       – davon mit einer Restlaufzeit bis zu einem Jahr
	    6. Verbindlichkeiten gegenüber verbundenen Unternehmen
	       – davon mit einer Restlaufzeit bis zu einem Jahr
	    7. Verbindlichkeiten gegenüber Unternehmen, mit denen ein Beteiligungsverhältnis besteht
	       – davon mit einer Restlaufzeit bis zu einem Jahr
	    8. sonstige Verbindlichkeiten
	       – davon aus Steuern
	       – davon im Rahmen der sozialen Sicherheit
	       – davon mit einer Restlaufzeit bis zu einem Jahr
	
	 D. *Rechnungsabgrenzungsposten*

Abb. 4.11: Bilanzgliederung für große und mittelgroße Kapitalgesellschaften (& Co)

---

[1] Bei Kapitalgesellschaften & Co werden Kapital- und Gewinnrücklagen zusammengefasst unter der Bezeichnung »Rücklagen« (§264c Abs. 2 HGB) ausgewiesen.

besonderen Gruppe mit römischer Gliederungsziffer und Untergliederung nach Anlagearten in Bilanz oder Anhang.[1]

Mittelgroßen Kapitalgesellschaften sind bestimmte Erleichterungen hinsichtlich der Bilanzgliederung erst im Rahmen der **Offenlegung** gestattet (§ 327 HGB), nicht schon bei der Aufstellung.

6.1.2 Bilanzgliederung für kleine Kapitalgesellschaften

Kleine Kapitalgesellschaften können bereits bei Aufstellung des Jahresabschlusses bestimmte Bilanzpositionen zusammenfassen und eine verkürzte Bilanz aufstellen (§ 266 Abs. 1 Satz 3 HGB). Sie haben lediglich die mit Buchstaben und römischen Ziffern bezeichneten Posten gesondert und in der vorgeschriebenen Reihenfolge zu übernehmen.

Auch dieses Schema ist gegebenenfalls um die in der Bilanzgliederung für große und mittelgroße Kapitalgesellschaften nicht aufgeführten Positionen zu ergänzen.

Aktiva	Passiva
A. *Anlagevermögen* I. Immaterielle Vermögensgegenstände II. Sachanlagen III. Finanzanlagen B. *Umlaufvermögen* I. Vorräte II. Forderungen und sonstige Vermögensgegenstände – davon Forderungen mit einer Restlaufzeit von mehr als einem Jahr III. Wertpapiere IV. Kassenbestand, Bundesbankguthaben, Guthaben bei Kreditinstituten und Schecks C. *Rechnungsabgrenzungsposten*	A. *Eigenkapital* I. Gezeichnetes Kapital (bzw. Kapitalanteile bei & Co) II. Kapitalrücklage[2] III. Gewinnrücklagen[2] IV. Gewinn-/Verlustvortrag V. Jahresüberschuss/Jahresfehlbetrag B. *Rückstellungen* C. *Verbindlichkeiten* – davon mit einer Restlaufzeit bis zu einem Jahr D. *Rechnungsabgrenzungsposten*

Abb. 4.12: Verkürzte Bilanz kleiner Kapitalgesellschaften (& Co)

6.1.3 Bilanzgliederung für Einzelkaufleute und Personenhandelsgesellschaften

Das HGB verlangt in § 247 Abs. 1 bei Nicht-Kapitalgesellschaften lediglich die hinreichende Aufgliederung von bestimmten, gesondert auszuweisenden Aktiv- und Passivposten der Bilanz. Für Einzelkaufleute und Personenhandelsgesellschaften sind deshalb für die Gliederung der Bilanz die Grundsätze ordnungsmäßiger Buchführung maßgebend; Maßstab für die hinreichende Aufgliederung ist der in § 243 Abs. 2 HGB

---

1 Vgl. Stellungnahme HFA 1/1989: Zur Bilanzierung beim Leasinggeber, in: IDW-Fachgutachten/Stellungnahmen (Loseblattwerk), Düsseldorf, S. 185 ff.
2 Bei Kapitalgesellschaften & Co zusammengefasst unter der Bezeichnung »Rücklagen« (§ 264c Abs. 2 HGB).

niedergelegte **Grundsatz der Klarheit und Übersichtlichkeit**. In diesem Rahmen ist die Entscheidung über die Gliederung der Bilanz dem Kaufmann vorbehalten.

Im Regelfall wird eine Anlehnung an die größenabhängigen Gliederungsvorschriften des HGB für Kapitalgesellschaften eine Grundlage für die Bestimmung der notwendigen Gliederungstiefe darstellen. Vgl. hierzu das unten dargestellte Bilanzschema (unbesetzte Positionen sollten natürlich weggelassen werden).

Das vorgeschlagene Bilanzschema ist vor allem an den Bedürfnissen der Personengesellschaften ausgerichtet. In der **Bilanz des Einzelkaufmanns** entfallen die Positionen »Forderungen an Gesellschafter« und »Verbindlichkeiten gegenüber Gesellschaftern«, da alle Konten, die den Einzelkaufmann betreffen, zu seinem Eigenkapital zählen, dessen Entwicklung in der Bilanz ausgewiesen ist.

Die **Bilanzgliederung von Personengesellschaften** unterscheidet sich vor allem durch haftungsrechtliche Bestimmungen und die notwendige Abgrenzung zwischen Gesellschafts- und Gesellschafterkapital von derjenigen der Kapitalgesellschaften.[1]

Aktiva	Passiva
A. *Anlagevermögen*	A. *Eigenkapital*
I. Immaterielle Vermögensgegenstände	1. Kapitaleinlagen unbeschränkt haftender Gesellschafter
II. Sachanlagen	2. Kapitaleinlagen der Kommanditisten
1. Grundstücke, grundstücksgleiche Rechte und Bauten	B. *Sonderposten mit Rücklageanteil*
2. Technische Anlagen und Maschinen	C. *Rückstellungen*
3. Andere Anlagen, Betriebs- und Geschäftsausstattung	1. Rückstellungen für Pensionen und ähnliche Verpflichtungen
4. Geleistete Anzahlungen und Anlagen im Bau	2. Rückstellungen für Steuern
III. Finanzanlagen	3. Sonstige Rückstellungen
1. Beteiligungen	D. *Verbindlichkeiten*
2. Wertpapiere, Ausleihungen und sonstige Finanzanlagen	1. Verbindlichkeiten gegenüber Kreditinstituten
B. *Umlaufvermögen*	2. Verbindlichkeiten aus Lieferungen und Leistungen
I. Vorräte	3. Erhaltene Anzahlungen
1. Roh-, Hilfs- und Betriebsstoffe	4. Verbindlichkeiten aus der Annahme gezogener und der Ausstellung eigener Wechsel
2. Unfertige Erzeugnisse	5. Verbindlichkeiten gegenüber Gesellschaftern
3. Fertige Erzeugnisse und Waren	6. Sonstige Verbindlichkeiten
4. Geleistete Anzahlungen	E. *Rechnungsabgrenzungsposten*
II. Forderungen und sonstige Vermögensgegenstände	
1. Forderungen aus Lieferungen und Leistungen	
2. Forderungen an Gesellschafter	
3. Sonstige Forderungen	
III. Wertpapiere	
IV. Flüssige Mittel	
1. Kassenbestand und Schecks	
2. Bundesbankguthaben	
3. Guthaben bei Kreditinstituten	
C. *Rechnungsabgrenzungsposten*	

Abb. 4.13: Bilanz von Nicht-Kapitalgesellschaften

---

1 Vgl. hierzu ausführlich IDW RS HFA 7: Stellungnahme zur Rechnungslegung bei Personengesellschaften, in: IDW Prüfungsstandards (IDW PS), IDW Stellungnahmen zur Rechnungslegung (IDW RS), Loseblatt, Düsseldorf.

Abgrenzung von Eigen- und Fremdkapital: Verbindlichkeiten gegenüber Gesellschaftern sind als Fremdkapital auszuweisen. Sie können nur dann als Eigenkapital qualifiziert werden, wenn sie mit künftigen Verlusten zu verrechnen sind, nicht als Insolvenzforderung geltend gemacht werden können oder bei Liquidation erst nach Befriedigung aller Gesellschaftsgläubiger mit dem sonstigen Eigenkapital auszugleichen sind (IDW RS HFA 7 Rz 14).

Ausweis der Kapitalanteile: Im Gegensatz zur Position »Gezeichnetes Kapital« von Kapitalgesellschaften sind die Kapitalanteile der Gesellschafter von Personengesellschaften variabel. Die Höhe der Komplementäranteile ändert sich gemäß § 120 Abs. 2 HGB durch Gewinn und Verlust, Einlagen und Entnahmen. Der einem Kommanditisten zukommende Gewinn wird seinem Kapitalanteil so lange gutgeschrieben, bis dieser den Betrag der bedungenen Einlage erreicht. Anteilige Verluste werden vom Kapitalanteil abgeschrieben (§ 167 Abs. 2, 3 HGB).

Aus Gründen der **Haftung** ist beim Ausweis in der Bilanz zwischen Kapitalanteilen der Komplementäre und der Kommanditisten zu trennen. Kapitalanteile der gleichen Gruppe können zusammengefasst werden; dabei ist auch eine Saldierung positiver und negativer Teile zulässig, allerdings nicht bei Personenhandelsgesellschaften i. S. d. § 264a HGB. Diese dürfen wegen § 264c Abs. 2 HGB nur einzelne Aktiv- und einzelne Passivposten zusammenfassen (IDW RS HFA 7 Rz 32, 33).

Entnahmen zulasten des Kapitalanteils eines Gesellschafters sind von diesem abzuschreiben. Übersteigen sie diesen Kapitalanteil, sind sie auf der Aktivseite der Bilanz als durch Entnahmen entstandenes negatives Kapital der Komplementäre bzw. Kommanditisten getrennt auszuweisen (IDW RS HFA 7 Rz 41).

Ausweis ausstehender Einlagen: Ausstehende Pflichteinlagen von Gesellschaftern sind auf der Aktivseite der Bilanz als solche auszuweisen oder auf der Passivseite offen von den Kapitalanteilen abzusetzen. Noch nicht eingeforderte Beträge sind kenntlich zu machen (IDW RS HFA 7 Rz 34).

Ausweis von Rücklagen: Werden auf Grund des Gesellschaftsvertrages oder durch Mehrheitsbeschluss Rücklagen gebildet, sind diese als Teil des Eigenkapitals gesondert auszuweisen. Eine Aufteilung in Kapitalrücklagen und Gewinnrücklagen ist nicht erforderlich. Gesellschafterkonten, die Fremdkapitalcharakter haben, dürfen nicht als Rücklagen ausgewiesen werden (IDW RS HFA 7 Rz 35).

Ausweis von Gewinnanteilen: Ohne abweichende gesellschaftsvertragliche Vereinbarung sind zum Abschlussstichtag die Gewinnanteile persönlich haftender Gesellschafter deren Kapitalanteilen zuzuschreiben. Zum Ausweis eines Jahresüberschusses kommt es in diesen Fällen nicht. Gleiches gilt bei Kommanditisten, soweit der Kapitalanteil den Betrag der bedungenen Einlage nicht erreicht. Darüber hinausgehende Gewinnanteile sind dem sog. Privatkonto des Kommanditisten, das Fremdkapitalcharakter hat, zuzuschreiben.

Fällt der Jahresüberschuss dagegen ganz oder teilweise in die Disposition der Gesellschafterversammlung, ist ein Jahresüberschuss oder (im Falle einer Rücklagenbildung oder bei Vorabausschüttungen) ein Bilanzgewinn auszuweisen (IDW RS HFA 7 Rz 36, 37).

Ausweis von Verlustanteilen: Verluste sind

- vorweg mit gesamthänderisch gebundenen Rücklagen zu verrechnen (sofern dem keine gesellschaftsvertraglichen Regelungen entgegenstehen, IDW RS HFA 7 Rz 40),
- danach von den Kapitalanteilen der Gesellschafter abzuschreiben (§§ 120 Abs. 2, 264c Abs. 2 Satz 3 und 6 HGB).

Verluste führen (abgesehen von abweichenden Vereinbarungen) nicht zu Forderungen der Gesellschaft gegen die Gesellschafter (IDW RS HFA 7 Rz 38).

Übersteigen Verluste die Kapitalanteile, so haben Personenhandelsgesellschaften i. S. d. § 264a HGB die Differenz als »nicht durch Vermögenseinlagen gedeckte Verlustanteile« am Schluss der Bilanz auf der Aktivseite getrennt für Komplementäre und Kommanditisten auszuweisen (§ 264c Abs. 2 Satz 3–6 HGB).

Ausweis von Forderungen und Verbindlichkeiten gegenüber Gesellschaftern: Forderungen an Gesellschafter und Verbindlichkeiten gegenüber Gesellschaftern sind, wenn wesentlich, aus Gründen der Bilanzklarheit getrennt von den übrigen Forderungen und Verbindlichkeiten der Gesellschaft auszuweisen oder durch Vermerk kenntlich zu machen (IDW RS HFA 7 Rz 44).

Ausweis der Vermögenseinlagen stiller Gesellschafter: Geleistete Vermögenseinlagen stiller Gesellschafter sind unter der Position »Sonstige Verbindlichkeiten« auszuweisen.

6.2 Gliederungsprinzipien

Für Bilanz und GuV-Rechnung von Kapitalgesellschaften legt § 265 HGB acht allgemeine Gliederungsgesichtspunkte fest, die vor allem der Vergleichbarkeit in zeitlicher und sachlicher Hinsicht dienen, aber auch der Übersichtlichkeit der Darstellung. Die Gliederungsgesichtspunkte sind für Personenunternehmen nicht verbindlich. Es handelt sich um:

1. **Darstellungsstetigkeit:** Die Form der Darstellung, insbesondere die Gliederung der aufeinander folgenden Bilanzen und GuV-Rechnungen, ist beizubehalten, soweit nicht in Ausnahmefällen wegen besonderer Umstände Abweichungen notwendig sind, die jedoch im Anhang angegeben und begründet werden müssen.

   Der Grundsatz der Darstellungsstetigkeit, der sich auf den gesamten Jahresabschluss bezieht, hat vor allem für Ausweiswahlrechte Bedeutung. Wird etwa der Anlagenspiegel nach § 268 Abs. 2 HGB im Anhang dargestellt, so ist diese Zuordnung in den Folgejahren grundsätzlich beizubehalten.

2. **Vorjahresbezug:** Zu jedem Bilanz- sowie GuV-Posten ist der entsprechende Vorjahresbetrag auszuweisen. Sind die Beträge nicht vergleichbar oder wurde der Vorjahresbetrag erst vergleichbar gemacht, so muss dies im Anhang angegeben und erläutert werden.

   Diese Angabepflicht führt dazu, dass die Vorjahresbeträge Bestandteil des Jahresabschlusses sind.

   Die Pflicht zur Angabe von Vorjahreszahlen gilt auch
   - für Untergliederungen von Posten (auch in Form von Davon-Vermerken) sowie
   - für Angaben, die anstatt in der Bilanz oder in der GuV-Rechnung im Anhang gemacht werden.[1]

3. **Mitzugehörigkeit zu anderen Posten:** Fällt ein Vermögensgegenstand oder eine Schuld unter mehrere Bilanzposten, so muss die Mitzugehörigkeit zu anderen Posten bei demjenigen, unter dem der Ausweis erfolgt ist, vermerkt oder aber im Anhang angegeben werden, wenn die Aufstellung eines klaren und übersichtlichen Jahresabschlusses dies erfordert.

---

1 Stellungnahme HFA 5/1988: Vergleichszahlen im Jahresabschluss und im Konzernabschluss sowie ihre Prüfung, in: IDW-Fachgutachten/Stellungnahmen (Loseblattwerk), Düsseldorf, S. 179 f.

Die Bilanz, die für Kapitalgesellschaften und daher branchenübergreifend eine relativ tiefe Gliederung aufweist, ist nicht an einem einheitlichen Ordnungsschema ausgerichtet. So findet man z. B.
- Bilanzposten, die Aussagen über bestimmte Darlehens- bzw. Finanzierungsformen machen (Anleihen, erhaltene Anzahlungen auf Bestellungen, Verbindlichkeiten aus Lieferungen und Leistungen, Wechselverbindlichkeiten) und
- Bilanzposten, die bestimmte Quellen der Finanzierung offen legen (Verbindlichkeiten gegenüber Kreditinstituten, verbundenen Unternehmen und Unternehmen, mit denen ein Beteiligungsverhältnis besteht).

Deshalb sind Postenüberschneidungen unvermeidlich. Unter welcher Bezeichnung ein betreffender Vermögensgegenstand oder Schuldposten letztlich auszuweisen ist, hängt davon ab, wie am ehesten ein den tatsächlichen Verhältnissen entsprechendes Bild der Vermögens- und Finanzlage vermittelt wird (§ 264 Abs. 2 HGB). Als diesbezüglich vorrangig wird die Kenntlichmachung der finanziellen Verflechtung gegenüber verbundenen und solchen Unternehmen, mit denen ein Beteiligungsverhältnis besteht, eingestuft (ADS § 265 Tz 44).

Auf gleichmäßige Handhabung bei allen betroffenen Aktiv- und Passivposten (Ausleihungen, Forderungen und Verbindlichkeiten) ist zu achten. Beispiel für die Darstellung in der Bilanz:

Verbindlichkeiten gegenüber verbundenen Unternehmen		340 000 €
davon aus Lieferungen und Leistungen	280 000 €	

Für Bagatellfälle ist keine Vermerkpflicht gegeben, wie der ausdrückliche Hinweis auf den Materiality-Grundsatz (bzw. Grundsatz der Wesentlichkeit) in § 265 Abs. 3 HGB zeigt.

4. **Gliederung bei mehreren Geschäftszweigen:** Gehört das Unternehmen mehreren Geschäftszweigen an und bedingt dies die Gliederung des Jahresabschlusses nach verschiedenen Gliederungsvorschriften, so ist der Jahresabschluss nach der für einen Geschäftszweig vorgeschriebenen Gliederung aufzustellen und nach der für die anderen Geschäftszweige vorgeschriebenen Gliederung zu ergänzen. Die Ergänzung ist im Anhang anzugeben und zu begründen.

    Zu beachten ist, dass von den Gliederungsvorschriften des HGB abweichende Bestimmungen durch Rechtsverordnung erlassen sein müssen (§ 330 HGB), wie dies z. B. für Kreditinstitute der Fall ist.

5. **Weitere Untergliederung und neue Posten:** Eine weitere Untergliederung im Rahmen der vorgeschriebenen Gliederung ist zulässig; dabei ist jedoch die vorgeschriebene Gliederung zu beachten. Neue Posten dürfen hinzugefügt werden, wenn ihr Inhalt nicht von einem vorgeschriebenen Posten abgedeckt wird.

    Eine weitergehende Untergliederung, die durch Davon-Vermerke oder durch Postenaufteilung möglich ist (z. B. Aufteilung des Bilanzpostens »Fertige Erzeugnisse und Waren« in zwei Positionen), kann mit dem Gebot der Klarheit und Übersichtlichkeit (§ 243 Abs. 2 HGB) in Konflikt geraten. Sie ist deshalb nur zulässig, wenn dadurch die Aussagefähigkeit des Abschlusses verbessert wird (ADS § 265 Tz 59).

    Hinzufügungen resultieren hauptsächlich aus branchenspezifischen Besonderheiten, etwa die Nennung von Schiffen, Flugzeugen.

6. **Abweichende Gliederung und Bezeichnung der mit arabischen Ziffern versehenen Bilanz- und GuV-Posten:** Sie ist bei Besonderheiten der Kapitalgesellschaft zulässig, wenn dies die größere Klarheit und Übersichtlichkeit des Jahresabschlusses erfordert.

Die Gliederungsschemata enthalten Positionsbezeichnungen, die mehrere unterschiedliche Sachkomplexe zusammenfassen. Solche Postenbezeichnungen sind ihrem tatsächlichen Inhalt anzupassen. Hat ein Unternehmen etwa keine grundstücksgleichen Rechte und Bauten auf fremden Grundstücken, so lautet die Position Aktiva A.II.1 »Grundstücke und Bauten«. Die Beibehaltung der vollen im Gesetz vorgegebenen Bezeichnung wäre eine Irreführung. Eine solche Änderung der Bezeichnung gilt entsprechend auch für die Position Aktiva B.IV »Kassenbestand, Bundesbankguthaben, Guthaben bei Kreditinstituten, Schecks«, wenngleich sie nicht mit einer arabischen Ziffer versehen ist (vgl. ADS § 265 Tz 72 ff.). Dieser Posten kann auch nicht mit der Kurzbezeichnung »Flüssige Mittel« versehen werden, da nämlich nicht zu erkennen wäre, aus welchen Vermögensposten er sich im Einzelnen am Bilanzstichtag zusammensetzt.

Die GuV-Posten sind mit arabischen Ziffern, die Bilanzposten mit Buchstaben, römischen und arabischen Ziffern bezeichnet. Diese Bezeichnung bzw. Nummerierung, die einer besseren Übersicht dient, ist nicht fest mit der jeweiligen Abschlussposition verbunden, sondern ist der jeweiligen tatsächlichen Gliederung anzupassen. Sind z. B. keine immateriellen Vermögensgegenstände vorhanden, so braucht der Posten nicht aufgeführt zu werden, wenn auch im Vorjahr unter diesem Posten kein Betrag ausgewiesen wurde. Die Bilanz beginnt dann **nicht** mit »A. Anlagevermögen, II. Sachanlagen«, sondern die Sachanlagen erhalten die Ziffer I. Entsprechend ist bei Einfügung zusätzlicher Posten zu verfahren.

7. **Zusammenfassung mehrerer mit arabischen Ziffern versehener Posten der Bilanz und GuV-Rechnung:** Diese Zusammenfassung ist (wenn nicht besondere Formblätter vorgeschrieben sind) zulässig, wenn
   - unter diesem Posten ein Betrag enthalten ist, der für die Vermittlung eines den tatsächlichen Verhältnissen i. S. von § 264 Abs. 2 HGB entsprechenden Bildes nicht erheblich ist, oder
   - die Klarheit der Darstellung dadurch verbessert wird; in diesem Fall müssen die zusammengefassten Posten jedoch im Anhang gesondert ausgewiesen werden.

8. **Ausweis von Leerposten:** Ein Posten, der keinen Betrag ausweist, braucht nicht aufgeführt zu werden, es sei denn, im Vorjahr wurde unter diesem Posten ein Betrag ausgewiesen.

6.3 Die einzelnen Bilanzpositionen

Nachstehend soll die Zuordnung der Aktiv- und Passivposten der Bilanz zu den einzelnen Gliederungspositionen der Bilanz dargestellt werden, nicht die dabei zu beachtenden Bewertungsvorschriften.

6.3.1 Aktivseite der Bilanz

Den vorgeschriebenen Hauptgruppen der Aktivseite der Bilanz
- A. Anlagevermögen, B. Umlaufvermögen, C. Rechnungsabgrenzungsposten

lassen sich die
- ausstehenden Einlagen auf das gezeichnete Kapital und
- Aufwendungen für die Ingangsetzung und Erweiterung des Geschäftsbetriebs

nicht zuordnen. Wenn sie vorkommen, sind sie den genannten Positionen A bis C voranzustellen. Dadurch rücken die im Gliederungsschema angegebenen Posten A bis C auf die Posten C bis E.

Sonderposten: Ausstehende Einlagen auf das gezeichnete Kapital (vor A. Anlagevermögen)

Wenn das gesetzlich oder vertraglich festgelegte Kapital nicht voll eingezahlt wird (§ 272 Abs. 1 HGB), so wird es bei Kapitalgesellschaften (bei Kommanditgesellschaften hinsichtlich des Kommanditkapitals), sofern man den Bruttoausweis wählt, trotzdem in voller Höhe auf der Passivseite ausgewiesen. Der noch nicht eingezahlte Teil hat auf der Aktivseite als Forderung des Unternehmens an die Aktionäre (an Gesellschafter bei der GmbH oder an Kommanditisten bei der Kommanditgesellschaft) zu erscheinen. In der Vorspalte ist anzugeben, wie viel davon eingefordert ist. Diese Art des Ausweises bezeichnet man als Bruttoausweis.

Beispiel
für ein im Handelsregister eingetragenes Haftungskapital von 1 000 000 €, von dem 200 000 € noch ausstehen und davon 50 000 € bei Abschlusserstellung eingefordert wurden:

Aktiva		Passiva	
A. Ausstehende Einlagen auf das gezeichnete Kapital		A. Eigenkapital	
– davon eingefordert 50 000	200 000	I. Gezeichnetes Kapital	1 000 000
		II. Kapitalrücklage	
B. Anlagevermögen		III. Gewinnrücklagen	
.		IV. Gewinnvortrag	
.		V. Jahresüberschuss	
Saldo	800 000		
	1 000 000		1 000 000

Zum Nettoausweis, der dadurch gekennzeichnet ist, dass die nicht eingeforderten ausstehenden Einlagen vom Passivposten »Gezeichnetes Kapital« offen abgesetzt werden dürfen, vgl. unter Anfangsposition der Passivseite der Bilanz (S. 178).

Sonderposten: Aufwendungen für die Ingangsetzung und Erweiterung des Geschäftsbetriebs (vor A. Anlagevermögen)

Kapitalgesellschaften dürfen in ihrer Handelsbilanz die Aufwendungen für die Ingangsetzung und Erweiterung des Geschäftsbetriebs als Bilanzierungshilfe ansetzen. Dadurch soll ein möglicher Verlustausweis in der Anlauf- oder Erweiterungsphase verringert bzw. vermieden werden. Ingangsetzungsaufwendungen sind Kosten des Auf- und Ausbaus der Innen- und Außenorganisation des Unternehmens, also der Betriebs-, Verwaltungs- und Vertriebsorganisation, z. B. Aufwendungen für Personalbeschaffung, Probelauf der Produktionsanlagen, Einführungswerbung (vgl. ADS § 269 Tz 12). Auch bei Betriebserweiterung und Betriebsverlegung dürfen derartige Aufwendungen aktiviert werden, soweit sie nicht sonst als immaterielle Wirtschaftsgüter, Sachanlagen oder Rechnungsabgrenzungsposten zu bilanzieren sind.

Bei Inanspruchnahme der Bilanzierungshilfe ist eine Gewinnausschüttungsbegrenzung in entsprechender Höhe zu beachten (§ 269 HGB).

Die Aufwendungen für die Ingangsetzung und Erweiterung des Geschäftsbetriebes erstrecken sich nicht auf

- Gründungsaufwendungen eines Unternehmens, d. h. auf Kosten der rechtlichen Entstehung (wie Eintragungskosten für das Handelsregister), sowie
- Aufwand für Eigenkapitalbeschaffung (wie Kosten der Aktienausgabe),

für die § 248 HGB ausdrücklich ein Bilanzierungsverbot ausspricht.

Für die Steuerbilanz wird die Aktivierung von Aufwendungen für die Ingangsetzung und Erweiterung des Geschäftsbetriebs nach wie vor abgelehnt. Die angefallenen Aufwendungen sind dort Betriebsausgaben des Entstehungsjahres.

Angaben im Anhang

Die Aufwendungen für die Ingangsetzung und Erweiterung des Geschäftsbetriebs sind von großen und mittelgroßen Kapitalgesellschaften im Anhang zu erläutern (§ 269 HGB, § 274a Nr. 1 HGB); darüber hinaus sind die Entwicklung dieses Postens darzustellen (Anlagenspiegel) und die Abschreibungen des Geschäftsjahres anzugeben (§ 268 Abs. 2 HGB).

Aufgabe 4.05 *(Ingangsetzungsaufwendungen, Gründungskosten) S. 364*

A. Anlagevermögen

Zum Anlagevermögen gehören nach § 247 Abs. 2 HGB nur Gegenstände, die bestimmt sind, dauernd dem Geschäftsbetrieb zu dienen. Unter »Gegenständen« i. S. von § 247 Abs. 2 HGB werden sowohl Sachanlagen als auch immaterielle Werte verstanden. Der Begriff »dauernd« ist nicht als absoluter Begriff zu verstehen, sonst müsste langfristig gebundenes Vorratsvermögen als Anlagevermögen behandelt werden. Für die Zugehörigkeit zum Anlage- oder Umlaufvermögen ist deshalb nicht die Dauer, sondern die vorgesehene Art des Dienens für den Betrieb entscheidend. Die Zweckbestimmung ergibt sich zum einen aus der Natur der Sache selbst, zum anderen hängt sie vom Willen des Unternehmers ab. Vermögensgegenstände, die aus **betrieblicher Sicht Gebrauchsgüter** darstellen, zählen nach steuerlicher Rechtsprechung zum Anlagevermögen. Vermögensgegenstände, die aus **betrieblicher Sicht Verbrauchsgüter** sind, gehören zum Umlaufvermögen. Ein Gebrauchsgut liegt schon bei der Absicht mehrmaliger Nutzung vor, während die Absicht einmaliger Nutzung (nämlich Veräußerung, Verbrauch) Umlaufvermögen begründet (vgl. BFH-Urteil, BStBl 1972 II S. 744). Für den Ausweis entscheidend sind die Verhältnisse am Bilanzstichtag

Angaben im Anhang

- In der Bilanz oder im Anhang ist die Entwicklung der einzelnen Posten des Anlagevermögens darzustellen **(Anlagenspiegel)**. Dabei sind, ausgehend von den gesamten Anschaffungs- und Herstellungskosten, die Zugänge, Abgänge, Umbuchungen und Zuschreibungen des Geschäftsjahres sowie die Abschreibungen in ihrer gesamten Höhe gesondert aufzuführen (§ 268 Abs. 2 Satz 1 und 2 HGB). Die Abschreibungen des Geschäftsjahres sind entweder in der Bilanz bei dem betreffenden Posten zu vermerken oder im Anhang in einer der Gliederung des Anlagevermögens entsprechenden Aufgliederung anzugeben (§ 268 Abs. 2 Satz 3 HGB).

Von der Aufstellung des Anlagenspiegels sind kleine Kapitalgesellschaften befreit (§ 274a Nr. 1 HGB).
- Im Anhang ist der Betrag der im Geschäftsjahr allein nach steuerrechtlichen Vorschriften vorgenommenen Abschreibungen, getrennt nach Anlage- und Umlaufvermögen, anzugeben, soweit er sich nicht aus der Bilanz oder der GuV-Rechnung ergibt, und hinreichend zu begründen (§ 281 Abs. 2 HGB).

Aufgabe 4.06 *(Anlage- oder Umlaufvermögen)* S. 365

A.I Immaterielle Vermögensgegenstände

Immaterielle Vermögensgegenstände sind Vermögensteile einer Unternehmung, die

- unkörperlich bzw. nicht materiell-gegenständlich sind, sondern Rechte oder andere wirtschaftliche Werte darstellen,
- nicht zu den Finanzanlagen und nicht zu den Sachanlagen zählen.

Die Einzelpositionen ergeben sich aus der Bilanzgliederung für große Kapitalgesellschaften. Besonders ist zu beachten, dass grundstücksgleiche Rechte wie Erbbaurechte, Wassernutzungs- und Schürfrechte (obwohl immaterielle Vermögensgegenstände) nicht hier, sondern unter den Sachanlagen einzuordnen sind.

A.I.1 Konzessionen, gewerbliche Schutzrechte und ähnliche Rechte und Werte sowie Lizenzen an solchen Rechten und Werten

Konzessionen sind behördlich verliehene Rechte zum Betrieb eines Gewerbes, an das bestimmte persönliche und sachliche Voraussetzungen geknüpft sind (Nachweis von Fähigkeiten, bestimmte technische Einrichtungen u. a.), z. B. bei Gaststättengewerbe, Personenbeförderung, Güterfernverkehr.

Zu den **gewerblichen Schutzrechten** gehören Patente, Gebrauchsmuster, Geschmacksmuster, Warenzeichen (Handelsmarken), Urheber- und Verlagsrechte.

Ähnliche Rechte ergeben sich aus Ansprüchen gegenüber Dritten, z. B. Nießbrauch, Optionsrecht zum Erwerb von Aktien, Brenn- und Braurecht, Hotelbelegungsrecht, Wegerecht, Fischereirecht, Wettbewerbsverbote.

Hinweis
Software kann immaterielles oder materielles Wirtschaftsgut sein. **Systemsoftware**, die im Rechner fest integriert ist (Lieferung zusammen mit der Hardware ohne besondere Berechnung, sog. **Bundling**), ist unselbstständiger Teil der Hardware und folglich mit ihr zusammen ein materielles, abnutzbares bewegliches Wirtschaftsgut. **Anwendersoftware** (sowohl Individual- als auch Standardsoftware) ist als immaterielles Wirtschaftsgut zu behandeln, das i. d. R. eigenständig und abnutzbar ist. Aus Vereinfachungsgründen werden aber **Trivialprogramme** (und damit auch Standardsoftware) mit Anschaffungskosten von nicht mehr als 410 € gemäß R 31a Abs. 1 EStR als materielle, abnutzbare bewegliche Wirtschaftsgüter behandelt (= geringwertiges Wirtschaftsgut i. S. v. § 6 Abs. 2 EStG). **Computerprogramme ohne Befehlsstruktur**, die z. B. nur Datenbestände enthalten und nicht unter anderen gesetzlichen Gesichtspunkten als immaterielle Wirtschaftsgüter anzusehen sind, sind nach H 31a EStH ebenfalls materielle, abnutzbare bewegliche Wirtschaftsgüter.

Zu den **ähnlichen Werten** gehören Rezepte, Kundenkarteien, Know-how, ungeschützte Erfindungen.

Lizenzen sind Bewilligungen zur Ausnutzung von Patenten, Gebrauchsmustern, Verlagsund ähnlichen Rechten und Werten.

A.I.2 Geschäfts- oder Firmenwert

Als Geschäfts- oder Firmenwert wird nach § 255 Abs. 4 HGB die Wertdifferenz zwischen dem Gesamtwert einer Unternehmung und der Summe der Einzelwerte der Vermögensgegenstände unter Abzug der Schulden verstanden. Es handelt sich dabei um einen **ideellen**, fiktiven **Wert**: den guten Ruf, den Kundenkreis, den Kredit, die erfahrene Belegschaft. Dieser Wert darf nur aktiviert werden, wenn er entgeltlich erworben wurde (derivativer Geschäfts- oder Firmenwert).

Angaben im Anhang

Es gibt zwei Abschreibungsmöglichkeiten, entweder in jedem dem Kauf folgenden Geschäftsjahr zu mindestens einem Viertel oder planmäßig (§ 255 Abs. 4 HGB). Im Falle der planmäßigen Abschreibung des Geschäfts- oder Firmenwerts (z. B. innerhalb eines Zeitraums von 15 Jahren, wie es steuerlich nach § 7 Abs. 1 EStG vorgesehen ist) sind nach § 285 Nr. 13 HGB die Gründe hierfür anzugeben.

A.I.3 Geleistete Anzahlungen

Anzahlungen betreffen Geschäfte, für die eine Abrechnung noch nicht vorliegt. In der Position A.I.3 sind nur solche Anzahlungen zu erfassen, die zum Erwerb immaterieller Vermögensgegenstände bereits geleistet wurden.

Aufgabe 4.07 *(Immaterielle Vermögensgegenstände) S. 365*

A.II Sachanlagen

Den Sachanlagen werden in erster Linie körperliche Gegenstände zugerechnet, die dauernd einem Unternehmen zu dienen bestimmt sind. Als Ausnahme von der Körperlichkeit werden grundstücksgleiche Rechte dem Sachanlagevermögen zugerechnet, wie die Bilanzposition »Grundstücke, grundstücksgleiche Rechte und Bauten einschließlich der Bauten auf fremden Grundstücken« aussagt.

A.II.1 Grundstücke, grundstücksgleiche Rechte und Bauten einschließlich der Bauten auf fremden Grundstücken

Hier handelt es sich um einen Sammelposten, der zumindest im Kontenplan oder für interne Aufstellungen weiter aufgesplittet werden sollte. Die Abgrenzung zu den Bilanzposten

- »Technische Anlagen und Maschinen« sowie
- »Andere Anlagen, Betriebs- und Geschäftsausstattung«

ist zum Teil schwierig. Abgrenzungsprobleme ergeben sich vor allem bei so genannten **Sachgesamtheiten**, die sich aus mehreren Einzelposten (z. B. Grundstück mit Fabrikgebäude einschließlich verschiedener technischer Vorrichtungen wie Förderband, Lastenaufzug) mit unterschiedlich langer Nutzungsdauer zusammensetzen.

Die bilanzrechtliche Zuordnung folgt deshalb in der Regel nicht der bürgerlich-rechtlichen. Denn zu den wesentlichen Bestandteilen der bürgerlich-rechtlichen Einheit »Grundstück« gehören nach § 94 BGB alle fest mit dem Grund und Boden verbundenen Sachen, also auch fest verankerte maschinelle Anlagen u. Ä.

Für die bilanzrechtliche Zuordnung gelten die in der Abbildung 4.14 dargestellten Leitlinien aus der Steuerrechtsprechung und -gesetzgebung.

Besonders problematisch kann die Zuordnung bei Gebäudeteilen sein. Als Abgrenzungskriterium kommt der **Grundsatz der Bewertungseinheit** zur Anwendung. Er besagt:

Verschiedene Teile (Aggregate), die nach wirtschaftlicher Betrachtungsweise eine Einheit bilden, d. h. in einem einheitlichen Nutzungs- und Funktionszusammenhang stehen, sind bilanzrechtlich als ein Vermögensgegenstand zu behandeln (vgl. BFH-Beschluss, BStBl 1974 II, S. 135).

Die Aufgliederung in selbstständige und unselbstständige Gebäudeteile ergibt sich aus der Abbildung 4.15.

Grundstücke im Sinne des BGB sind durch Vermessung gebildete abgegrenzte Teile der Erdoberfläche, die im Bestandsverzeichnis des betreffenden Grundbuchblatts gesondert aufgeführt sind. In der handels- und steuerrechtlichen Rechnungslegung können mehrere Grundstücke als eine wirtschaftliche Einheit ausgewiesen sein.

Zu **grundstücksgleichen Rechten** zählen solche Rechte, die bürgerlich-rechtlich wie Grundstücke zu behandeln sind (eigenes Grundbuchblatt), nämlich

- **Erbbaurecht** (veräußerliches und vererbliches Recht, auf oder unter der Oberfläche des Grundstücks ein Bauwerk zu haben, § 1 ErbbauVO),
- **Abbaurecht**, insbesondere Bergwerkseigentum (ausschließliches Recht, in einem bestimmten Feld die in der Bewilligung bezeichneten Bodenschätze aufzusuchen und zu gewinnen, §§ 8, 9 Bundesberggesetz),
- **Wohnungseigentum** (Sondereigentum an einer Wohnung in Verbindung mit dem Miteigentumsanteil am Gebäude und dem Grund und Boden, § 1 Abs. 2 Wohnungseigentumsgesetz) sowie Teileigentum (Sondereigentum an nicht Wohnzwecken dienenden Räumen eines Gebäudes, z. B. Büro, § 1 Abs. 3 Wohnungseigentumsgesetz),
- **Dauerwohnrecht** (Belastung eines Grundstücks, die dazu berechtigt, unter Ausschluss des Eigentümers eine bestimmte Wohnung zu bewohnen oder in anderer Weise zu nutzen, § 31 Abs. 1 Wohnungseigentumsgesetz) sowie Dauernutzungsrecht (Nutzung von nicht Wohnzwecken dienenden Räumen unter Ausschluss des Eigentümers, § 31 Abs. 2 Wohnungseigentumsgesetz).

Zu den **Bauten (auf eigenen und fremden Grundstücken)** zählen Gebäude sowie Außenanlagen (vgl. zur Abgrenzung die Abbildungen 4.14 und 4.15).

A.II.2 Technische Anlagen und Maschinen

Zu den technischen Anlagen und Maschinen gehören alle Anlagegüter, die unmittelbar der Produktion dienen. Der handelsrechtlichen Bezeichnung »Technische Anlagen und Maschinen« entspricht im Steuerrecht der Begriff »Betriebsvorrichtungen«. Vgl. daher Abgrenzung und Beispiele in den Abbildungen 4.14 und 4.15.

Nach ADS § 266 Tz 50 sind in der Gruppe der technischen Anlagen und Maschinen auch entsprechende Spezialreserveteile und die Erstausstattung an Ersatzteilen für Maschinen und technische Anlagen sowie typengebundene Werkzeuge auszuweisen.

Grundvermögen	Betriebsvorrichtungen	Gebäude	Außenanlagen
1. Zum Grundvermögen gehören der Grund und Boden, die Gebäude und die Außenanlagen (§§ 68 Abs. 1 Nr. 1 und 78 BewG). Dies gilt auch für Betriebsgrundstücke (§ 99 BewG). 2. Maschinen und sonstige Vorrichtungen aller Art, die zu einer Betriebsanlage gehören (Betriebsvorrichtungen), werden nicht in das Grundvermögen einbezogen. Dies gilt selbst dann, wenn sie nach bürgerlichem Recht wesentliche Bestandteile des Grund und Bodens oder der Gebäude sind (§ 68 Abs. 2 Satz 1 Nr. 2 BewG).	1. Zu den Betriebsvorrichtungen gehören nicht nur Maschinen und maschinenähnliche Vorrichtungen, sondern alle Vorrichtungen, mit denen ein Gewerbe unmittelbar betrieben wird. 2. Dies können auch selbstständige Bauwerke oder Teile von Bauwerken sein, die nach den Regeln der Baukunst geschaffen sind, z. B. Schornsteine, Öfen, Kanäle. 3. Für die Annahme einer Betriebsvorrichtung reicht es nicht aus, dass eine Anlage für die Ausübung eines Gewerbebetriebs nützlich, notwendig oder vorgeschrieben ist. 4. Gebäude sind keine Betriebsvorrichtungen. Nach § 68 Abs. 2 Satz 1 Nr. 2 BewG können nur einzelne Bestandteile und Zubehörstücke Betriebsvorrichtungen sein.	1. Ein Bauwerk ist als Gebäude anzusehen, wenn es – Menschen oder Sachen durch räumliche Umschließung Schutz gegen Witterungseinflüsse gewährt, – den Aufenthalt von Menschen gestattet, – fest mit dem Grund und Boden verbunden, – von einiger Beständigkeit und – ausreichend standfest ist. 2. Auch unter der Erdoberfläche befindliche Bauwerke, z. B. Tiefgaragen, unterirdische Betriebsräume, Lagerkeller, Gärkeller, können Gebäude sein. 3. Ohne Einfluss auf den Gebäudebegriff ist, ob das Bauwerk auf eigenem oder fremdem Grund und Boden steht.	1. Außenanlagen sind Bauten, die – der Benutzung des Grundstücks dienen, – keine Gebäude, – keine Betriebsvorrichtungen sind, – nicht in einer besonderen Beziehung zu einem auf dem Grundstück ausgeübten gewerblichen Betrieb stehen. 2. Hierzu zählen z. B. Einfriedungen, Bodenbefestigungen (Straßen, Wege, Plätze), Brücken und Uferbefestigungen zur Stützung des Erdreichs.

Quellen: – §§ 68, 78, 83, 99 BewG,
– Richtlinien zur Abgrenzung des Grundvermögens von den Betriebsvorrichtungen, BStBl 1992 I S. 342 ff.,
– BFH-Urteil, BStBl 1984 II, S. 262.

Abb. 4.14: Leitlinien für die Abgrenzung des Grundvermögens und der Betriebsvorrichtungen

	Beispiele	**Folge der Klassifizierung**	**Einordnung in Handelsbilanz**
I. Unselbstständige Gebäudeteile (R 13 Abs. 5 EStR) stehen in einem einheitlichen Nutzungs- und Funktionszusammenhang mit dem Gebäude. Das gilt auch bei räumlicher Trennung vom Gebäude.	Normale Installation von Heizung, Wasser, Gas, Strom u. Ä., Personenaufzüge, Rolltreppen eines Kaufhauses, Feuerlöschanlage einer Fabrik oder eines Warenhauses, Bäder und Duschen eines Hotels, Sprinkleranlage einer Fabrik.	Sind einheitlich mit dem Gebäude abzuschreiben	Bauten
II. Selbstständige Gebäudeteile (R 13 Abs. 3, 4 EStR) dienen **besonderen** Zwecken, stehen in einem von der eigentlichen Gebäudenutzung **verschiedenen** Nutzungs- und Funktionszusammenhang.			
1. Betriebsvorrichtungen	– Einzelfundamente für Maschinen, – Vorrichtungen für Bedienung und Wartung von Maschinen (z. B. Arbeits-, Bedienungs-, Beschickungsbühnen, Galerien), – Lastenaufzüge, Verladeeinrichtungen, Förderbänder – speziell betrieblichen Zwecken dienende Beleuchtungsanlagen (z. B. für Schaufenster), Klimaanlagen (z. B. in Tabakfabriken), Be- und Entwässerungsanlagen (z. B. in Autowaschhallen), – besondere Schutz- und Sicherungsvorrichtungen, – Verkaufsautomaten, moderne Schaukästen, – spezielle Bodenbefestigungen (z. B. bei Tankstellen, Teststrecken) – Gleisanlagen, Kaimauern.	Sind als selbstständige Wirtschaftsgüter gesondert vom Gebäude abzuschreiben (R 42 Abs. 3 EStR).	Technische Anlagen und Maschinen
2. Scheinbestandteile (Einbauten für vorübergehende Zwecke, § 95 BGB, R 42 Abs. 4 EStR)	– Einbauten, die auch nach ihrem Ausbau einen beachtlichen Wiederverwendungswert haben, – für eigene Zwecke vorübergehend eingefügte Anlagen, – vom Vermieter/Verpächter zur Erfüllung besonderer	Sind als selbstständige Wirtschaftsgüter gesondert vom Gebäude abzuschreiben	Andere Anlagen, Betriebs- und Geschäftsausstattung

Abb. 4.15: Aufgliederung der Gebäudeteile in selbstständige und unselbstständige

	Beispiele	Folge der Klassifizierung	Einordnung in Handelsbilanz
	Bedürfnisse des Mieters/ Pächters eingefügte Anlagen, deren Nutzungszeit nicht länger als die Laufzeit des Vertragsverhältnisses ist.	(R 42 Abs. 4 EStR).	
3. Modeabhängige Einbauten	Statisch unwesentliche Gebäudeteile (wie Trennwände, Fassaden, Passagen, nichttragende Wände) von – Ladeneinbauten, – Schaufensteranlagen, – Gaststätteneinbauten, – Schalterhallen von Kreditinstituten und – ähnlichen Einbauten, die einem schnellen Wandel des modischen Geschmacks unterliegen.	Sind als selbstständige Wirtschaftsgüter gesondert vom Gebäude abzuschreiben (R 13 Abs. 3, R 42 Abs. 6 EStR).	Andere Anlagen, Betriebs- und Geschäftsausstattung
4. Sonstige Mietereinbauten	Mieterein- oder -umbauten, durch die weder Scheinbstandteile noch Betriebsvorrichtungen entstehen, sind Aufwedungen für die Herstellung eines materiellen Wirtschaftsgutes des Anlagevermögens, wenn – der Mieter wirtschaftlicher Eigentümer ist oder – sie unmittelbar den besonderen Zwecken des Mieters dienen und mit dem Gebäude nicht in einem einheitlichen Nutzungs- und Funktionszusammenhang stehen.	Abschreibung erfolgt nach den für Gebäude geltenden Grundsätzen (H 44 »Mietereinbauten« EStH)	Sachanlage je nach Art des Einbaus
5. Sonstige selbstständige Gebäudeteile	Wird ein Gebäude – teils eigenbetrieblich, – teils fremdbetrieblich, – teils zu eigenen und – teils zu fremden Wohnzwecken genutzt, so ist jeder der vier unterschiedlich genutzten Gebäudeteile ein eigenes Wirtschaftsgut.	Sind als selbstständige Wirtschaftsgüter gesondert vom Gebäude abzuschreiben (R 13 Abs. 3, 4, R 42 Abs. 6 EStR).	Bauten

Quellen:
– R 13, 42 EStR,
– Richtlinien zur Abgrenzung des Grundvermögens von den Betriebsvorrichtungen, BStBI 1992 I, S. 342 ff.,
– Schreiben über ertragsteuerliche Behandlung von Mietereinbauten, BStBI 1976 I, S. 66 f.,
– BFH-Urteil, BStBI 1978 II, S. 345.

Abb. 4.15: Aufgliederung der Gebäudeteile in selbstständige und unselbstständige (Fortsetzung)

Entsprechend der geplanten Verwendung gehören nur Maschinenwerkzeuge hierher, alle anderen Werkzeuge dagegen zu Position A.II.3 »Andere Anlagen, Betriebs- und Geschäftsausstattung«. Liegt die Verwendung noch nicht genau fest, ist der Ausweis unter Vorräten erlaubt. Auch Formen und Modelle erfahren Einordnung unter Position A.II.2 oder A.II.3, je nach Art ihrer Nutzung. Zum Vorratsvermögen gehören sie, wenn sie an den Besteller veräußert werden.

Aufgabe 4.08 *(Bilanzierung von Mieteinbauten) S. 365*

A.II.3 Andere Anlagen, Betriebs- und Geschäftsausstattung
Zur Position »Andere Anlagen, Betriebs- und Geschäftsausstattung« zählen:
- Betriebsausstattung, wie Lager-, Werkstatt-, Kantinen-, Laboreinrichtung, Werkzeuge, die nicht zu den Maschinenwerkzeugen gehören (vgl. A.II.2), Zeichnungen, Muster, Einrichtungen des Feuer- und des Werkschutzes, Mess- und Wiegeeinrichtungen, Einrichtung der Sanitätsräume, Transportbehälter, Fuhrpark, Vorführwagen im Kfz-Handel u. a. Zur Betriebsausstattung gehören auch der Bestand an Leihemballagen sowie Computeranlagen zur Steuerung und Überwachung der Produktion.
- Geschäftsausstattung, wie Büro-, Ausstellungs-, Messestand-, Ladeneinrichtungen, Büromaschinen, EDV-Anlagen für Verwaltung und Vertrieb, Sprechanlagen, Telefonanlagen, Mieterein- und -umbauten (vgl. dazu Abbildung 4.15), dauerhaft verwendbares Werbematerial wie Vorführfilme, Videokassetten u. Ä.

Unter **anderen Anlagen** werden nicht unmittelbar der Produktion dienende Anlagen geführt wie allgemeine Transportanlagen u. Ä. Diese Position ist Sammelposten für alle Sachanlagen, die keinem anderen Posten des Sachanlagevermögens zugeordnet werden können.

Unter »Andere Anlagen, Betriebs- und Geschäftsausstattung« fallen auch **geringwertige Wirtschaftsgüter (GWG)**,
- deren Anschaffungs- oder Herstellungskosten **410 €** nicht übersteigen (wobei die Grenze von 410 € als Nettowert anzusehen ist, also abzüglich eines darin enthaltenen Vorsteuerbetrags, vgl. R 86 Abs. 2 EStR) und
- die einer selbstständigen Nutzung fähig sind (§ 6 Abs. 2 EStG).

Sie können im Jahr des Zugangs sofort in voller Höhe als Betriebsausgabe abgesetzt werden, vgl. S. 236.

A.II.4 Geleistete Anzahlungen und Anlagen im Bau
Geleistete Anzahlungen sind Vorleistungen auf schwebende Geschäfte und dienen der erfolgsneutralen Erfassung dieser Geschäfte (ADS § 266 Tz 59). Unter A.II.4 sind nur geleistete Anzahlungen auf Sachanlagen auszuweisen. Langfristige Mietvorauszahlungen und verlorene Baukostenzuschüsse gehören nicht hierher, sondern unter Rechnungsabgrenzung.

Anlagen im Bau – gleichgültig, um welche Art von Sachanlagen es sich dabei handelt – werden mit ihren bisher angefallenen Anschaffungs- und Herstellungskosten für Eigen- wie Fremdleistungen bis zur endgültigen Fertigstellung bilanziert und dann den einzelnen Sachanlagepositionen zugewiesen, wobei sich durchaus herausstellen kann, dass Einzelposten den Anlagenbereich nicht betreffen. So ist z. B. Umbuchung von Restmaterialien in das Vorratsvermögen notwendig.

Aufgabe 4.09 *(Sachanlagen) S. 366*

A.III Finanzanlagen
Finanzanlagen repräsentieren – im Unterschied zu den immateriellen Vermögensgegenständen und Sachanlagen – langfristig außerhalb des Unternehmens eingesetztes Kapital, z. B. Kapitaleinlagen in Kapital- oder Personengesellschaften.

A.III.1 Anteile an verbundenen Unternehmen
Anteile sind die Grundlage der Mitgliedschaft bzw. der Kapitalbeteiligung an einem Unternehmen. Aus ihnen erwachsen Vermögensrechte (z. B. Gewinnanspruch), Mitsprache- und Informationsrechte.

Ob Unternehmen im Sinne des Bilanzrechts (abweichend vom Konzernrecht, vgl. § 15 AktG!) als »verbundene Unternehmen« zu bezeichnen sind, wird durch das Bestehen eines Mutter-Tochter-Verhältnisses im Sinne des § 290 HGB bestimmt (§ 271 Abs. 2 HGB). Ein solches Mutter-Tochter-Verhältnis zwischen Unternehmen ist anzunehmen, wenn

- eine »einheitliche Leitung« oder
- bestimmte Rechtspositionen (z. B. Mehrheit der Stimmrechte)

vorliegen. Auch die jeweiligen Tochterunternehmen untereinander sind verbundene Unternehmen.

Aus der Definition der verbundenen Unternehmen gemäß § 271 Abs. 2 HGB kann der Eindruck entstehen, als ob das Merkmal Verbundenheit an die Konzernrechnungslegungspflicht geknüpft wäre. Dies ist nicht der Fall (vgl. ADS § 271 Tz 47). Des weiteren war auch die Frage strittig, ob verbundene Unternehmen vorliegen, wenn zwar die Tochterunternehmen Kapitalgesellschaften sind, das Mutterunternehmen aber eine Personengesellschaft ist. ADS § 271 Tz 71, 72 sehen hier sowohl die Tochterunternehmen als auch die Personengesellschaft als verbundene Unternehmen an.

Werden Anteile an verbundenen Unternehmen nur in Kursgewinnabsicht erworben, gehören sie zum Umlaufvermögen (»Wertpapiere«).

Aus der Höhe der Anteile wird sich häufig ergeben, dass eine Beteiligung i. S. von § 271 Abs. 1 HGB vorliegt (Überschreiten eines Fünftels des Nennkapitals dieser Gesellschaft). In diesem Fall hat die Spezialvorschrift über den Ausweis von Anteilen an verbundenen Unternehmen den Vorrang vor dem Ausweis unter »Beteiligungen«.

Hält eine **Kapitalgesellschaft & Co** entsprechende Geschäftsanteile an der persönlich haftenden Komplementär-Kapitalgesellschaft, so sind diese in der Bilanz der Personengesellschaft (z. B. KG) hier mit auszuweisen. Gleichzeitig ist auf der Passivseite als Gegenposten ein »Ausgleichsposten für aktivierte eigene Anteile« einzustellen (§ 264c Abs. 4 HGB).

Angaben im Anhang
Über den Anteilsbesitz sind im Anhang oder in einer gesonderten Aufstellung (§ 287 HGB) die in § 285 Nr. 11 HGB verlangten Angaben zu machen (z. B. Name und Sitz der Unternehmung, Höhe des Anteils u. a.). Diese Angaben können wegen untergeordneter Bedeutung oder wegen erheblicher Nachteile unterbleiben (§ 286 Abs. 3 HGB).

A.III.2 Ausleihungen an verbundene Unternehmen
Ausleihungen sind ein Unterfall der Forderungen, nämlich auf Geld- und Finanzgeschäften basierende Finanzforderungen (im Gegensatz zu Waren- und Leistungsforderungen). Eine Mindestlaufzeit wird zwar vom Gesetzgeber nicht mehr gefordert,

doch muss eine gewisse Dauerhaftigkeit (vgl. § 247 Abs.2 HGB) gegeben sein. Zu den Ausleihungen zählen langfristige Darlehen, Hypothekenforderungen sowie durch Grund- und Rentenschulden gesicherte Forderungen. Forderungen aus Warenlieferungen und Leistungen sind keine Ausleihungen.

Die Position A.III.2 erfasst lediglich Ausleihungen, die sich an verbundene Unternehmen richten.

A.III.3 Beteiligungen

Hierher gehören Beteiligungen, die keine Anteile an verbundenen Unternehmen darstellen. § 271 Abs. 1 HGB definiert Beteiligungen als »Anteile an anderen Unternehmen, die bestimmt sind, dem eigenen Geschäftsbetrieb durch Herstellung einer dauernden Verbindung zu jenen Unternehmen zu dienen«. Verbriefung der Anteile in Wertpapieren ist nicht Voraussetzung einer Beteiligung. Im Zweifelsfall wird eine Beteiligung an einer Kapitalgesellschaft vermutet, wenn der Nennwert der Anteile mehr als 20 % des Nennkapitals dieser Kapitalgesellschaft beträgt. Beteiligungen können vorliegen in Form von Aktienbesitz, von GmbH-Anteilen, in Form von Gesellschaftsrechten an einer OHG oder KG. Auch eine so genannte atypische stille Gesellschaft, die steuerlich als Mitunternehmerschaft eingestuft wird (Beteiligung an stillen Reserven, Einfluss auf die Geschäftsführung), kann als Beteiligung zu werten sein (ADS § 271 Tz 7).

Die Mitgliedschaft an einer eingetragenen Genossenschaft gilt nicht als Beteiligung im Sinne des Bilanzrechts.

Hält eine **Kapitalgesellschaft & Co** entsprechende Geschäftsanteile an der persönlich haftenden Komplementär-Kapitalgesellschaft, so sind diese in der Bilanz der Personengesellschaft (z. B. KG) hier mit auszuweisen. Gleichzeitig ist auf der Passivseite als Gegenposten ein »Ausgleichsposten für aktivierte eigene Anteile« einzustellen (§ 264c Abs. 4 HGB).

Angaben im Anhang
Über den Anteilsbesitz sind im Anhang oder einer besonderen Aufstellung (§ 287 HGB) die nach § 285 Nr. 11 verlangten Angaben zu machen, es sei denn, die Angaben sind von untergeordneter Bedeutung oder von erheblichem Nachteil (§ 286 Abs. 3 HGB).

A.III.4 Ausleihungen an Unternehmen, mit denen ein Beteiligungsverhältnis besteht

Vgl. Ausführungen zu Pos. Aktiva A.III.2. Drei Kriterien müssen für den Ausweis erfüllt sein: Finanz- bzw. Kapitalforderung »von gewisser Dauer«, »gegenüber Unternehmen«, mit denen ein Beteiligungsverhältnis besteht. Ziel dieses Bilanzausweises ist die Verdeutlichung von Verflechtungen.

A.III.5 Wertpapiere des Anlagevermögens

Gehören Wertpapiere weder zu »Anteilen an verbundenen Unternehmen« noch zu »Beteiligungen«, so sind sie (bei beabsichtigtem Dauerbesitz) als »Wertpapiere des Anlagevermögens« auszuweisen. Dies können im Einzelnen sein:
– festverzinsliche Wertpapiere, wie öffentliche Bundesanleihen, Schatzanweisungen, Industrie- oder Bankobligationen, Zero-Bonds, Wandelschuldverschreibungen, Pfandbriefe,

- Wertpapiere mit Gewinnbeteiligungsansprüchen, wie Aktien, Gewinnschuldverschreibungen, Investmentanteile, Anteile an Immobilienfonds, entgeltlich erworbene Genussscheine.

Bundesschatzbriefe sind zwar keine Wertpapiere, dürfen aber als wertpapierähnliche Rechte in dieser Rubrik ausgewiesen werden. Wertpapiere, deren Verkäuflichkeit durch Gesetz oder Vertrag eingeschränkt ist, sind stets unter A.III.5 auszuweisen.

A.III.6 Sonstige Ausleihungen

»Sonstige Ausleihungen« stellen einen Sammelposten für solche dauerhaften Ausleihungen dar, die nicht an verbundene oder Beteiligungsunternehmen gegeben werden, wie Darlehen an Mitarbeiter (z. B. für Kraftfahrzeuge, Wohnungsum- und -ausbauten). Hierher gehören auch zum Anlagevermögen zählende Genossenschaftsanteile sowie GmbH-Anteile, die nicht zu den Beteiligungen zu rechnen sind. Wobei ADS 1987 (§ 266 Tz 92) vermerkt, dass für Genossenschaftsanteile ebenso wie für Rückdeckungsansprüche aus Lebensversicherungen in der Bilanz zusätzliche Posten geführt werden sollten, da der Begriff »Sonstige Ausleihungen« den Inhalt nicht deckt.

Angaben im Anhang
- Ausleihungen an Organmitglieder (Geschäftsführung, Aufsichtsrat, Beirat oder ähnliche Einrichtung) sind unter Angabe der Zinssätze und wesentlichen Bedingungen im Anhang anzugeben (§ 285 Nr. 9c HGB).
- Ausleihungen an Gesellschafter einer Kapitalgesellschaft & Co sind in der Bilanz gesondert auszuweisen oder im Anhang anzugeben (§ 264c Abs. 1 HGB).
- Ausleihungen an GmbH-Gesellschafter sind gesondert in der Bilanz auszuweisen oder im Anhang anzugeben (§ 42 Abs. 3 GmbHG).

Aufgabe 4.10 *(Finanzanlagen) S. 366*

B. Umlaufvermögen

Zum Umlaufvermögen gehört das nicht langfristig festgelegte Betriebsvermögen, das sich durch den Produktions- bzw. Warenverkaufsprozess ständig umschlägt. Dazu gehören Vorräte, Forderungen und sonstige Vermögensgegenstände, Wertpapiere und flüssige Mittel. Vgl. hinsichtlich Abgrenzung Anlage-/Umlaufvermögen Ausführung zu A. Anlagevermögen.

Angaben im Anhang
Im Anhang ist der Betrag der im Geschäftsjahr allein nach steuerrechtlichen Vorschriften vorgenommenen Abschreibungen, getrennt nach Anlage- und Umlaufvermögen, anzugeben, soweit er sich nicht aus der Bilanz oder der GuV-Rechnung ergibt, und hinreichend zu begründen (§ 281 Abs. 2 HGB).

B.I Vorräte

Die Vorräte gliedern sich in

1. Roh-, Hilfs- und Betriebsstoffe,
2. unfertige Erzeugnisse, unfertige Leistungen,
3. fertige Erzeugnisse und Waren,
4. geleistete Anzahlungen.

Erhaltene Anzahlungen auf Bestellungen sind, soweit Anzahlungen auf Vorräte nicht von dem Posten »Vorräte« offen abgesetzt werden, unter den Verbindlichkeiten gesondert auszuweisen (§ 268 Abs. 5 HGB).

B.I.1 Roh-, Hilfs- und Betriebsstoffe

Rohstoffe gehen als Hauptstoffe bzw. wesentliche Bestandteile **unmittelbar** in das zu produzierende Erzeugnis ein. Es kann sich um Grundstoffe (Erz, Rohöl), Zwischenprodukte (Stahl, Bleche, Stoffe) oder vorgefertigte Teile (Batterien, Autositze, Chips) handeln. Nach ADS § 266 Tz 103 gehören zu dieser Position auch im eigenen Unternehmen einzusetzende Reserve- und Ersatzteile, die nicht dem Anlagevermögen zuzuordnen sind.

Den Rohstoffen gleichzusetzen sind von Dritten erbrachte Fremdleistungen an vom eigenen Betrieb bereitgestellten, dem Dritten nicht berechneten Material, z.B. für Stanz- oder Schneidearbeiten, das Lackieren von Holz- oder Metallteilen u.Ä.

Hilfsstoffe sind Stoffe, die, ohne Rohstoffe zu sein, in die Erzeugnisse unmittelbar eingehen und Neben- oder Kleinmaterial darstellen (Farben, Lacke, Schrauben, Nieten). Hierzu gehört auch die so genannte Innenverpackung, die ein Produkt erst verkaufsfertig macht, wie Stanniol- oder Pergamentpapier für Butter, die Bonbonnierenschachtel für Pralinen, die Dose für Dosenbier, der Flakon und der Geschenkkarton für Parfüm.

Betriebsstoffe sind Stoffe, die zwar unmittelbar oder mittelbar der Fertigung dienen und dabei verbraucht werden, aber stofflich nicht in das Produkt eingehen, wie Reinigungs- und Schmiermittel, Brennstoffe, Treibstoffe, Gas bei der Glasbläserei, noch lagerndes Büromaterial, Werbematerial, Küchen- und Kantinenvorräte, Außenverpackung (die nicht als Bestandteil des fertigen Erzeugnisses anzusehen ist).

B.I.2 Unfertige Erzeugnisse, unfertige Leistungen

Unfertige Erzeugnisse sind alle Erzeugnisse, deren Produktionsgang noch nicht abgeschlossen ist und die deshalb noch nicht verkaufsfähig sind. Auch wenn bis zur Verkaufsfertigkeit noch eine Lagerung (z.B. bei Käse in der Käserei, bei Wein im Lager der Kellerei) nötig ist, handelt es sich um ein unfertiges Erzeugnis.

Unter »unfertigen Leistungen« werden am Abschlussstichtag noch nicht abgeschlossene Dienstleistungen verstanden. Sie kommen besonders im Baugewerbe vor.

B.I.3 Fertige Erzeugnisse und Waren

Diese Gruppe umfasst nur verkaufsfertige Produkte und Waren. Zu den Fertigerzeugnissen gehören auch zum Verkauf bestimmte Abfälle aus der Produktion. Unter Waren ist Handelsware zu verstehen, die ohne wesentliche Be- oder Verarbeitung weiterverkauft wird. Auch selbstständiges Zubehör für Erzeugnisse ist demnach Ware.

Bereits gekaufte, aber am Abschlussstichtag noch nicht eingegangene Ware ist nur dann vom Abnehmer zu bilanzieren, wenn die Gefahr des zufälligen Untergangs zu diesem Zeitpunkt bereits auf ihn übergegangen ist.

Bei den gelegentlich vorkommenden nicht abgerechneten fertigen Leistungen muss man unterscheiden, ob bereits eine Gewinnrealisierung angenommen werden kann oder nicht. Ist sie anzunehmen, weil die Leistung oder Lieferung erbracht und der Anspruch auf Gegenleistung entstanden ist (vgl. ADS § 252 Tz 82), so ist ein Ausweis unter den Forderungen aus Lieferungen und Leistungen geboten. Im anderen Fall ist, sofern nicht von untergeordneter Bedeutung, z.B. die Postenbezeichnung entsprechend anzupassen (ADS § 266 Tz 118 und 98a).

B.I.4 Geleistete Anzahlungen

Hier sind nur geleistete Anzahlungen auf Vorratsvermögen zu erfassen, also Vorleistungen auf Grund noch unerfüllter Lieferungs- und Leistungsverträge. Sie begründen eventuell einen Rückzahlungsanspruch.

Sonderposten: Erhaltene Anzahlungen auf Bestellungen

§ 268 Abs. 5 Satz 2 HGB erlaubt, die erhaltenen Anzahlungen auf Vorräte, statt in der dafür vorgesehenen Passivposition C.3 auszuweisen, sie offen von dem Posten »Vorräte« (d. h. von der Summe der Aktivposten B.1 bis 4) abzusetzen. Die Absetzung ist nicht zulässig, wenn

- dadurch ein unzutreffendes Bild der Finanzlage (§ 264 Abs. 2 HGB) vermittelt würde (z. B. bei vertragsgemäßer Verwahrung der Zahlungen auf Sonderkonten),
- dadurch ein Negativbetrag bei den Vorräten entstünde (vgl. ADS § 266 Tz 99).

Aufgabe 4.11 *(Vorräte) S. 366*

B.II Forderungen und sonstige Vermögensgegenstände

Diese Position ist in

1. Forderungen aus Lieferungen und Leistungen,
2. Forderungen gegen verbundene Unternehmen,
3. Forderungen gegen Unternehmen, mit denen ein Beteiligungsverhältnis besteht,
4. sonstige Vermögensgegenstände

unterteilt, wobei Forderungen auch in der letzten Position vorkommen. Zweifelhafte Forderungen (Dubiose) sind nicht gesondert darzustellen. Entsprechende Wertberichtigungen werden deshalb bei den jeweiligen Bilanzposten direkt abgesetzt.

Nach § 268 Abs. 4 HGB müssen Kapitalgesellschaften bei jedem gesondert ausgewiesenen Posten den Betrag derjenigen Forderungen vermerken, die eine Restlaufzeit von mehr als einem Jahr haben. Dabei ist an den Vermerk in der Bilanz selbst gedacht. Angabepflichtig hinsichtlich der Restlaufzeit sind nur die im Umlaufvermögen ausgewiesenen Forderungen (einschließlich in den »Sonstigen Vermögensgegenständen enthaltenen), nicht aber diejenigen, die zu den Finanzanlagen gehören. Bei kleinen Kapitalgesellschaften ist dieser Vermerk auf den von ihnen auszuweisenden Sammelposten »Forderungen und sonstige Vermögensgegenstände« beschränkt.

Angaben im Anhang

- Es kann der Klarheit und Übersichtlichkeit des Abschlusses durchaus dienlich sein, die Restlaufzeit statt in der Bilanz in einem im Anhang auszuweisenden Forderungsspiegel (vgl. Abbildung 4.16) anzugeben.[1]
- Forderungen an Gesellschafter einer Kapitalgesellschaft & Co sind in der Bilanz gesondert auszuweisen oder im Anhang anzugeben (§ 264c Abs. 1 HGB).
- Forderungen gegenüber GmbH-Gesellschaftern sind in der Regel als solche jeweils gesondert auszuweisen oder im Anhang anzugeben; werden sie unter anderen Posten ausgewiesen, so muss diese Eigenschaft vermerkt werden (§ 42 Abs. 3 GmbHG).

---

[1] Stellungnahme SABI 3/1986: Zur Darstellung der Finanzlage, in: IDW-Fachgutachten/Stellungnahmen (Loseblattwerk), Düsseldorf, S. 18.

	Gesamtbetrag		Davon Restlaufzeit von mehr als einem Jahr	
	im Abschluss-zeitpunkt	im Vorjahr	im Abschluss-zeitpunkt	im Vorjahr
II. Forderungen und sonstige Vermögensgegenstände				
1. aus Lieferungen und Leistungen				
2. gegen verbundene Unternehmen				
3. gegen Unternehmen, mit denen ein Beteiligungsverhältnis besteht				
4. sonstige Vermögensgegenstände				

Abb. 4.16: Forderungsspiegel

B.II.1 Forderungen aus Lieferungen und Leistungen

Forderungen aus Lieferungen und Leistungen beruhen auf der unternehmensseitigen Erfüllung von gegenseitigen Verträgen, z. B. Liefer-, Werk- und Dienstleistungsverträgen. Die Begleichung durch den Schuldner steht noch aus. Bereits gewährte Preisnachlässe sind abzusetzen.

Die Begriffe Lieferungen und Leistungen werden hier bei dieser Position meist eng ausgelegt und nur auf die gewöhnliche Geschäftätigkeit bzw. die Umsatzerlöse (§ 277 Abs. 1 HGB) bezogen. Forderungen z. B. aus Anlageabgängen zählen dann nicht hierher, sondern zu »Sonstigen Vermögensgegenständen«.

Für **Wechsel** gibt es auf der Aktivseite keine gesonderte Bilanzposition. Man unterscheidet

– **Handels- bzw. Warenwechsel**, denen ein Umsatzgeschäft über Waren zugrunde liegt, und
– **Finanzwechsel**, die nicht auf einem Warengeschäft basieren und nur zur Kreditbeschaffung ausgestellt werden.

Zwar zählen beide Arten als so genannte geborene Orderpapiere zu den Wertpapieren, dennoch sind nur die Finanzwechsel der Bilanzposition »Sonstige Wertpapiere« zuzuordnen. Bei Warenwechseln indessen ist zu beachten, dass die Wechselforderung abstrakt ist, d. h. losgelöst von der bestehenden Kaufpreisforderung, und diese daher nicht ersetzt. Die Kaufpreisforderung bleibt neben dem wechselrechtlichen Anspruch weiter bestehen und erlischt erst bei dessen Erfüllung. Aus diesem Grund sind die Warenwechsel unter »Forderungen aus Lieferungen und Leistungen« auszuweisen.

B.II.2 Forderungen gegen verbundene Unternehmen

Zu den Forderungen gegen verbundene Unternehmen gehören alle zum Umlaufvermögen gehörenden Forderungen gegenüber diesen Unternehmen, gleichgültig, ob aus Lieferungen und Leistungen stammend, aus kurzfristigen Darlehen, aus Gewinnausschüttungen oder anderem. Vgl. die Bestimmung über den Vermerk der Mitzugehörigkeit zu anderen Posten (§ 265 Abs. 3 HGB) und die Ausführung dazu (S. 154 f.).

B.II.3 Forderungen gegen Unternehmen, mit denen ein Beteiligungsverhältnis besteht

Hier gilt zur vorigen Position B.II.2 Entsprechendes.

Sonderposten: Eingeforderte, noch ausstehende Kapitaleinlagen

Im Falle des Nettoausweises des gezeichneten Kapitals (vgl. Ausführungen zu Pos. Passiva A) sind die eingeforderten, ausstehenden Einlagen unter den Forderungen gesondert auszuweisen und entsprechend zu bezeichnen (§ 272 Abs. 1 Satz 3 HGB).

Sonderposten: Einzahlungsverpflichtungen persönlich haftender Gesellschafter (bzw. Kommanditisten)

Soweit der auf den Kapitalanteil eines persönlich haftenden Gesellschafters (oder Kommanditisten) einer **Kapitalgesellschaft & Co** entfallende Verlust dessen Kapitalanteil übersteigt, ist er auf der Aktivseite unter der Bezeichnung »Einzahlungsverpflichtungen persönlich haftender Gesellschafter (bzw. Kommanditisten)« auszuweisen, wenn eine Zahlungsverpflichtung besteht (§ 264c Abs. 2 HGB). Zum Fall der fehlenden Zahlungsverpflichtung vgl. S. 176.

Sonderposten: Einzahlungsverpflichtung persönlich haftender KGaA-Gesellschafter

Soweit der auf den Kapitalanteil eines persönlich haftenden KGaA-Gesellschafters entfallende Verlust dessen Kapitalanteil übersteigt, ist er auf der Aktivseite unter der Bezeichnung »Einzahlungsverpflichtungen persönlich haftender Gesellschafter« unter den Forderungen gesondert auszuweisen, wenn eine Zahlungsverpflichtung besteht (§ 286 Abs. 2 AktG). Zum Fall der fehlenden Zahlungsverpflichtung vgl. S. 176.

Sonderposten: Eingeforderte Nachschüsse

Das Recht der GmbH zur Einziehung von Nachschüssen der Gesellschafter ist in der Bilanz insoweit zu aktivieren, als die Einziehung bereits beschlossen ist und den Gesellschaftern ein Recht, sich durch die Verweisung auf den Geschäftsanteil von der Zahlung der Nachschüsse zu befreien (Abandonrecht), nicht zusteht. Der nachzuschießende Betrag ist auf der Aktivseite unter den Forderungen gesondert unter der Bezeichnung »Eingeforderte Nachschüsse« auszuweisen, soweit mit der Zahlung gerechnet werden kann. Ein dem Aktivposten entsprechender Betrag auf der Passivseite ist in dem Posten »Kapitalrücklage« gesondert auszuweisen (§ 42 Abs. 2 GmbHG).

B.II.4 Sonstige Vermögensgegenstände

Der Posten »Sonstige Vermögensgegenstände« sammelt alle Vermögensgegenstände des Umlaufvermögens, die nicht gesondert ausgewiesen werden müssen bzw. sich nicht anderswo unterbringen lassen. Das sind kurzfristige Kredite, kurzfristige Darlehen an Arbeitnehmer, Lohn- und Gehalts-, Reisekosten-, Benzinkostenvorschüsse, Kautionen mit einer Restlaufzeit von bis zu einem Jahr, Gewinnauszahlungsansprüche von Gesellschaftern (soweit nicht gesondert auszuweisen), Ansprüche auf Steuererstattungen und Sozialversicherungsbeiträge, Schadenersatzansprüche, Forderungen auf Ausbildungsplatzzulage, umgeschlagener Kreditoren. ADS § 266 Tz 134 führt auch zur Weiterveräußerung vorgesehene Anlagegegenstände auf, die nicht mehr im eigenen Betrieb als Anlagen genutzt werden sollen.

Angaben im Anhang
Werden unter dem Posten »Sonstige Vermögensgegenstände« Beträge für Vermögensgegenstände ausgewiesen, die erst nach dem Abschlussstichtag rechtlich entstehen, so müssen Beträge, größeren Umfangs, von großen und mittelgroßen Kapitalgesellschaften im Anhang erläutert werden (§ 268 Abs. 4 Satz 2 HGB, § 274a Nr. 2 HGB). Damit sind die »antizipativen Abgrenzungsposten« gemeint, auch wenn der Gesetzeswortlaut diese Interpretation nicht zu decken scheint. Denn antizipative Abgrenzungsposten sind in der Regel am Abschlussstichtag wirtschaftlich und auch rechtlich entstanden. Art. 18 der 4. EG- Richtlinie ist eindeutig und spricht von Erträgen, die erst nach dem Abschlussstichtag **fällig** werden, z. B. erst im Folgejahr gutgeschriebene Boni (vgl. ADS § 268 Tz 106).

Aufgabe 4.12 *(Forderungen und sonstige Vermögensgegenstände) S. 367*

B.III Wertpapiere
Wertpapiere sind Urkunden, in denen ein privates Recht derart verbrieft ist, dass zur Ausübung des Rechts der Besitz der Urkunde erforderlich ist. Zu Wertpapieren des Umlaufvermögens gehören: Anteile an verbundenen Unternehmen, eigene Anteile und sonstige Wertpapiere. Die Zuordnung zum Umlaufvermögen ergibt sich ausschließlich aus dem vorgesehenen kurzfristigen Verbleib im Unternehmen.

B.III.1 Anteile an verbundenen Unternehmen
Hier sind nur solche Anteile an verbundenen Unternehmen auszuweisen, die nicht zu Pos. A.III.1 gehören.

B.III.2 Eigene Anteile
Eigene Anteile, deren Erwerb sowohl bei der AG als auch bei der GmbH nur mit Einschränkung zugelassen ist (§ 71 AktG und § 33 GmbHG), dürfen unabhängig von ihrer Zweckbestimmung nur unter den dafür vorgesehenen Posten im Umlaufvermögen ausgewiesen werden (§ 265 Abs. 3 Satz 2 HGB).

In Höhe der eigenen Anteile ist stets eine Rücklage für eigene Anteile zu bilden (§ 272 Abs. 4 HGB), um dadurch Mittel an das Unternehmen zu binden und die Haftungssubstanz zu erhalten (Ausschüttungssperre).

Angaben im Anhang
AGs haben gemäß § 160 Abs. 1 Nr. 2 AktG im Anhang anzugeben: Zahl und Nennbetrag eigener Aktien, ihren Anteil am Grundkapital, Zeitpunkt und Grund des Erwerbs. Sind solche Aktien im Geschäftsjahr erworben oder veräußert worden, so ist auch über den Erwerb oder die Veräußerung unter Angabe der Zahl und des Nennbetrags dieser Aktien, des Anteils am Grundkapital und des Erwerbs- oder Veräußerungspreises sowie über die Verwendung des Erlöses zu berichten.

B.III.3 Sonstige Wertpapiere
Der Posten umfasst alle bisher noch nicht aufgeführten Wertpapiere des Umlaufvermögens. Das sind insbesondere kurzfristige Liquiditätsreserven in Wertpapierform, wie Rentenpapiere, Aktien von nicht verbundenen Unternehmen, Obligationen, In-

vestmentzertifikate, Schatzwechsel von Bund, Ländern, Bundesbahn, Finanz- oder Finanzierungswechsel. Letztere sind Wechsel, die nur der Kreditbeschaffung dienen. Handels- oder Warenwechsel dagegen sind unter »Forderungen aus Lieferungen und Leistungen« auszuweisen. Abgetrennte Zins- und Dividendenscheine gehören entweder hierher oder unter »Sonstige Vermögensgegenstände« (ADS § 266 Tz 148 und 145).

Aufgabe 4.13 *(Wertpapiere) S. 367*

B.IV Kassenbestand, Bundesbankguthaben, Guthaben bei Kreditinstituten und Schecks

Sämtliche flüssigen Mittel des Unternehmens werden in einem einzigen Posten zusammengefasst. Wegen der zusammengefassten Darstellung ist die Abgrenzung von beispielsweise bei der Bank noch nicht erfolgter Scheckgutschrift nicht mehr wichtig, denn in der Gesamtsumme ist der Posten enthalten.

Schecks sind in besonderer Form erteilte schriftliche Zahlungsanweisungen. Zu den Schecks gehören Bar- und Verrechnungsschecks, auf Euro oder fremde Währungen lautend, Inhaber- oder Orderschecks, auch Travellerschecks u. a. Zu Protest gegangene Schecks sind nicht als Schecks, sondern als Forderungen auszuweisen.

Zum **Kassenbestand** gehören sämtliche Kassenbestände zum Abschlusszeitpunkt (Haupt-und Nebenkassen, über die in der Regel Kassenprotokolle erstellt und von den Verantwortlichen unterzeichnet werden). Es gehören dazu auch unverbrauchte Wertmarken der Frankiermaschine, unverbrauchte Briefmarkenbestände u. a. Quittungen über Vorschüsse und Ausleihungen gehören nicht zum Kassenbestand, sondern zu »Sonstige Vermögensgegenstände«.

Guthaben bei Kreditinstituten umfassen Guthaben bei in- oder ausländischen Banken. Zum Guthaben zählen sämtliche Gutschriften zum Bilanzstichtag auf laufenden sowie auf Geldanlagekonten. Auch auf längere Zeit angelegte Fest- und Spargelder sind hier auszuweisen, denn sie sind i. d. R. kurzfristig verfügbar. Falls Festgelder nicht gegen entsprechende Vorschusszinsen freigegeben werden oder zugunsten Dritter gesperrte Guthaben vorliegen, erfolgt der Ausweis unter »Sonstige Vermögensgegenstände«; Gleiches gilt für gesperrte Guthaben bei ausländischen Banken.

Wurden Zinsen zum Bilanzstichtag noch nicht gutgeschrieben, werden sie unter »Sonstige Vermögensgegenstände« bilanziert.

Bereitgestellte, nicht beanspruchte Kredite werden nicht bilanziert.

Aufgabe 4.14 *(Flüssige Mittel) S. 367*

C. Rechnungsabgrenzungsposten

Als Rechnungsabgrenzungsposten sind auf der Aktivseite Ausgaben vor dem Abschlussstichtag auszuweisen, soweit sie Aufwand für eine bestimmte Zeit nach diesem Tag darstellen (transitorische Posten, § 250 Abs. 1 HGB).

Beispiele
Vorauszahlungen für Zinsen, Mieten, Versicherungsprämien, Beiträge u. Ä. Diese Abgrenzung ist bereits ausführlich behandelt worden (Buchungsweise S. 38 ff., Ansatzfähigkeit S. 138 f.).

Zudem kann man – in Anlehnung an die Handhabung im Steuerrecht nach § 5 Abs. 4 EStG – nun auch

- als Aufwand berücksichtigte Zölle und Verbrauchsteuern, soweit sie auf am Abschlussstichtag auszuweisende Vermögensgegenstände des Vorratsvermögens entfallen, und
- als Aufwand berücksichtigte Umsatzsteuer auf am Abschlussstichtag auszuweisende oder von den Vorräten offen abgesetzte Anzahlungen

in den aktiven Rechnungsabgrenzungsposten einbeziehen (§ 250 Abs. 1 HGB).

Ein aktiver Posten der Rechnungsabgrenzung darf nach § 250 Abs. 3 HGB auch angesetzt werden, wenn der Rückzahlungsbetrag von Verbindlichkeiten höher als der Ausgabebetrag ist, soweit die Differenz als Disagio nicht schon entsprechend der verbrauchten Laufzeit abgeschrieben ist.

Angaben im Anhang
Ein nach § 250 Abs. 3 HGB in den aktiven Rechnungsabgrenzungsposten aufgenommener Unterschiedsbetrag ist von großen und mittelgroßen Kapitalgesellschaften in der Bilanz gesondert auszuweisen oder im Anhang anzugeben (§ 268 Abs. 6 HGB, § 274a Nr. 4 HGB).

Sonderposten: Aktive Steuerabgrenzung

Ist nach § 274 Abs. 2 HGB der dem Geschäftsjahr und früheren Geschäftsjahren zuzurechnende Steueraufwand zu hoch, weil der nach den steuerrechtlichen Vorschriften zu versteuernde Gewinn **höher** als das handelsrechtliche Ergebnis ist, und gleicht sich der zu hohe Steueraufwand des Geschäftsjahres und früherer Geschäftsjahre in späteren Geschäftsjahren voraussichtlich aus, so darf in Höhe der voraussichtlichen Steuerentlastung nachfolgender Geschäftsjahre ein Abgrenzungsposten als Bilanzierungshilfe auf der Aktivseite der Bilanz gebildet werden. Dieser Posten ist unter entsprechender Bezeichnung gesondert auszuweisen, vgl. die Ausführungen zu latenten Steuern auf S. 262 ff.

Eine aktive Steuerabgrenzung kann z. B. entstehen, wenn das handelsrechtliche Ergebnis früher als das steuerrechtliche durch Aufwendungen gemindert wird, z. B. weil Kapitalgesellschaften die handelsrechtlich großzügige Regelung über die Bildung von Aufwandrückstellungen nach § 249 Abs. 2 HGB in Anspruch nehmen (z. B. für Großreparaturen), die steuerrechtlich nicht anerkannt werden.

Angaben im Anhang
Die aktive Steuerabgrenzung ist im Anhang zu erläutern (§ 274 Abs. 2 Satz 2 HGB).

Sonderposten: Nicht durch Eigenkapital gedeckter Fehlbetrag

Ist das Eigenkapital durch Verluste aufgebraucht, sodass sich ein Überschuss der Passiv- über die Aktivposten ergibt, dann ist dieser Betrag am Schluss der Bilanz auf der Aktivseite unter der Bezeichnung »Nicht durch Eigenkapital gedeckter Fehlbetrag« anzugeben (§ 268 Abs. 3 HGB). Zu beachten ist, dass die so ausgewiesene buchmäßige Überschuldung nicht notwendigerweise eine Überschuldung im Sinne des Insolvenzrechts darstellen muss. Hierzu wären in einer Überschuldungsbilanz Aktiva und Passiva mit den jeweiligen Zeitwerten anzusetzen.

Sonderposten: Nicht durch Vermögenseinlagen gedeckter Verlustanteil persönlich haftender Gesellschafter (bzw. Kommanditisten)

Übersteigt der auf den Kapitalanteil eines persönlich haftenden Gesellschafters (oder Kommanditisten) einer **Kapitalgesellschaft & Co** entfallende Verlust dessen Kapitalanteil und besteht diesbezüglich keine Einzahlungsverpflichtung des Gesellschafters, so ist der Betrag auf der Aktivseite unter der Bezeichnung »Nicht durch Vermögenseinlagen gedeckter Verlustanteil persönlich haftender Gesellschafter (bzw. Kommanditisten)« auszuweisen (§ 264c Abs. 2 HGB).

Sonderposten: Nicht durch Vermögenseinlagen gedeckter Verlustanteil persönlich haftender Gesellschafter einer KGaA

Übersteigt der auf den Kapitalanteil eines persönlich haftenden Gesellschafters einer KGaA entfallende Verlust dessen Kapitalanteil und besteht diesbezüglich keine Einzahlungsverpflichtung des Gesellschafters, so ist der Betrag als »Nicht durch Vermögenseinlagen gedeckter Verlustanteil persönlich haftender Gesellschafter« zu bezeichnen und am Schluss der Bilanz auf der Aktivseite auszuweisen (§ 286 Abs. 2 Satz 3 AktG, Ausweis gemäß § 268 Abs. 3 HGB).

Kontrollfragen

1. Wodurch unterscheidet sich die Bilanzgliederung von Personen- und Kapitalgesellschaften?
2. Genügt bei Einzelunternehmen und Personengesellschaften die Gliederung der Bilanz in Anlage- und Umlaufvermögen, Eigenkapital und Schulden?
3. Welche Gliederungsprinzipien müssen Kapitalgesellschaften bei Bilanz und GuV-Rechnung beachten?
4. Unter welcher Bilanzposition sind die Vermögenseinlagen stiller Gesellschafter auszuweisen?
5. Wie können ausstehende Einlagen in der Bilanz dargestellt werden?
6. Sind Gründungsaufwendungen Bestandteile der Ingangsetzungskosten?
7. Welche Positionen beinhalten die »immateriellen Vermögensgegenstände«, und wie sind sie definiert?
8. Welche Abschreibungsvorschriften bestehen für den Geschäfts- oder Firmenwert?
9. Welche bilanziellen Probleme entstehen bei so genannten Sachgesamtheiten? Was besagt der Grundsatz der Bewertungseinheit?
10. Wie sind Grundvermögen, Betriebsvermögen, Gebäude und Außenanlagen voneinander abzugrenzen?
11. Nach welchen Kriterien sind im Steuerrecht Gebäudeteile klassifiziert?
12. Was sind grundstücksgleiche Rechte?
13. Gehören in Kursgewinnabsicht erworbene Anteile an einem verbundenen Unternehmen zum Finanzanlagevermögen?
14. Unter welcher Bilanzposition sind
    – Mitarbeiterdarlehen,
    – Forderungen aus Anlagenverkäufen auszuweisen?
15. Zu welchen Bilanzposten gehören Wertpapiere, die als Liquiditätsreserve dienen?
16. In welchem Fall wird auf der Aktivseite der Bilanz der Posten »Nicht durch Eigenkapital gedeckter Fehlbetrag« ausgewiesen?

6.3.2 Passivseite der Bilanz

Die Hauptgruppen der Passivseite der Bilanz sind:
A. Eigenkapital
B. Rückstellungen
C. Verbindlichkeiten
D. Rechnungsabgrenzungsposten

Noch nicht eingeordnet in die Gliederung des § 266 Abs. 3 HGB ist der Sonderposten mit Rücklageanteil, der auf der Passivseite vor den Rückstellungen auszuweisen ist (§ 273 HGB). Die Vorschriften, nach denen er gebildet ist, sind in der Bilanz oder im Anhang anzugeben.

A. Eigenkapital

§ 266 Abs. 3 HGB fasst bei Kapitalgesellschaften (und § 264c Abs. 2 HGB bei Kapitalgesellschaften & Co) die verschiedenen Eigenkapitalbestandteile im Wesentlichen in einem Block »Eigenkapital« in der Bilanz zusammen, der sich – wie in Abbildung 4.17 dargestellt – gliedert.

Kapitalgesellschaften	Kapitalgesellschaften & Co
I. Gezeichnetes Kapital	I. Kapitalanteile
II. Kapitalrücklage	II. Rücklagen
III. Gewinnrücklagen	III. Gewinnvortrag/Verlustvortrag
IV. Gewinnvortrag/Verlustvortrag	IV. Jahresüberschuss/-fehlbetrag
V. Jahresüberschuss/-fehlbetrag	

Abb. 4.17: Gliederung des Eigenkapitals in der Bilanz

Zu einer gewissen Aufsplittung des Eigenkapitals kommt es allerdings dann noch, wenn noch nicht alle Einlagen von den Gesellschaftern geleistet wurden oder wenn eine Unterbilanz entstanden ist. Verlustvortrag und Jahresfehlbetrag werden innerhalb des Eigenkapitalblocks als Minusposten geführt.

A.I Gezeichnetes Kapital (bzw. Kapitalanteile bei & Co)

Von gezeichnetem Kapital spricht man nur im Zusammenhang mit Kapitalgesellschaften und Genossenschaften. Es ist nach § 272 HGB »das Kapital, auf das die Haftung der Gesellschafter für die Verbindlichkeiten der Kapitalgesellschaft gegenüber den Gläubigern beschränkt ist«, also das laut Satzung oder Gesellschaftsvertrag im Handelsregister eingetragene Haftungskapital. Es wird bei der Aktiengesellschaft als Grundkapital und bei der GmbH als Stammkapital bezeichnet. Genossenschaften führen anstelle des gezeichneten Kapitals den Betrag der Geschäftsguthaben der Genossen (§ 337 Abs. 1 HGB). Einzelfirma, OHG und KG weisen – wie bisher – in der Bilanz ihre Kapitalkontensalden bzw. die Kommanditeinlagen aus. Einlagen stiller Gesellschafter zählen nicht zum gezeichneten Kapital, sondern in der Regel zu den Verbindlichkeiten. Nur wenn die Stellung des Stillen der des Eigenkapitalgebers ähnlich ist (z. B. Mitunternehmer), kann ein Ausweis als entsprechend bezeichneter Sonderposten des Eigenkapitals in Betracht kommen (ADS § 266 Tz 189).

Für den Fall der nicht vollen Einzahlung des Haftungskapitals gibt es in der Bilanz der Kapitalgesellschaft zwei unterschiedliche Darstellungsmöglichkeiten. Beim Bruttoausweis stehen die ausstehenden Einlagen auf der Aktivseite (s. S. 157, Anfangsposition der Aktiva). Beim Nettoausweis wird das gezeichnete Kapital auf der Passivseite lediglich in der Vorspalte angegeben und dort um die bisher nicht eingeforderten ausstehenden Einlagen gekürzt. Die Differenz wird in der Hauptspalte unter der Bezeichnung »Eingefordertes Kapital« ausgewiesen. Soweit Beträge zwar eingefordert, aber noch nicht eingezahlt wurden, sind sie auf der Aktivseite unter den Forderungen gesondert aufzuführen und entsprechend zu bezeichnen (§ 272 Abs. 1 HGB).

Beispiel
für Nettoausweis bei einem Haftungskapital von 1 000 000 € und ausstehenden Einlagen von 200 000 €, davon 50 000 € eingefordert:

Aktiva			Passiva		
A. Anlagevermögen			A. Eigenkapital		
.					
.			I. Gezeichnetes Kapital	1 000 000	
B. Umlaufvermögen			Nicht eingeforderte Einlagen	150 000	
.					
II. Forderungen und sonstige Vermögensgegenstände			Eingefordertes Kapital		850 000
.					
.					
.					
4. Eingefordertes, noch nicht eingezahltes Kapital	50 000				
Saldo	800 000				
	850 000				850 000

Aktiengesellschaften müssen die Gesamtnennbeträge der Aktien jeder Gattung (z. B. Stammaktien, Vorzugsaktien ohne Stimmrecht) gesondert angeben. Bedingtes Kapital (bei Kapitalerhöhung nach § 192 AktG) ist mit dem Nennbetrag zu vermerken. Bestehen Mehrheitsstimmrechtsaktien, so sind beim gezeichneten Kapital die Gesamtstimmenzahl der Mehrstimmrechtsaktien und die der übrigen Aktien zu vermerken (§ 152 Abs. 1 AktG).

Bei **Kapitalgesellschaften & Co** sind die Kapitalanteile der persönlich haftenden Gesellschafter der Kommanditisten gesondert auszuweisen. Für die Kapitalanteile der persönlich haftenden Gesellschafter besteht nach § 264c Abs. 2 Satz 2 Hs. 2 HGB ein Wahlrecht, bei mindestens zwei persönlich haftenden Gesellschaftern deren Kapitalanteile gesondert oder zusammengefasst auszuweisen.

Angaben im Anhang
- Kapitalgesellschaften & Co haben im Anhang den Betrag der im Handelsregister gem. § 172 Abs. 1 HGB eingetragenen Einlagen anzugeben, soweit diese nicht geleistet sind (§ 264c Abs. 2 Satz 9 HGB).
- Aktiengesellschaften haben im Anhang weitere Angaben über Aktien gemäß § 160 AktG zu machen.

Sonderposten: Kapitaleinlagen persönlich haftender KGaA-Gesellschafter

In der Jahresbilanz sind die Kapitalanteile der persönlich haftenden Gesellschafter einer KGaA nach dem Posten »Gezeichnetes Kapital« gesondert auszuweisen (§ 286 Abs. 2 Satz 1 AktG).

Sonderposten: Ausgleichsposten für aktivierte eigene Anteile

Hält eine **Kapitalgesellschaft & Co** Geschäftsanteile an der persönlich haftenden Komplementär-Kapitalgesellschaft, so sind diese in der Bilanz der Personengesellschaft (z. B. KG) unter A.III.1 oder A.III.3 mit auszuweisen. Gleichzeitig ist auf der Passivseite als Gegenposten ein »Ausgleichsposten für aktivierte eigene Anteile« einzustellen (§ 264c Abs. 4 HGB). Denn der Anteil an der Komplementär-Kapitalgesellschaft an der Personengesellschaft enthält bei wirtschaftlicher Betrachtungsweise nur einen Teil des eigenen Geschäftswerts der Personengesellschaft.

Sonderposten: Genussrechtskapital

In Abhängigkeit von den Rückzahlungsmodalitäten sind Genussscheinmittel als Eigenkapital oder als Verbindlichkeiten (bei vereinbarter Rückzahlung) auszuweisen.[1] Dies folgt aus dem Grundsatz, ein den tatsächlichen Verhältnissen entsprechendes Bild der Vermögens- und Finanzlage zu vermitteln (§ 264 Abs. 2 HGB).

A.II Kapitalrücklage

Das HGB macht einen Unterschied hinsichtlich der Herkunft von Rücklagen. Die Kapitalrücklage geht nur auf bestimmte Zuzahlungen der Kapitalgeber zurück (Außenfinanzierung).

Bei der Kapitalrücklage handelt es sich gemäß § 272 Abs. 2 HGB ausschließlich um:

1. den Betrag, der bei der Ausgabe von Anteilen einschließlich von Bezugsanteilen über den Nennbetrag hinaus erzielt wird (Agio),
2. den Betrag, der bei der Ausgabe von Schuldverschreibungen für Wandlungsrechte und Optionsrechte zum Erwerb von Anteilen erzielt wird,
3. den Betrag von Zuzahlungen, die Gesellschafter gegen Gewährung eines Vorzugs für ihre Anteile leisten,
4. den Betrag von anderen Zuzahlungen, die Gesellschafter in das Eigenkapital leisten (insbesondere den Betrag von Nachschüssen).

Ein **Agio** ist der Preisaufschlag, der den Nennwert der Aktien/Anteile übersteigt. **Optionsanleihen** räumen ihrem Inhaber das Recht ein, entsprechende Aktien zu bezie-

---

[1] Vgl. Stellungnahme HFA 1/1994: Zur Behandlung von Genussrechten im Jahresabschluss von Kapitalgesellschaften, in: IDW-Fachgutachten/Stellungnahmen (Loseblattwerk), Düsseldorf, S. 269.

hen. Hierbei werden zwei Arten unterschieden: **Wandelschuldverschreibungen und Bezugsrechtsobligationen**. Während bei den Wandelschuldverschreibungen das Aktienbezugsrecht untrennbar mit der Obligation verbunden ist (d. h. beim Umtausch geht die Schuldverschreibung unter, vgl. § 221 AktG), ist bei der Bezugsrechtsobligation dieses Recht im Optionsschein verkörpert. Dadurch ist der Inhaber einer Bezugsrechtsobligation nach Ausübung des Bezugsrechts Obligationär und Aktionär.

Noch nicht eingezahlte **Nachschüsse** bei GmbHs, deren Einziehung auf Grund eines Gesellschafterbeschlusses feststeht und mit deren Zahlung gerechnet werden kann, müssen, wenn kein Abandonrecht (Recht auf Befreiung von der Nachschusspflicht) besteht, im Posten »Kapitalrücklage« gesondert ausgewiesen werden. Ein dem Passivposten entsprechender Betrag ist unter den Forderungen gesondert auszuweisen (§ 42 Abs. 2 GmbHG). Ob die anderen Beträge Nr. 1 bis 4 der Kapitalrücklage zusammengefasst oder getrennt auszuweisen sind, ist unklar.

Bei Aktiengesellschaften sind auch die Beträge in die Kapitalrücklage einzustellen, die aus einer Kapitalherabsetzung gemäß §§ 231, 232, 237 Abs. 5 AktG gewonnen werden.

Angaben im Anhang
Aktiengesellschaften müssen zu dem Posten »Kapitalrücklage« den Betrag, der während des Geschäftsjahres eingestellt wurde, und den Betrag, der für das Geschäftsjahr entnommen wird, in der Bilanz oder im Anhang gesondert angeben (§ 152 Abs. 2 AktG).

Aufgabe 4.15 *(Kapitalerhöhung) S. 367*

A.II Rücklagen (bei Kapitalgesellschaften & Co)
Als Rücklagen sind gemäß § 264c Abs. 2 Satz 8 HGB nur solche Beträge auszuweisen, die auf Grund gesellschaftsrechtlicher Vereinbarung (Gesellschaftsvertrag oder wirksamer Gesellschafterbeschluss) gebildet worden sind. Eine Trennung von Kapital- und Gewinnrücklagen ist nicht erforderlich.

Ausweisprobleme können sich bei nicht gesamthänderisch gebundenen Rücklagen ergeben. Bei individueller Zurechnung der Rücklagen auf den jeweiligen Gesellschafter dürfte entweder ein Sonderausweis oder ein Hinweis im Anhang notwendig sein.

A.III Gewinnrücklagen
Gewinnrücklagen können allein aus dem versteuerten Gewinn gebildet werden, wie § 272 Abs. 3 HGB ausdrücklich sagt (Innenfinanzierung, Gewinnthesaurierung). Den gesonderten Ausweis derartiger Rücklagen gibt es in der Regel nur dort, wo das Kapital zahlenmäßig begrenzt ist, z. B. bei der AG, der GmbH, der Genossenschaft. Wenig Sinn haben sie bei der Einzelfirma, der OHG und der KG.

Meistens werden Gewinnrücklagen gebildet, um aus ihnen nach mehrjähriger Ansammlung von Gewinnen das »Gezeichnete Kapital« zu erhöhen.

Das Bilanzschema kennt folgende vier Arten von Gewinnrücklagen:

1. die gesetzliche Rücklage,
2. die Rücklage für eigene Anteile,
3. satzungsmäßige Rücklagen,
4. andere Gewinnrücklagen.

Angaben im Anhang

Aktiengesellschaften müssen zu jedem einzelnen Posten der Gewinnrücklagen in Bilanz oder Anhang jeweils diejenigen Beträge gesondert angeben, die

- die Hauptversammlung aus dem Bilanzgewinn des Vorjahres eingestellt hat,
- aus dem Jahresüberschuss des Geschäftsjahres eingestellt werden,
- für das Geschäftsjahr entnommen werden (§ 152 Abs. 3 AktG).

A.III.1 Gesetzliche Rücklage

Die AG muss im Gegensatz zur GmbH eine gesetzliche Rücklage bilden. In diese sind 5 % des um einen Verlustvortrag aus dem Vorjahr geminderten Jahresüberschusses einzustellen, bis die gesetzliche Rücklage und die Kapitalrücklagen nach § 272 Abs. 2 Nr. 1 bis 3 HGB zusammen 10 % oder den in der Satzung bestimmten höheren Teil des Grundkapitals erreichen. Die gesetzliche Rücklage darf zusammen mit der Kapitalrücklage nur zum Ausgleich eines Jahresfehlbetrags oder eines Verlustvortrags und, nach Erreichen einer bestimmten Höhe, zur Kapitalerhöhung aus Gesellschaftsmitteln verwendet werden (§ 150 AktG).

A.III.2 Rücklage für eigene Anteile

In die »Rücklage für eigene Anteile« ist nach § 272 Abs. 4 HGB ein Betrag einzustellen, der dem auf der Aktivseite der Bilanz für die eigenen Anteile anzusetzenden Betrag entspricht (vgl. hierzu Ausführungen zu Aktiva B.III.2). Dadurch können entsprechende Beträge nicht ausgeschüttet werden, sondern bleiben in der AG oder GmbH gebunden. Die Rücklage für eigene Anteile darf auch aus vorhandenen Gewinnrücklagen gebildet werden, soweit diese frei verfügbar sind. Sie ist bereits bei Bilanzaufstellung vorzunehmen. Das gilt auch für Anteile eines herrschenden oder mit Mehrheit beteiligten Unternehmens. Die Rücklage wird aufgelöst durch Ausgabe, Wiederveräußerung, Einzug oder Abschreibung der Anteile.

A.III.3 Satzungsmäßige Rücklagen

Die Bildung satzungsmäßiger Rücklagen ist in Gesellschaftsvertrag oder Satzung verankert. Sie sind häufig an einen bestimmten Zweck gebunden. Bei der AG können satzungsmäßige Rücklagen nur für den Fall vorgesehen werden, dass die Hauptversammlung den Jahresabschluss feststellt (§ 58 Abs. 1 AktG).

A.III.4 Andere Gewinnrücklagen

Andere Gewinnrücklagen im Sinne der Vorschrift von § 272 Abs. 3 HGB sind alle jene, für die nicht der gesonderte Ausweis unter A.III.1 bis 3 vorgeschrieben ist. Ihre Bildung ist von Gewinnverwendungsvorschriften (§ 58 AktG, § 29 GmbHG) sowie von Bestimmungen in Satzung und Gesellschaftsvertrag abhängig.

Angaben im Anhang

In die »Anderen Gewinnrücklagen« darf der Eigenkapitalanteil

- von Wertaufholungen bei Vermögensgegenständen des Anlage- und Umlaufvermögens und
- von bei der steuerrechtlichen Gewinnermittlung gebildeten Passivposten, die nicht im Sonderposten mit Rücklageanteil ausgewiesen werden dürfen (dies traf nur auf die früher mögliche Preissteigerungsrücklage zu),

eingestellt werden. Der Betrag dieser Rücklagen ist entweder in der Bilanz gesondert auszuweisen oder im Anhang anzugeben (§ 58 Abs. 2a AktG und § 29 Abs. 2 GmbHG).

A.IV Gewinnvortrag/Verlustvortrag
Der Gewinn- oder Verlustvortrag stellt den Gewinn- bzw. Verlustrest vorhergehender Abrechnungsperioden dar, über den bisher nicht verfügt wurde.

A.V Jahresüberschuss/Jahresfehlbetrag
Wird die Bilanz vor Verwendung des Jahresergebnisses aufgestellt, so ist der Überschuss bzw. Fehlbetrag des entsprechenden Geschäftsjahres auszuweisen. Es ist der Betrag, der sich aus der GuV-Rechnung als Überschuss der Erträge über die Aufwendungen oder der Aufwendungen über die Erträge ergibt.

Bei **Kapitalgesellschaften & Co** wird der Gewinn des Geschäftsjahres i. d. R. den entsprechenden Gesellschafterkonten noch in der Bilanz gutgeschrieben. Ein gesonderter Ausweis des Jahresüberschusses/-fehlbetrags bzw. des Bilanzgewinns erfolgt dann nicht mehr.

oder: A.IV Bilanzgewinn/Bilanzverlust
Wird die Bilanz unter Berücksichtigung der teilweisen Verwendung des Jahresergebnisses aufgestellt (z. B. bei AG infolge Einstellungen in gesetzliche Rücklage und eventueller Einstellungen in andere Gewinnrücklagen), so tritt an die Stelle der Posten »Jahresüberschuss/Jahresfehlbetrag« und »Gewinnvortrag/Verlustvortrag« der Posten »Bilanzgewinn/Bilanzverlust« (§ 268 Abs. 1 HGB). Er zeigt den Betrag, über den bei der AG die Hauptversammlung verfügen kann (§ 58 Abs. 4 AktG).

Angaben im Anhang
Ein vorhandener Gewinn- oder Verlustvortrag ist in den Posten »Bilanzgewinn/Bilanzverlust« einzubeziehen und in der Bilanz oder im Anhang gesondert anzugeben (§ 268 Abs. 1 HGB).

Aufgabe 4.16 *(Eigenkapital) S. 367*

Aufgabe 4.17 *(Ausstehende Einlagen und Jahresfehlbetrag) S. 368*

Sonderposten: Sonderposten mit Rücklageanteil
Der Sonderposten mit Rücklageanteil wird im Bilanzschema nicht gesondert aufgeführt. Seine Stellung innerhalb der Bilanz wird erst durch § 273 HGB festgelegt. Er ist auf der Passivseite vor den Rückstellungen auszuweisen. Das entspricht seinem Mischcharakter aus Eigen- und Fremdkapital, da der Posten erst bei Auflösung zur Versteuerung führt.

Der Sonderposten mit Rücklageanteil bezieht sich auf zwei Anwendungsfälle: Zum einen nimmt er so genannte **steuerfreie Rücklagen** auf (wie z. B. die Rücklage nach § 6b EStG und die Rücklage für Ersatzbeschaffung nach R 35 EStR), zum anderen den **Unterschiedsbetrag** zwischen steuerlichen und handelsrechtlichen Abschreibungen (wie z. B. bei Vornahme einer Sonderabschreibung zur Förderung kleiner und mittlerer Betriebe nach § 7g EStG). Beim letzteren Fall handelt es sich um eine indirekte Wertberichtigung (§ 281 Abs. 1 HGB).

Der Sonderposten ist nach Maßgabe des Steuerrechts aufzulösen, z. B. nach Ablauf des vorgesehenen Begünstigungszeitraums (§ 247 Abs. 3 HGB), und in Fällen der Wertberichtigung auch bei Ausscheiden des betreffenden Wirtschaftsgutes oder Ersatz der steuerrechtlichen Wertberichtigung durch handelsrechtliche Abschreibung (§ 281 Abs. 1 HGB).

Kapitalgesellschaften dürfen den Sonderposten mit Rücklageanteil nur insoweit bilden, als das Steuerrecht die Anerkennung eines Wertansatzes bei der steuerlichen Gewinnermittlung davon abhängig macht, dass der Sonderposten in der Handelsbilanz gebildet wird (§ 273 HGB). Durch diese Bestimmung dürfen nur solche Passivposten in den Sonderposten mit Rücklageanteil aufgenommen werden, für die die umgekehrte Maßgeblichkeit gilt. Verzichtet der Steuergesetzgeber, z. B. bei der früher möglichen Preissteigerungsrücklage, ausdrücklich auf den Ausweis in der Handelsbilanz, so kommt die Aufnahme in den »Sonderposten mit Rücklageanteil« nicht in Betracht. Die Berücksichtigung erfolgt dann bei den »Rückstellungen für latente Steuern« und den »Anderen Gewinnrücklagen«.

Angaben im Anhang
Die Vorschriften, nach denen der Sonderposten gebildet worden ist, sind in Bilanz oder Anhang anzugeben (§§ 273, 281 Abs. 1 HGB).

Aufgabe 4.18 *(Sonderposten mit Rücklageanteil) S. 368*

B. Rückstellungen
Rückstellungen sind Verpflichtungen, deren Eintritt (hinsichtlich Bestehen und Zeitpunkt) als noch nicht sicher gilt und/oder deren betragsmäßige Höhe noch unbestimmt ist (§ 249 HGB). Vgl. Ausführungen zu Ansatz und Bewertung von Rückstellungen (S. 137 und 245 ff.).

B.1 Rückstellungen für Pensionen und ähnliche Verpflichtungen
Zu den Rückstellungen für Pensionen zählen Ansprüche auf Grund unmittelbarer Zusagen (Zusagen des Unternehmens ohne Zwischenschaltung eines anderen Rechtsträgers)
- für Pensionsanwartschaften (Verpflichtungen gegenüber Personen, bei denen der Versorgungsfall noch nicht eingetreten ist) und
- für laufende Pensionen (Ruhegelder bei eingetretenem Versorgungsfall infolge Ausscheiden aus aktiver Tätigkeit).

Für mittelbare Verpflichtungen (Einschaltung von Unterstützungskassen) braucht in keinem Fall eine Rückstellung gebildet zu werden (Art. 28 Abs. 1 EGHGB).

Der Begriff der ähnlichen Verpflichtungen ist im Gesetz nicht definiert. Sie müssen aber durch das Merkmal »Versorgung« geprägt sein. Ob Übergangsgelder und Vorruhestandsleistungen hierzu zählen, ist in der Literatur deswegen umstritten, weil solche Leistungen Abfindungscharakter haben. Ihre Pensionsähnlichkeit ergibt sich dadurch, dass sie **nach** dem Ausscheiden aus einer aktiven Tätigkeit gezahlt werden.

Angaben im Anhang
Für vor dem 01. 01. 1987 erteilte Pensionszusagen ist wie früher ein Passivierungswahlrecht vorgesehen, um nicht in Altverträge einzugreifen. Bei Inanspruchnahme dieses Wahlrechts müssen die nicht ausgewiesenen Rückstellungen im Anhang in einem Betrag angegeben werden (Art. 28 Abs. 2 EGHGB).

B.2 Steuerrückstellungen

Steuerrückstellungen sind für alle noch nicht rechtskräftig veranlagten Steuern zu bilden, die als Aufwand anzusehen sind, z. B. Körperschaft-, Gewerbesteuer, nicht aber Einkommensteuer bei Nicht-Kapitalgesellschaften. Sofern Vorauszahlungen geleistet wurden, ergibt sich die Rückstellung aus der voraussichtlichen Steuerschuld abzüglich dieser Zahlungen.

Steuerrückstellungen sind ihrer Art nach Rückstellungen für ungewisse Verbindlichkeiten (§ 249 Abs. 1 HGB). Dies gilt auch für die Rückstellung für latente Steuern nach § 274 Abs. 1 HGB, die der passiven Steuerabgrenzung dient. Eine solche Rückstellung ist zu bilden, wenn der zu versteuernde Gewinn niedriger als der handelsrechtliche ist und der zu niedrige Steueraufwand sich später voraussichtlich wieder ausgleicht (z. B. infolge im Vergleich zum Handelsrecht höherer Gebäude-AfA nach § 7 Abs. 4 EStG). Vgl. Ausführungen zu latenten Steuern auf S. 262 ff.

In Steuerrückstellungen gehören auch Beträge für erwartete Risiken aus künftigen steuerlichen Außenprüfungen (ADS § 266 Tz 210).

Angaben im Anhang
Rückstellungen für latente Steuern sind in Bilanz oder Anhang gesondert anzugeben (§ 274 Abs. 1 HGB).

B.3 Sonstige Rückstellungen

Die »Sonstigen Rückstellungen« fassen die restlichen, bisher noch nicht genannten Rückstellungen zusammen, z. B. Rückstellungen für drohende Verluste aus schwebenden Geschäften, für Prozesskosten, für Vertrags- oder Kulanzgarantie, für Personalaufwendungen, Vergütungen an Aufsichtsgremien, für Rechts- und Beratungskosten, für Abschlusskosten, für Boni des abgelaufenen Geschäftsjahrs, für Vertreterkosten und -provisionen, für Wechselobligo, für unterlassene Instandhaltung, für Abraumbeseitigung u. a. Vgl. § 249 HGB.

Angaben im Anhang
Rückstellungen, die in der Bilanz unter dem Posten »Sonstige Rückstellungen« nicht gesondert ausgewiesen werden, sind im Falle nicht unerheblichen Umfangs von mittelgroßen und großen Kapitalgesellschaften im Anhang zu erläutern (§ 285 Nr. 12, § 288 HGB).

Aufgabe 4.19 *(Rückstellungen für rückständige Urlaubsansprüche) S. 368*

Aufgabe 4.20 *(Rückstellungen für Altlastensanierung) S. 369*

Aufgabe 4.21 *(Rückstellungen für Zahlungen nach dem Mutterschutzgesetz) S. 369*

C. Verbindlichkeiten

Verbindlichkeiten sind alle am Bilanzstichtag der Höhe und der Fälligkeit nach feststehenden Schulden der Unternehmung. Ihre Untergliederung im Bilanzschema legt sowohl Finanzierungsformen als auch Finanzierungsquellen offen:

1. Anleihen, davon konvertibel
2. Verbindlichkeiten gegenüber Kreditinstituten
3. erhaltene Anzahlungen auf Bestellungen
4. Verbindlichkeiten aus Lieferungen und Leistungen

5. Verbindlichkeiten aus der Annahme gezogener Wechsel und der Ausstellung eigener Wechsel
6. Verbindlichkeiten gegenüber verbundenen Unternehmen
7. Verbindlichkeiten gegenüber Unternehmen, mit denen ein Beteiligungsverhältnis besteht
8. Sonstige Verbindlichkeiten, davon aus Steuern, davon im Rahmen der sozialen Sicherheit.

Auf Postenüberschneidungen (vor allem zwischen den Positionen 4 bis 7) und die Angabe der Mitzugehörigkeit zu anderen Posten nach § 265 Abs. 3 HGB ist zu achten.

Der Betrag der Verbindlichkeiten mit einer Restlaufzeit bis zu einem Jahr ist bei jedem gesondert ausgewiesenen Posten zu vermerken (§ 268 Abs. 5 HGB).

Für kleine Kapitalgesellschaften ist der Ausweis auf den Posten C.»Verbindlichkeiten« zuzüglich Angabe der Restlaufzeit reduziert.

Angaben im Anhang

Die Zusatzangaben für Verbindlichkeiten sind von der Größe und der Rechtsform der Kapitalgesellschaft abhängig (vgl. Abbildung 4.18).

Der Übersichtlichkeit wegen kann es angebracht sein, die Zusatzangaben zu den Verbindlichkeiten, auch die Angabe der Restlaufzeit bis zu einem Jahr nach § 268 Abs. 5

Bei allen Kapitalgesellschaften (& Co)	Zusätzlich (zu Spalte 1) bei mittelgroßen und großen Kapitalgesellschaften (& Co)	Bei Kapitalgesellschaften (& Co) und bei GmbH
Als **Angabe** im Anhang (1) Der Gesamtbetrag der Verbindlichkeiten mit einer Restlaufzeit von mehr als 5 Jahren (§ 285 Nr. 1 HGB). (2) Der Gesamtbetrag der Verbindlichkeiten, die durch Pfandrechte oder ähnliche Rechte gesichert sind, unter Angabe von – Art und – Form der Sicherheiten (§ 285 Nr. 1 HGB).	(1) Als Angabe im **Anhang** oder als Bilanzvermerk a) Der Betrag der Verbindlichkeiten mit einer Restlaufzeit von mehr als 5 Jahren für jeden Posten der Verbindlichkeiten nach dem vorgeschriebenen Gliederungsschema (§ 285 Nr. 2 HGB). b) Der Betrag der Verbindlichkeiten, die durch Pfandrechte oder ähnliche Rechte gesichert sind, unter Angabe von – Art und – Form der Sicherheiten für jeden Posten der Verbindlichkeiten nach dem vorgeschriebenen Gliederungsschema (§ 285 Nr. 2 HGB). (2) Als **Erläuterung im Anhang** Sind unter dem Posten »Verbindlichkeiten« Beträge für Verbindlichkeiten ausgewiesen, die erst nach dem Abschlussstichtag rechtlich entstehen, so müssen Beträge größeren Umfangs im Anhang erläutert werden (§ 268 Abs. 5 HGB).	Als Angabe im **Anhang** oder als **Bilanzvermerk** (1) Verbindlichkeiten gegenüber Gesellschaftern einer Kapitalgesellschaft (& Co) sind in der Bilanz gesondert auszuweisen oder im Anhang anzugeben. (2) Verbindlichkeiten gegenüber Gesellschaftern sind in der Regel als solche jeweils gesondert in der Bilanz auszuweisen oder im Anhang anzugeben; werden sie unter anderen Posten ausgewiesen, so muss diese Eigenschaft vermerkt werden (§ 42 Abs. 3 GmbHG).

Abb. 4.18: Anhangangaben zu Verbindlichkeiten

HGB, in einem **Verbindlichkeitenspiegel** im Anhang, wie in der Abbildung 4.19 dargestellt, zusammenzufassen.[1] Zu den Spalten 2 (Gesamtbetrag) und 3 (Restlaufzeit bis zu 1 Jahr) sind auch die Vorjahresbeträge mit anzugeben.

Art der Verbindlichkeit	Gesamt-betrag	Davon mit Restlaufzeit von			Sicherheiten		Vor-jahres-wert
		bis zu 1 Jahr	1–5 Jahren	über 5 Jahren	Betrag	Art und Form	
1	2	3	4	5	6	7	8
1. Anleihen davon konvertibel							
2. Gegenüber Kreditinstituten							
3. Erhaltene Anzahlungen auf Bestellungen							
4. Aus Lieferungen und Leistungen							
.							
.							
.							
8. Sonstige Verbindlich-keiten, davon – aus Steuern – im Rahmen der sozialen Sicherheit							
Gesamtsumme							

Abb. 4.19: Verbindlichkeitenspiegel

Aufgabe 4.22 *(Nach Abschlussstichtag entstehende Verbindlichkeiten) S. 369*

C.1 Anleihen, – davon konvertibel

Anleihen sind langfristige am Kapitalmarkt aufgenommene Kredite größeren Umfangs, bei denen die Gläubigeransprüche in der Regel in Schuldverschreibungen (das Einzelstück als Teilschuldverschreibung bezeichnet) verbrieft sind. Sie können dinglich gesichert sein durch Hypotheken, Grund- oder Rentenschulden u. a. Sonderformen (vgl. § 221 AktG) sind Optionsanleihen bzw. Bezugsrechtsobligationen (mit Bezugsrecht auf neue Aktien, wobei die Schuldverschreibung nach Ausübung des Bezugsrechts weiter besteht), Wandelschuldverschreibungen (Recht auf Umwandlung in

---

[1] Stellungnahme SABI 3/1986: Zur Darstellung der Finanzlage, in: IDW-Fachgutachten/Stellungnahmen (Loseblattwerk), Düsseldorf, S. 18.

Aktien) und Gewinnschuldverschreibungen (gewähren neben festem Zins noch Gewinnbeteiligung). Auch Genussrechte, die infolge vorgesehener Rückzahlung als Fremdkapital einzustufen sind, gehören in diese Position (vgl. Sonderposten »Genussrechtskapital«). Schuldscheindarlehen (Darlehen auf Grund eines Schuldscheins, der im Gegensatz zur Anleihe kein Wertpapier, sondern nur Beweisurkunde ist, § 344 Abs. 2 HGB) sind nicht am Kapitalmarkt aufgenommen und zählen deshalb zu den »Verbindlichkeiten gegenüber Kreditinstituten« oder »Sonstigen Verbindlichkeiten.

Im Bilanzschema ist der Betrag konvertibler Anleihen als »Davon-Posten« (d. h. in der Vorspalte) zu vermerken. Konvertibel bedeutet Veränderbarkeit der Rechtsverhältnisse, womit insbesondere Wandelschuldverschreibungen angesprochen sind (vgl. § 221 AktG).

Angaben im Anhang
Aktiengesellschaften haben im Anhang anzugeben
- die Zahl der Wandelschuldverschreibungen und der vergleichbaren Wertpapiere unter Angabe der Rechte, die sie verbriefen (§ 160 Abs. 1 Nr. 5 AktG),
- Genussrechte, Rechte aus Besserungsscheinen und ähnliche Rechte unter Angabe der Art und Zahl der jeweiligen Rechte sowie der im Geschäftsjahr neu entstandenen Rechte (§ 160 Abs. 1 Nr. 6 AktG).

C.2 Verbindlichkeiten gegenüber Kreditinstituten

Zu diesem Posten zählen sämtliche Verbindlichkeiten gegenüber Kreditinstituten, auch fällige Zinsen aus diesen Verbindlichkeiten. Vgl. auch die Ausführungen zu den Guthaben bei Kreditinstituten.

C.3 Erhaltene Anzahlungen auf Bestellungen

Wenn ein Dritter auf Grund von Liefer- oder Leistungsverträgen über Vorräte Zahlungen leistet, so liegen Anzahlungen auf Bestellungen vor, solange die Lieferung oder Leistung noch aussteht. Diese Verbindlichkeiten sind das Gegenstück zu den Positionen A.I.3, A.II.4 und B.I.4 der Aktivseite. Nach § 268 Abs. 5 HGB können erhaltene Anzahlungen auch offen von den Vorräten auf der Aktivseite abgesetzt werden. Anzahlungen, die auf andere Vermögensgegenstände als Vorräte gerichtet sind (z. B. auf ein Gebäude, das verkauft werden soll), sind keine Anzahlungen auf Bestellungen und gehören deshalb zu »Sonstigen Verbindlichkeiten«.

Für den betragsmäßigen Ausweis bestehen handelsrechtlich nach § 250 Abs. 1 Nr. 2 HGB zwei Möglichkeiten: Bruttomethode und Nettomethode.[1] Steuerlich ist nur die Bruttomethode zulässig (§ 5 Abs. 5 Satz 2 Nr. 2 EStG).

Bei der Bruttomethode wird die Anzahlung einschließlich der darauf entfallenden Umsatzsteuer ausgewiesen. Die Umsatzsteuer wird aktiv abgegrenzt.

Beispiel
Bei der Bank geht im November eine Anzahlung über 30 000 € zuzüglich Umsatzsteuer ein.

(1) Buchung der An-/Vorauszahlung im November:
Bank	34 800	
an Erhaltene Anzahlungen		34 800

---
[1] Vgl. auch Stellungnahme HFA 1/1985 i. d. F. 1990: Zur Behandlung der Umsatzsteuer im Jahresabschluss, in: IDW-Fachgutachten/Stellungnahmen (Loseblattwerk), Düsseldorf, S. 139 ff.

Anzahlungsverrechnungskonto	34 800	
an Umsatzsteuerpflichtige Anzahlungen (Kunden)		30 000
Umsatzsteuer		4 800

(2) Buchung am Jahresende (nach Umsatzsteuer-Verprobung):

Umsatzsteuerpflichtige Anzahlungen (Kunden)	30 000	
Aktiver Rechnungsabgrenzungsposten	4 800	
an Anzahlungsverrechnungskonto		34 800

Durch diese Buchungsweise werden die erhaltenen Anzahlungen in der Bilanz **brutto** ausgewiesen, und für die Umsatzsteuer ist ein Gegenposten gebildet. Die Konten »Umsatzsteuerpflichtige Anzahlungen« und »Anzahlungsverrechnungskonto« sind ausgeglichen.

Bei der steuerlich unzulässigen **Nettomethode** wird auf den gesonderten Ausweis als Rechnungsabgrenzungsposten verzichtet. Hier würde man nur wie folgt buchen:

Bank	34 800	
an Erhaltene Anzahlungen		30 000
Umsatzsteuer		4 800

C.4 Verbindlichkeiten aus Lieferungen und Leistungen

Zu dieser Position gehören alle Verbindlichkeiten, die aus Lieferverträgen, Dienst- und Werkverträgen entstanden sind. Der Lieferant hat seine Leistung bereits erbracht, die Zahlung steht noch aus. Diese Verbindlichkeiten sind die Gegenposition zu den »Forderungen aus Lieferungen und Leistungen«, wobei dort allerdings der Begriff der Lieferung und Leistung enger ausgelegt, d. h. meist nur auf die gewöhnliche Umsatztätigkeit bezogen wird.

C.5 Verbindlichkeiten aus der Annahmegezogener Wechsel und der Ausstellung eigener Wechsel

Unter dieser Position sind sowohl eigene (Solawechsel) wie auch gezogene Wechsel (Tratte) auszuweisen, gleichgültig, ob sie aus einem Waren-, Dienstleistungs- oder Finanzierungsgeschäft herrühren.

Kautions-, Sicherheits- oder Depotwechsel, die zur Sicherung einer bestehenden oder möglicherweise eintretenden Schuld dem Gläubiger oder Eventualgläubiger übergeben werden, sind nur dann unter den Wechselverbindlichkeiten auszuweisen, wenn der Sicherungsfall eingetreten ist, vorher nicht.

C.6 Verbindlichkeiten gegenüber verbundenen Unternehmen

Unter dieser Position werden alle Verbindlichkeiten gegenüber verbundenen Unternehmen ausgewiesen, gleichgültig, ob sie aus Warengeschäften, Leistungs- oder Finanzverkehr herrühren. Vgl. Ausführungen zu den entsprechenden Forderungsposten auf der Aktivseite.

C.7 Verbindlichkeiten gegenüber Unternehmen, mit denen ein Beteiligungsverhältnis besteht

Zu diesem Posten gilt das unter C.6 Gesagte entsprechend.

C.8 Sonstige Verbindlichkeiten
- davon aus Steuern
- davon im Rahmen der sozialen Sicherheit

Der Posten »Sonstige Verbindlichkeiten« nimmt alle Verbindlichkeiten der Gesellschaft auf, die sich unter den vorbezeichneten nicht unterbringen lassen. Dazu gehören vor allem

- Verbindlichkeiten aus Aufsichtsrats- und Beiratsvergütungen,
- noch nicht ausgezahlte Dividenden,
- typische stille Beteiligungen (nicht typische stille Beteiligungen müssen als Sonderposten des Eigenkapitals ausgewiesen werden),
- rückständige Löhne und Gehälter,
- Zinsverbindlichkeiten (soweit nicht anderswo einzuordnen),
- Verbindlichkeiten gegenüber Kunden (so genannte »umgeschlagene Kreditoren«),
- fällige Provisionen,
- Darlehen (soweit nicht anderswo einzuordnen),
- Verbindlichkeiten aus fälligen Tilgungsraten für Anleihen,
- Verbindlichkeiten aus Schaden- und Aufwandersatzansprüchen.

Zu den als Davon-Posten auszuweisenden Steuerschulden gehören nicht nur solche, für die die Gesellschaft selbst Steuerschuldnerin ist (z. B. Verpflichtungen aus Körperschaft-, Gewerbe-, Umsatzsteuer, Zöllen, Verbrauchsteuern), sondern auch solche, die sie als Haftungsschuldnerin einzubehalten hat (wie Lohn- und Kapitalertragsteuer, Steuerabzug bei beschränkt Steuerpflichtigen nach § 50a EStG, Rennwett- und Lotteriesteuer).

Zu den als Davon-Posten auszuweisenden Verbindlichkeiten im Rahmen der sozialen Sicherheit rechnen Verpflichtungen für Krankenfürsorge, Zukunftssicherung u. Ä. gegenüber ehemaligen und derzeitigen Beschäftigten, z. B.

- einbehaltene, noch nicht abgeführte Arbeitnehmer- sowie Arbeitgeberbeiträge zu Kranken-, Pflege-, Arbeitslosen- und Rentenversicherung sowie zu Ersatzkassen,
- Beiträge zur Berufsgenossenschaft,
- Verbindlichkeiten gegenüber Versorgungskassen, Pensionssicherungsverein und für die Rückdeckungsversicherung wegen Pensionszusagen,
- Verbindlichkeiten zur Erfüllung des Sozialplanes,
- Verpflichtungen aus übernommenen Arzt-, Kur-, Krankenhauskosten und ähnlichen Beihilfen.

Aufgabe 4.23 *(Verbindlichkeiten) S. 369*

D. Rechnungsabgrenzungsposten

Rechnungsabgrenzungsposten sind auf der Passivseite für Einnahmen vor dem Abschlusstag auszuweisen, die einen Ertrag für eine **bestimmte** Zeit nach dem Abschlusstag darstellen (Transitorien, § 250 Abs. 2 HGB, § 5 Abs. 5 Satz 1 Nr. 2 EStG), z. B. im Voraus erhaltene Miete, Pacht, Zinsen u. Ä. Vgl. die Ausführungen zur entsprechenden Position bei den Aktiva.

Aufgabe 4.24 *(Rechnungsabgrenzungsposten) S. 370*

Aufgabe 4.25 *(Rechnungsabgrenzungsposten für Abschlussgebühren von Bausparverträgen) S. 370*

Posten »unter« der Bilanz (Haftungsverhältnisse)

Eventualverbindlichkeiten (Avale = Haftungsverhältnisse, aus denen unter Umständen eine Inanspruchnahme drohen kann) müssen, sofern sie nicht auf der Passivseite auszuweisen sind, **unter** der Bilanz vermerkt werden, selbst wenn ihnen gleichwertige Rückgriffsforderungen gegenüberstehen (§ 251 HGB). Hierzu gehören die eventuell wirksam werdenden Verpflichtungen aus

- Begebung und Übertragung von Wechseln (Wechselobligo = Eventualverpflichtung aus weitergereichten Wechseln, die sich aus der Haftung des Unternehmens als Aussteller oder Indossant im Falle der Nichteinlösung ergibt),
- Bürgschaften, Wechsel- und Scheckbürgschaften (= Verpflichtung nach § 765 BGB, für Verbindlichkeiten eines Dritten einzustehen, auf Wechsel und Scheck durch einen entsprechenden Vermerk kenntlich gemacht),
- Gewährleistungsverträgen (= vertragliche Verpflichtungen wie Garantieverträge, z. B. Tilgungs- oder Liefergarantien oder Schuldmitübernahmen, z. B. durch Beitritt zu Leasing- und Mietverträgen, Patronatserklärungen u. Ä.),
- Bestellung von Sicherheiten für fremde Verbindlichkeiten (= Bestellung von Grundpfandrechten, Verpfändung und Sicherungsübereignung zugunsten eines Dritten).

Einzelkaufleuten und Personenhandelsgesellschaften ist die Angabe in einem Betrag unter der Bilanz gestattet. Kapitalgesellschaften (& Co) müssen die Haftungsverhältnisse gesondert für jede einzelne Position unter der Bilanz oder im Anhang aufführen, und zwar unter Angabe der gewährten Pfandrechte und sonstigen Sicherheiten. Bestehen solche Verpflichtungen gegenüber verbundenen Unternehmen, so sind sie gesondert anzugeben (§ 268 Abs. 7 HGB).

6.4 Anlagenspiegel

6.4.1 Horizontale und vertikale Gliederung

In der Bilanz oder im Anhang ist nach § 268 Abs. 2 HGB die Entwicklung der einzelnen Bilanzposten des Anlagevermögens zuzüglich des Postens »Aufwendungen für die Ingangsetzung und Erweiterung des Geschäftsbetriebs« nach der direkten Bruttomethode darzustellen. Dabei sind, ausgehend von den gesamten Anschaffungs- und Herstellungskosten, die Zugänge, Abgänge, Umbuchungen und Zuschreibungen des Geschäftsjahres ebenso anzugeben wie die **kumulierten** Abschreibungen. Die Abschreibungen **des Geschäftsjahres** müssen bei dem betreffenden Bilanzposten vermerkt werden. Sie dürfen aber auch im Anhang in einer der Gliederung des Anlagevermögens entsprechenden Aufgliederung angegeben werden. Das kann außerhalb des Anlagenspiegels bzw. Anlagengitters, wie diese Aufstellung auch genannt wird, geschehen. Der Übersichtlichkeit des Anlagenspiegels wegen empfiehlt es sich, darin eine besondere Spalte für die Abschreibung des Abschlussjahres zu führen.

Um der Anforderung nach dem Vergleich mit dem Vorjahresbuchwert zu genügen, ist auch dafür eine Spalte vorzusehen. Eine bestimmte Reihenfolge ist für die Spalten des Anlagenspiegels nicht vorgeschrieben. Es empfiehlt sich z. B. folgende Darstellung in neun Spalten (vgl. Abbildung 4.20).

Die vertikale Gliederung nach Anlagepositionen muss mit der Bilanzgliederung im Bereich des Anlagevermögens übereinstimmen.

Jahr	Bilanz-posten	Gesamte Anschaffungs-/ Herstellungs-kosten	Zu-gänge	Ab-gänge	Um-buchun-gen	Ab-schrei-bungen kumu-liert	Zu-schrei-bungen	Buch-wert 31.12. Ab-schluss-jahr	Buch-wert 31.12. Vorjahr	Ab-schrei-bungen Ab-schluss-jahr
			+	–	+/–	–	+			
		1	2	3	4	5	6	7	8	9

Abb. 4.20: Schema Anlagenspiegel

6.4.2 Größenabhängige Erleichterungen

Den Anlagenspiegel müssen nur große und mittelgroße Kapitalgesellschaften (& Co) erstellen; denn kleine Kapitalgesellschaften (& Co) sind gemäß § 274a Nr. 1 HGB von seiner Aufstellung befreit.

Für Zwecke der Offenlegung dürfen mittelgroße Kapitalgesellschaften (& Co) den Anlagenspiegel nach Maßgabe des § 327 HGB verkürzen.

6.4.3 Anwendungsweise

Die Anwendungsweise des Anlagenspiegels soll anhand des Beispiels auf S. 192 dargestellt werden.

Im Anlagenspiegel ergibt der Saldo der Spalten 1 bis 6 den Buchwert am Ende des Abschlussjahres (Spalte 7). Die Gleichung

      Gesamte Anschaffungs-/Herstellungskosten
  +   Zugänge
  –   Abgänge
  +/– Umbuchungen
  –   Abschreibungen kumuliert
  +   Zuschreibungen
  ―――――――――――――――
  =   Buchwert Abschlussjahr

muss immer erfüllt sein. Die Spalten 8 und 9 sind erläuternd, d. h., sie werden bei der Berechnung bzw. bei der Entwicklung von den gesamten Anschaffungs-/Herstellungskosten bis zum Buchwert am Ende des Abschlussjahres nicht als Minus- oder Plusposten erfasst.

Beispiel
Eine GmbH erwirbt einen Hubwagen für 100 000 € (5 Jahre Nutzungsdauer, lineare Abschreibung). Der Hubwagen wird erst im Laufe des 7. Jahres verschrottet.

Lösung
Vermögensveränderungen schlagen sich wie folgt im Anlagenspiegel nieder.

Jahr	Bilanz- posten	Gesamte Anschaffungs-/ Herstellungs- kosten	Zu- gänge +	Ab- gänge -	Um- buchun- gen +/-	Ab- schrei- bungen kumu- liert -	Zu- schrei- bungen +	Buch- wert 31.12. Ab- schluss- jahr	Buch- wert 31.12. Vorjahr	Ab- schrei- bungen Ab- schluss- jahr
		1	2	3	4	5	6	7	8	9
1.	A.II.3	–	+ 100 000			– 20 000		80 000	–	20 000
2.		100 000				– 40 000		60 000	80 000	20 000
3.		100 000				– 60 000		40 000	60 000	20 000
4.		100 000				– 80 000		20 000	40 000	20 000
5.		100 000				– 100 000		–	20 000	20 000
6.		100 000				– 100 000		–	–	–
7.		100 000		– 100 000		– 100 000 + 100 000		–	–	–
8.		–				–		–	–	–

Bei der Darstellung ist von den historischen (ursprünglichen) Anschaffungs- oder Herstellungskosten auszugehen.

Die Position »Gesamte Anschaffungs-/Herstellungskosten« zeigt jeweils den Stand zu Anfang des Geschäftsjahres, sodass der im ersten Jahr erfolgte Zugang (Spalte 2) in der Spalte 1 erst im 2. Jahr erscheint. Entsprechend wirkt sich das Ausscheiden des Anlagegutes in Spalte 1 erst in dem auf das Ausscheiden folgende Geschäftsjahr aus.

Die kumulierten Abschreibungen (Spalte 5) ergeben sich aus dem Vorjahresstand dieser Position zuzüglich der Jahresabschreibungen. Im 5. Jahr ist der Höchststand erreicht, sodass sich aus der Differenz von Spalte 1 und Spalte 5 ein Buchwert von null Euro ergibt.

Obwohl das Anlagegut also voll abgeschrieben ist, wird es im Anlagenspiegel nach der Bruttomethode so lange aufgeführt, bis es aus dem Betrieb ausscheidet. Dies geschieht im Beispiel im 7. Jahr. Dabei sind die kumulierten Abschreibungen, die auf das ausscheidende Anlagegut entfallen, herauszurechnen (hier durch die Gegenbuchung »+ 100 000 €«) deren Stand im Jahr des Ausscheidens somit null Euro beträgt. Soll die Gleichung aus den Spalten 1 bis 7 aufgehen, darf der Abgang nicht zum Buchwert, sondern muss zu Anschaffungs-/Herstellungskosten angesetzt werden.

Während Zu- und Abgänge mengenmäßige Veränderungen sind, stellen Zuschreibungen wertmäßige Veränderungen dar, die vorgenommene Abschreibungen korrigieren sollen.

Umbuchungen sind Ausweisänderungen, d. h. Umgliederungen innerhalb des Anlagevermögens (vor allem zwischen »Geleisteten Anzahlungen« bzw. »Geleisteten Anzahlungen und Anlagen im Bau« und den entsprechenden Posten nach Beendigung von Investitionsvorhaben).

Kontrollfragen

1. Welche Positionen gehören in den Bilanzen von Kapitalgesellschaften zum »Eigenkapital«?
2. Zu welcher Bilanzposition gehört das Aufgeld bei der Ausgabe von Schuldverschreibungen?

3. Unter welcher Bezeichnung ist ein nach teilweiser Verwendung des Jahresergebnisses auszuweisender Restgewinn in der Bilanz auszuweisen?
4. Welche Anwendungsfälle umfasst der Sonderposten mit Rücklageanteil?
5. Zu welchem Posten gehören zurückzustellende Aufwendungen für unterbliebene Instandhaltung?
6. Welche Anhangangaben sind für Verbindlichkeiten zu machen?
7. Welche Posten sind »unter der Bilanz« zu erfassen?
8. Wie ist der Anlagenspiegel aufgebaut?

Aufgabe 4.26 *(Anlagenspiegel bei Verkauf eines Anlagegutes) S. 370*

Aufgabe 4.27 *(Anlagenspiegel bei Zuschreibung) S. 370*

Aufgabe 4.28 *(Geringwertige Wirtschaftsgüter im Anlagenspiegel) S. 370*

Aufgabe 4.29 *(Festbewertung und Anlagenspiegel) S. 371*

Aufgabe 4.30 *(Steuerliche Sonderabschreibungen im Anlagenspiegel) S. 371*

Aufgabe 4.31 *(Umbuchungen im Anlagespiegel) S. 371*

7 Bilanzansatz der Höhe nach: Bewertung

7.1 Allgemeine Bewertungsgrundsätze (§ 252 HGB)

Der Abschnitt über Bewertungsvorschriften im HGB wird eingeleitet mit § 252: Allgemeine Bewertungsgrundsätze. Dieser Paragraph ist den speziellen Bewertungsnormen des HGB vorangestellt und beinhaltet Vorschriften, die bereits vor ihrer Kodifizierung zu den so genannten GoB gehörten, denen rechtsverbindliche Wirkung beigemessen wurde. Sie dienten, seit Kaufleute Bücher führen,
- der Ergänzung gesetzlicher Rechnungslegungsvorschriften,
- der Ausfüllung von Gesetzeslücken und
- der Auslegung von Rechtsnormen.

Durch die Kodifizierung einiger besonders wichtiger GoB wollte der Gesetzgeber deren Gültigkeit und Bedeutung noch zusätzlich hervorheben.

Durch die Erwähnung in dem für alle Kaufleute geltenden Teil des HGB ist die Diskussion über die Rechtsformabhängigkeit der GoB bilanzrechtlich (nicht betriebswirtschaftlich) weit gehend gegenstandslos. Sie sind auf Grund ihrer Stellung im Gesetz **für alle Kaufleute verbindlich**, jedoch mit unterschiedlicher Bedeutung je nach Rechtsform.

Bei den kodifizierten GoB nach § 252 HGB handelt es sich bei Nr. 1 bis 5 um **Mussvorschriften**, Nr. 6 ist dagegen eine **Sollvorschrift**. Sollten zwischen einzelnen GoB Konkurrenzen bestehen, so gibt es keine allgemein gültige Vorschrift, welchem Grundsatz der Vorrang einzuräumen ist; wohl aber ist nach allgemeinen Grundsätzen der Rechtsauslegung eine Rangfolge bzw. eine Kompromisslösung zu suchen.

7.1.1 Bilanzidentität (§252 Abs. 1 Nr. 1 HGB)

Dieser Grundsatz wird auch **formelle Bilanzkontinuität** oder im steuerlichen Sprachgebrauch **Bilanzenzusammenhang** genannt. Er besagt, dass die Schlussbilanz eines Geschäftsjahres mit der Eröffnungsbilanz des Folgejahres identisch sein muss. Nur so ist gewährleistet, dass die Summe aller Periodenrechnungen mit der (fiktiven) Totalrechnung über die Gesamtlebensdauer der Unternehmung übereinstimmt. Demnach dürfen zwischen Schlussbilanz und Eröffnungsbilanz keine Buchungen von Geschäftsvorfällen, keine inhaltlichen Bilanzänderungen und keine Bewertungsänderungen vorgenommen werden. Die Zwischenschaltung des »Eröffnungsbilanzkontos« wird davon nicht berührt. Es ist lediglich ein buchungstechnisches Hilfsmittel zur Kontoeröffnung und gestattet, den Grundsätzen der Doppik treu zu bleiben.

Bilanzidentität bedeutet im Einzelnen:

– Identität der Wertansätze, d. h. keine Neubewertung in der Eröffnungsbilanz gegenüber der Schlussbilanz des Vorjahres; auch keine Umverteilung der Werte innerhalb einzelner Posten bei betragsmäßiger Gleichheit des Gesamtpostens in der Bilanz;
– Identität des Bilanzinhalts, d. h., dass alle Vermögensgegenstände und Schulden in ihrer jeweiligen Zuordnung zu Anlage-, Umlaufvermögen und Einzelposten der vorhergehenden Bilanz in das neue Geschäftsjahr übernommen werden und dass weder etwas hinzugefügt noch weggelassen werden kann; dadurch ist eine Identität bezüglich Ansatz und Bewertung gegeben.

Wird der Beschluss über das Bilanzergebnis erst nach Bilanzfeststellung oder abweichend vom Gewinnverwendungsvorschlag getroffen, der nach § 270 HGB für die Bilanzaufstellung zugrunde zu legen ist, so braucht der Jahresabschluss nicht geändert zu werden (§ 278 Satz 2 HGB). Auch der Grundsatz der Bilanzkontinuität wird dadurch nicht verletzt, sondern die Berücksichtigung erfolgt im neuen Geschäftsjahr in neuer Rechnung (vgl. Küting/Weber, Handbuch der Rechnungslegung – Einzelabschluss, Stuttgart 2004, § 278 Rz 13). Bei Aktiengesellschaften untersagt § 174 Abs. 3 eine Änderung des festgestellten Jahresabschlusses. Zu Änderung und Berichtigung des Jahresabschlusses vgl. ausführlich S. 273 ff.

7.1.2 Grundsatz der Unternehmensfortführung (§ 252 Abs. 1 Nr. 2 HGB)

Nach der allgemeinen Werttheorie hängt der Wert eines Objekts von der Verwertungsprämisse ab. Der Grundsatz der Unternehmensfortführung **(Going-Concern-Prinzip)** schreibt vor, so lange von der Weiterführung des Unternehmens in einem überschaubaren Zeitraum auszugehen, solange nicht rechtliche oder tatsächliche Gegebenheiten dagegen sprechen. Dies könnten z. B. sein: Eröffnung des Insolvenzverfahrens, eingetretene Bedingungen, nach denen Gesetz oder Satzung die Auflösung der Firma vorschreiben, ernste wirtschaftliche Schwierigkeiten, wenn sie voraussichtlich dazu führen, dass das Unternehmen zur Geschäftseinstellung oder zur Veräußerung seiner Vermögensgegenstände außerhalb der normalen Geschäftstätigkeit gezwungen wird.

Nach dem Prinzip der **Wertaufhellung** (vgl. S. 198) sind dabei alle Erkenntnisse, die nach dem Bilanzstichtag bis zur Bilanzaufstellung über die Verhältnisse zum Stichtag gewonnen werden, zu berücksichtigen.

Solange von der Unternehmensfortführungsprämisse ausgegangen werden kann, ist nach den Vorschriften gemäß §§ 253 bis 256, 279 bis 283 HGB, die ihrerseits das Going-Concern-Prinzip beinhalten, zu bewerten. Im anderen Fall ist von Einzel- oder Gesamtliquidationswerten für den Gesamtbetrieb oder Teilbetriebe je nach Lage des Einzelfalls auszugehen, wobei die zu erwartenden Erlöse vorsichtig zu schätzen und die notwendigen Kosten (Abwicklungskosten, Sozialpläne, Demontagekosten) abzuziehen sind.

Die Folgen der Unterstellung einer Fortsetzung der Unternehmenstätigkeit beziehen sich nach Gesetzeswortlaut auf die Bewertung; sie sind aber auch für die Anwendung der Bilanzierungs- und Ansatzvorschriften von Bedeutung.

Ausprägungsformen des Grundsatzes der Unternehmensfortführung in den Rechnungslegungsvorschriften des HGB sind (vgl. ADS 1987, § 252 Tz 26):

- die grundsätzliche Bindung an die Anschaffungs- oder Herstellungskosten statt an Einzelveräußerungspreise (§ 253 Abs. 1 HGB),
- die Verteilung der Anschaffungs- oder Herstellungskosten abnutzbarer Vermögensgegenstände des Anlagevermögens auf die Geschäftsjahre der voraussichtlichen Nutzung (§ 253 Abs. 2 Satz 2 HGB),
- das gemilderte Niederstwertprinzip, d. h. kein Abwertungserfordernis bei nur vorübergehender Wertminderung (§ 253 Abs. 2 Satz 3 HGB),
- die Möglichkeit, beim Umlaufvermögen Wertschwankungen der nächsten Zukunft zu berücksichtigen (§ 253 Abs. 3 Satz 3 HGB),
- die Bewertungsvereinfachungsvorschriften (§ 256 HGB),
- der Ansatz von Rechnungsabgrenzungsposten (§ 250 HGB),
- der Ansatz von Aufwandsrückstellungen (§ 249 Abs. 2 HGB),
- das Verbot der Bildung von Rückstellungen für Belastungen, die aus der Auflösung des Unternehmens resultieren (z. B. für Sozialpläne, Entlassungsentschädigungen, Abwicklungskosten).

7.1.3 Grundsatz der Bewertung zum Abschlussstichtag und Einzelbewertung (§ 252 Abs. 1 Nr. 3 HGB)

7.1.3.1 Stichtagsprinzip

Die Bilanz ist für den Schlusstag jedes Geschäftsjahres aufzustellen (§ 242 Abs. 1 HGB), d. h., der Bewertung sind grundsätzlich die Verhältnisse an diesem Stichtag zugrunde zu legen. Ereignisse, die ihre Ursache eindeutig nach dem Stichtag haben, sind grundsätzlich nicht zu berücksichtigen. Allerdings sind alle Erkenntnisse, die in der Zeit zwischen Bilanzstichtag und Bilanzaufstellung (bei besonders bedeutsamen Vorgängen sogar bis zur Bilanzfeststellung) über Vorgänge und Umstände von Bewertungsrelevanz zu Tage treten, in den Jahresabschluss einzubeziehen.

Darüber hinaus sind Ereignisse negativer Art, die für das neue Geschäftsjahr erwartet werden, jedoch für die Bewertungsobjekte am vorausgehenden Bilanzstichtag von Bedeutung sind, in Form von außerplanmäßigen Abschreibungen, vorsichtiger Bewertung, Rückstellungen sowie einer entsprechenden Berichterstattung im Lagebericht zu berücksichtigen. Dagegen verbietet das Realisationsprinzip eine analoge Vorgehensweise bei entsprechenden Ereignissen positiver Art.

Gesetzlich normierte **Abweichungen vom Stichtagsprinzip** sind (vgl. ADS § 252 Tz 45):

- das gemilderte Niederstwertprinzip (§ 253 Abs. 2 Satz 3 HGB),
- die Berücksichtigung künftiger Wertschwankungen (§ 253 Abs. 3 Satz 3 HGB),
- die Abschreibungen im Rahmen vernünftiger kaufmännischer Beurteilung (§ 253 Abs. 4 HGB),
- das Beibehaltungswahlrecht (§ 253 Abs. 5 HGB).

7.1.3.2 Grundsatz der Einzelbewertung

Daneben formuliert § 252 Abs. 1 Nr. 3 HGB das Gebot der Einzelbewertung, das besagt, dass jeder Vermögensgegenstand und jeder Schuldposten für sich zu bewerten ist, d. h., dass Wertminderungen und Wertsteigerungen nicht saldiert dargestellt werden dürfen und dass die Bewertung nach den individuellen Gegebenheiten jedes einzelnen Vermögensgegenstandes bzw. Schuldpostens zu erfolgen hat.

Zurechnungsschwierigkeiten bei der Ermittlung der Anschaffungs- und Herstellungskosten bestehen vor allem im Zusammenhang mit der Bewertung mehrerer gleichartiger Vermögensgegenstände, die zu verschiedenen Zeitpunkten mit unterschiedlichen Preisen erworben wurden und bei denen im Laufe des Jahres Abgänge erfolgten, ferner bei so genannten **Sachgesamtheiten** (vgl. S. 160).

Oft stehen mehrere Vermögensgegenstände in so engem technischen, wirtschaftlichen oder organisatorischen Zusammenhang, dass sie nur miteinander und in einer bestimmten Anordnung einer sinnvollen Nutzung zugeführt werden können. Sie sind somit auch einer einzelnen Bewertung nicht fähig.

Voraussetzung für die Annahme einer solchen Sachgesamtheit ist das Vorhandensein eines **einheitlichen Nutzungs- und Funktionszusammenhangs** im Hinblick auf die Leistungserstellung (z. B. die Sachgesamtheit Auto). Eine Sachgesamtheit ist nicht anzunehmen, wenn eine eigene selbstständige Nutzungsfähigkeit der einzelnen Vermögensgegenstände vorliegt, d. h. wenn der Gegenstand ohne wesentliche Veränderung aus seinem bisherigen Nutzungszusammenhang herausgelöst und in einen anderen Nutzungszusammenhang gestellt werden kann (Separierbarkeit des Leistungsbeitrages). Dies ist z. B. der Fall bei einzelnen Straßenleuchten eines von einem Energieversorgungsunternehmen in seinem Versorgungsgebiet betriebenen Beleuchtungssystems (BFH-Urteil, BStBl 1974 II, S. 2) oder bei Kanaldielen, die im Tiefbau zum Abstützen von Erdwänden verwendet werden (BFH-Urteil, BStBl 1977 II, S. 144). Für das Vorhandensein einer Sachgesamtheit spricht dagegen eine weitgehend homogene Nutzungsdauer.

Gesetzliche **Ausnahmeregelungen vom Grundsatz der Einzelbewertung** sind die Festbewertung (§ 240 Abs. 3 HGB) und die Gruppenbewertung (§ 240 Abs. 4 HGB). Ferner kann von einer Einzelbewertung abgesehen werden, wenn die individuelle Ermittlung des Wertes oder der Risiken eines einzelnen Bewertungsobjekts unmöglich oder nur mit unvertretbarem Zeit- und Kostenaufwand möglich ist (z. B. Garantierückstellungen auf die Gesamtverkäufe von Massenprodukten einer Periode, Abschläge auf Vorratsmaterial, Forderungsabschreibungen u. a.). Bei der Anwendung so genannter Bewertungsvereinfachungsverfahren (§ 256 HGB) werden zwar die einzelnen Vermögensgegenstände separat bewertet, doch ist ihr Wertansatz nicht unabhängig von einer fiktiven Verbrauchsfolge des Gesamtbestandes zu bestimmen.

7.1.4 Grundsatz der Vorsicht (§ 252 Abs. 1 Nr. 4 HGB)

Hierbei handelt es sich um einen Oberbegriff für verschiedene Bewertungsgrundsätze, der überall dort zur Leitlinie wird, wo auf Grund unvollständiger Information oder der Ungewissheit künftiger Ereignisse Ermessensspielräume bestehen. Als beispielhaften Ausdruck des Vorsichtsgedankens beschreibt das Gesetz in § 252 Abs. 1 Nr. 4 HGB

- das Realisationsprinzip,
- das Imparitätsprinzip und
- das Wertaufhellungsprinzip.

Die Anwendung des Vorsichtsprinzips bei bilanzpolitischen Entscheidungen bedeutet, dass alle Gesichtspunkte, die für die Bewertung von Bedeutung sein können, sorgfältig und vollständig zu erfassen sind, insbesondere solche, die eingetretene Verluste erkennen lassen oder die auf bestehende Risiken hindeuten. Vorsicht heißt nicht, dass von der Verlust bringendsten Annahme (worst case) auszugehen ist. Es ist auch nicht der wahrscheinlichste Wert anzusetzen. ADS § 252 Tz 68 schlagen vor, bei mehreren Schätzungsalternativen eine etwas pessimistischere als die wahrscheinlichste zu wählen.

Dem Vorsichtsgrundsatz als übergreifendem Bewertungsgrundsatz ist jeweils innerhalb der einzelnen Bewertungsmethoden Rechnung zu tragen, wobei eine stille Reservenbildung durch willkürliche Unterbewertung zu unterbleiben hat. Auch die Abschreibung nach § 253 Abs. 4 HGB hat ihre Grenze in der vernünftigen kaufmännischen Beurteilung, die eine angemessene Risikovorsorge rechtfertigt, Übertreibungen nach allen Seiten bzw. gar eine Sofortabschreibung jedoch unterlässt.

Das Vorsichtsprinzip kommt insbesondere bei der Bemessung der Abschreibungen, der Bewertung des Vorratsvermögens und der Forderungen sowie der Dotierung der Rückstellungen zum Tragen. Dabei wird auf bestimmte Risiken abgestellt, nicht auf das allgemeine Unternehmerrisiko. Vorhersehbar sind Risiken, wenn eine vernünftige kaufmännische Beurteilung sie als mögliche künftige Wertminderungen, Verluste oder Schulden erkennen muss und wenn für ihren Eintritt eine gewisse Wahrscheinlichkeit spricht.

Hinweis
Das **Vorsichtsprinzip kommt in den IAS/IFRS** zwar vor (F.37, IAS 1.20), spielt aber dort nur eine **untergeordnete Rolle**. Es wird dominiert von dem übergeordneten Bilanzzweck »entscheidungsnützlicher Informationen« für Investoren (vgl. F.10).

7.1.4.1 Realisationsprinzip

Das Realisationsprinzip gebietet, Gewinne erst auszuweisen, wenn sie als realisiert anzusehen sind, d. h., Ausgaben (etwa für die laufende Produktion) sind so lange erfolgsneutral zu behandeln (z. B. durch die Aktivierung von fertigen und unfertigen Erzeugnisbeständen), bis zurechenbare Einnahmen (Erträge) entstehen.

Dabei wurde lange diskutiert, wann der **Realisationszeitpunkt** anzunehmen sei. Die heutige Meinung sieht ihn im Zeitpunkt des Gefahrenübergangs, der Auslieferung und Rechnungsstellung gegeben, wenn also ein Anspruch auf Gegenleistung geltend gemacht werden kann und nur noch das Forderungs- und Gewährleistungsrisiko besteht. Lediglich bei langfristiger Fertigung von Großprojekten wird eine so genannte Teilgewinnrealisierung unter bestimmten Voraussetzungen für zulässig gehalten, wenn es sich dabei um

- abgrenzbare Teilprojekte (Bauabschnitte) handelt,
- eine Zwischenabrechnung erfolgt ist und
- langfristige Fertigungen einen wesentlichen Teil der Unternehmenstätigkeit ausmachen,

sodass eine Gewinnrealisierung nach Abwicklung des Gesamtauftrages zu einer nicht unerheblichen Beeinträchtigung des Einblicks in die Ertragslage des Unternehmens führen würde. Ferner dürfen keine unkontrollierbaren Risiken bezüglich Abnahme des Objektes, Garantieleistungen, Nachbesserungen und sonstiger Einwendungen vorliegen (ADS § 252 Tz 88).

Hinweis
Nach IAS/IFRS erfolgt bei langfristiger Auftragsfertigung eine Gewinnrealisierung nach der »**stage-of-completion-method**«, nach der Umsatzerlöse und Bruttogewinne über die Vertragsdauer hinweg je nach Fertigungsfortschritt ausgewiesen werden (IAS 11.22).

7.1.4.2 Imparitätsprinzip

Das Imparitätsprinzip gebietet als Ausdruck des Vorsichtsgedankens eine Ungleichbehandlung von Gewinnen und Verlusten in Bezug auf den Zeitpunkt ihres Ausweises. Während Gewinne gemäß dem Realisationsprinzip erst im Zeitpunkt ihrer Realisierung auszuweisen sind, sind Verluste bereits vor Realisierung im Zeitpunkt ihrer Erkennbarkeit zu berücksichtigen, selbst wenn sie erst zwischen dem Abschlussstichtag und dem Tag der Aufstellung bekannt geworden sind. Hierzu müssen objektive Anzeichen für einen drohenden Verlust bzw. für Wertminderungen gegeben sein.

Ziel dieser Regelung ist, die Darstellung einer zu optimistischen Ertragslage zu verhindern wie auch erfolgsabhängige Zahlungen in einem Ausmaß zu vermeiden, das in bereits erkennbarer Weise die Möglichkeiten des Unternehmens übersteigt und zur Gefahr für seinen Bestand werden kann.

7.1.4.3 Wertaufhellungsprinzip

§ 242 Abs. 1 und 2 HGB bestimmt, dass der Jahresabschluss auf den Schluss eines jeden Geschäftsjahres aufzustellen ist (Stichtagsprinzip). Auch die Bewertung hat auf den Abschlussstichtag zu erfolgen (§ 252 Abs. 1 Nr. 3 HGB). Das Wertaufhellungsprinzip beinhaltet die Frage, inwieweit Informationen, die nach dem Bilanzstichtag bis zur Bilanzaufstellung oder -feststellung gewonnen werden, Berücksichtigung finden können oder müssen. Dabei sind zwei weitere Fragen zu klären:

– Informationen welcher Art und welchen Umfangs sind noch einzubeziehen?
– Bis zu welchem Stadium der Jahresabschlusserstellung sind sie zu berücksichtigen?

Hierbei gelten folgende Grundsätze:

(1) Nur Vorgänge und Tatsachen, die bis zum Bilanzstichtag eingetreten sind, sind zu berücksichtigen.
(2) Am Bilanzstichtag **noch nicht existente**, sondern erst danach eintretende Vorgänge und Tatsachen sind nicht zu berücksichtigen.
(3) Nicht nur vorhersehbare Risiken und Verluste sind einzubeziehen, sondern infolge des Grundsatzes der Richtigkeit alle, also auch Gewinn erhöhende Ereignisse, soweit es das Realisationsprinzip zulässt.
(4) Am Bilanzstichtag existente Vorgänge und Tatsachen, die dem Bilanzierenden aber erst danach bekannt werden, **müssen** längstens **bis zum Tag der Aufstellung** des Jahresabschlusses berücksichtigt werden. Ereignisse vor dem Bilanzstichtag, die erst zwischen Aufstellung und **Feststellung** (z. B. durch die entsprechenden Organe einer AG) bekannt werden, sollten nur dann noch Berücksichtigung finden, wenn es sich um solch bedeutsame Vorgänge handelt, dass deren Außerachtlassung dem Feststellungsorgan des Unternehmens den Vorwurf einer Pflichtverletzung eintragen könnte (ADS § 252 Tz 78).

Unternehmen, die einen **Lagebericht** aufstellen müssen, haben als weiteren Ausdruck des Wertaufhellungsprinzips über Vorgänge von besonderer Bedeutung zu berichten, die nach dem Schluss des Geschäftsjahres eingetreten sind (§ 289 Abs. 2 Nr. 1 HGB).

(5) Da das aus dem Richtigkeitsgrundsatz abgeleitete Wertaufhellungsgebot einen **zwingenden GoB** darstellt, gibt es für die Einbeziehung nachträglich bekannt gewordener Informationen über Vorgänge und Tatsachen vor dem Bilanzstichtag **kein Wahlrecht**.

Aufgabe 4.32 *(Wertaufhellung) S. 371*

7.1.5 Grundsatz der Periodenabgrenzung (§ 252 Abs. 1 Nr. 5 HGB)

Der Grundsatz der Periodenabgrenzung verlangt, Aufwendungen und Erträge unabhängig vom Zeitpunkt der entsprechenden Zahlungen im Jahresabschluss zu berücksichtigen. Damit wird die formale Voraussetzung für eine Periodenrechnung nach Art der doppelten Buchführung geschaffen, die sich von einer bloßen Einnahmen-Ausgaben-Rechnung unterscheidet.

Keine Aussage macht das Periodisierungsprinzip allerdings darüber, nach welchen Regeln die Erfolgswirkungen von Zahlungsvorgängen auf die einzelnen Perioden verteilt werden sollen. Vorrangig wird von der Literatur das Verursachungsprinzip als Zurechnungsprinzip verlangt, doch treten für bestimmte Fragen das Erkennbarkeits-, das Planmäßigkeits- und das Vorsichtsprinzip an seine Stelle. So findet

- das Verursachungsprinzip Anwendung bei der Bemessung der Rechnungsabgrenzungsposten,
- das Erkennbarkeitsprinzip bei der Bemessung von Rückstellungen und bei außerplanmäßigen Abschreibungen,
- das Planmäßigkeitsgebot bei planmäßigen Abschreibungen und
- das Vorsichtsprinzip bei der Anwendung des Niederstwertprinzips und des Anschaffungskostenprinzips.

7.1.6 Grundsatz der Methodenstetigkeit (§ 252 Abs. 1 Nr. 6 HGB)

Der Grundsatz der Methodenstetigkeit basiert auf dem Grundgedanken der dynamischen Bilanztheorie, wonach Jahresergebnisse im Zeitablauf vergleichbar sein müssen, um Schlüsse für ein Auf oder Ab der Geschäftsentwicklung ziehen zu können. Demnach verbietet es sich, durch Änderungen der Bewertungsmethoden einen falschen Schluss über die Geschäftsentwicklung nahe zu legen.

Unter **Bewertungsmethoden** sind in dem Zusammenhang bestimmte, in ihrem Ablauf definierte Verfahren der Wertfindung zu verstehen, die den GoB entsprechen (z. B. zur Ermittlung der Anschaffungs- und Herstellungskosten). Das Gebot der Bewertungsstetigkeit greift dann ein, wenn es nebeneinander mehrere gesetzliche Verfahren **(Wahlrechte)** gibt oder wenn bei der Bewertung **Schätzungsspielräume** eingeräumt sind (z. B. bei »vernünftiger kaufmännischer Beurteilung«). In beiden Fällen soll der Kaufmann grundsätzlich an die im vorhergehenden Jahresabschluss angewandten Methoden gebunden sein. Ein willkürlicher Methodenwechsel (im Sinne von sachlich unbegründet) ist unzulässig.

Allerdings hindert das Stetigkeitsgebot den Kaufmann nicht, steuerliche Bewertungswahlrechte jährlich unterschiedlich auszuüben.

Zwingende Abweichungen auf Grund von Einzelvorschriften (z. B. außerplanmäßige Abschreibungen abnutzbarer Anlagegegenstände) berühren das Stetigkeitsprinzip nicht. Gleiches gilt für zusätzliche Abschreibungen nach § 253 Abs. 4 HGB.

Aus der Forderung nach Vergleichbarkeit folgt ferner auch, dass art- und funktionsgleiche Bewertungsobjekte nicht beliebig nach unterschiedlichen Methoden bewertet werden dürfen (**sachliche Stetigkeit**; ADS § 252 Tz 107).

Dennoch muss es für einen Kaufmann möglich sein, die Bewertungspolitik veränderten Verhältnissen anzupassen. Für Kapitalgesellschaften besteht eine Angabepflicht sowohl für die angewandten Bilanzierungs- und Bewertungsmethoden als auch für Abweichungen von diesen mit entsprechender Darstellung des Einflusses auf die Vermögens-, Finanz- und Ertragslage (§ 284 Abs. 2 Nr. 1 und 3 HGB).

Das Spannungsfeld zwischen Kontinuität und Flexibilität im Rahmen des als Sollvorschrift formulierten Stetigkeitsgrundsatzes löste in der Literatur eine lebhafte Diskussion aus. Fazit ist, dass ein sachlich begründeter Methodenwechsel zulässig, ein willkürlicher Methodenwechsel dagegen verboten ist. Ein **sachlich begründeter Methodenwechsel** kommt z. B. in Betracht bei technischen Umwälzungen, wesentlichen Veränderungen des Beschäftigungsgrades, der Finanz-, Kapital- und Gesellschafterstruktur, Produktions- und Sortimentsumstellungen.

Der Stetigkeitsgrundsatz bezieht sich nicht auf die Ansatzwahlrechte. Hier ist jeder Fall seiner individuellen Eigenart entsprechend verschieden zu behandeln. Dennoch wird auch im Bereich der Bilanzierung (Ansatzvorschriften) eine willkürliche Ausübung von Wahlrechten abgelehnt.

(Weitere bewertungsrelevante GoB vgl. Abbildung 4.21)

Bezeichnung des Grundsatzes	Inhalt des Grundsatzes
Anschaffungswertprinzip	Vermögensgegenstände sind höchstens mit den Anschaffungs- oder Herstellungskosten anzusetzen (§ 253 Abs. 1 HGB).
Strenges und gemildertes Niederstwertprinzip	Bei Vorliegen der Voraussetzungen ist ein niedrigerer Wert anzusetzen bzw. darf angesetzt werden (§ 253 Abs. 2 und 3 HGB).
Gebot der Planmäßigkeit von Abschreibungen	Anlagegegenstände mit zeitlich begrenzter Nutzungsdauer sind planmäßig abzuschreiben (§ 253 Abs. 2 HGB).
Grundsatz der Methodenbestimmtheit des Wertansatzes	Der Wertansatz eines Vermögensgegenstandes oder einer Schuld muss sich aus einer bestimmten Bewertungsmethode ergeben, d.h., es darf kein Wert gewählt werden, der zwischen zwei nach unterschiedlichen Methoden bestimmten Wertansätzen liegt. Dem ist auch die Vorschrift des § 253 Abs. 4 HGB unterzuordnen.
Grundsatz der Willkürfreiheit	Er fordert eine Bewertung, die von sachfremden Erwägungen frei ist und durch Offenlegung der Annahmen, Prämissen und Erwartungen, die zu einem bestimmten Wertansatz geführt haben, intersubjektiv, d.h. von einem sachverständigen Dritten, nachprüfbar ist (§§ 284 Abs. 2, 285 HGB u.a.).
Grundsatz der Unabhängigkeit der Bewertungsmethoden vom Jahresergebnis	Das Jahresergebnis soll sich am Ende des Bilanzierungs- und Bewertungsvorgangs als Restgröße ergeben und nicht umgekehrt.
Grundsatz der Wesentlichkeit (Materiality)	Er kommt aus dem angelsächsischen Bereich und besagt, dass die für die Adressaten des Jahresabschlusses bedeutsamen Vorgänge offen zu legen sind, während Sachverhalte von untergeordneter Bedeutung, die wegen ihrer Größenordnung keinen Einfluss auf das Jahresergebnis und den Aussagegehalt der Rechnungslegung haben, vernachlässigt werden können. Der Materiality-Grundsatz ist durch das Spannungsfeld zwischen Klarheit und Übersichtlichkeit einerseits und Genauigkeit andererseits gekennzeichnet.

Abb. 4. 21: Weitere bewertungsrelevante GoB außerhalb des § 252 HGB

Kontrollfragen
1. Erläutern Sie die Begriffe der formellen und materiellen Bilanzkontinuität.
2. In welchen Fällen darf von bisher angewandten Bewertungsmethoden abgewichen werden?
3. Wann ist nach der Going-Concern-Prämisse zu bewerten, und wann ist von ihr abzuweichen? Welche Bewertungsgrundsätze gelten dann jeweils?
4. Wie sind Stichtagsprinzip und Wertaufhellungsgebot in Einklang zu bringen?
5. Was versteht man unter Sachgesamtheit?
6. In welchen Fällen widersprechen sich Realisations- und Imparitätsprinzip?

7.2 Bewertungsmaßstäbe

7.2.1 Anschaffungskosten

7.2.1.1 Begriff der Anschaffungskosten

Nach § 255 Abs. 1 HGB sind Anschaffungskosten die Aufwendungen, die geleistet werden, um einen Vermögensgegenstand zu erwerben und ihn in einen betriebsbereiten Zustand zu versetzen, soweit sie dem Vermögensgegenstand einzeln zugeordnet werden können. Zu den Anschaffungskosten gehören auch die Nebenkosten sowie die nachträglichen Anschaffungskosten. Anschaffungspreisminderungen sind abzusetzen. Folgende Merkmale kennzeichnen somit den handels- und steuerrechtlichen Anschaffungskostenbegriff.

(1) Es muss sich um Aufwendungen handeln, d. h. der Begriff nimmt Bezug auf pagatorische Größen, die eine echte Vermögensminderung bewirken. Grundlage für die Ermittlung der Anschaffungskosten ist der Kaufpreis.
(2) Es muss sich um einen Vermögensgegenstand handeln.
(3) Es muss sich um einen Erwerbsvorgang handeln, nicht notwendigerweise um einen Kauf. Auch Leasing, Tausch, Schenkung sind möglich. Wesentlich ist, dass die tatsächliche Verfügungsmacht über den Gegenstand erlangt wird.
(4) Es sind Aufwendungen einzubeziehen, die bis zur Erlangung der Betriebsbereitschaft des Vermögensgegenstandes anfallen. Der Erwerbsvorgang endet also nicht schon bei der Anlieferung des Vermögensgegenstandes, womit die Anschaffungsnebenkosten angesprochen sind.
(5) Die Aufwendungen müssen dem Vermögensgegenstand einzeln zuzuordnen sein. Gemeinkosten im Zusammenhang mit dem Beschaffungsvorgang (z. B. Personalkosten der Einkaufsabteilung, Kosten des Angebotsvergleichs, Kosten der Geldbeschaffung, Stundungs- und Verzugszinsen, Finanzierungskosten des Kaufpreises, anteilige Sachkosten der Warenannahme, Löhne für Transport und Entladen, sofern diese Gemeinkosten sind) bleiben außer Ansatz. Dies gilt auch für entsprechende Anschaffungsnebenkosten.
(6) Kaufpreisminderungen (Rabatt, Skonto, Bonus u. a.) verringern die Anschaffungskosten.
(7) Nach dem Abschluss des eigentlichen Anschaffungsvorgangs entstehende Aufwendungen können Anschaffungskosten sein, falls sie die Voraussetzungen des Anschaffungskostenbegriffs erfüllen, z. B. nachträgliche Maßnahmen zur Schaffung der Betriebsbereitschaft, nachträglich erhobene Zölle und Grunderwerbsteuer. Entsprechend verringern nachträgliche Anschaffungskostenminderungen (nachträglicher Rabatt, Minderung wegen Mängeln, zurückgewährte Entgelte) die Anschaffungskosten.

Bei vorsteuerabzugsberechtigten Unternehmern ist die Vorsteuer kein Bestandteil der Anschaffungskosten. Soweit jedoch die Vorsteuer nicht abzugsfähig ist, gehört sie unter den Voraussetzungen des § 9b EStG zu den Anschaffungskosten des betreffenden Vermögensgegenstandes.

Die Vielfalt wirtschaftlicher Erwerbsvorgänge bedingt, dass einige **Sonderfälle** speziell zu klären sind in Bezug auf ihre Bedeutung für die Anschaffungskosten.

Aufgabe 4.33 *(Umfang der Anschaffungskosten) S. 371*

Aufgabe 4.34 *(Erschließungsbeiträge als nachträgliche Anschaffungskosten) S. 372*

Aufgabe 4.35 *(Retrograde Ermittlung der Anschaffungskosten) S. 372*

7.2.1.2 Anschaffungskosten bei Erwerb auf Rentenbasis

Manchmal wird anstelle eines Kaufpreises eine Rentenzahlung vereinbart. Der für diese Rentenverpflichtung erworbene Vermögensgegenstand ist mit dem Rentenbarwert zu aktivieren. Gleichzeitig ist eine entsprechend große Rentenverbindlichkeit zu passivieren. Durch die Abzinsung auf den Barwert ist die Summe der späteren Rentenzahlungen größer als der entsprechende Bilanzansatz.

Aufgabe 4.36 *(Anschaffungskosten bei Rentenzahlung) S. 372*

7.2.1.3 Anschaffungskosten bei Ratenkäufen

Ähnlich bestimmen sich die Anschaffungskosten bei Ratenkäufen von Vermögensgegenständen, die sich als Kaufpreisstundung und Bezahlung in Teilbeträgen darstellen. Die Anschaffungskosten ergeben sich aus der Barwertsumme der einzelnen Raten, die in der Regel mit dem Barzahlungspreis identisch sein dürfte. Ratenkäufe bzw. Abzahlungsgeschäfte finden häufig gegenüber dem Letztverbraucher statt (vgl. die Bestimmungen zum Verbraucherdarlehensvertrag §§ 491 ff. BGB). Zu ihrer Verbuchung vgl. Band II.

7.2.1.4 Anschaffungskosten bei Mietkaufverträgen

Im Zusammenhang mit Mietkaufverträgen, also Verträgen über die Vermietung eines Vermögensgegenstandes bei Einräumung einer Kaufoption an den Mieter, ist nach steuerrechtlichen Grundsätzen insbesondere die bilanzielle Zurechnung des Vermögensgegenstandes sowie die Höhe der jeweiligen Anschaffungskosten zu klären.

Zu unterscheiden sind zwei Vertragstypen, nämlich Kauf nach Miete und Mietkauf.

Kauf nach Miete

Hier handelt es sich um einen normalen Mietvertrag mit angemessener Miete ohne feste Mietdauer mit üblichen Kündigungsmöglichkeiten, wobei nach einiger Zeit eine Vereinbarung getroffen wird, den Vermögensgegenstand an den bisherigen Mieter zum Zeitwert zu verkaufen. Maßgebend für den Verkaufspreis ist lediglich der Zeitwert und nicht die bisher aufgelaufenen Mietzahlungen. Dieser Fall ist unproblematisch, die Anschaffungskosten entsprechen dem Markt- oder Börsenpreis im Zeitpunkt des Übergangs.

Mietkauf

Auch hierbei handelt es sich um einen Mietvertrag, bei dem gleichzeitig oder kurze Zeit später ein Kaufrecht eingeräumt wird, wobei die zunächst vereinbarte ungewöhnlich hohe Miete voll auf den Kaufpreis angerechnet wird. Unter bestimmten Voraussetzungen sind solche Mietverträge steuerrechtlich von vornherein als Kaufverträge anzusehen, wobei die gesamten Leistungen des Erwerbers (Mieten, Kaufpreis) als Anschaffungskosten zu aktivieren und abzuschreiben sind.

Es wird somit zwischen echtem Mietkauf und unechtem Mietkauf bzw. Ratenkauf unterschieden. Im Gegensatz zum **echten Mietkauf**, der wie Kauf nach Miete ausgestaltet ist, wird beim **unechten Mietkauf** bereits von Anfang an an einen Kaufvertrag gedacht. Die festgesetzte, in der Regel unkündbare Mietdauer wird so bemessen, dass nach Ablauf dieser Mietzeit die betriebsgewöhnliche Nutzungsdauer praktisch vorbei und daher der Mieter von Anfang an wirtschaftlich Eigentümer des Vermögensgegenstandes ist. Die vereinbarte Miete ist bei wirtschaftlicher Betrachtungsweise bezüglich Höhe, Dauer und Fälligkeit als echte Mietzahlung ungewöhnlich, jedoch als Kaufpreisrate besser verständlich. Bei Übergang zum Kaufvertrag werden die überhöhten Mietbeträge voll auf den Kaufpreis (Listenpreis zum Zeitpunkt des Abschlusses des Mietvertrages) angerechnet, wobei dieser Kaufpreis bereits bei Abschluss des vorgeschalteten Mietvertrages fest vereinbart wird; dabei zeigt sich, dass der Kaufpreis bei Anrechnung der vorausgegangenen Mietzahlungen weit unter dem Zeitwert des Vermögensgegenstandes beim Eigentumsübergang liegt. In diesen Fällen wird **steuerlich** das wirtschaftliche Eigentum von Anfang an dem Erwerber zugerechnet, wobei die Mietzahlungen als Kaufpreisraten interpretiert werden und die Regeln über den Ratenkauf zur Anwendung gelangen.

7.2.1.5 Anschaffungskosten bei Leasing

Von besonderer praktischer Bedeutung ist das Leasing in verschiedenen Ausprägungsformen. Maßgebend sind die Fragen der bilanziellen Zuordnung des Leasinggegenstandes sowie der Höhe der Anschaffungskosten zu Beginn des Leasingverhältnisses und für den Zeitpunkt eines eventuellen Kaufs nach Ablauf der Grundmietzeit. Dabei ist das Verhältnis zwischen betriebsgewöhnlicher Nutzungsdauer und Grundmietzeit sowie im Fall des anschließenden Erwerbs das Verhältnis zwischen Kaufpreis und Buch- oder Zeitwert wichtig (vgl. S. 141 f.).

Zurechnung zum Leasinggeber: Wird der Leasinggegenstand dem Leasinggeber zugerechnet, so ist dieser bei ihm zu aktivieren und auf die betriebsgewöhnliche Nutzungsdauer abzuschreiben, die Leasingraten sind bei ihm Ertrag. Der Leasingnehmer aktiviert den Gegenstand nicht, für ihn sind Leasingraten Aufwand.

Zurechnung zum Leasingnehmer: Wird dagegen der Leasinggegenstand dem Leasingnehmer zugerechnet, so aktiviert dieser den Gegenstand mit den Anschaffungskosten, die für den Leasinggeber maßgebend wären, zuzüglich eigener Anschaffungsnebenkosten. Gleichzeitig ist eine Verbindlichkeit in Höhe der aktivierten Anschaffungskosten (ohne eigene Anschaffungsnebenkosten) zu passivieren. Da die Summe der Leasingraten in der Regel höher ist als die zugrunde liegenden Anschaffungskosten, sind die einzelnen Leasingraten in einen erfolgswirksamen Zins- und Kostenanteil und einen erfolgsneutralen Tilgungsanteil aufzuteilen. Entsprechend hat der Leasinggeber eine Forderung in Höhe der Verbindlichkeit des Leasingnehmers zu aktivieren und die Leasingraten in einen Zins- und Ertragsanteil und einen Tilgungsanteil aufzuteilen (vgl. BMF vom 21. 03. 1972, BStBl I 1972, S. 188).

7.2.1.6 Anschaffungskosten bei Tausch

Beim Tausch als Erwerbsvorgang durch wechselseitiges Anschaffungs- und Veräußerungsgeschäft sind die folgenden Fälle zu unterscheiden:

(1) Tausch gleichwertiger Vermögensgegenstände,
(2) Tausch mit Zuzahlung, wobei Wertunterschiede zwischen den getauschten Vermögensgegenständen durch Zuzahlung ausgeglichen werden,
(3) Tausch mit Zuzahlung und verdecktem Preisnachlass, wenn ein Unternehmen den in Zahlung genommenen Vermögensgegenstand mit einem höheren Betrag auf die eigene Leistung anrechnet, als es dem gemeinen Wert entspricht.

In allen Fällen wird bei der Bestimmung der Anschaffungskosten auf den so genannten gemeinen Wert Bezug genommen. Steuerrechtlich bewirken Tauschvorgänge eine Gewinnrealisierung (§ 6 Abs. 6 Satz 1 EStG), während handelsrechtlich meist ein Wahlrecht (Gewinnrealisierung oder ergebnisneutrale Behandlung) angenommen wird (ADS § 255 Tz 90 ff.).

Tausch gleichwertiger Vermögensgegenstände

Hier entsprechen die Anschaffungskosten dem gemeinen Wert, der bei beiden Tauschgegenständen gleich groß ist.

Der vom BFH zugelassene Sonderfall des erfolgsneutralen Tauschs beim **Tausch von Anteilen an Kapitalgesellschaften** (sog. Tauschgutachten, BFH BStBl II 1959, S. 30) ist auf Grund der gesetzlichen Neuregelung des Tauschs in § 6 Abs. 6 EStG nach dem Willen des Gesetzgebers seit 1999 nicht mehr möglich (BT-Drucksache 14/23, S. 242), was aber inzwischen angezweifelt wird.

Tausch mit Zuzahlung

Ein Tauschgeschäft mit Zuzahlung hat in der Praxis vor allem beim Autokauf Bedeutung. Die Anschaffungskosten bestimmen sich folgendermaßen:

Anschaffungskostenbestimmung beim **Erwerber** eines neuen Firmenwagens unter Inzahlunggabe eines Gebrauchtwagens:

    Gemeiner Wert des Gebrauchtwagens (brutto)
    + geleistete Aufzahlung für den erworbenen Neuwagen
    = Bruttobetrag des Neuwagens
    ·/· abzugsfähige Vorsteuer
    = Anschaffungskosten des Neuwagens

Anschaffungskostenbestimmung beim **Autohaus**, das einen Gebrauchtwagen als Anzahlung für einen verkauften Neuwagen hereinnimmt:

    Gemeiner Wert des veräußerten Neuwagens
    ·/· erhaltene Aufzahlung für den Neuwagen
    = Bruttobetrag für den Gebrauchtwagen
    ·/· abzugsfähige Vorsteuer
    = Anschaffungskosten des Gebrauchtwagens

Beispiel

Ein Kaufmann erwirbt einen Firmenwagen und gibt einen Gebrauchtwagen in Zahlung. Der Händler bietet für den Gebrauchtwagen 17 400 € und verlangt eine Aufzahlung in Höhe von 29 000 €.

Die Anschaffungskosten des Neuwagens betragen 40 000 € (46 400 € abzüglich Vorsteuer), die Anschaffungskosten des Gebrauchtwagens beim Händler betragen 15 000 € (17 400 € abzüglich Vorsteuer).

Dieses Beispiel zeigt, dass der Übergang von Fall 2 zu Fall 3 fließend ist, wenn der Händler, um das Geschäft zu machen, mehr für den Gebrauchtwagen geboten hat, als dieser wert ist.

Tausch mit Zuzahlung und verdecktem Preisnachlass
Insbesondere hier liegt das Problem, in der Praxis den zutreffenden gemeinen Wert für das eingetauschte Wirtschaftsgut zu schätzen.
Zu Tausch und tauschähnlichen Vorgängen vgl. auch Band 3 »Steuerrecht«.

7.2.1.7 Anschaffungskosten bei unentgeltlichem Erwerb

Auch unentgeltlich erworbene Vermögensgegenstände sind infolge des Vollständigkeitsgebots (§ 246 Abs. 1 HGB) in den Jahresabschluss aufzunehmen, ausgenommen unentgeltlich erworbene immaterielle Vermögensgegenstände des Anlagevermögens (§ 248 Abs. 2 HGB).

Steuerlich gilt bei unentgeltlicher Übertragung eines Einzelwirtschaftsgutes **in das Betriebsvermögen eines anderen Steuerpflichtigen** der **gemeine Wert** als Anschaffungskosten (§ 6 Abs. 4 EStG).
Buchung:
Bestandskonto an a. o. Ertrag

Die Übertragung **in ein anderes Betriebsvermögen desselben Steuerpflichtigen** ist nach § 6 Abs. 5 Satz 1 EStG jedoch zwingend erfolgsneutral zum **Buchwert** vorzunehmen, es sei denn, die Besteuerung der stillen Reserven ist z. B. infolge der Überführung des Wirtschaftsgutes in eine ausländische Betriebsstätte nicht gesichert.

Ist die **Schenkung mit Auflagen** verbunden, so werden diese nicht als teilweise Gegenleistung angesehen.
Gemischte Schenkungen liegen vor, wenn im Vertrag zwar eine Gegenleistung vereinbart wird, diese aber bewusst unter dem Verkehrswert des übereigneten Gegenstandes liegt. Hier ist ebenfalls der gemeine Wert als Anschaffungskosten anzusetzen.

7.2.1.8 Anschaffungskosten bei Erwerb mehrerer Vermögensgegenstände zu einem Gesamtpreis

Ist ein Gesamtanschaffungspreis (z. B. für einen Betrieb oder ein bebautes Grundstück) auf einzelne Vermögensgegenstände zu verteilen (Grundsatz der Einzelbewertung, § 252 Abs. 1 Nr. 3 HGB), so ist zunächst der Zeitwert der einzelnen Vermögensgegenstände zu bestimmen. Übersteigen die Gesamtanschaffungskosten die Summe der Zeitwerte bei Kauf eines Betriebes, so kann ein Firmenwert gebildet werden. Unterschreiten die Gesamtanschaffungskosten dagegen die Summe der Zeitwerte, so ist es nahe liegend, von allen Zeitwerten den gleichen Prozentsatz abzuschlagen. Auch eine andere Methode, die Risiko- oder Rentabilitätsgesichtspunkte gewichtet (z. B. bei veralteter und moderner Anlage), ist möglich. Kapitalgesellschaften müssen über die angewandte Methode nach § 284 Abs. 2 Nr. 1 HGB im Anhang berichten.

7.2.1.9 Anschaffungskosten bei Schwund

Je nach Branche kann erfahrungsgemäß ein bestimmter Teil der angelieferten Gegenstände während des Transports oder im Zuge der Einlagerung verderben, zerstört werden, sich verflüchtigen oder aus einem anderen Grunde verloren gehen. In derartigen Fällen verteilen sich die Anschaffungskosten des gesamten erworbenen Postens auf diejenigen Teile, die unversehrt in das Lager des Erwerbers gelangen. Der durch Lagerung, spätere Verarbeitung oder Veräußerung verloren gehende Teil berührt die ursprüngliche Festsetzung der Anschaffungskosten nicht.

7.2.1.10 Anschaffungskosten bei Übertragung stiller Reserven

Eine weitere Besonderheit liegt in den Anschaffungskosten bei Übertragung stiller Reserven auf Grund spezifischer steuerlicher Vorschriften (§ 6b EStG, R 35 EStR). Als Anschaffungswert gilt handelsrechtlich der vor Übertragung stiller Reserven festgestellte Betrag. Der bei Übertragung vorzunehmende Abzug von den Anschaffungskosten wird im Handelsrecht als steuerlicher Abzug im Sinne des § 254 HGB eingestuft. Zur Buchungsweise vgl. Aufgabe 4.18 (Sonderposten mit Rücklageanteil).

7.2.1.11 Anschaffungskosten bei Zuschüssen

Zuschüsse sind Zuwendungen (Prämien, Beihilfen, Subventionen u. Ä.) meist aus Förderprogrammen der öffentlichen Hand, die nicht oder nur bedingt rückzahlbar sind. Private Zuschüsse sind selten und meist mit einer Gegenleistung verbunden, sodass sie als Vorauszahlungen anzusehen und zu behandeln sind.

Erhält ein Investor zum Kauf eines Vermögensgegenstandes einen öffentlichen Zuschuss, so hat er gemäß R 34 EStR die Wahl, entweder

- den Zuschuss von den Anschaffungs- oder Herstellungskosten des Vermögensgegenstandes abzuziehen, wodurch kein Ertrag im Zeitpunkt des Zuflusses entsteht, wohl aber ein verringertes Abschreibungspotenzial über die betriebsgewöhnliche Nutzungsdauer, oder
- er kann den Zuschuss ohne Kürzung der Anschaffungskosten im Zeitpunkt des Zuflusses als Ertrag verbuchen und über die Nutzungsdauer die vollen Abschreibungen verrechnen.

Dieses Wahlrecht besteht auch, wenn der Zuschuss in einem späteren Jahr nach der Anschaffung zufließt. Wird er vor der Anschaffung erhalten, so darf eine steuerfreie Rücklage gebildet werden; eine entsprechende Umbuchung auf die Anschaffungskosten kann noch nach der Anschaffung erfolgen.

Nach Ansicht des HFA[1] verstößt eine sofortige erfolgswirksame Verrechnung von Zuschüssen gegen den Grundsatz der Periodenabgrenzung. Er schlägt deshalb entweder ihre Absetzung von den Anschaffungs- oder Herstellungskosten vor oder die Bildung eines gesonderten Passivpostens, etwa mit der Bezeichnung »Sonderposten für Investitionszuschüsse«, der dann zeitanteilig aufzulösen ist.

---

1 Stellungnahme HFA 1/1984 i. d. F. 1990: Bilanzierungsfragen bei Zuwendungen, dargestellt am Beispiel finanzieller Zuwendungen der öffentlichen Hand, in: IdW-Fachgutachten/Stellungnahmen (Loseblattwerk), Düsseldorf, S. 131 ff.

Zu beachten ist, dass **Investitionszulagen** die steuerlichen Anschaffungs- oder Herstellungskosten nicht mindern dürfen. Da sie auch nicht zu den steuerpflichtigen Einkünften im Sinne des Einkommensteuergesetzes gehören (§ 9 InvZulG), wird der bei ihrer Vereinnahmung zu buchende Ertrag später außerhalb des Jahresabschlusses für Zwecke der Besteuerung als Negativposten erfasst, wodurch eine Besteuerung der Investitionszulage verhindert wird. Wenn ein Zuschuss nicht zu den steuerpflichtigen Einkünften zählt, muss dies in dem entsprechenden Gesetz ausdrücklich erwähnt sein.

Aufgabe 4.37 *(Anschaffungskosten bei Zuschüssen) S. 372*

7.2.1.12 Anschaffungskosten in ausländischer Währung

Sind Anschaffungskosten in ausländischer Währung zu entrichten, so werden sie bei Anzahlung oder Barzahlung durch den tatsächlich in Euro gezahlten Betrag bestimmt. Bei Zielkäufen ist die Fremdwährung zum maßgeblichen Wechselkurs bei Gefahrübergang umzurechnen (H 32a »Ausländische Währung« EStH).

7.2.1.13 Anschaffungskosten bei Übernahme von Verbindlichkeiten

Werden beim Erwerb von Vermögensgegenständen Verbindlichkeiten übernommen, so bilden sie einen Teil der Anschaffungskosten (H 32a »Schuldübernahmen« EStH). Die Verbindlichkeiten sind dabei stets zu passivieren.

7.2.1.14 Anschaffungskosten bei Kaufverträgen zwischen Konzernunternehmen

Bei Kaufverträgen zwischen Konzernunternehmen sind zur Bestimmung der Anschaffungskosten die tatsächlichen Ausgaben maßgebend. Übersteigen die Anschaffungskosten den Zeitwert der bezogenen Vermögensgegenstände jedoch offensichtlich, so sind sie höchstens mit den angemessen erscheinenden Beträgen anzusetzen. In Höhe des Unterschiedsbetrages kann die Aktivierung eines entsprechenden Rückgewährungsanspruchs in Betracht kommen (ADS § 255 Tz 71).

Kontrollfragen
1. Wie bestimmen sich die Anschaffungskosten?
2. Von welchen Kriterien macht der Verordnungsgeber die Zurechnung von Leasinggegenständen abhängig, und wie erfolgt die Zurechnung in den einzelnen Fällen?
3. Wie werden die Anschaffungskosten bei Tauschvorgängen ermittelt?
4. Welche Gründe sprechen für eine Verteilung von Zuschüssen auf die Nutzungsdauer eines Vermögensgegenstandes im Vergleich zum Sofortabzug?
5. Welche Probleme bestehen im Zusammenhang mit der Anschaffungskostenbestimmung bei Ratenkäufen und Käufen auf Rentenbasis?
6. Welche Vertragstypen des Mietkaufs sind denkbar, und welche Folgerungen zieht das Steuerrecht in Bezug auf die Anschaffungskosten?

7.2.2 Herstellungskosten

7.2.2.1 Begriff

Der Begriff der Herstellungskosten wird in § 255 Abs. 2 und 3 HGB umschrieben (vgl. Abbildung 4.22). In R 33 EStR sind die steuerrechtlichen Bestimmungen hierzu niedergelegt. Der Herstellungskosten-Begriff ist relevant für

- die Herstellung eines Vermögensgegenstandes,
- die Erweiterung eines vorhandenen Vermögensgegenstandes sowie
- die über seinen ursprünglichen Zustand hinausgehende wesentliche Verbesserung.

Die Bewertung zu Herstellungskosten findet Anwendung bei Vermögensgegenständen, die vom Unternehmen selbst hergestellt, bearbeitet, erweitert oder wesentlich verbessert wurden. Dabei kann es sich sowohl um veräußerungsbestimmte Gegenstände des Umlaufvermögens als auch um selbst erstellte Anlagen handeln.

Begriff der Herstellungskosten	Umfang der Herstellungskosten		Nicht zu den Herstellungskosten gehörig
	pflichtmäßig einzubeziehen	fakultativ einzubeziehen	
Die Aufwendungen, die durch - den Verbrauch von Gütern und - die Inanspruchnahme von Diensten für - die Herstellung eines Vermögensgegenstandes, - seine Erweiterung oder - eine über seinen ursprünglichen Zustand hinausgehende wesentliche Verbesserung entstehen.	1. Materialeinzelkosten, 2. Fertigungseinzelkosten, 3. Sonderkosten der Fertigung.	1. Angemessene Teile der notwendigen Material- und Fertigungsgemeinkosten, 2. angemessene Teile des Wertverzehrs des Anlagevermögens, soweit durch die Fertigung veranlasst, 3. Kosten der allgemeinen Verwaltung, dazu auch Aufwendungen – für soziale Einrichtungen des Betriebes, – für freiwillige soziale Leistungen, – für betriebliche Altersversorgung. Diese Posten dürfen nur insoweit in die Herstellungskosten einbezogen werden, als sie auf den Zeitraum der Herstellung entfallen.	1. Vertriebskosten, 2. Zinsen für Fremdkapital. Wenn dieses aber zur Finanzierung der Herstellung eines Wirtschaftsgutes verwendet wird, dürfen solche Zinsen aktiviert werden, die auf den Zeitraum der Herstellung entfallen.

Abb. 4.22: Begriff und Umfang der Herstellungskosten

Bei der Herstellungskosten-Berechnung bilden die Einzelkosten (Material- und Fertigungskosten sowie Sondereinzelkosten der Fertigung) die Berechnungsuntergrenze sowie die Summe aus Einzelkosten und einbeziehbaren Gemeinkosten und gegebenenfalls Fremdkapitalzinsen die Obergrenze. Durch die Bezugnahme in der Definition der Herstellungskosten auf den Aufwandsbegriff wird der pagatorische Charakter der Herstellungskosten deutlich. Kalkulatorische Kosten (Zusatzkosten) sind nicht einzubeziehen.

Durch die Einschränkung, nur angemessene Teile der notwendigen Material- und Fertigungsgemeinkosten einbeziehen zu dürfen, wird ein Hinweis auf einen zu unterstellenden normalen, üblichen, gewöhnlichen Beschäftigungsgrad gegeben. Unverhältnismäßig große Abweichungen von ihm sollten die Berechnung der Herstellungskosten nicht beeinflussen.

Der Beginn der Herstellung ist gegeben, wenn Handlungen vorgenommen werden, die auf die Herstellung des Vermögensgegenstandes gerichtet sind, d. h., auch Aufwendungen für Vorbereitungshandlungen gehen in die Herstellungskosten ein.

7.2.2.2 Ziel der Aktivierung

Das Ziel der Aktivierung selbst erstellter Anlagen und Erzeugnisse ist, den Vorgang gemäß dem Realisationsprinzip (§ 252 Abs. 1 Nr. 4 HGB) erfolgsneutral zu behandeln, bis zurechenbare Einnahmen gegenüberstehen. Buchhalterisch geschieht dies, indem die Aufwendungen bei der Herstellung meist erfolgswirksam verbucht (Buchung: Aufwand an Zahlungsmittel) und bei der Bestandsbewertung im Rahmen der Inventurarbeiten wieder neutralisiert werden (Buchung: Vorräte an Aufwendungen).

Werden nicht alle, sondern nur einzelne Kostenarten aktiviert **(Teilkostenaktivierung)**, so findet nur eine teilweise Neutralisierung von bereits gebuchten Aufwendungen statt. Die Gewinnrealisierung im Zeitpunkt des Verkaufs der Vermögensgegenstände ist dann umso größer.

Bei **nachträglichen Herstellungskosten** im Zusammenhang mit der Erweiterung oder wesentlichen Verbesserung von Vermögensgegenständen ist eine Grenze zum laufenden Erhaltungsaufwand zu ziehen, der im Gegensatz zu den Herstellungskosten zu keiner Substanzmehrung, keiner wesentlichen Veränderung und zu keiner erheblichen Verbesserung des Gegenstandes führt und deshalb sofort als Aufwand verbucht wird.

7.2.2.3 Bewertungsstetigkeit

Das im Rahmen der Aktivierungswahlrechte bestehende Bewertungsermessen wird lediglich durch den Grundsatz der Bewertungsstetigkeit begrenzt. Das heißt, von der einmal getroffenen Wahl der Einbeziehung oder Nichteinbeziehung von Gemeinkosten in die Herstellungskosten darf nur in begründeten Ausnahmefällen abgewichen werden, z. B. bei Änderung des Herstellungsverfahrens, mengenmäßig erheblichen Kapazitäts- und Bestandsveränderungen, sofern die bisher angewandten Bewertungsmethoden dafür unangemessen sind (vgl. ADS § 252 Tz 113).

7.2.2.4 Vergleich handels- und steuerrechtlicher Vorschriften

Die steuerrechtlichen Vorschriften für die Herstellungskosten-Ermittlung gemäß R 33 EStR fassen den aktivierungspflichtigen Teil der Herstellungskosten weiter als das Handelsrecht. Steuerlich sind die Material- und Fertigungskosten (Einzelkosten), die notwendigen Material- und Fertigungsgemeinkosten, die Sonderkosten der Fertigung, der Wertverzehr des Anlagevermögens, soweit er der Fertigung der Erzeugnisse dient, zwingend in die Herstellungskosten-Berechnung einzubeziehen. Für die allgemeinen

Verwaltungskosten und bestimmte andere Gemeinkosten besteht ein Wahlrecht (R 33 Abs. 4 bis 5 EStR). Vertriebskosten dürfen auch hier nicht einbezogen werden (vgl. Abbildung 4.23).

Schließlich bestimmt H 33 »Ausnutzung von Produktionsanlagen« EStH, dass **nicht voll genutzte Kapazitäten** nicht zu einer Minderung der einzubeziehenden Fertigungsgemeinkosten führen dürfen, wenn sich die Schwankung in der Kapazitätsausnutzung aus der Art der Produktion ergibt, z. B. bei einer Zuckerrübenfabrik abhängig vom Ertrag der Rübenernte ist. Auch sind die durch teilweise Betriebsstilllegung oder mangelnde Aufträge verursachten Kosten bei der Herstellungskosten-Berechnung nicht zu berücksichtigen (R 33 Abs. 6 EStR).

Ferner sind Abschreibungen, die über die Höhe der »normalen« AfA hinausgehen, nicht einzubeziehen (R 33 Abs. 3 EStR, Teilwertabschreibungen).

Während die **Innenverpackung**, die notwendig ist zur Herstellung der Verkaufsreife des Produktes (Flasche für Wein, Glas für Konfitüre u. a.) zu den Herstellungskosten gehört, stellt die **Außenverpackung** (Kisten, Paletten) Vertriebskosten dar, für die ein Einbeziehungsverbot besteht (BFH-Urteil, BStBl 1978 II, S. 412).

Hinweis
Bei der Ermittlung der Herstellungskosten sind nach **IAS/IFRS** die Vollkosten (d. h. die zurechenbaren Einzel- und Gemeinkosten) anzusetzen (IAS 2.7 ff.).

	Handelsrecht (§ 255 Abs. 2 u. 3 HGB)	Steuerrecht (R 33 EStR)
1. Materialeinzelkosten (Fertigungsmaterial)		
2. Fertigungseinzelkosten (Fertigungslöhne einschl. gesetzlicher und tariflicher Sozialaufwendungen)	AKTIVIERUNGSPFLICHT	
3. Sondereinzelkosten der Fertigung		
4. Notwendige Materialgemeinkosten		
5. Notwendige Fertigungsgemeinkosten		
6. Wertverzehr des fertigungsbedingten Anlagevermögens		
7. Allgemeine Verwaltungskosten		
8. Aufwendungen für soziale Einrichtungen des Betriebs		
9. Aufwendungen für freiwillige soziale Leistungen	AKTIVIERUNGSWAHLRECHT	
10. Aufwendungen für betriebliche Altersversorgung		
11. Zinsen für fertigungsbedingtes Fremdkapital		
12. Vertriebskosten	AKTIVIERUNGSVERBOT	

Abb. 4.23: Vergleich der Herstellungskosten nach Handels- und Steuerrecht

7.2.2.5 Herstellungskosten von Gebäuden

Besondere Fragen tauchen bei den Herstellungskosten von Gebäuden auf, da hier eine Aufteilung in die ertragsteuerlich getrennt zu aktivierenden Wirtschaftsgüter Grund und Boden, Gebäude und Außenanlagen notwendig ist. Entscheidend ist dabei,

Einzelkosten	Gemeinkosten			Sonderfall Vertriebskosten (Einbeziehungsverbote, also für die Bewertung irrelevant)	Erläuterungen
	Materialgemeinkosten	Fertigungsgemeinkosten	Verwaltungsgemeinkosten		
1. Fertigungsmaterial Anschaffungskosten der einzelnen zurechenbaren, zur Herstellung verwendeten Stoffmengen einschl. Nebenkosten, wie Anfuhr, Porti, Fracht, Einkaufsprovision u. a. a) Rohstoffe (Hauptmaterialien), b) Hilfsstoffe (Kleinmaterialien, z. B. Nägel, Leim, Schrauben), c) bezogene Teile, d) fremde Lohnarbeit, e) Innenverpackung (z. B. Parfümflasche, Käseschachtel). **2. Fertigungslöhne** a) direkt zurechenbare Löhne (einschl. gesetzlicher und tariflicher Zulagen und Zuschläge, wie Nacht-, Sonntags-, Überstundenzuschläge, Schmutzzulage). b) mit vorstehenden Löhnen zusammenlaufende gesetzliche und tarifliche Sozialaufwendungen (wie Kranken-, Renten-, Arbeitslosenversicherung), c) Gehälter für Techniker, Meister u. Ä. soweit direkt zurechenbar (z. B. für Maschineneinrichtezeiten für eine Serie, Arbeitsvorbereitungsgehalt für eine Serie oder Einzelanfertigung). **3. Sondereinzelkosten der Fertigung** (z. B. Herstellung von auftragsgebundenen Formen, Lehren, Modellen, stückbezogene Lizenzkosten, auftragsgebundene Entwicklungs-, Versuchs-, Konstruktionskosten).	Mit der Materialbeschaffung zusammenhängende, dem Produkt nicht einzeln zurechenbare Kosten, z. B. der Einkaufsabteilung, der Material- und Rechnungsprüfung, der Lagerung, der Materialverwaltung, Zinsen für das Materiallager.	Mit der Herstellung zusammenhängende, dem Produkt nicht einzeln zurechenbare Fertigungskosten, wie Anlageabschreibungen auf Produktionsanlagen sowie auf Produktionsgebäude, Versicherungsprämien auf solche Anlagen sowie in der Produktion befindliche Erzeugnis, Kosten für laufende Instandhaltungen der Fertigungsanlagen und -baulichkeiten, Grundsteuer, Kosten für Werkstattschreiber, allgemeine Meistertätigkeit, Arbeitsvorbereitung, Lohnabrechnung, Fertigungskontrollen, Kosten des innerbetrieblichen Transports, Kosten der Reinigung der Produktionsräume, Reisekosten, die den Fertigungsbereich betreffen, Energiekosten, Heizkosten für Produktionsräume u. a.	Auf den Herstellungszeitraum entfallende Löhne und Gehälter des allgemeinen Verwaltungsbereichs, wie Gehälter für die Betriebsleitung, das Rechnungswesen außerhalb der Fertigungslohnabrechnung, Gehälter von Schreibkräften außerhalb des Material- und Vertriebsbereichs, Rechts- und Beratungskosten, Reisekosten außerhalb des Material-, Fertigungs- und Vertriebsbereichs.	**1. Einzelkosten** Z. B. künftig anfallende Umsatzprovisionen, gesondert zu berechnende Versand- und Verpackungskosten u. a. **2. Gemeinkosten** Kosten der Fertigläger, der Vertriebsabteilung einschl. Verkaufsbüros, Zinsen für Fertiglagerfinanzierung, Versicherungsprämien für Fertiglager, Werbekosten, Messe- und Ausstellungskosten, Kosten für Verkäuferschulung, für Verkaufsreisen, nicht gesondert in Rechnung gestellte Versandkosten, Löhne für Packer, Lageristen des Verkaufslagers u. a.	Die Abgrenzung zwischen Fertigungs- und Verwaltungsgemeinkosten lässt sich zuweilen nicht eindeutig vornehmen (z. B. Zuordnung von Telefonkosten). Die Qualität der Kostenzuordnung ist eng mit der Qualität der Betriebsabrechnung verknüpft.

Abb. 4.24: Bestandteile der Herstellungskosten

mit welchem dieser Wirtschaftsgüter die Aufwendungen unmittelbar zusammenhängen. Gebäudeherstellungskosten sind somit nur solche Aufwendungen, die unmittelbar dazu bestimmt und geeignet sind, das Gebäude für den ihm zugedachten Zweck nutzbar zu machen. Dabei unterscheidet man

- eigentliche Baraufwendungen,
- Baunebenkosten,
- Aufwendungen, die die Errichtung des Gebäudes ermöglichen,
- Aufwendungen, die die Nutzung des Gebäudes ermöglichen.

Zur **Abgrenzung der Herstellungskosten vom Erhaltungsaufwand**, der steuerlich als Betriebsausgabe abzugsfähig ist, ist für die Fälle der Instandsetzung und Modernisierung von Gebäuden ein sehr ausführliches BMF-Schreiben ergangen (BMF BStBl I 2003, S. 386).

Kontrollfragen
1. Wann sind Vermögensgegenstände mit Herstellungskosten zu bewerten?
2. Welche Bedeutung hat die Beständebewertung zu Herstellungskosten auf Voll- oder Teilkostenbasis für die Gewinnrealisierung?
3. Wie unterscheiden sich die handels- und steuerrechtliche Herstellungskostenermittlung?
4. Welche Besonderheiten gilt es bei der Herstellungskostenermittlung von Gebäuden zu beachten?

Aufgabe 4.38 *(Umfang der Herstellungskosten) S. 372*

7.2.3 Teilwert

Der Teilwert, ein steuerlicher Wert, wird in § 6 Abs. 1 Nr. 1 EStG und § 10 BewG nahezu inhaltsgleich definiert als der Betrag, den ein Erwerber des gesamten Betriebs bzw. Unternehmens im Rahmen des Gesamtkaufpreises für das einzelne Wirtschaftsgut ansetzen würde, unter der Voraussetzung, dass der Erwerber den Betrieb fortführt. Es wird also eine potenzielle Betriebsveräußerung unterstellt und daraus dem einzelnen Wirtschaftsgut ein Anteil zugerechnet.

Die Finanzrechtsprechung hat zur einfacheren Handhabung folgende Teilwertvermutungen aufgestellt, die grundsätzlich gelten, solange sie nicht vom Steuerpflichtigen widerlegt worden sind.

(1) Im Zeitpunkt der Anschaffung oder Herstellung eines Wirtschaftsgutes ist der Teilwert gleich den tatsächlichen Anschaffungs- oder Herstellungskosten, die gewöhnlich den Wiederbeschaffungskosten entsprechen werden. Das gilt auch dann, wenn der Betrieb für das beschaffte Wirtschaftsgut einen höheren Preis bezahlt hat, als ein Dritter ohne betrieblichen Anlass bezahlt haben würde, da anzunehmen ist, dass ein Betrieb für ein Wirtschaftsgut kaum größere Aufwendungen machen wird, als ihm das Gut wert ist.
(2) Bei nicht abnutzbaren Wirtschaftsgütern des Anlagevermögens gilt die Vermutung, dass der Teilwert gleich den Anschaffungskosten ist, auch für spätere Stichtage.
(3) Bei Gütern des Anlagevermögens, die der Abnutzung unterliegen, entspricht der Teilwert den um die Absetzungen für Abnutzung verminderten Anschaffungs- oder Herstellungskosten. Sind die Wiederbeschaffungskosten inzwischen nicht nur vorübergehend gesunken, so kann von ihnen ausgegangen werden.

(4) Für die Güter des Umlaufvermögens, die einen Börsen- oder Marktpreis haben, besteht die Vermutung, dass der Teilwert gleich den Wiederbeschaffungskosten ist, die in der Regel dem Börsen- oder Marktpreis entsprechen. Für Entnahmen von Kfz für private Zwecke sind die Werte der sog. Schwacke-Liste zugrunde zu legen.

(5) Die Wiederbeschaffungskosten bilden grundsätzlich die obere Grenze des Teilwertes. Für Gegenstände des Anlagevermögens ist die untere Grenze des Teilwertes der Einzelveräußerungspreis abzüglich eventuell entstehender Verkaufskosten.

Folgende drei Gründe können im Einzelfall zu einer **Widerlegung der Teilwertvermutungen** führen:
- das Sinken der Wiederbeschaffungskosten,
- die Unrentierlichkeit des Betriebs,
- die Unrentierlichkeit des Gegenstandes im Betrieb.

Der Nachweis muss vom Steuerpflichtigen geführt werden. Zur Teilwertabschreibung vgl. S. 234.

> **Hinweis**
> Nach den **IAS/IFRS** kommen steuerliche Werte nicht in den Abschluss. Als Grundlage für die Besteuerung hat ein IAS/IFRS-Abschluss keinerlei Relevanz (vgl. S. 120).

7.2.4 Gemeiner Wert

Der Vollständigkeit halber sei an dieser Stelle ein **weiterer steuerlicher Wert** kurz erwähnt, der so genannte gemeine Wert. Da dieser nur Anwendung findet, wenn nichts anderes vorgeschrieben ist (§ 9 Abs. 1 BewG), ist er ertragsteuerlich (d. h. für Zwecke der Steuerbilanz) von wesentlich geringerer Bedeutung als der Teilwert. Als Beispiele für die Anwendung des gemeinen Werts seien genannt Tausch (§ 6 Abs. 6 EStG) und unentgeltliche Übertragung (§ 6 Abs. 4 EStG).

Der gemeine Wert wird nach § 9 Abs. 2 BewG durch den Preis bestimmt, der im gewöhnlichen Geschäftsverkehr nach der Beschaffenheit des Wirtschaftsgutes bei einer Veräußerung zu erzielen wäre. Dabei sind alle Umstände, die den Preis beeinflussen, zu berücksichtigen, wobei ungewöhnliche und persönliche Verhältnisse unbeachtlich sind.

Der gemeine Wert ist somit der »**normale**« **Verkehrswert** (im Sinne von Einzelveräußerungspreis) unter »üblichen, normalen, standardisierten« Bedingungen, die von spezifisch persönlichen Belangen (z. B. Notverkäufe auf Grund persönlicher finanzieller Engpässe, Verfügungsbeschränkungen auf Grund letztwilliger Verfügungen u. a.) absehen. Praktisch können zur Wertbestimmung Preislisten, amtliche Tabellen, Kataloge, Expertengutachten u. Ä. hilfs- und vergleichsweise herangezogen werden. Dabei sind die Besonderheiten der Vermögensgegenstände, die Marktlage, die Konkurrenzprodukte und der in Frage kommende Käuferkreis zu berücksichtigen. Der gemeine Wert wird oft auch als Zeitwert bezeichnet.

7.2.5 Sonstige Bewertungsmaßstäbe

7.2.5.1 Börsen- oder Marktpreis

Unter **Börsenpreis** versteht man den an einer amtlich anerkannten Börse im Verfahren nach §§ 24 ff. BörsG festgestellten Preis für die an der betreffenden Börse zum Handel zugelassenen Wertpapiere und Waren (amtliche Feststellung oder geregelter Freiverkehr).

Dagegen ist der **Marktpreis** derjenige Preis, der an diesem Handelsplatz und in diesem Handelsbezirk für Waren einer bestimmten Gattung von durchschnittlicher Art und Güte zu einem bestimmten Zeitpunkt oder Zeitabschnitt im Durchschnitt gewährt wird. Hierbei handelt es sich um den erzielbaren Verkaufserlös für einen Vermögensgegenstand zu einem bestimmten Zeitpunkt. Der Nachweis hierfür kann auf Grund veröffentlichter Preislisten, Börsenkurstabellen, Katalogen oder Tageswertausweisen erfolgen. Er ist nur für vertretbare Gegenstände des Umlaufvermögens anzuwenden, die regelmäßig gehandelt werden und für die ein Markt, im Sonderfall eine Börse, besteht.

Allerdings sieht das Handelsgesetzbuch nicht vor, zum Börsen- oder Marktpreis zu bewerten, sondern zum niedrigeren Wert, der sich aus einem Börsen- oder Marktpreis ergibt (§ 253 Abs. 3 Satz 1 HGB). Je nachdem, ob für die Bewertung der Beschaffungs- oder Absatzmarkt maßgebend ist, sind Anschaffungsnebenkosten zuzurechnen bzw. Verkaufskosten abzuziehen.

Steuerlich findet der Teilwert anstelle des aus dem Markt- oder Börsenpreis abgeleiteten Wertansatzes Anwendung.

7.2.5.2 Niedrigerer beizulegender Wert

Der niedrigere beizulegende Wert ist formal Ausdruck des Niederstwertprinzips bzw. der Notwendigkeit für außerplanmäßige Abschreibungen. Das **Niederstwertprinzip** hat zwei Ausprägungen,

- in gemilderter Form beim Anlagevermögen, bei dem außerplanmäßige Abschreibungen auf den niedrigeren Wert vorgenommen werden können und erst bei voraussichtlich dauernder Wertminderung vorgenommen werden müssen (§ 253 Abs. 2 Satz 3 HGB),
- in strenger Form beim Umlaufvermögen, bei dem zwingend auf den niedrigeren Wert abzuschreiben ist (§ 253 Abs. 3 Satz 2 HGB).

Kapitalgesellschaften müssen die Einschränkung des § 279 Abs. 1 Satz 2 HGB beachten, wonach vorübergehende Wertminderungen nur bei Finanzanlagen durch Abschreibungen berücksichtigt werden dürfen.

Materiell ist der niedrigere beizulegende Wert ein vom Beschaffungs- oder Absatzmarkt abgeleiteter Zeitwert für Vermögensgegenstände, für die in der Regel kein Markt- oder Börsenpreis besteht oder nicht bzw. nur unverhältnismäßig schwierig festzustellen ist. Daher sind vorläufige Anhaltspunkte der Wiederbeschaffungs- oder Reproduktionskostenwert bzw. der mutmaßliche Verkaufswert abzüglich noch anfallender Aufwendungen (je nach realistischer Verwertungsprämisse).

Die **mutmaßlichen Wiederbeschaffungskosten** sind Bewertungsgrundlage für Vermögensgegenstände, die noch nicht in die Produktion eingegangen sind (Stoffe, Vorräte). Sie werden »vom Beschaffungsmarkt her bewertet«. In der Regel sind aber weitere Abwertungen notwendig, z. B. wegen eingeschränkter Verwendbarkeit, Vorhandenseins billigerer Alternativverfahren und -stoffe sowie Veränderungen der Mode (so genannte Gängigkeitsabschläge). Die Bestimmung des Reproduktionskostenwerts bedeutet eine Ermittlung der Herstellungskosten auf der Grundlage der Preise und Kosten des Abschlussstichtages, normale Verhältnisse vorausgesetzt. Für Bewertungszwecke kommt der Reproduktionskostenwert nur in Betracht, wenn er betragsmäßig unter den Anschaffungs- bzw. Herstellungskosten liegt.

Für marktreife oder fast marktreife fertige oder unfertige Erzeugnisse kommt eine Ermittlung des beizulegenden Werts über den **vorsichtig geschätzten Verkaufspreis** abzüglich noch anfallender Aufwendungen und erwarteter Erlösschmälerungen nach folgender Darstellung in Betracht (ADS § 253 Tz 525):

Voraussichtlicher Verkaufserlös
./. Erlösschmälerungen
./. Verpackungskosten und Ausgangsfrachten
./. sonstige Vertriebskosten
./. noch anfallende Verwaltungskosten
./. Kapitaldienstkosten

= am Abschlussstichtag beizulegender Wert

Bei der Bestimmung des beizulegenden Werts von unfertigen Erzeugnissen sind darüber hinaus die noch entstehenden Produktionskosten bis zur Marktreife abzusetzen. Dabei sind alle Einzel- und Gemeinkosten bei normaler Beschäftigung einzubeziehen, kalkulatorische Kosten bleiben außer Ansatz. Reichen die aktivierten Beträge nicht aus, um die zu berücksichtigenden Risiken beim Verkauf abzudecken, so ist eine Vollabschreibung bei zusätzlicher Bildung einer Rückstellung für drohende Verluste aus schwebenden Geschäften vorzunehmen.
Steuerlich tritt der Teilwert an die Stelle des beizulegenden Wertes.

7.2.5.3 Niedrigerer Wert zur Vermeidung von Wertansatzänderungen auf Grund von Wertschwankungen in nächster Zukunft

Dieser Wertansatz ist Ausdruck der dynamischen Bilanztheorie. Er wurde als wahlweise Alternative zu den anderen Wertansätzen eingeführt und darf nur zur Anwendung gelangen, wenn durch ihn die nach dem strengen Niederstwertprinzip gemäß § 253 Abs. 3 Satz 1 und 2 HGB anzusetzenden Werte unterschritten werden. Dieser Wertansatz stellt eine Durchbrechung des Stichtagsprinzips dar, da hier nicht auf die Verhältnisse am Stichtag, sondern auf die der nächsten Zukunft abgestellt wird.

Der niedrigere Wertansatz darf von Nicht-Kapitalgesellschaften auch bei Wegfall der Abschreibungsgründe beibehalten werden (§ 253 Abs. 5 HGB), während Kapitalgesellschaften das Wertaufholungsgebot nach § 280 Abs. 1 HGB beachten müssen.

Der Anwendungsbereich dieses Wertansatzes ist auf das Umlaufvermögen begrenzt. Voraussetzungen für die Vornahme dieser Abschreibungen sind:

(1) Es müssen Wertschwankungen zu erwarten sein, die sich auf den Wertansatz auswirken werden. Unter Wertschwankungen sind alle künftigen Wertminderungen zu verstehen, die im Rahmen des Niederstwertprinzips zu berücksichtigen sind und für deren mutmaßliches Eintreten in nächster Zukunft bereits bei Bilanzaufstellung eine gewisse Wahrscheinlichkeit spricht bzw. Anhaltspunkte gegeben sind. Die Berücksichtigung künftiger Wertsteigerung auf Grund dieser Vorschrift ist mit Blick auf das Realisations- und Imparitätsprinzip nicht zulässig.

(2) Die Wertschwankungen müssen in der nächsten Zukunft liegen, worunter in der Literatur in der Regel ein Zeitraum von bis zu zwei Jahren verstanden wird.

(3) Der niedrigere Wertansatz muss nach vernünftiger kaufmännischer Beurteilung notwendig sein, um künftig eine Abschreibung zu verhindern. Die Bezugnahme auf eine vernünftige kaufmännische Beurteilung soll willkürliche Abschreibungen ausschließen und nur eine Abschreibung zulassen, die auf Grund objektiver, in den tatsächlichen Verhältnissen begründeter und sich unmittelbar auf das Bewertungsobjekt beziehender Anhaltspunkte notwendig erscheint. Dabei verbleibt dem bilanzierenden Kaufmann sicher ein Bewertungsermessen. Die vernünftige kaufmännische Beurteilung bezieht sich dabei auf das Ausmaß der Abschreibungen, nicht auf die Frage, ob überhaupt das Abschreibungswahlrecht ausgeübt werden soll.

Abschreibungen nach § 253 Abs. 3 Satz 3 HGB dürfen in der Regel in der Steuerbilanz nicht vorgenommen werden, sodass der in Frage stehende Wertansatz keine steuerliche Entsprechung findet (ADS § 253 Tz 543).

Der Wertansatz nach § 253 Abs. 3 Satz 3 HGB kann noch auf zweifache Art unterschritten werden

- durch Abschreibungen im Rahmen vernünftiger kaufmännischer Beurteilung nach § 253 Abs. 4 HGB (nur für Nicht-Kapitalgesellschaften, § 279 Abs. 1 Satz I HGB),
- durch Abschreibungen auf Grund einer nur steuerrechtlich zulässigen Abschreibung nach § 254 HGB.

7.2.5.4 Wertansatz auf Grund von Abschreibungen nach vernünftiger kaufmännischer Beurteilung nach § 253 Abs. 4 HGB

Dieser nur für Nicht-Kapitalgesellschaften zugelassene Wertansatz räumt ein Wahlrecht für die Bildung stiller Rücklagen mittels Abschreibungen ein. Stille Rücklagenbildung durch andere Maßnahmen als durch Abschreibungen, z.B. durch Überbewertung von Passiva oder Nichtansatz von bilanzierungspflichtigen Vermögensgegenständen, ist durch diese Vorschrift nicht gedeckt. Der dabei entstehende Wertansatz kann nach dem Niederstwertprinzip nur dann zum Tragen kommen, wenn er betragsmäßig niedriger ist als die Wertansätze nach § 253 Abs. 2 und 3 HGB. Die vernünftige kaufmännische Beurteilung ist gleichermaßen Maßstab und Grenze für die Abschreibung nach § 253 Abs. 4 HGB. Das heißt, es müssen sich sachgerechte Argumente für diese Abschreibung finden lassen; willkürliche, die Treuepflicht gegenüber Mitgesellschaftern u.a. verletzende Maßnahmen sind durch § 253 Abs. 4 HGB nicht geschützt. Als Abschreibungsgründe kommen insbesondere in Betracht

- Risikovorsorge für das allgemeine Unternehmensrisiko,
- Ansammlung von Mitteln zur Durchführung bestimmter Maßnahmen,
- Verstetigung des Gewinnausweises sowie
- Gründe, die in einzelnen Gegenständen oder Gruppen von Gegenständen angelegt sind, wobei die zu berücksichtigenden Risiken und die mit den Abschreibungen verfolgten Ziele in der weiteren Zukunft liegen können.

Über die Ausübung des Wahlrechts kann grundsätzlich in jedem Geschäftsjahr neu entschieden werden; der Grundsatz der Bewertungsstetigkeit steht dem nicht entgegen.

Weder mit der Bildung noch mit der Auflösung der stillen Rücklagen darf eine Täuschung oder Irreführung Außenstehender verbunden sein. Auch für diesen Wertansatz besteht ein Beibehaltungswahlrecht nach § 253 Abs. 5 HGB.

Da Abschreibungen nach § 253 Abs. 4 HGB **steuerlich** nicht zulässig sind, hat der hier in Frage stehende Wertansatz in der Steuerbilanz keine Entsprechung.

7.2.5.5 Niedrigerer steuerlicher Wert nach § 254 HGB

Ohne diese Vorschrift wäre es nicht möglich, eine so genannte **Einheitsbilanz** aufzustellen, die sowohl handels- als auch steuerrechtlichen Vorschriften entspricht. Sie erlaubt, Abschreibungen in den handelsrechtlichen Jahresabschluss zu übernehmen, die auf rein steuerlichen Bestimmungen beruhen. Unter steuerlichen Abschreibungen werden dabei alle steuerlichen Vergünstigungen verstanden, die zu niedrigeren Wertansätzen führen:

- Sonderabschreibungen (z. B. §§ 7f, 7g EStG),
- erhöhte Absetzungen (z. B. §§ 7d EStG, 82a, 82i EStDV),
- Abzüge von den Anschaffungs- oder Herstellungskosten (z. B. § 6b EStG, R 35 EStR).

Auf Grund der umgekehrten Maßgeblichkeit in § 5 Abs. 1 Satz 2 EStG wird die Übernahme dieser steuerlichen Werte in die Handelsbilanz für Kapital- und Nicht-Kapitalgesellschaften übereinstimmend geregelt. Abschreibungen auf den niedrigeren steuerlichen Wert sind nur möglich, wenn sie einheitlich in Handels- und Steuerbilanz vorgenommen werden. Bei Wegfall der steuerlichen Voraussetzungen für die Wertansätze, die über § 254 HGB in der Handelsbilanz zur Anwendung kommen, brauchen Nicht-Kapitalgesellschaften nach § 254 Satz 2 HGB eine Wertaufholung nicht vorzunehmen. Kapitalgesellschaften dagegen können den niedrigeren Wert in der Handelsbilanz nur beibehalten, wenn dieser auch bei der steuerrechtlichen Gewinnermittlung beibehalten werden kann und wenn Voraussetzung für die Beibehaltung ist, dass der niedrigere Wertansatz auch in der Handelsbilanz beibehalten wird (§ 280 Abs. 2 HGB). In diesen Fällen ist der unterlassene Zuschreibungsbetrag anzugeben und zu begründen (§ 280 Abs. 3 HGB).

Kapitalgesellschaften müssen im **Anhang** den Betrag der im Geschäftsjahr allein nach steuerrechtlichen Vorschriften vorgenommenen Abschreibungen, getrennt nach Anlage- und Umlaufvermögen, angeben, soweit er sich nicht aus Bilanz oder GuV-Rechnung ergibt, und hinreichend begründen (§ 281 Abs. 2 HGB).

7.2.6 Die Bewertungsmaßstäbe im Überblick

Wann die einzelnen Bewertungsmaßstäbe zur Anwendung kommen bzw. kommen können, lässt sich anhand eines einfachen Ablaufschemas darstellen. Bei der Bewertung zwingt das Niederstwertprinzip zum Vergleich der Anschaffungs- oder Herstellungskosten mit dem Tageswert am Bilanzstichtag. Hieraus ergeben sich gedanklich mehrere Schritte des Vorgehens.

1. Schritt: Es sind die Ausgangswerte festzustellen, welche grundsätzlich auf Ausgaben der Unternehmung beruhen, d. h. Werte, die sich aus den Anschaffungs- oder Herstellungskosten ergeben. Sie sind allerdings beim abnutzbaren Anlagevermögen um die der Nutzungsdauer entsprechenden jährlichen Abschreibungen zu kürzen. Die Anschaffungs- und Herstellungskosten sind die primären Bewertungsmaßstäbe und bilden den Höchstansatz der Bewertung.

2. Schritt: Entsprechend dem Niederstwertprinzip müssen diesen Wertgrößen Vergleichswerte als sekundäre Bewertungsmaßstäbe gegenübergestellt werden. Es ist zu prüfen, ob nicht noch außerplanmäßige Abschreibungen erforderlich sind.

3. Schritt: Es kann überprüft werden, ob ein Ansatz fakultativer Werte (tertiäre Bewertungsmaßstäbe) in Frage kommen kann. Das sind für alle Vermögensgegenstände

- der niedrigere nach vernünftiger kaufmännischer Beurteilung zulässige Wert (§ 253 Abs. 4 HGB) und
- der niedrigere steuerlich zulässige Wert (§ 254 HGB) und nur für das Umlaufvermögen
- der niedrigere Wert zur Vermeidung von Wertansatzänderungen auf Grund von Wertschwankungen in nächster Zukunft (§ 253 Abs. 3 Satz 3 HGB).

Das **Vorgehen** wird in den Abbildungen 4.25 und 4.26 in Abhängigkeit von der Rechtsform dargestellt. Denn Kapitalgesellschaften (& Co) haben strengere Vorschriften zu beachten als Nicht-Kapitalgesellschaften.

Bewertungs-maßstäbe	Anlagevermögen		Umlaufvermögen
	mit zeitlich begrenzter Nutzungsdauer	mit zeitlich nicht begrenzter Nutzungsdauer	
Primärer Bewertungs-maßstab (Ausgangswerte)	**Wertobergrenzen nach § 253 Abs. 1 Satz 1 HGB:**		
	Anschaffungs-/ Herstellungs-kosten – planmäßige Abschreibungen	Anschaffungs-/ Herstellungs-kosten	Anschaffungs-/Herstellungskosten
Sekundäre Bewertungs-maßstäbe (Vergleichs-werte)	**Niedrigerer beizulegender Wert** (§ 253 Abs. 2 Satz 3 HGB) Die außerplanmäßige Abschreibung auf den niedrigeren beizulegenden Wert ist – zwingend bei voraussichtlich **dauernder** Wertminderung, – freigestellt bei voraussichtlich **vorübergehender** Wertminderung (gemildertes Niederstwertprinzip).		**Niedrigerer aus dem Börsen- oder Marktpreis abgeleiteter Wert** (§ 253 Abs. 3 Satz 1 HGB) bzw. **Niedrigerer beizulegender Wert** (§ 253 Abs. 3 Satz 2 HGB) Diese beiden Abschreibungen sind zwingend (strenges Niederstwert-prinzip).
	Zuschreibung: Bei Wegfall der Voraussetzungen für eine außerplanmäßige Abschreibung kann der niedrigere Wert beibehalten werden (§ 253 Abs. 5 HGB, Beibehaltungswahlrecht).		
Tertiäre Bewertungs-maßstäbe (fakultative Werte)			**Niedrigerer Wert zur Vermeidung von Wertansatzänderungen auf Grund von Wertschwankungen in nächster Zukunft** (§ 253 Abs. 3 HGB) Bildung nach vernünftiger kaufmännischer Beurteilung, freigestellt. **Zuschreibung:** Bei Wegfall der Voraussetzungen kann der niedrigere Wert beibehalten werden (§ 253 Abs. 5 HGB, Beibehaltungswahlrecht).
	Niedrigerer nach vernünftiger kaufmännischer Beurteilung zulässiger Wert (§ 253 Abs. 4 HGB) Die Abschreibung auf den niedrigeren nach vernünftiger kaufmännischer Beurteilung zulässigen Wert ist freigestellt und kommt dann in Betracht, wenn der nach vernünftiger kaufmännischer Beurteilung zulässige Wert unter dem Vergleichswert nach § 253 Abs. 2 oder 3 HGB liegt. **Zuschreibung:** Bei Wegfall der Voraussetzungen für eine außerplanmäßige Abschreibung kann der niedrigere Wert beibehalten werden (§ 253 Abs. 5 HGB, Beibehaltungswahlrecht).		
	Niedrigerer steuerlich zulässiger Wert (§ 254 HGB) Die außerplanmäßige Abschreibung auf den niedrigeren steuerlich zulässigen Wert ist zwar grundsätzlich freigestellt, aber dann zwingend, wenn sie in der Steuerbilanz vorgenommen wird (umgekehrtes Maßgeblichkeitsprinzip, § 5 Abs. 1 EStG). **Zuschreibung:** Bei Wegfall der Voraussetzungen kann der niedrigere Wert beibehalten werden (§ 254 Satz 2 HGB, Beibehaltungswahlrecht).		

Abb. 4.25: Bewertungsmaßstäbe in der Handelsbilanz für Einzelkaufleute und Personengesellschaften

Bewertungs-maßstäbe	Anlagevermögen		Umlaufvermögen
	mit zeitlich begrenzter Nutzungsdauer	mit zeitlich nicht begrenzter Nutzungsdauer	
Primärer Bewertungsmaßstab (Ausgangswerte)	**Wertobergrenzen nach § 253 Abs. 1 Satz 1 HGB:**		
	Anschaffungs-/ Herstellungskosten – planmäßige Abschreibungen	Anschaffungs-/ Herstellungskosten	Anschaffungs-/Herstellungskosten
Sekundäre Bewertungsmaßstäbe (Vergleichswerte)	**Niedrigerer beizulegender Wert** (§§ 253 Abs. 2 Satz 3, 279 Abs. 1 HGB) Die außerplanmäßige Abschreibung auf den niedrigeren beizulegenden Wert ist – bei voraussichtlich **dauernder Wertminderung** zwingend, – bei voraussichtlich **vorübergehender Wertminderung** nur bei Finanzanlagen möglich (gemildertes Niederstwertprinzip).		**Niedrigerer aus dem Börsen- oder Marktpreis abgeleiteter Wert** (§ 253 Abs. 3 Satz 1 HGB) bzw. **Niedrigerer beizulegender Wert** (§ 253 Abs. 3 Satz 2 HGB) Diese beiden Abschreibungen sind zwingend (strenges Niederstwertprinzip).
	Zuschreibung (§ 280 HGB): (1) Bei Wegfall der Voraussetzungen für Abschreibungen nach §§ 253 Abs. 2 Satz 3, Abs. 3 oder 254 Satz 1 HGB ist der Betrag dieser Abschreibungen – im Umfang der Werterhöhung – unter Berücksichtigung von inzwischen vorzunehmenden Abschreibungen zuzuschreiben **(Wertaufholungsgebot).** (2) **Von der Zuschreibung kann abgesehen werden**, wenn – der niedrigere Wertansatz bei der steuerrechtlichen Gewinnermittlung beibehalten werden kann und – Voraussetzung für die Beibehaltung ist, dass der niedrigere Wertansatz auch in der Handelsbilanz beibehalten wird. Der Betrag der aus steuerrechtlichen Gründen unterlassenen Zuschreibungen ist im Anhang anzugeben und hinreichend zu begründen.		
Tertiäre Bewertungsmaßstäbe (fakultative Werte)			**Niedrigerer Wert zur Vermeidung von Wertansatzänderungen auf Grund von Wertschwankungen in nächster Zukunft** (§ 253 Abs. 3 HGB) Bildung nach vernünftiger kaufmännischer Beurteilung, freigestellt. **Zuschreibung:** Bei Wegfall der Voraussetzungen ist das Wertaufholungsgebot des § 280 Abs. 1 HGB zu beachten.
	Niedrigerer steuerlich zulässiger Wert (§ 254 HGB) Die außerplanmäßige Abschreibung auf den niedrigeren steuerlich zulässigen Wert ist zwar grundsätzlich freigestellt, aber dann zwingend, wenn sie in der Steuerbilanz vorgenommen wird (umgekehrtes Maßgeblichkeitsprinzip, § 5 Abs. 1 EStG). **Zuschreibung:** Bei Wegfall der Voraussetzungen ist das Wertaufholungsgebot des § 280 HGB zu beachten.		

Abb. 4.26: Bewertungsmaßstäbe in der Handelsbilanz für Kapitalgesellschaften

7.3 Bewertungsvereinfachungsverfahren

Bei verschiedenen Gruppen von Vermögensgegenständen ist die gesonderte Ermittlung der Anschaffungs- oder Herstellungskosten für jeden einzelnen Vermögensgegenstand relativ schwierig. Dem trägt der Gesetzgeber durch Zulassung von Vereinfachungsverfahren zur Erleichterung der Bestands- und Wertermittlungen im Rahmen der Jahresabschlussarbeiten Rechnung.

7.3.1 Durchschnittsmethode (gewogener Durchschnitt § 240 Abs. 4 HGB)

Sie kann angewandt werden für

- gleichartige Vermögensgegenstände des Vorratsvermögens,
- andere gleichartige oder annähernd gleichwertige bewegliche Vermögensgegenstände sowie
- Schulden,

die zu einer Gruppe zusammengefasst und mit dem gewogenen Durchschnittswert ihrer Anschaffungs- oder Herstellungskosten bewertet werden.

Während bei den in Frage kommenden Vermögensgegenständen des Vorratsvermögens keine Gleichwertigkeit vorausgesetzt wird, wird dies für die anderen in Betracht kommenden beweglichen Vermögensgegenstände verlangt. Diesem Verfahren ist grundsätzlich auch das Anlagevermögen offen.

Gleichartig heißt: der gleichen Warengattung angehörend oder funktionsgleich.
Gleichwertig heißt: mit nur geringfügig voneinander abweichenden Preisen.

Diese Methode, für die ein Anwendungswahlrecht besteht, ist auch **steuerlich** anerkannt (R 36 Abs. 4 EStR). Jedoch sind besonders wertvolle Vermögensgegenstände regelmäßig einzeln zu bewerten.

Zu beachten ist, dass dieses Verfahren lediglich der vereinfachten Ermittlung der Anschaffungs- oder Herstellungskosten dient, nicht aber einen Vergleich mit den Sekundärmaßstäben Börsen- oder Marktpreis, beizulegender Wert u. a. angesichts des Niederstwertprinzips erspart.

Beispiel für die Ermittlung des gewogenen Durchschnittswertes
In einem Kaufhaus befinden sich am Jahresende 1 000 Herrenhemden der unteren Preiskategorie am Lager.

Menge	Preis	Gesamt
200	20 €	4 000 €
300	22 €	6 600 €
500	24 €	12 000 €
1 000	(66 €)	22 600 €

Der Durchschnittspreis beträgt 66 € : 3 = 22 €. Dieser darf nicht angesetzt werden, sondern der gewogene Durchschnittspreis, bei dem die Menge mit zu berücksichtigen ist. Der gewogene Durchschnittspreis, der eine höhere Bewertungsgenauigkeit zur Folge hat, beträgt 22 600 € : 1 000 = 22,60.

7.3.2 Festwertbildung (§ 240 Abs. 3 HGB)

7.3.2.1 Voraussetzungen und Anwendungsbereich

Voraussetzungen für die Festwertbildung sind:

- regelmäßiger Ersatz von Vermögensgegenständen des Sachanlagevermögens, von Roh-, Hilfs- und Betriebsstoffen sowie
- nachrangige Bedeutung des Gesamtwertes dieser Posten für das Unternehmen und
- geringfügige Änderungen nach Wert, Menge sowie Zusammensetzung.

Grundsätzlich gilt, dass für besonders wertvolle Vermögensgegenstände kein Festwert gebildet werden darf.

Im Allgemeinen kommen Festwerte in Betracht für Kleinwerkzeuge, Formen oder Modelle, Mess- und Prüfgeräte, Hotel- und Restaurationsgeschirr, gläsernes Laborgerät, Flaschen und Flaschenkörbe in Brauereien, Gerüste und Schalungsteile im Baugewerbe – alles in allem Gegenstände, die in einer Standardmenge im Betrieb erforderlich sind, die sich häufig nach einem bestimmten Schlüssel (etwa der Zahl der Sitzplätze im Restaurant, der Zahl des Laborpersonals) feststellen lässt.

Obwohl eine Gleichartigkeit der in einer Gruppe zusammengefassten Vermögensgegenstände nicht ausdrücklich verlangt wird, so sollten dennoch nur Vermögensgegenstände mit wirtschaftlich und technisch vergleichbaren Funktionen zusammengefasst werden. Im Bereich der Gegenstände des Sachanlagevermögens kann eine Zusammenfassung nur erfolgen, sofern sie in etwa gleichartig und zueinander nicht wesensfremd sind, ungefähr die gleiche technische und wirtschaftliche Zweckbestimmung sowie betriebsgewöhnliche Nutzungsdauer und schließlich ungefähr gleich hohe Anschaffungs- oder Herstellungskosten haben. Gegenstände, die regelmäßig erheblichen Preisschwankungen unterliegen, kommen für eine Festbewertung nicht in Betracht.

Festwerte dürfen auch für Vorratsvermögen gebildet werden, das sich nach Menge, Wert und Zusammensetzung nur geringfügig ändert, z. B. für Hilfs- und Betriebsstoffe, wie Heizölbestand und Schmier- und Reinigungsmittel. Sie können auch für Herstellungskleinmaterial, wie Schrauben, Nieten u. a., gebildet werden, wenn Produktionsart und -umfang nahezu gleich bleiben.

7.3.2.2 Bestimmung des Festwerts

Der Festwert wird aus den Anschaffungswerten unter Schätzung normaler Nutzungsdauer festgelegt, z. B. für Werkzeuge in der Regel mit 50 %, für Gerüst- und Verschalungsmaterial mit 40 % der Anschaffungswerte. In der Regel ist alle drei Jahre eine körperliche Bestandsaufnahme durchzuführen.

Bei der Festwertbildung wird ein bestimmter Bestand (Festmenge) zu einem bestimmten Preis (Festwert) bewertet. Für die Folgejahre wird der einmal ermittelte Wert festgeschrieben, da das Verfahren unterstellt, dass sich Verbrauch und Neuzugänge die Waage halten. Alle Neuzugänge werden deshalb sofort als Aufwand verbucht. Wenn auch im Allgemeinen erst nach drei Jahren eine körperliche Inventur verlangt wird, so kann sie doch eher erforderlich werden, wenn sich die **Menge** nach oben um mehr als 10 % verändert. Das gilt auch für die Einkommensbesteuerung (vgl. R 31 Abs. 4 EStR). Vermindert sich die Menge, so ist wegen der Beachtung des Vorsichtsprinzips eine Angleichung auch innerhalb der Drei-Jahres-Frist und der 10 %-Grenze notwendig.

Wertveränderungen innerhalb der Drei-Jahres-Frist, die lediglich auf Preissteigerungen zurückgehen, ziehen wegen der Bindung an das Anschaffungswertprinzip keine vorzeitige Festwertänderung nach sich.

7.3.3 Verbrauchsfolgeverfahren (§ 256 HGB)

Ihre Anwendung muss den GoB entsprechen und beschränkt sich auf gleichartige Vermögensgegenstände des Vorratsvermögens.

Handelsrechtlich besteht ein Anwendungswahlrecht, wobei die unterstellte fiktive Verbrauchsfolge nicht der tatsächlichen Verbrauchsfolge zu entsprechen braucht. Die Verfahren dienen der Bestimmung fiktiver Anschaffungs- oder Herstellungskosten, wobei die Fiktion gemäß einer den GoB entsprechenden Form zu ermitteln ist. Die wahlweise Anwendung der Verbrauchsfolgeverfahren entbindet nicht von der Pflicht zum Vergleich mit Wertansätzen nach dem strengen Niederstwertprinzip. Folgende Verfahren sind denkbar:

(1) Fifo (first in – first out): Die zuerst angeschafften oder hergestellten Vermögensgegenstände gelten als zuerst verbraucht oder veräußert, d. h. die zu bewertenden Vorräte stammen aus den letzten Anschaffungen. Bei monoton fallenden Preisen kommt eine Bewertung mittels Fifo den aktuellen Marktpreisen am nächsten. Allerdings muss für den Fall, dass die zu bewertende Menge größer als der letzte Zugang ist und/oder die Preise seit dem letzten Beschaffungsvorgang weiter gesunken sind, eine Abwertung auf den niedrigeren Börsen- oder Marktpreis vorgenommen werden.

(2) Lifo (last in – first out): Die zuletzt angeschafften oder hergestellten Vermögensgegenstände gelten als zuerst verbraucht oder veräußert, d. h. die zu bewertenden Vorräte stammen aus dem Anfangsbestand und den ersten Anschaffungen. Bei monoton steigenden Preisen führt somit das Lifo-Verfahren zu den höchsten stillen Rücklagen.

(3) Hifo (highest in – first out): Die Bestände mit den höchsten Einstandskosten gelten als zuerst verbraucht oder veräußert. Auch dieses Verfahren ist grundsätzlich handelsrechtlich anwendbar, da es den GoB, insbesondere dem Niederstwertprinzip, entspricht. Da die Bestände nur mit den jeweils niedrigsten Anschaffungs- oder Herstellungskosten am Bilanzstichtag zu bewerten sind, führt dieses Verfahren bei jeder Preisentwicklung immer zur höchsten stillen Rücklagenbildung. Für die Durchführung des Hifo-Verfahrens ist allerdings eine bloß mengenmäßige Betrachtung nicht ausreichend, da besonders auch die wertmäßige Komponente bedeutsam ist. Es erfordert daher die Führung einer wert- und mengenmäßigen Lagerkartei.

(4) Das theoretisch denkbare Lofo-Verfahren (lowest in – first out) würde zu einer Bewertung der Bestände mit den höchsten Anschaffungs- oder Herstellungskosten führen. Da dies jedoch dem Vorsichtsprinzip widerspricht und in der Regel auch gegen das Niederstwertprinzip verstößt, ist seine Anwendung mit den GoB nicht vereinbar und damit nach § 256 nicht zulässig.

Steuerrechtlich wird nur das Lifo-Verfahren anerkannt (R 36a EStR), wenn

- der Steuerpflichtige den Gewinn nach § 5 EStG ermittelt und
- die Verbrauchs- oder Veräußerungsfolge auch in der Handelsbilanz zur Anwendung kommt (vgl. § 256 HGB).

Kommt das Lifo-Verfahren zur Anwendung, so darf später nur mit Zustimmung des Finanzamtes davon abgewichen werden (§ 6 Abs. 1 Nr. 2a EStG).

Ebenso wie bei der Durchschnittsmethode kann man den Aufwand bei den Verbrauchsfolgeverfahren entweder erst am Ende der Periode oder sofort bei jedem Abgang erfassen. Entsprechend unterscheidet man

- Periodenverfahren und
- gleitende Verfahren.

Die gleitenden Verfahren sind nicht nur mit mehr Arbeitsaufwand verbunden, sondern führen bei zwischenzeitlichem völligen Lagerabbau zur Auflösung etwa vorhandener stiller Reserven.

Die unterschiedliche Vorgehensweise wird am folgenden Beispiel nach der Lifo-Methode ersichtlich, bei der unterstellt wird, dass die zuletzt beschafften Vermögensgegenstände zuerst verbraucht sind.

Gleitende Lifo-Verfahren	**Menge**		**Preis**		
Anfangsbestand	100	x	10 €	=	1 000 €
./. Abgang	100	x	10 €	=	1 000 €
Zwischenbestand	0				
+ Zugang	100	x	12 €	=	1200 €
= Endbestand					
Periodenlifo	**Menge**		**Preis**		
Anfangsbestand	100	x	10 €	=	1 000 €
./. Abgang	100				
+ Zugang	100	x	12 €	=	1200 €
Bewertung des Abgangs zu			12 €		
Endbestand	100	x	10 €	=	1 000 €

Kontrollfragen

1. Wie ist die Vorgehensweise zur Ermittlung primärer, sekundärer und tertiärer Wertansätze? Nennen Sie zu jeder Wertkategorie einige Beispiele.
2. Wie sind die Anwendungsbereiche für die Methode des gewogenen Durchschnitts, die Festwertbildung sowie die Verbrauchsfolgeverfahren gesetzlich abgegrenzt?
3. Bei welcher Preisentwicklung führt das Lifo-Verfahren zu den höchsten stillen Rücklagen?
4. Mit welchen Wertmaßstäben müssen die Werte nach den Verbrauchsfolgeverfahren verglichen werden, um ihre Zulässigkeit im Einzelfall beurteilen zu können?
5. Wie unterscheiden sich Teilwert und gemeiner Wert?
6. Welche Sichtweisen gibt es zur Ermittlung des niedrigeren beizulegenden Wertes? Wovon hängt ihre Anwendung ab?
7. Welche Grenzen der stillen Rücklagenbildung bestehen bei Abschreibungen nach § 253 Abs. 4 HGB?
8. Welche Unterschiede bestehen zwischen Personen- und Kapitalgesellschaften in Bezug auf die Anwendung steuerrechtlicher Abschreibungen nach § 254 HGB?

Aufgabe 4.39 (Einzelbewertung oder Bewertungsvereinfachungsverfahren) S. 373

7.4 Bewertung des nicht abnutzbaren Anlagevermögens

Unter Anlagevermögen werden nach § 247 Abs. 2 HGB die Vermögensgegenstände verstanden, die bestimmt sind, dauernd dem Geschäftsbetrieb zu dienen. § 253 Abs. 2 HGB unterscheidet darüber hinaus, ob die Nutzung der Vermögensgegenstände des Anlagevermögens zeitlich begrenzt ist oder nicht. Vereinfachend wird im ersten Fall von abnutzbarem, im zweiten Fall von nicht abnutzbarem Anlagevermögen gesprochen. Allerdings wird dabei nicht auf einen technischen Verschleiß abgehoben, vielmehr kommt es auf die zeitlich begrenzte Nutzung des gesamten »Nutzungspotenzials« eines Vermögensgegenstandes an. So können z. B. auch immaterielle Vermögensgegenstände, wie Patente und Lizenzen, zeitlich begrenzt nutzbar sein. Dagegen gelten Finanzanlagen und Grundstücke ohne Bauten im Bereich der Sachanlagen als nicht abnutzbar.

Ausgangspunkt für die Bewertung des Anlagevermögens sind die Anschaffungs- oder Herstellungskosten. Während bei abnutzbarem Anlagevermögen planmäßige Abschreibungen nach § 253 Abs. 2 Satz 1 HGB vorgeschrieben sind, wird zur Bewertung des nicht abnutzbaren Anlagevermögens ein Wahlrecht für außerplanmäßige Abschreibungen für den Fall vorübergehender Wertminderungen eingeräumt bzw.

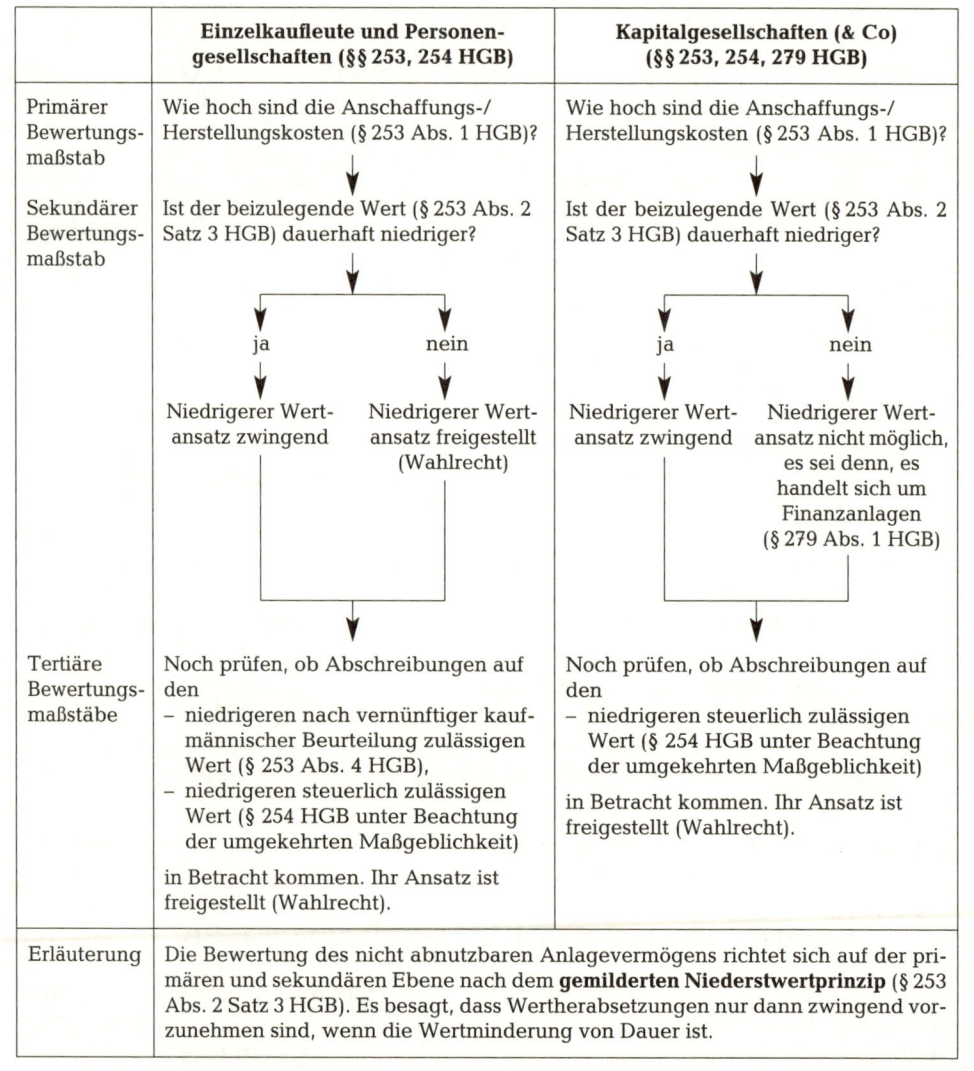

	Einzelkaufleute und Personengesellschaften (§§ 253, 254 HGB)	Kapitalgesellschaften (& Co) (§§ 253, 254, 279 HGB)
Primärer Bewertungsmaßstab	Wie hoch sind die Anschaffungs-/Herstellungskosten (§ 253 Abs. 1 HGB)?	Wie hoch sind die Anschaffungs-/Herstellungskosten (§ 253 Abs. 1 HGB)?
Sekundärer Bewertungsmaßstab	Ist der beizulegende Wert (§ 253 Abs. 2 Satz 3 HGB) dauerhaft niedriger? ja: Niedrigerer Wertansatz zwingend nein: Niedrigerer Wertansatz freigestellt (Wahlrecht)	Ist der beizulegende Wert (§ 253 Abs. 2 Satz 3 HGB) dauerhaft niedriger? ja: Niedrigerer Wertansatz zwingend nein: Niedrigerer Wertansatz nicht möglich, es sei denn, es handelt sich um Finanzanlagen (§ 279 Abs. 1 HGB)
Tertiäre Bewertungsmaßstäbe	Noch prüfen, ob Abschreibungen auf den – niedrigeren nach vernünftiger kaufmännischer Beurteilung zulässigen Wert (§ 253 Abs. 4 HGB), – niedrigeren steuerlich zulässigen Wert (§ 254 HGB unter Beachtung der umgekehrten Maßgeblichkeit) in Betracht kommen. Ihr Ansatz ist freigestellt (Wahlrecht).	Noch prüfen, ob Abschreibungen auf den – niedrigeren steuerlich zulässigen Wert (§ 254 HGB unter Beachtung der umgekehrten Maßgeblichkeit) in Betracht kommen. Ihr Ansatz ist freigestellt (Wahlrecht).
Erläuterung	Die Bewertung des nicht abnutzbaren Anlagevermögens richtet sich auf der primären und sekundären Ebene nach dem **gemilderten Niederstwertprinzip** (§ 253 Abs. 2 Satz 3 HGB). Es besagt, dass Wertherabsetzungen nur dann zwingend vorzunehmen sind, wenn die Wertminderung von Dauer ist.	

Abb. 4.27: Schematische Dastellung der Bewertung des nicht abnutzbaren Anlagevermögens in der Handelsbilanz

eine Pflicht zur Vornahme außerplanmäßiger Abschreibungen für den Fall voraussichtlich dauernder Wertminderungen verlangt (§ 253 Abs. 2 Satz 3 HGB). Ziel dieser außerplanmäßigen Abschreibungen ist eine Bewertung mit dem niedrigeren beizulegenden Wert.

Bei Kapitalgesellschaften ist das Wahlrecht für außerplanmäßige Abschreibungen im Falle vorübergehender Wertminderungen auf die Vermögensgegenstände des Finanzanlagevermögens beschränkt (§ 279 Abs. 1 Satz 2 HGB), während es sich bei den übrigen Kaufleuten unter den genannten Bedingungen auf das gesamte Anlagevermögen bezieht. Kapitalgesellschaften haben die außerplanmäßigen Abschreibungen gesondert auszuweisen oder im Anhang anzugeben (§ 277 Abs. 3 HGB).

Darüber hinaus können steuerrechtliche Abschreibungen nach § 254 HGB und Abschreibungen im Rahmen vernünftiger kaufmännischer Beurteilung nach § 253 Abs. 4 HGB in Betracht kommen, Letztere allerdings nicht für Kapitalgesellschaften (§ 279 Abs. 1 Satz 1 HGB). Die Vornahme steuerrechtlicher Abschreibungen muss in Handels- und Steuerbilanz einheitlich erfolgen (§ 5 Abs. 1 Satz 2 EStG).

Die Abbildung 4.27 soll die Wahlsituation des bilanzierenden Kaufmanns bzw. der bilanzierenden Kapitalgesellschaft erläutern (vgl. auch Abbildung 4.25 und 4.26).

7.5 Bewertung des abnutzbaren Anlagevermögens

Abnutzbare Gegenstände des Anlagevermögens sind zwar solche, die bestimmt sind, dauernd dem Geschäftsbetrieb zu dienen, dennoch ist ihre Nutzung für das Unternehmen zeitlich begrenzt. Dies kann durch wirtschaftliche Abnutzung, technische Überalterung oder durch Rechtsablauf geschehen. Für Vermögensgegenstände, deren Nutzung zwar nur für eine bestimmte Zeit vorgesehen ist, die aber im weiteren Sinne nicht abnutzbar sind, gelten diese Bestimmungen nicht. Die zeitliche Begrenzung der Nutzung muss sich aus der Eigenart des jeweiligen Anlagegegenstandes unmittelbar ergeben.

Als **begrenzt nutzbar** sind damit diejenigen Anlagegegenstände anzusehen, deren Nutzungsmöglichkeit im Unternehmen ab einem bestimmten Zeitpunkt erschöpft sein wird durch

- Abnutzung, Ausbeutung,
- technischen oder wirtschaftlichen Wertverlust im Zeitablauf sowie
- eine gesetzlich oder vertraglich begrenzte Nutzungsdauer.

Dazu zählen beispielsweise nicht Finanzanlagen, Grundstücke, Anzahlungen und Anlagen im Bau.

Planmäßige Abschreibungen sind vornehmlich vorgesehen für Verschleißanlagen, die eine ständige Wertminderung erfahren, z. B. Gebäude, Maschinen, technische Anlagen, Betriebs- und Geschäftsausstattung, Grundstücke, die ausgebeutet werden, immaterielle Vermögensgegenstände wie Konzessionen, Lizenzen, gewerbliche Schutzrechte u. Ä. Die Abschreibung eines aktivierten Firmenwertes nach § 255 Abs. 4 Satz 2 HGB stellt keine planmäßige Abschreibung dar. Dagegen wird die Firmenwertabschreibung nach § 255 Abs. 4 Satz 3 HGB als planmäßig bezeichnet (vgl. ADS § 253 Tz 357).

Die Grundsätze der Bewertungsstetigkeit, der Periodenabgrenzung und der Unternehmensfortführung bedingen dabei, dass nicht die vollen Anschaffungs- oder Herstellungskosten im Erwerbszeitpunkt als Aufwand (Sofortabschreibung) verrechnet werden. § 253 Abs. 2 HGB schreibt daher eine Verminderung der Anschaffungs- oder Herstellungskosten dieser abnutzbaren Anlagegegenstände um planmäßige Abschreibungen vor, wobei der Plan die Anschaffungs- oder Herstellungskosten auf die Geschäftsjahre verteilen muss, in denen die Vermögensgegenstände voraussichtlich genutzt werden können.

Vom Gesetz ist kein bestimmter Plan vorgeschrieben, doch wurden verschiedene planmäßige Abschreibungsmethoden entwickelt, so z. B. die lineare, degressive, progressive und die Leistungsabschreibung (vgl. hierzu S. 229 ff). Daher sind am ersten Bilanzstichtag nach der Anschaffung oder Herstellung die Nutzungsdauer zu schätzen sowie die Abschreibungsmethode festzulegen, da aus Gründen der Bewertungsstetigkeit an einem gewählten Abschreibungsplan grundsätzlich festzuhalten ist (Abschreibungskontinuität). **Determinanten des Abschreibungsplanes** sind somit die Höhe der Anschaffungs- oder Herstellungskosten, die voraussichtliche

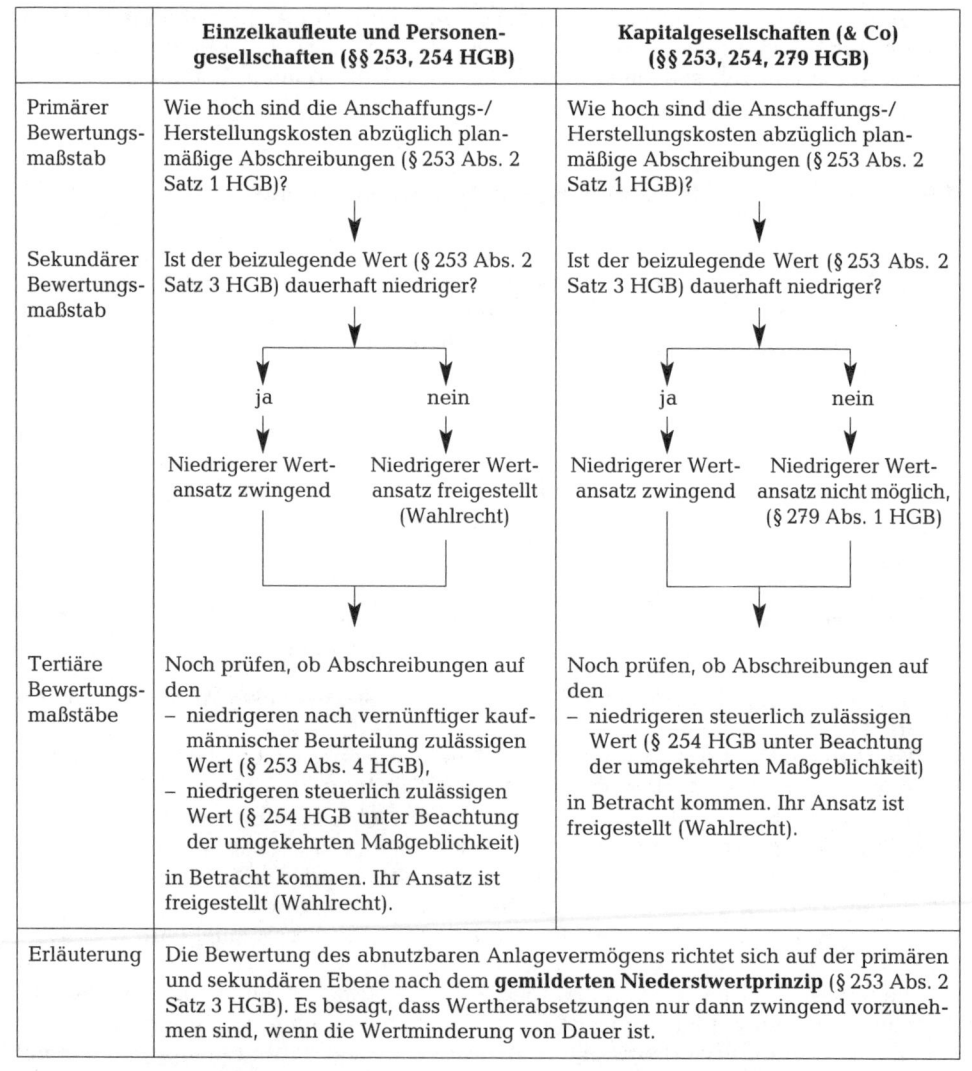

	Einzelkaufleute und Personengesellschaften (§§ 253, 254 HGB)	Kapitalgesellschaften (& Co) (§§ 253, 254, 279 HGB)
Primärer Bewertungsmaßstab	Wie hoch sind die Anschaffungs-/Herstellungskosten abzüglich planmäßige Abschreibungen (§ 253 Abs. 2 Satz 1 HGB)?	Wie hoch sind die Anschaffungs-/Herstellungskosten abzüglich planmäßige Abschreibungen (§ 253 Abs. 2 Satz 1 HGB)?
Sekundärer Bewertungsmaßstab	Ist der beizulegende Wert (§ 253 Abs. 2 Satz 3 HGB) dauerhaft niedriger? ja → Niedrigerer Wertansatz zwingend / nein → Niedrigerer Wertansatz freigestellt (Wahlrecht)	Ist der beizulegende Wert (§ 253 Abs. 2 Satz 3 HGB) dauerhaft niedriger? ja → Niedrigerer Wertansatz zwingend / nein → Niedrigerer Wertansatz nicht möglich, (§ 279 Abs. 1 HGB)
Tertiäre Bewertungsmaßstäbe	Noch prüfen, ob Abschreibungen auf den – niedrigeren nach vernünftiger kaufmännischer Beurteilung zulässigen Wert (§ 253 Abs. 4 HGB), – niedrigeren steuerlich zulässigen Wert (§ 254 HGB unter Beachtung der umgekehrten Maßgeblichkeit) in Betracht kommen. Ihr Ansatz ist freigestellt (Wahlrecht).	Noch prüfen, ob Abschreibungen auf den – niedrigeren steuerlich zulässigen Wert (§ 254 HGB unter Beachtung der umgekehrten Maßgeblichkeit) in Betracht kommen. Ihr Ansatz ist freigestellt (Wahlrecht).
Erläuterung	Die Bewertung des abnutzbaren Anlagevermögens richtet sich auf der primären und sekundären Ebene nach dem **gemilderten Niederstwertprinzip** (§ 253 Abs. 2 Satz 3 HGB). Es besagt, dass Wertherabsetzungen nur dann zwingend vorzunehmen sind, wenn die Wertminderung von Dauer ist.	

Abb. 4.28: Schematische Dastellung der Bewertung des abnutzbaren Anlagevermögens in der Handelsbilanz

Nutzungsdauer, die gewählte Abschreibungsmethode und die Höhe eines etwaigen Restwertes.

Durchbrechungen des Abschreibungsplanes sind bei nachträglichen Korrekturen der Nutzungsdauerschätzung, bewussten Methodenwechseln und der Vornahme außerplanmäßiger Abschreibungen bzw. Wertaufholungen vorstellbar. Zwar ist aus Gründen der Bewertungsstetigkeit (§ 252 Abs. 1 Nr. 6 HGB) an einem gewählten Abschreibungsplan grundsätzlich festzuhalten, doch können neuere Erkenntnisse bezüglich der Nutzungsdauer zu Planänderungen führen. Ebenso ist ein Übergang z. B. von der degressiven zur linearen Methode nicht als Durchbrechung der Methodenstetigkeit anzusehen.

Unabhängig von der Verpflichtung zu planmäßigen Abschreibungen kommen außerplanmäßige und steuerrechtliche in Betracht (§§ 253 Abs. 2 Satz 3 und Abs. 4, 254 HGB). In den Anwendungspflichten oder -möglichkeiten für **außerplanmäßige und steuerrechtliche Abschreibungen** unterscheidet sich die Bewertung abnutzbarer Anlagegegenstände nicht von der Bewertung nicht abnutzbarer Anlagegegenstände.

Die Abbildung 4.28 zeigt die bei der Bewertung des abnutzbaren Anlagevermögens anzutreffenden Wertansätze und soll die Ausführungen verdeutlichen.

Kontrollfragen

1. *Welche Zwecke werden mit planmäßigen und außerplanmäßigen Abschreibungen verfolgt?*
2. *Wodurch unterscheiden sich abnutzbares und nicht abnutzbares Anlagevermögen?*
3. *Welche Wertansätze sind für abnutzbares bzw. nicht abnutzbares Anlagevermögen vorgeschrieben oder zugelassen?*
4. *Welche Unterschiede im Anwendungsbereich bestehen zwischen Personen- und Kapitalgesellschaften bezüglich des gemilderten Niederstwertprinzips?*

7.5.1 Vornahme von Abschreibungen

Die im Rahmen des betrieblichen Rechnungswesens übliche Methode, Wertminderungen bei Vermögensgegenständen zum Ausdruck zu bringen, ist die Abschreibung. Man unterscheidet planmäßige von außerplanmäßigen, pflichtgemäße von freiwilligen, handelsrechtliche von steuerrechtlichen Abschreibungen, in jeweils verschiedenen Ausprägungsformen (vgl. Abbildung 4.29).

Planmäßige Abschreibungen zur Verteilung der Anschaffungs- und Herstellungskosten auf die voraussichtliche Nutzungsdauer sind bei abnutzbarem Anlagevermögen zwingend vorgeschrieben, **außerplanmäßige Abschreibungen** dagegen sind bei allen Vermögensgegenständen des Anlage- und Umlaufvermögens möglich. Während sich die planmäßigen Abschreibungsverfahren bezüglich Methode und Bemessungsgrundlage unterscheiden, sind bei außerplanmäßigen Abschreibungen die Abschreibungsanlässe, die Wertuntergrenzen, die rechtliche Verbindlichkeit der Abschreibungsvorschrift (Pflicht oder Wahlrecht), die Abschreibungsobjekte und die Möglichkeiten, die außerplanmäßigen Abschreibungen durch Wertaufholungen wieder rückgängig zu machen, von Bedeutung.

Steuerlich lassen sich die in vielen Rechtsvorschriften behandelten Abschreibungen folgendermaßen einteilen:

(1) Absetzung für Abnutzung (AfA) für abnutzbare bewegliche, unbewegliche und immaterielle Wirtschaftsgüter des Anlagevermögens in § 7 Abs. 1 Satz 1 bis 3 sowie Abs. 2, 5 EStG,

	Planmäßige Abschr.	Außerplanmäßige Abschreibungen				
Rechtsgrundlage	§ 253 Abs. 2 Satz 1, 2 HGB	§ 253 Abs. 2 Satz 3 HGB	§ 253 Abs. 3 Satz 1, 2 HGB	§ 253 Abs. 3 Satz 3 HGB	§ 253 Abs. 4 HGB	§ 254 HGB
Anwendungsberechtigte Unternehmen	alle	alle	alle	alle	Personengesellschaften	alle
Objekt	abnutzbares Anlagevermögen	gesamtes Anlagevermögen	Umlaufvermögen	Umlaufvermögen	Anlage- und Umlaufvermögen	Anlage- und Umlaufvermögen
Wertuntergrenze	der sich nach dem Plan für den Bilanzstichtag ergebende Buchwert	niedrigerer beizulegender Wert	niedrigerer Markt- oder Börsenpreis bzw. beizulegender Wert	niedrigerer Zukunftswert zur Vermeidung von Wertschwankungen	niedrigerer nach vernünftiger kfm. Beurteilung zulässiger Wert	niedrigerer steuerlicher Wert
Anlass	planmäßige Abschreibung (Regelfall)	dauernder oder voraussichtlich vorübergehende Wertminderung	gesunkener Markt- oder Börsenpreis bzw. beizulegender Wert	Vermeidung von Wertschwankungen in nächster Zukunft	Sicherheitsüberlegungen, Vorsorge für das Unternehmen u. Ä.	Wertansatz in Steuerbilanz niedriger als in Handelsbilanz
Notwendigkeit – Personengesellsch.	Pflicht	Pflicht bei dauernder Wertminderung, sonst Wahlrecht	Pflicht	Wahlrecht	Wahlrecht	Wahlrecht (einheitlich in Handels- und Steuerbilanz)
– Kapitalgesellsch. (& Co)	Pflicht	Pflicht bei dauernder Wertminderung, sonst Wahlrecht nur bei Finanzanlagen	Pflicht	Wahlrecht	Verbot	Wahlrecht (einheitlich in Handels- und Steuerbilanz)
Wertaufholung – Personengesellsch.	nein	Wahlrecht	Wahlrecht	Wahlrecht	Wahlrecht	Wahlrecht (einheitlich in Handels- und Steuerbilanz)
– Kapitalgesellsch. (& Co)	nein	Pflicht	Wahlrecht	Pflicht	–	Pflicht

Abb. 4.29: Abschreibungen der Handelsbilanz im Überblick

(2) Absetzung für Abnutzung nach Maßgabe der Leistung (Leistungs-AfA) für bewegliche Wirtschaftsgüter des Anlagevermögens in § 7 Abs. 1 Satz 6 EStG,
(3) Absetzung für Substanzverringerung (AfS) für bestimmte Wirtschaftsgüter in § 7 Abs. 6 EStG,
(4) Teilwertabschreibungen für alle Wirtschaftsgüter des Anlage- und Umlaufvermögens gemäß § 6 Abs. 1 Nr. 1 und 2 EStG,
(5) Absetzung für außergewöhnliche technische oder wirtschaftliche Abnutzung (AfaA) für abnutzbare bewegliche und unbewegliche Wirtschaftsgüter des Anlagevermögens in § 7 Abs. 1 Satz 7 und Abs. 4 Satz 3 EStG,
(6) erhöhte Absetzungen und Sonderabschreibungen (z. B. zur Förderung kleiner und mittlerer Betriebe, § 7g EStG).

Während also Teilwertabschreibungen grundsätzlich für alle Wirtschaftsgüter vorgenommen werden können, sind die verschiedenen Formen der Absetzungen nur für bestimmte Wirtschaftsgüter zulässig. Berechtigt zur Vornahme der Abschreibungen ist der juristische oder wirtschaftliche Eigentümer, dem das Wirtschaftsgut zuzurechnen ist.

Bemessungsgrundlage für die Abschreibungen sind in der Regel die Anschaffungs- oder Herstellungskosten, doch gibt es davon eine Anzahl von Ausnahmen, z. B. bei Einlagen den Einlagewert, der gemäß § 6 Abs. 1 Nr. 5 EStG dem Teilwert entsprechen muss, oder bei Umwandlung von Gesellschaften den Teilwert bzw. Buchwert des Rechtsvorgängers.

7.5.2 Planmäßige Abschreibungen

Zur planmäßigen Verteilung der Anschaffungs- oder Herstellungskosten auf die voraussichtliche Nutzungsdauer sind folgende Faktoren zu bestimmen:
- die Höhe der Anschaffungs- oder Herstellungskosten,
- die voraussichtliche Nutzungsdauer,
- die gewählte Abschreibungsmethode,
- die Höhe eines etwaigen Restwertes.

Während die **Bestimmung der Anschaffungs- oder Herstellungskosten** in der Regel keine Schwierigkeiten bereitet bzw. nach den oben genannten Grundsätzen vorzunehmen ist, ist die **Nutzungsdauerschätzung** ein Prognoseproblem. Maßgebend ist die individuelle Nutzungsdauer eines Vermögensgegenstandes unter den besonderen Bedingungen seiner betrieblichen Nutzung sowie der technischen und wirtschaftlichen Gegebenheiten, wobei in der Regel auf Vergleichs- und Erfahrungswerte zurückgegriffen werden muss.

7.5.2.1 Abschreibungsmethoden

Bei der Wahl der anzuwendenden Abschreibungsmethode hat der bilanzierende Kaufmann einen Ermessensspielraum; eine bestimmte Methode ist gesetzlich nicht vorgeschrieben, jedoch muss die gewählte Methode zu einer sinnvollen, nicht willkürlichen Verteilung der Anschaffungs- oder Herstellungskosten führen. Für Kapitalgesellschaften besteht nach § 284 Abs. 2 Nr. 1 HGB eine Berichtspflicht für den Anhang über die angewandten Abschreibungsmethoden.

Die Grundsätze der Planmäßigkeit der Abschreibungen und der **Bewertungsstetigkeit** erfordern, dass die einmal gewählte Abschreibungsmethode nur in begründeten

Ausnahmefällen geändert werden darf. Ein **Methodenwechsel** ist zulässig, sofern er sachlich in den Besonderheiten des Anlagegegenstandes, insbesondere in dessen Nutzungsdauer und Nutzungsverlauf begründet ist. Dagegen liegt ein Methodenwechsel nicht vor, wenn er in der Abschreibungsmethode selbst angelegt ist, wie z. B. bei dem im Vorhinein festgelegten Übergang von der degressiven zur linearen Abschreibungsmethode. Ein Methodenwechsel ist aber bereits gegeben, wenn bei neu angeschafften Anlagegegenständen ohne besonderen Anlass andere Abschreibungsmethoden zur Anwendung kommen als für art- und funktionsgleiche Anlagen bisher (ADS § 252 Tz 107).

Kapitalgesellschaften müssen Änderungen der Abschreibungsmethoden nach § 284 Abs. 2 Nr. 3 HGB im Anhang angeben, begründen sowie deren Einfluss auf die Vermögens-, Finanz- und Ertragslage darstellen.

Lineare Methode

Sie ist rechnerisch am einfachsten zu handhaben, da hier gleiche Abschreibungssätze als prozentuale Anteile der Anschaffungs- oder Herstellungskosten jährlich verrechnet werden. Die Methode unterstellt einen kontinuierlichen Abnutzungs- und Entwertungsverlauf und wird in der Praxis am häufigsten angewandt. Sie ist handels- und steuerrechtlich uneingeschränkt anwendbar, vgl. S. 30.

Degressive Methode

Hier berechnet sich der Abschreibungssatz vom Restbuchwert, wobei

– im Fall der geometrisch-degressiven Abschreibung die jährlichen Abschreibungsbeträge um einen gleich bleibenden Prozentsatz sinken und eine abnehmend geometrische Reihe bilden (konstanter Abschreibungssatz vom Restbuchwert, Buchwertabschreibung), während

– im Fall der arithmetisch-degressiven Abschreibung die Jahresraten um gleich bleibende Beträge vermindert werden (digitale Abschreibung).

Zur Anwendung der degressiven Abschreibungsmethoden vgl. S. 31 und die dort genannten Aufgaben.

Degressive Abschreibungsmethoden verrechnen in den ersten Jahren der Nutzungsdauer höhere, in späteren Jahren niedrigere Abschreibungsbeträge, was dem anfänglich regelmäßig stärkeren Wertverlust bzw. Risiko einer Fehlinvestition besser entspricht als bei der linearen Abschreibung. Bezieht man die gegen Ende der Nutzungsdauer regelmäßig höheren Reparaturkosten der Anlagen in eine »Gesamtkostenbetrachtung« der Anlage ein, so stellt sich mit der degressiven Abschreibung eine nivellierte Periodenverrechnung der Kosten ein.

Steuerlich darf der Abschreibungssatz für die geometrisch-degressive Abschreibung nicht das Doppelte des bei linearer Abschreibung in Betracht kommenden Prozentsatzes und nicht 20 % (Reduzierung durch StSenkG) übersteigen. Zudem ist im Fall ihrer Anwendung ein besonderes Verzeichnis gemäß § 7a Abs. 8 EStG zu führen und zu beachten, dass für entsprechend abgeschriebene Wirtschaftsgüter eine AfaA nicht in Betracht kommt (§ 7 Abs. 2 EStG). Die arithmetisch-degressive Abschreibung ist steuerlich nicht zulässig.

Eine **Sonderform** der degressiven Methode ist die **Abschreibung nach Staffelsätzen**. Sie kommt vor allem in Steuerrecht vor, z. B. Gebäudeabschreibung nach § 7 Abs. 5 EStG.

Progressive Methode

Hier werden in den ersten Jahren geringere und in späteren Jahren höhere Abschreibungsbeträge verrechnet. Problematisch erscheint diese Methode im Hinblick auf den Vorsichtsgrundsatz, da der Wertminderung der Anlagen in den ersten Jahren ihrer

Nutzung nur unzureichend Rechnung getragen wird. Auch werden die Anfangsjahre der Nutzungsdauer bei progressiver Abschreibung ständig überlagert sein von außerplanmäßigen Abschreibungen auf niedrigere beizulegende Werte. Nach § 7 EStG ist die progressive Abschreibungsmethode **steuerlich nicht zulässig**.

Leistungsabschreibung

Hier wird das Gesamtleistungspotenzial einer Anlage über die Gesamtnutzungsdauer geschätzt und gemäß den tatsächlich »entnommenen« Leistungseinheiten auf die Geschäftsjahre der Nutzung aufgeteilt (vgl. S. 32 und die dort genannte Aufgabe).

Voraussetzung für die Anwendbarkeit der Leistungsabschreibungsmethode ist die Kenntnis des Gesamtleistungspotenzials und die Messbarkeit der einzelnen Leistungsabgaben. Gegebenenfalls muss für Zeiten von ruhendem Verschleiß vorübergehend eine höhere Abschreibung verrechnet werden als der tatsächlichen Leistungsentnahme entspricht.

Auch **steuerlich** ist eine AfA nach Maßgabe der Leistung (§ 7 Abs. 1 Satz 4 EStG), sofern der auf das einzelne Wirtschaftsgut entfallende Umfang der Leistung z. B. durch Zählwerke, Betriebsstundenzähler, Kilometerzähler u. Ä. nachgewiesen werden kann (R 44 Abs. 5 EStR), bzw. eine Absetzung für Substanzverringerung (§ 7 Abs. 6 EStG) zulässig.

Abschreibungen nach Maßgabe des Gewinns

Sie sind in jedem Fall verboten.

Kombinationsformen

Kombinationsformen finden in der Praxis vor allem zwischen degressiver und linearer Anwendung sowie zwischen leistungsabhängiger und linearer Abschreibung. Üblicherweise wird in dem Jahr zur linearen Abschreibung übergegangen, in dem die Abschreibungsbeträge bei linearer Abschreibung erstmals höher sind als bei degressiver Abschreibung. Steuerlich ist dieses Vorgehen ausdrücklich erlaubt (§ 7 Abs. 3 EStG), während ein Wechsel von der linearen zur degressiven oder zur Leistungsabschreibung nicht zulässig ist. Bedenken wegen des Stetigkeitsgebots bestehen nicht, sofern der Übergang von Anfang an geplant war und somit die Kombinationsform als Abschreibungsmethode eigener Art anzusehen ist.

7.5.2.2 Restwert

Sofern ein Restwert bei Aufstellung des Plans mit hinreichender Genauigkeit bestimmbar ist, muss lediglich auf diesen am Ende der Nutzungsdauer abgeschrieben werden. Als Restwert gilt dabei der am Ende der Nutzungsdauer erwartete Veräußerungserlös (z. B. Schrottwert) abzüglich der beim Ausscheiden des Anlagegegenstandes noch anfallenden Aufwendungen. Ist der Restwert im Vergleich zu den Anschaffungs- oder Herstellungskosten von erheblicher Bedeutung, würde eine Vollabschreibung die Vergleichbarkeit der Ergebnisse beeinträchtigen und daher unzulässig sein. In den meisten Fällen wird sich allerdings der voraussichtliche Restwert nicht mit hinreichender Sicherheit bestimmen lassen. Auch können die Nebenkosten einer späteren Veräußerung oder Verschrottung den Veräußerungserlös ganz oder teilweise aufzehren. Daher werden üblicherweise die vollen Anschaffungs- oder Herstellungskosten planmäßig abgeschrieben und ein eventueller Restwert unberücksichtigt gelassen. Dies ist auch steuerlich anerkannt.

7.5.2.3 Steuerliche Sonderregelungen

Die planmäßigen Abschreibungen nach Steuerrecht lassen sich sachlich gliedern in AfA und AfS.

Grundsätzliches zur AfA

Die Notwendigkeit, bei abnutzbaren Wirtschaftsgütern des Anlagevermögens AfA vorzunehmen, ergibt sich aus § 6 Abs. 1 Nr. 1 Satz 1 EStG. Regelmäßige Berechnungsgrundlage der AfA sind die Anschaffungs- oder Herstellungskosten, in Ausnahmefällen der Teilwert. Der Berechnungszeitraum ist die betriebsgewöhnliche Nutzungsdauer, für deren Schätzung die amtlichen AfA-Tabellen Anhaltspunkt sind.

Handels- und steuerrechtliche planmäßige Abschreibungen können differieren. Auf Grund des Maßgeblichkeitsprinzips darf aber grundsätzlich der Handelsbilanzansatz bei den Aktiva steuerlich nicht unterschritten werden, es sei denn, es bestehen zwingende steuerliche Vorschriften (z. B. bei Gebäuden).

AfA bei Gebäuden

Die AfA-Bestimmungen für Gebäude sind sehr umfangreich (§ 7 Abs. 4, 5 EStG, § 11c EStDV, R 42, 42a EStR) und werden noch durch Vorschriften für erhöhte Absetzungen und Sonderabschreibungen (z. B. §§ 7c, 7f EStG) ergänzt. Der wesentliche **Unterschied zwischen handels- und steuerrechtlicher Gebäudeabschreibung** besteht darin, dass sich steuerlich die AfA nicht nach der Nutzungsdauer bestimmt, sondern gesetzlich vorgeschrieben ist.

Die lineare AfA bei Gebäuden beträgt

- 2,5 % (Fertigstellung bis zum 31. 12. 1924),
- 2 %   (Fertigstellung nach dem 31. 12. 1924),
- 3 %   (Reduzierung durch StSenkG von 4 % auf 3 %).

Ist die tatsächliche Nutzungsdauer geringer, können entsprechend höhere AfA vorgenommen werden (§ 7 Abs. 4 EStG). Bei der degressiven AfA nach § 7 Abs. 5 EStG kommen unterschiedlich hohe Staffelsätze zur Anwendung, die zu einer Nutzungsdauer von 25 bzw. 50 Jahren führen.

Ein Wechsel zwischen der linearen und der degressiven Gebäude-AfA ist nicht zulässig (H 44 »Wechsel der AfA-Methode bei Gebäuden« EStH). Ein Wahlrecht kommt also nur zum Zeitpunkt der Anschaffung oder Herstellung in Betracht.

Während die AfaA sowohl bei linearer als auch bei degressiver Gebäude-AfA möglich sind (R 44 Abs. 12 EStR), ist die Vornahme von etwaigen Sonderabschreibungen nur bei linearer Gebäude-AfA zulässig (§ 7a Abs. 4 EStG).

Aufgabe 4.40 *(Gebäudeabschreibung) S. 373*

Derivativer Geschäfts- oder Firmenwert

Sondervorschriften bestehen für einen derivativen Firmenwert (§ 255 Abs. 4 HGB). Er kann handelsrechtlich mit jährlich 25 % abgeschrieben oder auf die Geschäftsjahre verteilt werden, in denen er voraussichtlich genutzt wird. Auf Grund der unzureichenden Objektivierbarkeit und der umgekehrten Maßgeblichkeit wird oft auf das Steuerrecht verwiesen, das in § 7 Abs. 1 Satz 3 EStG dem Geschäftswert eine betriebsgewöhnliche Nutzungsdauer von 15 Jahren zuordnet.

Grundsätzliches zur AfS

Bei Bergbauunternehmen, Steinbrüchen und anderen Betrieben, die einen Verbrauch der Substanz mit sich bringen, ist eine Absetzung nach Maßgabe des Substanzverzehrs zulässig (§ 7 Abs. 6 EStG). AfS bestimmen sich aus dem Verhältnis zwischen geförderter und vorhandener Substanz, oft in festem Tonnensatz ausgedrückt (vgl. R 44a

EStR). Die AfS gleichen also nicht die Wertveränderung des Grundstücks selbst aus, sondern tragen nur dem Substanzverbrauch Rechnung.

Zu einem selbstständigen Wirtschaftsgut wird die Bodensubstanz erst, wenn der Eigentümer über ihn verfügt oder ihn zu verwerten beginnt.

Bei Bodenschätzen, die der Steuerpflichtige auf einem ihm gehörenden Grundstück entdeckt hat, sind AfS nicht zulässig.

Die Höhe der AfS berechnet sich wie folgt:

$$\text{AfS} = \text{Buchwert der Bodensubstanz (Vorjahr)} \cdot \frac{\text{Menge der im Abschlussjahr geförderten Substanz}}{\text{vorhandene Substanzmenge (Vorjahr)}}$$

7.5.3 Außerplanmäßige Abschreibungen

Beim abnutzbaren Anlagevermögen kommen außerplanmäßige Abschreibungen in der **Handelsbilanz**
- auf den niedrigeren beizulegenden Wert (§ 253 Abs. 2 Satz 3 HGB) und
- auf den niedrigeren nach vernünftiger kaufmännischer Beurteilung zulässigen Wert (§ 253 Abs. 4 HGB)

in Betracht. Es gilt das gemilderte Niederstwertprinzip, nach welchem die Wertminderung erst berücksichtigt werden muss, wenn sie von Dauer ist. Es ist bei Kapitalgesellschaften (& Co) auf Finanzanlagen beschränkt (§ 279 Abs. 1 Satz 2 HGB). Die Abschreibung auf den niedrigeren nach vernünftiger kaufmännischer Beurteilung zulässigen Wert entfällt bei Kapitalgesellschaften völlig (§ 279 Abs. 1 Satz 1 HGB).

Zu den außerplanmäßigen Abschreibungen im **Steuerrecht** gehören insbesondere
- Absetzungen für außergewöhnliche technische oder wirtschaftliche Abnutzung (AfaA),
- Teilwertabschreibungen,
- erhöhte Absetzungen und Sonderabschreibungen.

7.5.3.1 Absetzungen für außergewöhnliche technische oder wirtschaftliche Abnutzung (AfaA)

Eine außergewöhnliche Abnutzung ist anzunehmen, wenn ein besonderes Ereignis eingetreten ist, das zu einer rascheren Abnutzung führt, als ursprünglich angenommen wurde, sodass die zunächst geschätzte Nutzungsdauer nicht erreicht wird, wobei außergewöhnliche technische und wirtschaftliche Abnutzungsgründe maßgebend sein können (BFH-Urteil, BStBl 1980 II, S. 743).

Zum sachlichen Anwendungsbereich der AfaA gehören
- abnutzbare bewegliche Wirtschaftsgüter des Anlagevermögens mit planmäßiger linearer oder Leistungs-AfA (§ 7 Abs. 1 Satz 1 und 5 EStG),
- Gebäude mit linearer AfA (§ 7 Abs. 4 EStG), degressiver AfA (§ 7 Abs. 5 EStG),
- alle übrigen abnutzbaren Wirtschaftsgüter des Anlagevermögens mit linearer AfA.

Eine AfaA ist nicht zulässig bei abnutzbaren beweglichen Wirtschaftsgütern des Anlagevermögens, die nach § 7 Abs. 2 EStG degressiv abgeschrieben werden (§ 7 Abs. 2

Satz 4 EStG). Wohl aber ist nach vollzogenem Übergang von der degressiven zur linearen AfA-Methode eine AfaA möglich.

Abzugrenzen ist die AfaA von der Teilwertabschreibung. Während Ursache einer AfaA die Verkürzung der Nutzungsdauer durch außergewöhnliche technische oder wirtschaftliche Abnutzung ist (wobei die AfaA nur bei bestimmten Wirtschaftsgütern mit bestimmten AfA-Methoden, wohl aber bei allen Einkunftsarten zulässig ist), gründet sich eine Teilwertabschreibung auf gesunkene Wiederbeschaffungs- bzw. Markt- oder Börsenpreise, was zwar bei allen Wirtschaftsgütern, aber nur bei einer Gewinnermittlung nach §§ 4 Abs. 1 oder 5 EStG vorkommen kann.

Soweit der Grund für die AfaA in späteren Wirtschaftsjahren entfällt, ist auf Grund des StEntlG 1999/2000/2002 in den Fällen der Gewinnermittlung nach § 4 Abs. 1 und § 5 EStG eine entsprechende **Zuschreibung** vorzunehmen.

7.5.3.2 Teilwertabschreibungen

§ 6 Abs. 1 Nr. 1 Satz 2 und Nr. 2 Satz 2 EStG i. d. F. **StEntlG 1999/2000/2002** lassen einen Ansatz von Wirtschaftsgütern zum niedrigeren Teilwert nur dann zu, wenn es sich um eine **voraussichtlich dauernde Wertminderung** handelt. Nach **BMF-Schreiben** BStBl I 2000, S. 372 bedeutet eine voraussichtlich dauernde Wertminderung ein voraussichtlich nachhaltiges Absinken des Werts des Wirtschaftsgutes unter den maßgeblichen Buchwert; davon ist grundsätzlich auszugehen, wenn der Wert des Wirtschaftgutes die Bewertungsobergrenze während eines erheblichen Teils der **voraussichtlichen Verweildauer im Unternehmen** nicht erreichen wird. **Wertminderungen aus besonderem Anlass** (z. B. Katastrophen oder technischer Fortschritt) sind regelmäßig von Dauer.

Zusätzliche Erkenntnisse bis zum Zeitpunkt der Aufstellung der Handelsbilanz sind zu berücksichtigen **(Wertaufhellung)**. Wenn keine Handelsbilanz aufzustellen ist, ist der Zeitpunkt der Aufstellung der Steuerbilanz maßgeblich.

Für die Beurteilung eines voraussichtlich dauernden Wertverlustes zum Bilanzstichtag kommt der **Eigenart des betreffenden Wirtschaftsgutes** eine maßgebliche Bedeutung zu (BFH BStBl II 1975, S. 294). Von einer voraussichtlich dauernden Wertminderung kann ausgegangen werden, wenn

– beim **abnutzbaren Anlagevermögen** der Wert des jeweiligen Wirtschaftsgutes zum Bilanzstichtag mindestens für die halbe Restnutzungsdauer unter dem planmäßigen Buchwert liegt;
– beim **nicht abnutzbaren Anlagevermögen** die Gründe für eine niedrigere Bewertung voraussichtlich anhalten werden. Kursschwankungen von börsennotierten Wirtschaftsgütern des Anlagevermögens stellen eine nur vorübergehende Wertminderung dar. Sie berechtigen demgemäß nicht zum Ansatz des niedrigeren Teilwerts;
– beim **Umlaufvermögen** die Minderung bis zum Zeitpunkt der Aufstellung der Bilanz oder dem vorangegangenen Verkaufs- oder Verbrauchszeitpunkt anhält.

7.5.3.3 Erhöhte Absetzungen und Sonderabschreibungen

Im Gegensatz zur Teilwertabschreibung und AfaA stehen Sonderabschreibungen in keiner Beziehung zur Wertminderung bzw. einer außergewöhnlichen technischen oder wirtschaftlichen Abnutzung eines Wirtschaftsgutes. Ihr Zweck ist die Gewährung einer Steuervergünstigung aus wirtschaftspolitischen Gründen.

Zu beachten ist, dass **erhöhte Absetzungen an Stelle der AfA** nach § 7 EStG gewährt werden, während **Sonderabschreibungen auch neben der AfA** nach § 7 EStG in Betracht kommen.

§ 7 a EStG enthält gemeinsame Vorschriften für erhöhte Absetzungen und Sonderabschreibungen als lex generalis, insbesondere zu

– nachträglichen Anschaffungs- oder Herstellungskosten,
– Anzahlungen auf Anschaffungskosten und Teilherstellungskosten,
– Mindest-AfA bei Inspruchnahme erhöhter Absetzungen,
– Pflicht zur Vornahme der linearen AfA nach § 7 Abs. 1 oder 4 EStG neben den Sonderabschreibungen (Verbot der degressiven AfA),
– Kumulationsverbot bei Vorliegen der Voraussetzungen für die Anwendung verschiedener Vorschriften über Sonderabschreibungen u. a.

Beispiele für erhöhte Absetzungen und Sonderabschreibungen sind §§ 7d, 7g EStG, § 82i EStDV u. a.

7.5.4 Sonderfragen der Abschreibungsermittlung

7.5.4.1 Anschaffung oder Herstellung im Laufe des Jahres

Der Gesetzgeber hat den Beginn der Abschreibungsverrechnung nicht eindeutig festgelegt. Wohl aber ist bei Anschaffungen der Zeitpunkt der Lieferung bzw. der Zeitpunkt, zu dem der Vermögensgegenstand in betriebsbereiten Zustand versetzt wird, für den Abschreibungsbeginn maßgebend.

Wurde ein Vermögensgegenstand hergestellt, so markiert der Zeitpunkt der Fertigstellung, spätestens der Nutzungsbeginn, den Beginn der Abschreibungen. Bei Großanlagen können selbstständig bewertbare Teilanlagen schon vorher abgeschrieben werden, auch wenn die Gesamtanlage entweder noch gar nicht fertig gestellt oder noch nicht genutzt wird.

Bei **Anschaffung oder Herstellung während eines Jahres** wird eine **zeitanteilige Abschreibungsverrechnung** verlangt, doch wird üblicherweise ein angefangener Monat als voller Monat für die Abschreibung einbezogen. Für abnutzbare bewegliche Wirtschaftsgüter durfte **bis 2003** die Vereinfachungsregel des R 44 Abs. 2 Satz 3 EStR angewendet werden, dass bei Anschaffung oder Herstellung

– in der ersten Hälfte des Wirtschaftsjahres die volle Jahres-AfA und
– in der zweiten Hälfte des Wirtschaftsjahres die halbe Jahres-AfA

verrechnet werden kann (Wahlrecht). Durch das Haushaltsbegleitgesetz 2004 wurde diese Halbjahresregelung ab 2004 abgeschafft (§ 7 Abs. 1 Satz 4 und Abs. 2 Satz 3 EStG); nunmehr AfA-Abzug monatsgenau vom Zeitpunkt der Anschaffung an.

Auch beim **Ausscheiden eines Wirtschaftsgutes** (z. B. durch Veräußerung oder Entnahme) ist die AfA zeitanteilig vorzunehmen (Aufrundung auf volle Monate), wobei jedoch die Vereinfachungsregel nach R 44 Abs. 2 Satz 3 EStR nicht anwendbar ist. Denn beim Ausscheiden eines Wirtschaftsgutes kann der genaue Buchwert (z. B. für die Übertragung stiller Reserven nach § 6b EStG, R 35 EStR) von Bedeutung sein.

Bei **Gebäuden** ist nach § 11c Abs. 1 EStDV die lineare Abschreibung zeitanteilig vorzunehmen. Die degressive AfA nach § 7 Abs. 5 EStG ist allerdings im Jahr der Fertigstellung in Höhe des vollen Jahresbetrags abzuziehen, da diese AfA-Methode nicht verbrauchsbedingt ist, sondern wohnungspolitische Zwecke verfolgt (BFH-Urteil, BStBl 1974 II, S. 704, H 44 »Teil des auf ein Jahr entfallenden AfA-Betrags« EStH).

7.5.4.2 Nachträgliche Anschaffungs- oder Herstellungskosten

Werden nach 43 EStH nachträgliche Anschaffungs- oder Herstellungskosten für abnutzbare Wirtschaftsgüter aufgewendet, ohne dass hierdurch ein anderes Wirtschaftsgut entstanden ist, so bemessen sich vom Jahr der Entstehung der nachträglichen Anschaffungs- oder Herstellungskosten an die AfA nach dem um die nachträglichen Anschaffungs- oder Herstellungskosten vermehrten letzten Buchwert oder Restwert und der Restnutzungsdauer.

> Letzter Buchwert bzw. Restwert
> + nachträgliche Anschaffungs- oder Herstellungskosten
>
> = neue Bemessungsgrundlage

Gegebenenfalls ist die Restnutzungsdauer neu zu schätzen (R 44 Abs. 10 EStR). Bei degressiver AfA nach § 7 Abs. 2 EStG bleibt der bisherige AfA-Satz unverändert. Für das Jahr der Entstehung der nachträglichen Anschaffungs- oder Herstellungskosten kann aus Vereinfachungsgründen der volle AfA-Satz der neuen Bemessungsgrundlage angesetzt werden. Vgl. auch die Beispiele in H 44 »AfA nach nachträglichen Anschaffungs- oder Herstellungskosten« EStH.

Waren die nachträglichen Anschaffungs- oder Herstellungskosten so umfangreich, dass praktisch ein anderes (neues) Wirtschaftsgut entstanden ist, so ist die neue AfA-Bemessungsgrundlage wie ein neues Wirtschaftsgut mit einer neuen voraussichtlichen Nutzungsdauer abzuschreiben.

7.5.4.3 Wechsel der Abschreibungsmethoden

Wie bereits erwähnt, lässt der Gesetzgeber einen Übergang von der degressiven oder Leistungsabschreibung auf die lineare Abschreibungsmethode zu (§ 7 Abs. 3 EStG). In diesen Fällen ist der Restbuchwert nach neuer Methode planmäßig, d. h. gleichmäßig auf die Restnutzungsdauer zu verteilen.

7.5.4.4 Sofortabschreibung geringwertiger Wirtschaftsgüter

Aus Vereinfachungsgründen können geringwertige, einer selbstständigen Nutzung fähige Vermögensgegenstände des abnutzbaren beweglichen Anlagevermögens mit Anschaffungs- oder Herstellungskosten unter 410 € im Jahr ihrer Anschaffung sofort abgeschrieben werden. Sie werden im Jahr der Anschaffung im Anlagenspiegel als Zugang und als Abgang ausgewiesen (vgl. Aufgabe 4.28, S. 370).

Anlagegüter unter 60 € werden im Zugangszeitpunkt gleich als Aufwand verbucht, sodass Aktivierung und Vollabschreibung nicht erforderlich sind (R 40 Abs. 2 EStR).

Für die geringwertigen Wirtschaftsgüter ist ein besonderes **Verzeichnis** mit den Angaben nach § 6 Abs. 2 Satz 4 EStG zu führen, sofern sich diese Angaben nicht aus der Buchführung ergeben (gilt nicht für Wirtschaftsgüter unter 60 € Nettowert, vgl. R 40 Abs. 2 EStR). Während sich die meisten Vorschriften des § 6 Abs. 2 EStG auf allgemeine Grundsätze stützen, hebt das Merkmal der selbstständigen Nutzungsfähigkeit detailliert auf den Unterschied zu Sachgesamtheiten ab (vgl. S. 160).

Von besonderer **Praxisrelevanz** ist in diesem Zusammenhang ein BFH-Urteil (BFH/NV 2004, S. 872) zur Behandlung von **Computern mit Zubehör**, denn vielfach unterschreitet Zubehör die 410-€-Grenze. Der **BFH verneinte das Vorliegen von GWG bezüglich der Peripherie-Geräte**, da diese einer selbstständigen Nutzung nicht fähig sind. Verliert ein Wirtschaftsgut, das zusammen mit anderen Wirtschaftsgütern genutzt wird, seine eigene Nutzungsfähigkeit, wenn es von den übrigen getrennt wird, so spricht dies für einen Nutzungszusammenhang und damit gegen die Annahme eines GWG. Technisch aufeinander abgestimmt sind Wirtschaftsgüter, wenn zusätzlich zu einem wirtschaftlichen (betrieblichen) Zusammenhang ihre technischen Eigenschaften auf ein Zusammenwirken angelegt sind (vgl. BFH BStBl II 1998, S. 789). Nach diesen Grundsätzen sind Peripherie-Geräte einer Computer-Anlage i. d. R. zwar selbstständig bewertungsfähig, aber nicht selbstständig nutzungsfähig und damit keine GWG; denn die einzelnen Komponenten einer PC-Anlage sind ihren technischen Eigenschaften nach auf ein Zusammenwirken angelegt und verlieren mit einer Trennung von den übrigen Geräten regelmäßig ihre eigene Nutzungsfähigkeit. Dass zwischen diesen Geräten teilweise keine körperliche Verbindung (mehr) besteht, ist unerheblich; die Verbindung in Form eines kabellosen Datenflusses genügt.

Als **Folge dieses Urteils** dürfen die Kosten für die **Anschaffung von Peripherie-Geräten**, die infolge eines Defekts ersetzt werden, nicht mehr sofort als Betriebsausgaben abgezogen werden, sondern sind **im Wege der AfA zu berücksichtigen** (3-jährige Nutzungsdauer).

Kontrollfragen
1. *Welche Abschreibungsmethoden kommen handels- und steuerrechtlich in Betracht?*
2. *Welche Abschreibungsmethoden lassen sich unterscheiden?*
3. *Wie ist die Gebäudeabschreibung steuerlich geregelt?*
4. *Was unterscheidet AfaA und Teilwertabschreibung?*
5. *Bei welchen Vermögensgegenständen gilt bei Kapitalgesellschaften das strenge Niederstwertprinzip im Anlagevermögen?*
6. *Welche Kombinationsformen planmäßiger Abschreibungsverfahren sind zulässig?*
7. *Wie ist die Abschreibung für den derivativen Firmenwert handels- und steuerrechtlich geregelt?*
8. *Für welche Vermögensgegenstände kommen planmäßige, für welche außerplanmäßige Abschreibungen in Frage?*
9. *Welche Regelung gibt es hinsichtlich der Abschreibungsverrechnung bei Anschaffung/Herstellung im Laufe eines Jahres?*

7.6 Bewertung des Umlaufvermögens

7.6.1 Übersicht

Obergrenze für die Bewertung des Umlaufvermögens sind wiederum die Anschaffungs- oder Herstellungskosten (§ 253 Abs. 1 Satz 1 HGB). Allerdings gibt es hier im Gegensatz zum abnutzbaren Anlagevermögen keine planmäßigen Abschreibungen, wohl aber gebietet das strenge Niederstwertprinzip im Handelsrecht im Fall eines Absinkens des Börsen- oder Marktpreises ohne Rücksicht darauf, ob diese Wertminderung voraussichtlich von Dauer oder nur vorübergehend ist, eine Abschreibung auf diesen niedrigeren Wert (§ 253 Abs. 3 Satz 1 HGB).

Ist ein Markt- oder Börsenpreis nicht festzustellen und übersteigen die Anschaffungs- oder Herstellungskosten den Wert, der den Vermögensgegenständen am Abschlussstichtag beizulegen ist, so ist auf diesen Wert abzuschreiben (§ 253 Abs. 3 Satz 2 HGB). Ein solcher beizulegender Wert kann vom Beschaffungs- oder Absatzmarkt her ermittelt werden, indem

- von den realistischerweise zu erwartenden Verkaufspreisen die noch anfallenden Veräußerungskosten abzuziehen oder
- zu den aktuellen Beschaffungspreisen die Anschaffungsnebenkosten hinzuzurechnen

sind. Während eine Orientierung am Beschaffungsmarkt vornehmlich bei Roh-, Hilfs- und Betriebsstoffen in Betracht kommt, sind Wertpapiere, Erzeugnisse und Handelswaren vor allem nach den Verhältnissen des Absatzmarktes zu bewerten.

Die Bewertung zum niedrigeren Markt- oder Börsenpreis bzw. beizulegenden Wert kann durch folgende handelsrechtlich zulässige Wertansätze noch unterschritten werden (Wahlrecht):

- zur Vermeidung von Wertschwankungen nach § 253 Abs. 3 Satz 3 HGB,
- im Rahmen vernünftiger kaufmännischer Beurteilung nach § 253 Abs. 4 HGB,
- durch Übernahme steuerlicher Wertansätze ins Handelsrecht nach § 254 HGB.

Nicht-Kapitalgesellschaften können Wertansätze, die auf Grund § 253 Abs. 3, 4 oder § 254 HGB gewählt wurden,

- beibehalten oder
- auf die aktuellen höheren Wertansätze nach diesen Vorschriften (höchstens aber auf die Anschaffungs- oder Herstellungskosten) aufholen oder
- einen beliebigen Zwischenwert ansetzen (ADS § 253 Tz 606).

Kapitalgesellschaften (& Co) haben dagegen eine Wertaufholungspflicht nach § 280 Abs. 1 HGB, die nur für steuerliche Regelungen nach § 280 Abs. 2 HGB durchbrochen werden kann, die eine handelsrechtliche Berücksichtigung voraussetzen.

Das Flussdiagramm (Abbildung 4.30) soll die Wertansatzpflichten und -wahlrechte des Bilanzierenden verdeutlichen.

7.6.2 Bewertung einzelner Wirtschaftsgüter des Umlaufvermögens

7.6.2.1 Vorräte

Für die Vorratsbewertung gelten grundsätzlich die oben genannten Regelungen. Sind die Markt- oder Börsenpreise zu ermitteln und niedriger als die Anschaffungs- oder Herstellungskosten, so sind sie Ausgangspunkt der Bewertung (§ 253 Abs. 3 HGB). In den anderen Fällen ist ein beizulegender Wert am Beschaffungs- oder Absatzmarkt zu bestimmen, je nach anzunehmender Verwertungsprämisse. Nach dem Vorsichtsprinzip müssen alle noch anfallenden Veräußerungs-, Transport- und Lagerkosten bei der Bestandsbewertung außer Ansatz bleiben.

Steuerlich ist zu beachten, dass für eine Teilwertabschreibung eine voraussichtlich dauernde Wertminderung gegeben sein muss (vgl. S. 234).

Unter bestimmten Voraussetzungen können **Bewertungsvereinfachungsverfahren** zur Anwendung kommen (vgl. S. 220 ff.), nämlich

- Durchschnittsmethode (§ 240 Abs. 4 HGB),
- Festbewertung (§ 240 Abs. 3 HGB),
- Bewertung mittels Verbrauchsfolgeverfahren (§ 256 HGB).

Diese Bewertungsvereinfachungsverfahren dienen lediglich der vereinfachten Ermittlung der Anschaffungs- oder Herstellungskosten, entbinden aber nicht von der Pflicht bzw. dem Wahlrecht, zu prüfen, ob eine Abschreibung nach §§ 253 Abs. 3 und 4 bzw. 254 HGB geboten oder sinnvoll erscheint.

Lange liegende Waren erhalten steuerlich und handelsrechtlich meist einen Sonderabschlag von den Anschaffungs- oder Herstellungskosten wegen erschwerter Verkäuflichkeit. Dieser so genannte **Gängigkeitsabschlag** wird in der Regel abhängig sein von der Lagerdauer bis zum Bilanzstichtag. Wertsteigerungen während der Lagerdauer können nach dem Realisationsprinzip (§ 252 Abs. 1 Nr. 4 HGB) nicht durch eine Höherbewertung erfasst werden. Gewinne sind nur zu berücksichtigen, wenn sie am Abschlussstichtag realisiert, d. h. durch Verkauf entstanden sind.

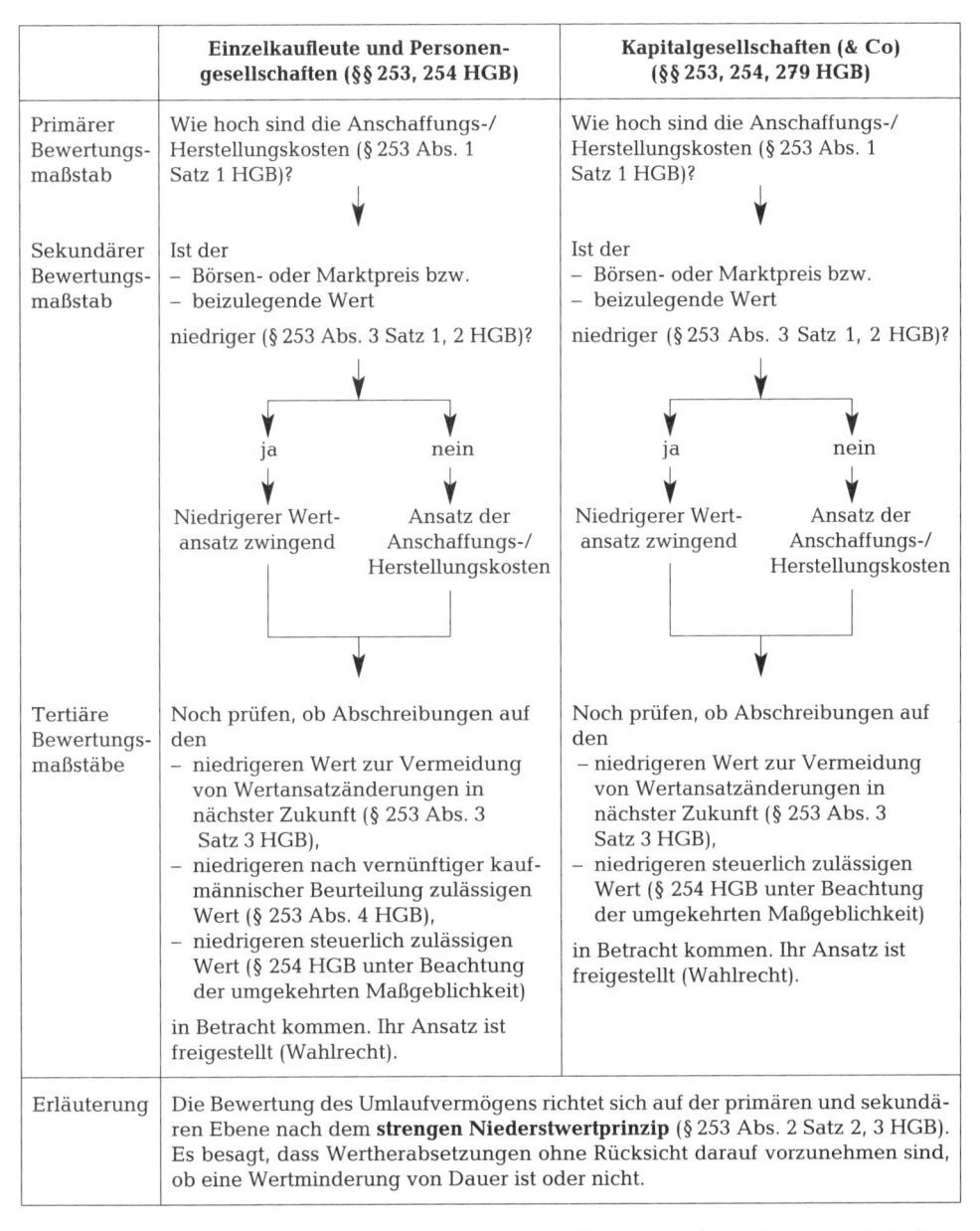

	Einzelkaufleute und Personengesellschaften (§§ 253, 254 HGB)	Kapitalgesellschaften (& Co) (§§ 253, 254, 279 HGB)
Primärer Bewertungsmaßstab	Wie hoch sind die Anschaffungs-/Herstellungskosten (§ 253 Abs. 1 Satz 1 HGB)? ↓	Wie hoch sind die Anschaffungs-/Herstellungskosten (§ 253 Abs. 1 Satz 1 HGB)? ↓
Sekundärer Bewertungsmaßstab	Ist der - Börsen- oder Marktpreis bzw. - beizulegende Wert niedriger (§ 253 Abs. 3 Satz 1, 2 HGB)? ja → Niedrigerer Wertansatz zwingend nein → Ansatz der Anschaffungs-/Herstellungskosten	Ist der - Börsen- oder Marktpreis bzw. - beizulegende Wert niedriger (§ 253 Abs. 3 Satz 1, 2 HGB)? ja → Niedrigerer Wertansatz zwingend nein → Ansatz der Anschaffungs-/Herstellungskosten
Tertiäre Bewertungsmaßstäbe	Noch prüfen, ob Abschreibungen auf den - niedrigeren Wert zur Vermeidung von Wertansatzänderungen in nächster Zukunft (§ 253 Abs. 3 Satz 3 HGB), - niedrigeren nach vernünftiger kaufmännischer Beurteilung zulässigen Wert (§ 253 Abs. 4 HGB), - niedrigeren steuerlich zulässigen Wert (§ 254 HGB unter Beachtung der umgekehrten Maßgeblichkeit) in Betracht kommen. Ihr Ansatz ist freigestellt (Wahlrecht).	Noch prüfen, ob Abschreibungen auf den - niedrigeren Wert zur Vermeidung von Wertansatzänderungen in nächster Zukunft (§ 253 Abs. 3 Satz 3 HGB), - niedrigeren steuerlich zulässigen Wert (§ 254 HGB unter Beachtung der umgekehrten Maßgeblichkeit) in Betracht kommen. Ihr Ansatz ist freigestellt (Wahlrecht).
Erläuterung	Die Bewertung des Umlaufvermögens richtet sich auf der primären und sekundären Ebene nach dem **strengen Niederstwertprinzip** (§ 253 Abs. 2 Satz 2, 3 HGB). Es besagt, dass Wertherabsetzungen ohne Rücksicht darauf vorzunehmen sind, ob eine Wertminderung von Dauer ist oder nicht.	

Abb. 4.30: Schematische Dastellung der Bewertung des Umlaufvermögens in der Handelsbilanz

7.6.2.2 Forderungen

Sie sind unter Beachtung des strengen Niederstwertprinzips handels- und steuerrechtlich grundsätzlich mit dem Nennbetrag anzusetzen, wobei zu erwartende Preisnachlässe, sofern mit ihrer Inanspruchnahme zu rechnen ist, vom Nennbetrag abzusetzen sind. Für noch zu zahlende (Inkasso-)Provisionen ist dagegen eine Verbindlichkeit oder Rückstellung zu bilden.

Zweifelhafte Forderungen sind unter Beachtung der Umstände des Einzelfalles mit ihrem wahrscheinlichen Wert anzusetzen; uneinbringliche Forderungen sind abzuschreiben. Zu den Voraussetzungen und der Verbuchung von Einzel- und Pauschalwertberichtigungen vgl. S. 33 ff.

Bei der Bestimmung des wahrscheinlichen Wertes ist eine verständige Würdigung aller Gesamtumstände nach vernünftiger kaufmännischer Beurteilung vorzunehmen. Dabei sind auch Faktoren, die den Wert einer Forderung für den Gläubiger positiv beeinflussen, wie Delkredereversicherungen, Bürgschaften, Sicherheiten, zu berücksichtigen.

Mittel- und längerfristige unverzinsliche oder niederverzinsliche Forderungen sind nach allgemeinen Grundsätzen abzuzinsen und nur mit ihrem Barwert anzusetzen. Abschreibungen und Abzinsungen von Forderungen werden unter der GuV-Position »Sonstige betriebliche Aufwendungen« erfasst, soweit sie das unternehmensübliche Maß nicht übersteigen.

Forderungen in ausländischer Währung **(Valutaforderungen)** sind mit dem maßgeblichen Wechselkurs zum Zeitpunkt der Erstverbuchung (Tag ihrer Begründung) zu bewerten, sofern nicht die Umrechnung zum Kurs am Bilanzstichtag einen niedrigeren Wert ergibt.[1] Zu erwartende (Umrechnungs-)Kursgewinne sind nach dem Imparitätsprinzip dagegen erst bei Eingang des Forderungsbetrages auszuweisen.

Leasingforderungen des Leasinggebers entsprechen zunächst den Anschaffungs- oder Herstellungskosten des Leasinggegenstandes. Gehen Leasingraten ein, so vermindern sich die Leasingforderungen um den Tilgungsanteil, während der Zinsanteil zugunsten des laufenden Ertrages zu verbuchen ist.

Kontrollfragen

1. Welche Abschreibungen sind für Vermögensgegenstände des Umlaufvermögens möglich?
2. Was besagt das Niederstwertprinzip? Wie ist es im Umlaufvermögen anzuwenden?
3. Welche Unterschiede bestehen bei der Ermittlung des beizulegenden Wertes bei Rohstoffen und bei Fertigwaren?
4. Welche grundsätzlichen Unterschiede bestehen bei Einzel- und Pauschalwertberichtigungen auf Forderungen?

Aufgabe 4.41 *(Realisations- und Imparitätsprinzip) S. 373*

Aufgabe 4.42 *(Bewertung des Umlaufvermögens bei fallenden Preisen) S. 374*

---

[1] Vgl. HFA: Geänderter Entwurf einer Verlautbarung zur Währungsumrechnung, in: WPg 1986, S. 664.

7.7 Bewertung im Zusammenhang mit dem Eigenkapital

Das Eigenkapital stellt sich in der Bilanz als Restgröße in Höhe der Differenz zwischen den Aktivposten und den übrigen Passiva dar. Bei den meisten Rechtsformen besteht das Eigenkapital nicht nur aus einem Posten, sondern ist in mehrere Positionen aufgegliedert (vgl. § 266 Abs. 3 HGB).

Folgende drei Kategorien von Buchungsvorgängen beeinflussen die Höhe des Eigenkapitals:

(1) Erfolgswirksame Vorgänge: Da das GuV-Konto über das Eigenkapitalkonto abgeschlossen wird, wird die Höhe des Eigenkapitals von allen Erfolgsbuchungen während eines Jahres beeinflusst. Besondere Bewertungsprobleme ergeben sich dabei nicht, da hier die Eigenkapitalveränderung durch die Residualgröße aller Aufwendungen und Erträge bestimmt wird.

(2) Privatentnahmen und -einlagen: Während Geldbewegungen zwischen Gesellschaft und Gesellschaftern hinsichtlich der Bewertung auf Grund ihres Nennwertcharakters unproblematisch sind, entstehen bei Sacheinlagen oder -entnahmen Bewertungsnotwendigkeiten. Hier sind handelsrechtlich marktnahe Zeitwerte (beizulegender Wert) zugrunde zu legen. Steuerrechtlich ist eine Bewertung zum Teilwert vorgeschrieben (§ 6 Abs. 1 Nr. 4 und 5 EStG).

Wird über andere Transaktionsvorgänge eine verdeckte Einlage oder Entnahme getätigt, so ist der entsprechende Differenzbetrag herauszurechnen und das Eigenkapital betragsmäßig entsprechend zu korrigieren.

Gleiches gilt bei Kapitalgesellschaften bezüglich Einlagen, Gewinnverteilungsbuchungen und Kapitalrückzahlungen.

(3) Umbuchungen zwischen verschiedenen Eigenkapitalposten: Auch hier entstehen wegen des Nominalwertcharakters der Eigenkapitalpositionen keine zusätzlichen Bewertungsprobleme. Dies gilt sowohl für Gewinnverwendungsbuchungen (§ 158 Abs. 1 Nr. 1 bis 5 AktG, Rücklagenzuweisungen und -entnahmen, d. h. Überführung des Jahresüberschusses in den Bilanzgewinn) als auch für Kapitalerhöhungen aus Gesellschaftsmitteln u. a.

7.8 Bewertung des Sonderpostens mit Rücklageanteil

Dieser Posten hat zwei Inhalte:

(1) Ausweis von so genannten steuerfreien Rücklagen, d. h. Rücklagen, die auf Grund steuerlicher Vorschriften den Gewinn mindern und erst bei ihrer Auflösung zu versteuern sind (§ 247 Abs. 3 HGB),

(2) Ausweis von einer Art von Wertberichtigungsposten zur Aufnahme des Betrags der steuerlichen Sonderabschreibungen, der über die handelsrechtlich gebotenen Abschreibungen hinausgeht (§ 281 Abs. 1 HGB).

Die Bestimmung des § 281 Abs. 1 HGB gilt zwar nur für Kapitalgesellschaften, kann aber auch von den übrigen Kaufleuten angewandt werden.

7.8.1 Steuerfreie Rücklagen

Während üblicherweise Rücklagen aus dem versteuerten Gewinn gebildet werden, sind steuerfreie Rücklagen bereits vor der Unterwerfung unter die Ertragsbesteuerung zu bilden. Dabei wird die Ertragsteuerlast nicht endgültig aufgehoben. Vielmehr handelt es sich faktisch um eine Steuerstundung, da eine Versteuerung

– bis zur Auflösung der Rücklagen oder
– durch die Verringerung von Abschreibungen über die Laufzeit

hinausgeschoben wird. Demzufolge weisen steuerfreie Rücklagen einen Eigen- und einen Fremdkapitalanteil in Höhe der bei ihrer Auflösung einsetzenden Steuerverpflichtung auf (wobei angesichts der Ungewissheit über den Zeitpunkt der Auflösung und damit der Versteuerung sowie der Höhe der Steuerverbindlichkeiten noch eher ein Rückstellungscharakter anzunehmen wäre).

Während § 247 Abs. 3 HGB dem **Kaufmann** gestattet, alle steuerfreien Rücklagen in der Handelsbilanz unter den Sonderposten mit Rücklageanteil aufzunehmen, schränkt § 273 HGB für Kapitalgesellschaften den Ausweis dieser Rücklagen ein. Danach darf eine solche Rücklage in der Handelsbilanz von **Kapitalgesellschaften** nur gebildet werden, wenn das Steuerrecht für die steuerliche Anerkennung des Sonderpostens voraussetzt, dass eine entsprechende Rücklage auch in der Handelsbilanz gebildet wird, also die umgekehrte Maßgeblichkeit zur Anwendung kommt.

7.8.1.1 Rücklage für Ersatzbeschaffung (R 35 EStR)

Durch sie werden Gewinne der Besteuerung vorläufig entzogen, die dadurch entstanden sind, dass Wirtschaftsgüter gegen die Absicht des Steuerpflichtigen aus dem Betriebsvermögen ausgeschieden sind. Die stillen Reserven, die in Höhe der Differenz zwischen gewährter Entschädigung und Buchwert im Zeitpunkt des Ausscheidens aufgedeckt werden, können auf ein Ersatzwirtschaftsgut unter folgenden Voraussetzungen übertragen werden:

- Das Wirtschaftsgut scheidet auf Grund höherer Gewalt oder behördlicher Eingriffe aus dem Betriebsvermögen aus;
- die Entschädigungszahlung hat für das Wirtschaftsgut selbst zu erfolgen;
- innerhalb einer bestimmten Frist muss ein Ersatzwirtschaftsgut angeschafft oder hergestellt werden;
- das Ersatzwirtschaftsgut muss dem ausgeschiedenen Wirtschaftsgut in seiner Funktion gleich sein.

Die Vergünstigung des R 35 EStR kommt nicht zur Anwendung, wenn ein Wirtschaftsgut durch **Entnahme** aus dem Betriebsvermögen ausscheidet. Umgekehrt ist die **Einlage** in das Betriebsvermögen keine Ersatzbeschaffung.

Vgl. Aufgabe 4.18 (Sonderposten mit Rücklageanteil).

7.8.1.2 Rücklage für Veräußerungsgewinne bei bestimmten Anlagegütern (§ 6b EStG)

Buchgewinne aus der Veräußerung von insbesondere **Grund und Boden und Gebäuden** können gemäß **§ 6b EStG** im Wirtschaftsjahr der Veräußerung in vollem Umfang von den Anschaffungs- oder Herstellungskosten von im gleichen oder im vorangegangenen Wirtschaftsjahr angeschafften oder hergestellten Wirtschaftsgütern abgesetzt oder in eine den steuerlichen Gewinn mindernde Rücklage eingestellt und später übertragen werden.

Veräußerungsgewinn ist nach Abs. 2 der Betrag, um den der Veräußerungspreis nach Abzug der Veräußerungskosten den Buchwert übersteigt, mit dem das veräußerte Wirtschaftsgut im Zeitpunkt der Veräußerung anzusetzen gewesen wäre.

Bei direktem Abzug der übertragenen stillen Reserven von den Anschaffungs- oder Herstellungskosten des angeschafften oder hergestellten Wirtschaftsgutes ist dieser Restbetrag die Bemessungsgrundlage der AfA.

Die Übertragung oder Auflösung einer Rücklage nach § 6b EStG muss innerhalb der Fristen des Abs. 3 erfolgen. Vgl. auch § 9a EStDV und R 41a ff. EStR.

Aufgabe 4.43 *(6b-Rücklage) S. 374*

7.8.1.3 Weitere steuerfreie Rücklagen

Weitere steuerfreie Rücklagen sind z. B.

- Rücklage für Zuschüsse aus öffentlichen Mitteln gemäß R 34 Abs. 4 EStR,
- Rücklage nach § 6c Abs. 1 EStG (R 41 d EStR),
- Ansparrücklage nach § 7g EStG.

7.8.2 Steuerliche Sonderabschreibungen im Sonderposten mit Rücklageanteil

Steuerliche Sonderabschreibungen können

- entweder direkt durch Kürzung des Buchwertes um den Abschreibungsbetrag
- oder indirekt in Form einer Art Wertberichtigung durch Bildung eines Passivpostens als Sonderposten mit Rücklageanteil erfasst werden (§ 281 HGB).

Beispiel
Eine GmbH (die die Bedingungen nach § 7g EStG erfüllt) hat eine neue abnutzbare Anlage für 160 000 € (netto) erworben (8 Jahre Nutzungsdauer), für die sie im Vorjahr eine Ansparrücklage in Höhe von 40 % der (künftigen) Anschaffungskosten gebildet hat (§ 7g Abs. 3 EStG). Die Maschine soll linear mit 12,5 % und zusätzlich nach § 7g EStG (Sonderabschreibung zur Förderung kleiner und mittlerer Betriebe) mit 20 % im Anschaffungsjahr abgeschrieben werden. Steuerlich ist demnach folgender Abschreibungsverlauf zwingend:

- im Jahr der Anschaffung: 12,5 % AfA und 20 % Sonderabschreibung,
- in den Jahren 02–05 bis zum Ablauf des Begünstigungszeitraums: 12,5 % AfA,
- in den Jahren 06–08 gemäß § 7g Abs. 1 in Verbindung mit § 7a Abs. 9 EStG nach dem Restwert und der Restnutzungsdauer, also Verteilung des restlichen AfA-Volumens von 17,5 % (= 28 000 €) auf 3 Jahre (Abschreibung 9 333 € bzw. 9 334 €).

Durch die Bildung des Sonderpostens mit Rücklageanteil wird es möglich, den Buchwert des Anlagevermögens in Übereinstimmung mit dem Handelsrecht, nur um die normale AfA gekürzt, im Anlagenspiegel auszuweisen. Der die normale AfA übersteigende Betrag wird im Konto »Einstellungen in den Sonderposten mit Rücklageanteil« gebucht.

Die im Jahr vor der Anschaffung der Maschine zu bildende Ansparrücklage, die als Sonderposten mit Rücklageanteil auszuweisen ist, ist in voller Höhe aufzulösen, sobald für das begünstigte Wirtschaftsgut Abschreibungen vorgenommen werden dürfen (§ 7g Abs. 4 EStG). Demnach ergeben sich folgende Buchungen:

Buchung im Vorjahr (Bildung der Ansparabschreibung nach § 7g Abs. 3 EStG):

Einstellungen in den Sonderposten mit Rücklageanteil
   an Sonderposten mit Rücklageanteil   64 000

Buchungen im Jahr der Anschaffung:

(1) Kauf der Maschine:
Maschinen   160 000
Vorsteuer   25 600
   an Verbindlichkeiten   185 600

(2) Auflösung der Ansparabschreibung:
Sonderposten mit Rücklageanteil   64 000
   an Erträge aus Auflösung von Sonderposten mit Rücklageanteil   64 000

(3) Buchung der planmäßigen und der Sonderabschreibung:
Normale AfA   20 000
   an Anlagevermögen   20 000
Einstellungen in den Sonderposten mit Rücklageanteil   32 000
   an Sonderposten mit Rücklageanteil   32 000

Buchung in den Jahren 02–05:

Normale AfA   20 000
   an Anlagevermögen   20 000

Buchungen in den Jahren 06–08:

Nach dem Ende des Begünstigungszeitraums ist der Sonderposten mit Rücklageanteil von 32 000 € wieder aufzulösen (verteilt auf die Restnutzungsdauer), also mit 32 000 € : 3 = 10 666 € bzw. 10 667 € pro Jahr. Die Auflösung erfolgt über das Konto »Erträge aus Auflösung von Sonderposten mit Rücklageanteil«.

Normale AfA   20 000
   an Anlagevermögen   20 000
Sonderposten mit Rücklageanteil   10 666
   an Erträge aus Auslösung von Sonderposten mit Rücklageanteil   10 666

Die Gewinnauswirkung (10 666 € ./. 20 000 € = ./. 9 334 €) entspricht genau der Anwendung der oben ermittelten steuerlich zulässigen Abschreibung.

Nach 8 Jahren sind sowohl das Anlagekonto als auch das Konto »Sonderposten mit Rücklageanteil« aufgelöst. (Vgl. auch Aufgabe 4.18, S. 368).

Kapitalgesellschaften dürfen eine steuerlich zulässige höhere Abschreibung nur dann in der Handelsbilanz vornehmen, wenn das Steuerrecht die Anerkennung dieser Abschreibung von der gleichzeitigen Anwendung in der Handelsbilanz abhängig macht (§ 279 Abs. 2 HGB).

Im **Anhang** ist der gesamte Betrag der allein nach steuerlichen Vorschriften vorgenommenen Abschreibungen, soweit er sich nicht aus der Bilanz oder GuV-Rechnung ergibt, getrennt nach Anlage- und Umlaufvermögen anzugeben und zu begründen. Die entsprechenden Paragraphen der Steuergesetze müssen der Bilanz oder dem Anhang zu entnehmen sein.

Erträge aus der Auflösung des Sonderpostens mit Rücklageanteil sind in dem Posten »Sonstige betriebliche Erträge«, Einstellungen in den Sonderposten mit Rücklageanteil sind in dem Posten »Sonstige betriebliche Aufwendungen« der GuV-Rechnung gesondert auszuweisen oder im Anhang anzugeben.

7.9 Bewertung der Rückstellungen

7.9.1 Überblick

Rückstellungen sind Belastungen, die dem Grunde und/oder der Höhe nach ungewiss sind. Sie lassen sich nach dem Grad ihrer Verbindlichkeit in drei Kategorien unterteilen:
- Rückstellungen auf Grund rechtlicher Verpflichtungen, wie Pensions-, Steuer-, Garantierückstellungen und Rückstellungen für drohende Verluste,
- Rückstellungen auf Grund wirtschaftlicher Verpflichtungen, womit die so genannten Kulanzrückstellungen angesprochen sind,
- Aufwandsrückstellungen.

Hinweis
Die Bildung von Aufwandsrückstellungen ist nach **IAS/IFRS** nicht möglich. Die IAS/IFRS gestatten eine Rückstellungsbildung nur für Aufwendungen, die Dritte betreffen (IAS 37.10).

Die Notwendigkeit des Ausweises von Rückstellungen ergibt sich einerseits aus dem Vollständigkeitsgebot, andererseits aus dem Vorsichtsprinzip, nach dem Belastungen bereits im Zeitpunkt ihrer Erkennbarkeit zu erfassen sind und nicht erst, wenn sie realisiert sind. Schließlich bietet der Periodisierungsgrundsatz (§ 252 Abs. 1 Nr. 5 HGB) die formale Voraussetzung für die Rückstellungsbildung. Für die Rückstellungsbildung genügt nicht die bloße Möglichkeit einer Inanspruchnahme durch einen Dritten, sondern sie muss als rechtliche oder wirtschaftliche Verpflichtung **dem Grunde nach mit einiger Wahrscheinlichkeit zu erwarten** sein.

Um der Rückstellungsbildung keinen unbegrenzten Freiraum zur stillen Reservenbildung einzuräumen, wurde zum einen durch § 249 HGB ein geschlossener Katalog der Rückstellungsarten erlassen (vgl. S. 137), zum anderen wurde ihre Bewertung auf die Höhe des Betrags begrenzt, der nach vernünftiger kaufmännischer Beurteilung notwendig ist (§ 253 Abs.1 Satz 2 HGB). Rückstellungen dürfen nur aufgelöst werden, soweit der Grund hierfür entfallen ist (§ 249 Abs. 3 HGB).

Zu unterscheiden sind Rückstellungen von Rücklagen. Während es sich bei **Rückstellungen** um Fremdkapital handelt, dem eine gewisse Unsicherheit anhaftet, wobei die Rückstellungsbildung eine Maßnahme im Rahmen der Gewinnermittlung ist, stellen **Rücklagen** Eigenkapitalpositionen dar, deren Beträge definitiv feststehen und die im Rahmen der Gewinnverwendung, also erfolgsneutral, gebildet werden.

7.9.2 Bewertungsmaßstab

Neben der im **HGB** geregelten Frage, wann für die verschiedenen Rückstellungsarten eine Passivierungspflicht oder ein Wahlrecht anzunehmen ist, bleibt die Frage zu klären, wie die relativ allgemein gehaltene Bewertungsvorschrift des § 253 Abs. 1 Satz 2 HGB für die verschiedenen Rückstellungsarten auszulegen ist. Der nach vernünftiger kaufmännischer Beurteilung notwendige Wert lässt zwar kein Ermessen, wohl aber auf Grund der Schätzungsnotwendigkeit einen **Beurteilungsspielraum** offen. Dieser darf nicht zur bewussten Bildung stiller Rücklagen in den Rückstellungen führen, weder durch Ansatz fiktiver Rückstellungen noch durch Überdotierung von Rückstellungspositionen. Ebenso wenig ist eine bewusste Unterdotierung mit dem Vorsichtsprinzip vereinbar bzw. zulässig.

Die vernünftige kaufmännische Beurteilung muss

- schlüssig und
- aus objektiven Umständen des konkreten Einzelfalles

abgeleitet sein. Dabei sind positive und negative Wertkomponenten gleichermaßen zu berücksichtigen, d. h., es dürfen nicht nur alle negativen Faktoren kumuliert Beachtung finden.

Bei **regelmäßig wiederkehrenden Risiken** ist der Betrag, für den die größte Wahrscheinlichkeit spricht, anzusetzen. Bei **einmaligen Ereignissen** ist von mehreren Schätzalternativen stets eine etwas pessimistischere als die wahrscheinlichste zu wählen (Höchstwertprinzip, ADS 253 Tz 192).

Bei langfristigen Rückstellungen ist vom Barwert auszugehen. Rückstellungen für ungewisse Verbindlichkeiten haben ohne Zweifel Schuldcharakter, doch besteht Ungewissheit über ihr Bestehen, den Zeitpunkt ihres Entstehens und/oder ihre Höhe. Sie sind mit dem Betrag anzusetzen, mit dem bei Erfüllung der Verbindlichkeit zu rechnen ist. Eine **Abzinsung von Rückstellungen** ist nur erlaubt, soweit die ihnen zugrunde liegenden Verbindlichkeiten einen Zinsanteil enthalten (§ 253 Abs. 1 Satz 2 HGB).

Rückstellungen sind grundsätzlich einzeln zu bewerten (§ 240 Abs. 1 HGB), es sei denn, gleichartige Risiken treten gehäuft auf (z. B. bei Garantierückstellungen). Im Falle einer Pauschalbewertung wird man auf Erfahrungswerte bzw. Aufzeichnungen zurückgreifen.

Für die **steuerliche Bewertung von Rückstellungen** sind durch das **StEntlG 1999/2000/2002** in § 6 Abs. 1 Nr. 3a EStG folgende Grundsätze verankert worden, die teilweise zu einer Beschränkung gegenüber dem Handelsrecht (§ 253 Abs. 1 Satz 2 HGB) führen:

(1) Bei **Rückstellungen für gleichartige Verpflichtungen** ist auf der Grundlage der Erfahrungen in der Vergangenheit aus der Abwicklung solcher Verpflichtungen die Wahrscheinlichkeit zu berücksichtigen, dass der Steuerpflichtige nur zu einem Teil der Summe dieser Verpflichtungen in Anspruch genommen wird (§ 6 Abs. 1 Nr. 3a Buchst. a EStG).
Betroffen hiervon sind insbesondere
– Rückstellungen für Gewährleistungen ohne rechtliche Verpflichtung oder
– Rückstellungen in der Versicherungswirtschaft.

(2) **Rückstellungen für Sachleistungsverpflichtungen** sind mit den Einzelkosten und den angemessenen Teilen der notwendigen Gemeinkosten zu bewerten (§ 6 Abs. 1 Nr. 3a Buchst. b EStG).

(3) **Künftige Vorteile**, die mit der Erfüllung einer Verpflichtung voraussichtlich verbunden sein werden, sind bei ihrer Bewertung wertmindernd zu berücksichtigen, soweit sie nicht als Forderung zu aktivieren sind (§ 6 Abs. 1 Nr. 3a Buchst. c EStG).
Eine **Gegenrechnung kann nicht vorgenommen werden**, wenn am Bilanzstichtag nur die bloße Möglichkeit besteht, dass künftig wirtschaftliche Vorteile im Zusammenhang mit der Erfüllung der Verpflichtung eintreten könnten. So setzt z. B. die Gegenrechnung von künftigen Kippgebühren voraus, dass der Steuerpflichtige am Bilanzstichtag im Hinblick auf die Rekultivierungsverpflichtungen

mit Dritten Verträge über das Abkippen von Verfüllungsmaterial abgeschlossen hat (R 38 Abs. 1 EStR).
(4) Rückstellungen für Verpflichtungen, für deren Entstehen der laufende Betrieb ursächlich ist, sind zeitanteilig in gleichen Raten anzusammeln (**Ansammlungsrückstellungen**, § 6 Abs. 1 Nr. 3a Buchst. d EStG).

Die Regelung betrifft insbesondere **Verpflichtungen zur Erneuerung oder zum Abbruch von Betriebsanlagen**. Nicht davon betroffen sind Verpflichtungen zur **Rekultivierung oder zum Auffüllen abgebauter Hohlräume**, die bezogen auf den am Bilanzstichtag tatsächlich entstandenen Verpflichtungsumfang zu bewerten sind (R 38 Abs. 2 EStR).

Der Zeitraum, in dem **Rückstellungen für die Verpflichtung zur Stilllegung von Kernkraftwerken** linear anzusammeln sind, ist auf 25 Jahre festgelegt.
(5) Rückstellungen für Verpflichtungen, die frühestens nach einem Jahr zu erfüllen sind, sind mit 5,5 % **abzuzinsen** (§ 6 Abs. 1 Nr. 3a Buchst. e EStG).

Das Abzinsungsgebot gilt nicht nur für **Geldleistungsverpflichtungen**, sondern auch für **Sachleistungsverpflichtungen** einschließlich Schadensverpflichtungen. Es wurde eingeführt, da unverzinsliche Verpflichtungen bei längerer Laufzeit wirtschaftlich weniger belastend sind als marktüblich verzinste Schulden.

Diese Grundsätze sind **erstmals für Wirtschaftsjahre anzuwenden**, die nach dem 31. 12. 1998 enden. Auflösungsbeträge infolge der veränderten Bewertung können durch Bildung einer **steuerfreien Rücklage** ($9/10$ der bewertungsbedingten Gewinnerhöhung) auf bis zu 10 Jahre verteilt werden, Auflösung in den folgenden neun Jahren mit mindestens $1/9$ (§ 52 Abs. 16 S. 12 und 14 EStG).

7.9.3 Bewertung einzelner Rückstellungen

7.9.3.1 Steuerrückstellungen

Sie dürfen nur für solche Steuerarten gebildet werden, die als Aufwand zu behandeln sind. So ist für Personengesellschaften eine Rückstellung für Einkommensteuer oder Kirchensteuer nicht zulässig.

Bekanntestes Beispiel ist die Gewerbesteuerrückstellung. Hierbei handelt es sich um Aufwand des Geschäftsjahres, für das der Abschluss zu machen ist. Da die Höhe des Gewinns die Gewerbesteuerschuld wesentlich beeinflusst, steht diese bei Erstellung des Jahresabschlusses noch nicht fest; es ist daher eine Rückstellung zu bilden.

Zur Berechnung der Gewerbesteuerrückstellung ist neben der exakten mathematischen Divisormethode auch die $5/6$-Methode zugelassen (R 20 Abs. 2 EStR); Letztere führt allerdings nur bei einem Hebesatz von 400 % und einer Steuermesszahl von 5 % zum richtigen Ergebnis:

Durch die Staffelung der Steuermesszahlen (§ 11 Abs. 2 GewStG) ist bei natürlichen Personen und Personengesellschaften die Ermittlung der exakten Gewerbesteuerrückstellung kompliziert geworden. In der Literatur wurden Messbetrags-, Divisor- und Steuersatztabellen veröffentlicht, um die Berechnung zu vereinfachen. Hier soll die ausführliche Ermittlung der Gewerbesteuerrückstellung an einem Beispiel für einen Einzelkaufmann gezeigt werden; bei Kapitalgesellschaften entfallen die Staffelung der Messzahlen (stattdessen einheitlich 5 %) und der Freibetrag auf den Gewerbeertrag.

Durch den vom Hebesatz abhängigen Divisor wird die Abzugsfähigkeit der Gewerbesteuer bei sich selbst berücksichtigt. Er wird wie folgt ermittelt:

$$\text{Divisor} = 1 + \frac{\text{Hebesatz}}{2\,000}, \text{ im Beispiel (Abb. 4.31) also } 1 + \frac{400}{2\,000} = 1{,}2$$

Gewinn vor			Messbetrag nach dem Gewerbeertrag		
Gewerbesteuerrückstellung		91 000	1 % von	12 000	120
+ Gewerbesteuervorauszahlungen			+ 2 % von weiteren	12 000	240
(4 x 2 000)		8 000	+ 3 % von weiteren	12 000	360
+ Hinzurechnungen (§ 8 GewStG)		8 900	+ 4 % von weiteren	12 000	480
./. Kürzungen (§ 9 GewStG)		3 000	+ 5 % von weiteren	32 400	1 620
= Vorläufiger Gewerbeertrag		104 900	=	80 400	2 820
./. Freibetrag					
(§ 11 Abs. 1 Satz 2 GewStG)		24 500			
= Maßgebender Gewerbeertrag		80 400			

Messbetrag	2 820
Einstweilige Gewerbesteuer bei Hebesatz von 400 %	11 280
Berücksichtigung der Abzugsfähigkeit der Gewerbesteuer bei ihrer eigenen Bemessungsgrundlage (mit einem Divisor von 1,2)	9 400
./. Vorauszahlungen	8 000
Gewerbesteuerrückstellung	1 400

Abb. 4.31: Ermittlung der Gewerbesteuerrückstellung nach der Divisormethode

Kontrolle

Maßgebender Gewerbeertrag	80 400 €
./. Gewerbesteuer	9 400 €
	71 000 €
Messbetrag nach dem Gewerbeertrag nach Gewerbesteuer (1 % von 12 000 + 2 % von 12 000 + 3 % von 12 000 + 4 % von 12 000 + 5 % von 23 000)	2 350 €
Gewerbesteuer bei Hebesatz 400 %	9 400 €

Grundsätzlich sind auch Steuerrückstellungen auf Grund **steuerlicher Außenprüfungen** sowie auch für steuerliche Nebenleistungen zu bilden, wobei aus Vorsichtsgründen der volle von der Finanzverwaltung geforderte Betrag zurückzustellen ist (ADS § 253 Tz 217).

Ferner sind Umsatzsteuer auf Änderungen des Vorsteuerabzugs nach § 15a UStG zurückzustellen, sofern sie das abgelaufene Geschäftsjahr betreffen (ADS § 253 Tz 218).

Die Rückstellung für die Körperschaftsteuer bei Kapitalgesellschaften ist auf der Grundlage des Gewinnverwendungsvorschlags zu berechnen.

Als besondere Steuerrückstellung ist nach § 274 Abs. 1 HGB die **Rückstellung für latente Steuern** vorgeschrieben (Passivierungspflicht). Sie wird im Rahmen der Darstellung der latenten Steuern auf S. 262 ff. ausführlich behandelt.

7.9.3.2 Pensionsrückstellungen

Sie stellen ein Beispiel von Rückstellungen für ungewisse Verbindlichkeiten dar, für die eine grundsätzliche Passivierungspflicht besteht. Lediglich bei Altzusagen (vor dem 31.12.1986) bestand ein Passivierungswahlrecht, das nach dem Maßgeblichkeitsgrundsatz steuerlich nur analog der handelsrechtlichen Handhabung angewandt werden durfte.

Für die Bewertung gilt, dass Rentenverpflichtungen, für die eine Gegenleistung nicht mehr zu erwarten ist (z.B. laufende Pensionsverpflichtungen, unverfallbare Rentenanwartschaften), in Höhe des Barwertes und alle anderen Pensionsverpflichtungen nur in der Höhe als Rückstellung passiviert werden, die nach vernünftiger kaufmännischer Beurteilung notwendig ist. Beide Beträge sind nach **versicherungsmathematischen Grundsätzen** zu ermitteln, durch Abzinsung der auf Grund biometrischer Wahrscheinlichkeiten zu erwartenden künftigen Zahlungen auf den Abschlussstichtag.

Dem Grundsatz der Einzelbewertung gemäß ist der Versorgungsanspruch jedes einzelnen Berechtigten anhand seiner individuellen Daten und Bemessungsgrundlagen zu ermitteln. Dabei ist für den Abschlussstichtag im Sinne des § 240 Abs. 2 HGB eine Bestandsaufnahme zur Ermittlung der für jede pensionsberechtigte Person bestehenden Ansprüche und Anwartschaften durchzuführen (ADS § 253 Tz 304).

Zur Berechnung der Pensionsverpflichtungen[1] gilt es, vorab

– den Rechnungszinssatz zu bestimmen (hier wird eine Obergrenze bei 6 % und eine Untergrenze bei 3 % zu sehen sein; steuerlich ist ein Zinssatz von 6 % vorgeschrieben, § 6a Abs. 3 Satz 3 EStG), sowie
– die benötigten biometrischen Wahrscheinlichkeiten auszuwerten.

Darüber hinaus ist von Bedeutung, ob es sich um die Berechnung einer laufenden Rente oder um eine Anwartschaft handelt. Für Letztere kommen drei Verfahren in Betracht, nämlich Barwert, Teilwert oder Gegenwartswert.

In der Praxis werden mit der Ermittlung des Rückstellungsbetrags oft Versicherungsmathematiker beauftragt.

Barwert der bereits laufenden Pensionen (Rentenbarwert)

Hier ist jede einzelne zu erwartende künftige Leistung auf den Abschlussstichtag abzuzinsen. Dieser Rentenbarwert wird im Zeitablauf bei gleicher Rentenhöhe kleiner, da die Zahl der zu erwartenden Zahlungen kleiner wird.

Barwert der Pensionsanwartschaften (Anwartschaftsbarwert)

Dieser Fall ist relevant, wenn der vertraglich vereinbarte Versorgungsfall zwar noch nicht eingetreten ist, dennoch aber eine Gegenleistung des Versorgungsberechtigten nicht mehr zu erwarten ist (z.B. bei Ausscheiden des Arbeitnehmers mit unverfallbarer Anwartschaft oder Einstellung der Unternehmenstätigkeit). Mit zunehmendem Lebensalter steigt der Barwert der Anwartschaft auf Altersrente, da die Wahrscheinlichkeit für das Erleben des Leistungsbeginns immer größer wird und die Abzinsungszeit stetig abnimmt. Mit Erreichen des Pensionierungsalters geht der Anwartschaftsbarwert in den Rentenbarwert über. Zu diesem Zeitpunkt muss der Barwert aller zu erwartenden Rentenzahlungen durch die Rückstellungsbildung angesammelt sein. Danach sinkt der Barwert mit jeder ausgezahlten Rentenleistung ab.

---
1 Vgl. Stellungnahme HFA 2/1988: Pensionsverpflichtungen im Jahresabschluss, in: WPg 1988, S. 403 ff.

Teilwert von Anwartschaften

Er ist zu ermitteln bei Anwartschaften, für die eine Gegenleistung noch zu erwarten ist. Es wird unterstellt, dass der Anspruch bei Diensteintritt zugesagt wurde; spätere Erhöhungen der Leistungen werden auf das Jahr des Diensteintritts zurückbezogen und auf die Zeit zwischen Diensteintritt und Pensionierung verteilt (ADS § 253 Tz 327).

Wird das Teilwertverfahren in reiner Form angewandt, so werden alle Zahlungen auf den Zeitpunkt des Diensteintritts bezogen, während beim eingeschränkten Teilwertverfahren in Anlehnung an die steuerliche Vorschrift in § 6a Abs. 3 EStG als Beginn frühestens das Wirtschaftsjahr zugrunde gelegt wird, bis zu dessen Mitte der Berechtigte das 30. Lebensjahr vollendet hat. In diesem Fall können sich im Jahr der Erstbildung hohe Belastungen ergeben, die nach § 6 Abs. 4 Satz 3 und 4 EStG bei besonders aufgeführten Anlässen auf drei Jahre verteilt werden dürfen. Diese Vorgehensweise wird überwiegend auch als handelsrechtlich anwendbar angesehen. Allerdings ist steuerlich eine Zuführung nur bis zur Höhe des Unterschiedsbetrages zwischen dem Teilwert am Ende des Wirtschaftsjahres und dem Teilwert am Ende des vorangegangenen Wirtschaftsjahres (§ 6a Abs. 4 Satz 1 EStG) zulässig. Daraus ergibt sich faktisch ein Nachholverbot für früher mögliche, aber nicht vorgenommene Zuführungen.

Davon unberührt sind Nachholbildungen, wenn die Rückstellung zuvor noch nicht möglich war, weil der Berechtigte das 30. Lebensjahr noch nicht vollendet hatte oder wenn der Berechtigte mit unverfallbaren Ansprüchen aus dem Dienstverhältnis ausscheidet.

Gegenwartswert von Anwartschaften

Im Gegensatz zum Teilwert (bei dem alle Leistungen bzw. Erhöhungen auf den Zeitpunkt der Zusage oder der Erhöhung oder des Diensteintritts bezogen werden) wird beim Gegenwartswertverfahren eine versicherungsmathematische Verteilung erst ab dem Zeitpunkt der jeweiligen Zusage oder Erhöhung vorgenommen. Jede spätere Erhöhung der Bemessungsgrundlage wird demnach wie eine Neuzusage behandelt. Wird die Zusage bereits bei Diensteintritt erteilt und während der Laufzeit nicht erhöht, so sind Gegenwartswert und Teilwert identisch (ADS § 253 Tz 331).

Auflösung von Pensionsrückstellungen

Rückstellungen dürfen nach § 249 Abs. 3 Satz 2 HGB nur aufgelöst werden, soweit der Grund hierfür entfallen ist. Dies gilt bei Pensionsrückstellungen auch für Altzusagen, die auf Grund eines Wahlrechts gebildet wurden, denn für die Auflösung der Rückstellungen gibt es kein Wahlrecht.

Gründe für die Reduzierung von Pensionsrückstellungen sind der Austritt eines Arbeitnehmers, wenn dabei dessen Anspruch verfällt, sowie die Minderung des Rückstellungsteilwerts durch ausgezahlte Versorgungsleistungen.

Bei der **versicherungsmathematischen Auflösungsmethode** ist die Pensionsrückstellung in Höhe des Barwertunterschiedes zwischen Beginn und Ende des Geschäftsjahres aufzulösen. Bei der **buchhalterischen Methode** werden die laufenden Pensionszahlungen so lange erfolgsneutral gegen die Rückstellung gebucht, bis diese verbraucht ist; die dann folgenden Zahlungen gehen als Aufwand zu Lasten des laufenden Ergebnisses. Diese Methode ist grundsätzlich unzulässig, weil sie wegen der anfangs rascheren Auflösung der Pensionsrückstellung gegen das Auflösungsverbot des § 249 Abs. 3 Satz 2 HGB verstößt (vgl. Küting/Weber, Handbuch der Rechnungslegung – Einzelabschluss, Stuttgart 2004, § 249 Rz 403).

Aufgabe 4.44 (*Buchung von Pensionsrückstellungen*) S. 374

7.9.3.3 Jubiläumsrückstellungen

Für rechtsverbindlich zugesagte Jubiläumszuwendungen an Arbeitnehmer muss in der **Handelsbilanz** nach § 249 Abs. 1 Satz 1 HGB eine Rückstellung für ungewisse Verbindlichkeiten gebildet werden.

Im **Steuerrecht** ist die Bildung von Jubiläumsrückstellung **erheblich eingeschränkt** (§ 5 Abs. 4 EStG). Es kommt daher zu einer Durchbrechung des Maßgeblichkeitsprinzips (§ 5 Abs. 1 EStG). Die Grundsätze für die Bildung von Jubiläumsrückstellungen in der Steuerbilanz sind in der Abbildung 4.32 zusammengestellt.

Hinweis
Die eingeschränkte steuerliche Zulässigkeit der Passivierung von Jubiläumsrückstellungen gem. § 5 Abs. 4 EStG resultiert aus einer außerhalb des Maßgeblichkeitsgrundsatzes liegenden steuerlichen Sondervorschrift. Die handelsrechtliche Bilanzierung wird hierdurch nicht berührt. Sind in der Handelsbilanz Jubiläumsrückstellungen nicht oder mit einem geringeren als dem handelsrechtlich notwendigen Betrag angesetzt, liegt gemäß einer Verlautbarung des HFA (WPg 1994, S. 27) ein Verstoß gegen Rechnungslegungsvorschriften vor, für den nach allgemeinen Grundsätzen zu prüfen ist, ob der **Bestätigungsvermerk einzuschränken** ist.

Bilanzierung dem Grunde nach (§ 5 Abs. 4 EStG)	Höhe der zu bildenden Rückstellung
Folgende Bedingungen müssen für die Bildung von Jubiläumsrückstellungen erfüllt sein: 1. Die Zusage muss schriftlich erteilt worden sein. 2. Das Dienstverhältnis muss mindestens 10 Jahre bestanden haben. 3. Das Dienstjubiläum setzt das Bestehen eines Arbeitsverhältnisses von mindestens 15 Jahren voraus. 4. Jubiläumsrückstellungen dürfen nur gebildet werden, soweit der Zuwendungsberechtigte seine Anwartschaft nach dem 31.12.1992 erwirbt.	1. Nach dem BFH-Urteil vom 05.02.1987 (BStBl 1987 II, S. 845) ist die Höhe abhängig – vom Umfang der übernommenen Verpflichtung, – von der Wahrscheinlichkeit der Inanspruchnahme (Abschlag nach der Wahrscheinlichkeit eines vorzeitigen Ausscheidens wegen Tod, Invalidität oder Kündigung), – von der bis zur Fälligkeit vergehenden Zeit (zeitanteilige Ansammlung des Rückstellungsbetrags und Abzinsung). Eine Abzinsung von 5,5 % wird nicht beanstandet (BMF-Schreiben, BStBl 1987 I, S. 770). 2. Darüber hinaus ist steuerlich der Zeitpunkt des Dienstbeginns von Bedeutung. – Bei Dienstbeginn ab 01.01.1993 ist im 11. Jahr die bisher versäumte Rückstellungsbildung nachzuholen. – Bei Dienstbeginn vor dem 01.01.1993 kommt eine Nachholung jedoch nicht für die Zeit vor dem 31.12.1992 in Betracht.

Abb. 4.32: Jubiläumsrückstellungen in der Steuerbilanz

7.9.3.4 Rückstellungen für drohende Verluste aus schwebenden Geschäften

Bei der Beurteilung schwebender Geschäfte geht man davon aus, dass sich im Normalfall Leistung und Gegenleistung wertmäßig entsprechen. Deshalb ist lediglich für die Fälle, in denen aktivierbare Aufwendungen getätigt und Vermögensumschichtungen vorgenommen wurden oder Verluste drohen, eine bilanzielle Erfassung notwendig.

Bei drohenden Verlusten ist handelsrechtlich eine Rückstellungsbildung vorgeschrieben, steuerlich ist sie dagegen untersagt (§ 5 Abs. 4a EStG). Verluste liegen vor, wenn die eigene Leistung die erwartete Gegenleistung zu übersteigen droht. Hierfür müssen Anzeichen erkennbar sein, die den Eintritt eines Verlustes im konkreten Fall als ernsthaft bevorstehend erscheinen lassen; die bloße theoretische Möglichkeit eines Verlustes genügt nicht (ADS § 253 Tz 244).

Nach dem Grundsatz der Einzelbewertung ist eine Saldierung von Gewinnen und Verlusten aus verschiedenen schwebenden Geschäften nicht zulässig; vielmehr sind nach dem Imparitätsprinzip nur drohende Verluste bereits im Erkennbarkeitszeitpunkt zu erfassen, unrealisierte Gewinne dagegen nicht.

Drohende Verluste aus schwebenden Beschaffungsgeschäften werden regelmäßig durch gesunkene (Wieder-)Beschaffungspreise hervorgerufen. Schwebende Absatzgeschäfte sind dagegen von Verlusten bedroht, wenn die zu erwartenden Erlöse die bereits entstandenen und noch anfallenden Kosten nicht mehr decken. Sind bereits aktivierte Vermögensgegenstände in diesem Zusammenhang gebildet, so können die drohenden Verluste durch Abschreibungen berücksichtigt werden, andernfalls sind Rückstellungen zu bilden.

Bei der **Bestimmung der einzubeziehenden Kosten** dürfen kalkulatorische Kosten nicht berücksichtigt werden. Unterschiedliche Auffassungen bestehen aber über die Einbeziehung fixer Kosten in die Rechnung. Ihre Einbeziehung wird überwiegend bejaht, insbesondere dann, wenn infolge der Ausführung der schwebenden Geschäfte die spätere Annahme anderer, vorteilhafter Aufträge verhindert wird (Kapazitätsproblem).

Auch bei **Dauerschuldverhältnissen** kann der Fall eintreten, dass sich ab einem bestimmten Zeitpunkt Leistungen und Gegenleistungen nicht mehr ausgleichen (ADS § 253 Tz 257). Dies kann z. B. sein bei

- Leasingverträgen, wenn die Erträge aus dem Leasingobjekt die Leasingraten nicht mehr decken,
- Darlehensverträgen, wenn die Vertragsparteien trotz geänderter Marktbedingungen an Konditionen gebunden sind, die für einen Partner ungünstiger sind, als dies nach den Marktverhältnissen erforderlich wäre,
- Sozialplanverpflichtungen, wenn mit ihnen auf Grund konkreter Anhaltspunkte zu rechnen ist, auch wenn der Sozialplan selbst noch nicht aufgestellt ist.

7.9.3.5 Rückstellungen für unterlassene Instandhaltung und Abraumbeseitigung

Im Gegensatz zu Rückstellungen für ungewisse Verbindlichkeiten handelt es sich hierbei um Aufwandsrückstellungen, die weniger wegen eines vollständigen Schuldenausweises als mehr zur Periodenabgrenzung der Aufwandskategorien gebildet werden.

Die verschiedenen Fälle von Instandhaltungsrückstellungen fasst Abbildung 4.33 zusammen:

Rückstellungen für im Geschäftsjahr unterlassene Aufwendungen	Ansatz in	
	Handelsbilanz	Steuerbilanz
– für Instandhaltung, die im 1. bis 3. Monat des folgenden Geschäftsjahres nachgeholt werden	Passivierungspflicht	Passivierungspflicht
– für Instandhaltungen, die im 4. bis 12. Monat des folgenden Geschäftsjahres nachgeholt werden	Passivierungswahlrecht	Passivierungsverbot
– für Abraumbeseitigung, die im folgenden Geschäftsjahr nachgeholt werden	Passivierungspflicht	Passivierungspflicht

Abb. 4.33: Fälle von Instandhaltungsrückstellungen

Besteht eine **Passivierungspflicht**, so ist die Rückstellung in Höhe des Betrages anzusetzen, der nach vernünftiger kaufmännischer Beurteilung notwendig ist; dies ist grundsätzlich der Betrag, der wirtschaftlich bereits verursacht ist und für den die entsprechenden Maßnahmen innerhalb der im Gesetz genannten Nachholfristen durchgeführt werden.

Besteht dagegen ein **Passivierungswahlrecht**, so können die Rückstellungen mit jedem Betrag zwischen Null und dem nach vernünftiger kaufmännischer Beurteilung notwendigen Wert angesetzt werden, wobei dieses Wahlrecht jedes Jahr neu ausgeübt werden kann (ADS § 253 Tz 276).

Beträge, die in den Vorjahren bereits passiviert wurden, dürfen nach § 249 Abs. 3 HGB nur aufgelöst werden, wenn der Grund für die Rückstellungsbildung entfallen ist.

Bei unterlassener Instandhaltung muss es sich um Erhaltungsarbeiten handeln, die bis zum Bilanzstichtag bereits erforderlich gewesen wären, aber erst nach dem Bilanzstichtag durchgeführt werden. Bei Erhaltungsarbeiten, die erfahrungsgemäß in ungefähr gleichem Umfang und in gleichen Zeitabständen anfallen und turnusgemäß durchgeführt werden, liegt in der Regel keine unterlassene Instandhaltung vor (H 31c Abs. 11 EStH).

Kapitalgesellschaften müssen im Anhang im Rahmen der Angaben gemäß § 284 Abs. 2 Nr. 1 und 3 HGB über die bei Aufwandsrückstellungen angewandten oder geänderten Bewertungsmethoden berichten. Ferner können Angaben nach § 285 Nr. 12 HGB in Betracht kommen.

7.9.3.6 Kulanzrückstellungen

Wirtschaftlich tätige Unternehmen sind dem Risiko ausgesetzt, dass sie für Gewährleistungsansprüche haften müssen. Für solche rechtlich zwar (noch) nicht geltend gemachte, wohl aber wirtschaftlich begründete Verbindlichkeiten besteht nach § 249 Abs. 1 Nr. 2 HGB eine Passivierungspflicht.

Kulanzrückstellungen sind vorstellbar als Einzelrückstellungen für genau abgegrenzte Einzelrisiken oder als Pauschalrückstellungen für ganze Risikogruppen aus dem Jahresumsatz; ein Verstoß gegen den Grundsatz der Einzelbewertung liegt insoweit nicht vor. Für die Bemessung ihrer Höhe ist die vernünftige kaufmännische Beurteilung der Maßstab, wobei Vergangenheitszahlen, Prozentwerte in Abhängigkeit vom garantiebehafteten Umsatz u. Ä. eine Hilfe sein können.

Die zurückgestellten Beträge umfassen die Kosten für die Mängelbeseitigung. Dabei sind generell die variablen Kosten einzubeziehen; die fixen Kosten kommen nur dann zum Ansatz, wenn durch die Garantiearbeiten Kapazitäten für weitere Aufträge blockiert werden (ADS § 253 Tz 226).

Kulanzrückstellungen sind auch **steuerlich** zulässig, wenn eine sittliche Verpflichtung vorliegt, der sich der Kaufmann aus geschäftlichen Erwägungen nicht entziehen kann (R 31c Abs. 12 EStR). Die Höhe der Rückstellung wird durch § 6 Abs. 1 Nr. 3 Buchst a und b EStG bestimmt (Einzelkosten und angemessene Teile der notwendigen Gemeinkosten sowie Berücksichtigung der Erfahrungen der Vergangenheit).

7.9.3.7 Aufwandsrückstellungen nach § 249 Abs. 2 HGB

Da diese Form der Rückstellungsbildung bei ihrer Einführung im deutschen Bilanzrecht durch das BiRiLiG ein Novum darstellte, hat der Gesetzgeber aus Sorge, der bilanzpolitische Spielraum könnte durch diese Vorschrift unangemessen erweitert werden, folgende Bedingungen an die Passivierung dieser Aufwandsrückstellungen geknüpft:

– Die Aufwendungen müssen ihrer Eigenart nach genau umschrieben sein, d. h. die den Aufwendungen zugrunde liegenden zukünftigen Maßnahmen müssen am Bilanzstichtag bereits nach Art, Menge und Objekt konkretisiert sein.
– Die Aufwendungen müssen mit großer Wahrscheinlichkeit anfallen. Somit müssen die entsprechenden Maßnahmen ernsthaft geplant sein und aller Wahrscheinlichkeit nach durchgeführt werden. Ein Ansatz von nur vagen zukünftigen Aufwendungen ist auch unter Berufung auf das Vorsichtsprinzip nicht möglich.
– Die Aufwendungen müssen bezüglich ihrer Höhe bzw. des Zeitpunktes ihres Eintritts unbestimmt sein.
– Die Aufwendungen müssen dem Geschäftsjahr oder einem früheren Geschäftsjahr zuzuordnen sein. Folglich können künftige innerbetriebliche Maßnahmen, die künftigen Erträgen zuzurechnen sind und deshalb zu den künftigen Aufwendungen zählen, nicht zurückgestellt werden.

Die Höhe der Aufwandsrückstellungen bemisst sich nach den auf Grund glaubwürdiger Schätzung nach vernünftiger kaufmännischer Beurteilung ermittelten Kosten, die in der nachfolgenden Periode entstehen.

Ein Ansatz in der **Steuerbilanz** ist nicht zulässig. Denn besteht handelsrechtlich ein Wahlrecht zur Bildung einer Rückstellung, darf die Rückstellung steuerrechtlich nicht gebildet werden.

Kontrollfragen

1. Welche Buchungsvorgänge beeinflussen die Höhe der Eigenkapitalpositionen?
2. Welche Funktionen erfüllt der Sonderposten mit Rücklageanteil?
3. Worin liegt der Doppelcharakter steuerfreier Rücklagen bezüglich der Zuordnung zu Eigen- bzw. Fremdkapital?
4. Welches sind die Anwendungsbereiche der wichtigsten steuerfreien Rücklagen (R 35 EStR, § 6b EStG)?
5. Für welche Steuerarten dürfen bei Personengesellschaften keine Rückstellungen gebildet werden?
6. Wie sind Pensionsrückstellungen zu bewerten? Worin unterscheiden sich die verschiedenen Bewertungsverfahren?
7. Wann sind Pensionsrückstellungen aufzulösen? Nach welchen Verfahren kann dies erfolgen?

8. Unter welchen Bedingungen bestehen in Handels- und Steuerbilanz Passivierungspflichten, -wahlrechte oder -verbote für Rückstellungen für unterlassene Aufwendungen für Instandhaltung und Abraumbeseitigung?

Aufgabe 4.45 *(Ansatz von Rückstellungen) S. 375*

7.10 Bewertung der Verbindlichkeiten

7.10.1 Übersicht

Unter Verbindlichkeiten werden alle Verpflichtungen verstanden, die am Bilanzstichtag bezüglich Höhe und Fälligkeit feststehen. Sie zeichnen sich vor allem dadurch aus,
- dass sie mit juristischen Mitteln einklagbar sind,
- dass ihr Wert eindeutig feststellbar ist und
- dass sie zum Abschlussstichtag eine wirtschaftliche Belastung darstellen.

7.10.2 Bewertungsmaßstab

7.10.2.1 Höchstwertprinzip

Als Bewertungsmaßstab ist der Rückzahlungsbetrag nach § 253 Abs. 1 Satz 2 HGB vorgeschrieben, der zur Tilgung der Verbindlichkeiten aufgewendet werden muss. Dieser ergibt sich üblicherweise aus Verträgen, Rechnungen oder Verwaltungsakten.
Rentenverpflichtungen sind zum versicherungsmathematischen Barwert anzusetzen, sofern eine Gegenleistung nicht zu erwarten ist, andernfalls ist der Barwert nur anteilig zu bilanzieren. Es gelten insofern die Bilanzierungsgrundsätze für schwebende Geschäfte, d. h., bei ausgeglichenen Beträgen von Leistung und Gegenleistung ist keine besondere Bilanzierung vorzunehmen. Ist jedoch ein Verpflichtungsüberschuss vorhanden, so ist dieser zu passivieren, während im umgekehrten Fall eine Aktivierung durch das Realisationsprinzip ausgeschlossen ist.
Das Vorsichts- und Imparitätsprinzip (§ 252 Abs. 1 Nr. 4 HGB) gilt für Verbindlichkeiten in der Form des Höchstwertprinzips. Demnach darf eine Minderung des ursprünglich angesetzten Rückzahlungsbetrages nicht, muss aber eine nachträgliche Erhöhung des Rückzahlungsbetrags berücksichtigt werden. Dies kann unter Umständen auch durch den Ausweis einer Rückstellung in Höhe der Wertänderung geschehen.
Steuerlich ist der Ansatz des **höheren Teilwerts** auf Grund der Änderung durch das **StEntlG 1999/2000/2002** in § 6 Abs. 1 Nr. 3 EStG allerdings nur dann noch möglich, wenn es sich im eine **dauernde Werterhöhung** der Verbindlichkeit handelt. Denn auch bei der Bewertung von Verbindlichkeiten wurde das früher bestehende Beibehaltungswahlrecht des höheren Teilwerts aufgehoben und durch ein striktes Wertminderungsgebot ersetzt. Der Steuerpflichtige trägt die Feststellungslast für den Ansatz des höheren Teilwerts.
Die steuerliche Regelung zur Bewertung von Verbindlichkeiten gilt **erstmals** für Bilanzstichtage nach dem 31. 12. 1998, und zwar auch für Altverbindlichkeiten (solche, die am 01. 01. 1999 vorhanden waren). Gewinne aus der Niedrigerbewertung solcher Altverbindlichkeiten können durch Bildung einer **steuerfreien Rücklage** ($9/10$ der bewertungsbedingten Gewinnerhöhung) auf bis zu 10 Jahre verteilt werden, Auflösung in den folgenden neun Jahren mit mindestens $9/10$ (§ 52 Abs. 16 S. 11 EStG).

7.10.2.2 Sonderfälle der Bewertung

Von Auszahlung abweichender Rückzahlungsbetrag (Disagio)

Ist der Rückzahlungsbetrag einer Verbindlichkeit höher als der Ausgabebetrag, so darf handelsrechtlich und muss steuerlich (H 37 EStH) der Unterschiedsbetrag in den aktiven Rechnungsabgrenzungsposten aufgenommen werden. Er ist dann durch planmäßige jährliche Abschreibungen zu tilgen, die auf die gesamte Laufzeit der Verbindlichkeit verteilt werden können (§ 250 Abs. 3 HGB).

Große und mittelgroße Kapitalgesellschaften (& Co) haben das Disagio entweder in der Bilanz gesondert auszuweisen oder im Anhang anzugeben (§ 268 Abs. 6 HGB, § 274a Nr. 4 HGB). Weitere Angabepflichten für Kapitalgesellschaften (& Co) zu den Verbindlichkeiten können sich aus §§ 268 Abs. 5, 285 Nr. 1 und 2 HGB ergeben.

Im seltenen umgekehrten Fall, wenn der Rückzahlungsbetrag niedriger als der Ausgabebetrag ist, ist dieser als passiver Rechnungsabgrenzungsposten gem. § 250 Abs. 2 HGB zu passivieren und über die Laufzeit verteilt aufzulösen (ADS § 253 Tz 148).

Finanzierungskosten

Finanzierungskosten, die wirtschaftlich nicht mit der Laufzeit der Verbindlichkeit in Zusammenhang stehen (z. B. Kreditvermittlungsprovisionen, Grundbucheintragungsgebühren für die Kreditsicherung), sind als sofortiger Aufwand anzusetzen. Bearbeitungsgebühren, die ein Schuldner an ein Kreditinstitut für die Übernahme einer Bürgschaft zu zahlen hat, sind jedoch auf die Zeit, für die sich das Kreditinstitut vertraglich verbürgt hat, aktiv abzugrenzen (H 37 »Bearbeitungsgebühren« EStH).

Verzinslichkeit

Daneben ist bei der Bewertung von Verbindlichkeiten deren Verzinslichkeit zu berücksichtigen. Während bei überverzinslichen Verbindlichkeiten der Barwert an Mehrzinsen, die den üblichen Marktzins übersteigen, als eine Art »drohender Verlust aus schwebenden Geschäften zurückzustellen ist bzw. ein aktivisch abgegrenztes Disagio rascher abgeschrieben werden kann, verbietet **handelsrechtlich** das aus dem Vorsichtsgedanken abgeleitete Höchstwertprinzip eine Abzinsung niedriger oder gar unverzinslicher Verbindlichkeiten. Letztere sind deshalb zum Rückzahlungsbetrag anzusetzen (§ 253 Abs. 1 Satz 2 HGB). Das gilt auch bei langfristigen Verbindlichkeiten.

Bei Verbindlichkeiten mit steigender Verzinsung sind neben dem Rückzahlungsbetrag für die anfangs weniger bezahlten Zinsen Verbindlichkeiten oder Rückstellungen auszuweisen, die später bei höherer Zinsbelastung wieder aufgelöst werden, sodass eine durchschnittliche Zinsbelastung ausgewiesen wird (ADS § 253 Tz 89).

Steuerrechtlich wurde für Verbindlichkeiten auf Grund der Änderung durch das **StEntlG 1999/2000/2002** in § 6 Abs. 1 Nr. 3 EStG ein **generelles Abzinsungsgebot** mit einem Zinssatz von 5,5 % eingeführt. **Nicht abgezinst** werden müssen

– Verbindlichkeiten mit einer Laufzeit am Bilanzstichtag von weniger als 12 Monaten,
– verzinsliche Verbindlichkeiten sowie
– Anzahlungen oder Vorauszahlungen.

Nach BMF BStBl I 1999, S. 818 liegt eine **verzinsliche Verbindlichkeit** vor, wenn ein **Zinssatz von mehr als 0 v. H.** vereinbart ist (z. B. bei Girokonten). Die Vereinbarung eines Zinssatzes nahe bei 0 v. H. kann im Einzelfall als missbräuchliche Gestaltung i. S. d. § 42 AO zu beurteilen sein. Nach OFD Stuttgart ist (bis auf Weiteres) die Vereinbarung eines Zinssatzes von mehr als 1 % nicht missbräuchlich.

Hat der Darlehensgeber mit dem Darlehensnehmer keine Verzinsung im vorstehenden Sinne vereinbart, das **Darlehen aber unter einer Auflage** gewährt, nach der die Vorteile aus der Zinslosigkeit dem Darlehensnehmer nicht verbleiben, unterbleibt die Abzinsung (z. B. **Wohnungsbaudarlehen** mit Belegungsbindung oder der Auflage, Vorteile aus der Zinslosigkeit in Form von preisgünstigen Mieten an Dritte weiterzugeben). Eine derartige Auflage entspricht in ihrem wirtschaftlichen Gehalt einer Zinsvereinbarung.

Zerobonds

Einen Sonderfall der Zinsabgrenzung stellen die Zerobonds dar, auch **Null-Kupon-Anleihen** genannt. Dies sind Anleihen, auf die keine periodischen Zinszahlungen geleistet werden, sondern deren Gegenleistung für die Kapitalüberlassung durch einen gegenüber dem Ausgabebetrag erhöhten Rücknahmebetrag am Ende der Laufzeit beglichen wird. Die Anleihe kann als

– Aufzinsungsanleihe (Nennbetrag = Ausgabebetrag) oder als
– Abzinsungsanleihe (Nennbetrag = Einlösungsbetrag)

ausgestaltet sein. In beiden Fällen ist der in den Ausgabebedingungen anstelle einer Zinsvereinbarung festgelegte Unterschiedsbetrag zwischen Ausgabe- und Einlösungspreis das Entgelt für die Überlassung des Kapitals während der Laufzeit der Anleihe.

Für die Bewertung kommen eine Brutto- oder eine Nettomethode in Frage. Bei der Bruttomethode wäre der volle Rückzahlungsbetrag zu passivieren und ein Disagio in Höhe der Zinsen für die späteren Jahre zu aktivieren. Sie ist nicht zulässig. Denn der Einlösungsbetrag eines Zerobonds, der außer dem zur Nutzung überlassenen Kapital auch das gesamte Entgelt für die Kapitalüberlassung enthält, deckt sich nicht mit dem in § 250 Abs. 3 HGB verwendeten Begriff »Rückzahlungsbetrag«.

Bei der **Nettomethode** wird der anfangs passivierte Auszahlungsbetrag jährlich um die aufgelaufenen (aber nicht ausgezahlten) Zinsen angehoben. Es ist wie in der Abbildung 4.34 dargestellt zu bilanzieren.

Verbindlichkeiten mit Indexklauseln

Bei Verbindlichkeiten mit Indexklauseln ist die geschuldete Geldsumme von der Veränderung eines Preisindexes abhängig. Bei steigendem Index ist demnach auch ein höherer Betrag zu passivieren, wobei grundsätzlich der Index nur bis zum Bilanzstichtag zu berücksichtigen ist. Zukünftig zu erwartende Indexerhöhungen sind durch eine zusätzliche Rückstellung auszudrücken. Bei gestiegenem und anschließend gesunkenem Index ist eine Erhöhung und anschließende Reduzierung der Verbindlichkeiten bis allenfalls auf den Ursprungsbetrag vorzunehmen.

Ist die Höhe der Verbindlichkeit an einen Index mit Mindestanpassung gebunden, d. h., erhöht sich die Verbindlichkeit erst bei einer Mindesterhöhung des Indexes, so ist bei geringeren Indexsteigerungen das vermehrte Risiko eines Überspringens der kritischen Marke durch eine Rückstellung für ungewisse Verbindlichkeiten zu berücksichtigen. Wird dann später die Indexschwelle überschritten, so ist die Verbindlichkeit entsprechend zu erhöhen und die Rückstellung aufzulösen (ADS § 253 Tz 129).

	Beim Anleihe-Schuldner Passivierung von	Beim Anleihe-Gläubiger Aktivierung von
zu Beginn der Laufzeit	Ausgabebetrag	Ausgabebetrag
während der Laufzeit	Ausgabebetrag + Zinseszins der abgelaufenen Laufzeit	Ausgabebetrag + Zinseszins der abgelaufenen Laufzeit
am Ende der Laufzeit	Einlösungs- bzw. Rücknahmebetrag	Einlösungs- bzw. Rücknahmebetrag

Unberührt bleiben die bilanzsteuerrechtlichen Grundsätze für die Beurteilung von **Kurswertänderungen auf Grund geänderter Marktkonditionen**, z. B. bei Werterhöhungen eines Zerobonds, die sich nicht aus dem laufzeitabhängigen Anwachsen des Unterschiedsbetrages ergeben, oder bei Absinken des Kurswerts unter den nach obigen Grundsätzen ermittelten Bilanzansatz.

Quellen: – BMF-Schreiben, BStBl 1987 I, S. 394
– Stellungnahme HFA 1/1986: Zur Bilanzierung von Zerobonds, in: WPg 1986, S. 248

Abb. 4.34: Bilanzierung von Zerobonds (Null-Kupon-Anleihen)

7.10.3 Bewertung einzelner Verbindlichkeiten

7.10.3.1 Verbindlichkeiten aus Lieferungen und Leistungen

Sie sind grundsätzlich mit dem Rechnungsbetrag einschließlich Umsatzsteuer anzusetzen. Rücksendungen, fest vereinbarte Rabatte und Preisnachlässe vermindern den auszuweisenden Betrag. Es können auch Lieferantenskonti abgesetzt werden, wenn mit ihrer Inanspruchnahme zuverlässig gerechnet werden kann (ADS § 253 Tz 159).

Liegen aus einem Austauschvertrag Sachleistungsverbindlichkeiten vor, so müssen diese bewertet werden. Dabei ist zu unterscheiden, ob die zur Erfüllung erforderlichen Vermögensgegenstände noch beschafft werden müssen oder ob sie schon im Unternehmen vorhanden sind. Während sich im ersten Fall die Bewertung nach den Beschaffungskosten richtet, folgt im zweiten Fall die Bewertung der Verbindlichkeit grundsätzlich dem Wertansatz des entsprechenden Vermögensgegenstandes (ADS § 253 Tz 120 ff.).

7.10.3.2 Wechselverbindlichkeiten[1]

Sie sind in Höhe der Wechselsumme zu passivieren, da sie dem Rückzahlungsbetrag nach § 253 Abs. 1 Satz 2 HGB entspricht. Der Diskontbetrag kann nach § 250 Abs. 3 HGB aktivisch abgesetzt werden. Bankprovisionen sind im Zeitpunkt ihres Anfalls als Aufwand zu verrechnen.

7.10.3.3 Valutaverbindlichkeiten

Sie sind grundsätzlich nach den allgemeinen Prinzipien zu bewerten, wonach u. a. Kursgewinne erst bei Vereinnahmung als realisiert anzusehen sind, während Kursverluste bereits bei Erkennbarkeit zu berücksichtigen sind. Kapitalgesellschaften

---

[1] Eine ausführliche Darstellung der Verbuchung von Wechselgeschäften befindet sich in Band II.

haben darüber hinaus eine Berichtspflicht über die Umrechnungsgrundlagen nach § 284 Abs. 1 Nr. 2 HGB.

Valutaverbindlichkeiten sind mit dem maßgeblichen Wechselkurs der ausländischen Währung im Zeitpunkt der Erstverbuchung anzusetzen.[1] Ist am Bilanzstichtag der Wechselkurs gestiegen, so ist auf Grund des Höchstwertprinzips der Ansatz der Verbindlichkeit entsprechend zu erhöhen (steuerlich allerdings nur bei einer dauernden Werterhöhung), ist der Kurs gesunken, so muss der Ansatz bei Erstverbuchung beibehalten werden.

Bei vorangegangenen Kurssteigerungen und nachfolgenden Kursrückgängen ist die Verbindlichkeit auf Grund der Mussvorschrift des § 253 Abs. 1 Satz 2 HGB bis zu ihrem Ursprungsbetrag wieder zu ermäßigen, da nur der reduzierte Betrag den »Rückzahlungsbetrag« nach dieser Vorschrift repräsentiert. Dies entspricht der steuerlichen Regelung des § 6 Abs. 1 Nr. 3 EStG.

Kursschwankungen zwischen Bilanzstichtag und Bilanzaufstellung bleiben grundsätzlich unbeachtet, da sie dem neuen Geschäftsjahr zuzurechnen sind.

Zu unterscheiden sind **offene und geschlossene Devisenpositionen**. Von geschlossenen Devisenpositionen spricht man, wenn einer Valutaverbindlichkeit eine gleich hohe währungskongruente Forderung mit gleicher Fälligkeit gegenübersteht. In diesem Falle bestehen grundsätzlich keine Kursänderungsrisiken. Deshalb kann die Bewertung bei Erstverbuchung später beibehalten werden, wenn man die geschlossene Devisenposition als Bewertungseinheit betrachtet.

Es ist aber auch möglich, Valutaverbindlichkeit und -forderung strikt einzeln zu bewerten. Auf Grund des Imparitätsprinzips wirken sich auf der Aktivseite nur Kurssenkungen aus, auf Grund des Höchstwertprinzips auf der Passivseite nur Kurserhöhungen.

7.10.3.4 Rentenverpflichtungen

Nach § 253 Abs. 1 Satz 2 HGB sind Rentenverpflichtungen, für die eine Gegenleistung nicht mehr zu erwarten ist, zu ihrem Barwert anzusetzen. Renten sind für eine bestimmte Dauer regelmäßig wiederkehrende gleichmäßige Leistungen in Geld, Geldeswert oder vertretbaren Sachen auf Grund eines einheitlichen Rentenstammrechts.

Unter dem Begriff »Barwert« kann sowohl ein Renten- als auch ein Anwartschaftsbarwert zu verstehen sein. Das ist vom Bewertungsobjekt abhängig, d. h. je nachdem, ob die Rentenzahlung bereits begonnen hat (Rentenbarwert) oder ob erst ein Anspruch auf eine Rentenzahlung ab einem bestimmten Zeitpunkt in der Zukunft besteht (Anwartschaftsbarwert).

Ein Ansatz zum Rentenbarwert erfolgt, wenn

– der Versorgungsfall und damit der sofortige Zahlungsfall eintritt,
– die Gegenleistung des Vertragspartners bereits erbracht ist (z. B. bei Übereignung eines Grundstücks gegen Leib- oder Zeitrente, vgl. S. 202),
– eine Gegenleistung nicht erfolgt (z. B. bei Schadenersatz).

Steht eine Ablösesumme fest, so ist der anzusetzende Barwert mit dieser identisch (vgl. § 1199 BGB). Andernfalls ist der Barwert unter Berücksichtigung von Zinseszinsen und gegebenenfalls Sterbetafeln nach versicherungsmathematischen Grundsät-

---

[1] Geänderter Entwurf einer Verlautbarung des HFA zur Währungsumrechnung, in: WPg 1986, S. 664.

zen zu errechnen, wobei ein Zinssatz von 3 % nicht unterschritten werden darf und ein Satz von 6 % nicht überschritten werden sollte. Steuerlich ist ein Rechnungszins von 6 % vorgeschrieben.

Ein Wechsel des anzuwendenden Zinssatzes stellt eine berichtspflichtige Methodenänderung nach § 284 Abs. 2 Nr. 3 HGB dar, die wegen § 252 Abs. 1 Nr. 6 HGB nur in begrenzten Fällen zulässig ist.

Kontrollfragen
1. Nach welchem Prinzip richtet sich die Bewertung von Verbindlichkeiten?
2. Wie ist ein Disagio zu behandeln?
3. Wie ist die Verzinslichkeit bei der Bewertung von Verbindlichkeiten zu berücksichtigen?
4. Wie werden Zerobonds bilanziert?
5. Wie sind Verbindlichkeiten mit Indexklauseln anzusetzen?
6. Wonach richtet sich die Bewertung von Valutaverbindlichkeiten? Wann spricht man von offenen und wann von geschlossenen Devisenpositionen?
7. Was ist bei der Bewertung von Rentenverpflichtungen zu beachten?

7.11 Wertaufholung

7.11.1 Wertaufholung im Handelsrecht

7.11.1.1 Wertaufholung bei Einzelunternehmen und Personengesellschaften

Sind die Gründe, die bei einem Einzelunternehmen oder einer Personengesellschaft zu einer Abschreibung nach § 253 Abs. 2 Satz 3, Abs. 3 oder § 254 HGB geführt haben, weggefallen, so hat das bilanzierende Unternehmen ein Wahlrecht, entweder

- die niedrigeren Werte beizubehalten oder
- eine Aufholung auf Werte vorzunehmen, deren Obergrenze die Anschaffungs- oder Herstellungskosten bzw. bei abnutzbarem Anlagevermögen die durch planmäßige Abschreibungen fortgeführten Anschaffungs- oder Herstellungskosten darstellen.

Eine Pflicht zur Zuschreibung besteht nicht, sodass der Bilanzierende bei der Wahlrechtsausübung grundsätzlich frei ist.

7.11.1.2 Wertaufholung bei Kapitalgesellschaften

Das Wertaufholungsgebot (§ 280 HGB) verlangt von Kapitalgesellschaften (im Gegensatz zu Personenunternehmen), dass Wertansätze, die

- durch außerplanmäßige Abschreibungen auf abnutzbares und nicht abnutzbares Anlagevermögen (§ 253 Abs. 2 Satz 3 HGB) sowie auf Umlaufvermögen (§ 253 Abs. 3 HGB) oder
- auf Grund steuerrechtlich zulässiger Abschreibungen (§ 254 Satz 1 HGB)

entstanden sind, anlässlich späterer Jahresabschlüsse überprüft werden müssen. Sind die wertmindernden Voraussetzungen ganz oder teilweise weggefallen, ist die außerplanmäßige Abschreibung entsprechend durch Wertaufholung zurückzunehmen. Das Beibehaltungswahlrecht nach §§ 253 Abs. 5, 254 Satz 2 HGB ist insoweit nicht anzuwenden.

Bei abnutzbarem Anlagevermögen hat die Zuschreibung unter Berücksichtigung der planmäßigen Abschreibung zu erfolgen.

Von der generellen Zuschreibung in der Handelsbilanz gemäß § 280 Abs. 1 HGB kann jedoch dann abgesehen werden, wenn der niedrigere Wertansatz bei der steuerrechtlichen Gewinnermittlung beibehalten werden darf und Voraussetzung für die Beibehaltung ist, dass dieser niedrigere Wertansatz auch in der Handelsbilanz beibehalten wird. Auf Grund dieser Bestimmung haben steuerrechtliche Zuschreibungsregeln Rückwirkungen auf die Wertaufholung in der Handelsbilanz.

Unterbleibt aus steuerrechtlichen Gründen eine Zuschreibung, so ist der Betrag der unterlassenen Zuschreibungen im Anhang anzugeben und hinreichend zu begründen (§ 280 Abs. 3 HGB).

7.11.2 Wertaufholung im Steuerrecht

Durch das **StEntlG 1999/2000/2002** wurde – korrespondierend zur Einschränkung der Teilwertabschreibung – das früher im Steuerrecht geltende Wertbeibehaltungswahlrecht aufgehoben und ein **striktes Wertaufholungsgebot** eingeführt (§ 6 Abs. 1 Nr. 1 Satz 4 und Nr. 2 Satz 3 EStG). Gleichzeitig wurde dem Steuerpflichtigen die **Feststellungslast** dafür auferlegt, d. h., er hat nach Durchführung einer Teilwertabschreibung für jeden folgenden Bilanzstichtag die Verpflichtung, den niedrigeren Teilwert nachzuweisen.

Das Wertaufholungsgebot war **erstmals** für das erste nach dem 31. 12. 1998 endende Wirtschaftsjahr **anzuwenden** und umfasste alle in früheren Wirtschaftsjahren vorgenommenen Abschreibungen (bei bilanzierenden Steuerpflichtigen auch AfaA nach § 7 Abs. 1 Satz 5 EStG), soweit die betroffenen Wirtschaftsgüter noch vorhanden waren. Gewinne aus Höherbewertungen im Erstjahr konnten auf fünf Jahre verteilt werden (Bildung einer **steuerfreien Rücklage im Erstjahr** in Höhe von $4/5$ des Gewinns, Auflösung in den folgenden vier Wirtschaftsjahren zu mindestens $1/4$, § 52 Abs. 16 EStG).

7.11.3 Wertaufholung und Maßgeblichkeitsprinzip

Dieses strikte steuerliche Wertaufholungsgebot hat **Rückwirkungen auf die Wertaufholung bei Kapitalgesellschaften**. Die Vorschrift des **§ 280 Abs. 2 HGB ist bedeutungslos** geworden, weil das gesetzliche Tatbestandsmerkmal für eine eventuelle handelsrechtliche Wertbeibehaltung nicht mehr erfüllt ist (»von der Zuschreibung kann abgesehen werden, wenn der niedrigere Wertansatz bei der steuerrechtlichen Gewinnermittlung beibehalten werden kann«).

Bei **Nicht-Kapitalgesellschaften**, denen handelsrechtlich ein Wertbeibehaltungswahlrecht losgelöst von der steuerlichen Handhabung gewährt wird (§ 253 Abs. 5 HGB), weicht die Bilanzierung in Handels- und Steuerbilanz voneinander ab, wenn steuerlich zugeschrieben werden muss, handelsrechtlich aber vom Wertbeibehaltungswahlrecht Gebrauch gemacht wird.

Aufgabe 4.46 *(Wertaufholung bei Finanzanlagen) S. 375*

7.12 Latente Steuern

7.12.1 Gründe für die Abgrenzung latenter Steuern

Das Bilanzrecht kennt eine Anzahl von Durchbrechungen des Maßgeblichkeitsgrundsatzes (§ 5 Abs. 1 EStG). Einige dieser Durchbrechungen

- sind zeitlich unbegrenzt (so genannte permanent differences, z. B. durch Nichtanerkennung bestimmter Aufwendungen als Betriebsausgaben im Steuerrecht),
- andere sind quasi unbegrenzt (z. B. zeitliche Verwerfungen, die erst mit der Liquidation des Unternehmens ausgeglichen werden),
- und wieder andere sind zeitlich begrenzt (so genannte timing differences, z. B. auf Grund eines unterschiedlichen Abschreibungsverlaufes über die Nutzungsdauer eines Anlagegutes).

Auf Grund dieser Verwerfungen im Ergebnisausweis zwischen Handels- und Steuerbilanz ergibt sich, dass sich die Ertragsteuerbelastung oft nicht aus dem handelsrechtlichen Ergebnis ableiten lässt. Der dynamischen Bilanzauffassung folgend, lässt sich die Abgrenzung latenter Steuern mit der Zielsetzung begründen, einen auf den handelsrechtlichen Gewinnausweis abgestimmten Steueraufwand auszuweisen. Die Übertragung dieser Auffassung in das deutsche Bilanzrecht folgte dem Umsetzungsauftrag aus den entsprechenden EG-Richtlinien.

Grundlage für die Ermittlung latenter Steuern können nur **zeitlich begrenzte Differenzen** sein, die sich voraussichtlich in den folgenden Geschäftsjahren wieder ausgleichen. Unterschiede zwischen Handels- und Steuerbilanz, die nicht nur zeitliche Verwerfungen darstellen, können nicht berücksichtigt werden.

7.12.2 Methoden der Steuerabgrenzung

In der Literatur werden drei unterschiedliche Methoden der Steuerabgrenzung dargestellt, nämlich Liability-Methode, Defferred-Methode und Net-of-Tax-Methode.

7.12.2.1 Liability-Methode

Nach der Liability-Methode sollen latente Steuern als Forderungen oder Verbindlichkeiten gegenüber dem Finanzamt ausgewiesen werden. Die Bewertung erfolgt mit künftigen (geschätzten) Steuersätzen, da Verbindlichkeiten mit dem Rückzahlungsbetrag anzusetzen sind. Bei nachträglichen Steuersatzänderungen werden bereits bestehende latente Steuerverbindlichkeiten nach oben oder unten in Abhängigkeit vom Steuersatz angepasst.

Ziel dieser Vorgehensweise ist die zutreffende Darstellung der Vermögenslage des Unternehmens, wobei die Steuerverbindlichkeiten in Abhängigkeit vom handelsrechtlichen Ergebnis ausgewiesen werden.

7.12.2.2 Defferred-Methode

Nach der Defferred-Methode, bei der der periodengerechte Erfolgsausweis im Mittelpunkt des Interesses steht, muss der in der handelsrechtlichen GuV-Rechnung ausgewiesene Gesamtsteueraufwand in sinnvollem Zusammenhang zum handelsrechtlichen Ergebnis stehen. Eine dafür notwendige Anpassung des Steueraufwands um latente Steuerbeträge führt in der Bilanz zu einer Veränderung der Rechnungsabgrenzungsposten. Für den richtigen Erfolgsausweis im Jahr der Entstehung werden die aktuellen Steuersätze bei der Ermittlung der Abgrenzungsbeträge angewendet. Bei späteren Steuersatzänderungen erfolgt keine Anpassung der abgegrenzten Steuerbeträge. Mit der eventuell möglichen Differenz zwischen dem Steuersatz bei Bildung des Abgrenzungsbetrages und dem Steuersatz, der bei Zahlung anzuwenden ist, wird das jeweilige Jahresergebnis be- bzw. entlastet.

7.12.2.3 Net-of-Tax-Methode

Die Net-of-Tax-Methode betrachtet den Wert eines Wirtschaftsgutes in Abhängigkeit von seinem Gebrauchswert und seinem zukünftigen steuerlichen Abschreibungspotenzial. Über die handelsrechtlichen Abschreibungen hinausgehende steuerliche Abschreibungen vermindern den Wert eines Vermögensgegenstandes. Deshalb sollen die handelsrechtlichen Abschreibungen um einen Betrag ergänzt werden, der die steuerlichen Auswirkungen zwischen handelsrechtlicher und steuerrechtlicher Abschreibung berücksichtigt. Dabei wird unterstellt, dass die Steuereffekte den einzelnen Wirtschaftsgütern direkt zuordenbar sind und im bilanziellen Wertansatz berücksichtigt werden können.

Bei dieser Methode werden in der Handelsbilanz keine besonderen Positionen für latente Steuerbeträge benötigt, weil sämtliche Vermögensgegenstände und Schulden »net-of-tax« ausgewiesen werden. In der GuV-Rechnung schlagen sich die verrechneten latenten Steuern in den entsprechenden Aufwands- und Ertragspositionen nieder, insbesondere bei den Abschreibungen. Als Steueraufwand der Periode wird nur der im Rahmen der steuerlichen Gewinnermittlung errechnete Betrag ausgewiesen.

7.12.2.4 Handelsrechtliche Zulässigkeit

Die in das HGB neu aufgenommenen Vorschriften zur Steuerabgrenzung greifen auf Elemente der Liability- und der Deferred-Methode zurück. Die passive Steuerabgrenzung ist an der Liability-Methode orientiert, wobei allerdings der Ausweis als Rückstellung und nicht als Verbindlichkeit zu erfolgen hat. Die Deferred-Methode dagegen war Vorbild für die Vorgehensweise bei der aktiven Steuerabgrenzung.

Die Net-of-Tax-Methode, die steuerliche Gesichtspunkte bei der Ermittlung der Wert- ansätze berücksichtigt und Steueraufwendungen mit Abschreibungen in einer Position zeigt, ist mit den handelsrechtlichen Rechnungslegungsvorschriften nicht vereinbar.

7.12.3 Anwendungsbereich

Das Gesetz enthält explizite Regelungen über die Bilanzierung latenter Steuern in § 274 HGB, die aus rechtssystematischen Gründen jedoch nur für Kapitalgesellschaften verbindlich sind (vgl. die Abbildung 4.35 über die Steuerabgrenzung).

Die Steuerabgrenzung wird nur dann aktuell, wenn wegen der Beachtung steuerrechtlicher Vorschriften das Maßgeblichkeitsprinzip verlassen wird. Dies beschränkt sich auf Fälle, in denen

- der Handelsbilanzansatz nicht maßgeblich für den Steuerbilanzansatz ist, weil dem ein steuerrechtliches Verbot entgegensteht,
- die Maßgeblichkeit vom Steuerrecht ausdrücklich nicht gefordert wird und dadurch

der Steueraufwand im Abschlussjahr und in früheren Geschäftsjahren höher oder niedriger ausfällt, als das dem handelsrechtlichen Jahresergebnis entspricht. Gleichzeitig ist Voraussetzung, dass sich das gegenwärtige Mehr oder Weniger an Steuern in der Zukunft wieder ausgleicht.

Steuerabgrenzung durch Rückstellung (zu versteuernder Gewinn niedriger als der handelsrechtliche Gewinn)	Steuerabgrenzung durch aktivischen Abgrenzungsposten als Bilanzierungshilfe (zu versteuernder Gewinn höher als der handelsrechtliche Gewinn)	Auflösungsvorschriften Ausweis in GuV-Rechnung
1. Eine Rückstellung für ungewisse Verbindlichkeiten i. S. von § 249 Abs. 1 Satz 1 HGB ist zu bilden, wenn der dem Geschäftsjahr und früheren Geschäftsjahren zuzurechnende Steueraufwand zu niedrig ist, – weil der nach den steuerrechtlichen Vorschriften zu versteuernde Gewinn niedriger als das handelsrechtliche Ergebnis ist, 2. Das gilt nur, wenn sich der zu niedrige Steueraufwand des Geschäftsjahres und früherer Geschäftsjahre in späteren Geschäftsjahren voraussichtlich ausgleicht. 3. Die Rückstellung ist in der Bilanz oder im Anhang gesondert anzugeben.	1. Ein aktiver Abgrenzungsposten als Bilanzierungshilfe ist zulässig, also fakultativ zu bilden, wenn der dem Geschäftsjahr und früheren Geschäftsjahren zuzurechnende Steueraufwand zu hoch ist, – weil der nach den steuerlichen Vorschriften zu versteuernde Gewinn höher als das handelsrechtliche Ergebnis ist. 2. Das gilt nur, wenn sich der zu hohe Steueraufwand des Geschäftsjahres und früherer Geschäftsjahre in späteren Geschäftsjahren voraussichtlich ausgleicht. 3. Der Posten ist unter entsprechender Bezeichnung gesondert auszuweisen und im Anhang zu erläutern. 4. Die Ausschüttungssperrvorschrift des § 274 Abs. 2 Satz 3 HGB ist zu beachten.	1. Rückstellung oder aktiver Abgrenzungsposten sind aufzulösen, – sobald die Steuerbe- oder -entlastung eintritt oder – mit ihr voraussichtlich nicht mehr zu rechnen ist. 2. In der GuV-Rechnung ist der Aufwand oder Ertrag aus der Bildung oder Auflösung der Steuerabgrenzung in den Posten »Steuern vom Einkommen und vom Ertrag« einzubeziehen. 3. Erfolgt die Auflösung dagegen, weil mit einer Ent- oder Belastung nicht mehr zu rechnen ist, so sind die Auflösungsbeträge in den »Sonstigen betrieblichen Aufwendungen« bzw. »Sonstigen betrieblichen Erträgen« auszuweisen.
Quelle: – § 274 HGB, – Stellungnahme SABI 3/1988: Zur Steuerabgrenzung im Einzelabschluss, in: WPg 1988, S. 683 f.		

Abb. 4.35: Steuerabgrenzung nach § 274 HGB

7.12.3.1 Beispiele für aktive latente Steuerabgrenzungen

– Nichtaktivierung des Disagios nach § 250 Abs. 3 HGB in der Handelsbilanz, Aktivierungspflicht in der Steuerbilanz,
– Nichtaktivierung des derivativen Firmenwertes nach § 255 Abs. 4 HGB in der Handelsbilanz, Aktivierungspflicht gemäß § 6 Abs. 1 Nr. 2 EStG und Abschreibung gemäß § 7 Abs. 1 Satz 3 EStG in der Steuerbilanz,

- Abschreibung des derivativen Firmenwertes nach § 255 Abs. 4 HGB über die folgenden 4 Jahre in der Handelsbilanz, Abschreibung über 15 Jahre in der Steuerbilanz gemäß § 7 Abs. 1 Satz 3 EStG,
- Ansatz der Herstellungskosten in der Handelsbilanz nach § 255 Abs. 2 HGB mit den Einzelkosten, in der Steuerbilanz gemäß R 33 EStR unter Einbeziehung der Material- und Fertigungsgemeinkosten,
- Abwertung von Vorräten in der Handelsbilanz nach § 253 Abs. 3 Satz 3 HGB auf den niedrigeren Zukunftswert, in der Steuerbilanz auf den Teilwert nach § 6 Abs. 1 Nr. 2 EStG,
- Bewertung von Pensionsrückstellungen unter Verwendung eines niedrigeren als des gemäß § 6a Abs. 3 EStG steuerlich zulässigen Satzes von 6 %,
- Bildung von Aufwandsrückstellungen nach § 249 Abs. 2 HGB in der Handelsbilanz, die in der Steuerbilanz nicht zulässig sind.

7.12.3.2 Beispiele für passive latente Steuerabgrenzungen

- Aktivierung von Aufwendungen für die Ingangsetzung und Erweiterung des Geschäftsbetriebes nach § 269 HGB in der Handelsbilanz, Aktivierungsverbot in der Steuerbilanz,
- In der Handelsbilanz nicht als Abschreibungen auf Beteiligungen berücksichtigte Verluste aus einer Beteiligung an einer Personengesellschaft, die dem Gesellschafter steuerrechtlich im Rahmen der einheitlichen und gesonderten Gewinnfeststellung nach § 180 AO unmittelbar zugerechnet werden (HFA 1/1991, in: IdW-Fachgutachten/Stellungnahmen (Loseblattwerk), Düsseldorf, S. 219),
- Bewertung von Vorräten in der Handelsbilanz bei steigenden Preisen nach dem Fifo-Verfahren, Bewertung in der Steuerbilanz nach dem Durchschnittsverfahren.

7.12.4 Festlegung des Steuersatzes

Im HGB findet sich kein Hinweis, wie die Steuerabgrenzungen ermittelt werden sollen. Wie oben dargestellt, kommen bei der Liability-Methode geschätzte künftige Steuersätze zur Anwendung, während bei der Deferred-Methode aktuelle Steuersätze angewendet werden. Nach § 274 HGB ist die Höhe der latenten Steuern nach der voraussichtlichen Be- und Entlastung nachfolgender Geschäftsjahre zu bemessen. Nach dem Gesetzeswortlaut ist daher von den Steuersätzen auszugehen, die in den Perioden gelten, in denen sich die zeitlichen Verwerfungen wieder umkehren. Da jedoch die künftigen Steuersätze mit großen Unsicherheiten zu ermitteln sind, ist gegen eine Anwendung aktueller Steuersätze nichts einzuwenden.

Die Vorschriften zur Steuerabgrenzung betreffen nur Kapitalgesellschaften, somit sind bei der Ermittlung der Steuersätze die für Kapitalgesellschaften relevanten Ertragsteuern heranzuziehen, nämlich Körperschaft- und Gewerbeertragsteuer.

Zusammen ergibt sich eine Belastung aus Gewerbeertragsteuer (Hebesatz 400 %) und Körperschaftsteuer von ca. 37,5 %.

7.12.5 Ermittlung des Abgrenzungspostens

7.12.5.1 Saldierung

Nach dem Wortlaut des § 274 HGB ist nicht auf die einzelnen Unterschiede zwischen der handels- und steuerrechtlichen Ergebnisrechnung abzustellen, sondern auf den gesamten Steueraufwand, der dem Geschäftsjahr oder früheren Geschäftsjahren zuzurechnen ist. Dies bedeutet, dass bei der Ermittlung der Steuerabgrenzung aktivische und passivische Komponenten saldiert werden müssen.[1]

Die Saldierung ist aber nicht unproblematisch, weil es sich dabei um Posten unterschiedlichen Charakters handelt. Der latente Steuerposten auf der Aktivseite ist eine Bilanzierungshilfe, für dessen Ansatz ein Wahlrecht besteht. Der Posten auf der Passivseite ist dagegen ein (echter) Schuldposten, der zwingend anzusetzen ist.

Eine Saldierung kann dem Vorsichtsprinzip dann widersprechen, wenn die künftigen Steuerentlastungen zeitlich weit hinter den künftigen Steuerbelastungen liegen. Unterbleibt eine Rückstellungsbildung wegen der Saldierung, sind zusätzliche Angaben nach §§ 264 Abs. 2 und 285 Nr. 3 HGB zu machen, wenn es sich um wesentliche Beträge handelt.

7.12.5.2 Differenzenspiegel

Die Saldierung bedeutet nicht, dass auf eine jährliche Analyse der einzelnen Unterschiede zwischen Handels- und Steuerbilanz verzichtet werden kann. Sie sind vielmehr zu jedem Bilanzstichtag zusammenzustellen und im Zeitablauf zu verfolgen.

Zu klären bleibt, ob eine Einzelbetrachtung jeder einzelnen zeitlichen Verwerfung erforderlich ist oder ob eine Gesamt- oder Gruppenbewertung aller oder bestimmter zeitlicher Verwerfungen zulässig ist.

Die **Einzelbewertung** stellt die möglichst genaue Ermittlung des jährlichen Abgrenzungsbetrages in den Mittelpunkt des Interesses. Nach dieser Methode wird jede einzelne zeitlich begrenzte Differenz vom Zeitpunkt ihrer Entstehung bis zu ihrer völligen Umkehr auf ihre steuerliche Auswirkung hin untersucht und fortgeschrieben, meist in der Form eines Differenzenspiegels (vgl. Abbildung 4.36) oder eines anderen geeigneten Verfahrens. Der hohe Genauigkeitsgrad dieser Methode ist mit einem hohen organisatorischen Abwicklungsaufwand verbunden.

Ist am Bilanzstichtag mit genügender Sicherheit erkennbar, dass die Differenzen, die zu einem aktivischen Ausweisposten führen, überwiegen, und beabsichtigt das Unternehmen keine Aktivierung im Wege der Ausübung des Wahlrechtes, so kann nach SABI 3/1988 eine vereinfachte, z. B. **gruppenweise** Ermittlung der Differenzen erfolgen. Selbst in diesem Fall müssen aber geeignete Aufzeichnungen über die Differenzen und ihre Entwicklung vorhanden sein bzw. erstellt werden. Diese Verpflichtung ergibt sich – unabhängig vom Ausweis oder Nichtausweis in der Bilanz – aus den allgemeinen Buchführungsvorschriften der §§ 238 Abs. 1, 239 HGB.

7.12.6 Latente Steuern in Verlustsituationen

Besondere Fragen wirft der Ansatz latenter Steuern in Verlustsituationen auf. Die steuerliche Verlustregelung sieht die Möglichkeit einer Verlustrücktragsbildung für ein Jahr und maximal 511 200 € vor, danach die Bildung eines Verlustvortrags bzw. von vornherein die Bildung eines Verlustvortrags (§ 10d EStG).

---

[1] Stellungnahme SABI 3/1988: Zur Steuerabgrenzung im Einzelabschluss, in: WPG 1988, S. 684.

Nr.	Entstehungs-ursache	Datum	Betrag	Stand Vorjahr	Neu-bildung	Auflösung		Stand 31. Dez.		Ergebnis-unter-schied	Jahr der voraus-sichtlich Umkehr/Auflösg.
						nach Handels-recht	nach Steuer-recht	nach Handels-recht	nach Steuer-recht		
1	2	3	4	5	6			7 (= 4 + 5 + 6)		8 (= 5 + 6 + Vor-jahres-saldo)	9
	Ergebnis-unterschied Vorjahr										

Abb. 4.36: Schema Differenzenspiegel[7]

Im Differenzenspiegel werden folgende Eintragungen vorgenommen:
- Spalte 1: Ursache der temporären Abweichung,
- Spalte 2: Datum der Einbuchung,
- Spalte 3: Betrag der temporären Abweichung zum Einbuchungszeitraum,
- Spalte 4: Saldo der temporären Abweichungen zu Beginn des Geschäftsjahres,
- Spalte 5: Neubildung der auf Grund von Geschäftsvorfällen des Rechnungsle-gungszeitraums eingetretenen temporären Abweichungen,
- Spalte 6: Auflösung im Geschäftsjahr auf Grund von handels- bzw. steuerrecht-lichen Vorschriften,
- Spalte 7: Ansatz nach handels- bzw. steuerrechtlichen Vorschriften zum Schluss des Geschäftsjahres,
- Spalte 8: Ergebnisunterschied zum Abschlussstichtag zuzüglich Vorjahressaldo dieser Spalte,
- Spalte 9: Geschäftsjahr der voraussichtlichen Umkehr der Ergebnisdifferenz, d. h. Auflösung der Steuerabgrenzung.

Beim Ansatz latenter Steuern in Verlustsituationen ist zu unterscheiden zwischen
- der Beurteilung von zeitlich begrenzten Differenzen, die in der Verlustperiode ent-stehen (eventuelle Neubildung einer Steuerabgrenzung) und
- der Handhabung von in Vorjahren gebildeten Steuerabgrenzungsposten (Weiter-führung bzw. Auflösung).

7.12.6.1 Eventuelle Neubildung einer Steuerabgrenzung

Für die Neubildung einer Steuerabgrenzung bei **Auftreten zeitlich begrenzter Diffe-renzen** müssen nach § 274 HGB zwei Voraussetzungen vorliegen:
(1) Ein Steueraufwand muss gegeben sein, wenn nicht im gerade abzuschließenden Geschäftsjahr, dann zumindest in den Vorjahren. Da steuerlich ein Verlustrücktrag

---
7 Vgl. ADS § 274 Tz 45 ff.

auf **zwei** Jahre beschränkt ist, kommt nur eine Berücksichtigung dieses Zweijahreszeitraums in Betracht.
(2) Die **Differenz** zwischen dem nach Handelsbilanz sich errechnenden und dem nach Steuerbilanz sich ergebenden Steueraufwand muss sich in späteren Geschäftsjahren voraussichtlich wieder **ausgleichen** (dadurch, dass Gewinne entstehen, die einen eventuellen Verlustvortrag übersteigen).

Beispiele
- Ein neu gegründetes Unternehmen weist im ersten Geschäftsjahr, in dem zeitlich begrenzte Differenzen entstanden sind, einen Verlust aus.
  Für die Bildung einer latenten Steuerabgrenzung ist kein Raum, denn bereits die erste Voraussetzung (Vorliegen eines Steueraufwands) ist nicht gegeben.
- Ein Unternehmen, das im Vorjahr Gewinne hatte, erwirtschaftet im Abschlussjahr, in dem zeitlich begrenzte Differenzen entstanden sind, einen Verlust.
  Im Abschlussjahr selbst fallen wegen des Verlustes keine Steuern an. Steueraufwendungen lagen aber in der Vorperiode vor, womit die erste Voraussetzung (Vorliegen eines Steueraufwands) erfüllt ist.
  Ob aber die Bildung einer latenten Steuerabgrenzung in Betracht kommt, hängt noch von der **erwarteten Entwicklung** ab. Nur wenn vor dem Ausgleich der zeitlichen Verwerfungen wieder mit Gewinnen zu rechnen ist, können die temporären Differenzen Steuerwirkungen entfalten, d. h. einen **Ausgleich** zwischen den Steueraufwendungen in Handels- und Steuerbilanz herbeiführen; nur dann ist ein passiver latenter Steuerposten zu bilden bzw. kann ein aktiver gebildet werden.

Fraglich ist noch, welche Auswirkungen sich auf die Bemessung latenter Steuern ergeben, wenn ein Verlust so hoch ist, dass **außer Verlustrücktrag noch ein Verlustvortrag** vorzunehmen ist. Hier ist zweierlei zu beachten:

- Da die Steuerabgrenzung durch das Prinzip des Ausgleichs bestimmt ist (Ausgleich eines im Vergleich zur Steuerbilanz zu hohen oder zu niedrigen Steueraufwands), ist die Höhe einer eventuellen Abgrenzung durch den steuerlich maximal rücktragbaren Betrag begrenzt. Denn nur in dieser Höhe entsteht ein Steuererstattungsanspruch. Die Bildung eines darüber hinausgehenden Abgrenzungsbetrags würde mehr als einen Ausgleich bewirken.
- Ferner ist zu beachten, dass in Höhe des Verlustvortrags kein Steueraufwand anfällt. Solange spätere Gewinne den Verlustvortrag nicht kompensiert haben, kann sich die Umkehrung temporärer Differenzen nicht auswirken (vgl. ADS § 274 Tz 26).

Beispiel
Ein Unternehmen erleidet in der Phase der Entstehung temporärer Differenzen durch einen außerordentlichen Aufwand einen hohen Verlust. Im Vorjahr und den Folgeperioden entstehen Gewinne auf niedrigem Niveau.
Die beiden Voraussetzungen zur Bildung einer latenten Steuerabgrenzung sind grundsätzlich erfüllt. Es hängt aber von der **Höhe des vorzutragenden Verlusts** und dem **Zeitpunkt der Umkehrung** temporärer Differenzen ab, ob die tem-

porären Differenzen sich überhaupt steuerlich auswirken können. Fällt infolge des Verlusts kein Steueraufwand an, bevor sich die Ergebnisdifferenzen umkehren, dann entfällt die Bildung einer latenten Steuerposition.

7.12.6.2 Handhabung von in Vorjahren gebildeten latenten Steuern im Verlustfalle

Sie hängt von der **Höhe** des Verlusts (ist neben einem Verlustrücktrag auch ein Verlustvortrag nötig?), dem **Zeitpunkt der Umkehrung** temporärer Differenzen und von der **erwarteten Entwicklung** ab.

Bei einem nur **vorübergehenden Gewinneinbruch** wird man es bei der ursprünglich geplanten Auflösung der latenten Steuerabgrenzung belassen. Denn wenn wieder Gewinne entstehen, ist ein weiterer Ausgleich der Verwerfungen sichergestellt. Eine vorübergehende Verlustsituation hat auf die Auflösung der latenten Steuerabgrenzung also keinen Einfluss.

Erwartet man jedoch über einen **längeren Zeitraum** rote Zahlen oder ist der Verlust so hoch, dass auf die Jahre bis zum Ausgleich der Ergebnisdifferenzen ein Verlustvortrag vorhanden sein wird, so muss die latente Steuerabgrenzung außerplanmäßig aufgelöst werden, weil mit einer (auf Grund der Ergebnisdifferenz) höheren Steuerbe- bzw. -entlastung nicht mehr zu rechnen ist (§ 274 Abs. 1 Satz 2, Abs. 2 Satz 4 HGB).

Die Auflösung muss über »Sonstige betriebliche Erträge« bzw. »Sonstige betriebliche Aufwendungen« erfolgen, nicht über Konto »Steuern vom Einkommen und vom Ertrag«.[1] Sie ist nämlich – im Gegensatz zum Normalfall – nicht als Korrektur der tatsächlich zu zahlenden Steuern anzusehen.

Falls die Auflösung nicht von untergeordneter Bedeutung ist, muss sie im **Anhang** nach § 277 Abs. 4 Satz 3 HGB (periodenfremde Posten) erläutert werden.

Kontrollfragen
1. *Wie ist die Frage der Wertaufholung bei Einzelkaufleuten, Personenhandelsgesellschaften und Kapitalgesellschaften im Handelsrecht geregelt?*
2. *Welche Vorschriften zur Wertaufholung gibt es im Steuerrecht? Welche Auswirkungen ergeben sich diesbezüglich durch die (umgekehrte) Maßgeblichkeit?*
3. *Wodurch entsteht das Problem der Abgrenzung latenter Steuern?*
4. *Wie ist die aktive und passive Steuerabgrenzung geregelt? Nennen Sie Beispiele.*
5. *Welcher Steuersatz ist bei der Ermittlung latenter Steuern anzuwenden?*
6. *Was ist ein Differenzenspiegel? Wann muss er geführt werden?*
7. *An welche Voraussetzungen sind latente Steuern im Verlustfall geknüpft?*

Aufgabe 4.47 *(Verbuchung und Bilanzierung latenter Steuern) S. 376*

Aufgabe 4.48 *(Latente Steuern in Verlustsituationen) S. 376*

Aufgabe 4.49 *(Differenzenspiegel) S. 376*

---

1 Stellungnahme SABI 3/1988: Zur Steuerabgrenzung im Einzelabschluss, in: WPg 1988, S. 683 f.

8 Ableitung der Steuerbilanz aus der Handelsbilanz

8.1 Überblick über die Verfahren

Die Handelsbilanz ergibt sich zwangsläufig aus der Buchhaltung und ist – insbesondere bei Einzelunternehmen und Personengesellschaften – dann mit der Steuerbilanz identisch, wenn bei den laufenden Buchungen und beim Abschluss die einkommensteuerlichen Bestimmungen beachtet worden sind (so genannte Einheitsbilanz).

Sobald aber handelsrechtlich zulässige Bewertungen und Aufwandsverbuchungen vorgenommen wurden, die steuerrechtlich nicht erlaubt sind, muss die Steuerbilanz aus der Handelsbilanz abgeleitet werden (vgl. § 60 EStDV; vgl. Abbildung 4.37). Dies kann auf zweierlei Arten geschehen:

– durch Übernahme aller Salden der nach Handelsrecht abgeschlossenen Bilanz- und GuV-Konten und Vornahme der steuerrechtlich notwendigen Buchungen,
– durch Mehr- und Weniger-Rechnung.

8.2 Saldenübernahme aus handelsrechtlichem Abschluss und Durchführung der steuerlichen Umbuchungen (buchhalterisches Verfahren)

Beim buchhalterischen Verfahren zur Gewinnung der Steuer- aus der Handelsbilanz ist zu unterscheiden, ob eine konventionelle oder eine EDV-Buchhaltung vorliegt.

Bei konventioneller Buchhaltung erfolgt die Durchführung durch Aufnahme aller Salden der Saldenbilanz II der Abschlusstabelle in eine weitere Abschlusstabelle, Einführung einer steuerlichen Umbuchungsspalte mit Weiterführung zur Saldenbilanz III und anschließender Sortierung in die steuerliche GuV-Rechnung und die Steuerbilanz.

Bei EDV-Buchhaltung erfolgt die Durchführung durch Buchen der steuerlichen Umbuchungen in einem »14. Monat«, wobei sich der »13. Monat« bereits für handelsrechtliche Um- und Abschlussbuchungen in den handelsrechtlichen Salden ausgewirkt hat. Das Ausdrucken der Buchungen des 14. Monats auf den Konten kann unterdrückt werden. Die Buchungen müssen aber gespeichert bleiben, damit ein Ausdrucken – z. B. bei einer steuerlichen Außenprüfung – jederzeit möglich ist. Es können selbstverständlich für den 14. Monat auch Konten mit allen sonst üblichen Angaben ausgedruckt werden.

Nach dem Lauf für den 14. Monat wird eine neue Saldenliste ausgedruckt, an die sich die automatische Sortierung nach GuV- und Bestandskonten bei Ausdruck der steuerlichen GuV- Rechnung und der Steuerbilanz anschließt.

Dass bei jeder der dargestellten Buchungsmethoden ordnungsgemäße Umbuchungsbelege erstellt und aufbewahrt werden müssen, versteht sich von selbst.

Die buchhalterische Methode empfiehlt sich, wenn

– zahlreiche Abweichungen zwischen Handels- und Steuerbilanz bestehen,
– die Abweichungen wegen der Zweischneidigkeit der Bilanzansätze in größerem Umfang in künftige Wirtschaftsjahre hineinragen.

Steuerlich nicht anzuerkennende Betriebsausgaben (§ 4 Abs. 5 EStG), bei denen ja die Zweischneidigkeit des Bilanzansatzes nicht zum Zuge kommt, werden zweckmäßigerweise außerhalb der Bilanz und der eigentlichen Gewinnermittlung dem Steuerbilanzgewinn wieder hinzuaddiert. Nach § 4 Abs. 7 EStG bestehen für die nicht abzugsfähigen Betriebsausgaben besondere Aufzeichnungspflichten (Erfassung einzeln und getrennt von den sonstigen Betriebsausgaben). Während beim GKR hierfür eine

Grundsätzliches	Bilanzbezogene Gewinn- korrekturen	Verfahren für bilanzbezogene Gewinnkorrekturen		Gewinn- korrekturen außerhalb der Bilanz
		Statistisch	Buchhalterisch	
1	2	3	4	5
1. Zu den Unterlagen für die Steuererklärung gehört auch die Handelsbilanz. 2. Enthält die Handelsbilanz den steuerlichen Vorschriften nicht entsprechende – Ansätze oder – Beträge, so sind diese durch Zusätze oder Anmerkungen den steuerlichen Vorschriften anzupassen. 3. Möglich ist auch die Einreichung einer den steuerlichen Vorschriften entsprechenden Steuerbilanz. 4. Zu- und Abrechnungen werden minimiert, wenn man die Handelsbilanz von vornherein auf die Steuerbilanz ausrichtet.	1. Betroffen sind Ansätze der Handelsbilanz, die steuerlichen Vorschriften nicht entsprechen (Bilanzpostenabweichungen), z. B. auf Grund unterschiedlicher Gebäudeabschreibung, Firmenwertabschreibung, Rückstellungsbildung. 2. Durch den Bilanzzusammenhang bedingt entstehen Folgewirkungen für künftige Veranlagungszeiträume. 3. Die Korrekturen können statistisch oder buchhalterisch durchgeführt werden (Spalte 3 und 4). 4. Kapitalgesellschaften müssen überprüfen, ob die Bilanzpostenabweichungen in der Handelsbilanz den Ansatz latenter Steuern nach § 274 HGB nach sich ziehen.	1. Eine statistische Zu- und Abrechnung ist sinnvoll, wenn sich die Folgewirkungen nur auf wenige Jahre erstrecken. 2. Das Verfahren entspricht im Aufbau der bei Betriebsprüfungen angewendeten Mehr- und Weniger-Rechnung. 3. Gewinnunterschiede zwischen Handels- und Steuerbilanz werden – bei Einzelkaufleuten und Personenunternehmen in den Kapitalkonten, – bei Kapitalgesellschaften durch Einstellung eines steuerlichen Ausgleichspostens in der Steuerbilanz erfasst.	1. Das buchhalterische Verfahren ist bei zahlreichen Korrekturen und lang andauernden Folgewirkungen übersichtlicher. 2. Die Bilanzpostenabweichungen werden in einer besonderen Umbuchungsspalte der Hauptabschlussübersicht (bei EDV in zusätzlicher Saldenliste) erfasst bzw. ausgewiesen. Die Hauptabschlussübersicht ist dem Finanzamt jedoch nicht mehr einzureichen.	1. Der Steuerbilanzgewinn ist noch nicht der steuerpflichtige Gewinn. Zur Ermittlung des Letzteren sind noch Gewinnkorrekturen außerhalb der Bilanz vorzunehmen. 2. Hierzu zählen Beträge aus der handelsrechtlichen GuV, die nach besonderen steuerlichen Vorschriften – weder Aufwand (z. B. nicht abzugsfähige Betriebsausgaben nach 4 Abs. 5 EStG) – noch Ertrag (steuerfreie Einnahmen, z. B. § 3 EStG) sind. 3. Sie werden zweckmäßigerweise in einer Nebenrechnung erfasst und hinzu- oder abgerechnet (bei Personenunternehmen in der Praxis aber oft von vornherein auf besonderen Privatkonten gebucht, sodass eine Korrektur entfällt). 4. Die Auswirkung beschränkt sich auf den jeweiligen Veranlagungszeitraum (keine Folgewirkung).

Abb. 4.37: Ableitung der Steuerbilanz aus der Handelsbilanz (§ 60 Abs. 2 EStDV)

besondere Kontengruppe 29 »Aus dem Ergebnis zu deckende Aufwendungen« vorgesehen war, sind in Praxiskontenrahmen jeweils Sonderkonten bei den entsprechenden Aufwandsarten eingerichtet, z. B. 4630 »Geschenke bis 35 €«.

Personenunternehmen buchen die nicht abzugsfähigen Betriebsausgaben in der Praxis oft auf besondere Konten des Privatbereichs. Dadurch wird die steuerliche Nichtabzugsfähigkeit von vornherein berücksichtigt, sodass eine Korrektur nicht mehr notwendig ist. Diese Behandlung unterstellt, dass diese Posten Entnahmen seien. Das sind sie aber nicht, sondern sie sind Aufwendungen des Betriebs, denen aus besonderen Gründen die steuerliche Abzugsfähigkeit verwehrt wird.

Aufgabe 4.50 *(Zur buchhalterischen Methode der Ableitung der Steuer- aus der Handelsbilanz) S. 377*

8.3 Mehr- und Weniger-Rechnung (statistisches Verfahren)

Die Mehr- und Weniger-Rechnung ist eine statistische Methode zur Ableitung der Steuer- aus der Handelsbilanz. Sie empfiehlt sich bei Abweichungen, bei denen sich die Zweischneidigkeit von Bilanzansätzen in der Regel bereits im Folgejahr voll auswirkt, wie dies z. B. bei unterschiedlicher Vorratsbewertung nach Handels- und Steuerrecht der Fall ist.

Beispiel

Bei einem Handelsbilanzgewinn im 1. Jahr von 60 000 € und im 2. Jahr von 65 000 € ist Folgendes zu beachten:

(1) Zur Kompensation von Scheingewinnen werden Waren in der Handelsbilanz mit dem niedrigeren nach vernünftiger kaufmännischer Beurteilung zulässigen Wert zu 80 000 € bewertet (§ 253 Abs. 4 HGB). Steuerlich sind 92 000 € anzusetzen. Im Folgejahr wird das Lager vollständig geräumt.

(2) Die handelsrechtlich zulässig gebildete Rückstellung für im Geschäftsjahr unterlassene Instandhaltung von 25 000 € wird steuerlich nicht anerkannt. Sie wird im Laufe des nächsten Geschäftsjahres nachgeholt, aber nicht innerhalb von 3 Monaten (§ 249 HGB).

Bilanzposten	Erfolgsposten	Gewinnänderungen			
		1. Jahr		2. Jahr	
		+	./.	+	./.
(1) Waren	Wareneinsatz	12 000	–	–	12 000
(2) Rückstellung für Instandhaltung	Zuführung zu Instandhaltungsrückstellungen	25 000	–	–	–
	Auflösung von Instandhaltungsrückstellungen	–	–	–	25 000
		37 000	–	–	37 000
Mehr oder Weniger		+ 37 000		./. 37 000	
Handelsbilanzgewinn		60 000		65 000	
Steuerbilanzgewinn		97 000		28 000	

Abb. 4.38: Mehr- und Weniger-Rechnung

Die anderen Wertansätze stimmen in Handels- und Steuerbilanz überein.

Die Rechnung empfiehlt sich weniger, wenn sich die Zweischneidigkeit von Bilanzansätzen für eine Reihe von Vorgängen über viele Jahre hinzieht, wie sich dies bei unterschiedlicher Abschreibungshöhe für abnutzbare Anlagen nach Handels- und Steuerrecht ergibt.

Bei der Mehr- und Weniger-Rechnung geht man von den Auswirkungen der Abweichungen zwischen Handels- und Steuerbilanzposten auf das steuerliche Ergebnis aus und stellt Gewinnerhöhungen als Plus-Posten, Gewinnminderungen als Minus-Posten tabellarisch dar. Die gesammelte Differenz wird zum Handelsbilanzgewinn hinzugesetzt oder davon abgerechnet. Dies soll das obige Beispiel deutlich machen.

Bei dieser Darstellung kommt die Zweischneidigkeit des Bilanzansatzes, d. h. die später umgekehrte Auswirkung auf den Gewinn, besonders gut zum Ausdruck. Ein ausführliches Beispiel zur Mehr- und Weniger-Rechnung folgt auf S. 279 ff.

Die Mehr- und Weniger-Rechnung findet ihre Hauptanwendung außer bei der Ableitung der Steuerbilanz aus der Handelsbilanz durch das Unternehmen in der betrieblichen Außenprüfung. Da sich die steuerliche Außenprüfung im Allgemeinen nur über eine begrenzte Zeit von drei oder vier Jahren erstreckt, ist sie dort – selbst wenn die Zweischneidigkeit eine Änderung im 1. Prüfungsjahr nicht bereits im 2. Prüfungsjahr wieder vollständig aufhebt – auch bei mehrfachen Änderungen im Bereich der abnutzbaren Anlagen gut verwendbar, ohne zu Unübersichtlichkeit zu führen.

9 Bilanzänderung und Bilanzberichtigung

Hinsichtlich Bilanzänderung bzw. -berichtigung ist die Terminologie im Handels- und Steuerrecht leider nicht einheitlich. Im handelsrechtlichen Sinne ist unter Änderung des Jahresabschlusses jede Änderung von Form und Inhalt eines bereits festgestellten Jahresabschlusses zu verstehen, und zwar ohne Rücksicht darauf, ob ein fehlerfreier oder ein fehlerhafter Jahresabschluss vorlag.[1] Steuerlich dagegen wird die Korrektur einer fehlerfreien Bilanz als Bilanzänderung, einer fehlerhaften Bilanz dagegen als Bilanzberichtigung bezeichnet (R 15 EStR). Hier wird im Folgenden auf die steuerliche Terminologie Bezug genommen, da steuerlich (wie auch handelsrechtlich!) die Voraussetzungen für die Vornahme von Bilanzänderungen oder -berichtigungen unterschiedlich sind.

9.1 Bilanzänderung

Bilanzänderung bedeutet Ersatz eines zulässigen Wertansatzes durch einen anderen zulässigen Wertansatz. Die handelsrechtliche Bilanzänderung ist wegen des Maßgeblichkeitsgrundsatzes auch Voraussetzung für die steuerliche Bilanzänderung.

---

1 Vgl. Stellungnahme IDW RS HFA 6: Änderungen von Jahresabschlüssen und Anpassung der Handelsbilanz an die Steuerbilanz, in: IDW Prüfungsstandards (IDW PS), IDW Stellungnahmen zur Rechnungslegung (IDW RS), Loseblatt, Düsseldorf.

9.1.1 Handelsrechtliche Zulässigkeit

Handelsrechtlich ist hinsichtlich einer Bilanzänderung Folgendes zu beachten:
- Die Bilanzänderung muss durch gewichtige rechtliche, wirtschaftliche oder steuerrechtliche Gründe gerechtfertigt sein.
- Die Änderung ist unzulässig, wenn Rechte Dritter beeinträchtigt würden, es sei denn, dass deren Einverständnis erteilt wird (IDW RS HFA 6 Rz 10, 11).

Werden diese Grundsätze auf die Rechtsform der Unternehmen bezogen, so gilt:
Handelsrechtlich können Einzelkaufleute ihren Jahresabschluss ohne wesentliche Einschränkung ändern, bei Personengesellschaften müssen sich die Gesellschafter über die Änderung einig sein. Bei Kapitalgesellschaften dürfen bereits entstandene Rechte der Gesellschafter bzw. der Aktionäre nicht durch die Bilanzänderung gegen ihren Willen beeinträchtigt werden. Erfolgt bei großen und mittelgroßen Kapitalgesellschaften die Änderung nach erfolgter Pflichtprüfung, so muss erneut geprüft, testiert und offen gelegt werden (IDW RS HFA 6 Rz 24 ff.).

9.1.2 Steuerliche Zulässigkeit

Vor der Einreichung zum Finanzamt ist die Bilanzänderung unter Rücksichtnahme auf die Rechte Betroffener stets möglich. Mit der Einreichung der Steuererklärung hat der Steuerpflichtige gegenüber der Finanzverwaltung über die Wahrnehmung der Bewertungswahlrechte entschieden, daher ist ab diesem Zeitpunkt eine Bilanzänderung nur noch gemäß § 4 Abs. 2 EStG zulässig.

Die zunächst durch StEntlG 1999/2000/2002 mit Wirkung ab dem 01. 01. 1999 abgeschaffte Möglichkeit der Bilanzänderung wurde durch **StBereinG 1999** rückwirkend zum 01. 01. 1999 wieder eingeführt. Nach dem neu gefassten § 4 Abs. 2 Satz 2 EStG wird dem Steuerpflichtigen nunmehr die **Möglichkeit einer Bilanzänderung** eröffnet, wenn

- die Änderung in einem engen zeitlichen und sachlichen Zusammenhang mit einer Bilanzberichtigung nach § 4 Abs. 2 Satz 1 EStG steht und
- soweit die Auswirkung der Bilanzberichtigung auf den Gewinn reicht.

Der **enge zeitliche und sachliche Zusammenhang zwischen Bilanzänderung und Bilanzberichtigung** setzt nach BMF BStBl I 2000, S. 587 voraus, dass sich beide Maßnahmen auf dieselbe Bilanz beziehen. Die Änderung der Bilanz eines bestimmten Wirtschaftsjahres ist danach unabhängig von der Frage, auf welche Wirtschaftsgüter oder Rechnungsabgrenzungsposten sich die Berichtigung dieser Bilanz bezieht, bis zur Höhe des gesamten Berichtigungsbetrages zulässig. Danach ist also die mögliche Bilanzänderung nicht auf den jeweiligen Bilanzposten beschränkt, bei dem die Bilanzberichtigung vorzunehmen ist.

> **Beispiel**
> Im Rahmen einer Außenprüfung beim bilanzierenden Steuerpflichtigen S wurde für das Jahr 01 festgestellt, dass bei einer Baumaßnahme statt des geltend gemachten Erhaltungsaufwands in Wirklichkeit Herstellungsaufwand vorliegt. S hatte nach Veräußerung eines alten Betriebsgrundstücks Baumaßnahmen an dem neu erworbenen Gebäude durchgeführt, ohne bislang § 6b EStG in Anspruch zu nehmen. Die Nachaktivierung führt zu einer Gewinnerhöhung von 300 000 €.

In Höhe der Bilanzberichtigung von 300 000 € kann S nicht nur noch § 6b EStG geltend machen, sondern auch, wenn der nach § 6b EStG abziehbare Betrag geringer ist, im Jahr 01 weitere Bewertungswahlrechte bei anderen Bilanzpositionen vornehmen (z. B. Übergang zu Lifo, Sofortabschreibung geringwertiger Wirtschaftsgüter).

Ein zeitlicher Zusammenhang liegt darüber hinaus nur vor, wenn die Bilanz unverzüglich nach einer Bilanzberichtigung geändert wird.

Aufgabe 4.51 *(Bilanzänderung) S. 378*

9.2 Bilanzberichtigung

9.2.1 Begriff

Die Bilanzberichtigung bedeutet Korrektur eines unzulässigen Bilanzansatzes. Der Steuerpflichtige ist zur Berichtigung gemäß § 153 AO verpflichtet, wenn der Fehler zu einer Steuerverkürzung führt.

Eine Bilanzberichtigung bezieht sich nach BMF BStBl I 2000, S. 587 auf den unrichtigen Ansatz von Wirtschaftsgütern (aktive und passive Wirtschaftsgüter einschließlich Rückstellungen) sowie Rechnungsabgrenzungsposten dem Grunde und der Höhe nach. Eine Änderung des steuerlichen Gewinns ohne Auswirkung auf den Ansatz eines Wirtschaftsgutes oder Rechnungsabgrenzungspostens ist daher **keine Bilanzberichtigung**.

> **Beispiel**
> Im Rahmen einer Außenprüfung bei einer GmbH wird eine **verdeckte Gewinnausschüttung (vGA)** festgestellt.
> Dies kann nicht durch Vornahme einer Bilanzänderung neutralisiert werden. Eine vGA führt nicht zu einer Bilanzberichtigung, da sich die Änderung nach der BFH-Rechtsprechung außerhalb der Bilanz vollzieht.

Ein Bilanzansatz ist nach R 15 Abs. 1 EStR unzulässig, wenn er
– gegen zwingende Vorschriften des Einkommensteuerrechts oder
– des Handelsrechts bzw.
– gegen die einkommensteuerrechtlich zu beachtenden handelsrechtlichen Grundsätze ordnungsmäßiger Buchführung

verstößt.

Ein Bilanzansatz kann **dem Grunde oder der Höhe nach falsch** sein. So können z. B. ein unentgeltlich erworbenes immaterielles Wirtschaftsgut aktiviert, notwendiges Betriebsvermögen nicht bilanziert worden, das Niederstwertprinzip nicht beachtet, Herstellungskosten falsch ermittelt, die Nutzungsdauer eines Wirtschaftsgutes falsch veranschlagt sein.

Die Ergebnisse steuerlicher Außenprüfung führen nicht zwangsläufig dazu, dass die **nach Handelsrecht erstellten Jahresabschlüsse daran angepasst** werden müssen, nämlich dann nicht, wenn handelsrechtlich ein anderer Wertansatz zulässig ist. Nichtige Jahresabschlüsse müssen, da das Gesetz die Auf- und Feststellung wirksamer Jahresabschlüsse vorschreibt, grundsätzlich durch wirksame ersetzt werden (IDW RS HFA 6 Rz 16).

Mängel, die nicht zur Nichtigkeit führen, können grundsätzlich immer in laufender Rechnung korrigiert werden; die Rückwärtsberichtigung des betroffenen festgestellten Jahresabschlusses ist zulässig, aber nicht erforderlich.

Eventuelle Anpassungen werden in der GuV-Rechnung unter den »Sonstigen betrieblichen Erträgen« oder »Sonstigen betrieblichen Aufwendungen« ausgewiesen (gegebenenfalls mit Erläuterung im Anhang, § 277 Abs. 4 Satz 3 HGB). Mehrsteuern aus der Betriebsprüfung sind stets unter »Steuern vom Einkommen und vom Ertrag« bzw. unter »Sonstigen Steuern« auszuweisen. Steuererstattungen sind in dem Posten Steueraufwand zu saldieren, auch wenn dieser negativ wird (IDW RS HFA 6 Rz 19, 30).

9.2.2 Zusammenwirken von Bilanzberichtigung und steuerlicher Veranlagung

Die Berichtigung einer falschen Bilanzierung wäre – für sich allein betrachtet – kein Problem, obwohl sie meist zu falscher Gewinnermittlung und dadurch auch zu falscher Steuerhöhe führt. Selbst wenn der Fehler erst spät entdeckt wird, wäre eine Berichtigung der verschiedenen Rechenwerke bis zur Fehlerquelle zurück ohne weiteres möglich. Einschränkungen ergeben sich aber aus den Vorschriften der Abgabenordnung über die Bestandskraft der Steuerbescheide und die Verjährung (§§ 169 ff. AO).

Nach R 15 Abs. 1 EStR ist eine Bilanzberichtigung vor Rechtskraft einer steuerlichen Veranlagung jederzeit möglich, nach Rechtskraft nur im Zusammenhang mit einer Veranlagungsberichtigung (H 15 »Berichtigung einer Bilanz, die einer bestandskräftigen Veranlagung zugrunde liegt« EStH). Deshalb ist ein unrichtiger Bilanzansatz zwar in der Regel bis zur Fehlerquelle zurück zu berichtigen. Die Berichtigung findet aber dort ihre Grenze, wo die volle steuerliche Erfassung des Unterschiedes nicht mehr gestattet ist (vgl. Abbildung 4.39). Ein rückwirkender Fehlerausgleich ist nur insoweit möglich,

- als vorangegangene Veranlagungen und die ihnen zugrunde liegenden Bilanzen noch geändert werden können (z. B. bei unter dem Vorbehalt der Nachprüfung gemäß § 164 Abs. 2 AO ergangenem Bescheid, bei neuen Tatsachen im Rahmen von § 173 AO, wobei der Bescheid auf Grund einer Außenprüfung dann eine Grenze setzt, wenn die neuen Tatsachen eine Steuerhinterziehung oder eine leichtfertige Steuerverkürzung zu Tage bringen) oder

	Bilanzänderung	Bilanzberichtigung
Wesen	Übergang von einem **erlaubten** Bilanzansatz zu einem anderen, ebenfalls erlaubten (Folge des Wahlrechts)	Korrektur eines **unzulässigen** Bilanzansatzes
Zulässigkeit	Nach Einreichung der Bilanz nur – wenn sie in einem engen sachlichen und zeitlichen Zusammenhang mit einer Bilanzberichtigung steht und – soweit die Auswirkung der Bilanzberichtigung auf den Gewinn reicht.	1. Vor Rechtskraft der Veranlagung jederzeit möglich (§ 4 Abs. 2 EStG). 2. Nach Rechtskraft der Veranlagung nur bei Veranlagungsberichtigung (Bekannt werden **neuer** Tatsachen, Betriebsprüfung). Durchführung – je nach Charakter – erfolgsneutral oder erfolgswirksam im ersten noch nicht bestandskräftig veranlagten Folgejahr.

Abb. 4.39: Unterschiede zwischen Bilanzänderung und Bilanzberichtigung

- wenn die Berichtigung auf die Höhe der veranlagten Steuer ohne Einfluss ist (z. B. erfolgsneutrale Berichtigung).

Auf Grund der Zweischneidigkeit der Bilanz entwickeln die Verjährungsbestimmungen jedoch oft keine absolute Endgültigkeit. Ein alter, an sich bereits verjährter Fehler kann sich auf Grund des Bilanzzusammenhangs oft noch in der aktuellen Gegenwart auswirken, womit einer Steuernacherhebung nichts im Wege steht.

9.2.3 Erfolgswirksame oder erfolgsneutrale Berichtigung

Ist die Berichtigung bis zur Fehlerquelle nicht mehr möglich, so ist der unrichtige Bilanzansatz in der Schlussbilanz des ersten Jahres richtig zu stellen, dessen Veranlagung geändert werden kann (R 15 Abs. 1 EStR). Das kann unter Umständen erst die nächste Schlussbilanz sein.

Aus dem Bilanzzusammenhang folgt, dass bei der Korrektur eines unrichtigen Bilanzansatzes in der Schlussbilanz des ersten berichtigungsfähigen Veranlagungszeitraums nicht außer Betracht bleiben kann, auf welche Art und Weise der Bilanzansatz unrichtig geworden ist. Denn die Erkenntnis, dass ein unrichtiger Bilanzansatz in der Schlussbilanz richtig gestellt werden muss, sagt noch nichts darüber aus, ob dies

- erfolgswirksam, also durch Ausbuchung des Bilanzansatzes als Aufwand, oder
- erfolgsneutral, also zu Lasten des Kapitals,

zu geschehen hat. Diese Frage lässt sich nur durch einen Rückgriff auf die Ursachen für die Unrichtigkeit des Bilanzansatzes klären (BFH-Urteil, BStBl 1977 II, S.148 ff.).

Beispiel
Ist ein Wirtschaftsgut aus dem Betriebsvermögen ausgeschieden, ohne dass eine Buchung erfolgte, so kommt es darauf an, ob das Wirtschaftsgut in früheren Jahren aus betrieblichen oder aus privaten Gründen aus dem Betriebsvermögen ausgeschieden ist. Wurde es z. B. in früheren Jahren im betrieblichen Bereich zerstört, gleichwohl aber sein Buchwert weiterhin bilanziert, so ist der Buchwert erfolgswirksam auszubuchen. Wurde es hingegen in früheren Jahren entnommen, sein Buchwert aber gleichwohl weiterhin bilanziert, so ist der Buchwert erfolgsneutral auszubuchen.

Mit der erfolgsneutralen Ausbuchung von Wirtschaftsgütern zum Buchwert bleiben allerdings Wertveränderungen, die während der Behandlung dieser Wirtschaftsgüter als Betriebsvermögen eingetreten sind, unberücksichtigt, insbesondere, dass bei dem Ansatz des Wertes dieser Wirtschaftsgüter in früheren Jahren bereits AfA, auch Teilwertabschreibungen und gegebenenfalls sonstige mit dem auszubuchenden Wirtschaftsgut zusammenhängende Aufwendungen (etwa Gebäudekosten, Grundsteuer) vorgenommen worden sind, die den Gewinn dieser Jahre entsprechend gemindert haben. Einer Hinzurechnung würde die Bestandskraft der (die AfA oder Teilwertabschreibung berücksichtigenden) Bescheide der vorausgegangenen Jahre bzw. die Verjährung der Steueransprüche entgegenstehen (BFH-Urteil, BStBl 1972 II, S. 874 ff.).

Der Rückgriff kann deshalb oft nicht so umfassend sein, dass die in früheren Jahren unterbliebene zutreffende steuerrechtliche Behandlung schlichtweg nachgeholt wird (BFH-Urteil, BStBl 1977 II, S. 148 ff.). Etwas anderes gilt nur hinsichtlich der Aufwendungen und Erträge, die sich auf das Jahr der Ausbuchung beziehen. Denn für dieses Jahr stehen einer zutreffenden Behandlung die Bestandskraft von Bescheiden oder die Vorschriften über die Verjährung nicht im Wege.

9.2.3.1 Beispiele für erfolgswirksame Bilanzberichtigung

(1) Für nachzuzahlende Gewerbesteuer wurde im Jahr 01 keine Rückstellung gebildet, vielmehr wurde im Jahr 03 die Nachzahlung als Aufwand gebucht. Der Fehler wird im Jahr 03 bemerkt, das Jahr 02 ist noch nicht veranlagt. Die Gewerbesteuerrückstellung wird im Jahr 02 im Berichtigungswege erfolgswirksam – also Gewinn mindernd – berücksichtigt. Der Gewinn des Jahres 03 muss entsprechend erhöht werden.

(2) Eine Forderung aus Leistungen wurde im Jahr 01 vergessen zu bilanzieren. Sie wurde erst im Jahre 03 bezahlt und als Umsatz behandelt. Das Jahr 01 ist bestandskräftig veranlagt. Die Berichtigung ist im Jahr 02 erfolgswirksam zu behandeln. Im Jahr 03 ist der Gewinn entsprechend zu mindern.

(3) Ein Gabelstapler stürzte im Jahr 01 um und wurde so unbrauchbar, dass sich eine Reparatur nicht mehr lohnte. Die Anlage wurde im Jahr 01 vergessen auszubuchen. Sie wurde in den Jahren 01 und 02 weiterhin normal abgeschrieben. Der Restbuchwert am Ende vom Jahr 02 beträgt 9 000 €. Im Jahr 03 wird der Fehler entdeckt, das Jahr 01 ist rechtskräftig veranlagt. Der Schaden wird von der Versicherung nicht vergütet. Das Jahr 02 ist durch erfolgswirksame Minderung des Jahresgewinnes zu berichtigen.

9.2.3.2 Beispiele für erfolgsneutrale Bilanzberichtigung

(1) Der Geschäftsinhaber weist in der Bilanz seit dem Jahr 01 ein unbebautes Grundstück aus, das seiner nicht am Unternehmen beteiligten Ehefrau gehört. Im Jahr 06 wird dies als falsch erkannt. Die Jahre 01–05 sind rechtskräftig veranlagt. Das Grundstück ist im Jahr 06 mit dem Buchwert erfolgsneutral auszubuchen.

(2) Der Geschäftsinhaber kaufte im Jahr 01 ein unbebautes Grundstück für 90 000 €, bilanzierte es, obwohl es von Anfang an betrieblich genutzt wurde, aus Unkenntnis der Vorschriften über das notwendige Betriebsvermögen nicht. Im Jahr 05 wird ihm bekannt, dass das Grundstück in die Bilanz gehört. Das letzte bestandskräftig veranlagte Jahr ist das Jahr 03. Der Grundstückswert ist zu Beginn des Jahres 04 auf 120 000 € gestiegen. Die Einlage ist im Jahr 04 mit 90 000 € zu buchen, denn Wirtschaftsgüter des notwendigen Betriebsvermögens, die zu Unrecht nicht als solche bilanziert wurden, sind mit dem Wert einzubuchen, mit dem sie bei von Anfang an richtiger Bilanzierung zu Buche stehen würden (H 15 »Unterlassene Bilanzierung« EStH). Das ist der Anschaffungswert und nicht der Teilwert im Einbuchungsjahr oder im Jahr der Entdeckung des Fehlers.

Die erfolgsneutrale Berichtigung ist außer

– zu Lasten bzw. zugunsten des Eigenkapitals am Schluss des Berichtigungsjahrs auch
– durch Berichtigung der Eröffnungsbilanz im Berichtigungsjahr

möglich. Die zweite Möglichkeit stellt wegen ihrer Erfolgsneutralität nach Meinung des BFH BStBl 1977 II, S. 148 keine Durchbrechung des Bilanzenzusammenhangs dar. Ein prüfungspflichtiges Unternehmen müsste allerdings über einen solchen Vorgang im Anhang berichten.

9.2.4 Durchbrechung des Bilanzenzusammenhangs bei Verstoß gegen Treu und Glauben

Einen Verstoß gegen Treu und Glauben, der eine Durchbrechung des Bilanzenzusammenhangs rechtfertigt, hat die Rechtsprechung bejaht, wenn der Steuerpflichtige bewusst eine nach wirtschaftlichen Grundsätzen gebotene Abschreibung auf spätere

Jahre verlagert, um dadurch für die Gesamtheit der Steuerabschnitte unberechtigt zu einer beachtlichen Steuerersparnis zu kommen (BFH-Urteil, BStBl 1981 II, S. 255, H 44 »Unterlassene oder überhöhte AfA« EStH). Gleiches gilt, wenn bewusst auf andere Weise ein Aktivposten zu hoch oder ein Passivposten zu niedrig angesetzt wird, ohne dass die Möglichkeit besteht, die Veranlagung des Jahres zu ändern, bei der sich der unrichtige Bilanzansatz ausgewirkt hat (H 15 »Berichtigung einr Bilanz, die einer bestandskräftigen Veranlagung zugrunde liegt« EStH).

9.2.5 Durchführung der Bilanzberichtigung

Die technische Durchführung der Bilanzberichtigung mit Hilfe der Mehr- und Weniger-Rechnung soll an folgendem **Beispiel** dargestellt werden. Der Betriebsprüfer meldet in einem Personenunternehmen folgende Korrekturen an:

1. Jahr:
- Bei Aktivierung von Eigenleistungen beim Bau eines Gebäudes wurde Baumaterial zu Einstandspreisen von 20 000 € vergessen. Auf den Lohn des an den Bauarbeiten beteiligten Betriebselektrikers und des Betriebsschlossers wurden Fertigungsgemeinkosten von 30 000 € nicht aktiviert. Die Fertigstellung des Baus erfolgte im Juni des ersten Prüfungsjahres (Abschreibung im ersten Prüfungsjahr zeitanteilig 2 %, in den Folgejahren 4 %).
- Unterwegs befindliches Material im Werte von 33 500 € wurde in die Inventur aufzunehmen vergessen. Es wird im Folgejahr verbraucht. Die Rechnung wurde im 1. Jahr richtig gebucht.
- Bei Ermittlung der privaten Kfz-Nutzung durch den Unternehmer wurde der 1 %-Anteil gem. § 6 Abs. 1 Nr. 4 Satz 2 EStG mit 2 100 € im Jahr zu niedrig angesetzt.

2. Jahr:
- Erhöhung der privaten Kfz-Nutzung um 2 100 €,
- die Teilwertabschreibung von 45 000 € auf die Finanzanlagen wird nicht anerkannt.

3. Jahr:
- Erhöhung der privaten Kfz-Nutzung um 2 100 €,
- Lohn eines Mitarbeiters für Hilfe bei einer Reparatur im vom Inhaber selbst genutzten Einfamilienhaus einschließlich gesetzlicher Sozialkosten 700 €,
- bei Ermittlung der Garantierückstellung zu hoch kalkulierte Fertigungsgemeinkosten 500 €.

Lösung
Die sich aus der folgenden Mehr- und Weniger-Rechnung ergebenden **Gewinnänderungen** führen zu Änderungen der Gewerbesteuer. Die Gewerbeertragsteuerrückstellungen sind nach folgender Formel zu korrigieren:

$$\frac{\text{Mehrgewinn vor darauf entfallender Gewerbeertragsteuer}}{100 + (\text{Steuermesszahl} \times \text{Hebesatz})} \times 100 = \text{Mehrgewinn nach Gewerbeertragsteuer}$$

Bei einem Hebesatz von 400 % errechnet sich die Gewerbesteuerrückstellung für das 1. Jahr:

$$\frac{84\,600}{100 + (0{,}05 \times 400\,\%)} \times 100 = 70\,500$$

Mehrgewinn vor Gewerbeertragsteuer	84 600 €
./. Mehrgewinn nach Gewerbeertragsteuer	70 500 €
= Gewerbesteuerrückstellung	14 100 €

Für die weiteren Jahre ist die Änderung der Gewerbesteuerrückstellung entsprechend zu berechnen.

Die **berichtigten Bilanzen** können im Anschluss an die Tabelle aufgestellt werden. Es ergeben sich die folgenden Postenveränderungen gegenüber den bisher erstellten Bilanzen:

1. Jahr:	Aktiva	Passiva
Erhöhung des Gebäudebestandes	+ 49 000	
Erhöhung des Materialbestandes	+ 33 500	
Erhöhung der Gewerbesteuerrückstellung		+ 14 100
Erhöhung des Kapitalkontos		
– Mehrgewinn		+ 70 500
– Privatentnahmen		./. 2 100
	82 500	82 500

Hinsichtlich der vom Prüfer berichtigten Privatentnahmen liegen umsatzsteuerpflichtige Tatbestände im Sinne des § 3 Abs. 9a UStG vor. Bemessungsgrundlage sind nach § 10 Abs. 4 Nr. 2 und 3 UStG die entstandenen Kosten. Da die Umsatzsteuerschuld keine Gewinnauswirkung hat (Gegenbuchung Privatentnahme), ist sie aus der Mehr- und Weniger-Rechnung nicht ersichtlich.

2. Jahr:	Aktiva	Passiva
Verminderung des Gebäudebestandes	./. 2 000	
Erhöhung der Finanzanlagen	+ 45 000	
Verminderung des Materialbestandes	./. 33 500	
Erhöhung der Gewerbesteuerrückstellung		+ 1 934
Erhöhung des Kapitalkontos		
– Mehrgewinn		+ 9 666
– Privatentnahmen		./. 2 100
	+ 9 500	+ 9 500

3. Jahr:	Aktiva	Passiva
Verminderung des Gebäudebestandes	./. 2 000	
Erhöhung der Gewerbesteuerrückstellung		+ 217
Verminderung der Garantierückstellung		./. 500
Erhöhung der Umsatzsteuerschuld		+ 112
Verminderung des Kapitalkontos		
– Mehrgewinn		+ 1 083
– Privatentnahmen		./. 2 912
	./. 2 000	./. 2 000

Bilanzposten	Erfolgsposten	Gewinnänderungen					
		1. Jahr		2. Jahr		3. Jahr	
		+	./.	+	./.	+	./.
Gebäude Herstellungskosten	Hilfsmaterialverbrauch	20 000					
	Andere aktivierte Eigenleistungen	30 000					
AfA-Berichtigung	Abschreibungen		1 000		2 000		2 000
Finanzanlagen Abschreibungsberichtigung	Abschreibungen auf Finanzanlagen			45 000			
Vorräte Schwimmende Ware	Materialaufwand	33 500					
Auswirkung Folgejahr	Materialaufwand				33 500		
Privatentnahmen (Eigenverbrauch) – Kfz	Eigenverbrauch	2 100		2 100		2 100	
– Hilfsarbeiten	Eigenverbrauch					700	
Rückstellungen	Steuern vom Ertrag		14 100		1 934		217
	Erträge aus Auflösung von Rückstellungen					500	
		85 600	15 100	47 100	37 434	3 300	2 217
Mehrgewinn Bisheriger Gewinn Berichtigter Gewinn		+ 70 500 420 800 491 300		+ 9 666 230 700 240 366		+ 1 083 275 000 276 083	

Abb. 4.40: Mehr- und Weniger-Rechnung

Aufgabe 4.52 *(Bilanzänderung oder Bilanzberichtigung) S. 379*

Aufgabe 4.53 *(Bilanzberichtigung über 3 Jahre mit Mehr- und Weniger-Rechnung) S. 379*

10 Inhalt der GuV-Rechnung

10.1 Übersicht

Die GuV-Rechnung stellt die Zusammenführung und den Abschluss aller Erfolgskonten dar. Ihr Saldo ist der Periodenerfolg des Unternehmens. Er wird in den Fällen, in denen noch keine Gewinnverwendungsentscheidungen (Ausschüttungen, Rücklagenbewegungen) getroffen wurden, Jahresüberschuss bzw. Jahresfehlbetrag genannt. Wurde dagegen bereits ganz oder teilweise über den Jahreserfolg bzw. bestimmte Rücklagen disponiert, so wird die GuV-Rechnung im Anschluss an das Jahresergebnis bis zum Bilanzgewinn bzw. Bilanzverlust weiterentwickelt.

Das gleiche Ergebnis, wie es aus der GuV-Rechnung ersichtlich ist, ist auch aus der Bilanz erkennbar. Die jeweiligen GuV-Inhalte sind durch die Doppik festgelegt, sodass Bewertungsentscheidungen (die bereits bei Erstellung der Bilanz zu treffen waren) bei Aufstellung der GuV- Rechnung nicht mehr anstehen. Die GuV-Rechnung ergibt aber auf Grund ihres Einblicks in die einzelnen Aufwands- und Ertragskategorien tiefer gehende Aufschlüsse über die Erfolgsquellenstruktur der Unternehmung. Aus diesem Grunde wurde ihr auch von den Vertretern der dynamischen Bilanztheorie eine besondere Bedeutung zugesprochen.

Die GuV-Rechnung ist eine Gegenüberstellung der Aufwendungen und Erträge des Geschäftsjahres (§ 242 Abs. 2 HGB). **Unter Aufwand** versteht man den in Geldeinheiten bewerteten Güter- und Leistungsverzehr einer Unternehmung innerhalb einer Abrechnungsperiode (z. B. Materialaufwand, Löhne und Gehälter). Aufwendungen beruhen auf Ausgaben, die jedoch auch zeitlich versetzt anfallen können (z. B. bei Abschreibungen, Bildung von Rückstellungen, von aktiven Rechnungsabgrenzungsposten und antizipativen Passivposten). Das Merkmal des Güter- bzw. Leistungsverzehrs drückt sich in einer Abnahme von Vermögensbestandteilen aus, wohingegen das Merkmal der Unternehmensbezogenheit den Wertverzehr in der Privatsphäre ausschließen soll.

Unter **Ertrag** versteht man dagegen die in Geldeinheiten bewertete Güter- und Leistungsentstehung (Wertzuwachs) einer Unternehmung innerhalb einer Abrechnungsperiode. Erträge führen zu Einnahmen, die zeitlich versetzt anfallen können (z. B. bei Forderungen aus Lieferungen und Leistungen, antizipativen Aktiven und passiven Rechnungsabgrenzungsposten). Auch hier wird auf die Unternehmensbezogenheit und die Zeitraumbezogenheit auf ein Geschäftsjahr abgestellt.

10.2 Steuerliche Besonderheiten

In § 4 Abs. 1 EStG ist der Gewinn definiert als Unterschiedsbetrag zwischen dem Betriebsvermögen am Schluss und zu Anfang des Wirtschaftsjahres, vermehrt um den Wert der Entnahmen und vermindert um den Wert der Einlagen. Für die Besteuerung ist der Saldo wichtig, nicht das Zustandekommen des Jahresergebnisses. Deshalb gibt es auch keine der Steuerbilanz entsprechende »Steuer«-GuV. Den steuerlichen Vorschriften nicht entsprechende Ansätze des handelsrechtlichen Jahresabschlusses sind lediglich in der Bilanz durch Zusätze oder Anmerkungen anzupassen (§ 60 Abs. 2 EStDV).

Wenn trotzdem die GuV-Rechnung den Unterlagen zur Steuererklärung beizufügen ist (§ 60 Abs. 1 EStDV), dann deshalb, weil sie verschiedene Kontrollfunktionen erfüllen kann, z. B. hinsichtlich steuerlich nicht abzugsfähiger Betriebsausgaben. Im Gegensatz zum Handelsrecht spielt im Steuerrecht die »Angemessenheit« von Aufwendungen eine große Rolle. Denn oftmals sind steuerlich nur angemessene Aufwendungen abzugsfähig.

10.2.1 Begriff der Betriebsausgaben

Der steuerliche Begriff der Betriebsausgaben – das Pendant zu den Aufwendungen im Handelsrecht – ist in § 4 Abs. 4 EStG definiert als die **Aufwendungen, die durch den Betrieb veranlasst sind**. Sie spielen bei der Gewinnermittlung im Rahmen der drei ersten Einkunftsarten (Einkünfte aus Land- und Forstwirtschaft, Gewerbebetrieb und selbstständiger Arbeit) eine Rolle (§ 2 Abs. 2 Nr. 1 EStG).

Folgende Merkmale kennzeichnen den steuerlichen Begriff der Betriebsausgaben:

- Aufwand (Vermögensminderung),
- bestehend in Geld (z. B. Ausgaben für Löhne) oder Geldeswert (z. B. Sachwerte),
- ausschließlich oder überwiegend betrieblich veranlasst.

Darüber hinaus können Betriebsausgaben auch vor Eröffnung eines Betriebs (vorweggenommene Betriebsausgaben) oder nach Betriebsaufgabe oder -veräußerung (nachträgliche Betriebsausgaben) anfallen.

Betriebsausgaben sind **im Normalfall** bei der steuerlichen Gewinnermittlung **sofort abzugsfähig**. Nicht sofort abzugsfähige Betriebsausgaben erhalten im Zusammenhang mit Wirtschaftsgütern des Anlagevermögens Bedeutung. So werden bei abnutzbarem Anlagevermögen Betriebsausgaben nur in Höhe der AfA in Ansatz gebracht.

Nicht abnutzbares Anlagevermögen führt erst im Zeitpunkt der Veräußerung oder Entnahme zu Betriebsausgaben, ebenso Umlaufvermögen, das über Waren- oder Materialeinsatz durch Veräußerung, Entnahme oder die Aktivierung von Herstellungskosten zu Betriebsausgaben führt.

10.2.2 Abgrenzung zwischen abzugs- und nicht abzugsfähigen Betriebsausgaben und Kosten der Lebensführung

Der Begriff der Betriebsausgaben wird vor allem durch §§ 4 Abs. 5 und 12 EStG eingeschränkt. Während es sich

- bei § 4 Abs. 5 EStG um Betriebsausgaben handelt, die den Gewinn nicht mindern dürfen, handelt es sich
- bei § 12 EStG um Ausgaben, bei denen klargestellt werden soll, dass es sich nicht um Betriebsausgaben handelt.

Bei beiden Ausgabenkategorien handelt es sich um **Grenzbereiche** zwischen betrieblich veranlassten Aufwendungen und Kosten der privaten Lebensführung.

Dabei gilt der **Grundsatz**, dass Repräsentationsaufwendungen und Aufwendungen für Ernährung, Kleidung und Wohnung in der Regel Kosten der privaten Lebensführung

Begriff und Arten (§ 4 EStG)	Abgrenzungskriterien (R 21, 117 bis 117a EStR)	Nicht abzugsfähige Ausgaben (§ 12 EStG, R 21, 117 bis 117a EStR)
1. Betriebsausgaben sind Ausgaben, die durch den Betrieb veranlasst sind. 2. Steuerlich muss man unterscheiden zwischen – abzugsfähigen Betriebsausgaben und – nicht abzugsfähigen Betriebsausgaben. 3. Die auf den Erfolgskonten erfassten Aufwendungen brauchen nicht immer steuerliche Betriebsausgaben zu sein. 4. Der Begriff der Betriebsausgaben bezieht sich nur auf Einkünfte – aus Land- und Forstwirtschaft, – aus Gewerbebetrieb und – aus selbstständiger Arbeit. Bei den übrigen Einkunftsarten ist der analoge Begriff der der Werbungskosten.	*I. Sachliche Abgrenzung* 1. Für die Abgrenzung von den Aufwendungen zur Lebensführung sind maßgebend – die positiven Aussagen im Steuerrecht (siehe nebenstehende Spalte), – die Verkehrsauffassung, – die Angemessenheit in der Höhe der Aufwendung. 2. Ein Hilfsmittel für die Beurteilung ist die so genannte Typisierungslehre: Tatbestände sind nicht ihrem einmalig-zufälligen Charakter nach zu beurteilen, sondern nach ihrem typischen. 3. Betriebsausgaben bedürfen in der Regel des exakten Nachweises. Dabei ist stets zu prüfen, – ob die als Betriebsausgaben geltend gemachten Aufwendungen für Repräsentation, Bewirtung und Unterhaltung von Geschäftsfreunden sowie für Reisen und Kraftfahrzeughaltung nicht bereits zu den nicht abzugsfähigen Lebenshaltungskosten im Sinne von §12 EStG (siehe nebenstehende Spalte) gehören und – ob sie nicht unangemessen hoch sind. *II. Zeitliche Abgrenzung* Betriebsausgaben sind grundsätzlich in dem Jahre abzugsfähig, in dem sie geleistet werden (Ist-Ausgaben). *III. Aufzeichnungshinweis* Aufwendungen für – Geschenke, – Bewirtung von Geschäftsfreunden, – Gästehäuser, Jagd u.a. unterliegen nach § 4 Abs. 7 EStG besonderer Aufzeichnungspflicht.	Nicht abzugsfähige Ausgaben sind grundsätzlich: 1. die für den Haushalt des Steuerpflichtigen aufgewendeten Beträge (dazu gehören auch die Aufwendungen für die Lebensführung, die die wirtschaftliche oder gesellschaftliche Stellung des Steuerpflichtigen mit sich bringt, auch wenn sie zur Förderung des Berufs oder der Tätigkeit des Steuerpflichtigen erfolgen); 2. freiwillige Zuwendungen, auch die an gesetzlich unterhaltsberechtigte Personen oder deren Ehegatten; 3. Steuern vom Einkommen und sonstige Personensteuern sowie die Umsatzsteuer für Umsätze, die Entnahmen sind, und die Vorsteuerbeträge auf nicht abziehbare Aufwendungen des § 12 Nr. 1 oder des § 4 Abs. 5 Satz 1 Nr. 1–5, 7 oder Abs. 7 EStG; das gilt auch für die auf diese Steuern entfallenden Nebenleistungen; 4. Geldstrafen, sonstige Rechtsfolgen vermögensrechtlicher Art, bei denen der Strafcharakter überwiegt, und Leistungen zur Erfüllung von Auflagen oder Weisungen in einem Strafverfahren, soweit diese Leistungen nicht lediglich der Wiedergutmachung dienen. Zu beachten sind die Festlegungen in § 4 Abs. 5 EStG und in R 21 EStR hinsichtlich von – Geschenken bis zu 35 €, – Bewirtung von Geschäftsfreunden (nur 70 % der angemessenen Aufwendungen abzugsfähig), – Gästehäusern, – Mehraufwendungen für Verpflegung.

Abb. 4.41: Die Betriebsausgaben im Überblick

sind, obwohl bei diesen Aufwendungen oft ein Zusammenhang mit der gewerblichen oder beruflichen Tätigkeit des Steuerpflichtigen besteht (R 117 EStR).

Sind die **Aufwendungen nur zum Teil durch betriebliche oder berufliche Zwecke veranlasst** worden und lässt sich dieser Teil nach objektiven Merkmalen und Unterlagen von den Ausgaben, die der privaten Lebensführung gedient haben, leicht und einwandfrei trennen, so sind die Aufwendungen insoweit Betriebsausgaben, es sei denn, dass dieser Teil von untergeordneter Bedeutung ist (R 117 EStR).

Lässt sich eine Trennung der Aufwendungen nicht leicht und einwandfrei durchführen oder ist nur schwer erkennbar, ob sie mehr dem Beruf oder mehr der privaten Lebensführung gedient haben, so gehört der gesamte Betrag nach § 12 Nr. 1 EStG zu den nicht abzugsfähigen Ausgaben (R 117 EStR).

Allgemein gilt, dass Betriebsausgaben im Grenzbereich zwischen betrieblich veranlassten Aufwendungen und Kosten der privaten Lebensführung, die ihrer Höhe nach unangemessen erscheinen, nicht abzugsfähig sind. Bei der **Prüfung der Angemessenheit** von solchen Aufwendungen ist darauf abzustellen, ob ein ordentlicher und gewissenhafter Unternehmer angesichts der erwarteten Vorteile die Aufwendungen ebenfalls auf sich genommen hätte (H 21 Abs. 12 EStH). Vgl. auch Abbildung 4.41.

11 Gliederung der GuV-Rechnung

11.1 Staffelform als verbindliche Darstellung

Die GuV-Rechnung ist in Staffelform nach dem Gesamt- oder Umsatzkostenverfahren zu erstellen. § 275 HGB weist die beiden Gliederungsalternativen aus, die in der Form für Kapitalgesellschaften bezüglich Bezeichnung, Reihenfolge und Detailliertheit verbindlich sind.

> **Hinweis**
> Auch nach **IAS/IFRS** besteht bei der GuV-Rechnung eine Wahlmöglichkeit zwischen Gesamt- und Umsatzkostenverfahren (IAS 1.77).

Die Staffelform der Abrechnung bedeutet, dass die Rechnung im Gegensatz zur zweiseitigen Kontoform unmittelbar in einer einzigen Zahlenreihe durch Zu- und Abschreibung geführt wird, sodass sich im Prinzip nach jeder Eintragung ein Saldo errechnen lässt. Einzelkaufleute sind von dieser Vorschrift nicht betroffen und können daher die GuV-Rechnung auch in Kontoform aufstellen. Während bei der Kontoform die gesamten Aufwendungen den gesamten Erträgen gegenüberstehen, können bei der Staffelform Zwischenergebnisse ausgewiesen werden. Die Staffelform ist daher aussagefähiger. Sie macht jedoch bei konsequenter (formaler) Doppik-Darstellung das GuV-Konto nicht entbehrlich, wenngleich zwischen der GuV-Rechnung im Sinne des § 275 HGB und dem GuV-Konto inhaltlich Identität besteht.

11.2 Aufbau der GuV-Schemata

11.2.1 Gliederungsschemata der GuV-Rechnung

Gesamtkostenverfahren (§ 275 Abs. 2 HGB)	Betriebswirtschaftliche Grobstruktur	Umsatzkostenverfahren (§ 275 Abs. 3 HGB)

1. Umsatzerlöse
2. Erhöhung oder Verminderung des Bestands an fertigen und unfertigen Erzeugnissen
3. Andere aktivierte Eigenleistungen
4. Sonstige betriebliche Erträge
5. Materialaufwand
   a) Aufwendungen für Roh-, Hilfs- und Betriebsstoffe und für bezogene Waren
   b) Aufwendungen für bezogene Leistungen
6. Personalaufwand
   a) Löhne und Gehälter
   b) Soziale Abgaben und Aufwendungen für Altersversorgung und für Unterstützung
   – davon für Altersversorgung
7. Abschreibungen
   a) auf immaterielle Vermögensgegenstände des Anlagevermögens und Sachanlagen sowie auf aktivierte Aufwendungen für die Ingangsetzung und Erweiterung des Geschäftsbetriebs
   b) auf Vermögensgegenstände des Umlaufvermögens, soweit diese die in der Kapitalgesellschaft üblichen Abschreibungen überschreiten
8. Sonstige betriebliche Aufwendungen
	Ergebnis der eigentlichen Betriebstätigkeit	1. Umsatzerlöse
		2. Herstellungskosten der zur Erzielung der Umsatzerlöse erbrachten Leistungen
		3. Bruttoergebnis vom Umsatz
		4. Vertriebskosten
		5. Allgemeine Verwaltungskosten
		6. Sonstige betriebliche Erträge
		7. Sonstige betriebliche Aufwendungen

9. Erträge aus Beteiligungen
   – davon aus verbundenen Unternehmen
10. Erträge aus anderen Wertpapieren und Ausleihungen des Finanzanlagevermögens
   – davon aus verbundenen Unternehmen
11. Sonstige Zinsen und ähnliche Erträge
   – davon aus verbundenen Unternehmen
12. Abschreibungen auf Finanzanlagen und auf Wertpapiere des Umlaufvermögens
13. Zinsen und ähnliche Aufwendungen
   – davon an verbundene Unternehmen
	Finanzergebnis	8. Erträge aus Beteiligungen
		   – davon aus verbundenen Unternehmen
		9. Erträge aus anderen Wertpapieren und Ausleihungen des Finanzanlagevermögens
		   – davon aus verbundenen Unternehmen
		10. Sonstige Zinsen und ähnliche Erträge
		   – davon aus verbundenen Unternehmen
		11. Abschreibungen auf Finanzanlagen und auf Wertpapiere des Umlaufvermögens
		12. Zinsen und ähnliche Aufwendungen
		   – davon an verbundene Unternehmen

14. Ergebnis der gewöhnlichen Geschäftstätigkeit	= Ergebnis der gewöhnl. Geschäftstätigkeit	13. Ergebnis der gewöhnlichen Geschäftstätigkeit
15. Außerordentliche Erträge 16. Außerordentliche Aufwendungen 17. Außerordentliches Ergebnis	Außerordentliches Ergebnis	14. Außerordentliche Erträge 15. Außerordentliche Aufwendungen 16. Außerordentliches Ergebnis
18. Steuern vom Einkommen und vom Ertrag 19. Sonstige Steuern	Steuern	17. Steuern vom Einkommen und vom Ertrag 18. Sonstige Steuern
20. Jahresüberschuss/Jahresfehlbetrag	= Jahresergebnis	19. Jahresüberschuss/Jahresfehlbetrag

Abb. 4.42: Einzelposten und betriebswirtschaftliche Grobstruktur des Gesamt- und Umsatzkostenverfahrens der GuV

11.2.2 Ergänzungsposten

Folgende Ergänzungsposten sind nach § 277 Abs. 3 HGB bei Bedarf in das Schema einzufügen und gesondert unter entsprechender Bezeichnung auszuweisen:

- auf Grund einer Gewinngemeinschaft, eines Gewinnabführungs- oder eines Teilgewinnabführungsvertrags erhaltene Gewinne,
- Aufwendungen aus Verlustübernahme,
- Erträge aus Verlustübernahme und
- auf Grund einer Gewinngemeinschaft, eines Gewinnabführungs- oder eines Teilgewinnabführungsvertrags abgeführte Gewinne.

Der Gesetzgeber hat nicht festgelegt, wo diese Posten einzuordnen sind, sondern überlässt dies dem Ermessen der Unternehmen. Sinnvoll ist z. B. die Einordnung der ersten beiden nach den Positionen 9 (bzw. 8) und 12 (bzw. 11) »Erträge aus Beteiligungen« sowie »Abschreibungen auf Finanzanlagen und auf Wertpapiere des Umlaufvermögens«, der letzten beiden nach der Position 19 (bzw. 18) »Sonstige Steuern«. Dabei ist die Nummerierung der GuV-Posten entsprechend zu ändern und bis Nr. 24 (bzw. 23) fortzuführen.

11.2.3 Erleichterungen für kleine und mittelgroße Kapitalgesellschaften

Kleine und mittelgroße Kapitalgesellschaften (& Co) dürfen bei Anwendung des

Gesamtkostenverfahrens die Posten	**Umsatzkostenverfahrens** die Posten
1. Umsatzerlöse,	1. Umsatzerlöse,
2. Erhöhung oder Verminderung des Bestandes an fertigen und unfertigen Erzeugnissen,	2. Herstellungskosten der zur Erzielung der Umsatzerlöse erbrachten Leistungen,
3. Andere aktivierte Eigenleistungen,	3. Bruttoergebnis vom Umsatz,
4. Sonstige betriebliche Erträge,	6. Sonstige betriebliche Erträge
5. Materialaufwand	

zu einem Posten unter der Bezeichnung »Rohergebnis« zusammenfassen (§ 276 HGB).

Dies ist eine Ausnahmeregelung vom allgemeinen Verrechnungsverbot, nach welchem Aufwendungen nicht mit Erträgen verrechnet werden dürfen (§ 246 Abs. 2 HGB). Die Vorschrift gilt nicht nur für die Offenlegung, sondern auch für den internen, den Gesellschaftern vorzulegenden Jahresabschluss. Mit ihrer Anwendung ist ein entsprechend großer Informationsverlust verbunden.

Da für interne Zwecke in der Regel ohnehin eine tiefere Untergliederung der Erträge und Aufwendungen nötig ist als das gesetzliche Schema vorsieht, sind diese Erleichterungen für die Buchführung ohne Bedeutung.

Zu beachten ist, dass das Rohergebnis beim Umsatzkostenverfahren mehr Aufwendungen umfasst und daher grundsätzlich kleiner ist als beim Gesamtkostenverfahren. Das erschwert zwischenbetriebliche Vergleiche.

11.3 Gesamt- und Umsatzkostenverfahren als Alternative

11.3.1 Unterschiede zwischen Gesamt- und Umsatzkostenverfahren

Das **Gesamtkostenverfahren** vergleicht die Aufwendungen einer Periode mit der in ihr erbrachten Leistung. Da die Umsatzerlöse nur einen Teil der Leistung, nämlich die abgesetzte Leistung repräsentieren, sind die »Bestandsveränderungen der Erzeugnisse« und die »Anderen aktivierten Eigenleistungen« hinzuzurechnen.

Schematisch und vereinfacht sieht das Gesamtkostenverfahren deshalb wie folgt aus:

Umsatzerlöse (bereinigt um Erlösschmälerungen)

+/– Bestandsänderungen an fertigen und unfertigen Erzeugnissen
+ Andere aktivierte Eigenleistungen

= Gesamtleistung
+ Sonstige betriebliche Erträge
– Betriebliche Aufwendungen

= Betrieblich verursachtes Ergebnis

Beim **Umsatzkostenverfahren** stellt man dagegen den gesamten Verkaufserlösen die Aufwendungen der abgesetzten Leistungen, also des Umsatzes, gegenüber.

Umsatzerlöse (bereinigt um Erlösschmälerungen)

– Herstellungskosten der zur Erzielung der Umsatzerlöse erbrachten Leistungen

= Bruttoergebnis vom Umsatz
– Vertriebskosten
– Allgemeine Verwaltungskosten
+ Sonstige betriebliche Erträge
– Sonstige betriebliche Aufwendungen

= Betrieblich verursachtes Ergebnis

Beide Verfahren führen zum gleichen Ergebnis. Die Information über Material- und Personalaufwand ist beim Umsatzkostenverfahren dem Anhang zu entnehmen (§ 285 Nr. 8 HGB).

Die **Ausweisunterschiede verdeutlicht folgendes Beispiel** (vereinfacht dargestellt), in welchem unterstellt wird, dass ein Unternehmen in einer Periode nur produziert, in der Folgeperiode nur verkauft.

Gesamtkostenverfahren	**Jahr 1**	**Jahr 2**
Umsatzerlöse	–	200
Bestandsveränderungen	+ 100	·/· 100
betriebliche Aufwendungen	·/· 100	–
Jahresergebnis	0	100

Umsatzkostenverfahren	**Jahr 1**	**Jahr 2**
Umsatzerlöse	–	200
Herstellungskosten der zur Erzielung der Umsatzerlöse erbrachten Leistungen	–	·/· 100
Jahresergebnis	0	100

Gesamtkostenverfahren (§ 275 Abs. 2 HGB)	Umsatzkostenverfahren (§ 275 Abs. 3 HGB)		Anwendung
	Grundsätzliches	Anforderungen an das Rechnungswesen	
1. Beim Gesamtkostenverfahren steht die Gesamtleistung im Mittelpunkt. Ihr werden alle in der Periode angefallenen Aufwendungen gegenübergestellt. 2. Die Gesamtleistung setzt sich aus – Umsatzerlösen, – Bestandsveränderungen an Erzeugnissen und – anderen aktivierten Eigenleistungen zusammen. 3. Die Aufwendungen sind nach Arten (z. B. Materialaufwand, Abschreibungen) unterteilt (Primärprinzip). 4. Kontenpläne sind in der Regel eng an das Primärprinzip angelehnt. 5. Daher ist die GuV nach dem Gesamtkostenverfahren problemlos aus der Finanzbuchhaltung aufzustellen.	1. Das Umsatzkostenverfahren stellt den Umsatzerlösen nur die zu ihrer Erzielung angefallenen Aufwendungen gegenüber (unabhängig davon, wann sie angefallen sind). 2. Die betrieblichen Aufwendungen sind funktional nach den Bereichen Herstellung, Vertrieb und allgemeine Verwaltung gegliedert (Sekundärprinzip). 3. Das Umsatzkostenverfahren ist fast völlig von der Finanzbuchhaltung losgelöst. 4. Es kann daher ohne Verwendung zusätzlicher Hilfsmittel nicht angewendet werden.	1. Die Aufstellung der GuV nach dem Umsatzkostenverfahren verlangt bestimmte Schlüsselungen und Verrechnungen, die zumindest bei Fertigungsunternehmen eine ausgebaute Kosten- und Leistungsrechnung voraussetzen. 2. Denn es sind – bestimmte Aufwandsarten auf die Kostenstellen Herstellung, Vertrieb und allgemeine Verwaltung zu verteilen, – Abgrenzungsprobleme im Bereich der zeitbezogenen Aufwendungen (Gemeinkosten) zu lösen. 3. Die Gliederung nach Aufwendungen und Funktionsbereichen entspricht einer Art Zuschlagskalkulation. 4. Das Umsatzkostenverfahren zur Aufstellung der GuV ist aber nicht identisch mit dem gleichnamigen Verfahren der Kostenrechnung. Gliederung und Vorgehensweise stimmen zwar weitgehend überein, die Zielsetzung ist aber verschieden: – Das kostenrechnische Verfahren dient der kurzfristigen Erfolgsrechnung (Betriebssteuerung) und verwendet kalkulatorische Kosten und Verrechnungspreise. – Das Umsatzkostenverfahren nach § 275 HGB ist jahresabschlussbezogen und verwendet Ist-Aufwendungen.	1. Die Aufstellung der GuV nach dem Umsatzkostenverfahren ist meist mit organisatorischem und arbeitsmäßigem Mehraufwand verbunden. 2. Das Gesamtkostenverfahren ist bei langfristiger Fertigung dem Umsatzkostenverfahren überlegen. 3. Bilanzpolitisch gesehen haben beide Verfahren ihre besonderen Vor- und Nachteile. Ein mögliches Informationsdefizit des Umsatzkostenverfahrens wird durch Anhangangaben zum Personalaufwand (von allen Kapitalgesellschaften) und zum Materialaufwand (nur von mittleren und großen) ausgeglichen (§§ 285 Nr. 8, 288 HGB). 4. International gebräuchlich ist das Umsatzkostenverfahren (in anglo-amerikanischen Ländern, Italien, Niederlande); für weltweit agierende Unternehmen daher wichtig bzw. unumgänglich.

Abb. 4.43: Vergleich der GuV-Schemata nach Gesamt- und Umsatzkostenverfahren (§ 275 HGB)

11.3.2 Anforderungen an das Rechnungswesen

Die Gliederung nach dem Gesamtkostenverfahren unterteilt die Aufwendungen nach Arten (Materialaufwand, Personalaufwand, Abschreibungen u. a.), was man als **Primärprinzip** bezeichnet.[1] Demgegenüber werden beim Umsatzkostenverfahren die betrieblichen Aufwendungen grundsätzlich funktional nach den Bereichen Herstellung, Vertrieb und allgemeine Verwaltung bzw. nach Kostenstellengesichtspunkten gegliedert **(Sekundärprinzip)**. Die restlichen Aufwendungen und Erträge (ab Posten Nr. 6) folgen aber auch dem Primärprinzip. Vgl. hierzu Abbildung 4.43.

Diese Unterscheidung nach Primär- und Sekundärprinzip ist hinsichtlich der Anforderungen an das Rechnungswesen von wesentlicher Bedeutung. Die Kontenpläne sind in der Regel nach dem Primärprinzip aufgebaut, sodass die GuV-Rechnung nach dem Gesamtkostenverfahren problemlos aus der Finanzbuchhaltung aufzustellen ist, beim Umsatzkostenverfahren dagegen nicht.

11.4 Zuordnungsfragen im Zusammenhang mit der betriebswirtschaftlichen Grobstruktur der GuV-Schemata

Die GuV-Schemata nach § 275 HGB spalten das Jahresergebnis in die in Abbildung 4.44 dargestellten Komponenten auf.

```
                          Jahresergebnis
         ┌───────────────────┼───────────────────┐
  Ergebnis der         Außerordentliches        Steuern
  gewöhnlichen            Ergebnis
  Geschäftstätigkeit
    ┌─────┴─────┐
Ergebnis der   Finanzergebnis
eigentlichen
Betriebstätigkeit
```

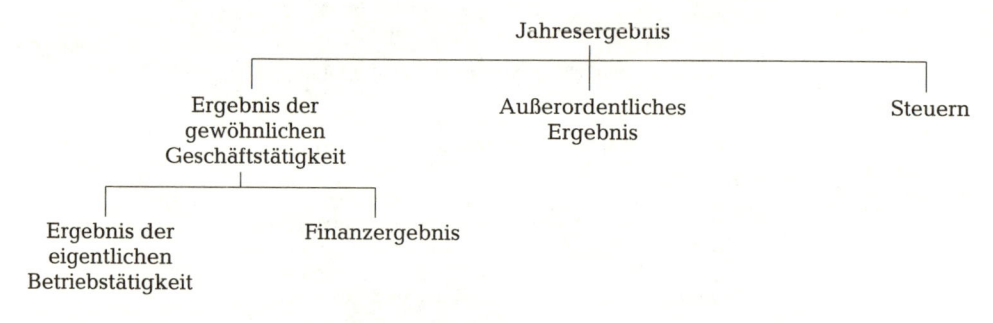

Abb. 4.44: GuV-Schemata nach § 275 HGB

Das Ergebnis aus der eigentlichen Betriebstätigkeit – das freilich nicht identisch ist mit dem »klassischen« Betriebsergebnis (vgl. S. 104) – umfasst die Positionen 1 bis 8 (bzw. 1 bis 7) des Schemas, das Finanzergebnis ermittelt sich aus den Positionen 9 bis 13 (bzw. 8 bis 12).

Durch diese Aufgliederung kann eine durchgängige **Trennung in die Erfolgskomponenten einer** betrieblich-sachbezogenen und in die einer finanzwirtschaftlichen Betätigung des Unternehmens **nicht erreicht** werden. So kann sich z. B. der Zinsaufwand nach Position 13 (bzw. 12) sowohl auf Engagements in der Finanzsphäre als auch auf betriebliche Investitions- und Kostenkomponenten beziehen. Ferner kann sich der Personal- und Sachaufwand der Positionen 5 bis 8 (bzw. 2, 4, 5 und 7) auch auf Aktivitäten in der Finanztätigkeit der Unternehmung beziehen. Auch die Tren-

---

1 Vgl. Stellungnahme SABI 1/1987: Probleme des Umsatzkostenverfahrens, in: WPg 1987, S. 141.

nung zwischen gewöhnlicher und außergewöhnlicher Geschäftätigkeit lässt sich nicht eindeutig und damit nicht immer präzise vornehmen, vor allem, wenn es sich um diversifizierte Unternehmen handelt.

Unterschiedliche Ansichten in der einschlägigen Literatur bezüglich der **Zuordnung von Geschäftsvorfällen** zu den entsprechenden GuV-Positionen resultieren hauptsächlich aus der unterschiedlichen **Gewichtung dieser Zwischenergebnisse**. Das gilt vor allem für den Ausweis

- von Buchgewinnen, Wertaufholungen und Buchverlusten aus Vermögensgegenständen des Finanzbereichs sowie
- von betrieblichen Steuern.

Während nach der einen Auffassung[1] nur so genannte »laufende« Erträge als Finanzerträge zu erfassen sind – Buchgewinne u. Ä. dagegen nicht, sie gelten als sonstige betriebliche Erträge bzw. Aufwendungen –, sind nach der anderen[2] auch diese Aufwendungen und Erträge dem Finanzbereich zuzuordnen. Der IKR '86 (vgl. S. 105 ff. und Anhang S. 481 ff.) folgt der letztgenannten Ansicht und sucht eine möglichst scharfe Trennung zwischen der eigentlichen Betriebstätigkeit und dem Finanzbereich anzustreben. Dadurch soll der betriebswirtschaftlichen Grobstruktur mehr Gewicht und den Zwischenergebnissen eine erhöhte Aussagekraft zugewiesen werden.

Aus dem gleichen Grund hat der IKR 86 die betrieblichen Steuern den »Sonstigen betrieblichen Aufwendungen« und nicht den »Sonstigen Steuern« zugeordnet. Diese Handhabung beruht vor allem auf der Erwägung, dass die Betriebssteuern zur gewöhnlichen Geschäftstätigkeit gehören und deshalb vor dem Ausweis des »Ergebnisses der gewöhnlichen Geschäftstätigkeit« in die GuV-Rechnung einfließen müssten, wenn dieses nicht verfälscht werden soll. Der »Kontaktausschuss« bei der EG- Kommission zu konkreten Anwendungsfragen der 4. EG-Richtlinie hat dieses Vorgehen als in anderen Ländern üblich deklariert[3]. Nach ADS § 275 Tz 143 ist diese Handhabung nicht zu beanstanden, sofern die zusammengefassten Posten im Anhang aufgegliedert werden.

Kontrollfragen

1. *Welche Unterschiede bestehen begrifflich zwischen Jahresüberschuss und Bilanzgewinn?*
2. *Welche Merkmale kennzeichnen den steuerlichen Begriff der Betriebsausgaben?*
3. *Nennen Sie Beispiele für sofort abzugsfähige, zeitlich versetzt abzugsfähige und nicht abzugsfähige Betriebsausgaben.*
4. *Welche Unterschiede bestehen zwischen Gesamt- und Umsatzkostenverfahren? Welche zusätzlichen organisatorischen Voraussetzungen erfordert das Umsatzkostenverfahren?*
5. *Welche betriebswirtschaftliche Grobstruktur enthält das GuV-Schema? Welche Zwischensaldierungen sind vorgesehen?*
6. *Warum können bei Zuordnungen von Geschäftsvorfällen zu GuV-Positionen Probleme entstehen?*

---

[1] Vgl. z. B. Küting/Weber, Handbuch der Rechnungslegung Einzelabschluss, § 275 Tz 78. ADS §275 Tz 82 erwägen, auch Buchgewinne unter »Finanzergebnis« gesondert auszuweisen.
[2] Vgl. Oebel: Zuordnungsfragen in der Gewinn- und Verlustrechnung nach dem Gesamtkostenverfahren, in: WPg 1988, S. 125 ff.
[3] Biener/Fasold/Lätsch: »Bilanzrichtlinien-Gesetz« Grundlagen. Verlag des wissenschaftlichen Instituts der Steuerberater und Steuerbevollmächtigten GmbH, Bonn, 1986, S. 158 f.

11.5 Einzelposten nach Gesamtkostenverfahren

1. Umsatzerlöse
Umsatzerlöse sind die Erlöse aus

- dem Verkauf und der Vermietung oder Verpachtung von für die gewöhnliche Geschäftstätigkeit der Kapitalgesellschaft typischen Erzeugnissen und Waren sowie
- für die gewöhnliche Geschäftstätigkeit der Kapitalgesellschaft typischen Dienstleistungen

nach Abzug von Erlösschmälerungen und Umsatzsteuer (§ 277 Abs. 1 HGB).

Der Umsatzbegriff wird nur auf solche Umsätze bezogen, die die eigentliche Betriebsleistung des Unternehmens betreffen, indem § 277 Abs. 1 HGB auf die für die gewöhnliche Geschäftstätigkeit typischen Erzeugnisse, Waren und Dienstleistungen Bezug nimmt. **Leistungsfremde Umsätze**, etwa aus dem Verkauf nicht mehr benötigter Einrichtungsgegenstände oder aus der Vermietung nicht benutzter Gebäudeteile, gehören nicht zu den »Umsatzerlösen«, sondern zu den »Sonstigen betrieblichen Erträgen«. Diese Unterscheidung gilt auch für den **Eigenverbrauch bzw. unentgeltliche Wertabgaben**; der betriebstypische ist hier auszuweisen.

Was als typische Erzeugnisse, Waren und Dienstleistungen anzusehen ist, bestimmt sich weniger nach dem im Gesellschaftsvertrag bezeichneten Geschäftsgegenstand, als vielmehr nach dem tatsächlichen Erscheinungsbild.

Ausgangspunkt für die Umsatzerlöse ist der Rechnungsbetrag ohne Umsatzsteuer. **Erlösschmälerungen** sind von den Bruttoerlösen abzuziehen, da Umsätze nur in Höhe des Betrags vorliegen, den die Gesellschaft von den Abnehmern fordern kann. Als Erlösschmälerungen kommen insbesondere Preisnachlässe und zurückgewährte Entgelte (Gutschriften) in Betracht.

Angaben im Anhang

- Große Kapitalgesellschaften müssen nach § 285 Nr. 4 HGB im Anhang eine Aufgliederung der Umsatzerlöse nach Tätigkeitsbereichen sowie nach geografisch bestimmten Märkten vornehmen, soweit sich, unter Berücksichtigung der Organisation des Verkaufs von für die gewöhnliche Geschäftstätigkeit typischen Erzeugnissen oder Dienstleistungen, die Tätigkeitsbereiche und geografisch bestimmten Märkte untereinander erheblich unterscheiden. Die Aufgliederung der Umsatzerlöse kann aber unterbleiben, soweit sie nach vernünftiger kaufmännischer Beurteilung geeignet ist, der Kapitalgesellschaft oder einem Unternehmen, von dem die Kapitalgesellschaft mindestens den fünften Teil der Anteile besitzt, einen erheblichen Nachteil zuzufügen (§ 286 Abs. 2 HGB).
- Darüber hinaus sind bei Fremdwährungsumsätzen die Grundlagen für die Umrechnung nach § 284 Abs. 2 Nr. 2 HGB anzugeben.

2. Bestandsveränderungen
Der Ansatz dieses Postens ist von der Logik des Gesamtkostenverfahrens bestimmt.

Bestandsminderungen an fertigen und unfertigen Erzeugnissen bedeuten eine Erhöhung der Umsatzerlöse, ohne dass entsprechende Aufwendungen zum Ansatz kommen (sie wurden bereits in Vorperioden angesetzt). Durch den Abzug der Bestandsminderungen werden die verkauften um die bereits in den Vorperioden hergestellten Leistungen gekürzt.

Bestandserhöhungen an fertigen und unfertigen Erzeugnissen sollen zu einem Ausgleich der im Geschäftsjahr zu ihrer Herstellung verrechneten Aufwendungen führen. Im Falle einer Teilkostenaktivierung bei den Herstellungskosten ist der Ausgleich jedoch nicht vollständig.

Berücksichtigt werden sowohl Änderungen der Menge als auch des Wertes (§ 277 Abs. 2 HGB):

- **Mengenänderungen** ergeben sich, wenn die Produktion größer oder kleiner ist als der Verkauf.
- **Wertänderungen** ergeben sich, wenn sich die Herstellungskosten verschieben.

Soweit Wertänderungen auf Abschreibungen zurückgehen, sind sie nur insoweit einzubeziehen, als sie die in der Gesellschaft sonst üblichen Abschreibungen nicht übersteigen. Die darüber hinausgehenden Abschreibungen sind unter dem Posten 7b auszuweisen. Fraglich ist, was übliche Abschreibungen sind. Hierzu gehören in jedem Fall die Niederstwertabschreibungen nach § 253 Abs. 3 Satz 1, 2 HGB. Dagegen werden Abschreibungen nach §§ 253 Abs. 3 Satz 3, 254 HGB nur einbezogen, wenn sie regelmäßig vorgenommen werden und der Betrag nicht unüblich hoch ist.

3. Andere aktivierte Eigenleistungen

Zur Ermittlung der Gesamtleistung der Periode bedarf es aus den vorgenannten Gründen auch einer Einbeziehung der anderen aktivierten Eigenleistungen. Voraussetzung für die Einbeziehung ist, dass die Eigenleistung zu einer Aktivierung geführt hat.

Zu den anderen aktivierten Eigenleistungen gehören Bestandsveränderungen bei noch nicht abgerechneten Bauten und Dienstleistungen, selbst erstellte Anlagen, aktivierte Großreparaturen, die nach § 269 HGB aktivierten Aufwendungen für die Ingangsetzung und Erweiterung des Geschäftsbetriebs sowie sonstige Anlaufs-, Entwicklungs- und Versuchskosten, soweit diese aktivierbar sind (ADS § 275 Tz 61).

Selbst erstellte Roh-, Hilfs- und Betriebsstoffe gehören dagegen eher in Posten 2.

Nicht aktivierbare Eigenleistungen, wie z. B. Schadensbeseitigungen, kommen für einen Ansatz nicht in Betracht.

4. Sonstige betriebliche Erträge

Zu diesem Sammelposten zählen alle Erträge aus der gewöhnlichen Geschäftstätigkeit, soweit sie nicht in den vorhergehenden Posten enthalten oder als Erträge aus Beteiligungen, Erträge aus anderen Wertpapieren und Ausleihungen des Finanzanlagevermögens oder als sonstige Zinsen und ähnliche Erträge auszuweisen sind.

Erträge, die außerhalb der gewöhnlichen Geschäftstätigkeit erwirtschaftet wurden, sind dagegen den außerordentlichen Erträgen (Posten 15) zuzuordnen.

Abgrenzungskriterium ist nicht der aperiodische Anfall bzw. der Bezug zu anderen Rechnungsperioden, vielmehr die Zugehörigkeit bzw. Nichtzugehörigkeit zur gewöhnlichen Geschäftstätigkeit des Unternehmens.

Hierher gehören z. B.

- Erträge aus Anlagenabgängen,
- Erträge aus Zuschreibungen zu Gegenständen des Anlage- oder Umlaufvermögens,
- Erträge aus Verkauf von Wertpapieren des Umlaufvermögens,
- Kursgewinne aus Währungen,
- Erträge aus Mieten, Pachten, Patenten, Lizenzen (soweit nicht als betriebstypisch unter »Umsatzerlöse« auszuweisen),

- Erträge aus Sozialeinrichtungen (z. B. Kantine),
- nicht betriebstypischer Eigenverbrauch,
- Erträge aus Herabsetzung von Pauschalwertberichtigungen zu Forderungen,
- Erträge aus früher ausgebuchten Forderungen,
- Erträge aus Auflösung von Sonderposten mit Rücklageanteil,
- Erträge aus Auflösung von Rückstellungen,
- Erträge aus Schuldnachlässen,
- Schadenersatzleistungen.

Angaben im Anhang
- Periodenfremde Erträge sind hinsichtlich Betrag und Art zu erläutern, soweit sie für die Beurteilung der Ertragslage nicht von untergeordneter Bedeutung sind (§ 277 Abs. 4 Satz 2 und 3 HGB).
- Der Betrag der im Geschäftsjahr aus steuerrechtlichen Gründen unterlassenen Zuschreibungen ist im Anhang anzugeben und hinreichend zu begründen (§ 280 Abs. 3 HGB).
- Erträge aus der Auflösung des Sonderpostens mit Rücklageanteil sind in dem Posten »Sonstige betriebliche Erträge« gesondert auszuweisen oder im Anhang anzugeben (§ 281 Abs. 2 HGB).

5. Materialaufwand

a) Aufwendungen für Roh-, Hilfs- und Betriebsstoffe und für bezogene Waren

In diesem Posten sind alle Roh-, Hilfs- und Betriebsstoffe auszuweisen, **unabhängig in welchem Bereich** sie angefallen sind; eine Beschränkung auf den Produktionsbereich ist also nicht vorgesehen. Auch soweit für Roh-, Hilfs- und Betriebsstoffe ein Festwert gebildet ist (§ 240 Abs. 2 HGB), fallen die laufenden Ersatzbeschaffungen unter den Posten 5a. Darüber hinaus sind die Aufwendungen für bezogene (Handels-)Waren, die ohne Be- oder Verarbeitung weiter veräußert werden, hier auszuweisen.

Aufwendungen aus den Bereichen Verwaltung und Vertrieb (z. B. Verpackungs- und Büromaterial) können **alternativ** auch in GuV-Posten 8 ausgewiesen werden. Wichtig ist in diesem Zusammenhang die Beachtung des Stetigkeitsgrundsatzes.

Handelsbetriebe haben hier in der Regel nur Aufwendungen für bezogene Waren auszuweisen. Dem folgt auch der auf BiRiLiG angepasste Groß- und Außenhandelskontenrahmen.

Während bei Stoffen der Aufwand bei der Lagerentnahme zur Be- oder Verarbeitung entsteht, entsteht bei Waren der Aufwand bei Veräußerung oder Entnahme aus dem Betriebsvermögen. Darüber hinaus kann bei beiden Kategorien Aufwand durch Abschreibungen während der Lagerzeit entstehen. Diese Abschreibungen dürfen aber nur in einem als üblich angesehenen Umfang in den Posten 5a einbezogen werden, weitergehende Abschreibungen sind dagegen unter Posten 7b auszuweisen.

b) Aufwendungen für bezogene Leistungen

Unter diesen Posten fallen sämtliche Aufwendungen für Leistungen Dritter, sofern sie dem Materialaufwand zugeordnet werden können. In Betracht kommen alle Lohnbe- und -verarbeitungen, bezogene Leistungen für Forschungs- und Entwicklungsarbeiten, allgemeine Verwaltung und den Vertriebsbereich, Fremdreparaturen, sofern der Materialaufwand überwiegt, Fremdstrom u. Ä. wie Gas und Fernwärme.

Nicht hier, sondern bei »Sonstigen betrieblichen Aufwendungen« einzuordnen sind Mieten, Beratungs- und Werbekosten, Telefongebühren, Versicherungen, Reisespesen u. Ä.

6. Personalaufwand

a) Löhne und Gehälter

Unter dieser Position sind sämtliche Löhne und Gehälter für Arbeiter, Angestellte und Mitglieder des Vorstandes bzw. der Geschäftsführung aufzuführen. Auszuweisen ist der **Bruttobetrag**, d. h. vor Abzug der Steuern und Arbeitnehmeranteile an der Sozialversicherung.

Hierher gehören auch alle **sonstigen Aufwendungen mit Lohn- und Gehaltscharakter**, z. B. Sachleistungen an die Arbeitnehmer, wie Fahrzeugüberlassung für Privatfahrten, verbilligte Werkswohnung u. Ä., Gratifikationen, Prämien, Bedienungsgeld, Weihnachtsgeld, Urlaubsgeld, vermögenswirksame Leistungen, Ausbildungsbeihilfen.

Nicht einzubeziehen sind Personalaufwendungen, die keine Lohn- und Gehaltsbestandteile darstellen, z. B. Aufwendungen für Personaleinstellung, übernommene Fahrtkosten, Werksarzt und Arbeitssicherheit, Fort- und Weiterbildung, Dienstjubiläen, Belegschaftsveranstaltungen, Aufwendungen für Werksküche und Sozialeinrichtungen, personenbezogene Versicherungen. Solche Aufwendungen gehören zu GuV-Posten 8.

Auch Aufsichtsratsvergütungen gehören nicht hierher (sondern zu GuV-Posten Nr. 8), da Aufsichtsratsmitglieder keine weisungsgebundenen Angestellten des Unternehmens sind.

Angaben im Anhang

- Mittelgroße und große Kapitalgesellschaften haben im Anhang die Gesamtbezüge für die Mitglieder der Geschäftsleitung, eines Aufsichtsrates, eines Beirates oder einer ähnlichen Einrichtung jeweils für jede Personengruppe anzugeben (§ 285 Nr. 9a HGB), falls sich dadurch nicht die Bezüge eines Mitglieds feststellen lassen (§ 286 Abs. 4 HGB).
- Alle Kapitalgesellschaften haben die an die Leitungsgremien gewährten Vorschüsse und Kredite unter Angabe der Zinssätze, der wesentlichen Bedingungen und der gegebenenfalls im Geschäftsjahr zurückgezahlten Beträge sowie der zugunsten dieser Personen eingegangenen Haftungsverhältnisse anzugeben (§ 285 Nr. 9c HGB).

b) Soziale Abgaben und Aufwendungen für Altersversorgung und für Unterstützung – davon für Altersversorgung

Zu den **sozialen Abgaben** (auch als Lohnnebenkosten bezeichnet) gehören die Arbeitgeberbeiträge zur Sozialversicherung (Kranken-, Renten-, Arbeitslosenversicherung), zur Berufsgenossenschaft, zu den Umlagen der AOK u. Ä. Dagegen fallen Zahlungen an die Ausgleichskasse für nicht beschäftigte Schwerbehinderte unter die »Sonstigen betrieblichen Aufwendungen«.

Unter die **Aufwendungen für die Altersversorgung** fallen

- alle Pensionszahlungen, sofern dafür keine Rückstellungen aufgelöst werden,
- die Zuführungen zu den Pensionsrückstellungen (wobei der Zinsanteil eventuell gesondert unter GuV-Posten 13 auszuweisen ist, vgl. ADS § 275 Tz 121) sowie die Zuweisungen zu Unterstützungs- und Pensionskassen.

Dienen die Aufwendungen auf Grund einer Vorruhestandsregelung eher der Altersversorgung, so sind sie ebenfalls in Posten 6b einzubeziehen, stellen sie mehr eine Abfindung dar, gehören sie in Posten 6a.

Die **Aufwendungen für Unterstützung** betreffen Zahlungen an tätige und ehemalige Arbeitnehmer sowie deren Hinterbliebene, die nicht für eine Leistung der Empfänger erbracht werden. Zu ihnen gehören z. B. Zuschüsse für Krankenhaus- oder Kuraufenthalt, Heirats- und Geburtsbeihilfen.

Angaben im Anhang
Mittelgroße und große Kapitalgesellschaften haben für die früheren Mitglieder der Geschäftsleitung, des Aufsichtsrates, eines Beirates oder einer ähnlichen Einrichtung jeweils für die entsprechende Personengruppe folgende Angaben zu machen (§ 285 Nr. 9b HGB):

- Gesamtbezüge (Abfindungen, Ruhegehälter, Hinterbliebenenbezüge u. Ä.) der früheren Mitglieder dieser Organe und ihrer Hinterbliebenen,
- den Betrag der für diese Personengruppen gebildeten und nicht gebildeten Rückstellungen für laufende Pensionen und Pensionsanwartschaften.

Die Angaben über die Gesamtbezüge können unterbleiben, wenn sich dadurch die Bezüge eines Mitglieds feststellen lassen (§ 286 Abs. 4 HGB).

7. Abschreibungen

a) Abschreibungen auf immaterielle Vermögensgegenstände des Anlagevermögens und Sachanlagen sowie auf aktivierte Aufwendungen für die Ingangsetzung und Erweiterung des Geschäftsbetriebs

Die GuV-Position 7a erfasst alle Abschreibungen der drei genannten Bilanzposten, d. h. sowohl **planmäßige und außerplanmäßige**.

Abschreibungen auf Grund steuerrechtlicher Vorschriften gehören nur dann hierher, wenn **direkt** abgeschrieben wird. Bei indirekter Abschreibung sind die Einstellungen in den Sonderposten mit Rücklageanteil beim GuV-Posten 8 auszuweisen (§ 281 Abs. 2 HGB).

Abschreibungen auf Finanzanlagen gehören nicht hierher, sondern in GuV-Position 12.

Eine Saldierung mit Wertaufholungen ist nicht zulässig; diese sind in Posten 4 unterzubringen.

Angaben im Anhang

- Die außerplanmäßigen Abschreibungen nach § 253 Abs. 2 Satz 3 HGB sind jeweils gesondert auszuweisen oder im Anhang anzugeben (§ 277 Abs. 3 HGB).
- Im Anhang ist der Betrag der allein nach steuerrechtlichen Vorschriften vorgenommenen Abschreibungen getrennt nach Anlage- und Umlaufvermögen anzugeben (soweit er sich nicht aus der Bilanz oder der GuV-Rechnung ergibt) und hinreichend zu begründen (§ 281 Abs. 2 HGB).
- Mittelgroße und große Gesellschaften haben das Ausmaß anzugeben, in dem das Jahresergebnis durch Bildung oder Beibehaltung steuerlicher Abschreibungen beeinflusst wurde, sowie erhebliche künftige Belastungen aus einer solchen Bewertung (§ 285 Nr. 5 HGB).
- Darüber hinaus haben mittelgroße und große Kapitalgesellschaften nähere Angaben zu den Abschreibungen im Anlagenspiegel entsprechend § 268 Abs. 2 HGB zu machen (§ 274a HGB).

b) Abschreibungen auf Umlaufvermögen, soweit diese die in der Kapitalgesellschaft üblichen Abschreibungen überschreiten

Hierbei wird im Rahmen des Gesamtkostenverfahrens verlangt, übliche von so genannten Mehrabschreibungen zu trennen.

»Übliche« Abschreibungen sind wie folgt zu erfassen:

- auf Waren und Vorräte beim Verbrauch (GuV-Posten 5a),
- auf fertige und unfertige Erzeugnisse bei GuV-Posten 2,
- auf Forderungen bei GuV-Posten 8,
- auf Wertpapiere des Umlaufvermögens bei GuV-Posten 12.

Mehrabschreibungen im Sinne der Position 7b liegen vor, wenn

- bei Änderung von bisherigen Abschreibungsmethoden oder
- bei Vornahme von ungewöhnlichen, selten vorkommenden Abschreibungen die üblich anfallenden **Abschreibungsbeträge wesentlich überschritten werden**. Fallen z. B. Abschreibungen zur Berücksichtigung künftiger Wertschwankungen oder steuerliche Abschreibungen selten an und sind die Abschreibungsbeträge vergleichsweise hoch, so zählen sie zu Posten 7b, ansonsten nicht.

Angaben im Anhang

- Abschreibungen auf den niedrigeren Zukunftswert (§ 253 Abs. 3 Satz 3 HGB) sind gesondert auszuweisen oder im Anhang anzugeben (§ 277 Abs. 3 HGB).
- Im Anhang ist der Betrag der allein nach steuerrechtlichen Vorschriften vorgenommenen Abschreibungen getrennt nach Anlage- und Umlaufvermögen anzugeben (soweit er sich nicht aus der Bilanz oder der GuV-Rechnung ergibt) und hinreichend zu begründen (§ 281 Abs. 2 HGB).

8. Sonstige betriebliche Aufwendungen

In diesen Sammelposten rechnen alle Aufwendungen der **gewöhnlichen Geschäftstätigkeit**, soweit sie nicht in vorhergehenden Posten enthalten sind und auch nicht als Abschreibungen auf Finanzanlagen und Wertpapiere des Umlaufvermögens oder als Zinsen und zinsähnliche Aufwendungen auszuweisen sind.

Hierher gehören z. B.

- Personalkosten (soweit nicht GuV-Posten 6 zuordenbar),
- Mieten, Pachten,
- Instandhaltung (soweit nicht GuV-Posten 5 zuordenbar),
- Beiträge, Gebühren, Versicherungen,
- Werbe-, Reise- und Vertreterkosten,
- Kosten für Warenabgabe und -zustellung,
- Nebenkosten des Finanz- und Geldverkehrs,
- Postkosten,
- Bürokosten,
- Rechts-, Beratungs- und Prüfungskosten,
- Verluste aus dem Abgang von Anlagegegenständen,
- Verluste aus dem Abgang von Vermögensgegenständen des Umlaufvermögens (außer Vorräten),
- Einstellungen in die Pauschalwertberichtigung zu Forderungen,
- Abschreibungen auf Forderungen (soweit im üblichen Rahmen),
- Einstellungen in den Sonderposten mit Rücklageanteil,
- Zuführung zu Rückstellungen (soweit nicht unter anderen Positionen erfassbar),
- periodenfremde Aufwendungen (soweit nicht unter anderen Positionen erfassbar).

Angaben im Anhang

- Periodenfremde Aufwendungen sind hinsichtlich Betrag und Art zu erläutern, soweit sie für die Beurteilung der Ertragslage nicht von untergeordneter Bedeutung sind (§ 277 Abs. 4 Satz 2 und 3 HGB).
- Einstellungen in den Sonderposten mit Rücklageanteil sind in dem Posten »Sonstige betriebliche Aufwendungen« gesondert auszuweisen oder im Anhang anzugeben (§ 281 Abs. 2 Satz 2 HGB).
- Anzugeben sind in der Bilanz oder im Anhang die Vorschriften, nach denen die in den Sonderposten mit Rücklageanteil eingestellte Wertberichtigung gebildet worden ist (§ 281 Abs. 1 HGB).
- Im Anhang ist der Betrag der allein nach steuerrechtlichen Vorschriften vorgenommenen Abschreibungen getrennt nach Anlage- und Umlaufvermögen anzugeben (soweit er sich nicht aus der Bilanz oder der GuV-Rechnung ergibt) und hinreichend zu begründen (§ 281 Abs. 2 HGB).

9. Erträge aus Beteiligungen – davon aus verbundenen Unternehmen

Als Erträge, die in diesem Posten auszuweisen sind, kommen vor allem Gewinnausschüttungen (Dividenden) und Gutschriften aus Gewinnanteilen von Personengesellschaften in Betracht. Sie sind **brutto** zu erfassen, d. h. einschließlich anrechnungsfähiger Körperschaftsteuer und einbehaltener Kapitalertragsteuer. Erträge aus verbundenen Unternehmen bedürfen getrennter Angabe.

Zum Ausweis von Buchgewinnen bei Veräußerung von Beteiligungen vgl. S. 291.

Der Zeitpunkt der Vereinnahmung wird dann gesehen, wenn der Anspruch entstanden und der Eingang der entsprechenden Erträge bei vernünftiger kaufmännischer Beurteilung sicher zu erwarten ist. Während Gewinnanteile aus Personengesellschaften mit Ablauf des Geschäftsjahres entstanden und damit bilanzierungspflichtig sind, ist bei Kapitalgesellschaften erst noch ein Ausschüttungsbeschluss vonnöten (vgl. ADS § 275 Tz 150 ff.).

Sonderposten: Auf Grund einer Gewinngemeinschaft, eines Gewinnabführungs- oder Teilgewinnabführungsvertrages erhaltene Gewinne

Hierher gehören nach § 277 Abs. 3 Satz 2 HGB Erträge aus Gewinngemeinschaften (§ 292 Abs.1 Nr. 1 AktG), Gewinn- oder Teilgewinnabführungsverträgen (§§ 291 Abs. 1, 292 Abs. 1 Nr. 2 AktG) sowie Beherrschungsverträgen (§ 291 Abs. 1 AktG).

Während sich bei **Gewinngemeinschaften** Unternehmen verpflichten, ihren Gewinn mit dem anderer Unternehmen zur Aufteilung eines gemeinschaftlichen Gewinns zusammenzulegen, verpflichten sich Unternehmen im Rahmen von **Gewinnabführungs- oder Teilgewinnabführungsverträgen**, ihren Gewinn oder Teile davon an ein anderes Unternehmen abzuführen. Gewinnabführungsverträge bestehen bei steuerlichen Organschaften (§ 14 KStG). **Beherrschungsverträge** liegen vor, wenn ein Unternehmen für Rechnung eines anderen Unternehmens geführt wird.

Nicht in diese Position gehören Erträge aus Arbeitsgemeinschaften für Großprojekte, da diese üblicherweise bei den Umsatzerlösen ausgewiesen werden (es sei denn, die Arbeitsgemeinschaft ist als Gewinngemeinschaft geführt).

10. Erträge aus anderen Wertpapieren und Ausleihungen des Finanzanlagevermögens – davon aus verbundenen Unternehmen

Hierunter fallen alle Erträge aus Finanzanlagen (mit ihrem Bruttobetrag), soweit sie nicht aus Beteiligungen oder aus Gewinngemeinschaften, Gewinnabführungs- oder Teilgewinnabführungsverträgen stammen. Die Erträge dieser Kategorie, die mit verbundenen Unternehmen erzielt werden, sind in Form eines Davon-Vermerks gesondert auszuweisen.

Beispielhaft seien Zinsen, Dividenden, Ausschüttungen sowie periodische Zuschreibungen bei Zerobonds erwähnt. Zu der Veräußerung von Finanzanlagen vgl. S. 291.

11. Sonstige Zinsen und ähnliche Erträge
– davon aus verbundenen Unternehmen

Hierher gehören alle die Finanzerträge, die anderweitig nicht unterzubringen sind, z. B.

- Zinsen auf gewährte Darlehen und sonstige Ausleihungen,
- Zinsen auf Bankguthaben und Wertpapiere (ohne Anlagecharakter),
- Dividenden aus Wertpapieren des Umlaufvermögens,
- Erträge aus Agio, Disagio von Forderungen.

Erträge aus verbundenen Unternehmen sind gesondert anzugeben.

12. Abschreibungen auf Finanzanlagen und auf Wertpapiere des Umlaufvermögens

Hier sind alle Abschreibungen auf die Bilanzposten Aktiva A.III »Finanzanlagen« sowie Aktiva B.III »Wertpapiere« auszuweisen, unabhängig vom Abschreibungsanlass. Ob auch unüblich hohe Abschreibungen auf Wertpapiere des Umlaufvermögens hierher oder zu GuV-Posten 7b gehören, ist umstritten.

Steuerrechtliche Abschreibungen gehören nur bei direkter Abschreibung hierher.

Zu Verlusten aus dem Abgang von Finanzanlagen und Wertpapieren des Umlaufvermögens vgl. S. 291.

Angaben im Anhang

- Außerplanmäßige Abschreibungen nach § 253 Abs. 2 Satz 3 HGB sowie Abschreibungen nach § 253 Abs. 3 Satz 3 HGB sind jeweils gesondert auszuweisen oder im Anhang anzugeben (§ 277 Abs. 3 HGB).
- Im Anhang ist der Betrag der allein nach steuerrechtlichen Vorschriften vorgenommenen Abschreibungen getrennt nach Anlage- und Umlaufvermögen anzugeben (soweit er sich nicht aus der Bilanz oder der GuV-Rechnung ergibt) und hinreichend zu begründen (§ 281 Abs. 2 HGB).

Sonderposten: Aufwendungen aus Verlustübernahme

Hier sind gemäß § 277 Abs. 3 Satz 2 HGB die Aufwendungen aufzuführen, die

- ein Unternehmen zum Ausgleich eines sonst entstehenden Jahresfehlbetrages entrichten muss, z. B. nach § 302 AktG, sowie
- ein vertraglich zu leistender Ausgleich für außenstehende Gesellschafter, soweit er den abgeführten Ertrag übersteigt (§ 158 Abs. 2 AktG).

13. Zinsen und ähnliche Aufwendungen

Hierher gehören grundsätzlich alle Aufwendungen, die für die Überlassung von Fremdkapital aufgewendet werden müssen, unabhängig von der Art und Fristigkeit des Fremdkapitals. Zinsaufwendungen gegenüber verbundenen Unternehmen sind in Form eines Davon-Vermerks gesondert auszuweisen.

In diesen Sammelposten gehören z. B.

- Zinsen für Kredite aller Art einschließlich Hypothekenzinsen und Verzugszinsen für verspätete Zahlungen,
- Aufwendungen für Wechsel- und Scheckdiskontierung,
- Kreditprovisionen, Kreditbereitstellungsgebühren, Überziehungsprovisionen,
- Disagio, das auf die Laufzeit der Kredite zu verteilen ist.

Von Zinsen und ähnlichen Aufwendungen **abzugrenzen** sind »Nebenkosten des Geld- und Kreditverkehrs«, wie z. B. Bankspesen, Umsatzprovisionen und andere Gebühren des Zahlungsverkehrs; sie gehören zu den »Sonstigen betrieblichen Aufwendungen« (Posten 8).

14. Ergebnis der gewöhnlichen Geschäftstätigkeit
Der Posten 14 stellt lediglich eine gesetzlich vorgeschriebene Zwischensaldierung dar, um das Ergebnis der gewöhnlichen Geschäftstätigkeit von außergewöhnlichen Erfolgskomponenten zu trennen. Allerdings ist diese Abgrenzung nicht vollständig (vgl. S. 290).

15. Außerordentliche Erträge
Unter den außerordentlichen Erträgen sind solche Erträge auszuweisen, die außerhalb der gewöhnlichen Geschäftstätigkeit der Kapitalgesellschaft anfallen (§ 277 Abs. 4 Satz 1 HGB), d. h. die **ungewöhnlich, selten und materiell bedeutend sind**. Als Beispiele kommen in Betracht

- Abfindung für Unterlassung einer betrieblichen Tätigkeit, Nachlässe auf Verbindlichkeiten bei Erlassvergleich,
- Gewinne aus der Veräußerung ganzer Betriebe,
- gewährte verlorene öffentliche Zuschüsse.

Nach der Definition des § 277 Abs. 4 HGB sind **periodenfremde Erträge nicht hier** auszuweisen, es sei denn, sie sind von außergewöhnlicher Art.

Angaben im Anhang
Außerordentliche Erträge sind von großen und mittelgroßen Kapitalgesellschaften hinsichtlich ihres Betrags und ihrer Art im Anhang zu erläutern, soweit der ausgewiesene Betrag für die Beurteilung der Ertragslage nicht von untergeordneter Bedeutung ist (§ 277 Abs. 4 Satz 2 HGB, § 276 Satz 2 HGB).

16. Außerordentliche Aufwendungen
Für den Inhalt dieses Postens gilt das zu den außerordentlichen Erträgen Gesagte entsprechend. Beispiele:

- außergewöhnliche Aufwendungen infolge Katastrophen, Enteignung u. Ä.,
- außergewöhnliche Aufwendungen infolge Betrugs oder Unterschlagung,
- betragsmäßig aus dem Rahmen fallende Abfindungen an Mitarbeiter,
- Aufwendungen für Unterlassung einer betrieblichen Tätigkeit.

Da »außerordentlich« nur im Sinne von »einmalig und aus dem Rahmen fallend« (außerhalb der gewöhnlichen Geschäftstätigkeit stehend) verstanden wird, gehören Bußgelder wegen kleinerer Verstöße im Straßenverkehr (wie Falschparken u. Ä.) nicht zu den außergewöhnlichen Aufwendungen, wohl aber Bußgelder wegen Verstoßes gegen das Kartellgesetz und gegen Leiharbeitsbestimmungen.

Entsprechend ist der Aufwand aus einem Totalschaden für ein wenig gebrauchtes Fahrzeug außerordentlich im Sinne des HGB, Aufwendungen für kleinere Blechschäden dagegen nicht.

Angaben im Anhang
Außerordentliche Aufwendungen sind von großen und mittelgroßen Kapitalgesellschaften hinsichtlich ihres Betrags und ihrer Art im Anhang zu erläutern, soweit der ausgewiesene Betrag für die Beurteilung der Ertragslage nicht von untergeordneter Bedeutung ist (§ 277 Abs. 4 Satz 2 HGB, § 276 Satz 2 HGB).

17. Außerordentliches Ergebnis
Der Posten 17 stellt lediglich eine Zwischensumme dar.

18. Steuern vom Einkommen und vom Ertrag
Hierher gehören

- Körperschaftsteuer,
- Kapitalertragsteuer,
- Gewerbeertragsteuer sowie
- ausländische Ertragsteuern, wie sie beispielsweise in Anlage 6 zu R 212a EStR aufgeführt sind.

In diesen Posten sind auch aufzunehmen

- entsprechende Nachzahlungen und
- latente Steuern (§ 274 Abs. 1 HGB).

In der Literatur umstritten war die Frage, ob **Steuererstattungen** (z. B. auf Grund eines Verlustrücktrages) und **Auflösungen von Steuerrückstellungen** gleichermaßen in diesem Posten unterzubringen sind. Mit Blick darauf, dass als Alternative nur die Position 4 in Betracht kommt, diese aber den Nachteil birgt, dass mit der Einbeziehung von Steuererstattungen das Ergebnis der gewöhnlichen Geschäftstätigkeit beeinflusst würde, ist der Einbeziehung in Position 18 der Vorzug zu geben. Ein Verstoß gegen das Verrechnungsverbot (§ 246 Abs. 2 HGB) liegt nicht vor, wenn man davon ausgeht, dass der GuV-Posten 18 die Belastung einer Unternehmung mit Ertragsteuern zeigen soll und dann notwendigerweise einen Saldo umfasst (ADS § 275 Tz 187 ff.).

Sollte sich auf Grund überwiegender Erstattungen der Charakter des Postens in eine Ertragsposition umkehren, so ist die Bezeichnung zu ändern in »Erstattete Steuern vom Einkommen und Ertrag«.

Zur **Kapitalertragsteuer** rechnen hier nur solche Beträge, für die die Unternehmung Steuerschuldner ist (entsprechende Kapitalerträge, z. B. erhaltene Dividenden, sind bei der jeweiligen GuV-Position deshalb brutto auszuweisen). Die auf Ausschüttungen der Unternehmung basierende Kapitalertragsteuer, die sie für Rechnung z. B. der Dividendenempfänger abführt, gehört nicht hierher, sondern in den Bereich der Gewinnverwendung (zum ausgeschütteten Gewinn).

Für die **Berechnung** ist nach § 278 HGB der Beschluss über die Verwendung des Ergebnisses maßgeblich. Wenn ein solcher Beschluss im Zeitpunkt der Feststellung des Jahresabschlusses noch nicht vorliegt, so ist vom Vorschlag über die Verwendung des Ergebnisses auszugehen. Sollte der endgültige Verwendungsbeschluss von diesem Vorschlag abweichen, so braucht der Jahresabschluss der Praktikabilität wegen nicht geändert zu werden. Ein zusätzlicher Ertragsteueraufwand ist nur im Gewinnverwendungsvorschlag aufzuführen, der ja dieselbe Publizität hat wie der Jahresabschluss selbst. Ist die Folge einer Abweichung vom Gewinnverwendungsbeschluss ein steuerlicher Ertrag, so ist dieser in neuer Rechnung zu vereinnahmen infolge teilweiser Auflösung der Steuerrückstellung (ADS § 275 Tz 196).

Angaben im Anhang
- Im Anhang ist von großen und mittelgroßen Kapitalgesellschaften anzugeben, in welchem Umfang Steuern vom Einkommen und vom Ertrag das Ergebnis der gewöhnlichen Geschäftstätigkeit und das außerordentliche Ergebnis belasten (§ 285 Nr. 6 HGB, § 288 Satz 1 HGB).
- Periodenfremde Aufwendungen und Erträge sind zu erläutern, wenn sie nicht von untergeordneter Bedeutung sind (§ 277 Abs. 4 Satz 3 HGB).

19. Sonstige Steuern

Zu den sonstigen Steuern gehören alle übrigen Steuern, mit denen die Kapitalgesellschaft belastet ist, also sowohl Besitz- als auch Verkehr- und Verbrauchsteuern. Hierzu rechnen u. a.

- die Besitzsteuern: Grundsteuer,
- die Verkehrsteuern: Kraftfahrzeug- und Versicherungsteuer,
- die Verbrauchsteuern: Bier-, Branntwein-, Tabak-, Mineralölsteuer u. a.

Umsatzsteuer gehört nur insoweit hierher, als sie ergebniswirksam ist.

Steuern, die **Anschaffungsnebenkosten** darstellen (Grunderwerbsteuer sowie Eingangszölle), sind aktivierungspflichtig und nicht in der GuV-Rechnung auszuweisen.

Da die in Position 19 eingestellten Beträge der Steuerdefinition des § 3 Abs. 1 AO entsprechen müssen, gehören Gebühren, Bußgelder u. a. nicht hierher, sondern in Position 8. Auch die Steuern, die das Unternehmen für Mitarbeiter übernimmt, wie z. B. die pauschalierte Lohnsteuer, gehören zu der jeweiligen Aufwandsart (hier Position 6 a).

Verspätungszuschläge und Säumnisgelder gehören zur Position 13 »Zinsen und ähnliche Aufwendungen«.

Zum eventuellen Ausweis der betrieblichen Steuern unter GuV-Posten 8 vgl. die Ausführungen auf S. 291.

Sonderposten: Auf Grund einer Gewinngemeinschaft, eines Gewinnabführungs- oder Teilgewinnabführungsvertrages abgeführte Gewinne

Hierbei handelt es sich um Aufwendungen, die den Erträgen gemäß der entsprechenden Sonderposition nach Nr. 9 des Gliederungsschemas entsprechen. Daher wird auf die dort gemachten Ausführungen Bezug genommen. Wirtschaftlich betrachtet ist dieser Fall bei der abführenden Gesellschaft Ergebnisverwendung.

Sonderposten: Erträge aus Verlustübernahme

Hierbei handelt es sich um Erträge, die den Aufwendungen gemäß der entsprechenden Sonderposition nach Nr. 12 des Gliederungsschemas entsprechen. Daher wird auf die dort gemachten Ausführungen Bezug genommen.

20. Jahresüberschuss/Jahresfehlbetrag

Hier handelt es sich um die Schlussposition der GuV-Rechnung, wenn die Ergebnisverwendung (im Gegensatz zu § 158 Abs. 1 AktG) nicht in der GuV-Rechnung dargestellt wird.

Veränderungen der Kapital- und Gewinnrücklagen dürfen in der GuV-Rechnung erst nach dem Posten »Jahresüberschuss/Jahresfehlbetrag« ausgewiesen werden (§ 275 Abs. 4 HGB).

11.6 Einzelposten nach Umsatzkostenverfahren

Hier genügt es, nur die Positionen des Umsatzkostenverfahrens näher zu erläutern, die sich von den entsprechenden Positionen des Gesamtkostenverfahrens unterscheiden.

1. Umsatzerlöse
Dieser Posten entspricht dem des Gesamtkostenverfahrens.

2. Herstellungskosten der zur Erzielung der Umsatzerlöse erbrachten Leistungen

Grundsätzliches: Im Gegensatz zum Gemeinkostenverfahren wird beim Umsatzkostenverfahren ein Teil der Aufwendungen nach betrieblichen Funktionsbereichen und nicht nach Aufwandsarten gegliedert. Das heißt die Aufwendungen werden dann ausgewiesen, wenn die mit ihnen erstellten Erzeugnisse bzw. Dienstleistungen dem Umsatzprozess zugeführt (also als realisiert im Sinne des § 252 Abs. 1 Nr. 4 HGB anzusehen) sind, unabhängig davon, wann die Aufwendungen entstanden sind. Es wird also auf den **Umsatzbezug** und nicht auf den Zeitbezug abgehoben.

Der Ausweis der Aufwendungen nach dem Umsatzbezug erfordert eine bereichsbezogene Gliederung der Aufwendungen, die nur bei Vorhandensein eines ausgebauten Betriebsabrechnungssystems durchführbar ist (vgl. S. 289 f.).

Bestimmung der Herstellungskosten: Ein Problem besteht in der Abgrenzung der unter Position 2 zu erfassenden Aufwandskategorien von anderen Aufwandsarten. Auf Grund der begrifflichen Namensgleichheit liegt zunächst eine Anlehnung an den Herstellungskostenbegriff gemäß § 255 Abs. 2 HGB nahe. Wegen der unterschiedlichen Ziele, die in beiden Fällen verfolgt werden, sind beide Begriffe jedoch nicht vollständig identisch. Die Zuordnung von Kostenarten zu Position 2 oder 7 der GuV-Rechnung ist nur ein Gliederungsproblem, während die Bestandsbewertung zu Herstellungskosten in der Bilanz ein Bewertungsproblem darstellt mit entsprechenden Auswirkungen auf die Höhe des Ergebnisses.

Mit welchen Beträgen die Herstellungskosten der zur Erzielung der Umsatzerlöse erbrachten Leistungen in der GuV-Rechnung auszuweisen sind, hängt davon ab, ob die Leistungen in diesem oder in vorhergehenden Geschäftsjahren hergestellt wurden.[1]

- **Ansatz von in Vorjahren erzeugten und nun veräußerten Leistungen:** Werden Erzeugnisse veräußert, die in vergangenen Geschäftsjahren hergestellt wurden, so ist zum Zeitpunkt der Veräußerung der **aktivierte Bilanzwert des Vorjahres** als Aufwand zu verrechnen und den Umsatzerlösen gegenüberzustellen.
- **Ansatz von im laufenden Geschäftsjahr erzeugten und veräußerten Leistungen:** Würden nur Teilherstellungskosten angesetzt, müssten die dabei nicht erfassten Aufwandsteile in den »Sonstigen betrieblichen Aufwendungen« erfasst werden, was jedoch den Informationsgehalt verringern würde. Daher müssen alle Produkte, die innerhalb eines Geschäftsjahres erzeugt und abgesetzt werden, mit den **vollen Herstellungskosten** in den Posten 2 eingehen (unabhängig von der Aktivierbarkeit der jeweiligen Kosten und der Ausnutzung der Bewertungswahlrechte bei der Erzeugnisaktivierung).

---

[1] Vgl. Stellungnahme SABI 1/1987: Probleme des Umsatzkostenverfahrens, in: WPg 1987, S. 141 ff.

– **Behandlung von im Geschäftsjahr hergestellten, aber noch nicht veräußerten Leistungen:** Hier ist dafür Sorge zu tragen, dass die Herstellungskosten nicht verkaufter Produkte bzw. nicht abgerechneter Leistungen bis zur Realisation »erfolgsneutral« geführt werden, was durch eine **Aktivierung der Herstellungskosten bei der Erzeugnisbewertung** erreicht werden kann. Hergestellte, aber noch nicht veräußerte Leistungen erscheinen somit in der Bilanz, nicht aber im GuV-Posten 2.

Wenn in der Bilanz keine Bewertung zu Vollkosten, sondern unter Ausnutzung von Wahlrechten eine Bewertung nur zu Teilkosten vorgenommen wurde, erhebt sich die Frage, bei welchen GuV-Posten die dabei nicht aktivierten Aufwendungen auszuweisen sind (bei Position 2 »Herstellungskosten der zur Erzielung der Umsatzerlöse erbrachten Leistungen« oder Position 7 »Sonstige betriebliche Aufwendungen«). Vorzuziehen ist der Ausweis bei GuV-Posten 2.

Erfassung von Abschreibungen: Alle Abschreibungen, die dem Fertigungsbereich zuzuordnen sind, gehören zu den Herstellungskosten, unabhängig davon, ob sie das Anlage- oder Umlaufvermögen betreffen oder über den üblichen Rahmen hinausgehen. Ein Sonderausweis für außerplanmäßige und steuerrechtliche Abschreibungen kann nach §§ 277 Abs. 3 Satz 1, 281 Abs. 2 Satz 1 HGB in Betracht kommen.

Einstellungen in den Sonderposten mit Rücklageanteil sind in den »Sonstigen betrieblichen Aufwendungen« auszuweisen oder im Anhang anzugeben (§ 281 Abs. 2 HGB).

Abgrenzung gegenüber anderen GuV-Positionen: Bei den Herstellungskosten können in gewissem Umfang

– allgemeine Verwaltungskosten (vgl. § 255 Abs. 2 Satz 4 HGB),
– Zinsaufwendungen (vgl. § 255 Abs. 2 Satz 3 HGB) und
– Betriebssteuern, die den Fertigungsbereich betreffen (z. B. Grundsteuer u. Ä.)

mit einbezogen sein, auch wenn der primäre Ausweis dieser Aufwendungen unter anderen Posten (Nr. 5, 12 und 18) vorgesehen ist. Hier können geringfügige Abweichungen gegenüber den jeweiligen Posten des Gesamtkostenverfahrens (Nr. 13 und 19) auftreten. Auf Ausweisstetigkeit ist zu achten.

3. Bruttoergebnis vom Umsatz

Die Zwischensumme ist ein Saldo aus den Positionen 1 und 2 und repräsentiert die Handelsspanne der verkauften Erzeugnisse (Umsatzerlöse ·/· Herstellungskosten) ohne Verwaltungs-, Vertriebskosten und sonstige betriebliche Aufwendungen.

4. Vertriebskosten

Sie beinhalten alle während des abgelaufenen Geschäftsjahres entstandenen Aufwendungen, die dem Vertriebsbereich direkt oder über Schlüsselungen, Umlagen u. Ä. zuzurechnen sind. Im Einzelnen handelt es sich dabei um Aufwendungen wie Werbung, Absatzförderung, Reise- und Vertreterkosten, Messe- und Ausstellungskosten, Kosten der Auslieferungslager, Fuhrpark u. Ä.

5. Allgemeine Verwaltungskosten

Sie beinhalten alle während des abgelaufenen Geschäftsjahres entstandenen Aufwendungen, die dem Verwaltungsbereich direkt oder über Schlüsselungen, Umlagen u. a. zuzurechnen sind, soweit sie nicht die Herstellungskosten betreffen. Beispiele für allgemeine Verwaltungskosten sind die Kosten der Geschäftsführung, der Gesellschafterversammlung, des Aufsichtsrates oder Beirates, des Rechnungswesens, der Personalverwaltung, der Finanz- und Steuerabteilung, der Sozial- und Schulungseinrichtungen, der Abschlussprüfung u. a. m.

Die Abgrenzung zu den Herstellungskosten, den Vertriebskosten und den sonstigen betrieblichen Aufwendungen ist zum Teil schwierig. Bei Zweifeln hinsichtlich der Abgrenzung zu den »Sonstigen betrieblichen Aufwendungen« ist dem Ausweis unter Posten 5 der Vorzug zu geben.

6. Sonstige betriebliche Erträge

Die »Sonstigen betrieblichen Erträge« sind grundsätzlich mit denjenigen des Gesamtkostenverfahrens identisch.

7. Sonstige betriebliche Aufwendungen

Die »Sonstigen betrieblichen Aufwendungen« stellen eine Sammelposition für alle Aufwendungen im Rahmen der gewöhnlichen Geschäftstätigkeit des Unternehmens dar, die nicht einem anderen Aufwandsposten zugerechnet werden können. Sie sind im Vergleich zum Gesamtkostenverfahren wesentlich **enger gefasst**.[6] In Zweifelsfällen ist dem Ausweis unter den »Herstellungskosten der zur Erzielung der Umsatzerlöse erbrachten Leistungen«, »Vertriebskosten« und »Allgemeinen Verwaltungskosten« der Vorzug zu geben.

Einstellungen in den Sonderposten mit Rücklageanteil sind hier auszuweisen oder im Anhang anzugeben (§ 281 Abs. 2 HGB).

Posten 8 bis 19

Die Posten 8 bis 19 des Umsatzkostenverfahrens entsprechen weitgehend den Posten 9 bis 20 des Gesamtkostenverfahrens.

Angaben im Anhang

Da infolge der Gliederung des Umsatzkostenverfahrens bestimmte Aufwandsarten nicht mehr erkennbar sind, sind nach § 285 Nr. 8 HGB zusätzliche Angaben zu machen.

- Der Materialaufwand des Geschäftsjahres ist anzugeben (§ 285 Nr. 8a HGB), gegliedert nach Aufwendungen für Roh-, Hilfs- und Betriebsstoffe und für bezogene Waren einerseits und Aufwendungen für bezogene Leistungen andererseits. Von dieser Verpflichtung sind die kleinen Kapitalgesellschaften befreit (§ 288 Satz 1 HGB). Mittelgroße Kapitalgesellschaften dürfen den Anhang ohne diese Angaben zum Handelsregister einreichen (§ 327 Nr. 2 HGB).
- Der Personalaufwand des Geschäftsjahres ist nach § 285 Nr. 8b HGB von allen Kapitalgesellschaften anzugeben.

Zudem können die Besonderheiten des Umsatzkostenverfahrens Angaben zu den angewandten Bilanzierungsverfahren gemäß § 284 Abs. 2 Nr. 1 HGB bedingen. Diese Angaben sollen zwecks Verständlichkeit der Erfolgsrechnung erkennen lassen, wie die wichtigsten Ausweiswahlrechte ausgeübt worden sind.[1]

---

1 Vgl. Stellungnahme SABI 1/1987: Probleme des Umsatzkostenverfahrens, in: WPg 1987, S. 141 f.

Kontrollfragen

1. Wie sind Umsatzerlöse definiert?
2. Welche Rolle spielen Bestandsveränderungen im Rahmen des Gesamtkostenverfahrens?
3. Wie sind sonstige betriebliche Erträge abzugrenzen? Nennen Sie Beispiele.
4. Wie ist der Materialaufwand bestimmt? Was weisen Handelsbetriebe in dieser Position aus?
5. Welche Aufwendungen sind in Löhne und Gehälter einzubeziehen?
6. Worin unterscheiden sich soziale Abgaben und Aufwendungen für Unterstützung?
7. Welche Zuordnungsmöglichkeiten bestehen für steuerrechtliche Abschreibungen? Wovon ist die Zuordnung abhängig?
8. Wo sind »übliche« Abschreibungen des Umlaufvermögens zu erfassen?
9. Wie sind die sonstigen betrieblichen Aufwendungen abzugrenzen? Nennen Sie Beispiele.
10. Welches Kriterium bestimmt die Zugehörigkeit zur gewöhnlichen Geschäftstätigkeit und zum außerordentlichen Ergebnis?
11. Welche Zusatzangaben sind im Anhang bei Anwendung des Umsatzkostenverfahrens zu machen?

Aufgabe 4.54 *(Abschluss einer GmbH) S. 380*

Aufgabe 4.55 *(Zuordnungsfragen in der GuV-Rechnung) S. 380*

Aufgabe 4.56 *(Aufstellung der GuV-Rechnung nach Gesamt- und Umsatzkostenverfahren) S. 381*

12 Anhang

12.1 Allgemeines

Der Anhang als Pflichtbestandteil des Jahresabschlusses von Kapitalgesellschaften (§ 264 Abs. 1 HGB) dient vornehmlich der näheren **Erläuterung** von Bilanz und GuV-Rechnung. Leitlinie für die Berichterstattung ist die Vermittlung eines den tatsächlichen Verhältnissen entsprechenden Bildes der Vermögens-, Finanz- und Ertragslage.

Sein **Umfang** ist außer von der Größe der Kapitalgesellschaft noch davon abhängig, wie ein Unternehmen die Wahlrechte hinsichtlich der Zuordnung von Angaben zu einzelnen Teilen des Jahresabschlusses in Anspruch nimmt. Deshalb sind zu unterscheiden:

- Pflichtangaben, die aus Bilanz **oder** Anhang hervorgehen müssen,
- Pflichtangaben, die in GuV-Rechnung **oder** Anhang ersichtlich zu machen sind,
- Pflichtangaben, die **nur der Anhang zu enthalten hat**.

In den Checklisten auf S. 307 ff. ist für jede Angabe vermerkt, in welchem Teil des Jahresabschlusses sie erscheinen darf bzw. muss.

> **Hinweis**
> Der Anhang ist auch Pflichtbestandteil eines **IAS/IFRS-Abschlusses** (IAS 1.7e).

12.2 Berichterstattungsarten

Zu beachten ist, dass der Anhang unterschiedliche Berichterstattungsarten vorsieht, die sich in ihren Anforderungen unterscheiden:
- **Angaben:** Nennung ohne Zusatz; ob es sich um eine quantitative oder qualitative Nennung handelt, ergibt sich aus der Einzelvorschrift.
- **Aufgliederung:** Quantitatives Unterteilen eines Postens in geforderte Einzelbestandteile.
- **Erläuterung:** Verbales Ersichtlichmachen von Inhalt und/oder Zustandekommen eines Bilanz- oder GuV-Postens.
- **Darstellung:** Angaben in Verbindung mit einer Aufgliederung oder Erläuterung; dies kann je nach darzustellendem Objekt mengenmäßig oder verbal erfolgen.
- **Begründung:** Erläuterung und Rechtfertigung der Ursachen eines Handelns oder Unterlassens.

12.3 Gliederung des Anhangs

Zur Gliederung des Anhangs ist vom Gesetz **kein Schema** vorgesehen. Die Art der einmal gewählten Darstellungsform sollte auf Grund des Stetigkeitsgebots gemäß § 265 Abs. 1 HGB aber beibehalten werden. Sinnvoll ist z. B. eine Gliederung nach folgenden Sachverhalten:

- formbezogene Vorschriften,
- inhaltsbezogene Vorschriften allgemeiner Art,
- inhaltsbezogene Vorschriften zu einzelnen
  - Bilanz- und
  - GuV-Posten sowie
- Zusatzangaben.

12.4 Checklisten zum Inhalt des Anhangs

Die Angaben, die im Anhang enthalten sein müssen, sind in den Vorschriften über den Anhang (§§ 284 bis 289 HGB) nur teilweise aufgeführt. Der Rest ist über die anderen Paragraphen des Zweiten Abschnitts »Ergänzende Vorschriften für Kapitalgesellschaften« verstreut. Darüber hinaus gehen Anhangangaben aus den handelsrechtlichen Nebengesetzen, insbesondere dem Aktien-, GmbH- und Genossenschaftsgesetz, hervor.

Diese Anhangangaben sind im Folgenden in verschiedenen Checklisten zusammengestellt, und zwar in Abhängigkeit von Größe und Rechtsform:

- Pflichtangaben aller Kapitalgesellschaften,
- weitere Anhangangaben mittelgroßer und großer Kapitalgesellschaften,
- weitere Anhangangaben großer Kapitalgesellschaften,
- Zusatzangaben der AG und KGaA,
- Zusatzangaben der GmbH,
- Anhangangaben der Genossenschaft.

In der Praxis wird man die in Frage kommenden größen- und rechtsformspezifischen Angaben nicht gesondert, sondern mit den anderen Pflichtangaben zusammengefasst darstellen.

12.4.1 Pflichtangaben aller Kapitalgesellschaften

Die folgende Abbildung enthält diejenigen Pflichtangaben, die von allen Kapitalgesellschaften im Anhang gemacht werden müssen, und zwar unabhängig von der Größe oder der Rechtsform der Unternehmung.

	Gesetzesgrundlage im HGB	Art der Berichterstattung
A. Allgemeine formbezogene Vorschriften		
1. Abweichung in der Form der Gliederung aufeinander folgender Bilanzen oder GuV-Rechnungen in Ausnahmefällen	§ 265 Abs. 1	Im Anhang anzugeben und zu begründen.
2. Anpassung des Vorjahrespostens zwecks Vergleichbarmachung mit Bilanz- oder GuV-Posten des Abschlussjahres	§ 265 Abs. 2	Im Anhang anzugeben und zu erläutern.
3. Unvergleichbarkeit von Bilanz- oder GuV-Posten mit entsprechenden Vorjahresposten	§ 265 Abs. 2	Im Anhang anzugeben und zu erläutern.
4. Wegen Vorliegen mehrerer Geschäftszweige Geltung unterschiedlicher Gliederungsvorschriften; Entscheidung für ein Gliederungsschema unter Ergänzung des Schemas für andere Geschäftszweige	§ 265 Abs. 4	Ergänzung im Anhang angeben und begründen.
B. Allgemeine inhaltsbezogene Vorschriften		
1. In Bilanz und GuV-Rechnung angewandte Bilanzierungs- und Bewertungsmethoden	§ 284 Abs. 2 Nr. 1	Angaben im Anhang bei den einzelnen Posten der Bilanz und GuV-Rechnung.
2. Jahresabschluss enthält Posten, denen Beträge zugrunde liegen, die auf fremde Währung lauten oder ursprünglich auf fremde Währung lauteten	§ 284 Abs. 2 Nr. 2	Grundlagen der Umrechnung in Euro sind bei den betreffenden Posten anzugeben.
3. Abweichung von Bilanzierungs- und Bewertungsmethoden	§ 284 Abs. 2 Nr. 3	Abweichungen sind im Anhang anzugeben und zu begründen, ihr Einfluss auf die Vermögens-, Finanz- und Ertragslage ist gesondert darzustellen.
4. Fremdkapitalzinsen als Bestandteil der Herstellungskosten	§ 284 Abs. 2 Nr. 5	Angabe im Anhang vorgeschrieben.
5. Betrag der aus steuerlichen Gründen unterbliebenen Zuschreibung	§ 280 Abs. 3	Angabe des Betrages sowie Begründung im Anhang vorgeschrieben.
6. Zusammenfassung der mit arabischen Zahlen im Bilanz- und GuV-Schema bezifferten Posten	§ 265 Abs. 7	Erfolgt die Zusammenfassung im Interesse der Klarheit der Darstellung, so müssen die zusammengefassten Posten im Anhang gesondert ausgewiesen werden.

Abb. 4.45: Pflichtangaben im Anhang aller Kapitalgesellschaften (& Co)

	Gesetzes-grundlage Im HGB	Art der Berichterstattung
7. Vermögensgegenstand oder Schuld fällt unter mehrere Bilanzposten	§ 265 Abs. 3	Vermerk der Mitzugehörigkeit in der Bilanz oder Angabe im Anhang, wenn dies im Interesse der Klarheit des Jahresabschlusses erforderlich ist.
C. Inhaltsbezogene Vorschriften zu einzelnen Bilanzposten **Aktiva**		
1. Geschäfts- oder Firmenwert bei planmäßiger Abschreibung	§ 285 Nr. 13	Angabe der Gründe für die planmäßige Abschreibung nach § 255 Abs. 4 Satz 3 HGB im Anhang.
2. Ausleihungen und Forderungen an Gesellschafter	§ 264c Abs. 1	Bei Kapitalgesellschaften & Co gesonderter Ausweis in Bilanz oder Anhang. Bei Ausweis unter anderen Posten muss vermerkt werden, inwieweit es sich um Ausleihungen oder Forderungen an Gesellschafter handelt.
3. Aktive Rechnungsabgrenzungsposten Bilanzierungshilfe »Aktivische latente Steuern«	§ 274 Abs. 2 Satz 2	Gesonderter Ausweis in der Bilanz und Erläuterung im Anhang erforderlich.
Passiva		
1. Kapitalanteile	§ 264c Abs. 2 Satz 9	Bei Kapitalgesellschaften & Co ist der Betrag der im Handelsregister gem. § 172 Abs. 1 HGB eingetragenen Hafteinlagen anzugeben, soweit diese nicht geleistet sind.
2. Gewinnvortrag/Verlustvortrag Jahresüberschuss/Jahresfehlbetrag	§ 268 Abs. 1	Bei Aufstellung der Bilanz unter teilweiser Verwendung des Jahresergebnisses ist ein vorhandener Gewinn- oder Verlustvortrag in den Posten »Bilanzgewinn/Bilanzverlust« einzubeziehen und – in Bilanz oder – Anhang gesondert anzugeben. Der Posten »Bilanzgewinn/Bilanzverlust« tritt an Stelle der Posten »Jahresüberschuss/Jahresfehlbetrag« und »Gewinnvortrag/Verlustvortrag«.
3. Sonderposten mit Rücklageanteil	§§ 273, 281 Abs. 1	Angabe der einzelnen steuerlichen Vorschriften, nach denen der Posten gebildet wurde, in der Bilanz oder im Anhang.
4. Rückstellungen für latente Steuern	§ 274 Abs. 1	Gesonderte Angabe in – Bilanz oder – Anhang.
5. Verbindlichkeiten a) Verbindlichkeiten gegenüber Gesellschaftern	§ 264c Abs. 1	Bei Kapitalgesellschaften & Co gesonderter Ausweis in Bilanz oder Anhang. Bei Ausweis unter anderen Posten muss vermerkt werden, inwieweit es sich um Verbindlichkeiten gegenüber Gesellschaftern handelt.

Abb. 4.45: Pflichtangaben im Anhang aller Kapitalgesellschaften (& Co) (Fortsetzung)

	Gesetzesgrundlage im HGB	Art der Berichterstattung
b) Verbindlichkeiten mit einer Restlaufzeit von mehr als fünf Jahren	§ 285 Nr. 1a	Gesamtbetrag ist im Anhang anzugeben.
c) Gesamtbetrag der Verbindlichkeiten, die durch Pfandrechte oder ähnliche Rechte gesichert sind	§ 285 Nr. 1b	Im Anhang unter Angabe von Art und Form der Sicherheiten anzugeben.
d) In § 251 HGB bezeichnete Haftungsverhältnisse	§ 268 Abs. 7	Gesonderte Angabe unter der Bilanz oder im Anhang unter Angabe der gewährten Pfandrechte und sonstigen Sicherheiten. Verpflichtungen gegenüber verbundenen Unternehmen sind gesondert anzugeben.
D. Inhaltsbezogene Vorschriften zu einzelnen Posten der GuV-Rechnung		
1. Außerplanmäßige Abschreibungen auf Anlage- und Umlaufvermögen nach § 253 Abs. 2 Satz 3 und § 253 Abs. 3 Satz 3 HGB	§ 277 Abs. 3 Satz 1	Gesonderter Ausweis in GuV-Rechnung oder Anhang.
2. Periodenfremde Aufwendungen und periodenfremde Erträge (innerhalb der verschiedenen betrieblichen Aufwendungen und Erträge enthalten)	§ 277 Abs. 4 Satz 3	Im Anhang hinsichtlich Betrag und Art zu erläutern, soweit die ausgewiesenen Beträge für die Beurteilung der Ertragslage nicht von untergeordneter Bedeutung sind.
3. Betrag der im Geschäftsjahr allein nach steuerlichen Vorschriften vorgenommenen Abschreibungen, soweit nicht aus Bilanz oder GuV-Rechnung ersichtlich, für Anlagevermögen getrennt vom Umlaufvermögen	§ 281 Abs. 2 Satz 1	Angabe des Betrags und hinreichende Begründung im Anhang.
4. Einstellungen in den Sonderposten mit Rücklageanteil und Auflösung dieses Postens	§ 281 Abs. 2 Satz 2	Gesonderter Ausweis in den Posten »Sonstige betriebliche Aufwendungen« bzw. »Sonstige betriebliche Erträge« der GuV-Rechnung oder Angabe im Anhang.
5. Bei Anwendung des Umsatzkostenverfahrens (§ 275 Abs. 3 HGB)	§ 285 Nr. 8b	Angabe des Personalaufwands des Geschäftsjahrs, gegliedert nach § 275 Abs. 2 Nr. 6 HGB im Anhang.
E. Zusatzangaben		
1. Zusätzliche Angaben zur Vermittlung eines den tatsächlichen Verhältnissen entsprechenden Bildes der Vermögens-, Finanz- und Ertragslage	§ 264 Abs. 2 Satz 2	Führen besondere Umstände dazu, dass der Jahresabschluss unter Beachtung der GoB ein den tatsächlichen Verhältnissen entsprechendes Bild der Vermögens-, Finanz- und Ertragslage **nicht** vermittelt, sind zusätzliche Angaben im Anhang erforderlich.
2. Mitglieder des Geschäftsführungsorgans und eines Aufsichtsrats	§ 285 Nr. 10	Angaben im Anhang, auch wenn diese Personen im Geschäftsjahr oder später ausgeschieden sind, mit Familien- und mindestens einem ausgeschriebenen Vornamen. Der Vorsitzende eines Aufsichtsrats, seine Stellvertreter und ein etwaiger Vorsitzender des Geschäftsführungsorgans sind als solche zu bezeichnen.

Abb. 4.45: Pflichtangaben im Anhang aller Kapitalgesellschaften (& Co) (Fortsetzung)

	Gesetzesgrundlage im HGB	Art der Berichterstattung
3. Unternehmen, an denen direkt oder über eine für Rechnung der Kapitalgesellschaft handelnde Person eine Beteiligung besteht	§ 285 Nr. 11	Angaben im Anhang: Namen und Sitz dieser Unternehmen, Höhe des Anteils am Kapital, Eigenkapital, letztes Jahresergebnis, für das ein Jahresabschluss vorliegt.
		Ferner sind von börsennotierten Kapitalgesellschaften zusätzlich alle Beteiligungen an großen Kapitalgesellschaften anzugeben, die 5 % der Stimmrechte überschreiten.
	§ 286 Abs. 3	Auf die Angaben kann verzichtet werden bei – untergeordneter Bedeutung für die Darstellung der Vermögens-, Finanz- und Ertragslage der Kapitalgesellschaft, – bei erheblicher Nachteiligkeit der Veröffentlichung für die Kapitalgesellschaft oder das beteiligte Unternehmen nach vernünftiger kaufmännischer Beurteilung.
		Die Angabe des Eigenkapitals und des Jahresergebnisses darf unterbleiben, wenn das beteiligte Unternehmen nicht offenlegungspflichtig ist und die berichtende Kapitalgesellschaft weniger als die Hälfte der Anteile besitzt.
		Die Anwendung der Ausnahmeregelung wegen Nachteiligkeit muss im Anhang angegeben werden.
	§ 287	Die verlangten Angaben dürfen statt im Anhang in einer gesonderten Aufstellung über den Anteilsbesitz gemacht werden, die Bestandteil des Anhangs ist. Auf diese Aufstellung und den Hinterlegungsort ist im Anhang hinzuweisen.
4. Unternehmen, deren unbeschränkt haftender Gesellschafter die Kapitalgesellschaft ist	§ 285 Nr. 11a	Bei Kapitalgesellschaften & Co Angaben im Anhang: Name, Sitz und Rechtsform der in Spalte 1 angegebenen Unternehmen.
	§ 286 Abs. 3, § 287	Verzicht auf diese Angaben oder Angabe in einer gesonderten Aufstellung möglich (vgl. Nr. 3).
5. Personenhandelsgesellschaft i. S. d. § 264a Abs. 1 HGB	§ 285 Nr. 15	Angaben im Anhang der Personenhandelsgesellschaft einer Kapitalgesellschaft & Co: Name und Sitz der Gesellschaften, die persönlich haftende Gesellschafter sind, sowie deren gezeichnetes Kapital.
6. Aufwendungen für Mitglieder der Gesellschaftsorgane	§ 285 Nr. 9c	Angaben im Anhang über Aufwendungen für Mitglieder des – Geschäftsführungsorgans, – Aufsichtsrats, – Beirats- oder – einer ähnlichen Einrichtung, jeweils für jede Personengruppe – nach gewährten Vorschüssen und Krediten unter Angabe der Zinssätze, der wesentlichen Bedingungen und der Rückzahlungen im Geschäftsjahr,

Abb. 4.45: Pflichtangaben im Anhang aller Kapitalgesellschaften (& Co) (Fortsetzung)

	Gesetzesgrundlage im HGB	Art der Berichterstattung

7. Angaben von einer in Konzernabschlüsse einbezogenen Kapitalgesellschaft	§ 285 Nr. 14	– zugunsten dieser Personen eingegangene Haftungsverhältnisse.
		Im Anhang Angabe von
		– Name und Sitz des Mutterunternehmens, das den Konzernabschluss
		  – für den größten,
		  – für den kleinsten
		  Kreis von Unternehmen aufstellt sowie
		– bei Offenlegung dieser Konzernabschlüsse der Ort, wo diese erhältlich sind.

Abb. 4.45: Pflichtangaben im Anhang aller Kapitalgesellschaften (& Co) (Fortsetzung)

12.4.2 Weitere Anhangangaben mittelgroßer und großer Kapitalgesellschaften

Alle mittelgroßen und großen Kapitalgesellschaften sind zu Zusatzangaben verpflichtet, die in der folgenden Abbildung zusammengestellt sind.

	Gesetzesgrundlage im HGB	Art der Berichterstattung
A. Allgemeine inhaltsbezogene Vorschriften Gruppenbewertung entsprechend § 240 Abs. 4 HGB sowie Bewertung von Vorratsvermögen nach Fifo-, Lifo- oder entsprechenden Verfahren gem. § 256 Satz 1 HGB	§ 284 Abs. 2 Nr. 4, § 288 Satz 1	Bei erheblichem Unterschied im Vergleich zu einer Bewertung auf der Grundlage des letzten vor dem Abschlussstichtag bekannten Börsenkurses oder Marktpreises ist die Angabe der Unterschiedsbeträge pauschal für die jeweilige Gruppe im Anhang vorgeschrieben.
B. Inhaltsbezogene Vorschriften zu einzelnen Bilanzposten 1. Bilanzierungshilfe für Aufwendungen für die Ingangsetzung und Erweiterung des Geschäftsbetriebs a) Inhalt und Zustandekommen des Postens	§ 269, § 274 a	Erläuterung im Anhang verbindlich vorgeschrieben.
b) Entwicklung des Postens	§ 268 Abs. 2, § 274 a	In Bilanz oder Anhang sind anzugeben – Entwicklung lt. Anlagenspiegel, – die Abschreibung des Abschlussjahres.
2. Anlagevermögen a) Entwicklung der einzelnen Posten des Anlagevermögens	§ 268 Abs. 2, § 274 a	Vorgeschrieben im Anlagenspiegel; zu platzieren in Bilanz oder Anhang.
b) Abschreibungen des Abschlussjahres	§ 268 Abs. 2 Satz 3, § 274 a	Die Abschreibungen des Geschäftsjahres sind in Bilanz oder Anhang in einer der vorbezeichneten entsprechenden Gliederung gesondert anzugeben. (Zusatzspalte im Anlagenspiegel genügt den Anforderungen auch.)

Abb. 4.46: Weitere Anhangangaben mittelgroßer und großer Kapitalgesellschaften (& Co)

	Gesetzes-grundlage im HGB	Art der Berichterstattung
3. Größere unter den »Sonstigen Vermögensgegenständen« ausgewiesene Beträge für Vermögensgegenstände, die rechtlich erst nach dem Abschlussstichtag entstehen.	§ 268 Abs. 4 Satz 2, § 274a	Erläuterung der Beträge im Anhang erforderlich.
4. Disagio	§ 268 Abs. 6, § 274a	Betrag (§ 250 Abs. 3 HGB) ist in der Bilanz gesondert auszuweisen oder im Anhang anzugeben.
5. Beträge für Verbindlichkeiten, die erst nach dem Abschlussstichtag rechtlich entstehen	§ 268 Abs. 5 Satz 3, § 274a	Beträge größeren Umfangs sind im Anhang zu erläutern.
6. Aufgliederung des Gesamtbetrags der Verbindlichkeiten mit einer Restlaufzeit von mehr als fünf Jahren	§ 285 Nr. 2	Entsprechend den Positionen des Bilanzschemas im Anhang anzugeben, sofern nicht bereits aus der Bilanz ersichtlich.
7. Aufgliederung des Gesamtbetrags der Verbindlichkeiten, die durch Pfandrechte oder ähnliche Rechte gesichert sind, unter Angabe von Art und Form der Sicherheiten	§ 285 Nr. 2	Entsprechend den Positionen des Bilanzschemas anzugeben, sofern nicht bereits aus der Bilanz erkennbar.
8. Gesamtbetrag der sonstigen nicht bilanzierten finanziellen Verpflichtungen	§ 285 Nr. 3	Im Anhang anzugeben, auch wenn diese Verpflichtungen nicht nach § 251 HGB angegeben werden müssen. Gilt nur, sofern diese Angaben für die Beurteilung der Finanzlage bedeutsam sind. Dabei sind Verpflichtungen gegenüber verbundenen Unternehmen gesondert anzugeben.
9. Sonstige Rückstellungen	§ 285 Nr. 12	In der Bilanz nicht gesondert ausgewiesene »Sonstige Rückstellungen« nicht unerheblichen Umfangs sind im Anhang zu erläutern.
C. Zu GuV-Posten 1. Bei Anwendung des Umsatzkostenverfahrens Angaben zum Materialaufwand des Geschäftsjahres	§ 285 Nr. 8a	Im Anhang zu gliedern nach § 275 Abs. 2 Nr. 5 HGB in Aufwendungen für – Roh-, Hilfs- und Betriebsstoffe und bezogene Waren, – bezogene Leistungen.
2. Außerordentliche Aufwendungen und außerordentliche Erträge	§ 277 Abs. 4 Satz 2, § 276 Satz 2	Im Anhang hinsichtlich Betrag und Art zu erläutern, soweit die ausgewiesenen Beträge für die Beurteilung der Ertragslage nicht von untergeordneter Bedeutung sind.
3. Steuern vom Einkommen und vom Ertrag	§ 285 Nr. 6, § 288 Satz 1	Angabe im Anhang, in welchem Umfang die Steuern vom Einkommen und vom Ertrag das Ergebnis der gewöhnlichen Geschäftstätigkeit und das außerordentliche Ergebnis belasten.
4. Ausmaß der Beeinflussung des Jahresergebnisses durch Inanspruchnahme steuerlicher Vergünstigungen	§ 285 Nr. 5	Im Anhang anzugeben ist das Ausmaß der Beeinflussung des Jahresergebnisses des Abschlussjahres durch – Vornahme oder Beibehaltung von Abschreibungen nach §§ 254, 280 Abs. 2 HGB,

Abb. 4.46: Weitere Anhangangaben mittelgroßer und großer Kapitalgesellschaften (& Co) (Fortsetzung)

	Gesetzes-grundlage im HGB	Art der Berichterstattung
		– Bildung eines Sonderpostens mit Rücklageanteil nach § 273 HGB. Das Ausmaß künftiger erheblicher Belastungen aus einer solchen Bewertung ist ebenfalls anzugeben.
D. Zusatzangaben 1. Zahl der Beschäftigen	§ 285 Nr. 7	Im Anhang ist die Durchschnittszahl der während des Geschäftsjahres beschäftigten Arbeitnehmer, getrennt nach Gruppen, anzugeben. Auszubildende sind nicht mitzuzählen. Eine Ermittlungsmethode zur Gewinnung des Durchschnitts ist nicht vorgeschrieben.
2. Aufwendungen für Mitglieder des Geschäftsführungsorgans, Aufsichtsrats, Beirats oder ähnlicher Einrichtung, jeweils für jede Personengruppe	§ 285 Nr. 9a, § 286 Abs. 4	– Im Anhang anzugeben sind die gewährten **Gesamtbezüge** (Gehälter, Gewinnbeteiligungen, Nebenleistungen jeder Art) und **weitere Bezüge** (die bisher in keinem Jahresabschluss angegeben wurden). – Die Angaben über die Gesamtbezüge **können unterbleiben**, wenn sich dadurch die Bezüge eines Mitglieds feststellen lassen.
3. Aufwendungen an die früheren Mitglieder der unter D.2 bezeichneten Organe und ihrer Hinterbliebenen	§ 285 Nr. 9b, § 286 Abs. 4	– Im Anhang anzugeben sind die **Gesamtbezüge** (Abfindungen, Ruhegehälter etc.) und der Betrag der **gebildeten und der nicht gebildeten Rückstellungen** für laufende Pensionen und Pensionsanwartschaften. – Die Angaben über die Gesamtbezüge **können unterbleiben**, wenn sich dadurch die Bezüge eines Mitglieds feststellen lassen.

Abb. 4.46: Weitere Anhangangaben mittelgroßer und großer Kapitalgesellschaften (& Co) (Fortsetzung)

12.4.3 Weitere Anhangangaben großer Kapitalgesellschaften

Von den großen Kapitalgesellschaften werden zu GuV-Posten weitere zusätzliche Angaben verlangt, die in der folgenden Abbildung wiedergegeben sind.

	Gesetzes-grundlage im HGB	Art der Berichterstattung
Zu GuV-Posten Aufgliederung der Umsatzerlöse nach Tätigkeitsbereichen und nach geographisch bestimmten Märkten, soweit sie sich, unter Berücksichtigung der Organisation des Verkaufs von unternehmenstypischen Leistungen, untereinander erheblich unterscheiden	§ 285 Nr. 4, § 288	Aufgliederung im Anhang, soweit erhebliche Unterscheidung vorliegt.
	§ 286 Abs. 2	Aufgliederung kann unterbleiben, wenn der Kapitalgesellschaft oder einem beteiligten Unternehmen (mindestens $1/5$) daraus erhebliche Nachteile entstehen.

Abb. 4.47: Weitere Anhangangaben großer Kapitalgesellschaften (& Co)

12.4.4 Zusatzangaben der AG und KGaA

Neben den allgemeinen Bestimmungen zum Anhang im HGB sind noch rechtsformspezifische Angaben zu beachten. Diejenigen, welche Aktiengesellschaften und Kommanditgesellschaften auf Aktien anzuwenden haben, sind in der folgenden Abbildung zusammengestellt.

	Gesetzesgrundlage	Art der Berichterstattung
A. Zu Bilanzposten 1. Angabe des in die anderen Gewinnrücklagen eingestellten Eigenkapitalanteils – von Wertaufholungen bei Anlage und Umlaufvermögen sowie – von bei der steuerlichen Gewinnermittlung gebildeten Passivposten, die nicht im Sonderposten mit Rücklageanteil ausgewiesen werden dürfen	§ 58 Abs. 2a AktG	Gesonderter Ausweis des Betrages dieser Rücklagen – in Bilanz oder – Angabe im Anhang
2. Kapitalrücklage	§ 152 Abs. 2 AktG	Gesondert anzugeben sind – in Bilanz oder – im Anhang: 1. der Betrag, der während des Geschäftsjahres eingestellt wurde, 2. der Betrag, der für das Geschäftsjahr entnommen wird.
3. Gewinnrücklagen	§ 152 Abs. 3 AktG	Zu den einzelnen Posten der Gewinnrücklagen sind – in der Bilanz oder – im Anhang jeweils gesondert anzugeben: 1. Die Beträge, die die Hauptversammlung aus dem Bilanzgewinn des Vorjahres eingestellt hat, 2. die Beträge, die aus dem Jahresüberschuss des Geschäftsjahres eingestellt werden, 3. die Beträge, die für das Geschäftsjahr entnommen werden.
4. Zahl und Nennbetrag der Aktien	§ 160 Abs. 1 Nr. 3 AktG	Angabe von Zahl und bei Nennbetragsaktien den Nennbetrag der Aktien jeder Gattung – im Anhang, sofern sich diese Angaben nicht aus – der Bilanz ergeben; dabei gesonderte Angabe von Aktien, die bei einer bedingten Kapitalerhöhung oder einem genehmigten Kapital im Geschäftsjahr gezeichnet wurden.

Abb. 4.48: Zusatzangaben im Anhang der AG und KGaA

	Gesetzesgrundlage	Art der Berichterstattung
5. Bezugsrechte gem. § 192 Abs. 2 Nr. 3 AktG, Wandelschuldverschreibungen	§ 160 Abs. 1 Nr. 5 AktG	Angabe der Zahl der – Bezugsrechte gem. § 192 Abs. 2 Nr. 3 AktG, – Wandelschuldverschreibungen und – der vergleichbaren Wertpapiere unter Angabe der Rechte, die sie verbriefen.
6. Genussrechte, Rechte aus Besserungsscheinen u. ä. Rechte	§ 160 Abs. 1 Nr. 6 AktG	Angabe – der Art und Zahl der jeweiligen Rechte sowie – der im Geschäftsjahr neu entstandenen Rechte.

B. Zu GuV-Posten
1. Entwicklung vom Jahresüberschuss zum Bilanzgewinn
	§ 158 Abs. 1 AktG	Angabe in
		– GuV-Rechnung nach dem Posten »Jahresüberschuss/Jahresfehlbetrag« in Fortführung der Numerierung oder
		– im Anhang:
		1. Gewinnvortrag/Verlustvortrag aus dem Vorjahr,
		2. Entnahmen aus der Kapitalrücklage,
		3. Entnahmen aus Gewinnrücklagen,
		   a) aus der gesetzlichen Rücklage,
		   b) aus der Rücklage für eigene Aktien,
		   c) aus satzungsmäßigen Rücklagen,
		   d) aus anderen Gewinnrücklagen,
		4. Einstellungen in Gewinnrücklagen,
		   a) in die gesetzliche Rücklage,
		   b) in die Rücklage für eigene Aktien,
		   c) in satzungsmäßige Rücklagen,
		   d) in andere Gewinnrücklagen,
		5. Bilanzgewinn/Bilanzverlust.

2. Ausweis von Beträgen, die aus – Kapitalherabsetzung und – Auflösung von Gewinnrücklagen gewonnen werden	§ 240 AktG	Erläuterung im Anhang, – ob und – in welcher Höhe die aus der Kapitalherabsetzung und aus der Auflösung von Gewinnrücklagen gewonnenen Beträge 1. zum Ausgleich von Wertminderungen, 2. zur Deckung von sonstigen Verlusten oder 3. zur Einstellung in die Kapitalrücklage verwandt werden.

Abb. 4.48: Zusatzangaben im Anhang der AG und KGaA (Fortsetzung)

	Gesetzes-grundlage	Art der Berichterstattung
C. Zusatzangaben 1. Aktien, die a) ein Aktionär für Rechnung – der Gesellschaft oder – eines abhängigen oder – eines im Mehrheitsbesitz der Gesellschaft stehenden Unternehmens oder b) ein abhängiges oder im Mehrheitsbesitz der Gesellschaft stehendes Unternehmen als Gründer oder Zeichner oder in Ausübung eines bei bedingter Kapitalerhöhung eingeräumten Umtausch- oder Bezugsrechts übernommen hat	§ 160 Abs. 1 Nr. 1 AktG	Anzugeben sind – Bestand und – Zugang solcher Aktien. Bei Verwertung solcher Aktien im abgeschlossenen Geschäftsjahr ist über den erzielten Erlös und seine Verwendung zu berichten.
2. Eigene Aktien der Gesellschaft, die – sie selbst oder – ein abhängiges oder – ein im Mehrheitsbesitz der Gesellschaft stehendes Unternehmen oder – ein anderer für Rechnung der Gesellschaft oder eines abhängigen oder eines im Mehrheitsbesitz der Gesellschaft stehenden Unternehmens erworben oder als Pfand genommen hat	§ 160 Abs. 1 Nr. 2 AktG	Zu machen sind – Angaben über den Bestand, d.h. Zahl und Nennbetrag dieser Aktien sowie deren Anteil am Grundkapital, Zeitpunkt und Gründe des Erwerbs und – entsprechende Angaben über etwaige Veräußerung und Erlösverwendung.
3. Genehmigtes Kapital	§ 160 Abs. 1 Nr. 4 AktG	Angaben über das genehmigte Kapital gemäß §§ 202 ff. AktG.
4. Wechselseitige Beteiligung	§ 160 Abs. 1 Nr. 7 AktG	Angaben über das Bestehen einer wechselseitigen Beteiligung mit Nennung des Unternehmens.
5. Mitteilungspflichtige Beteiligung gemäß § 20 Abs. 1 oder 4 AktG	§ 160 Abs. 1 Nr. 8 AktG	Angaben über das Bestehen einer Beteiligung an der Gesellschaft im Sinne von § 20 Abs. 1 oder 4 AktG unter Angabe, – wem die Beteiligung gehört und – ob sie den vierten Teil aller Aktien der Gesellschaft übersteigt oder – eine Mehrheitsbeteiligung (§ 16 Abs. 1 AktG) ist.

Abb. 4.48: Zusatzangaben im Anhang der AG und KGaA (Fortsetzung)

	Gesetzes-grundlage	Art der Berichterstattung
6. Angaben bei Sonderprüfung wegen unzulässiger Unterbewertung	§ 261 Abs. 1 Sätze 3 und 4 AktG	Beifügung einer Sonderrechnung unter Angabe der Gründe, wenn ein Bilanzansatz bei Unterbewertung nicht entsprechend berichtigt wird. Sind die Gegenstände nicht mehr vorhanden, so ist darüber und über die Verwendung des Ertrags zu berichten.

Abb. 4.48: Zusatzangaben im Anhang der AG und KGaA (Fortsetzung)

12.4.5 Zusatzangaben der GmbH

Auch im GmbH-Gesetz sind rechtsformspezifische Angaben zum Jahresabschluss verankert. Es handelt sich um Wahlrechte hinsichtlich der Zuordnung zu Bilanz oder Anhang (vgl. Abbildung 4.49).

	Gesetzes-grundlage	Art der Berichterstattung
Zu Bilanzposten 1. Angabe des in die anderen Gewinnrücklagen eingestellten Eigenkapitalanteils – von Wertaufholungen bei Anlage- und Umlaufvermögen sowie – von bei der steuerrechtlichen Gewinnermittlung gebildeten Passivposten, die nicht im Sonderposten mit Rücklageanteil ausgewiesen werden dürfen	§ 29 Abs. 4 GmbHG	Gesonderter Ausweis des Betrags dieser Rücklagen – in Bilanz oder – Angabe im Anhang.
2. Ausleihungen, Forderungen und Verbindlichkeiten gegenüber Gesellschaftern	§ 42 Abs. 3 GmbHG	Diese Posten sind in der Regel als solche jeweils – gesondert in der Bilanz auszuweisen oder – im Anhang anzugeben. Werden sie unter anderen Posten ausgewiesen, so muss diese Eigenschaft vermerkt werden.

Abb. 4.49: Zusatzangaben im Anhang der GmbH

12.4.6 Anhangangaben der Genossenschaften

Genossenschaften haben nach § 336 Abs. 2 HGB die Vorschriften für Kapitalgesellschaften über den Jahresabschluss **entsprechend anzuwenden**. Sie brauchen aber im Anhang die Bestimmungen des § 285 Nr. 5 und 6 HGB

– über das Ausmaß der Beeinflussung des Jahresergebnisses durch Anwendung steuerrechtlicher Vorschriften sowie
– über die Belastung des Ergebnisses der gewöhnlichen Geschäftstätigkeit und des außerordentlichen Ergebnisses durch die Steuern vom Einkommen und vom Ertrag

nicht zu beachten.

Die **rechtsformspezifischen Angaben** der Genossenschaften sind in § 338 HGB aufgezählt. Danach hat der Anhang auch zu enthalten:

(1) Angaben über die Zahl der während des Geschäftsjahres eingetretenen oder ausgeschiedenen Genossen,
(2) Anzahl der am Geschäftsjahresende der Genossenschaft angehörenden Genossen,
(3) Gesamtbetrag der Veränderungen von Geschäftsguthaben und Haftsummen, soweit im Berichtsjahr eingetreten,
(4) Gesamtbetrag der Haftsummen aller Genossen am Jahresschluss,
(5) Name und Anschrift des Prüfungsverbandes,
(6) alle Mitglieder des Vorstands und des Aufsichtsrats (auch wenn während des Geschäftsjahres oder später ausgeschieden) mit Familiennamen und mindestens einem ausgeschriebenen Vornamen (ein etwaiger Vorsitzender des Aufsichtsrats ist als solcher zu bezeichnen),
(7) Forderungen, die der Genossenschaft gegen Vorstands- oder Aufsichtsratsmitglieder zustehen (vereinfacht gegenüber § 285 Nr. 9 HGB), Zusammenfassung in einer Summe für jedes Organ ist statthaft.

Außerdem haben eingetragene Genossenschaften nach § 337 Abs. 3 HGB folgende Angaben in Bilanz **oder** Anhang gesondert anzugeben:

– die Beträge, welche die Generalversammlung aus dem Bilanzgewinn des Vorjahrs eingestellt hat,
– die Beträge, die aus dem Jahresüberschuss des Geschäftsjahrs eingestellt werden,
– die Beträge, die für das Geschäftsjahr entnommen werden.

13 Lagebericht

Die Verpflichtung zum Erstellen des Lageberichts ergibt sich für die gesetzlichen Vertreter großer und mittlerer Kapitalgesellschaften (& Co) aus § 264 Abs. 1 HGB. Sie müssen ihn innerhalb der ersten drei Monate aufstellen. Kleine Kapitalgesellschaften (& Co) sind von der Pflicht zur Aufstellung eines Lageberichts entbunden (§ 264 Abs. 1 Satz 3 HGB).

Der Lagebericht ist nicht – wie der Anhang – Bestandteil des Jahresabschlusses, sondern steht neben dem Abschluss, den er durch **zusätzliche Informationen** über Stand und Entwicklung des Unternehmens ergänzt (§ 289 HGB).

Leitlinie für die Berichtsabfassung ist die Darstellung des Geschäftsablaufs und der **Lage** der Kapitalgesellschaft in der Weise, dass ein den tatsächlichen Verhältnissen entsprechendes Bild vermittelt wird. Dazu gehören z. B. Angaben zur Marktstellung und zu den einzelnen funktionalen Bereichen (wie Beschaffung, Materialwirtschaft, Fertigung, Vertrieb, Finanzen und Personal) und deren Entwicklung. Darüber hinaus ist auf die **Risiken der künftigen Entwicklung** einzugehen.

Besonders einzugehen ist im Bericht außer auf die Lage des Berichtsjahres auch auf

- Vorgänge von besonderer Bedeutung, die nach dem Schluss des Geschäftsjahres eingetreten sind,
- die voraussichtliche Entwicklung der Kapitalgesellschaft,
- den Bereich Forschung und Entwicklung und
- bestehende Zweigniederlassungen der Gesellschaft.

Der Lagebericht ist damit ein Instrument der Rechenschaftslegung, das neben einer **vergangenheitsorientierten** Betrachtung auch **zukunftsorientierte** Informationen vermittelt.

Hinweis
Das Informationsinstrument des Lageberichts **ist den IAS/IFRS fremd**.

Kontrollfragen
1. Welchem Zweck dient der Anhang?
2. Wovon ist sein Umfang abhängig?
3. Welche Berichterstattungsarten des Anhangs sind zu unterscheiden?
4. Nach welchen Kriterien bestimmt sich die Gliederung des Anhangs?
5. Welchem Zweck dient der Lagebericht? Worin unterscheidet er sich von den Inhalten des Jahresabschlusses?
6. Welche Vorgänge/Bereiche sind im Lagebericht besonders anzusprechen?

14 Prüfung der Rechnungslegung

14.1 Pflicht zur Prüfung

Der Jahresabschluss und der Lagebericht aller mittleren und großen Kapitalgesellschaften (& Co) im Sinne von § 267 HGB müssen gemäß § 316 HGB durch einen Abschlussprüfer geprüft werden.

Die Feststellung des Jahresabschlusses dieser Unternehmen ist ohne Prüfung nicht möglich (§ 316 Abs. 1 Satz 2 HGB). Daraus ergeben sich folgende Konsequenzen:

- Der Jahresabschluss ist ohne rechtliche Wirksamkeit (d. h. nichtig).
- Eine Entlastung der Geschäftsführung ist nicht möglich.
- Der ungeprüfte Jahresabschluss kann auch nicht wirksam offen gelegt werden.
- Gegen die Geschäftsführer kann ein Zwangsgeld bis zu 5 000 € Euro festgelegt werden (§ 335 Nr. 3 HGB).

Änderungen von Jahresabschluss und Lagebericht nach erfolgter Prüfung sind dem Abschlussprüfer erneut vorzulegen, soweit es die Änderung erfordert.
Über das Prüfungsergebnis muss der Abschlussprüfer in einem **Prüfungsbericht** berichten, das Ergebnis ist in einem **Bestätigungsvermerk** zusammenzufassen. Diese Verpflichtungen erstrecken sich auch auf spätere Änderungen. Der Bestätigungsvermerk ist entsprechend zu ergänzen.

14.2 Gegenstand und Umfang der Prüfung

Die Bestimmungen über Gegenstand und Umfang der Prüfung sind im § 317 HGB zusammengefasst (vgl. Abbildung 4.50).

Insbesondere bei der Darstellung der **künftigen Entwicklung** und ihrer Risiken handelt es sich um **prognostische Einschätzungen**, die die Geschäftsführung nach pflichtgemäßem Ermessen vorzunehmen hat. Der Abschlussprüfer kann sich nur hinreichend Gewissheit darüber verschaffen,

- dass alle verfügbaren Informationen verwendet wurden,
- die grundlegenden Annahmen realistisch und
- in sich widerspruchsfrei sind und
- Prognoseverfahren richtig gehandhabt wurden.

Die Prüfung stellt somit weitgehend eine **Plausibilitätsprüfung** dar.

Der durch das KonTraG (BGBl 1998 I, S. 786 ff.) neu eingefügte § 317 Abs. 4 HGB verlangt zusätzlich, dass der Abschlussprüfer bei der Prüfung einer börsennotierten

Ziele der Prüfung	Gegenstand und Umfang der Prüfung (§ 317 HGB)		
	Buchführung	Jahresabschluss	Lagebericht
Die Prüfungspflicht verfolgt drei Ziele, nämlich: – Kontrolle, ob die gesetzlichen Vorschriften über den Jahresabschluss eingehalten werden, – Information der gesetzlichen Vertreter, des Aufsichtsrates und der Gesellschafter durch den Prüfungsbericht, – Beglaubigung durch den Bestätigungsvermerk, wenn keine Einwendungen zu erheben sind.	1. In die Prüfung des Jahresabschlusses ist die Buchführung einzubeziehen. Dabei ist u. a. auch zu prüfen: – die Ordnung des Buchungsstoffes (Kontenplan), – die sachliche Richtigkeit der Kontenführung, – die Ordnungsmäßigkeit des Belegwesens. 2. Die Geschäftsführung ist nicht Gegenstand der Prüfung.	1. Der Jahresabschluss ist darauf zu prüfen, ob – die gesetzlichen Vorschriften und – die sie ergänzenden Bestimmungen des Gesellschaftsvertrages oder der Satzung beachtet sind. 2. Die Prüfung ist so anzulegen, dass Unrichtigkeiten und Verstöße gegen die unter 1. genannten Bestimmungen, die sich auf die Darstellung des sich nach § 264 Abs. 2 HGB ergebenden Bildes der Vermögens-, Finanz- und Ertragslage des Unternehmens wesentlich auswirken, bei gewissenhafter Berufsausübung erkannt werden.	1. Der Lagebericht ist darauf zu prüfen, ob – er mit dem Jahresabschluss sowie mit den bei der Prüfung gewonnenen Erkenntnissen des Abschlussprüfers in Einklang steht und ob – der Lagebericht insgesamt eine zutreffende Vorstellung von der Lage des Unternehmens vermittelt. 2. Dabei ist auch zu prüfen, ob die Risiken der künftigen Entwicklung zutreffend dargestellt sind.

Abb. 4.50: Prüfung des Jahresabschlusses

AG zu beurteilen hat, ob die gesetzlichen Vertreter, die auf Grund der Neufassung des § 91 Abs. 2 AktG verpflichtet sind, für ein **angemessenes Risikomanagement und für eine angemessene interne Revision** Sorge zu tragen, dieser Verpflichtung nachgekommen sind. Er muss zu einem Urteil darüber gelangen, ob

- die erforderlichen Maßnahmen getroffen und zweckentsprechend sind sowie
- wirksam ausgeführt werden und
- das Überwachungssystem während des gesamten zu prüfenden Zeitraumes bestanden hat.

Die Regelungen des § 91 Abs. 2 AktG i. V. m. § 317 Abs. 4 HGB dienen dazu, **möglichst frühzeitig Risiken und Fehlentwicklungen zu erkennen**, um Gefährdungen des Fortbestandes des Unternehmens zu vermeiden. Durch die Verpflichtung des Abschlussprüfers, die Maßnahmen des § 91 Abs. 2 AktG zu beurteilen, ergibt sich eine verbesserte Unterrichtung des Aufsichtsrates.

Die Vorschrift des § 317 HGB wird durch **Prüfungsgrundsätze** konkretisiert, die vom Hauptfachausschuss (HFA) des Instituts der Wirtschaftsprüfer festgelegt worden sind. Sie werden als »IDW Prüfungsstandard (IDW PS)« bezeichnet (vgl. IDW Hrsg.: IDW Prüfungsstandards (IDW PS), IDW Stellungnahmen zur Rechnungslegung (IDW RS), Loseblatt, Düsseldorf). Die wichtigsten dieser Stellungnahmen sind:

- IDW PS 201: Rechnungslegungs- und Prüfungsgrundsätze für die Abschlussprüfung,
- IDW PS 400: Grundsätze für die ordnungsmäßige Erteilung von Bestätigungsvermerken bei Abschlussprüfungen,
- IDW PS 450: Grundsätze ordnungsmäßiger Berichterstattung bei Abschlussprüfungen.

Die Zielsetzung der Prüfungsstandards besteht darin, dem Abschlussprüfer Grundsätze an die Hand zu geben, die ihm im Rahmen seiner beruflichen Pflichten, insbesondere der Gewissenhaftigkeit und Eigenverantwortlichkeit, einen Bestand an anerkannten Regeln aufzeigen. So gehen beispielsweise die Grundsätze für die Prüfungsdurchführung ausführlich auf Art und Umfang der Prüfungshandlungen ein (vgl. Abbildung 4.51).

Für alle **freiwilligen Prüfungen,** die mit einem dem handelsrechtlichen Bestätigungsvermerk nachgebildeten Vermerk abschließen, gilt für die Prüfung das gleiche Niveau.

14.3 Bestellung und Abberufung des Abschlussprüfers

Nach § 318 HGB wird der Abschlussprüfer des Jahresabschlusses von den **Gesellschaftern** gewählt. Bei der GmbH und Kapitalgesellschaften (& Co) kann der Gesellschaftsvertrag eine andere Regelung vorsehen.

Abschlussprüfer können Wirtschaftsprüfer und Wirtschaftsprüfungsgesellschaften sein. Die Jahresabschlüsse und Lageberichte mittelgroßer GmbHs können auch von vereidigten Buchprüfern und Buchprüfungsgesellschaften geprüft werden (§ 319 Abs. 1 HGB).

Die Wahl des Abschlussprüfers soll vor Ablauf des Geschäftsjahres erfolgen, auf das sich seine Prüfungstätigkeit erstreckt. Unverzüglich nach der Wahl haben die gesetzlichen Vertreter – bei Zuständigkeit des **Aufsichtsrats** dieser (§ 111 Abs. 2 AktG) – den Prüfungsauftrag zu erteilen.

System- und Funktionsprüfung, Prüfung des Risikofrüherkennungssystems	Einzelprüfungen (dienen dem Nachweis der Vollständigkeit, Richtigkeit und buchmäßig korrekten Erfassung der durch das jeweilige System verarbeiteten Daten)	
	Plausibilitätsbeurteilungen	Prüfungen von Geschäftsvorfällen und Beständen
1. Ziel der System und Funktionsprüfung ist es, eine Aussage über die ordnungsgemäße Erfassung – der Geschäftsvorfälle und – der Verarbeitung, Speicherung, Ausgabe und Dokumentation des Buchungsstoffes (einschließlich Jahresabschluss) und über – die Sicherung des Buchungsstoffes gegen Verlust und Verfälschung zu ermöglichen. 2. Zu den internen Kontrollen, die Gegenstand einer Funktionsprüfung sein können, gehören: – Vollständigkeitskontrollen, – Bestandskontrollen, – Kontrollen auf sachliche und rechnerische Richtigkeit, – Genehmigungskontrollen, – Sicherheitskontrollen, – Verarbeitungskontrollen, – Kontrollen durch Funktionstrennung. 3. In diesen Zusammenhang gehört auch die für börsennotierte AGs notwendige Prüfung, ob das vom Vorstand einzurichtende Risikofrüherkennungssystem seine Aufgaben erfüllt (§ 317 Abs. 4 HGB).	1. Durch Plausibilitätsbeurteilungen sollen Hinweise gewonnen werden, ob in dem untersuchten Prüffeld Besonderheiten vorliegen. 2. Durch die Verwendung von Kennzahlen sollen Aufschlüsse über Soll-Ist-Abweichungen und über die Entwicklung im Zeitablauf ermittelt sowie ein innerbetrieblicher oder zwischenbetrieblicher Vergleich gefördert werden. 3. Hierdurch können sich Hinweise auf Risikobereiche bzw. Mängel des Prüfungsstoffes ergeben.	1. Der Abschlussprüfer muss sich durch einzelne Prüfungen hinreichende Gewissheit darüber verschaffen, – dass Geschäftsvorfälle und die Vermögensgegenstände und Schulden nach Art, Menge und Wert vollständig und richtig in der Buchführung erfasst sind und – dass sichergestellt ist, dass die Vermögensgegenstände und Schulden auch vorhanden und im Jahresabschluss zutreffend ausgewiesen sowie bewertet sind, und – die Geschäftsvorfälle zutreffend abgegrenzt wurden. 2. Die Prüfung erstreckt sich auch – auf die Vorratsinventur und – auf das Einholen von Bestätigungen, z.B. für von Dritten verwahrtes Vermögen, Saldenbestätigungen, Bankbestätigungen. 3. Der Abschlussprüfer hat von dem geprüften Unternehmen eine Vollständigkeitserklärung einzuholen. Sie ist eine umfassende Versicherung des geprüften Unternehmens über die Vollständigkeit der erteilten Auskünfte und Nachweise und wird üblicherweise vom Vorstand bzw. der Geschäftsführung abgegeben.

1. Vom Ergebnis der System- und Funktionsprüfung sowie der Plausibilitätsprüfungen hängt weitgehend ab,
   – in welcher Art und
   – in welchem Umfang
   Geschäftsvorfälle und Posten des Jahresabschlusses weiteren Einzelprüfungen zu unterziehen sind.
2. So verlangt beispielsweise das Fehlen von internen Kontrollen bzw. das Aufdecken von Mängeln in der Funktionsprüfung immer eine Ausweitung der Einzelprüfungen, während ein gut funktionierendes internes Kontrollsystem einen geringeren Umfang der Einzelprüfungen rechtfertigt.
3. Wesentliche Kriterien für die Bestimmung des Prüfungsumfangs sind
   – die organisatorischen und wirtschaftlichen Gegebenheiten des zu prüfenden Unternehmens,
   – die Bedeutung des einzelnen Prüfungsgegenstandes,
   – die Wahrscheinlichkeit von Fehlern oder von Verstößen gegen die Rechnungslegungsvorschriften sowie
   – die Gewinnung von Prüfungsfeststellungen in zeitgerechter und wirtschaftlicher Weise.

Quelle: IDW Hrsg.: IDW Prüfungsstandards (IDW PS), IDW Stellungnahmen zur Rechnungslegung (IDW RS), Loseblatt, Düsseldorf), insbesondere IDW PS 201 ff.

Abb. 4.51: Art und Umfang der Prüfungshandlungen

Der Abschlussprüfer hat eine starke Stellung. Dies zeigt sich darin, dass
- der Prüfungsauftrag nur widerrufen werden kann, wenn das zuständige Gericht aus einem in der Person des gewählten Prüfers liegenden Grund (insbesondere Besorgnis der Befangenheit) einen anderen Prüfer bestellt (§ 318 Abs. 3 HGB),
- der Abschlussprüfer selbst einen angenommenen Prüfungsauftrag nur aus wichtigem Grund kündigen kann. Meinungsverschiedenheiten über den Inhalt des Bestätigungsvermerks, seine Einschränkung oder Versagung gelten nicht als wichtiger Grund (§ 318 Abs. 6 HGB).

14.4 Vorlagepflicht und Auskunftsrecht

Die Abschlussprüfer haben nicht nur das Recht,
- Bücher und Schriften des Unternehmens einzusehen und
- Vermögensgegenstände und Schulden, namentlich die Kasse und die Bestände an Wertpapieren und Waren, zu prüfen,

sondern können auch von den gesetzlichen Vertretern alle Aufklärungen und Nachweise verlangen, die für eine sorgfältige Prüfung notwendig sind (vgl. auch Abbildung 4.51).

Deshalb sieht § 320 HGB auch das Prüfungs- und Einsichtsrecht des Prüfers in der Vorbereitungsphase des Abschlusses vor. Die Gesetzesvorschrift regelt auch die Vorlagepflicht für den Jahresabschluss und den Lagebericht.

14.5 Prüfungsbericht und Bestätigungsvermerk

Im Prüfungsbericht haben die Abschlussprüfer über das Ergebnis der Prüfung zu berichten (§ 321 HGB). Wenn nach dem abschließenden Ergebnis der Prüfung keine Einwendungen zu erheben sind, so ist ein Bestätigungsvermerk nach § 322 HGB zu erteilen.

§ 321 HGB über den Prüfungsbericht wurde durch das Gesetz zur Kontrolle und Transparenz im Unternehmensbereich (KonTraG, BGBl 1998 I, S. 786 ff.) völlig neu gefasst. Der Prüfungsbericht soll insbesondere

- eine problemorientierte Darstellung geben und
- »in der gebotenen Klarheit« abgefasst sein. Nach der Gesetzesbegründung (BT 13/9712, S. 28) soll durch diese Formulierung in Abs. 1 Satz 1 nunmehr klargestellt werden, dass der Prüfungsbericht sprachlich so abzufassen ist, dass er auch **von nicht sachverständigen Aufsichtsratsmitgliedern verstanden wird**.

Für den Prüfungsbericht sieht § 321 HGB »vorweg« eine Beurteilung der wirtschaftlichen Lage der geprüften Gesellschaft aus der Sicht des Prüfers vor, soweit die geprüften Unterlagen und der Lagebericht eine solche Beurteilung erlauben. Einzugehen ist in diesem Zusammenhang insbesondere auf den Fortbestand und die künftige Entwicklung des Unternehmens. Die Gesetzesbegründung (BT-Drucks. 13/9712, S. 28) macht deutlich, »dass der Prüfer nur die Beurteilung des Vorstandes überprüfen kann und soll«, nicht hingegen seine eigene Prognoseentscheidung an die Stelle derjenigen des Vorstandes setzen soll.

Nach § 321 HGB sind folgende Sachverhalte im Prüfungsbericht darzustellen:

(1) **Art, Umfang und Ergebnis der Prüfung** sind zu beschreiben.
(2) Eine **Beurteilung der Lage aus Sicht des Prüfers** ist voranzustellen. Dabei ist insbesondere auf den Fortbestand und die künftige Entwicklung des Unternehmens unter Berücksichtigung des Lageberichts einzugehen, jedoch nur, sofern die geprüften Unterlagen und der Lagebericht eine solche Beurteilung erlauben.
(3) Bei Durchführung der Prüfung
   - festgestellte **Unrichtigkeiten und Verstöße** gegen gesetzliche Vorschriften, die den Bestand des geprüften Unternehmens gefährden oder seine Entwicklung wesentlich beeinträchtigen können, oder
   - die schwerwiegende Verstöße der gesetzlichen Vertreter oder Arbeitnehmer gegen Gesetz, Gesellschaftsvertrag oder Satzung darstellen,
   sind in den Prüfungsbericht aufzunehmen.
(4) Im Hauptteil des Prüfungsberichts ist darzustellen,
   - ob **Buchführung, weitere geprüfte Unterlagen, Jahresabschluss und Lagebericht** den gesetzlichen Vorschriften und den ergänzenden Bestimmungen des Gesellschaftsvertrages oder der Satzung entsprechen und
   - ob die gesetzlichen Vertreter die verlangten **Aufklärungen und Nachweise** erbracht haben.
(5) Es muss dargelegt werden, ob der Jahresabschluss ein den tatsächlichen Verhältnissen entsprechendes Bild der Vermögens-, Finanz- und Ertragslage der Kapitalgesellschaft vermittelt **(true and fair view)**.
(6) Die **Posten des Jahresabschlusses sind aufzugliedern, soweit** dadurch die Darstellung der Vermögens-, Finanz- und Ertragslage wesentlich verbessert wird und diese Angaben nicht im Anhang enthalten sind.
(7) Sofern eine **börsennotierte AG** geprüft wird, ist anzugeben, ob der Vorstand für ein **angemessenes Risikomanagement und eine angemessene interne Revision** gem. § 91 Abs. 2 AktG Sorge getragen hat, um frühzeitig Risiken und Fehlentwicklungen zu erkennen, die möglicherweise den Fortbestand des Unternehmens gefährden könnten. Es ist darauf einzugehen, ob Maßnahmen erforderlich sind, um das interne Überwachungssystem zu verbessern.

Eine grundsätzliche Neuregelung hat auch der **Bestätigungsvermerk** in § 322 HGB erfahren. Auf ein **Formeltestat wird weitestgehend verzichtet**. Nach der Gesetzesbegründung soll die Übereinstimmung mit den gesetzlichen Vorschriften zur Vermeidung von Missverständnissen nicht mehr bestätigt werden.

Der Bestätigungsvermerk hat neben einer Beschreibung von

- Gegenstand, Art und Umfang der Prüfung
- auch eine Beurteilung des Prüfungsergebnisses zu enthalten (§ 322 Abs. 1 Satz 2 HGB).

Hierdurch wird verlangt, dass der Abschlussprüfer seine **Tätigkeit umschreibt** und eine **Bewertung des Prüfungsergebnisses** in sein Testat aufnimmt.

Nach Abs. 2 des § 322 HGB soll die Beurteilung des Prüfungsergebnisses **allgemeinverständlich und problemorientiert** unter Berücksichtigung des Umstandes erfolgen, dass die gesetzlichen Vertreter den Abschluss zu verantworten haben.

Weiterhin ist im Bestätigungsvermerk auf im Rahmen der Prüfung festgestellte **Risiken, die den Fortbestand des Unternehmens gefährden,** gesondert einzugehen. Ein solches Hervorheben (»Highlighten«), das internationalen Grundsätzen entspricht, war in Deutschland früher nicht üblich. In diesem Zusammenhang ist auch die in § 322 Abs. 3 HGB vorgesehene Regelung zu sehen, die dem Abschlussprüfer in jedem

Fall eine Aussage dazu abverlangt, ob die Risiken der zukünftigen Entwicklung des Unternehmens im Lagebericht zutreffend dargestellt sind.

Sind vom Abschlussprüfer **keine Einwendungen** zu erheben, so hat er in seinem Bestätigungsvermerk gem. § 322 Abs. 1 Satz 3 HGB zu erklären,

- dass die von ihm nach § 317 HGB durchgeführte Prüfung zu keinen Einwendungen geführt hat und
- dass der von den gesetzlichen Vertretern der Gesellschaft aufgestellte Jahresabschluss auf Grund der bei der Prüfung gewonnenen Erkenntnisse des Abschlussprüfers nach seiner Beurteilung unter Beachtung der GoB ein den tatsächlichen Verhältnissen entsprechendes Bild der Vermögens-, Finanz- und Ertragslage des Unternehmens vermittelt.

Sind dagegen **Einwendungen zu erheben**, so hat der Abschlussprüfer seine Erklärung **einzuschränken oder zu versagen**. Die Versagung ist in den Vermerk, der nicht mehr als Bestätigungsvermerk zu bezeichnen ist, aufzunehmen (§ 322 Abs. 4 HGB).

Schließlich hat der Prüfer den Bestätigungsvermerk oder den Vermerk oder seine Versagung unter Angabe von Ort und Tag zu **unterzeichnen** und in den Prüfungsbericht aufzunehmen (§ 322 Abs. 5 HGB).

14.6 Ergänzende Bestimmungen zur Prüfung

14.6.1 Anforderungen an die Objektivität des Prüfers

Um die Objektivität der Prüfungen zu gewährleisten, darf ein Wirtschaftsprüfer oder vereidigter Buchprüfer in bestimmten Fällen nicht Abschlussprüfer sein. Nach § 319 Abs. 2 HGB trifft dies z. B. zu, wenn der Prüfer

- Anteile an der zu prüfenden Kapitalgesellschaft besitzt,
- bei Führung der Bücher oder der Aufstellung des zu prüfenden Jahresabschlusses über die Prüfungstätigkeit hinaus mitgewirkt hat,
- mehr als 30 % seiner Einkünfte aus der Prüfungs- und Beratungstätigkeit bei der zu prüfenden Kapitalgesellschaft bezieht.

Der Ausschluss von der Prüfung erstreckt sich auch auf Personen, mit denen der Abschlussprüfer seinen Beruf gemeinsam ausübt. Für Wirtschaftsprüfungs- oder Buchprüfungsgesellschaften gelten im Wesentlichen die gleichen Ausschlussgründe (§ 319 Abs. 3 HGB).

14.6.2 Verantwortlichkeit des Abschlussprüfers

Der Abschlussprüfer, seine Gehilfen und die bei der Prüfung mitwirkenden gesetzlichen Vertreter einer Prüfungsgesellschaft sind

- zur gewissenhaften und unparteiischen Prüfung und
- zur Verschwiegenheit

verpflichtet. Sie dürfen nicht unbefugt Geschäfts- und Betriebsgeheimnisse verwerten, die sie bei ihrer Tätigkeit erfahren haben (§ 323 Abs. 1 HGB).

Wer vorsätzlich oder fahrlässig seine Pflichten verletzt, ist der Kapitalgesellschaft zum Ersatz des daraus entstehenden Schadens verpflichtet. Die Ersatzpflicht bei fahrlässigem Handeln ist auf 1 Mio. € beschränkt, bei einer AG, die Aktien mit amtlicher Notierung ausgegeben hat, 4 Mio. € (§ 323 Abs. 2 HGB).

14.6.3 Meinungsverschiedenheiten zwischen Kapitalgesellschaft und Abschlussprüfer

Falls Meinungsverschiedenheiten zwischen dem Abschlussprüfer und dem geprüften Unternehmen über die Auslegung und Anwendung der gesetzlichen Vorschriften sowie von Bestimmungen von Gesellschaftsvertrag oder Satzung über Jahresabschluss und Lagebericht auftreten, kann auf Antrag des Abschlussprüfers oder der gesetzlichen Vertreter des geprüften Unternehmens das Landgericht angerufen werden. Es entscheidet die strittige Angelegenheit (§ 324 HGB).

Aufgabe 4.57 *(Bestätigungsvermerk bei freiwilliger Prüfung) S. 382*

Kontrollfragen
1. *Welche Unternehmen sind prüfungspflichtig?*
2. *Welche Ziele werden mit der Prüfung verfolgt?*
3. *Was ist Gegenstand der Pflichtprüfung gemäß § 316 ff. HGB?*
4. *Was beinhaltet die System- und Funktionsprüfung?*
5. *Welche Einzelprüfungshandlungen unterscheidet man? Welchen Zweck verfolgen sie?*
6. *Nach welchen Kriterien wird der Prüfungsumfang bestimmt?*
7. *Wer wählt den Abschlussprüfer? Welche Beschränkungen sind bei der Auswahl zu beachten?*
8. *Welche Pflichten haben die gesetzlichen Vertreter der Kapitalgesellschaft im Rahmen der Pflichtprüfung?*
9. *Was steht im Prüfungsbericht?*
10. *Wann ist der Bestätigungsvermerk zu ergänzen, einzuschränken oder zu versagen?*

15 Offenlegung

15.1 Abgestufte Offenlegungspflichten

Die Offenlegung von Rechnungslegungsunterlagen (§§ 325 ff. HGB) wird nicht von allen Kapitalgesellschaften in gleichem Maße verlangt. Das HGB kennt gewisse an die Größe der Unternehmungen anknüpfende Abstufungen der Publizität, die sich anhand dreier Fragen verdeutlichen lassen:
(1) Auf welchem Wege bzw. welchen Wegen ist zu publizieren?
(2) Was ist zu publizieren?
(3) Wie ist zu publizieren, d. h. welche Formvorschriften sind dabei einzuhalten?

Die erste Frage zielt darauf, wie leicht es einem Interessenten gemacht wird, Einblick in die bekannt zu machenden Unterlagen zu nehmen. Zum einen kennt das HGB die **Offenlegung beim Handelsregister** unter Hinweis im Bundesanzeiger darauf, bei welchem Handelsregister und unter welcher Nummer die Unterlagen eingereicht wurden, zum anderen ist zusätzlich die **Bekanntmachung** der Unterlagen selbst **im Bundesanzeiger** notwendig. Letzteres wird nur von großen Kapitalgesellschaften und Konzernen gefordert.

Die zweite Frage zielt darauf, welche Rechnungslegungsunterlagen der Öffentlichkeit zugänglich gemacht werden sollen. Für kleine und mittelgroße Kapitalgesellschaften sind dabei in unterschiedlichem Umfang **Erleichterungen** gestattet.

Die dritte Frage zielt darauf, welche Formvorschriften bei der Bekanntmachung zu beachten sind. Das Gesetz geht dabei auch auf Form und Inhalt von nicht auf Gesetz, Gesellschaftsvertrag oder Satzung beruhenden Veröffentlichungen und Vervielfältigungen ein.

15.2 Offenlegungsvorschriften großer Kapitalgesellschaften

Die gesetzlichen Vertreter von großen Kapitalgesellschaften (& Co) haben unverzüglich nach Vorlage des Jahresabschlusses an die Gesellschafter, spätestens vor Ablauf des zwölften Monats des dem Abschlussstichtag folgenden Geschäftsjahres, nachstehende Unterlagen **im Bundesanzeiger bekannt zu machen**:

- Jahresabschluss,
- Bestätigungsvermerk oder Vermerk über dessen Versagung,
- Lagebericht,
- Bericht des Aufsichtsrates,
- Ergebnisverwendungsvorschlag und -beschluss (soweit nicht aus dem Jahresabschluss ersichtlich) unter Angabe des Jahresüberschusses oder -fehlbetrags.

Angaben über die Ergebnisverwendung brauchen von Gesellschaften mit beschränkter Haftung nicht gemacht zu werden, wenn sich anhand dieser Angaben die Gewinnanteile von natürlichen Personen feststellen lassen, die Gesellschafter sind.

Die Bekanntmachung im Bundesanzeiger ist unter Beifügung der bezeichneten Unterlagen dem zuständigen Handelsregister einzureichen. Die Aufstellung des Anteilsbesitzes (§ 287 HGB) braucht jedoch im Bundesanzeiger nicht bekannt gemacht zu werden (§ 325 Abs. 2 HGB). Für die Wahrung der Frist ist die Einreichung der Unterlagen beim Bundesanzeiger maßgeblich (§ 325 Abs. 4 HGB).

Börsennotierte AGs haben nach § 325 Abs. 1 HGB zusätzlich noch eine **Erklärung nach § 161 AktG zum Corporate Governance Kodex** zum Handelsregister einzureichen. Der Deutsche Corporate Governance Kodex stellt wesentliche gesetzliche **Vorschriften zur Leitung und Überwachung** deutscher börsennotierter Gesellschaften dar und enthält international und national anerkannte **Standards guter und verantwortungsvoller Unternehmensführung**. Der Kodex soll das Vertrauen der Anleger und der Öffentlichkeit in die Leitung und Überwachung deutscher börsennotierter AGs fördern. Er ist im Internet unter www.corporate-governance-code.de abrufbar.

> **Hinweis**
> Nach **IAS/IFRS** sind Jahresabschlussunterlagen spätestens 6 Monate nach Abschluss des Geschäftsjahres zu veröffentlichen (IAS 1.52).

15.3 Offenlegungsvorschriften mittelgroßer Kapitalgesellschaften

Für mittelgroße Kapitalgesellschaften (& Co) gelten die gleichen Bekanntmachungsfristen wie für die großen. Sie haben aber folgende **Publizitätserleichterungen**:

- Sie müssen die oben aufgeführten Unterlagen lediglich zum Handelsregister einreichen. Im Bundesanzeiger ist nur bekannt zu machen, bei welchem Handelsregister und unter welcher Nummer diese Unterlagen eingereicht worden sind (§ 325 Abs. 1 Satz 2 HGB).
- Sie brauchen nur einen nach Maßgabe des § 327 HGB verkürzten Jahresabschluss offen zu legen.

15.3.1 Verkürzte Bilanz

Für die Offenlegung dürfen mittlere Kapitalgesellschaften (& Co) die Bilanz nach Maßgabe der kleinen Kapitalgesellschaften verkürzen (vgl. S. 151), wobei folgende Bilanzposten in Bilanz oder Anhang zusätzlich gesondert anzugeben sind (§ 327 Nr. 1 HGB):

auf der Aktivseite:

A.I.2	Geschäfts- oder Firmenwert
A.II.1	Grundstücke, grundstücksgleiche Rechte und Bauten einschließlich Bauten auf fremden Grundstücken
A.II.2	Technische Anlagen und Maschinen
A.II.3	Andere Anlagen, Betriebs- und Geschäftsausstattung
A.II.4	Geleistete Anzahlungen und Anlagen im Bau
A.III.1	Anteile an verbundenen Unternehmen
A.III.2	Ausleihungen an verbundene Unternehmen
A.III.3	Beteiligungen
A.III.4	Ausleihungen an Unternehmen, mit denen ein Beteiligungsverhältnis besteht
B.II.2	Forderungen gegen verbundene Unternehmen
B.II.3	Forderungen gegen Unternehmen, mit denen ein Beteiligungsverhältnis besteht
B.III.1	Anteile an verbundenen Unternehmen
B.III.2	Eigene Anteile

auf der Passivseite:

C.1	Anleihen, davon konvertibel
C.2	Verbindlichkeiten gegenüber Kreditinstituten
C.6	Verbindlichkeiten gegenüber verbundenen Unternehmen
C.7	Verbindlichkeiten gegenüber Unternehmen, mit denen ein Beteiligungsverhältnis besteht

15.3.2 Verkürzter Anhang

Der Anhang mittlerer Kapitalgesellschaften (& Co) braucht die folgenden Angaben nach § 285 HGB nicht zu enthalten (§ 327 Nr. 2 HGB):

- Nr. 2 (Aufgliederung der Verbindlichkeiten),
- Nr. 5 (Beeinflussung des Ergebnisses durch steuerliche Vorschriften),
- Nr. 8a (Angaben bei Anwendung des Umsatzkostenverfahrens),
- Nr. 12 (Erläuterung der sonstigen Rückstellungen).

Unternehmungsformen/-größen	Gesetzes-quelle	Ausmaß der Offenlegung							Organ zur Veröffentlichung	Offenlegungsfristen in Monaten	Bemerkungen
		Jahresabschluss				Lagebericht	Bestätigungsvermerk	Aufsichtsratsbericht			
		Bilanz	GuV	Anhang	Jahresergebnis, Ver-wendungsvorschlag und Beschluss[1]						
Ab-grenzung siehe Abbildung 4.1 (S. 125)											
große Kapital-gesellschaft (& Co)	§ 325 Abs. 1, 2, 4 HGB	x	x	x	x	x	x	x	HR[2] BA[2]	12	–
mittelgroße Kapital-gesellschaft (& Co)	§§ 325 Abs. 1, 327 HGB	x	x	x	x	x	x	x	HR, Hinweise auf Hinter-legungsstelle im BA	12	Bilanz und Anhang verkürzt nach § 327 HGB
kleine Kapital-gesellschaft (& Co)	§§ 325 Abs.1, 326 HGB	x	–	x	–	–	–	–	HR, Hinweis auf Hinter-legungsstelle im BA	12	Bilanz verkürzt nach § 266 Abs. 1 Satz 3 HGB, Anhang verkürzt nach § 326 HGB
Einzel-kaufleute und Personen-gesell-schaften	nicht unter das PublG fallend	–	–	–	–	–	–	–	–	–	–
	unter das PublG fallend (§ 1 Abs. 1, § 3 Abs. 1, 2 PublG)	§ 9 PublG	x	x	–	x	–	x	–	HR, BA	12	GuV-Rechnung und Ergebnis-verwendungsbeschluss ersetzbar durch Anlage zur Bilanz gemäß § 5 Abs. 5 PublG. Bestimmte Eigenkapitalpositionen zusammenfassbar.
Genossen-schaften	alle Genossenschaften	§ 339 HGB	x	x	x	–	x	x[3]	x	GR[4]	12	Größenabhängige Erleichte-rungen (§§ 326, 327 HGB) sind zu beachten.
	Zusatzpflicht großer Genossenschaften	§ 339 Abs. 2 HGB	x	x	x	–	–	x	–	Bekanntmachung in den bestimmten Blättern		

Für Kreditinstitute und Versicherungsunternehmen sind die Besonderheiten von § 340 I HGB bzw. § 341 I HGB zu beachten.

1 Sofern nicht aus dem Jahresabschluss zu ersehen. Angaben über die Er-gebnisverwendung brauchen von GmbHs nicht gemacht zu werden, wenn sich anhand dieser Angaben die Gewinnanteile von natürlichen Personen feststellen lassen, die Gesellschafter sind.
2 HR = Handelsregister, BA = Bundesanzeiger.
3 Nur bei großen Genossenschaften (§ 58 Abs. 2 GenG).
4 GR = Genossenschaftsregister.

Abb. 4.52: Publizitätspflichten im Überblick

15.4 Offenlegungsvorschriften kleiner Kapitalgesellschaften

Kleine Kapitalgesellschaften (& Co) haben weitergehende Publizitätserleichterungen in sachlicher und in zeitlicher Hinsicht. Nach § 326 HGB müssen sie
- die Bilanz und
- einen verkürzten Anhang (ohne die Angaben zur GuV-Rechnung)

vor Ablauf des zwölften Monats des dem Bilanzstichtag nachfolgenden Geschäftsjahres beim Handelsregister einreichen.

15.5 Offenlegungsvorschriften bei Zweigniederlassungen von ausländischen Kapitalgesellschaften

Bei inländischen Zweigniederlassungen von Kapitalgesellschaften mit Sitz in einem anderen Mitgliedstaat der EG oder Vertragsstaat des Abkommens über den Europäischen Wirtschaftsraum sind die Unterlagen der Rechnungslegung der Hauptniederlassung, die nach dem für die Hauptniederlassung maßgeblichen Recht erstellt, geprüft und offen gelegt worden sind, nach den §§ 325, 328, 329 Abs. 1 HGB offen zu legen.

Die Unterlagen sind zu dem Handelsregister am Sitz der Zweigniederlassung einzureichen; bestehen mehrere inländische Zweigniederlassungen derselben Gesellschaft, brauchen die Unterlagen nur zu demjenigen Handelsregister eingereicht zu werden, zu dem gemäß § 13e HGB die Satzung oder der Gesellschaftsvertrag eingereicht wurde.

Die Unterlagen sind in deutscher Sprache oder in einer von dem Register der Hauptniederlassung beglaubigten Abschrift einzureichen. Von der Beglaubigung des Registers ist eine beglaubigte Übersetzung in deutscher Sprache einzureichen (§ 325a HGB).

15.6 Formvorschriften

§ 328 HGB fasst die Bestimmungen zusammen, die bezüglich Form und Inhalt der offen zu legenden Unterlagen zu beachten sind. Dabei wird zwischen freiwilliger und Pflichtveröffentlichung unterschieden (vgl. Abbildung 4.53).

15.7 Prüfungspflicht des Registergerichts und Festsetzung von Ordnungsgeld

Das Gericht prüft
- die Vollzähligkeit der eingereichten Unterlagen und, sofern vorgeschrieben,
- ihre Bekanntmachung.

Falls Veranlassung dazu besteht, kann auch überprüft werden, ob größenabhängige Erleichterungen zu Unrecht in Anspruch genommen wurden. Zur Prüfung der Größenmerkmale kann das Registergericht innerhalb angemessener Frist die Mitteilung der Umsatzerlöse und der durchschnittlichen Zahl der Arbeitnehmer verlangen. Bei Unterlassung einer fristgemäßen Mitteilung gelten die Erleichterungen als zu Unrecht in Anspruch genommen.

Wiedergabe des Jahresabschlusses		Wiedergabe anderer Unterlagen (§ 328 Abs. 3 HGB)
auf Grund von Gesetz, Gesellschaftsvertrag oder Satzung (§ 328 Abs. 1 HGB)	freiwillig (§ 328 Abs. 2 HGB)	
1	2	3
1. Der Jahresabschluss ist so wiederzugeben, dass er den – für seine Aufstellung maßgeblichen Vorschriften entspricht, – soweit nicht die größenabhängigen Erleichterungen nach §§ 326, 327 HGB in Anspruch genommen werden. 2. Er muss in diesem Rahmen vollständig und richtig sein. 3. Für den Fall der Feststellung ist das Datum anzugeben. 4. Für den Fall der Abschlussprüfung ist der vollständige Wortlaut des Bestätigungsvermerks anzugeben. 5. Wird der Jahresabschluss wegen der Inanspruchnahme von Erleichterungen nur teilweise offen gelegt und bezieht sich der Bestätigungsvermerk auf den vollständigen Jahresabschluss, so ist darauf hinzuweisen. 6. Wenn zwecks Fristenwahrung die Offenlegung des Jahresabschlusses – vor vorgeschriebener Prüfung oder Feststellung oder – ohne beizufügende Unterlagen erfolgt, so ist bei Offenlegung darauf hinzuweisen.	Hat der Jahresabschluss bei Veröffentlichungen und Vervielfältigungen, die nicht durch Gesetz, Gesellschaftsvertrag oder Satzung vorgeschrieben sind, **nicht** die in Spalte 1 vorgeschriebene Form, so ist Folgendes zu beachten: 1. In der Überschrift ist zu vermerken, dass es sich nicht um eine der gesetzlichen Form entsprechende Veröffentlichung handelt. 2. Ein Bestätigungsvermerk darf nicht beigefügt werden. 3. Ist auf Grund gesetzlicher Vorschriften eine Prüfung erfolgt, so ist anzugeben, ob der Prüfer dem Jahresabschluss die Bestätigung – erteilt – eingeschränkt oder – versagt hat. 4. Es ist anzugeben, – bei welchem Handelsregister und – in welcher Nummer des Bundesanzeigers die Offenlegung erfolgt ist oder – dass die Offenlegung noch nicht erfolgt ist.	1. Die Vorschriften von Spalte 1 (außer Nr. 6) sind auf – den Lagebericht, – den Vorschlag und den Beschluss über die Verwendung des Ergebnisses sowie – die Aufstellung des Anteilsbesitzes entsprechend anzuwenden. 2. Bei **nachträglicher** Offenlegung dieser Unterlagen ist jeweils anzugeben, – auf welchen Abschluss sie sich beziehen und – wo dieser offen gelegt ist. Dies gilt auch für die nachträgliche Offenlegung – des Bestätigungsvermerks oder – des Vermerks über seine Versagung.

Abb. 4.53: Form und Inhalt der Unterlagen bei Offenlegung, Veröffentlichung und Vervielfältigung (§ 328 HGB)

Verstöße gegen die Offenlegungspflichten werden seit **KapCoRiLiG** stärker sanktioniert. An die Stelle des früheren Zwangsgeldverfahrens trat das **Ordnungsgeldverfahren nach § 335a HGB**. Im Falle der Nichtoffenlegung des Jahresabschlusses und des Lageberichts muss das Registergericht nunmehr auf **Antrag einer beliebigen Person** (früher nur eines Gesellschafters, Gläubigers oder Betriebsrats) ein Ordnungsgeldverfahren durchführen. Der Ordnungsgeldrahmen gegenüber Organmitgliedern von Kapitalgesellschaften (& Co, § 335b HGB) wurde auf **25 000 €** festgesetzt, wobei das erstmalige Ordnungsgeld **mindestens 2 500 €** beträgt.

Das Ordnungsgeldverfahren wegen Verletzung der Offenlegungspflichten greift auch dann, wenn der Jahresabschluss nicht erstellt oder geprüft worden ist.

Kontrollfragen
1. Wie sind die Offenlegungspflichten geregelt?
2. Wie unterscheiden sich die Publizitätspflichten der großen, mittleren und kleinen Kapitalgesellschaften voneinander?
3. Welche Offenlegungsfristen sind vorgesehen?
4. Können Einzelkaufleute und Personengesellschaften offenlegungspflichtig sein?
5. Welche Formvorschriften sind bei Offenlegung bzw. freiwilliger Veröffentlichung des Jahresabschlusses zu beachten?

16 Straf-, Bußgeld- und Zwangsgeldvorschriften in Zusammenhang mit der Rechnungslegung

Straf-, Bußgeld- oder Zwangsgeldvorschriften finden sich in Gesetzen des Handels-, Steuer- und Strafrechts.

16.1 Handelsrechtliche Straf-, Bußgeld- und Zwangsgeldvorschriften

16.1.1 HGB

Da sich die Pflichten der gesetzlichen Vertreter von **Kapitalgesellschaften** (wie z. B. Aufstellung des Jahresabschlusses) sowie die Verantwortlichkeit der Abschlussprüfer aus dem HGB ergeben, finden sich dort auch die entsprechenden allgemein gesetzlichen Vorschriften über Strafen, Buß- und Zwangsgelder (§§ 331 ff. HGB, vgl. Abbildung 4.54). Neben diesen allgemein gesetzlichen besteht aber noch eine Vielzahl spezialgesetzlicher Regelungen, z. B. im Aktien-, GmbH- oder Genossenschaftsgesetz, die rechtsformspezifisch sind.

Die §§ 331 ff. HGB **beziehen sich nicht auf Einzelkaufleute und Personenhandelsgesellschaften**, sondern lediglich auf Kapitalgesellschaften (& Co, § 335b HGB). Infolge der Haftungsbeschränkung spielt bei Kapitalgesellschaften der Gläubigerschutz ja eine wichtigere Rolle.

Sofern allerdings Einzelkaufleute und Personenhandelsgesellschaften zur Rechnungslegung auf Grund des Publizitätsgesetzes verpflichtet sind (bei Überschreiten

Straftaten und ihre Ahndung (§§ 331–333 HGB)	Ordnungswidrigkeiten (§ 334 HGB)	Ordnungs- bzw. Zwangsmittel (§ 335, 335a HGB)

I. Unrichtige Darstellung (§ 331 HGB)
 	
Straftaten von Mitgliedern des vertretungsberechtigten Organs oder des Aufsichtsrates einer Kapitalgesellschaft (& Co):
 	
1. unrichtige oder verschleierte Wiedergabe der Verhältnisse des Unternehmens in
   – Eröffnungsbilanz,
   – Jahresabschluss oder Lagebericht,
2. unrichtige Angaben oder unrichtige Wiedergabe oder Verschleierung
   – in Aufklärungen und Nachweisen,
   – gegenüber Abschlussprüfer.
 	
Strafandrohung: Freiheitsstrafe bis zu **drei Jahren** oder Geldstrafe.
 	
II. Verletzung der Berichtspflicht (§ 332 HGB)
 	
Straftaten von Abschlussprüfern oder deren Gehilfen:
 	
1. unrichtige Angaben über das Ergebnis der Prüfung,
2. Verschweigen erheblicher Umstände im Prüfungsbericht,
3. inhaltlich unrichtiger Bestätigungsvermerk.
 	
Strafandrohung: Freiheitsstrafen bis zu **drei Jahren** oder Geldstrafe. Wenn der Täter gegen Entgelt handelt oder in der Absicht, sich oder einen anderen zu bereichern oder einen anderen zu schädigen, dann Freiheitsstrafe bis zu **fünf Jahren oder Geldstrafe**.
 	
III. Verletzung der Geheimhaltungspflicht (§ 333 HGB)
 	
Unbefugte Offenbarung eines Unternehmensgeheimnisses (Betriebs- oder Geschäftsgeheimnis), das einem Abschlussprüfer oder dessen Gehilfen bei der Prüfung bekannt geworden ist.
 	
Strafandrohung: Freiheitsstrafe bis zu **einem Jahr** oder Geldstrafe (Antragsdelikt). Bei Handeln gegen Entgelt, zum Zweck der Bereicherung oder Schädigung droht Freiheitsstrafe bis zu **zwei Jahren** oder Geldstrafe, ebenso bei unbefugter Verwertung eines Unternehmensgeheimnisses.
	I. Zuwiderhandlung
	
	von Mitgliedern des vertretungsberechtigten Organs oder des Aufsichtsrates einer Kapitalgesellschaft (& Co):
	
	1. bei der Aufstellung oder Feststellung des Jahresabschlusses gegen Vorschriften über
	   – Form oder Inhalt,
	   – Bewertung,
	   – Gliederung,
	   – Angaben in Bilanz oder Anhang,
	2. bei der Aufstellung des Lageberichts gegen Vorschriften über den Inhalt,
	3. bei Offenlegung, Veröffentlichung oder Vervielfältigung gegen Vorschriften über Form und Inhalt,
	4. gegen eine auf Grund des § 330 HGB erlassene Rechtsverordnung.
	
	Die einzelnen mit Bußgeld bewehrten Vorschriften sind aus Gründen der Rechtssicherheit in § 334 HGB genau bezeichnet.
	
	II. Unerlaubter Bestätigungsvermerk
	
	durch Personen oder Gesellschaften, die nicht Abschlussprüfer sein dürfen.
	
	Bußgeldandrohung: bis zu 25 000 €
		I. Zwangsgeld (§ 335 HGB)
		
		Das Registergericht kann auf Antrag Zwangsgeld festsetzen, wenn Mitglieder des vertretungsberechtigten Organs einer Kapitalgesellschaft (& Co):
		
		1. § 242 Abs. 1 und 2, § 264 Abs. 1 HGB über die Pflicht zur Aufstellung eines Jahresabschlusses und eines Lageberichts,
		2. § 318 Abs. 1 Satz 4 HGB über die Pflicht zur unverzüglichen Erteilung des Prüfungsauftrags,
		3. § 318 Abs. 4 Satz 3 HGB über die Pflicht, den Antrag auf gerichtliche Bestellung des Abschlussprüfers zu stellen,
		4. § 320 HGB über die Pflichten gegenüber dem Abschlussprüfer
		
		nicht befolgen.
		
		Höchstbetrag des einzelnen Zwangsgeldes: 5 000 €
		
		II. Ordnungsgeld (§ 335a HGB)
		
		Das Registergericht kann auf Antrag Ordnungsgeld festsetzen, wenn Mitglieder eines vertretungsberechtigten Organs einer Kapitalgesellschaft (& Co)
		– § 325 HGB über die Offenlegungspflicht des Jahresabschlusses und des Lageberichts,
		– § 325a HGB über die Offenlegung der Rechnungslegungsunterlagen der Hauptniederlassung
		
		nicht befolgen.
		
		Höchstbetrag des einzelnen Ordnungsgeldes: 25 000 €

Abb. 4.54: Straf-, Bußgeld- und Zwangsgeldvorschriften im HGB

der in § 1 PublG genannten Größenmerkmale), unterliegen sie gleich strengen Straf-, Bußgeld- und Zwangsgeldvorschriften wie Kapitalgesellschaften. Denn den §§ 331 ff. HGB entsprechende Vorschriften sind auch **im Publizitätsgesetz** verankert (§§ 17 ff. PublG).

16.1.2 Handelsrechtliche Spezialgesetze

Spezialgesetzliche Regelungen über Strafen, Buß- und Zwangsgelder finden sich insbesondere im Aktiengesetz (§§ 399 ff.), im GmbH-Gesetz (§§ 79 ff.) und im Genossenschaftsgesetz (§§ 147 ff.). Sie haben einen weitergehenden Inhalt als im HGB, z. B. Strafandrohung bei falschen Angaben im Zusammenhang mit der Gründung oder Kapitalerhöhung oder bei Verletzung der Geheimhaltungspflicht.

Mit die wichtigste Bestimmung im Zusammenhang mit dem Rechnungswesen betrifft **Pflichtverletzungen bei Verlust, Zahlungsunfähigkeit oder Überschuldung**. Für die inhaltlich sich entsprechenden Regelungen im Aktien-, GmbH- und Genossenschaftsgesetz sei hier § 84 GmbHG angeführt:

Mit Freiheitsstrafe bis zu drei Jahren oder mit Geldstrafe wird bestraft, wer es als Geschäftsführer unterlässt,

– den Gesellschaftern einen Verlust in Höhe der Hälfte des Stammkapitals anzuzeigen oder
– bei Zahlungsunfähigkeit oder Überschuldung die Eröffnung des Insolvenzverfahrens zu beantragen.

Handelt der Täter fahrlässig, so ist die Strafe Freiheitsstrafe bis zu einem Jahr oder Geldstrafe.

16.2 Steuerrechtliche Straf-, Bußgeld- und Zwangsgeldvorschriften

16.2.1 Grenzen zwischen Ordnungsmäßigkeit, Ordnungswidrigkeit und Straftat

Das Steuerrecht unterscheidet zwischen formellen und materiellen Mängeln der Buchführung. Bei **formellen** Mängeln ist die Ordnungsmäßigkeit dann noch gewahrt, wenn das sachliche Ergebnis der Buchführung nicht beeinflusst wird und die Mängel keinen erheblichen Verstoß gegen gesetzliche Anforderungen (z. B. handelsrechtliche Gliederungsvorschriften) bedeuten (R 29 Abs. 2 EStR, § 158 AO).

Enthält dagegen die Buchführung **materielle** Mängel (z. B. Nicht- oder Falschverbuchung von Geschäftsvorfällen), so wird die Ordnungsmäßigkeit nur bei Unbedenklichkeit nicht berührt (also bei unbedeutendem Umfang oder bei unbedeutenden Vorgängen). Die Fehler sind dann zu berichtigen, oder das Buchführungsergebnis ist durch eine Zuschätzung richtig zu stellen.

Bei wesentlichen **(schwerwiegenden materiellen)** Mängeln, wenn z. B. ein erheblicher Teil des Warenbestandes in der Bilanz nicht ausgewiesen ist, ist die Buchführung nicht mehr ordnungsmäßig, und zwar auch dann nicht, wenn das Finanzamt die Fehler beseitigt und das berichtigte Buchführungsergebnis der Veranlagung zugrunde legt. Unerheblich ist dabei, ob die Vorgänge bewusst oder unbewusst falsch dargestellt sind (R 29 Abs. 2 und R 12 Abs. 2 Satz 3 EStR).

Soweit die Finanzbehörde die Besteuerungsgrundlagen nicht ermitteln oder berechnen kann, hat sie zu **schätzen**. Das gilt insbesondere dann, wenn der Steuerpflichtige Bücher oder Aufzeichnungen

- nicht vorlegen kann oder
- wenn nach den Umständen des Einzelfalls Anlass besteht, ihre sachliche Richtigkeit (bei wesentlichen formellen und materiellen Mängeln) zu beanstanden (§§ 158, 162 AO).

Die Finanzbehörde kann die Erfüllung der Buchführungs- und Aufzeichnungspflichten durch Festsetzung von Zwangsmitteln (Zwangsgeld, Ersatzvornahme, unmittelbarer Zwang) herbeiführen (§ 328 AO). Das einzelne **Zwangsgeld** darf 25 000 € nicht übersteigen (§ 329 AO).

Je nach der Schwere einer Zuwiderhandlung kann darüber hinaus die **Einleitung eines Steuerstrafverfahrens oder Bußgeldverfahrens** in Betracht kommen.

16.2.2 Steuerhinterziehung

Die Steuerhinterziehung ist eine der Steuerstraftaten und wird von Amts wegen verfolgt. Sie setzt eine **vorsätzliche** Steuerverkürzung oder Erlangung eines ungerechtfertigten Steuervorteils voraus. Nach § 370 AO wird mit Freiheitsstrafe bis zu fünf Jahren oder mit Geldstrafe bestraft, wer

- den Finanzbehörden über steuerlich erhebliche Tatsachen unrichtige oder unvollständige Angaben macht oder
- die Finanzbehörden pflichtwidrig über steuerlich erhebliche Tatsachen in Unkenntnis lässt

und dadurch Steuern verkürzt oder nicht gerechtfertigte Steuervorteile erlangt. Schon der Versuch ist strafbar. In besonders schweren Fällen ist die Strafe Freiheitsstrafe von 6 Monaten bis zu 10 Jahren.

Eine Steuerverkürzung liegt vor, wenn Steuern nicht, nicht in voller Höhe oder nicht rechtzeitig festgesetzt werden (z. B. durch Weglassen oder zu niedrige Bewertung von Aktiva, fingierte oder zu hohe Passiva, falsche Angaben bei der Umsatzsteuervoranmeldung).

Ungerechtfertigte Steuervorteile (z. B. steuerfreie Rücklagen) sind erlangt, wenn sie zu Unrecht gewährt oder belassen werden (§ 370 Abs. 4 AO).

16.2.3 Steuerordnungswidrigkeiten

Steuerordnungswidrigkeiten werden mit Geldbuße geahndet (§ 377 AO). Die Einleitung eines Bußgeldverfahrens liegt im pflichtgemäßen Ermessen der Finanzbehörde (§ 410 AO i. V. m. § 47 Abs. 1 OWiG). Man unterscheidet

- leichtfertige Steuerverkürzung und
- Steuergefährdung.

Eine **leichtfertige Steuerverkürzung** (§ 378 AO) ist gegeben, wenn eine Steuerhinterziehung im Gegensatz zu § 370 AO leichtfertig (d. h. grob fahrlässig) begangen wird. Die Ordnungswidrigkeit kann mit einer Geldbuße bis zu 50 000 € geahndet werden.

Eine Geldbuße wird nicht festgesetzt, soweit der Täter unrichtige oder unvollständige Angaben bei der Finanzbehörde berichtigt, bevor ihm die Einleitung eines Straf- oder Bußgeldverfahrens wegen der Tat bekannt gegeben worden ist.

Eine **Steuergefährdung** (§ 379 AO) liegt z. B. vor, wenn der Täter vorsätzlich oder leichtfertig

- unrichtige Belege ausstellt,
- Geschäftsvorfälle nicht oder unrichtig verbucht oder
- die Pflicht zur Kontenwahrheit nach § 154 Abs. 1 AO verletzt.

Der Tatbestand der Steuergefährdung ist nach § 379 Abs. 4 AO subsidiär gegenüber der leichtfertigen Steuerverkürzung (§ 378 AO). Er wird mit Geldbuße bis zu 5 000 € geahndet.

16.3 Vorschriften des Strafgesetzbuches

16.3.1 Insolvenzstraftaten

Das Strafgesetzbuch ahndet Verstöße gegen die Rechnungslegungsvorschriften im Zusammenhang mit dem Bankrott. Bestraft wird nach § 283b StGB, wer

- Handelsbücher zu führen unterlässt oder so führt oder verändert, dass die Übersicht über seinen Vermögensstand erschwert wird,
- Handelsbücher oder sonstige Unterlagen vor Ablauf der Aufbewahrungsfristen beiseite schafft, verheimlicht, zerstört oder beschädigt und dadurch die Übersicht über seinen Vermögensstand erschwert,
- entgegen dem Handelsrecht Bilanzen so aufstellt, dass die Übersicht über seinen Vermögensstand erschwert wird oder
- es unterlässt, die Bilanz oder das Inventar in der vorgeschriebenen Zeit aufzustellen.

Wird die Tat bei Überschuldung oder bei drohender oder eingetretener Zahlungsunfähigkeit begangen, so droht Geldstrafe oder Freiheitsstrafe bis zu 5 Jahren (§ 283 StGB), in schweren Fällen bis zu 10 Jahren (§ 283a StGB). Das Strafmaß reduziert sich auf Geldstrafe oder Freiheitsstrafe bis zu 2 Jahren, wenn das Vergehen erfolgte, bevor Überschuldung oder drohende/eingetretene Zahlungsunfähigkeit vorlag (§ 283b StGB).

Überschuldung ist gegeben, wenn Verluste das gesamte Eigenkapital übersteigen, wobei Aktiva und Passiva in der Überschuldungsbilanz zu den jeweiligen Zeitwerten anzusetzen sind.

Zahlungsunfähigkeit ist Ausdruck dafür, dass ein Kaufmann fällige Verbindlichkeiten nicht mehr erfüllen kann.

16.3.2 Kreditbetrug

Wer im Zusammenhang mit einem Kreditantrag

- unrichtige oder unvollständige Unterlagen vorlegt, namentlich Bilanzen, GuV-Rechnungen oder Vermögensübersichten, die für den Kreditnehmer vorteilhaft sind, oder
- zwischenzeitlich eingetretene Verschlechterungen der in den Unterlagen dargestellten wirtschaftlichen Verhältnisse bei der Vorlage nicht mitteilt,

wird mit Freiheitsstrafe bis zu drei Jahren oder mit Geldstrafe bestraft. Voraussetzung ist, dass die unrichtigen Unterlagen oder die Verschlechterungen für die Entscheidung über einen solchen Antrag erheblich sind (§ 265b StGB).

Kontrollfragen
1. Für welche Unternehmen gelten die Straf-, Bußgeld- und Zwangsgeldvorschriften des HGB?
2. Welche Möglichkeiten hat das Registergericht, bei Verstößen gegen Aufstellung, Prüfung und Offenlegung eines Jahresabschlusses vorzugehen?
3. Bei Auftreten welcher Mängel ist die Ordnungsmäßigkeit der Buchführung nicht mehr gewahrt?
4. Was ist unter Steuerverkürzung und unter Steuergefährdung zu verstehen?
5. Welche Schritte kann die Finanzbehörde einleiten, wenn die sachliche Richtigkeit der Buchführung zu beanstanden ist?
6. Worin unterscheiden sich die Regelungen in HGB und Strafgesetzbuch hinsichtlich unrichtiger Bilanzen?

17 Wesentliche Unterschiede zwischen den deutschen Rechnungslegungsvorschriften und den IAS/IFRS

Internationalen Kapitalmärkten und internationalen Unternehmensakquisitionen kommt immer höhere Bedeutung zu. Dies gilt insbesondere aus deutscher Sicht: der nationale Kapitalmarkt ist für große deutsche Unternehmen immer häufiger zu klein.

Der wichtigste **Hinderungsgrund für Internationalisierungsstrategien** sind unterschiedliche Rechnungslegungsvorschriften. Um die Erstellung gesonderter Abschlüsse nach den Regeln des jeweiligen Börsenplatzes zu vermeiden, ist die Ausrichtung nach international anerkannten Standards wie IAS/IFRS oder US-GAAP geboten.

17.1 International Accounting Standards Board (IASB)

Bereits 1973 wurde das International Accounting Standards Committee (IASC), ein **privater Zusammenschluss** von mit Rechnungslegungsfragen befassten Berufsverbänden **(Berufsorganisationen der Wirtschaftsprüfer)**, mit dem Ziel gegründet, eine weltweite Harmonisierung der Rechnungslegung voranzubringen. Damalige Triebkraft waren die britischen Berufsstände, die bestrebt waren, die Setzung internationaler Rechnungslegungsnormen im privaten Sektor zu halten.

In 2001 wurde das IASC in **International Accounting Standards Board (IASB)** umbenannt.

Inzwischen gehören dem IASB Berufsorganisationen aus mehr als 100 Ländern an, Tendenz steigend. Deutschland wird im IASB u. a. durch das **Deutsche Rechnungslegungs Standards Commitee e. V.** (vgl. § 342 Abs. 1 HGB) sowie das Institut der Wirtschaftsprüfer in Deutschland e. V. (IDW) und die Wirtschaftsprüferkammer (WPK) vertreten.

Ziel des IASB ist es, **Rechnungslegungsgrundsätze für die Offenlegung von Jahresabschlüssen** zu entwickeln und deren weltweite Anerkennung und Beachtung zu fördern. Hierzu erarbeitet es **International Accounting Standards (IAS)** bzw. ab 2001 **International Financial Reporting Standards (IFRS).**

17.2 Rechtscharakter der IAS/IFRS

Bezüglich der **Rechtsnatur** haben die IAS/IFRS als solche **keinen Gesetzesrang**, da sie lediglich **Empfehlungen des IASB** wiedergeben. Nur soweit nationale Gesetzgeber bestimmte IAS/IFRS gesetzlich normieren, erhalten diese Rechtsnormqualität.

17.3 Aufbau des Regelwerks der IAS/IFRS

Die IAS/IFRS beruhen überwiegend auf der **angloamerikanischen Bilanzierungstradition**, die sich von kontinental-europäischen, insbesondere **deutschen Bilanzierungsgrundsätzen erheblich unterscheiden** (BMJ, Referentenentwurf zum Bilanzrechtsreformgesetz, S. 7).

Den IAS/IFRS ist ein **Framework (Rahmen)** vorangestellt, in dem die Grundzüge der IAS/IFRS-Rechnungslegung dargestellt sind. Die einzelnen IAS/IFRS regeln – ähnlich wie die US-GAAP – jeweils **spezifische Themenkomplexe** der Bilanzierung und Publizierung; sie sind also nicht systematisch angelegt, sondern **einzelfallorientiert**.

Sie werden wie folgt **zitiert**:
- das **Framework** (z. B. **F.10** = Framework § 10) und
- die **IAS/IFRS** (z. B. **IAS 1.11** = IAS 1 § 11).

17.4 Zielsetzungen der IAS/IFRS

Nach F.12 des IASB Frameworks hat der Jahresabschluss die Aufgabe,
- Informationen über die finanzielle Lage und die Leistung eines Unternehmens und
- die Veränderungen in dieser Hinsicht zu vermitteln.

Diese Informationen sollen einer großen Zahl von Interessenten (hauptsächlich **Investoren**) die Möglichkeit geben, **ökonomische Entscheidungen zu treffen.**

Auf dieses Informationsinteresse ist der Jahresabschluss nach IAS/IFRS beschränkt (Baetge/Kirsch/Thiele, Konzernbilanzen, Düsseldorf 2002, S. 77). Er dient nicht dem Gläubigerschutz und nicht der Kapitalerhaltung von Unternehmen und hat folglich auch keine Ausschüttungsbemessungsfunktion; er soll auch nicht der steuerlichen Gewinnermittlung zugrunde gelegt werden. Vgl. S. 120.

17.5 Vergleich ausgewählter Ansatz- und Bewertungsvorschriften zwischen IAS/IFRS und HGB

Ansatzunterschiede zwischen IAS/IFRS und HGB bestehen z. B. bei
- immateriellen Vermögensgegenständen,
- Entwicklungskosten und
- Rückstellungen.

Bewertungsunterschiede zwischen IAS/IFRS und HGB bestehen z. B. bei

- Herstellungskosten,
- langfristiger Auftragsfertigung,
- Währungsumrechnung,
- zu Handelszwecken gehaltene Wertpapiere (trading).

Vgl. hierzu **ausführlich** Band 6 der Neuen Schule des Bilanzbuchhalters »Internationale Rechnungslegung«.

17.5.1 Unterschiede beim Ansatz immaterieller Vermögensgegenstände

Bei den immateriellen Vermögensgegenständen bestehen zwischen HGB und IAS/IFRS folgende Unterschiede:

- Während nach **HGB** ein **Aktivierungsverbot** für nicht entgeltlich erworbene immaterielle Vermögensgegenstände des Anlagevermögens besteht (§ 248 Abs. 2 HGB),
- werden immaterielle Vermögensgegenstände nach **IAS/IFRS im Jahresabschluss angesetzt**, wenn sie sich vom Geschäfts- oder Firmenwert unterscheiden lassen und wenn es wahrscheinlich ist, dass dem Unternehmen der künftige wirtschaftliche Nutzen aus ihnen zufließen wird und wenn die AK/HK zuverlässig bemessen werden können (IAS 38.10–12, 19, 39). Das hat die Aktivierbarkeit bestimmter selbst geschaffener immaterieller Vermögensgegenstände zur Folge, z. B. Software, Patente, Urheberrechte.

17.5.2 Unterschiede beim Ansatz von Entwicklungskosten

Bei den Entwicklungskosten bestehen zwischen HGB und IAS/IFRS folgende Unterschiede:

- Entwicklungskosten sind **nach IAS/IFRS zu aktivieren**, wenn das Unternehmen bestimmte Umstände demonstrieren kann, aus denen sich die Durchführbarkeit und der künftige Nutzen der Entwicklung ergibt (IAS 38.45).
- Eine solche Aktivierungsmöglichkeit ist **im HGB nicht** vorgesehen (§ 248 Abs 2 HGB).

17.5.3 Unterschiede beim Ansatz von Rückstellungen

Bei den Rückstellungen bestehen zwischen HGB und IAS/IFRS folgende Unterschiede:

- Die Regeln für die Bildung von Rückstellungen sind **bei IAS/IFRS wesentlich enger als im HGB**: eine Rückstellungsbildung ist **nur möglich für Aufwendungen, die Dritte betreffen** (IAS 37.10).
- Im **HGB** sind daneben auch Rückstellungen möglich, die eigene Aufwendungen (d. h. das Unternehmen selbst) betreffen, z. B. **Rückstellungen für unterlassene Instandhaltungen** (§ 249 Abs. 1 HGB) und **Aufwandsrückstellungen**, welche die Voraussetzungen nach § 249 Abs. 2 HGB erfüllen.

17.5.4 Unterschiede beim Ansatz von Herstellungskosten

Bei den Herstellungskosten bestehen zwischen HGB und IAS/IFRS folgende Unterschiede:

- Nach **IAS/IFRS** sind die zurechenbaren Einzel- und Gemeinkosten **(Vollkosten)** ansatzpflichtig (IAS 2.7 ff.),
- während die Ansatzpflicht sich nach **HGB** nur auf die zurechenbaren **Einzelkosten** bezieht; für die zurechenbaren Gemeinkosten gilt ein Wahlrecht (§ 255 Abs. 2 HGB).

17.5.5 Unterschiede bei der Bewertung langfristiger Auftragsfertigung

Von **langfristiger Auftragsfertigung** spricht man, wenn Beginn und Beendigung des Auftrags in verschiedenen Rechnungsperioden liegen. Hierbei bestehen zwischen HGB und IAS/IFRS folgende Unterschiede:

- Nach IAS/IFRS erfolgt bei langfristiger Auftragsfertigung eine Gewinnrealisierung nach der »**stage-of-completion-method**«, nach der Umsatzerlöse und Bruttogewinne über die Vertragsdauer hinweg je nach Fertigungsfortschritt ausgewiesen werden (IAS 11.22).
- Eine derartige Teilgewinnrealisierung ist nach HGB auf Grund des Realisationsprinzips (§ 252 Abs. 1 Nr. 4 HGB) nicht möglich.

17.5.6 Unterschiede bei der Währungsumrechnung

Bei der Währungsumrechnung bestehen zwischen HGB und IAS/IFRS folgende Unterschiede:

- Valutaforderungen und -verbindlichkeiten sind nach IAS/IFRS zum Bilanzstichtagskurs umzurechnen (IAS 21.9, 11, 11a und 15) wodurch sowohl unrealisierte Gewinne als auch unrealisierte Verluste erfasst werden.
- Handelsrechtlich schlagen sich auf Grund des Imparitätsprinzips (§ 252 Abs. 1 Nr. 4 Halbsatz 2 HGB) nur unrealisierte Verluste nieder, ansonsten erfolgt ein Ansatz zum Kurs der Erstverbuchung.

17.5.7 Unterschiede bei der Bewertung von zu Handelszwecken gehaltenen Wertpapieren (trading)

Zu **Handelszwecken gehaltene Wertpapiere (trading)** werden in der Absicht erworben, Gewinne aus kurzfristigen Preisschwankungen zu erzielen. Hierbei bestehen zwischen HGB und IAS/IFRS folgende Unterschiede:

- Derartige Wertpapiere sind das **typische Beispiel** für eine sog. »**Fair-value-Bewertung**« bei den **IAS/IFRS**, d. h. einer **Bewertung zum Zeitwert**. Sich daraus ergebende Wertänderungen gehen in das Ergebnis des Geschäftsjahres ein, in dem die Wertänderung eingetreten ist (IAS 39.69).
- Nach HGB kommen das Anschaffungskostenprinzip (§ 253 Abs. 1 Satz 1 HGB), das Realisationsprinzip (§ 252 Abs. 1 Nr. 4 HGB) und das Niederstwertprinzip (§ 253 Abs. 3 HGB) zum Tragen: Bewertung zu fortgeführten Anschaffungskosten.

17.6 IAS/IFRS-Abschlüsse und Kreditvergabe (Basel II, Rating)

Der Abschluss nach den **IAS/IFRS** ist

- durch eine Erweiterung des Aktivierungspotenzials
- bei gleichzeitiger Zurückdrängung der Passivierungsmöglichkeiten gekennzeichnet.

Dadurch werden im Verhältnis zum Abschluss nach HGB **tendenziell höhere Gewinne** ausgewiesen.

Dieses tendenziell höher mögliche Ergebnis mag es angezeigt erscheinen lassen, künftig für die **Kreditvergabe** – man denke an **Basel II und Rating – Jahresabschlüsse nach IAS/IFRS zugrunde zu legen**. Insofern sind aber Zweifel anzumelden, denn das Rating beschränkt sich nicht nur auf quantitative, sondern auch auf **qualitative Informationen**, wie Marktgeltung, Fähigkeit der Unternehmensleitung u. Ä. Darüber hinaus sind Kreditinstitute gut beraten, wegen der den **Gläubigerschutz vernachlässigenden Struktur der IAS/IFRS** zusätzliche Informationen (vgl. § 18 KWG) einzufordern.

AUFGABEN

Aufgaben zum 1. Hauptteil: Grundlagen der Buchführung

Aufgabe 1.01 *Zusammenhang zwischen Bilanz und Buchführung*
Anhand der folgenden Angaben ist die Eröffnungsbilanz aufzustellen, daraus sind die Konten abzuleiten, die Buchungen vorzunehmen und die Konten abzuschließen. Die Kontensalden sind zur Schlussbilanz zusammenzuziehen.[1]
  Anfangsbestände:

Fuhrpark 80 000 €; Geschäftsausstattung 120 000 €; Waren 560 000 €; Forderungen 270 000 €; Kasse 5 000 €; Bank 310 000 €; Verbindlichkeiten 430 000 €.

(1)	Banküberweisungen an Lieferanten	260 000
(2)	Zielkäufe von Waren	180 000
(3)	Aufnahme eines Darlehens (Bildung eines neuen Kontos), Banküberweisung	200 000
(4)	Zielverkäufe von Waren	390 000
(5)	Zielkauf eines Lkw (Sonstige Verbindlichkeiten)	100 000
(6)	Banküberweisungen der Kunden	120 000
(7)	Banküberweisung für den Zielkauf des Lkw, 1. Rate	50 000
(8)	Verkauf eines alten Lkw gegen bar	20 000
(9)	Bareinzahlung bei der Bank	15 000
(10)	Rücküberweisung an den Darlehensgeber durch Bank	40 000
(11)	Rücksendung von auf Ziel gekauften Waren durch einen Kunden	3 000
(12)	Rücksendung von auf Ziel gekauften Waren an einen Lieferanten	6 000

Schlussbestände: Buchsalden = Inventurbestände

Aufgabe 1.02 *Unterschiedliche Möglichkeiten der Buchung des Warenverkehrs*
Die Waren der Fa. Groß stehen mit folgenden Wertansätzen zu Buche:

Anfangsbestand	100 000
Wareneinkäufe	840 000
Schlussbestand lt. Inventur	93 000
Warenverkäufe	1 420 000

(1) Stellen Sie die Buchung des Warenverkehrs auf T-Konten dar
   a) Nettoabschluss,
   b) Bruttoabschluss,
   c) durch zusätzliche Verwendung des Wareneinsatzkontos,

---

1 In dieser Anfangsübung wird unterstellt, dass die Waren zum Einstandspreis abgesetzt werden. Umsatzsteuer ist aus methodischen Gründen noch vernachlässigt. Es soll nur der einfache Weg von Bilanz zu Bilanz verdeutlicht werden.

d) durch Aufteilung des Wareneinkaufskontos in Warenbestand und Wareneinkauf, wie in Handelsbetrieben in der Praxis vielfach üblich.

(2) Welche Buchungsweise sollte man nicht anwenden?

Aufgabe 1.03 *Darstellung der Konten Vorsteuer und Umsatzsteuer*

(1) Prüfen Sie, wie die folgenden Vorgänge zu buchen sind. Stellen Sie die Konten Vorsteuer und Umsatzsteuer dar. Ermitteln Sie die Zahllast.

a) Warenzieleinkäufe	110 000,00	
+ 16 % Umsatzsteuer	17 600,00	127 600,00
b) Zielkauf von Verpackungsmaterial	300,00	
+ 16 % Umsatzsteuer	48,00	348,00
c) Reparaturrechnung für den Geschäftswagen	100,00	
+ 16 % Umsatzsteuer	16,00	116,00
d) Banküberweisungen an Lieferanten		96 000,00
e) Rechnung der Stadtwerke für Strom und Gas	200,00	
+ 16 % Umsatzsteuer, Abbuchung bei der Bank	32,00	232,00
f) Barkäufe für Büromaterial	50,00	
+ 16 % Umsatzsteuer	8,00	58,00
g) Zielverkäufe	164 800,00	
+ 16 % Umsatzsteuer	26 368,00	191 168,00
h) Verkauf von Altpapier, bar	20,00	
+ 16 % Umsatzsteuer	3,20	23,20
i) Banküberweisungen der Kunden		138 000,00

(2) Was würde es bedeuten, wenn das Vorsteuerkonto einen größeren Saldo ausweisen würde als das Umsatzsteuerkonto?
(3) Nennen Sie Beispiele für den Fall 2.
(4) Warum ist Geschäftsvorfall i) ohne Steuerwirkung?
(5) Warum bucht man private Warenentnahmen auf dem Warenverkaufskonto?

Aufgabe 1.04 *Von der Eröffnungs- zur Schlussbilanz*

(1) Bei der nachstehenden Aufgabe ist folgender Arbeitsweg einzuhalten:
1. Aufstellen der Eröffnungsbilanz, 2. Auflösung der Bilanz in Konten, 3. Buchen der Vorgänge, 4. Abschluss der Konten: a) Aktivkonten, b) passive Bestandskonten (außer Kapital), c) Aufwandskonten, d) Ertragskonten, e) GuV-Konto, f) Privatkonto, g) Kapitalkonto, 5. Aufstellen der Schlussbilanz.

Anfangsbestände: Betriebs- und Geschäftsausstattung 22 000 €; Waren 35 000 €; Forderungen 26 000 €; Kasse 200 €; Bank 9 800 €; Verbindlichkeiten 33 000 €.

	a)	b)
a) Käufe von Waren auf Ziel	9 000	10 200
zuzüglich 16 % Vorsteuer	1 440	1 632
b) Zahlungen der Kunden durch die Bank	13 000	15 000
c) Verkäufe von Waren gegen bar	4 200	3 000
zuzüglich 16 % Umsatzsteuer	672	480
d) Verkäufe von Waren auf Ziel	7 800	10 400
zuzüglich 16 % Umsatzsteuer	1 248	1 664
e) Banküberweisung an die Lieferanten	20 000	18 000
f) Verwaltungskosten bar bezahlt	3 000	2 500
zuzüglich 16 % Vorsteuer	480	400

g) Banküberweisungen der Kunden	10 000	12 000
h) Verkauf von Waren auf Ziel	8 000	9 000
zuzüglich 16 % Umsatzsteuer	1 280	1 440
i) Gehaltszahlung, bar	900	600
j) Privatentnahme, bar	100	50
k) Banküberweisung der Umsatzsteuerschuld	?	?

Schlussbestände: a) Waren 30 000 €; b) Waren 25 800 €.
Im übrigen Buchbestände = Inventurbestände.

Schließen Sie die Warenkonten nach der Netto- und nach der Bruttomethode ab.
(2) Wann erst können GuV- und Kapitalkonto abgeschlossen werden?
(3) Wie lässt sich der Schlussbestand des Kapitals kontrollieren?
(4) Welche gedankliche Schwierigkeit ergibt sich bei Buchungen in Erfolgs- und Privatkonten?

Aufgabe 1.05 *Einfache Buchungssätze*
Kontieren Sie folgende Geschäftsfälle in Form von Buchungssätzen (Umsatzsteuer vernachlässigt):

(1) Banküberweisung an einen Lieferanten		700
(2) Zahlung an einen Lieferanten durch Besitzwechsel		500
(3) Wechselziehung eines Lieferanten		1 000
(4) Einkassierung eines Besitzwechsel, bar		600
(5) Einlösung eines Schuldwechsels, bar		800
(6) Zahlung eines Kunden durch Banküberweisung		800
(7) Barabhebung von der Bank		300
(8) Überweisung vom Postbank- auf das Bankkonto		1 000
(9) Zahlung an einen Lieferanten durch die Bank		700
(10) Aufnahme einer Hypothek durch Banküberweisung		8 000
(11) Barzahlung der Miete für die Geschäftsräume		780
(12) Zinsgutschrift der Bank		230
(13) Lohnzahlung bar (Abzüge hier noch vernachlässigt)		600
(14) Privatentnahme, bar		300
(15) Zahlung der Stromkosten durch Bankscheck		60
(16) Heizungskosten, bar		170
(17) Provisionen, durch Bankscheck bezahlt		130
(18) Barkauf von Bürobedarf		28
(19) Bareinlage des Inhabers		2 000

Aufgabe 1.06 *Zusammengesetzte Buchungssätze im Zahlungsverkehr*
Kontieren Sie folgende Geschäftsfälle in Form von Buchungssätzen (Umsatzsteuer vernachlässigt):

(1) Zahlung eines Kunden, in bar		200
durch Postbanküberweisung		500
(2) Zahlung an einen Lieferer,		
durch Postbanküberweisung		300
durch Banküberweisung		800
(3) Zahlung eines Kunden,		
durch Banküberweisung		115
durch Besitzwechsel		1 000

(4) Ausgleich einer Lieferantenrechnung,
    durch Besitzwechsel   1 000
    durch Schuldwechsel   350
(5) Barzahlung eines Kunden,
    Rechnungsbetrag   500
    Skonto   2 %
(6) Barausgleich einer Lieferantenrechnung,
    Rechnungsbetrag   2 000
    Skonto   3 %
(7) Barentnahme, für Geschäftsreise   300
    für Privat   100
(8) Postbanküberweisung,
    für Gewerbesteuer   80
    für Kirchensteuer   30
(9) Ausgleich einer Kundenrechnung,
    Preisnachlass   150
    Banküberweisung   1 274
    Skonto   26
(10) Ausgleich einer Lieferantenrechnung,
    in bar   176
    durch Postbank   1 000
    Skonto   24

Aufgabe 1.07 *Zusammengesetzte Buchungssätze im Warenverkehr*
Bilden Sie Buchungssätze mit Berücksichtigung der Umsatzsteuer über folgende Vorgänge:

(1) Barkauf von Waren (2 500 € + 400 € Vorsteuer)	2 900,00
(2) Barverkauf von Waren (100 € + 16 € Umsatzsteuer)	116,00
(3) Zielverkauf von Waren (1 500 € + 240 € Umsatzsteuer)	1 740,00
(4) Zielkauf von Waren (3 000 € + 480 € Vorsteuer)	3 480,00
(5) Warenrücksendung eines Kunden (200 € + 32 € Umsatzsteuerkorrektur)	232,00
(6) Preisnachlass eines Lieferanten (400 € + 64 € Vorsteuer)	464,00
(7) Warenrücksendung an einen Lieferanten (600 € + 96 € Vorsteuer)	696,00
(8) Preisnachlass gegenüber einem Kunden (100 € + 16 € Umsatzsteuer)	116,00
(9) Zielkauf einer Maschine (5 000 € + 800 € Vorsteuer)	5 800,00
(10) Verkauf einer Schreibmaschine, bar (200 € + 32 € Umsatzsteuer)	232,00
(11) Barzahlung von Fracht auf Warensendung (100 € + 16 € Vorsteuer)	116,00
(12) Privatentnahme von Waren (80 € + 12,80 Umsatzsteuer)	92,80
(13) Verkauf einer Maschine gegen Bankscheck (6000 € + 960 € Umsatzsteuer)	6 960,00

Aufgabe 1.08 *Deuten von Buchungssätzen*
Deuten Sie folgende Buchungssätze (Kontierungen):

(1) Kasse an Warenverkauf und Umsatzsteuer (100 € + 16 €)	116,00
(2) Bank an Kasse	2 000,00

(3) Wareneinkauf und Vorsteuer an Bank (800 € + 128 €)		928,00
(4) Bank an Postbank		3 300,00
(5) Forderungen an Warenverkauf und Umsatzsteuer		
(700 € + 112 €)		812,00
(6) Wareneinkauf und Vorsteuer an Verbindlichkeiten		
(1 000 € + 160 €)		1 160,00
(7) Verbindlichkeiten an Kasse		300,00
(8) Bank an Forderungen		600,00
(9) Besitzwechsel an Forderungen		350,00
(10) Verbindlichkeiten an Schuldwechsel		700,00
(11) Geschäftsausstattung und Vorsteuer an Verbindlichkeiten		
(4000 € + 640 €)		4 640,00
(12) Bank an Hypotheken		10 000,00
(13) Verbindlichkeiten an Besitzwechsel		860,00
(14) Warenverkauf und Umsatzsteuer an Forderungen		
(100 € + 16 €)		116,00
(15) Verbindlichkeiten an Wareneinkauf und Vorsteuer		
(400 € + 64 €)		464,00
(16) Bürokosten und Vorsteuer an Kasse (500 € + 80 €)		580,00
(17) Privat an Bank		300,00
(18) Bank an Zinsen		140,00
(19) Löhne an Kasse		900,00
(20) Kasse an Geschäftsausstattung und Umsatzsteuer (300 € + 48 €)		348,00
(21) Verbindlichkeiten	2 000,00	
an Kasse		1 960,00
Skonto		34,48
Vorsteuer		5,52
(22) Bank	970,00	
Skonto	25,86	
Vorsteuer	4,14	
an Forderungen		1 000,00
(23) Privat	300,00	
Verwaltungskosten	150,00	
Vorsteuer	24,00	
an Kasse		474,00
(24) Bank	5 400,00	
an Privat		5 000,00
Kasse		400,00

Aufgabe 1.09 *Verständnisfragen zur Bilanzübersicht*

(1) Worin liegt die Bedeutung der Summenbilanz?
(2) Was sagt die Saldenbilanz aus?
(3) Weshalb ist es zweckmäßig, eine Saldenbilanz II zu entwickeln?
(4) Inwiefern haben Vermögens- und Erfolgsbilanz Belegcharakter für den Abschluss?
(5) In welchen Fällen ist in der Abschlusstabelle eine Umbuchungsspalte angebracht?

Aufgabe 1.10 *Aufstellung der Bilanzübersicht*
Die Summenbilanz der Uhrengroßhandlung Alfred Leupold, Braunschweig, zeigt folgende Kontenstände:

Konto-Nr.	Konto-Name	Soll T €	Haben T €
033	Betriebs- und Geschäftsausstattung	600	–
060	Kapital	–	920
100	Forderungen	2 400	1 800
130	Bank	2 029	1 980
140	Vorsteuer	653	9
151	Kasse	2 730	2 690
160	Privat	220	–
170	Verbindlichkeiten	2 300	3 096
180	Umsatzsteuer	6	693
190	Sonstige Verbindlichkeiten	400	510
300	Wareneinkauf	3 500	–
380	Wareneinsatz	–	–
400	Personalkosten	1 110	–
411	Miete	190	50
450	Provisionsaufwendungen	40	–
480	Verwaltungskosten	150	–
490	Abschreibungen	–	–
800	Warenverkauf	–	4 400
872	Provisionserträge	–	180
		16 328	16 328

Inventurbestände: Waren 880 000 €; Geschäftsausstattung 540 000 €. Im Übrigen Buchbestände = Inventurbestände.

(1) Stellen Sie die Abschlusstabelle auf.
(2) Bilden Sie die vorbereitenden Abschlussbuchungen.

Aufgabe 1.11 *Buchen nach dem Nettoverfahren*
Folgende Vorgänge eines Großhandelsunternehmens sind nach Nettoprinzip auf T-Konten zu buchen:

(1) Wareneinkäufe	150 000
+ Vorsteuer	24 000
(2) Zielkäufe von Büromaterial (sofort kostenwirksam gebucht), netto	1 200
+ Vorsteuer	192
(3) Reparaturrechnung für Lieferwagen, netto	300
+ Vorsteuer	48
(4) Warenzielverkäufe, netto	210 000
+ Umsatzsteuer	33 600
(5) Banküberweisungen von Kunden	181 500
(6) Banküberweisungen an Lieferanten	166 500
(7) Ausgleich der Umsatzsteuerschuld	8 775

Aufgabe 1.12 *Buchen nach Netto- und Bruttoverfahren*
Geschäftsfälle bei der Teppicheinzelhandlung Peter Frick, Darmstadt:

a) Warenbezüge lt. Wareneinkaufsbuch	25 400	
hierauf Vorsteuer	4 064	29 464

b) Warenverkäufe an Endverbraucher lt. Registrierkasse einschl. Umsatzsteuer		37 816
c) Einzahlung bei der Bank		35 000
d) Lieferung an das Büromaschinenhaus Rapid GmbH in Neustadt im Tausch gegen Büromaschinen (s. Fall e)		
10 m Haargarnläufer	200	
1 Berberteppich	700	
+ Umsatzsteuer	144	1 044
e) Gegenlieferung des Büromaschinenhauses		
1 Kleinschreibmaschine	400	
1 Kleincomputer	450	
+ Vorsteuer	136	986
f) Ausgleich des Differenzbetrages durch die Bank		58
g) Zielkauf von Tapisseriewerk Ernst Schäfer, Darmstadt		
20 Sofakissen zu je 15 €	300	
10 Sofakissen zu je 20 €	200	
+ Vorsteuer	80	580
h) Ermittlung und Buchung des Umsatzsteueranteils am Bruttoerlös von 37 816 €		?

(1) Buchen Sie die Vorgänge in den Konten. Dabei soll nur der Fall b) brutto gebucht werden. Für den Warenverkauf sollen zwei Konten geführt werden, Warenverkauf an Privatkundschaft und an Gewerbetreibende.
(2) Warum wurden die Warenverkäufe zu Geschäftsfall b) brutto, die übrigen Vorfälle netto gebucht? Welche Buchungsgrundsätze für Endverbraucherrechnungen kann man ableiten?

Aufgabe 1.13 *Entgeltänderungen und Umsatzsteuer*
Die Großhandlung Gustav Schmidt hat folgende Vorgänge zu buchen (die Rechnungen werden netto gebucht). Stellen Sie auch die Konten dar.

(1) Wareneinkäufe des laufenden Monats, netto		118 000
(2) Vorsteuer hierauf		18 880
(3) Warenverkäufe des laufenden Monats, netto		142 600
(4) Umsatzsteuer hierauf		22 816
(5) Banküberweisungen an Lieferanten		
Rechnungsbeträge einschließlich Steuer	111 000	
./. 3 % Skonto	3 330	
Überweisung also		107 670
(6) Berichtigung der Vorsteuer wegen des Lieferantenskontos von 3 330 €		?
(7) Banküberweisungen von Kunden		
Rechnungsbeträge einschließlich Steuer	133 200	
./. 3 % Skonto	3 996	129 204
(8) Berichtigung der Umsatzsteuer wegen des Kundenskontos von 3 996 €		?

Aufgabe 1.14 *Mehrere Umsatzsteuersätze*
(1) Buchen Sie folgende Vorgänge a) nach der Brutto-, b) nach der Nettomethode. Gliedern Sie im Falle a) die Waren- und Skontikonten nach Steuersätzen auf.

Geschäftsfälle:

1. Bezug von Lebensmitteln auf Ziel
   (zu 7 % steuerpflichtig)   26 400,00
   + Umsatzsteuer   1 848,00   28 248,00
2. Zieleinkäufe von Haushaltsartikeln
   (zu 16 % steuerpflichtig)   18 200,00
   + Umsatzsteuer   2 912,00   21 112,00
3. Zielverkäufe von Lebensmitteln   29 800,00
   + Umsatzsteuer   2 086,00   31 886,00
4. Zielverkäufe von Haushaltsartikeln   20 400,00
   + Umsatzsteuer   3 264,00   23 664,00
5. Warenrücksendung von Lebensmitteln
   an den Lieferanten   800,00
   + Umsatzsteuer   56,00   856,00
6. Ein Kunde gibt beanstandete Haushaltswaren
   zurück   460,00
   + Umsatzsteuer   73,60   533,60
7. Banküberweisung an Lieferanten von Haushaltswaren   9 250,00
   ./. 3 % Skonto   277,50   8 972,50
8. Banküberweisung an Lieferanten von Lebensmitteln   12 600,00
   ./. 2 % Skonto   252,00   12 348,00
9. Steuerkorrektur für 277,50 Skontogewährung
   auf Haushaltswaren   ?
10. Steuerkorrektur für 252 € Skontogewährung
    auf Lebensmittel   ?
11. Ausgleich der Umsatzsteuerschuld
    durch Banküberweisung   ?

(2) Warum sind die Erlöskonten unbedingt nach Steuersätzen zu gliedern, die Wareneinkaufskonten dagegen nicht in jedem Falle?

(3) Empfiehlt sich die Aufgliederung der Steuerkonten?

Aufgabe 1.15 *Umsatzsteuer bei Lieferungen und unentgeltliche Wertabgaben*

(1) Buchen Sie folgende Vorgänge:
    a) Warenzieleinkauf lt. ER 192–216   50 300
       + 16 % Vorsteuer   8 048   58 348
    b) Warenverkäufe lt. AR 314–392   74 800
       + 16 % Umsatzsteuer   11 968   86 768
    c) Banküberweisung an Lieferanten mit 2 % Skonto,
       Bruttorechnungsbeträge   49 950
       ./. 2 % Skonto   999   48 951
       Vorsteuerkorrektur wegen Skontoabzug von 999 €   ?
    d) Banküberweisungen der Abnehmer,
       Bruttorechnungsbeträge   37 000
       ./. 3 % Skonto   1 110   35 890
       Umsatzsteuerkorrektur wegen Skontoabzug
       von 1 110 €   ?

e) Privatentnahme eines Speiseservices	1 600	
+ 16 % Umsatzsteuer	256	1 856
f) Barkauf eines Aquarells von Max Hauschild als Geschenk zum Firmenjubiläum der Porzellanmanufaktur Neustadt, Einkaufspreis	600	
+ 7 % Vorsteuer	42	642
g) Kfz-Kosten für betrieblichen Pkw, Banküberweisung	1 750	
+ 16 % Vorsteuer	280	2 030
h) Anteil für private Nutzung des Pkw 1 %-Regelung		609

(2) Erläutern Sie die Buchung f).
(3) Wie ist Fall f) bei einer Kapitalgesellschaft zu behandeln?
(4) Wie kann der Anteil der privaten Nutzung eines Pkw ermittelt werden?

Aufgabe 1.16 *Lineare und degressive Abschreibung*
Eine Maschine mit einem Anschaffungswert von 100 000 € hat eine Nutzungsdauer von 8 Jahren.
(1) Welcher Abschreibungssatz ergibt sich bei linearer Abschreibung?
(2) Wann ist es sinnvoll, von der steuerlich zulässigen degressiven Abschreibung von 20 % auf die lineare Abschreibung überzugehen? Stellen Sie den Abschreibungsverlauf dar.
(3) Wie ändern sich Wertansatz und Abschreibungsbetrag der Maschine im Falle degressiver Abschreibung (20 %), wenn Anfang des 3. Jahres eine werterhöhende Großreparatur für 12 000 € durchgeführt wird? Wie wäre bei linearer Abschreibung zu verfahren?

Aufgabe 1.17 *Digitale Abschreibung*
Eine Anlage hat einen Anschaffungswert von 210 000 € und eine Nutzungsdauer von 6 Jahren.
(1) Berechnen Sie die digitale Abschreibung
    a) ohne Berücksichtigung eines Schrottwerts,
    b) mit Berücksichtigung eines Schrottwerts von 7 000 €.
(2) Sind die Lösungen von (1) handels- und steuerrechtlich zulässig?

Aufgabe 1.18 *Abschreibung nach Maßgabe der Leistung*
Eine Maschine mit einem Anschaffungspreis von 50 000 € hat bei 1 800 Betriebsstunden pro Jahr (Normalbeanspruchung) eine geschätzte Nutzungsdauer von 8 Jahren. In den ersten Jahren wird die Maschine wie folgt beansprucht:

1. Jahr: 1 800 Stunden (Normalbeanspruchung)
2. Jahr: 2 700 Stunden (6 Monate Doppelschicht)
3. Jahr: 5 400 Stunden (täglich 3 Schichten)
4. Jahr: 2 160 Stunden (durch Überstunden)

(1) Welchen Einfluss hat die erhöhte Beanspruchung auf die Nutzungsdauer?
(2) Mit welchen Prozentsätzen des Anschaffungswertes müsste abgeschrieben werden, wenn sich die Abschreibung ausschließlich nach der Inanspruchnahme richten würde (beschäftigungsproportionale Abschreibung)?

Aufgabe 1.19 *Abschluss bei direkter Abschreibung*
Summenbilanz der Lebensmittel-Einzelhandlung Paul Schmid, Bielefeld:

Konto-Nr.	Konto-Name	Soll	Haben
0300	Betriebs- und Geschäftsausstattung	60 000	–
0885	Kapital	–	264 000
1000	Kasse	1 589 987	1 578 600
1200	Deutsche Bank	1 495 700	1 469 200
1400	Forderungen	68 140	47 807
1570	Vorsteuer	118 201	–
1600	Verbindlichkeiten	1 631 500	1 696 300
1770	Umsatzsteuer	–	116 298
1780	Umsatzsteuerzahlungen	–	–
1800	Privat	58 777	
3200	Wareneinkauf	1 507 300	3 000
3980	Warenbestand	220 000	–
4610	Werbung	26 800	
4830	Abschreibung auf Anlagen	–	–
4900	Sonstige Geschäftsausgaben	59 200	–
8000	Warenverkauf	4 000	1 665 400
		6 840 605	6 840 605

Inventurergebnisse:
  Warenbestand Einstandspreis 240 500 €, Abschreibung auf Betriebs- und Geschäftsausstattung 10 % vom Restbuchwert, im Übrigen Buchbestände = Inventurbestände.
  Die Umsatzsteuer beträgt für alle Warenverkäufe 7 %.
  Führen Sie den Abschluss durch.

(1) Aufstellen der Saldenbilanz I.
(2) Vorbereitende Abschlussbuchungen.
(3) Aufstellen von Saldenbilanz II, Vermögensbilanz und Erfolgsbilanz.

Aufgabe 1.20 *Abschluss bei direkter und indirekter Abschreibung*
Inventurergebnisse:
  Abschreibungen auf Fuhrpark 20 %, auf Geschäftsausstattung 15 %, Warenbestand 92 400 €. Im Übrigen Buchbestände = Inventurbestände.
  Summenbilanz der Textil-Großhandlung Hans Fleischer, Düsseldorf:

Konto-Nr.	Konto-Name	Soll	Haben
033	Geschäftsausstattung	96 000	–
034	Fuhrpark	36 000	–
060	Kapital	–	220 000
100	Forderungen	474 972	398 400
131	Bankverein Düsseldorf	426 000	381 600
140	Vorsteuer	68 004	504
151	Kasse	50 424	43 206
153	Besitzwechsel	57 600	51 600
160	Privat	25 950	–
170	Verbindlichkeiten	357 600	428 856
180	Umsatzsteuer	360	82 800
300	Wareneinkauf	402 000	3 600

Konto-Nr.	Konto-Name	Soll	Haben
380	Wareneinsatz	–	–
400	Personalkosten	113 656	–
480	Verwaltungskosten	51 600	–
490	Abschreibungen auf Anlagen	–	
800	Warenverkauf	2 400	552 000
		2 162 566	2 162 566

Führen Sie den Abschluss durch

a) bei direkter Abschreibung,
b) bei indirekter Abschreibung.

Aufgabe 1.21 *Bildung und Auflösung einer Einzelwertberichtigung auf Forderungen*
Auf eine Forderung in Höhe von 5 800 € brutto wird eine Abschreibung von 30 % vorgenommen. Wie ist im Folgejahr zu buchen, wenn

a) 100 %,
b) 60 %,
c) 70 %

als Zahlung eingehen?

Aufgabe 1.22 *Einzel- und Pauschalwertberichtigung auf Forderungen*
Die Forderungen der Firma Erich Buhlmann, Kassel, betrugen am 31. 12. 20.. 179 800 € (brutto). Bei Nachprüfung der Schuldnerliste wird Folgendes festgestellt:

a) Die GmbH Mau & Co. hat Insolvenz angemeldet, die mangels Masse abgewiesen wurde. Forderung 1 740 €.
b) Der Kaufmann Emil Krach hat ebenfalls Insolvenz angemeldet. Forderung 2 320 €. Vermutliche Insolvenzdividende 30 %.
c) Die Firma Rudolf Schlenkrich hat die Zahlungen eingestellt und ein außergerichtliches Vergleichsangebot von 60 % unterbreitet. Forderung 928 €.
d) Die Firma Ernst Ungewiss schuldet schon seit einem halben Jahr 1 160 €. Es sind Schwierigkeiten zu befürchten, weil die Schulden doppelt so hoch sind wie das Vermögen. Geschätzter Ausfall 50 %.
e) Auf nicht einzelwertberichtigte Forderungen nimmt die Firma Buhlmann einen pauschalen Abschlag von 3 % vor. Ausfälle in dieser Höhe kann die Fa. nachweisen.

(1) Ermitteln Sie die Höhe der uneinbringlichen, der zweifelhaften und der guten Forderungen sowie der Pauschalwertberichtigung.
(2) Führen Sie die notwendigen Buchungen durch.

Aufgabe 1.23 *Endgültig eintretende Zahlungsausfälle bei einzel- und pauschalwertberichtigten Forderungen*
Im nächsten Jahr sind bei Firma Erich Buhlmann (vgl. Aufgabe 1.22) folgende Geschäftsfälle zu beachten:

a) Von der Firma Emil Krach gehen 35 % Insolvenzdividende auf dem Bankkonto ein.
b) Das Vergleichsangebot der Firma Rudolf Schlenkrich wird eingehalten. Die Forderung geht bei der Bank ein.

c) Die Forderung an Firma Ernst Ungewiss wird uneinbringlich.
d) Von den im Vorjahr pauschal wertberichtigten Forderungen sind endgültige Ausfälle in Höhe von 5 568 € (brutto) entstanden.
e) Der Forderungsbestand nach Abzug der einzelwertberichtigten Forderungen beträgt am Jahresende 176 320 € (brutto).

(1) Buchen Sie die Geschäftsfälle.
(2) Welche Vorteile ergeben sich, wenn Sie endgültig eintretende Forderungsverluste über ein eigenes Konto buchen und nicht mit der gebildeten Einzelwertberichtigung verrechnen?
(3) Bilden Sie die pauschale Wertberichtigung neu.

Aufgabe 1.24 *Zeitliche Abgrenzung*
Bei Firma Fritz Müller, München, die während des Geschäftsjahres keine Abgrenzungen vorgenommen hat, sind zum Jahresende folgende Abgrenzungsprobleme zu beurteilen:

(1) Am 1. Oktober des Abschlussjahres wurde die Kfz-Haftpflichtversicherungsprämie von 840 € (Jahresprämie) für das betriebliche Fahrzeug per Bank bezahlt.
(2) Fritz Müller überwies am 1. November des Abschlussjahres folgende Versicherungsbeträge (Jahresbeiträge):
– Lebensversicherung 2 800 €,
– Privathaftpflicht 320 €.
(3) Die Telefonrechnung für das Autotelefon für Dezember des Abschlussjahres geht im Januar des nächsten Jahres ein, 545,20 € einschl. Umsatzsteuer.
(4) Für eine Geschäftsreise am 9. Januar wurde das Ticket für einen Inlandsflug bereits am 10. Dezember des Abschlussjahres per Postscheck beglichen, 464 € einschl. Umsatzsteuer.
(5) Fritz Müller hat am 1. Februar des Abschlussjahres Pfandbriefe in Höhe von 30 000 € erworben. Der Zinssatz beträgt 8 % p. a. nachschüssig. Zinstermine sind der 31. Januar und der 31. Juli. Bankgutschrift.
(6) Im Januar geht vertragsgemäß eine Gutschrift über 2 204 € Lieferantenboni ein, die das vergangene Jahr betreffen.
(7) Der Mieter einer Garage hat die Januarmiete zusammen mit der Dezembermiete am 28. Dezember in einem Betrag überwiesen, Summe 400 € zuzüglich Umsatzsteuer.

Für die Lösung der Fälle gilt Kalenderjahr = Wirtschaftsjahr. Nehmen Sie die Buchungen a) der Geschäftsvorfälle im Laufe des Jahres, b) am Jahresende und c) zu Beginn des darauf folgenden Wirtschaftsjahres vor.

Aufgabe 1.25 *Abschluss einer GmbH*
Eröffnungsbilanz- und Verkehrszahlen einer nach dem IKR '86 buchenden GmbH:

Kto.-Nr.	Sachkontenbezeichnung	Eröffnungsbilanz		Verkehrszahlen	
		Aktiva	Passiva	Soll	Haben
03	Geschäfts- oder Firmenwert	280 000			
05	Grundstücke und Bauten	1 900 000		410 000	
07	Technische Anlagen und Maschinen	1 450 000		450 000	30 000
08	Andere Anlagen, Betriebs- und Geschäftsausstattung	760 000		20 000	10 000
15	Wertpapiere des Anlagevermögens			180 000	
20	Roh-, Hilfs- und Betriebsstoffe	870 000		4 870 000	
21	Unfertige Erzeugnisse	710 000			
22	Fertige Erzeugnisse	1 250 000			
24	Forderungen aus Lieferungen und Leistungen	521 200		22 150 000	22 190 000
26	Sonstige Vermögensgegenstände	78 800		4 200 000	4 190 000
27	Sonstige Wertpapiere	130 000			
28	Schecks, Kassenbestand, Postbankguthaben, Guthaben bei Kreditinstituten	90 000		25 270 000	25 265 000
29	Aktive Rechnungsabgrenzungsposten	10 000			10 000
30	Gezeichnetes Kapital		1 750 000		
31	Kapitalrücklage		50 000		
324	Andere Gewinnrücklagen		100 000		
339	Gewinnvortrag		130 000		
37	Rückstellungen für Pensionen u. Ä. Verpflichtungen		750 000		
38	Steuerrückstellungen		40 000	40 000	
39	Sonstige Rückstellungen		240 000	240 000	
42	Verbindlichkeiten gegenüber Kreditinstituten		3 590 000	2 660 000	2 079 000
44	Verbindlichkeiten aus Lieferungen und Leistungen		560 000	4 370 000	4 420 000
45	Verbindlichkeiten aus der Annahme gezogener Wechsel und dem Ausstellen eigener Wechsel		210 000	1 320 000	1 290 000
48	Sonstige Verbindlichkeiten		610 000	5 200 000	5 250 000
49	Passive Rechnungsabgrenzungsposten		20 000	20 000	
50	Umsatzerlöse				24 220 000
52	Erhöhung oder Verminderung des Bestands an fertigen und unfertigen Erzeugnissen				
54	Sonstige betriebliche Erträge				55 000
56	Erträge aus anderen Wertpapieren				18 000
57	Sonstige Zinsen u. ä. Erträge				10 000
58	Außerordentliche Erträge				14 000
60	Aufwendungen für Roh-, Hilfs- und Betriebsstoffe				
62/63	Löhne und Gehälter			6 345 000	
64	Soziale Abgaben und Aufwendungen für Unterstützung und für Altersversorgung			1 270 000	
65	Abschreibungen auf immaterielle Vermögensgegenstände des Anlagevermögens und Sachanlagen				
66–69	Sonstige betriebliche Aufwendungen			8 541 000	
70	Betriebliche Steuern			15 000	
74	Abschreibungen auf Finanzanlagen und auf Wertpapiere des Umlaufvermögens				
75	Zinsen u. ä. Aufwendungen			220 000	
76	Außerordentliche Aufwendungen			15 000	
77	Steuern vom Einkommen und vom Ertrag			1 245 000	
		8 050 000	8 050 000	89 051 000	89 051 000

(1) Stellen Sie in übersichtlicher Form die nachstehenden Berichtigungsbuchungen zusammen.
  1. Abschreibungen
     a) Der Geschäfts- oder Firmenwert ist nach der steuerlichen Regelung abzuschreiben. Die ursprünglichen Anschaffungskosten betragen 300 000 €.
     b) Das Firmengebäude ist mit 4 % von 1 200 000 € abzuschreiben.
     c) Die Abschreibungen der technischen Anlagen und Maschinen betragen 194 000 €.
     d) Die Abschreibungen der anderen Anlagen, Betriebs- und Geschäftsausstattung betragen zusammen 230 000 €.
  2. Laut Inventar werden folgende Bestände festgestellt:
     a) Roh-, Hilfs- und Betriebsstoffe 810 000 €
     b) unfertige Erzeugnisse 750 000 €
     c) fertige Erzeugnisse 1 120 000 €
  3. Bei den Kundenforderungen in Höhe von netto 420 000 € ist eine Pauschalwertberichtigung in Höhe von nachweislich 4 % zu bilden. Das Wertberichtigungskonto weist noch einen nicht aufgelösten Bestand von 1 800 € auf. Der Saldo des Wertberichtigungskontos ist in der Kontengruppe 24 mit enthalten.
  4. Der Marktpreis für die Wertpapiere des Anlagevermögens beträgt am Bilanzstichtag 210 000 € (ursprüngliche Anschaffungskosten 180 000 €), für die des Umlaufvermögens 120 000 €.
  5.
     a) Bei der Abstimmung der Bankkonten ergibt sich ein Buchbestand von 72 000 €, während die Bankauszüge einen Saldo von 73 200 € ergeben. Bei der Abstimmung ist zu berücksichtigen:
        Es wurden Überweisungsaufträge im Werte von 3 700 € bereits abgebucht, die die Bank erst nach dem 31. Dezember bucht;
        am 31. Dezember wurden für 4 200 € Schecks zur Bank gegeben, die von der Firma bereits gebucht wurden, die die Bank aber im alten Jahr nicht mehr gutschrieb;
        für 1 700 € wurden im Dezember Schecks ausgestellt und gebucht, der Bank aber noch nicht eingereicht.
     b) In der Kasse sind 10 000 €. Die bar gezahlten Aufwendungen für eine Belegschaftsveranstaltung am 31. Dezember in Höhe von 13 000 € sind noch nicht gebucht (Grenze nach R 72 Abs. 4 LStR nicht überschritten).
  6. Für eine Werbekampagne, die im nächsten Jahr gestartet werden soll, wurden 23 000 € zuzüglich Umsatzsteuer im Voraus bezahlt. Der Posten ist in den Werbeaufwendungen (66 – 69) mit enthalten.
  7. Im Konto 69 sind Zahlungen für Kfz-Versicherungen über insgesamt 4 000 € enthalten, die den Zeitraum vom 1. April des Abschlussjahres bis zum 31. März des Folgejahres betreffen.
  8. Die Steuerrückstellungen in Höhe von 44 000 € betreffen mit 36 000 € Steuern vom Einkommen und Ertrag.
  9. Bei dem noch nicht abgeschlossenen Patentprozess, der im vergangenen Jahr begonnen wurde, besteht keine Aussicht mehr für einen guten Ausgang. Die Firma rechnet mit Gesamtkosten von 175 000 €.
  10. Die Firma ist für einen Geschäftsfreund eine Bürgschaft in Höhe von 25 000 € eingegangen.
  11. Bei den in der Gruppe 54 gebuchten Erträgen ist die von einem Mieter vorausbezahlte Januarmiete in Höhe von 11 000 € enthalten.
  12. Die Pensionsrückstellungen werden um 100 000 € erhöht.
(2) Erstellen Sie die Bilanzübersicht zum 31. Dezember.

Aufgaben zum 2. Hauptteil: Allgemeine rechtliche Vorschriften und Grundsätze ordnungsmäßiger Buchführung

Aufgabe 2.01 *Zur Buchführungspflicht nach Handels- und Steuerrecht*
(1) Welche Beziehung besteht zwischen handelsrechtlicher und steuerrechtlicher Buchführungspflicht?
(2) Aus welchem Grunde hat der Steuergesetzgeber noch besondere Vorschriften für die Aufzeichnung der Warenbewegung erlassen?

Aufgabe 2.02 *Zeitgerechtes Buchen*
(1) Warum bedeutet zeitgerechtes Buchen nicht unbedingt Tagfertigkeit der Abrechnung?
(2) Weshalb ist für Kassenvorgänge Tagfertigkeit unbedingt geboten?
(3) Nennen Sie Beispiele für unterschiedliche Interpretation der Zeitgerechtheit.
(4) Grenzen Sie die Begriffe tagfertig, zeitnah und zeitgerecht ab.

Aufgabe 2.03 *Zeitlich verlegte Inventur*
Der Unternehmer U hat sein Hauptgeschäft im Frühjahr und im Spätsommer. Er macht deshalb seit Jahren eine verlegte Inventur dann, wenn sein Bestand am meisten abgenommen hat, nämlich in den ersten Oktobertagen. Wirtschaftsjahr ist das Kalenderjahr.
 Bei Inventur der Warensorte A zum 16. 10. 01 waren 78 Einheiten am Lager. Die Anschaffungskosten hierfür betrugen 1 100 €, die Wiederbeschaffungskosten (bzw. Teilwert) am Inventurstichtag 1 000 €.
 Aus den Warenein- und -verkaufskonten der Warensorte A sind folgende Daten ersichtlich:

Wareneinkauf vom 17. 10. bis 31. 12.	55 000 €
Warenverkauf vom 17. 10. bis 31. 12. zu Nettoverkaufspreisen	87 000 €
Kundenrücksendungen vom 17. 10. bis 31. 12. zu Nettoverkaufspreisen	6 000 €

Darüber hinaus ist bekannt, dass Waren im Einkaufswert von 4 000 € am 14. 12. gestohlen wurden. Der Diebstahl wurde nicht verbucht. U kalkuliert diese Warengruppe mit einem Rohaufschlagsatz von 50 %.

(1) Was ist der Unterschied zwischen der zeitnahen bzw. ausgeweiteten Stichtagsinventur und der zeitlich verlegten Inventur?
(2) Wie ist der Bestand der Warensorte A am 31. 12. 01 in der Bilanz nach den Grundsätzen der zeitlich verlegten Inventur anzusetzen?

Aufgabe 2.04 *Frist für die Erstellung des Jahresabschlusses bei besonderen Umständen*
Die Firma Gustav Schmidt gerät am Ende des Geschäftsjahres in Zahlungsschwierigkeiten. Bis zu welcher Frist ist der Jahresabschluss aufzustellen?

Aufgabe 2.05 *Unterzeichnung*
Eugen Maier führt die Firma »Giuseppe Bandolini e. K« unter der bisherigen Firma weiter. Wie sind Geschäftsbriefe und Jahresabschluss zu unterzeichnen?

Aufgabe 2.06 *Zur Aufbewahrung von Unterlagen*

(1) Was versteht man unter »ordnungsmäßiger« Aufbewahrung von Unterlagen des Rechnungswesens?
(2) Weshalb unterscheidet man zwischen zehn- und sechsjähriger Aufbewahrungsfrist?
(3) Unter welchen Voraussetzungen darf auf Aufbewahrung von Originalunterlagen verzichtet werden?
(4) Wodurch erweitern sich die Aufbewahrungsfristen, und warum ist diese Erweiterung notwendig?
(5) Müssen Registrierkassenstreifen aufbewahrt werden?
(6) Wie lange sind Rechnungen aufzubewahren, die bei bestimmten Abrechnungsverfahren Buchfunktion haben?

Aufgabe 2.07 *Aufbewahrungsfristen*
Wie lange sind aufzubewahren:

(1) Kassenbuch,
(2) Bilanz,
(3) Journale,
(4) Personenkonten,
(5) Inventurreinschrift,
(6) Bilanzübersicht,
(7) Konto »Bank« der Finanzbuchhaltung,
(8) Bankkonto-Auszüge,
(9) Lieferantengutschriften,
(10) Ausgangsrechnungen?

Aufgaben zum 3. Hauptteil: Organisation der Buchführung und EDV

Aufgabe 3.01 *Zur Durchschreibebuchführung*
(1) Inwiefern wäre bei der Durchschreibebuchführung der Verlust eines Kontos kein unheilbarer Schaden?
(2) Wie rekonstruiert man unfehlbar den Inhalt eines verlorenen Kontenblattes? Über welchen Zeitraum muss sich die Rekonstruktion erstrecken?
(3) Warum ist die Seitenabstimmung im Journal bei allen Formen der Durchschreibebuchführung zugleich die Abstimmung des Haupt- und des Kontokorrentbuches?

Aufgabe 3.02 *Zur manuellen Offenen-Posten-Buchführung*
Ein Unternehmen führt das Kontokorrent nach der manuellen Offenen-Posten-Buchführung.
(1) Warum sind die Namenskopien für die Zahlungen herauszusuchen und die Zahlungseingänge zu vermerken?
(2) Warum können bei vollem Zahlungsausgleich die Namenskopien endgültig abgelegt werden?
(3) Weshalb ist in nicht völlig ausgeglichenen Rechnungen der Restbetrag zu vermerken?
(4) Weshalb muss man etwaige Abzüge (Skonto, Nachlass u. a.) in den Namenskopien vermerken?
(5) Worin liegt die Bedeutung des Abstimmens offener Posten?

Aufgabe 3.03 *Abgrenzung von Aufwand und Kosten*
Bei der Papierfabrik Karl Dittmar GmbH, Passau, ereignen sich folgende Geschäftsfälle:
– Fertigungslöhne
– normale Abschreibungen auf Forderungen
– Maschinenbruch (unerwartet)
– kalkulatorische Abschreibungen für buchhalterisch bereits abgeschriebene Maschinen
– Rohstoffverbrauch (Material)
– Spekulationsverluste
– Postspesen
– Spenden
– allgemeine Verwaltungskosten
– Gewerbeertragsteuernachzahlung
– Haus- und Grundstücksaufwendungen
– kalkulatorische Wagnisse
– Hochwasserschäden
– Schleusenbeiträge
– kalkulatorischer Unternehmerlohn
– Hilfslöhne für Transportarbeiter
– Pacht für den Werksportplatz
– Kfz-Kosten
– kalkulatorische Zinsen

- kaufmännische Gehälter
- außerordentliche Abschreibungen
- Aufwendungen für Werksverpflegung
- Vertriebskosten
- außerordentliche Forderungsverluste
- Nachzahlung für soziale Abgaben für frühere Jahre
- Zinsaufwendungen für langfristige Verbindlichkeiten
- Erbschaft- und Schenkungsteuer
- Miete für Geschäftsräume

Gruppieren Sie diese Vorgänge in

(1) neutralen Aufwand (und seine einzelnen Komponenten),
(2) Zweckaufwand (Grundkosten) und
(3) Zusatzkosten.

Aufgabe 3.04 *Abgrenzung von Ertrag und Leistung*
Welchen Charakter haben folgende Vorfälle?

- Nachträglicher Eingang abgeschriebener Forderungen
- Zinsen aus Wertpapieren
- Ertrag aus Verkauf abgeschriebener Anlagen
- Mieterträge
- Rückzahlung von Gewerbeertragsteuer
- Versicherungsleistung auf Grund eines Brandschadens, die über den Buchwert der Anlage hinausgeht
- Gewinne aus Devisenspekulationen
- Umsatzerlöse
- verrechneter kalkulatorischer Unternehmerlohn
- Erträge aus Auflösung von Rückstellungen
- Nebenerlöse aus Schrottverkäufen
- Erträge aus Wertaufholungen des Anlagevermögens
- Erlöse aus Patenten

Aufgabe 3.05 *Zusammenhänge zwischen Buchhaltung und Kalkulation in prozessgegliederten Kontennetzen*

(1) Erklären Sie, wie die Buchhaltung in prozessgegliederten Kontennetzen durch die Aussonderung des neutralen Aufwandes und durch das Heranziehen der Zusatzkosten mit der Kalkulation in Übereinstimmung gebracht wird.
(2) Erklären Sie den Begriff der Zusatzkosten am Beispiel des Unternehmerlohns.
(3) Welche Beziehung besteht nach erfolgter Abgrenzung zwischen dem buchhalterischen Reingewinn und dem Kalkulationsgewinn?

Aufgabe 3.06 *Verbuchung von Wertdifferenzen aus Verrechnungspreisen bei prozessgegliederten Kontennetzen*
Bei der Firma Poschner wird der Verbrauch an Stoffen laufend mit Verrechnungspreisen angesetzt, um die Schwankungen des Marktes auszuschalten. Den Ist-Preisen von 1 000 € pro Stoffeinheit stehen gegenwärtig Verrechnungspreise von 1 200 € pro Stoffeinheit gegenüber, weil man bereits die gestiegenen kalkulierten Wiederbeschaffungspreise berücksichtigt.

Wie ist zu buchen, um die Unterschiede zwischen Ist- und Verrechnungspreisen sachgerecht aufzufangen und in der GuV-Rechnung nicht zur Auswirkung kommen zu lassen? Bisher wurden 8 Einheiten verbraucht.

Aufgabe 3.07 *Durchführung der Abgrenzungsrechnung bei abschlussgegliederten Kontennetzen am Beispiel des IKR '86*

	Konto-Nr.	Konto	Beiträge	
			Aufwendungen	Erträge
1	5000	Umsatzerlöse		1 000 000
2	5202	Bestandserhöhung an fertigen Erzeugnissen		20 000
3	5300	Aktive Eigenleistungen		23 000
4	5401	Nebenerlöse aus Vermietung		11 000
5	5460	Erträge aus dem Abgang von Vermögensgegenständen		19 000
6	5480	Erträge aus der Herabsetzung von Rückstellungen		2 000
7	5490	Periodenfremde Erträge		3 000
8	5500	Erträge aus Beteiligungen		5 000
9	5710	Zinserträge		10 800
10	5800	Außerordentliche Erträge		32 000
11	6000	Aufwendungen für Rohstoffe	300 000	
12	6010	Aufwendungen für Fremdbauteile	14 000	
13	6160	Fremdinstandhaltung	6 000	
14	6200	Löhne	210 000	
15	6300	Gehälter	170 000	
16	6400	Soziale Abgaben	75 000	
17	6440	Aufwendungen für Altersversorgung	15 000	
18	6520	Abschreibungen auf Sachanlagen	45 000	
19	6690	Übrige sonstige Personalaufwendungen	2 700	
20	6800	Büromaterial	4 000	
21	6870	Werbung	8 000	
22	6953	Pauschalwertberichtigungen	3 000	
23	6960	Verluste aus dem Abgang von Vermögensgegenständen	9 200	
24	7000	Betriebliche Steuern	37 100	
25	7400	Abschreibungen auf Finanzanlagen	3 100	
26	7510	Zinsaufwendungen	52 000	
27	7600	Außerordentliche Aufwendungen	13 000	
28	7700	Gewerbeertragsteuer	15 500	
29	7710	Körperschaftssteuer	45 700	
			1 028 300	1 125 800

zu Pos. 11: Der Verrechnungspreis für die verbrauchten Rohstoffe beträgt 310 000 €.
zu Pos. 13: Die Fremdinstandhaltung in Höhe von 6 000 € betrifft mit 2 000 € vermietete Räume.
zu Pos. 14 und 15: In der Kosten- und Leistungsrechnung werden die Löhne und Gehälter bereits um eine erwartete Steigerungsrate von 3 % höher angesetzt. Bei den Löhnen ist darüber hinaus noch eine Nachzahlung von 10 000 € zu beachten.
zu Pos. 16: Die sozialen Abgaben werden in der Kosten- und Leistungsrechnung um 2 200 € höher angesetzt.
zu Pos. 18: Die Abschreibungen auf Sachanlagen betreffen mit 5 000 € vermietete Räume.

zu Pos. 19: In den sonstigen Personalaufwendungen sind 300 € für eine Geburtstagsfeier des Geschäftsführers enthalten.
Darüber hinaus sind folgende kalkulatorischen Kosten zu beachten:

Kalkulatorische Abschreibung	40 000 €
Kalkulatorische Zinsen	60 000 €
Kalkulatorische Wagnisse	4 000 €

(1) Führen Sie die Abgrenzungsrechnung der GmbH anhand einer Abgrenzungstabelle (vgl. S. 103) durch. Ermitteln Sie Gesamt- und Betriebsergebnis.
(2) Wie wäre zu verfahren, wenn keine kalkulatorischen Kosten angesetzt würden? Welche Positionen wären betroffen?

Aufgabe 3.08 *Abschluss unter Einbeziehung kalkulatorischer Kosten*
Der Unternehmer U hatte am 31. 12. 20.. folgende Saldenbilanz I (Kontonummern nach DATEV-Kontenrahmen SKR 03):

Kto.-Nr.	Konto	Soll	Haben
0060	Grundstücke	100 000	
0090	Geschäftsbauten	700 000	
0100	Fabrikbauten	500 000	
0300	Betriebs- und Geschäftsausstattung	640 000	
0320	Pkw	150 000	
0630	Verbindlichkeiten gegenüber Kreditinstituten		1 880 000
0885	Eigenkapital		2 000 000
0996	Pauschalwertberichtigung zu Forderungen		8 000
0998	Einzelwertberichtigung zu Forderungen		12 000
1000	Kasse	22 000	
1200	Bank	428 000	
1400	Forderungen aus Lieferungen und Leistungen	1 160 000	
1460	Zweifelhafte Forderungen		
1570	Abziehbare Vorsteuer	896 000	
1600	Verbindlichkeiten aus Lieferungen und Leistungen		833 000
1736	Verbindlichkeiten aus Betriebssteuern und -abgaben		
1770	Umsatzsteuer		1 296 000
1780	Umsatzsteuervorauszahlungen	292 000	
1800	Privat	124 000	
2110	Zinsaufwendungen	131 000	
2350	Sonstige Grundstücksaufwendungen	37 000	
2400	Forderungsverluste	21 000	
2450	Einstellungen in Pauschalwertberichtigung		
2731	Erträge aus Herabsetzung der Einzelwertberichtigung		
2890	Verrechneter kalkulatorischer Unternehmerlohn		
2892	Verrechnete kalkulatorische Zinsen		
3200	Wareneingang	5 600 000	
3980	Bestände an Handelswaren	1 800 000	
4100	Löhne und Gehälter	977 000	
4130	Soziale Abgaben	215 000	
4320	Gewerbeertragsteuer	39 000	
4330	Sonstige betriebliche Steuern	31 000	
4500	Fahrzeugkosten	80 000	
4760	Verkaufsprovisionen	76 000	
4830	Abschreibungen auf Sachanlagen		
4900	Sonstige betriebliche Aufwendungen	110 000	
4990	Kalkulatorischer Unternehmerlohn		
4992	Kalkulatorische Zinsen		
8000	Umsatzerlöse		8 100 000
		14 129 000	14 129 000

Abschlussangaben und Inventurergebnisse:

a) Buchhalterische lineare Abschreibungen auf Geschäftsbauten 2 % von 1 000 000 € auf Fabrikbauten 2 % von 900 000 €.
b) Buchhalterische lineare Abschreibungen auf Betriebs- und Geschäftsausstattung 10 % von 800 000 €.
c) Buchhalterische lineare Abschreibungen auf Pkw 20 % von 250 000 €.
d) Als Unternehmerlohn sind zu kalkulieren 150 000 €.
e) Kalkulatorische Zinsen 4 % des betriebsnotwendigen Gesamtkapitals, das mit 3 900 000 € festgestellt wird.
f) Einstandspreis des Warenbestands 1 425 000 €.
g) Von den Forderungen sind 23 200 € (brutto) als zweifelhaft einzustufen, vermutlicher Ausfall 50 %. Auf die übrigen Forderungen wird ein pauschaler Abschlag von 1 % vorgenommen.

Im Übrigen Buchbestände = Inventurbestände.

(1) Erstellen Sie nach Zusammenstellung der Umbuchungen die Hauptabschlussübersicht.
(2) Ermitteln Sie das neutrale und das Betriebsergebnis.
(3) Beim DATEV-Kontenrahmen SKR 03 (S. 466) werden die buchhalterischen bzw. bilanzmäßigen Abschreibungen in Kontenklasse 4 erfasst statt wie beim Gemeinschafts-Kontenrahmen der Industrie (GKR, S. 462) in Klasse 2. Welches Problem ergibt sich daraus? Haben Sie eine Erklärung dafür?
(4) Stellen Sie Bilanz und GuV-Rechnung nach den Schemata der §§ 266 und 275 HGB auf. Die Zuordnung der Konten zu den Bilanz- bzw. GuV-Positionen ist dem DATEV-Kontenrahmen SKR 03 zu entnehmen.
(5) Vergleichen Sie die Aussagefähigkeit der GuV-Rechnung nach § 275 HGB und der Aufteilung in neutrales und Betriebsergebnis.

Aufgaben zum 4. Hauptteil: Abschlüsse nach Handels- und Steuerrecht

Aufgabe 4.01 *Vollständigkeitsgebot*
Die Opitz KG hat mit der Firma Paul Ziegler einen Kaufvertrag über Lieferung eines Lkw gegen einen Preis von 100 000 € abgeschlossen. Vorgesehener Liefertermin: Ende des Geschäftsjahres.
  Welche bilanziellen Auswirkungen ergeben sich, wenn die Lieferung erst im neuen Geschäftsjahr erfolgt?

Aufgabe 4.02 *Gründungsaufwendungen*
Der Einzelhändler Karl Müller erstrebt eine bessere Kapitalbasis für sein Unternehmen und gründet deshalb mit Josef Mayer, der 150 000 € einbringt, eine OHG. Müller bringt das Gebäude ein, in dem das Geschäft betrieben wird. Für den Gesellschaftsvertrag haben sie sich von einem angesehenen Wirtschaftsprüfer beraten lassen, der auch die eingebrachte Firma bewertet. Neben der Rechnung des Wirtschaftsprüfers über 5 000 € fallen Auflassungs- und Grundbucheintragungsgebühren für das Grundstück von 1 000 € sowie Aufwendungen für die Eintragung der OHG ins Handelsregister von 1 250 € an.
  Für welche Aufwendungen besteht ein Aktivierungsverbot?

Aufgabe 4.03 *Immaterielle Anlagewerte*
Die Krause KG hat für die Entwicklung eines Patents 2 Jahre benötigt und an Forschungs- und Entwicklungskosten ca. 80 000 € investiert. Die Firma Hans Huber wäre bereit, 160 000 € dafür zu bezahlen.
  Wie sind die Forschungs- und Entwicklungskosten bilanziell zu behandeln?

Aufgabe 4.04 *Verrechnungsverbot*
Edgar Fischer unterhält für seine Firma ein Geschäftskonto bei der Dresdner Bank und eines bei der Landesbank mit folgenden Kontenständen Ende der Geschäftsjahre 01 und 02:

Geschäftsjahr	Dresdner Bank	Landesbank
Ende 01	+ 12 000	+ 10 000
Ende 02	+ 8 000	− 2 000

Wie sind die Kontensalden in der Bilanz auszuweisen? Würde sich am Ausweis etwas ändern, wenn beide Konten bei einer Bank eingerichtet wären?

Aufgabe 4.05 *Ingangsetzungsaufwendungen, Gründungskosten*
Entscheiden Sie, ob folgende Aufwendungen als Bilanzierungshilfe für die Ingangsetzung des Geschäftsbetriebs in der Handelsbilanz ausgewiesen werden dürfen:
(1) Kosten für ein Gutachten zur Festlegung der Maschinenstandorte entsprechend dem Fertigungsablauf mit Festlegung der Kraftanschlüsse für Maschinen, Gebläse, Absaugungen,

(2) Zahlungen für die Schaffung eines werbewirksamen Markenzeichens, das an der Ware und auf allen Briefköpfen angebracht werden soll,
(3) Zahlung für eine Liste präsumtiver Kunden an eine Werbeagentur,
(4) Zahlung an eine Werbeagentur für einen Werbefilm (Einführungswerbung),
(5) Zahlung an den Geschäftsveräußerer für eine Kundenkartei,
(6) Disagio von 3 % auf einen für die Anlaufphase notwendigen Bankkredit,
(7) Zahlung an den Rechtsanwalt für den Gesellschaftsvertrag,
(8) Gebühr für die Eintragung der Firma im Grundbuch als Grundstückseigentümer.

Aufgabe 4.06 *Anlage- oder Umlaufvermögen*

(1) Wo sind
  – Vorführwagen eines Kraftfahrzeughändlers,
  – Musterhäuser, die als Prototypen der Produktion von Fertighäusern zum Zweck der Werbung von Kaufinteressenten erstellt werden,
  in der Bilanz einzuordnen, wenn sie nach einer gewissen Zeit bei sich bietender Gelegenheit veräußert werden sollen?
(2) Wo sind Ausstellungsgegenstände einzuordnen, die auf Verkaufsausstellungen von kurzer Dauer gezeigt und danach ausgeliefert werden können?
(3) Warum ist die Zuordnung von Bedeutung?

Aufgabe 4.07 *Immaterielle Vermögensgegenstände*

(1) Beurteilen Sie die Bilanzierungsfähigkeit der folgenden Aufwendungen und ordnen Sie sie gegebenenfalls im Bilanzschema zu:
  a) Lizenzkosten zur Verwendung eines Markenzeichens,
  b) Aufwendungen für den Erwerb eines Brennrechtes,
  c) eigene Forschungs- und Entwicklungskosten,
  d) Aufwendungen zur Anmeldung eines eigenen Patents,
  e) Aufwendungen für gesonderte Erfindervergütungen an Angehörige des eigenen Betriebs,
  f) Aufwendungen für ein EDV-Standard-Programm zur Fertigungssteuerung für Spanabhebung,
  g) Anzahlungen eines Privattheaters für das auf vier Jahre begrenzte Recht zur Alleinaufführung eines Musicals.
(2) Für den Erwerb eines Unternehmens werden 250 000 € gezahlt, die Sachwerte abzüglich übernommener Schulden betragen 200 000 €. Wie ist die Differenz von 50 000 € zu behandeln?

Aufgabe 4.08 *Bilanzierung von Mietereinbauten*

Eine OHG betreibt eine Apotheke. Sie mietet in dem neben der Apotheke liegenden Gebäude zwei Wohnungen an und gestaltet diese – im Wesentlichen durch Entfernen der Zwischenwände und Installationen – in eine Arztpraxis um. Die unmittelbare Nähe einer Arztpraxis soll der Steigerung der Umsätze aus der Apotheke dienen.

Die OHG ist nach dem Mietvertrag berechtigt, die Räume unterzuvermieten, und verpflichtet, nach Beendigung des Mietverhältnisses den ursprünglichen Zustand wiederherzustellen. Das Mietverhältnis soll nach 10 Jahren enden und sich um jeweils 5 Jahre verlängern, wenn der Mieter der Verlängerung nicht widerspricht.

Sind die Umbaukosten sofort abziehbare Betriebsausgaben oder aktivierungspflichtige Aufwendungen? Welche AfA wäre dann anzusetzen?

Aufgabe 4.09 *Sachanlagen*
Ordnen Sie die folgenden Vermögensposten den einzelnen Bilanzpositionen zu:

(1) Fässer, Flaschen, Bierkästen in einer Brauerei,
(2) Anzahlung für einen Anbau an die Fabrikhalle zur Erweiterung des Produktionsraumes,
(3) Errichtung eines Verwaltungsgebäudes auf einem Grundstück, für das ein Erbbaurecht besteht,
(4) Bestand an mehrmals verwendbarem, nicht maschinengebundenem Werkzeug,
(5) Sprinkleranlage in einem Warenhaus,
(6) Lichtleitungen im neu errichteten Verwaltungsgebäudeanbau,
(7) Sägegatter in einem Sägewerk,
(8) Absauganlage für mehrere Holzbearbeitungsmaschinen,
(9) Kauf einer Maschine zuzüglich der Erstausstattung mit spanabhebenden Werkzeugen,
(10) Bestand an Spezialreserveteilen für bestimmte Maschinen,
(11) Neugestaltung der Fassade einer Gastwirtschaft in einem gemieteten Haus (Verputz, Fenster, Vordächer, Tür) durch den Wirt,
(12) Lkw- und Pkw-Fuhrpark,
(13) Werksbahn in einem Steinbruch.

Aufgabe 4.10 *Finanzanlagen*
Ordnen Sie folgende Vermögenswerte den einzelnen Bilanzposten zu:

(1) Die X-GmbH leiht langfristig einem Unternehmen, das einen Anteil von 25 % an der X-GmbH hält, 150 000 €.
(2) Die X-GmbH leiht einem Unternehmen, an dem sie mit 15 % beteiligt ist, 100 000 €.
(3) Die Kapitalgesellschaft leistet eine Mietkaution von 60 000 €, die erst bei Auflösung des Mietverhältnisses zurückzuzahlen ist.
(4) Die Kapitalgesellschaft hat Anteile an einer eingetragenen Genossenschaftsbank von 5 000 € zu bilanzieren.
(5) Ein Unternehmen hat an einige Mitarbeiter Wohnungsrenovierungs- und Baudarlehen ausgeliehen, die jeweils innerhalb von fünf Jahren gleichmäßig getilgt werden.
(6) Eine Tochter-GmbH hält eine 25 %ige Beteiligung am Mutterunternehmen (i. S. des Konzernrechts).

Aufgabe 4.11 *Vorräte*
Wo sind die folgenden Posten entsprechend dem Bilanzschema zu erfassen?

(1) Heizölbestand einer chemischen Fabrik,
(2) Ersatzteilbestand für den eigenen Maschinenpark einer Maschinenfabrik,
(3) in der Fermentation befindlicher Rohtabak einer Zigarettenfabrik,
(4) unter Eigentumsvorbehalt geliefertes, noch nicht bezahltes Schnittholz einer Möbelfabrik,
(5) Schrauben
   a) bei einem Händler,
   b) bei einem Möbelhersteller,
(6) noch nicht ausgereifter Wein einer Kellerei,
(7) Möbelbezugsstoffe »ab Werk« (Versand 31. 12., Eingang der Ware am 07. 01.) einer Bezugsstoffgroßhandlung,
(8) Apfelsaft (in Flaschen abgefüllt) eines Obstverwerters,

(9) Holzmehl eines Sägewerks,
(10) Anzahlung eines Kristallglasherstellers für Rohglas.

Aufgabe 4.12 *Forderungen und sonstige Vermögensgegenstände*
Beurteilen Sie die Zugehörigkeit folgender Vorgänge zu den einzelnen Bilanzposten:

(1) Forderungen aus Verkauf eines betrieblichen Grundstücksteils an die staatliche Straßenverwaltung,
(2) Forderungen einer Rehabilitationsklinik in der Rechtsform einer GmbH für ärztliche Behandlungen, sonstige medizinische Anwendungen, Unterkunft und Verpflegung ihrer Patienten von staatlichen Kostenträgern und von Privatpatienten,
(3) Forderungen einer Hochbaufirma (GmbH) für Umbau des Einfamilienhauses eines Gesellschafters,
(4) Forderung einer Tochterfirma aus Warenlieferungen an das Mutterunternehmen,
(5) Forderung aus Warenlieferung (2 500 €) gegenüber einem Kunden, der für die vorhergehende Lieferung 20 € zu viel bezahlt hat,
(6) Forderung an das Finanzamt für 420 € überzahlte Umsatzsteuer,
(7) ständiger Vorschuss eines Lkw-Fahrers für unterwegs anfallende Kleinausgaben in Höhe von 300 €.

Aufgabe 4.13 *Wertpapiere*
Eine Kapitalgesellschaft hält vorübergehend 100 % der Anteile an einer GmbH.
  Wo ist der Vermögenswert in der Bilanz einzuordnen? Warum ist die Einordnung problematisch?

Aufgabe 4.14 *Flüssige Mittel*
Wo sind im Bilanzschema einzuordnen:

(1) Guthaben bei Bausparkassen,
(2) Bestände an Barrengold,
(3) Guthaben und Verbindlichkeiten gleicher Fristigkeit und Konditionen gegenüber einem Kreditinstitut?

Aufgabe 4.15 *Kapitalerhöhung*
Im Zuge einer Kapitalerhöhung des Nominalkapitals um 1 Mio. können die Aktionäre einer AG bei Besitz von 5 Aktien ihrer Gesellschaft eine Aktie von nominal 50 € für 200 € hinzuerwerben.
  Erläutern Sie die Behandlung des zusätzlichen Nominalkapitals und der Differenz zum Ausgabekurs.

Aufgabe 4.16 *Eigenkapital*
(1) Eine AG mit einem gezeichneten Kapital von 3 000 000 € hat im ersten Jahr ihres Bestehens einen Jahresfehlbetrag von 100 000 € gehabt. Im zweiten Jahr erzielt sie einen Gewinn von 200 000 €, im dritten von 250 000 €
   a) Ermitteln Sie die Beträge, die der gesetzlichen Rücklage zuzuführen sind.
   b) Bis zu welchem Betrag ist die gesetzliche Rücklage aufzufüllen?
   c) Unter welchen Voraussetzungen darf die gesetzliche Rücklage zur Kapitalerhöhung verwendet werden?

(2) Die X-AG hat eigene Aktien (Nominalwert 300 000 €) für 900 000 € erworben.
   a) Was folgt daraus für die Rücklagenbildung?
   b) Welche Auswirkungen ergeben sich auf die Rücklage für eigene Anteile, wenn der Kurswert auf 750 000 € fällt?
(3) Kann der Gewinn- oder Rücklagenverwendungsbeschluss bereits vor der Haupt- bzw. Gesellschafterversammlung bei Aufstellung des Jahresabschlusses gebucht werden?
(4) Was ist aus der Verwendung des Begriffs »Bilanzgewinn/-verlust« in der Bilanz im Hinblick auf das Jahresergebnis zu schließen?

Aufgabe 4.17 *Ausstehende Einlagen und Jahresfehlbetrag*

(1) Die Constructa-GmbH hat ein Stammkapital von 50 000 €, davon sind 30 000 € einbezahlt, der Rest noch nicht eingefordert.
   Erstellen Sie die Bilanz nach Brutto- und Nettoausweis bei einem Anlagevermögen von 180 000 € und einem Umlaufvermögen von 70 000 €.
(2) Infolge eines spät erkannten Konstruktionsfehlers muss die Constructa-GmbH im Folgejahr einen Gewährleistungsaufwand in Höhe von 60 000 € erbringen, den sie durch Verkäufe aus dem Umlaufvermögen begleichen kann. In derselben Höhe entsteht ein Jahresfehlbetrag.
   Erstellen Sie die Bilanz nach Brutto- und Nettoausweis. Interpretieren Sie das Ergebnis.

Aufgabe 4.18 *Sonderposten mit Rücklageanteil*

10 Persianermäntel im Anschaffungswert von je 3 000 € wurden im Abschlussjahr gestohlen. Der Wiederbeschaffungswert beträgt je Mantel 5 000 € und wird von der Versicherung im Folgejahr ersetzt, in dem dann auch 10 neue Mäntel für je 5 100 € eingekauft werden.

(1) Buchen Sie die Vorgänge unter Einschaltung der Rücklage für Ersatzbeschaffung (R 35 EStR)
   a) im Schadensjahr,
   b) im Folgejahr.
(2) Wie ist zu buchen, wenn direkt aus der Buchführung die Angaben nach § 281 Abs. 2 HGB gewonnen werden sollen?

Aufgabe 4.19 *Rückstellungen für rückständige Urlaubsansprüche*
Der Unternehmer U, dessen Wirtschaftsjahr mit dem Kalenderjahr übereinstimmt, stellt zum 31. 12. folgende rückständige Urlaubsansprüche fest:

Arbeitnehmer	monatlicher Bruttolohn Euro	rückständiger Urlaubsanspruch Tage
A	4 600	16,5
B	5 350	20,0
C	6 000	10,0

Bei C, der wegen Krankheit genau ein halbes Jahr gefehlt hatte, sind darüber hinaus noch 38,5 Überstunden zu berücksichtigen (bei 38,5-Stunden-Woche).

Die Arbeitgeberanteile für Sozialversicherung betragen 21 %.

Allen Arbeitnehmern steht ein Urlaubsgeld in Höhe von 2 000 € zu. Das Weihnachtsgeld beträgt einheitlich 600 €.

Ist dieser Sachverhalt bilanzrechtlich zu berücksichtigen?

Aufgabe 4.20 *Rückstellungen für Altlastensanierung*
Aus undichten Anlagen eines Galvanikbetriebs waren in der Vergangenheit Schadstoffe in die Grundmauern der Betriebsgebäude und in das Erdreich eingesickert. Diese Schäden waren nur dem Unternehmen bekannt. Es bildete Rückstellungen wegen der zu erwartenden Bodensanierungskosten in seiner Bilanz, als es eine der Anlagen stilllegen musste und spätestens zu diesem Zeitpunkt den Erlass polizei- und ordnungsrechtlicher Verfügungen zur Beseitigung der entstandenen Umweltschäden befürchtete.

Ist die Rückstellungsbildung zulässig?

Aufgabe 4.21 *Rückstellungen für Zahlungen nach dem Mutterschutzgesetz*
Im Unternehmen U haben einige Arbeitnehmerinnen durch Vorlage einer Bescheinigung nach § 5 MuSchG ihre Schwangerschaft angezeigt.

Kann oder muss U Rückstellungen bilden für die im Folgejahr zu erwartende Verpflichtung, nach § 14 MuSchG einen Zuschuss zum Mutterschaftsgeld leisten zu müssen?

Aufgabe 4.22 *Nach Abschlussstichtag entstehende Verbindlichkeiten*
Suchen Sie Beispiele für Verbindlichkeiten, die erst nach dem Abschlussstichtag rechtlich entstehen (§ 268 Abs. 5 HGB). Welches Problem stellt sich dabei?

Aufgabe 4.23 *Verbindlichkeiten*
Ordnen Sie dem Bilanzschema zu:

(1) Verkauf einer derzeit noch genutzten Krananlage, auf die der Käufer eine Anzahlung leistet,
(2) Anzahlung an die ausführende Baugesellschaft für den Anbau an das Fabrikgebäude des Auftraggebers,
(3) Strom-Endabrechnung,
(4) nicht durch Versicherung gedeckter Schadensfall,
(5) Wartungskosten für die Telefonanlage,
(6) noch offene Leasingrate des Leasingnehmers,
(7) Ausschüttung des Jahresgewinns,
(8) von einem Kunden zu hoch überwiesener Rechnungsbetrag,
(9) Genussrechte mit einer Laufzeit von 10 Jahren, danach Pflicht zur Rückzahlung,
(10) Hinterlegung eines Wechsels für eventuelle Garantieverpflichtungen,
(11) Verbindlichkeiten der X-GmbH gegenüber der Y-GmbH, die an ihr mit 33 $^1/_3$ % beteiligt ist, für Materiallieferungen.

Aufgabe 4.24 *Rechnungsabgrenzungsposten*
Beurteilen Sie die Abgrenzungsnotwendigkeit für folgende Einnahmen:

(1) Die X-GmbH erhielt zur Unterlassung der Produktion eines bestimmten Erzeugnisses im Abschlussjahr von einem Konkurrenzunternehmen 160 000 €. Sie verpflichtete sich zur Produktionsaussetzung dieses Artikels für insgesamt 4 Jahre (einschließlich Vertragsabschlussjahr).
(2) Für eine auf 10 Jahre befristete Lizenzvergabe erhielt die X-GmbH im Abschlussjahr 100 000 € (die Frist läuft ab am Bilanzstichtag des 11. Jahres nach Vertragsabschluss).
(3) Für geleistete Vermittlungen erhielt die X-GmbH 10 000 € à conto. Die Provisionsabrechnung unter Zahlung des Restbetrags erfolgt zum Quartalsschluss. Die Provision wird erst bei Eingang des Gegenwertes für die vermittelte Leistung fällig. Danach wären zum Bilanzstichtag nur 3 750 € fällig gewesen.
(4) Die GmbH erhielt Erbbauzinsen für das erste Quartal des Folgegeschäftsjahres in Höhe von 2 100 € zwei Tage vor dem Bilanzstichtag.
(5) Die X-GmbH erhält von einem Kunden eine Anzahlung für die erste Warenlieferung im neuen Geschäftsjahr von 10 000 €.

Aufgabe 4.25 *Rechnungsabgrenzungsposten für Abschlussgebühren von Bausparverträgen*
Eine Bausparkasse möchte die Abschlussgebühren von Bausparverträgen auf die Mindestlaufzeit der Verträge verteilen und hat sie deshalb in einen passiven Rechnungsabgrenzungsposten (PRAP) eingestellt.
  Ist die bilanzielle Behandlung zutreffend?

Aufgabe 4.26 *Anlagenspiegel beim Verkauf eines Anlageguts*
Eine kleine GmbH erwirbt eine Anlage zu 75 000 € (5 Jahre Nutzungsdauer, lineare Abschreibung). Nach 2 Jahren Nutzung erweist sie sich als zu klein, sodass sie schließlich nach 8 Monaten im 3. Jahr (anteilige Abschreibung von 10 000 €)

a) zum Buchrestwert von 35 000 €,
b) mit einem Verlust von 10 000 €

verkauft wird.
  Stellen Sie den Anlagenspiegel auf.

Aufgabe 4.27 *Anlagenspiegel bei Zuschreibung*
Die Stein-GmbH hat eine Zerkleinerungsanlage (Anschaffungskosten 140 000 €, 10 Jahre Nutzungsdauer, lineare Abschreibung) infolge Unrentierlichkeit nach 7 Jahren stillgelegt und durch eine außerplanmäßige Abschreibung voll abgeschrieben. Im Jahr darauf kann die Anlage wider Erwarten infolge eines Großauftrags wieder gebraucht und bis zum Ablauf der ursprünglichen Nutzungsdauer eingesetzt werden. Die Stein-GmbH nimmt Ende des 8. Jahres eine Wertaufholung gemäß § 280 HGB in Höhe von 28 000 € vor.
  Stellen Sie den Anlagenspiegel auf.

Aufgabe 4.28 *Geringwertige Wirtschaftsgüter im Anlagenspiegel*
Welche Probleme stellen sich auf Grund der Logik des Anlagenspiegels hinsichtlich geringwertiger Wirtschaftsgüter im Sinne des § 6 Abs. 2 EStG?

Aufgabe 4.29 *Festbewertung und Anlagenspiegel*
Die Industrietechnik GmbH hat Mess- und Prüfgeräte, die im Laufe des Geschäftsjahres angeschafft worden sind, als Aufwand verbucht, da deren Bestand als Festwert im Sinne des § 240 Abs. 3 HGB geführt wird.
Wie ist beim Anlagenspiegel diesbezüglich zu verfahren?

Aufgabe 4.30 *Steuerliche Sonderabschreibungen im Anlagenspiegel*
Wovon ist der Ausweis von steuerlichen Sonderabschreibungen im Anlagenspiegel abhängig?

Aufgabe 4.31 *Umbuchungen im Anlagenspiegel*
Eine Umzugsspedition hat für eine im Bau befindliche Lagerhalle 210 500 € in Form von Abschlagszahlungen auf Bauleistungen investiert. Zum Jahresende des Folgejahres wird die Lagerhalle fertig gestellt. Dabei fallen noch für 140 500 € berechnete Leistungen durch die Baufirma an sowie für 20 000 € bezogene Baumaterialien. Bei Endabrechnung des Baues stellt sich heraus, dass für 3 000 € Schnittholz nicht benötigt wurde. Es bleibt als Instandhaltungsmaterial im Betrieb und wird inventurmäßig bei den Roh-, Hilfs- und Betriebsstoffen erfasst.
Der bisherige Gebäudebestand weist vor Baubeginn den Anschaffungswert von 1 200 000 € aus sowie kumulierte Abschreibungen von 380 000 € bei einer Jahresabschreibung von 20 000 €. Die Lagerhalle wird künftig mit jährlich 7 360 € (2 % der Herstellungskosten) abgeschrieben.
Erstellen Sie den Anlagenspiegel.

Aufgabe 4.32 *Wertaufhellung*
Der Kaufmann Karl Schnabl erstellt seine Handelsbilanz zum 28. Februar, zwei Monate nach dem Bilanzstichtag. Ein Schuldner hat auf wiederholte Mahnungen im vergangenen Geschäftsjahr nicht reagiert; nach dem Kenntnisstand am Bilanzstichtag ist mit keiner Zahlung mehr zu rechnen.

(1) Schnabl erfährt vor Bilanzerstellung, dass der Schuldner im Januar Insolvenz angemeldet hat; das Verfahren wird mangels Masse abgelehnt.
(2) Der Schuldner bezahlt im Januar und erzählt dabei, er habe einen Lottogewinn
    a) im Dezember letzten Jahres,
    b) im Januar des neuen Geschäftsjahres

gemacht.
Welche Auswirkungen ergeben sich auf die Forderungsbewertung?

Aufgabe 4.33 *Umfang der Anschaffungskosten*
Im Zusammenhang mit der Anschaffung einer schweren Presse sind folgende Aufwendungen entstanden:

(1) Anschaffungspreis	50 000 €	
+ Umsatzsteuer	8 000 €	
./. 2 % Skonto	1 160 €	
Überweisungsbetrag		56 840 €
(2) Verpackungskosten		500 €
(3) Fracht		1 500 €
(4) Transportversicherung		85 €

(5) Zinsen für einen zur Anschaffung notwendigen Kredit 1 400 €
(6) Fundamentierungskosten 600 €
(7) Aufwendungen für eine Sicherheitsprüfung 200 €

Wie hoch sind die Anschaffungskosten?

Aufgabe 4.34 *Erschließungsbeiträge als nachträgliche Anschaffungskosten*
Das Betriebsgrundstück des Unternehmens U (Gärtnerei) ist bereits seit Jahren durch eine Straße erschlossen, als eine weitere Straße rechtwinklig zur bisherigen gebaut wurde. Dadurch wurde das Betriebsgrundstück zu einem Eckgrundstück. Eine Zufahrt zu der neuen Straße wurde nicht eingerichtet.
 Sind die Beiträge für diese Zweiterschließung als nachträgliche Anschaffungskosten zu behandeln?

Aufgabe 4.35 *Retrograde Ermittlung der Anschaffungskosten*
Eine Textilhändlerin zeichnet ihre Waren nur mit dem Verkaufspreis aus, am Jahresende sind die ursprünglichen Anschaffungskosten nur noch schwer feststellbar. Wie ist zu verfahren?

Aufgabe 4.36 *Anschaffungskosten bei Rentenzahlungen*
Die Kraft KG erwirbt ein Grundstück. Sie zahlt per Bank einen Teilbetrag in Höhe von 50 000 € sowie 10 Jahre lang einen Betrag von 10 000 € jährlich nachschüssig. Die Grunderwerbsteuer sowie Notariats- und Grundbuchkosten in Höhe von 1 217 € zahlt sie per Bank. Ermitteln Sie die Höhe der Anschaffungskosten. Woran wird sich der Zinssatz orientieren?

Aufgabe 4.37 *Anschaffungskosten bei Zuschüssen*
Welche Argumente lassen sich für eine Absetzung öffentlicher Zuschüsse bei den Anschaffungs- oder Herstellungskosten anführen?

Aufgabe 4.38 *Umfang der Herstellungskosten*
Bei einer Firma, die Kochtöpfe herstellt, ist im Zusammenhang mit den Jahresabschlussarbeiten zu überprüfen, welche der folgenden Aufwendungen in die Herstellungskosten einbezogen werden können bzw. müssen.

(1) Fertigungslöhne (einschließlich Überstunden, gesetzlicher und tariflicher Sozialaufwendungen)
(2) Materialkosten wie Kupfer, Stahlblech, Farben
(3) Entwicklungs- und Versuchskosten
(4) Kosten des Wareneinkaufs
(5) Kosten der Warenannahme
(6) Lagerkosten der Vorräte
(7) Materialverwaltung
(8) Prüfung des Fertigprodukts
(9) Innerbetriebliche Transportkosten
(10) Energiekosten für die Herstellung
(11) Abschreibungen auf Fertigungsanlagen und -gebäude
(12) Instandhaltungsaufwendungen
(13) Gewerbeertragsteuer

(14) Weihnachtszuwendungen
(15) Wohnungsbeihilfen
(16) Essenszuschüsse
(17) Jubiläumsgeschenke
} an Werkstattpersonal
(18) Zuweisungen zu Pensionsrückstellungen für mit der Fertigung Beschäftigte
(19) Zinsen für Fremdkapital zur Finanzierung der Herstellung
(20) Löhne und Gehälter in der Verwaltung
(21) Abschreibungen des Verwaltungsgebäudes
(22) Porto, Telefon
(23) Rechnungswesen
(24) Feuerwehr
(25) Werkschutz
(26) Werbung
(27) Heizung für Versandräume
(28) Abschreibungen auf Firmenwagen der Reisenden
(29) Kosten der Vertriebslager
(30) Messekosten

Bei welchen Positionen verlangt das Steuerrecht eine andere Beurteilung?

Aufgabe 4.39 *Einzelbewertung oder Bewertungsvereinfachungsverfahren*
Ein Unternehmen hat Aktien der Vulcan AG zu unterschiedlichen Kursen in folgender Reihenfolge angeschafft:

1. 100 Stück à 140 € = 14 000 €
2. 40 Stück à 95 € = 3 800 €
3. 50 Stück à 120 € = 6 000 €
4. 100 Stück à 135 € = 13 500 €
   290 Stück   = 37 300 €

Im Laufe des Geschäftsjahres werden 150 Stück verkauft.
    Welche Probleme sind bei Einzelbewertung zu lösen? Wie ist der Endbestand in Handels- und Steuerbilanz zu bewerten?

Aufgabe 4.40 *Gebäudeabschreibung*
Ein Verwaltungsgebäude (Bauantrag vor dem 31. 03. 1985, ursprüngliche Herstellungskosten 600 000 €, zur Hälfte abgeschrieben, 50 Jahre Nutzungsdauer) wird für 200 000 € durch einen kleinen Anbau erweitert.

(1) Wie ist nach der Erweiterung abzuschreiben?
(2) Was würde sich ändern, wenn die ursprüngliche Nutzungsdauer nur 40 Jahre betragen hätte?

Aufgabe 4.41 *Realisations- und Imparitätsprinzip*
Ein Kaufmann, der gerne spekuliert, hält gekaufte Wertpapiere im Umlaufvermögen. Er kauft am Anfang des Jahres 10 Aktien zu einem Kurs von 100 €.

(1) Am ersten Bilanzstichtag ist der Wert der Aktien um 50 % gestiegen.
(2) Ende des folgenden Geschäftsjahres sind die Aktien noch nicht wieder verkauft. Ihr Kurs ist gefallen und beträgt 70 € je Aktie. Bis zum Zeitpunkt der Bilanzaufstellung hat der Börsenkurs zwischen 60 € und 80 € geschwankt.

Wie ist zu bewerten?

Aufgabe 4.42 *Bewertung des Umlaufvermögens bei fallenden Preisen*
Eine Stoffgroßhandlung hat am Jahresende noch 10 Ballen (100 m · 140 cm) bunter Druckstoffe zu einem Buchwert von 5 €/lfd. m am Lager. Der Marktpreis am Bilanzstichtag (Wiederbeschaffungskosten) beträgt 4,50 €/lfd. m., bei Bilanzaufstellung 4 €/lfd. m. Bei einem Ausblick auf die Frühjahrsmode wird deutlich, dass ganz andere Farben modern werden. Der niedrigere Wert zur Vermeidung von Wertansatzänderungen auf Grund von Wertschwankungen in nächster Zukunft wird auf 2,50 €/lfd. m. geschätzt.
   Welche Wertansätze sind in Handels- und Steuerbilanz möglich?

Aufgabe 4.43 *6b-Rücklage*
Ein Unternehmen beabsichtigt, seinen Firmensitz aus der Großstadt in eine Randgemeinde zu verlegen. Dazu wird u. a. am **15. 4. 01** ein unbebautes Grundstück inklusive Nebenkosten zum Preis von 250 000 € erworben.
   Ein bisher genutztes Stadtgrundstück wird am **30. 6. 01** für 2 000 000 € verkauft. Die dadurch gewonnene Liquidität soll zur Bebauung des erworbenen Grundstücks verwendet werden. Der veräußerte Grund und Boden wurde vor 10 Jahren unbebaut erworben und das darauf errichtete Gebäude kurz darauf fertig gestellt. Von dem Verkaufspreis entfallen 400 000 € auf Grund und Boden und 1 600 000 € auf das Gebäude. Die Buchwerte zum Veräußerungszeitpunkt betragen für Grund und Boden 200 000 €, für das Gebäude 600 000 €.
   Zum **31. 12. 01** befindet sich das auf dem neuen Grundstück zu errichtende Gebäude im Planungszustand. Wegen verschiedener Planungsänderungen kann erst Anfang 03 mit dem Bau des neuen Betriebsgebäudes begonnen werden. Fertigstellung am **15. 10. 03**, Herstellungskosten 900 000 € netto.

(1) Ermitteln Sie die aufgedeckten stillen Reserven der veräußerten Wirtschaftsgüter.
(2) Welche Bilanzierungsmaßnahmen sind per 31. 12. 01 hinsichtlich der aufgedeckten stillen Reserven zu ergreifen, um deren Besteuerung möglichst zu verhindern?
(3) Kann zum 31. 12. 02 der Sonderposten gemäß § 6b EStG noch in der Handels- und Steuerbilanz ausgewiesen werden?
(4) Mit welchem Wert ist der Grund und Boden am 31. 12. 03 anzusetzen?
(5) Wie ist der Neubau bei einer 25-jährigen Nutzungsdauer und unter Berücksichtigung des vorhandenen Sonderpostens zum 31. 12. 03 zu bewerten?
(6) Welches Bild ergibt sich zum 31. 12. 03 im Anlagenspiegel gemäß § 268 Abs. 2 HGB für Grund und Boden und Gebäude?
(7) Was hätte per 31. 12. 05 mit dem nicht übertragbaren Rest der 6b-Rücklage zu geschehen, wenn bis dahin keine weiteren Neuanschaffungen vorgenommen werden?
(8) Verbuchen Sie Verkauf und Rücklagenbildung
   – bei Nicht-Kapitalgesellschaft,
   – bei Kapitalgesellschaft.

Aufgabe 4.44 *Buchung von Pensionsrückstellungen*
Ein leitender Angestellter erhält in seinem 52. Lebensjahr eine Pensionszusage, dass er ab seinem 65. Lebensjahr jährlich 10 000 € zu Beginn des Jahres erhalten wird.

(1) Wie lautet die Buchung am Ende des Wirtschaftsjahres der vertraglichen Zusage, wenn der versicherungsmathematisch ermittelte Teilwert der Rentenverpflichtung 4 320 € beträgt?
(2) Wie hoch ist die Zuführung der Rückstellung am nächsten Bilanzstichtag, wenn der Teilwert der Rentenverpflichtung auf 8 930 € gestiegen ist?

(3) Zu Beginn des Wirtschaftsjahres nach der Pensionierung beträgt der Teilwert der Rentenverpflichtung 91 050 €, am Ende 88 070 €. Wie lautet die Buchung der ersten Pensionszahlung über 10 000 € (ohne Beachtung eventueller lohnsteuerrechtlicher Vorschriften), und welche Buchung ist im Hinblick auf die Pensionsrückstellung zum 31. Dezember vorzunehmen?

Aufgabe 4.45 *Ansatz von Rückstellungen*
Folgende Sachverhalte sind danach zu überprüfen, ob sie für eine Rückstellungsbildung hinreichen:

(1) Bei der Firma Gebr. Müller gab es Probleme in der Fertigung.
    a) Aus Garantieansprüchen auf Ersatzlieferungen sind Kosten in Höhe von 20 000 € zu erwarten.
    b) Aus Kulanzgründen wird man darüber hinaus noch zu kostenlosen Nacharbeiten gezwungen sein. Kosten: etwa 5 000 €.
    c) In einem Fall ist ungewiss, ob eine rechtliche Verpflichtung zur Gewährleistung besteht. Der Kunde hat Klage erhoben und verlangt 8 000 €.
(2) Eine Baufirma beutet eine Kiesgrube unter der Auflage der Gemeinde aus, das Gelände wieder zu rekultivieren.
(3) Eine Ladenbaufirma hat mit einem Einzelhändler die Anfertigung und Lieferung eines neuen Ladeneinbaus zum Preis von 99 000 € vereinbart. Mit der Anfertigung wurde noch nicht begonnen. Durch Kostensteigerungen bis zum Bilanzstichtag und einen Fehler bei der Erstellung des Aufmaßes steigen die Selbstkosten auf
    a) 97 000 €,
    b) 103 000 €.
(4) Im Zusammenhang mit abschließenden Buchführungsarbeiten wurden folgende Daten ermittelt bzw. geschätzt:
    a) Ansprüche wegen noch nicht genommenen Urlaubs   10 000 €
    b) nachzuzahlende Gewerbesteuer für das abgelaufene Geschäftsjahr   15 000 €
    c) geschätzte Kosten für das 25-jährige Betriebsjubiläum   20 000 €
    d) Kosten einer längst fälligen Dachabdeckung des Verwaltungsgebäudes   ca. 60 000 €
    e) rechtsverbindliche Pensionszusagen   100 000 €
    f) Reparaturkosten einer im letzten Monat des Geschäftsjahres nur notdürftig in Gang gehaltenen Anlage in den ersten Monaten des Folgejahres   ca. 10 000 €
    g) ein falsch behandelter steuerlicher Sachverhalt, der zu einer Gewerbesteuernachzahlung in Höhe von 2 500 € führen dürfte, falls dieser von der bereits angesagten Betriebsprüfung entdeckt wird.

Aufgabe 4.46 *Wertaufholung bei Finanzanlagen*
Ein Unternehmen hält Wertpapiere als Finanzanlage. Die Anschaffungskosten betragen 100 000 €. Am ersten Bilanzstichtag sind die Papiere auf 90 000 € gefallen, am zweiten Bilanzstichtag beträgt ihr Wert 110 000 €.
    Wie ist zu bewerten

(1) bei Kapitalgesellschaften,
(2) bei Einzelkaufleuten und Personenhandelsgesellschaften?

Aufgabe 4.47 *Verbuchung und Bilanzierung latenter Steuern*
Eine Kapitalgesellschaft kauft ein Konkurrenzunternehmen auf, wobei ein Kaufpreis von 1,8 Mio. € vereinbart wird. Die Buchwerte der Aktiva betragen 4,2 Mio. €, die übernommenen Schulden 2,7 Mio. €.

(1) Wie hoch ist der derivate Geschäfts- oder Firmenwert?
(2) Wie kann der derivate Geschäfts- oder Firmenwert handelsrechtlich behandelt werden?
(3) Wie ist der derivate Geschäfts- oder Firmenwert steuerrechtlich zu behandeln?
(4) Welche Buchungen sind für die Fälle (2) und (3) vorzunehmen? Welche Auswirkungen ergeben sich auf den Anlagenspiegel?
(5) Das Unternehmen entschließt sich, sowohl handelsrechtlich wie steuerrechtlich den Firmenwert zu aktivieren, allerdings soll er handelsrechtlich mit 25 % pro Jahr, steuerlich planmäßig (linear) auf 15 Jahre abgeschrieben werden. Welche Ergebnisdifferenzen zwischen Handels- und Steuerbilanz sind in den 15 Jahren auf Grund der unterschiedlichen Firmenwertabschreibungen festzustellen?
(6) Liegen die Voraussetzungen für eine latente Steuerabgrenzung vor?
(7) Besteht eine Pflicht zur latenten Steuerabgrenzung oder kann auch darauf verzichtet werden?
(8) Ermitteln Sie die Höhe der latenten Steuerabgrenzung.
(9) Sind die latenten Steuern auch in der Steuerbilanz zu berücksichtigen?
(10) Stellen Sie die Auflösung der latenten Steuerabgrenzungen im Zeitablauf dar.

Aufgabe 4.48 *Latente Steuern in Verlustsituationen*
Ein Unternehmen aktiviert im Jahr 02 in der Handelsbilanz Aufwendungen für die Erweiterung des Geschäftsbetriebs in Höhe von 100 000 € und schreibt diesen Posten in den folgenden vier Jahren um je 25 000 € ab. In der Steuerbilanz werden diese Ausgaben als sofort abzugsfähige Betriebsausgaben angesetzt.
Welche Auswirkungen ergeben sich,

(1) wenn im Jahr der Entstehung der zeitlichen Differenz (Jahr 02) ein Verlust entsteht?

	Jahr 01	Jahr 02
Handelsbilanzergebnis	800 000	÷ 290 000
Steuerbilanzergebnis	800 000	÷ 390 000

(2) wenn im Jahr der Entstehung der zeitlichen Differenz (Jahr 02) in der Handelsbilanz eine Rückstellung für latente Steuern gebildet wurde und im Jahr danach ein Verlust entsteht?

Ergänzen Sie die Daten der Handelsbilanzergebnisse im Jahr 02 und 03.
Wovon ist die Beurteilung für die Jahre 04 ff. abhängig?

	Jahr 01	Jahr 02	Jahr 03
Handelsbilanzergebnis	800 000	?	?
Steuerbilanzergebnis	800 000	800 000	÷ 750 000

Aufgabe 4.49 *Differenzenspiegel*
Folgende Geschäftsvorfälle sind hinsichtlich der Bildung latenter Steuern zu überprüfen:

1. Jahr
- In der Handelsbilanz führt die Bewertung eines Warenpostens nach dem Fifoverfahren wegen gestiegener Preise zu einem um 30 000 € höheren Bilanzansatz als in der Steuerbilanz.
- In der Handelsbilanz wird eine Rückstellung für unterlassene Instandhaltung gebildet, die in der zweiten Hälfte des folgenden Geschäftsjahres nachgeholt wird, Ansatz 80 000 €.

2. Jahr
- Auf Grund einer nachhaltigen Umkehrung der Preisentwicklung wird in der Handelsbilanz bei einem Warenposten eine Abschreibung auf den niedrigeren Zukunftswert in Höhe von 15 000 € vorgenommen.

Stellen Sie die Ergebnisdifferenzen unter der Annahme, dass das Unternehmen Gewinne erwirtschaftet, im Differenzenspiegel dar.

Aufgabe 4.50 *Zur buchhalterischen Methode der Ableitung der Steuer- aus der Handelsbilanz*
In einer OHG liegt folgende Saldenliste vor:[1]

Konto-Nr.	Konto	Soll	Haben
030	Firmenwert	37 500	–
050	Unbebaute Grundstücke	150 000	–
053	Gebäude	320 000	–
070	Maschinen	392 500	–
084	Fuhrpark	90 000	–
085	Flaschen und Gebinde	132 000	–
087	Sonstige Betriebs- und Geschäftsausstattung	40 000	–
200	Roh-, Hilfs- und Betriebsstoffe	150 000	–
210	Unfertige Erzeugnisse	130 000	–
240	Forderungen aus Lieferungen und Leistungen	311 000	–
260	Vorsteuer	–	–
280	Bank	218 000	–
288	Kasse	18 000	–
300	Eigenkapital A	–	550 000
3001	Privat A	89 000	–
301	Eigenkapital B	–	508 000
3011	Privat B	92 000	–
390	Rückstellungen	–	50 000
440	Verbindlichkeiten aus Lieferungen und Leistungen	–	388 000
480	Umsatzsteuer	–	10 000
489	Darlehen	–	300 000
500	Umsatzerlöse	–	2 695 500
5001	Kundenskonti	8 000	–
5201	Bestandsveränderungen	10 000	–
548	Erträge aus Herabsetzung von Rückstellungen	–	–
571	Zinserträge	–	6 500
600	Materialaufwand	1 207 000	–
6001	Lieferantenskonti	–	19 000
620	Löhne, Gehälter	512 000	–
640	Soziale Abgaben	94 000	–

---
[1] Kontengliederung nach IKR '86

Konto-Nr.	Konto	Soll	Haben
650	Abschreibungen	110 000	–
685	Reisekosten	70 000	–
687	Werbung	120 000	–
689	Sonstige Aufwendungen	100 000	–
700	Betriebssteuern	22 000	–
751	Zinsaufwand	18 000	–
760	Außerordentlicher Aufwand	5 000	–
770	Gewerbeertragsteuer	81 000	–
		4 527 000	4 527 000

Es ist noch Folgendes zu berücksichtigen:

1. Die Herstellungskosten der halbfertigen Erzeugnisse wurden in der Handelsbilanz zulässigerweise ohne die Materialgemeinkosten von 10 000 € und ohne die Fertigungsgemeinkosten von 80 000 € bewertet.
2. Der bei Betriebsübernahme mit 50 000 € bezahlte Firmenwert wurde erstmals entsprechend § 255 Abs. 4 HGB in der Handelsbilanz mit 25 % (12 500 €) abgeschrieben, in der Steuerbilanz dürfen nur 6,67 % abgeschrieben werden (§ 7 Abs. 1 EStG).
3. Das Betriebsgebäude wurde in der Handelsbilanz mit 6 % abgeschrieben. Bei der letzten steuerlichen Außenprüfung wurden nur 3 % des Anschaffungswertes von 750 000 € zugelassen.
4. Die Rückstellung für ein Prozessrisiko aus einer Patentverletzung wurde vor 4 Jahren mit 30 000 € gebildet. Da mehr als 3 Jahre lang vom Geschädigten keine Forderung geltend gemacht wurde, ist die Rückstellung in der Steuerbilanz aufzulösen (§ 5 Abs. 3 EStG).
5. Für eine im Abschlussjahr unterlassene Dachrinnenreparatur wurden 20 000 € zurückgestellt; die Arbeiten werden erst im 6. Monat nach dem Bilanzstichtag ausgeführt.
6. Die Geschenke von jeweils mehr als 35 € je Kunden betrugen 7 500 € (brutto). Sie wurden handelsrechtlich (einschließlich der nicht abzugsfähigen Vorsteuer) als Aufwand gebucht.
7. Für Falschparken auf Geschäftsfahrten mussten 240 € Verwarnungsgeld bezahlt werden (handelsrechtlich als Aufwand gebucht).
8. Eine Vertragsstrafe von 5 000 € wegen verspäteter Auslieferung wurde handelsrechtlich als Aufwand behandelt.

(1) Welche Gewinnkorrekturen sind innerhalb, welche außerhalb der Bilanz vorzunehmen?
(2) Buchen Sie die Vorgänge in der Umbuchungsspalte, führen Sie die Abschlusstabelle zu Ende und erstellen Sie die Steuerbilanz (Inhaber A erhält 60 %, Inhaber B 40 % vom Jahresgewinn).
(3) Ermitteln Sie den steuerpflichtigen Gewinn.

Aufgabe 4.51 *Bilanzänderung*

Im Rahmen einer Außenprüfung beim bilanzierenden Kaufmann K stellt der Prüfer ein Mehrergebnis für das Jahr 02 von 35 000 € fest. K möchte daraufhin seine Bilanz ändern, wobei er Folgendes vorträgt:

(1) Bei einer in 01 angeschafften Maschine, Anschaffungskosten 50 000 €, lineare AfA 10 %, macht er für Ende 02 einen niedrigeren Restwert von 30 000 € glaubhaft.

(2) In der Geschäftsausstattung sind für 8 000 € geringwertige Wirtschaftsgüter enthalten, die er vor zwei Jahren anschaffte und mit 10 % abschrieb. Er will sie nachträglich voll abschreiben.

Kann die Bilanz geändert werden?

Aufgabe 4.52 *Bilanzänderung oder Bilanzberichtigung*
Nach der Einreichung der Bilanz beim Finanzamt stellt ein Kaufmann Folgendes fest:
- Bei der Inventur wurde ein Vorrätebestand von 13 500 € versehentlich vergessen aufzunehmen, weil er an einer entlegenen Stelle aufbewahrt wurde.
- Die Entschädigungsforderung von 5 900 € an die Versicherung für einen Autounfall (Totalschaden) im Abschlussjahr wurde vergessen zu berücksichtigen. Auch das Fahrzeug ist noch mit 1 500 € bilanziert.

(1) Liegt eine Bilanzänderung oder eine Bilanzberichtigung vor?
(2) Ist die Genehmigung des Finanzamtes erforderlich?
(3) Muss die Gewerbesteuer korrigiert werden? Der Hebesatz beträgt 400 %, der bisherige Gewinn 182 000 €.
(4) Führen Sie die Mehr- und Weniger-Rechnung durch und stellen Sie die berichtigten Bilanzposten zusammen.
(5) Können die Tatbestände nach vorläufiger Veranlagung (§ 165 AO) oder nach Steuerfestsetzung unter Vorbehalt der Nachprüfung (§ 164 AO) noch berücksichtigt werden?
(6) Ist die Berücksichtigung der Tatbestände nach erfolgter Betriebsprüfung und anschließender bestandskräftiger Veranlagung noch möglich?

Aufgabe 4.53 *Bilanzberichtigung über 3 Jahre mit Mehr- und Weniger-Rechnung*
In der steuerlichen Außenprüfung für die drei letzten Jahre werden folgende Feststellungen getroffen:

1. Jahr:
- Eine Warenlieferung über 10 000 € wurde unter dem Rechnungsdatum des 2. Jahres gebucht. Das Material ging bereits im Abschlussjahr ein und wurde in die Inventur aufgenommen und bilanziert. Im 2. Jahr werden die Waren verkauft.
- Eine Kundenanzahlung über 2 400 € (netto) wurde versehentlich als Umsatz gebucht.
- Die Teilwertabschreibung von 7 000 € auf den Bestand der Fertigerzeugnisse wurde nicht anerkannt. Die abgeschriebenen Erzeugnisse werden im 2. Jahr verkauft.
- Die Kosten von 30 000 € für die Einräumung des Alleinvertriebsrechtes wurden als Lizenzaufwand gebucht.
- Für den Erwerb von Software wurde eine Investitionszulage von 12 000 € vereinnahmt und als sonstiger Ertrag verbucht. Sie ist zurückzuzahlen, weil sie zu Unrecht beansprucht wurde.

2. Jahr:
- Eine Maschine im Anschaffungswert von 58 000 € wurde statt mit 7 % mit 12 % abgeschrieben.
- Die Heizölllieferung über 8 600 € vom 30. 12. wurde sofort als Verbrauch gebucht.

3. Jahr:
- Das Unternehmen hat eine Rückstellung für unterbliebene Instandhaltung von 22 000 € bilanziert. Die Reparatur wird in den ersten drei Monaten des Folgejahres für 18 000 € ausgeführt.

- Eine Garantiearbeit kostet statt der veranschlagten und zurückgestellten 3 000 € insgesamt 6 600 €.
- Ein Gesellschafter hatte für eine Studienreise in die USA ein Darlehen des Unternehmens von 5 000 € erhalten, das versehentlich über Reisekosten gebucht wurde.

(1) Führen Sie die Mehr- und Weniger-Rechnung für die drei Jahre durch. Passen Sie die Gewerbeertragsteuer an (Hebesatz 400 %, bisheriger Gewinn 194 400 €).
(2) Stellen Sie die gegenüber der Steuerbilanz des Unternehmens geänderten Posten der Prüferbilanz zusammen.
(3) Wie ist der Mehr- oder Mindergewinn bei Kapitalgesellschaften zweckmäßigerweise zu erfassen?

Aufgabe 4.54 *Abschluss einer GmbH*
Erstellen Sie auf Grund der Daten aus Aufgabe 1.25 (Buchungen nach dem IKR '86)

(1) die Bilanz nach dem Schema für große Kapitalgesellschaften,
(2) die GuV-Rechnung.

Berücksichtigen Sie dabei folgende Zusatzangaben: Die Forderungen und sonstigen Vermögensgegenstände haben eine Restlaufzeit von weniger als 1 Jahr. Bei den Verbindlichkeiten ist unter denjenigen gegenüber Kreditinstituten ein Betrag von 1 000 000 € mit einer Restlaufzeit von mehr als 5 Jahren enthalten, alle anderen Verbindlichkeiten sind als kurzfristig einzustufen. In den sonstigen Verbindlichkeiten sind 70 000 € aus Steuern und 15 000 € für soziale Sicherheit enthalten.

Aufgabe 4.55 *Zuordnungsfragen in der GuV-Rechnung*
Nennen Sie die Posten, in die folgende Aufwands- und Ertragskategorien unterzubringen sind:

(1) Sofortabschreibung geringwertiger Wirtschaftsgüter
(2) Einstellung in die Pauschalwertberichtigung zu Forderungen, soweit im üblichen Rahmen
(3) Instandhaltungen an Grundstücken und Gebäuden
(4) Pachterträge
(5) Abschreibungen auf Disagio
(6) Lohn- und Gehaltsnachzahlungen für frühere Jahre
(7) Erträge aus der Auflösung oder Herabsetzung von Einzelwertberichtigungen
(8) Erträge aus der Auflösung von Rückstellungen
(9) Steuerliche Sonderabschreibungen und erhöhte Abschreibungen auf Finanzanlagen
(10) Steuerliche Sonderabschreibungen und erhöhte Abschreibungen auf Roh-, Hilfs- und Betriebsstoffe sowie Waren
(11) Einstellungen in den Sonderposten mit Rücklageanteil
(12) Erträge aus Wertaufholungen des Anlagevermögens
(13) Diskontaufwendungen
(14) Kreditprovision
(15) Aushilfslöhne
(16) Vermögenswirksame Leistungen
(17) Heirats- und Geburtsbeihilfen
(18) Miet- und Leasingkosten für Betriebs- und Geschäftsausstattung
(19) Beiträge, Gebühren

(20) Anzeigenwerbung
(21) Bankspesen
(22) Postkosten
(23) Erlöse aus Lizenzen
(24) Nebenerlöse
(25) Eigenverbrauch von Waren

Aufgabe 4.56 *Aufstellung der GuV-Rechnung nach Gesamt- und Umsatzkostenverfahren*

Zur Erstellung der GuV-Rechnung einer GmbH liegt folgende Saldenliste vor:

\multicolumn{4}{c}{Endgültige Saldenliste}
Konto-Nr.	Konto	Soll	Haben
50	Umsatzerlöse		2 829 000
52	Bestandsveränderungen		34 000
53	Andere aktivierte Eigenleistungen		15 000
54	Sonstige betriebliche Erträge		19 000
600	Aufwendungen für Fertigungsmaterial	847 000	
601	Aufwendungen für Vorprodukte	255 000	
605	Aufwendungen für Energie (davon 10 000 € Heizung Verwaltungsbereich)	60 000	
620	Löhne	610 000	
630	Gehälter	210 000	
640	Arbeitgeberanteil zur Sozialversicherung, Löhne	137 000	
641	Arbeitgeberanteil zur Sozialversicherung, Gehälter	48 000	
644	Aufwendungen für Altersversorgung	55 000	
652	Abschreibungen auf Sachanlagen (davon 97 000 € Fertigungsbereich)	127 000	
654	Abschreibungen auf geringwertige Wirtschaftsgüter (Verwaltungsbereich)	5 000	
655	Außerplanmäßige Abschreibungen auf Sachanlagen (Fertigungsbereich)	8 000	
671	Leasing (betrifft Maschine im Fertigungsbereich)	60 000	
672	Lizenzen	49 000	
675	Kosten des Geldverkehrs	2 000	
677	Rechts- und Beratungskosten	15 000	
680	Büromaterial	11 000	
685	Reisekosten (Vertrieb)	9 000	
687	Werbung	32 000	
690	Versicherungsbeiträge (davon 8 000 € Haftpflichtversicherung, 4 000 € Betriebsunterbrechungsversicherung)	12 000	
696	Verluste aus dem Abgang von Vermögensgegenständen	22 000	
697	Einstellungen in den Sonderposten mit Rücklageanteil	14 000	
751	Zinsaufwendungen (davon 17 000 € Darlehen für Anschaffung einer Maschine)	31 000	
760	Außerordentliche Aufwendungen	19 000	
770	Gewerbeertragsteuer	15 000	
771	Körperschaftsteuer	83 000	

Der Personalaufwand verteilt sich wie folgt auf die verschiedenen Funktionsbereiche:

Konto-Nr.	Konto	Summe	Herstellung	Vertrieb	Allgemeine Verwaltung
620	Löhne	610 000	566 000	22 000	22 000
630	Gehälter	210 000	70 000	70 000	70 000
640	Arbeitgeberanteil zur Sozialversicherung (Lohn)	137 000	127 000	5 000	5 000
641	Arbeitgeberanteil zur Sozialversicherung (Gehalt)	48 000	16 000	16 000	16 000
644	Aufwendungen für Altersversorgung	55 000	35 000	10 000	10 000

(1) Erstellen Sie die GuV nach dem Gesamtkostenverfahren.
(2) Warum können die Daten aus der innerbetrieblichen Kostenverrechnung (Betriebsabrechnungsbogen) nicht ohne Modifikationen für die Erstellung der GuV nach dem Umsatzkostenverfahren übernommen werden?
(3) Stellen Sie alle Aufwendungen nach folgender Zuordnungstabelle zusammen:

Zuordnungstabelle (für Erstellung der GuV nach Umsatzkostenverfahren)							
Konto	Betrag	Herstellungskosten (GuV-Pos. 2)	Vertriebskosten (GuV-Pos. 4)	Allgemeine Verwaltungskosten (GuV-Pos. 5)	Sonstige betriebliche Aufwendungen (GuV-Pos. 7)	Übrige Aufwandsposten der GuV	Anhangangabe bzw. gesonderter Ausweis

(4) Erstellen Sie die GuV nach dem Umsatzkostenverfahren.

Aufgabe 4.57 *Bestätigungsvermerk bei freiwilliger Prüfung*
Eine OHG lässt ihren Jahresabschluss von einem Wirtschaftsprüfer freiwillig prüfen und möchte den Bestätigungsvermerk haben, wie ihn Kapitalgesellschaften nach § 322 HGB erhalten.

(1) Ist das möglich?
(2) Könnte gegebenenfalls auch ein Steuerberater (anstatt des Wirtschaftsprüfers) einen entsprechenden Auftrag von der OHG annehmen?

LÖSUNGEN

Lösungen zum 1. Hauptteil: Grundlagen der Buchführung

Lösung zu Aufgabe 1.01 *Zusammenhang zwischen Bilanz und Buchführung*

Schlussbilanz

Fuhrpark	160 000	Eigenkapital	915 000
Betriebs- und Geschäfts-		Darlehen	160 000
ausstattung	120 000	Verbindlichkeiten	344 000
Waren	347 000	Sonstige Verbindlichkeiten	50 000
Forderungen	537 000		
Kasse	10 000		
Bank	295 000		
	1 469 000		1 469 000

Lösung zu Aufgabe 1.02 *Unterschiedliche Möglichkeiten der Buchung des Warenverkehrs*

WE	=	Wareneinkauf		WEK	=	Wareneinkaufskonto
WV	=	Warenverkauf		WVK	=	Warenverkaufskonto
AB	=	Anfangsbestand		SBK	=	Schlussbilanzkonto
WESK	=	Wareneinsatzkonto		WBK	=	Warenbestandskonto

(1)

a) Nettoabschluss

Wareneinkaufskonto

AB	100 000	WVK	847 000
WE	840 000	SBK	93 000

Warenverkaufskonto

WEK	847 000	WV	1 420 000
Rohgew.	57 000		

b) Bruttoabschluss

Wareneinkaufskonto

AB	100 000	GuV	847 000
WE	840 000	SBK	93 000

Warenverkaufskonto

GuV	1 420 000	WV	1 420 000

GuV-Konto

WEK	847 000	WVK	1 420 000
Rohgew.	573 000		

c) **Zusätzliche Verwendung des Wareneinsatzkontos**

Wareneinkaufskonto					Warenverkaufskonto			
AB	100 000	WESK	847 000		GuV	1 420 000	WV	1 420 000
WE	840 000	SBK	93 000					

Wareneinsatzkonto					GuV-Konto			
WEK	847 000	GuV	847 000		WESK	847 000	WVK	1 420 000
					Rohgew.	573 000		

d) **In Handelsbetrieben vielfach geübte Praxis**

Warenbestandskonto					Warenverkaufskonto			
AB	100 000	WEK	7 000		GuV	1 420 000	WV	1 420 000
		SBK	93 000					

Wareneinkaufskonto					GuV-Konto			
WE	840 000	GuV	847 000		WEK	847 000	WVK	1 420 000
WBK	7 000				Rohgew.	573 000		

(2) Den Nettoabschluss sollte man nicht durchführen. Die anderen Buchungsweisen sind aussagefähiger.

Lösung zu Aufgabe 1.03 *Darstellung der Konten Vorsteuer und Umsatzsteuer*

(1)

a) Wareneinkauf   110 000,00
    Vorsteuer   17 600,00
        an Verbindlichkeiten   127 600,00

b) Verpackung   300,00
    Vorsteuer   48,00
        an Verbindlichkeiten   348,00

c) Kfz-Kosten   100,00
    Vorsteuer   16,00
        an Verbindlichkeiten   116,00

d) Verbindlichkeiten
        an Bank   96 000,00

e) Strom und Gas   200,00
    Vorsteuer   32,00
        an Bank   232,00

f) Bürokosten   50,00
    Vorsteuer   8,00
        an Kasse   58,00

g) Forderungen   191 168,00
        an Warenverkauf   164 800,00
        an Umsatzsteuer   26 368,00

h) Kasse 23,20
   an Altmaterialerlöse 20,00
   an Umsatzsteuer 3,20

i) Bank
   an Forderungen 138 000,00

Konto Vorsteuer

a)	17 600,00	Saldo	17 704,00
b)	48,00		
c)	16,00		
e)	32,00		
f)	8,00		
	17 704,00		17 704,00

Konto Umsatzsteuer

Traglast		g)	26 368,00
Saldo	26 371,20	h)	3,20
	26 371,20		26 371,20

Zahllast = Traglast ·/· Vorsteuer = 26 371,20 ·/· 17 704,00 = 8 667,20

(2) Es würde ein Steuerguthaben bestehen, denn die Vorsteuer wäre größer als die den Kunden berechnete Umsatzsteuer.
(3) Diese Lage ergibt sich vor allem, wenn man mehr Waren bezogen als abgesetzt hat. Sie zeigt sich auch bei Verkäufen, deren Preise unter den Bezugspreisen liegen. Möglich ist sie auch bei Anschaffung teuren Anlagevermögens.
(4) Grundsätzlich wird nach Soll versteuert, also auf Grund der Lieferungen und nicht auf Grund der Bezahlung (Ist).
(5) Private Warenentnahmen sind umsatzsteuerpflichtig.

Lösung zu Aufgabe 1.04 *Von der Eröffnungs- zur Schlussbilanz*

(1a)

GuV-Konto (bei Nettomethode)

Gehälter	900	Warenverk.	6 000
Verwaltungs-kosten	3 000		
Gewinn	2 100		
	6 000		6 000

GuV-Konto (bei Bruttomethode)

Wareneins.	14 000	Warenverk.	20 000
Gehälter	900		
Verwaltungs-kosten	3 000		
Gewinn	2 100		
	20 000		20 000

Schlussbilanz

Betr.- u. Gesch.-Ausst.	22 000	Kapital	62 000
Waren	30 000	Verbindlichkeiten	23 440
Forderungen	21 238		
Kasse	592		
Bank	11 520		
	85 440		85 440

(1b)

GuV-Konto (bei Nettomethode)			
Gehälter	600	Warenverk.	3 000
Verwaltungs-		Verlust	100
kosten	2 500		
	3 100		3 100

GuV-Konto (bei Bruttomethode)			
Wareneins.	19 400	Warenverk.	22 400
Gehälter	600	Verlust	100
Verwaltungs-			
kosten	2 500		
	22 500		22 500

Schlussbilanz

Betr.- u. Gesch.-Ausst.	22 000	Kapital	59 850
Waren	25 800	Verbindlichkeiten	26 832
Forderungen	21 504		
Kasse	130		
Bank	17 248		
	86 682		86 682

(2) Für den Abschluss des GuV-Kontos müssen die Erfolgskonten abgeschlossen sein. Das Kapitalkonto kann erst abgeschlossen werden, wenn der Reingewinn (bzw. Reinverlust) und die Privatentnahmen darauf übertragen worden sind.

(3) Der Schlussbestand des Kapitalkontos muss sich mit dem der Schlussbilanz decken.

(4) Erfolgskonten und Privatkonten muss man als Vorkonten des Kapitalkontos begreifen und damit erkennen, dass Entnahmen und Verluste Minderung von Kapital (also nach Buchungsregeln für Passivkonten), Neueinlagen und Gewinne aber Mehrung bedeuten, also Zugang im Kapital.

Lösung zu Aufgabe 1.05 *Einfache Buchungssätze*

Buchungssätze:

(1) Verbindlichkeiten an Bank
(2) Verbindlichkeiten an Besitzwechsel
(3) Verbindlichkeiten an Schuldwechsel
(4) Kasse an Besitzwechsel
(5) Schuldwechsel an Kasse
(6) Bank an Forderungen
(7) Kasse an Bank
(8) Bank an Postbank
(9) Verbindlichkeiten an Bank
(10) Bank an Hypotheken
(11) Miete an Kasse
(12) Bank an Zinserträge
(13) Löhne an Kasse
(14) Privat an Kasse
(15) Energiekosten an Bank
(16) Heizungskosten an Kasse
(17) Provisionen an Bank
(18) Bürokosten an Kasse
(19) Kasse an Privat (oder Kapital)

Lösung zu Aufgabe 1.06 *Zusammengesetzte Buchungssätze im Zahlungsverkehr*
Buchungssätze:

(1) Kasse und Postbank an Forderungen
(2) Verbindlichkeiten an Postbank und Bank
(3) Bank und Besitzwechsel an Forderungen
(4) Verbindlichkeiten an Besitzwechsel und Schuldwechsel
(5) Kasse an Warenverkauf (oder Kasse und Skonto an Warenverkauf)
(6) Verbindlichkeiten an Kasse und Skonti
(7) Reisekosten und Privat an Kasse
(8) Gewerbesteuer und Privat an Postbank
(9) Warenverkauf, Bank und Skonti an Forderungen
(10) Verbindlichkeiten an Kasse, Postbank und Skonti

Lösung zu Aufgabe 1.07 *Zusammengesetzte Buchungssätze im Warenverkehr*
Buchungssätze:

(1) Wareneinkauf und Vorsteuer an Kasse
(2) Kasse an Warenverkauf und Umsatzsteuer
(3) Forderungen an Warenverkauf und Umsatzsteuer
(4) Wareneinkauf und Vorsteuer an Verbindlichkeiten
(5) Warenverkauf und Umsatzsteuer an Forderungen
(6) Verbindlichkeiten an Wareneinkauf und Vorsteuer
(7) Verbindlichkeiten an Wareneinkauf und Vorsteuer
(8) Warenverkauf und Umsatzsteuer an Forderungen
(9) Maschinen und Vorsteuer an Verbindlichkeiten
(10) Kasse an Geschäftsausstattung und Umsatzsteuer
(11) Wareneinkauf und Vorsteuer an Kasse
(12) Privat an Warenverkauf und Umsatzsteuer
(13) Bank an Maschinen und Umsatzsteuer

Lösung zu Aufgabe 1.08 *Deuten von Buchungssätzen*

(1) Barverkauf von Waren
(2) Bareinzahlung auf Bankkonto
(3) Wareneinkauf gegen Banküberweisung
(4) Überweisung vom Postbank- auf das Bankkonto
(5) Zielverkauf von Waren
(6) Zielkauf von Waren
(7) Barzahlung an einen Lieferanten
(8) Banküberweisung eines Kunden
(9) Kundenzahlung durch Besitzwechsel
(10) Ziehung eines Schuldwechsels durch einen Lieferanten
(11) Zielkauf von Einrichtung
(12) Aufnahme einer Passivhypothek oder Rückzahlung einer Aktivhypothek durch Banküberweisung
(13) Zahlung an einen Lieferanten durch Besitzwechsel
(14) Warenrücksendung eines Kunden (oder Preisnachlass)
(15) Warenrücksendung an einen Lieferanten (oder Preisnachlass)

(16) Einkauf von Büromaterial, bar
(17) Privatentnahme durch Bankscheck
(18) Zinsgutschrift der Bank
(19) Lohnzahlung, bar
(20) Barverkauf eines Einrichtungsgegenstandes
(21) Barzahlung an einen Lieferanten unter Abzug von Skonto
(22) Banküberweisung eines Kunden abzüglich Skonto
(23) Barentnahme für private und geschäftliche Zwecke
(24) Geschäftliche und private Einzahlung auf Bankkonto

Lösung zu Aufgabe 1.09 *Verständnisfragen zur Bilanzübersicht*

(1) Durch die Summenbilanz ist bewiesen, dass die Lastschriften in ihrer Summe mit den Gutschriften übereinstimmen.
(2) Die Saldenbilanz bestätigt die Richtigkeit des Saldenziehens.
(3) Es gibt in vielen Betrieben eine große Zahl von vorbereitenden Abschlussbuchungen. Sie werden durch die Saldenbilanz II auf richtige Fortführung der Doppik kontrolliert.
(4) Vermögens- und Erfolgsbilanz bilden Grundlage und Kontrolle der Abschlussbuchungen.
(5) Wenn zahlreiche vorbereitende Abschlussbuchungen notwendig sind.

Lösung zu Aufgabe 1.10 *Aufstellung der Bilanzübersicht*

(1)

Kto. Nr.	Konto	Saldenbilanz I Soll T€	Saldenbilanz I Haben T€	Saldenbilanz II Soll T€	Saldenbilanz II Haben T€	Vermögensbilanz Aktiva T€	Vermögensbilanz Passiva T€	Erfolgsbilanz Aufwand T€	Erfolgsbilanz Ertrag T€
033	Betriebs- und Geschäftsausstattung	600	—	540	—	540	—	—	—
060	Kapital	—	920	—	700	—	700	—	—
100	Forderungen	600	—	600	—	600	—	—	—
130	Bank	49	—	49	—	49	—	—	—
140	Vorsteuer	644	—	644	—	644	—	—	—
151	Kasse	40	—	40	—	40	—	—	—
160	Privat	220	—	—	—	—	—	—	—
170	Verbindlichkeiten	—	796	—	796	—	796	—	—
180	Umsatzsteuer	—	687	—	687	—	687	—	—
190	Sonstige Verbindlichkeiten	—	110	—	110	—	110	—	—
300	Wareneinkauf	3 500	—	880	—	880	—	—	—
380	Wareneinsatz	—	—	2 620	—	—	—	2 620	—
400	Personalkosten	1 110	—	1 110	—	—	—	1 110	—
411	Miete	140	—	140	—	—	—	140	—
450	Provisionsaufwendungen	40	—	40	—	—	—	40	—
480	Verwaltungskosten	150	—	150	—	—	—	150	—
490	Abschreibungen	—	—	60	—	—	—	60	—
800	Warenverkauf	—	4 400	—	4 400	—	—	—	4 400
872	Provisionserträge	—	180	—	180	—	—	—	180
		7 093	7 093	6 873	6 873	2 753	2 293	4 120	4 580
				Gewinn		—	460	460	—
				2 753	2 753	4 580	4 580		

(2) Vorbereitende Abschlussbuchungen:

490 Abschreibungen
     an 033 Betriebs- und Geschäftsausstattung   60 000 €

060 Kapital
     an 160 Privat   220 000 €

380 Wareneinsatz
     an 300 Wareneinkauf   2 620 000 €

Lösung zu Aufgabe 1.11 *Buchen nach dem Nettoverfahren*

Wareneinkauf				Verbindlichkeiten			
(1)	150 000			(6)	166 500	(1)	174 000
						(2)	1 392
						(3)	348

Warenverkauf				Vorsteuer			
		(4)	210 000	(1)	24 000		
				(2)	192		
				(3)	48		

Forderungen				Umsatzsteuer			
(4)	243 600	(5)	181 500			(4)	33 600

Reparaturkosten				Büromaterial			
(3)	300			(2)	1 200		

Bank				Umsatzsteuerzahlungen			
(5)	181 500	(6)	166 500	(7)	8 775		
		(7)	8 775				

Lösung zu Aufgabe 1.12 *Buchen nach Netto- und Bruttoverfahren*

(1)

Betriebs- und Geschäftsausstattung				Warenverbindlichkeiten			
(e)	850					(a)	29 464
						(g)	580

Kasse				Umsatzsteuer			
(b)	37 816	(c)	35 000			(d)	144
						(h)	5 216

	Bank				Wareneinkauf	
(c)	35 000			(a)	25 400	
(f)	58			(g)	500	

	Warenforderungen				Warenverkäufe an Privat	
(d)	1 044	(e)	986	(h)	5 216	(b)	37 816
		(f)	58			

	Vorsteuer			Warenverkäufe an Gewerbetreibende	
(a)	4 064			(d)	900
(e)	136				
(g)	80				

(2) Die Verkäufe an Private werden gewöhnlich brutto gebucht, weil die Umsatzsteuer bei Lieferungen an Nichtunternehmer zum Preisbestandteil wird und in der Rechnung meist nicht offen ausgewiesen ist. Eine Nettodarstellung ist aber auch im Einzelhandel möglich und statthaft.

Die in den Bruttoerlösen enthaltene nicht offen ausgewiesene Umsatzsteuer ist nachträglich zu ermitteln (Fall h). Wenn man die Umsatzsteuer dem Warenverkaufskonto belastet, zeigt dessen Saldo den Nettoerlös der Waren. Die Steuer wirkt somit dann als Erlöskorrektur.

Lösung zu Aufgabe 1.13 *Entgeltänderungen und Umsatzsteuer*
Kontierungen nach dem Kontenrahmen für den Groß- und Außenhandel:

(1/2)	300	Wareneinkauf	118 000,00	
	140	Vorsteuer	18 880,00	
		an 170 Verbindlichkeiten		136 880,00
(3/4)	100	Forderungen	165 416,00	
		an 800 Warenverkauf		142 600,00
		an 180 Umsatzsteuer		22 816,00
(5)	170	Verbindlichkeiten	111 000,00	
		an 130 Bank		107 670,00
		an 308 Lieferantenskonti		3 330,00
(6)	308	Lieferantenskonti	459,31	
		an 140 Vorsteuer		459,31
(7)	130	Bank	129 204,00	
	808	Kundenskonti	3 996,00	
		an 100 Forderungen		133 200,00
(8)	180	Umsatzsteuer	551,17	
		an 808 Kundenskonti		551,17

Darstellung der Steuer- und Skontikonten:

140 Vorsteuer				808 Kundenskonti			
(1/2)	18 880,00	(6)	459,31	(7)	3 996,00	(8)	551,17

180 Umsatzsteuer				308 Lieferantenskonti			
(8)	551,17	(3/4)	22 816,00	(6)	459,31	(5)	3 330,00

Lösung zu Aufgabe 1.14 *Mehrere Umsatzsteuersätze*

(1)

a) Bruttoverfahren

Beim Bruttoverfahren werden die Steuerposten zunächst nicht sichtbar. Beim späteren Herausnehmen der Steuer ist zu beachten, dass eine Auf-Hundert-Rechnung nötig ist, da die Steuer vom Nettobetrag erhoben wird. Für Geschäftsfälle 1 bis 10 ergeben sich dann folgende Kontenbilder (Buchungen nach dem Groß- und Außenhandelskontenrahmen):

300 Wareneinkauf Lebensmittel				100 Forderungen			
(1) 170	28 248,00	(5) 170	856,00	(3) 800	31 886,00	(6) 810	533,60
				(4) 810	23 664,00		

310 Wareneinkauf Haushaltswaren				130 Bank			
(2) 170	21 112,00					(7) 170	8 972,50
						(8) 170	12 348,00

800 Warenverkauf Lebensmittel				170 Verbindlichkeiten			
		(3) 100	31 886,00	(5) 300	856,00	(1) 300	28 248,00
				(7) 130, 318	9 250,00	(2) 310	21 112,00
				(8) 130, 308	12 600,00		

810 Warenverkauf Haushaltswaren				140 Vorsteuer			
(6) 100	533,60	(4) 100	23 664,00	(9) 318	38,28		
				(10) 308	16,49		

308 Lieferantenskonti Lebensmittel				318 Lieferantenskonti Haushaltswaren			
(10) 140	16,49	(8) 170	252,00	(9) 140	38,28	(7) 170	277,50

Beispiel für das Herausnehmen der Steuer:

Wareneinkauf Lebensmittel:

$$\begin{aligned} & 28\,248,00\ \text{€} \\ \text{·/·} \quad & \underline{856,00\ \text{€}} \\ & 27\,392,00\ \text{€} = 107\ \%\ \text{der Nettorechnungsbeträge} \end{aligned}$$

$$\text{Vorsteuer:}\ \frac{27\,392,00\ \text{€} \cdot 7\,\%}{107\,\%} = 1\,792,00\ \text{€}$$

Warenverkauf Haushaltswaren:

$$\begin{aligned} & 23\,664,00\ \text{€} \\ \text{·/·} \quad & \underline{533,60\ \text{€}} \\ & 23\,130,40\ \text{€} = 116\ \%\ \text{der Nettorechnungsbeträge} \end{aligned}$$

$$\text{Umsatzsteuer:}\ \frac{23\,130,40\ \text{€} \cdot 16\,\%}{116\,\%} = 3\,190,40\ \text{€}$$

Die errechneten Steuerbeträge sind aus den Waren- auf die Steuerkonten zu übertragen (Vorsteuer an Wareneinkaufskonten, Warenverkaufskonten an Umsatzsteuer).
Die Steuerkonten zeigen folgendes Bild:

140 Vorsteuer				180 Umsatzsteuer			
300	1 792,00	318	38,28	Saldo	5 276,40	800	2 086,00
310	2 912,00	308	16,49			810	3 190,40
		Saldo	4 649,23				
	4 704,00		4 704,00		5 276,40		5 276,40

b) Nettoverfahren

Das Nettoverfahren zwingt zwar nicht zu besonderer Kontenaufgliederung, weil gemischte Beträge nicht auftreten. Es sind aber die Aufzeichnungspflichten nach § 22 UStG zu beachten.

1.	300	Wareneinkauf	26 400,00	
	140	Vorsteuer	1 848,00	
		an 170 Verbindlichkeiten		28 248,00
2.	300	Wareneinkauf	18 200,00	
	140	Vorsteuer	2 912,00	
		an 170 Verbindlichkeiten		21 112,00
3.	100	Forderungen	31 886,00	
		an 800 Warenverkauf Lebensmittel		29 800,00
		an 180 Umsatzsteuer		2 086,00
4.	100	Forderungen	23 664,00	
		an 810 Warenverkauf Haushaltswaren		20 400,00
		an 180 Umsatzsteuer		3 264,00

5.	170	Verbindlichkeiten	856,00	
		an 300 Wareneinkauf		800,00
		an 140 Vorsteuer		56,00
6.	810	Warenverkauf Haushaltswaren	460,00	
	180	Umsatzsteuer	73,60	
		an 100 Forderungen		533,60
7./9.	170	Verbindlichkeiten	9 250,00	
		an 318 Lieferantenskonti		239,22
		an 130 Bank		8 972,50
		an 140 Vorsteuer		38,28
8./10.	170	Verbindlichkeiten	12 600,00	
		an 308 Lieferantenskonti		235,51
		an 130 Bank		12 348,00
		an 140 Vorsteuer		16,49
11.	182	Umsatzsteuerzahlungen	627,17	
		an 130 Bank		627,17

(2) Die Aufgliederung der Erlöskonten nach Steuersätzen bzw. steuerpflichtigen und steuerfreien Beträgen ist unerlässlich, da eine getrennte Aufzeichnung vorgeschrieben ist. Die entsprechende Aufgliederung der Wareneinkaufskonten ist nicht verbindlich, aber aus Kontrollgründen und zum Zwecke der Analyse zu empfehlen.

(3) Die entsprechende Aufteilung der Steuerkonten wäre mit Rücksicht auf die Umsatzsteuer-Voranmeldung bzw. Umsatzsteuer-Jahreserklärung sinnvoll.

Lösung zu Aufgabe 1.15 *Umsatzsteuer bei Lieferungen und unentgeltliche Wertabgaben*

(1) Es ergeben sich folgende Buchungen (nach DATEV-Kontenrahmen SKR 03):

a)	3200	Wareneingang	50 300,00	
	1570	Abziehbare Vorsteuer	8 048,00	
		an 1600 Verbindlichkeiten aus Lieferungen und Leistungen		58 348,00
b)	1400	Forderungen aus Lieferungen und Leistungen	86 768,00	
		an 8000 Warenverkauf		74 800,00
		1770 Umsatzsteuer		11 968,00
c)	1600	Verbindlichkeiten aus Lieferungen und Leistungen	49 950,00	
		an 1200 Bank		48 951,00
		3730 Lieferantenskonti		999,00
	3730	Lieferantenskonti	137,79	
		an 1570 Abziehbare Vorsteuer		137,79
d)	1200	Bank	35 890,00	
	8730	Kundenskonti	1 110,00	
		an 1400 Forderungen aus Lieferungen und Leistungen		37 000,00
	1710	Umsatzsteuer	153,10	
		an 8730 Kundenskonti		153,10

e) 1800 Privatentnahmen allgemein   1 856,00
      an 8910 Entnahme von Gegenständen   1 600,00
           1770 Umsatzsteuer   256,00

f) 4635 Geschenke, steuerlich nicht abzugsfähig   642,00
      an 1000 Kasse   642,00

   1800 Privatentnahmen allgemein   642,00
      an 8905 Entnahme von Gegenständen
              ohne Umsatzsteuer   642,00

g) 4500 Fahrzeugkosten   1 750,00
   1570 Abziehbare Vorsteuer   280,00
      an 1200 Bank   2 030,00

h) 1800 Privatentnahmen allgemein   609,00
      an 8905 Entnahmen von Gegenständen
              ohne Umsatzsteuer   609,00

(2) Betrieblich veranlasste Aufwendungen für Geschenke an Personen, die nicht Arbeitnehmer des Steuerpflichtigen sind, dürfen nur dann als Betriebsausgaben abgezogen werden, wenn die Anschaffungs- oder Herstellungskosten der dem Empfänger im Wirtschaftsjahr zugewendeten Gegenstände 35 € (netto) nicht übersteigen (§ 4 Abs. 5 Nr. 1 EStG).

Bei nicht abzugsfähigen Geschenken über dieser Grenze entfällt der Vorsteuerabzug (§ 15 Abs. 1a Nr. 1 UStG).

Bei Geschenken unter 35 € (netto) ist der Vorsteuerabzug jedoch zulässig. Eine Besteuerung als unentgeltliche Wertabgabe nach § 3 Abs. 1b Nr. 3 UStG entfällt wegen Geringwertigkeit.

(3) Bei den Kapitalgesellschaften gibt es kein Privatkonto. Die Erfassung der unentgeltlichen Zuwendung erfolgt problemlos am Jahresende durch Hinzurechnung zum Ergebnis.

(4) Nach § 6 Abs. 1 Nr. 4 Satz 2 EStG kann der private Nutzungswert eines Kfz für jeden Kalendermonat mit **1 % des inländischen Listenpreises** im Zeitpunkt der Erstzulassung zuzüglich der Kosten für Sonderausstattungen einschließlich der Umsatzsteuer angesetzt werden. Nach Satz 3 dieser Vorschrift ist es stattdessen möglich, die private Nutzung mit den auf die Privatfahrten entfallenden Aufwendungen anzusetzen, wenn die für das Kfz insgesamt entstehenden Aufwendungen durch Belege und das Verhältnis der privaten zu den übrigen Fahrten durch ein **ordnungsgemäßes Fahrtenbuch** nachgewiesen werden. In der Praxis überwiegt die Anwendung der 1 %-Regelung.

Lösung zu Aufgabe 1.16 *Lineare und degressive Abschreibung*

(1) p = 12,5

(2) Der Übergang auf die lineare Abschreibung sollte dann erfolgen, wenn hierbei die Abschreibungsbeträge größer als bei Beibehaltung der degressiven Abschreibung sind. Das ist im Beispiel im 5. Jahr der Fall.

Abschreibungsverlauf bei Übergang von degressiver zu linearer Abschreibung		
n	Abschreibung	Restbuchwert
1	20 000	80 000
2	16 000	64 000
3	12 800	51 200
4	10 240	40 960
5	10 240	30 720
6	10 240	20 480
7	10 240	10 240
8	10 240	—

(3) Vom Jahr der Entstehung der nachträglichen Anschaffungs- oder Herstellungskosten an bemessen sich die Abschreibungen nach dem um die nachträglichen Anschaffungs- oder Herstellungskosten vermehrten letzten Buchwert oder Restwert und der Restnutzungsdauer. Die Restnutzungsdauer ist neu zu schätzen (R 44 Abs. 10 EStR sowie H 44 »nachträgliche Anschaffungs- oder Herstellungskosten« EStH).

	degressiv	linear
Anschaffungskosten	100 000	100 000
Abschreibungen für 2 Jahre	36 000	25 000
Buchwert Ende des 2. Jahres	64 000	75 000
nachträgliche Herstellungskosten	+ 12 000	+ 12 000
Bemessungsgrundlage für AfA	76 000	87 000

Bei degressiver Abschreibung betragen die Abschreibungen im 3. Jahr 15 200 € (= 20 % von 76 000 €), bei linearer Abschreibung 14 500 € (87 000 € : 6).

Lösung zu Aufgabe 1.17 *Digitale Abschreibung*

(1)

Jahr	Digitale Abschreibung	
	a) ohne Berücksichtigung eines Schrottwertes	b) mit Berücksichtigung eines Schrottwertes
1	60 000	58 000
2	50 000	48 333
3	40 000	38 667
4	30 000	29 000
5	20 000	19 333
6	10 000	9 667

(2) Die digitale Abschreibung ist handelsrechtlich zulässig, steuerrechtlich dagegen nicht (vgl. § 7 Abs. 2 EStG). Eine Berücksichtigung des Schrottwerts kommt handels- und steuerrechtlich nur dann in Betracht, wenn er erheblich und sicher zu erzielen ist (H 43 »Anschaffungskosten« EStH), z. B. bei Schiffen. Da sich in den meisten Fällen der voraussichtliche Restwert nicht mit hinreichender Sicherheit beziffern lassen wird und auch Abbruch- oder Ausbaukosten anfallen können, wird in den meisten Fällen auf null Euro abgeschrieben. Dies ist auch steuerlich anerkannt. Vgl. ADS § 253 Tz 415 ff.

Lösung zu Aufgabe 1.18 *Abschreibung nach Maßgabe der Leistung*

(1) Die Nutzungsdauer wird verkürzt.
(2) 1. Jahr p = 12,5,
    2. Jahr p = 18,75,
    3. Jahr p = 37,5,
    4. Jahr p = 15.

Lösung zu Aufgabe 1.19 *Abschluss bei direkter Abschreibung*

Vorbereitende Abschlussbuchungen:

3980	Warenbestand	
	an 3200 Wareneinkauf	20 500 €
4830	Abschreibungen auf Anlagen	
	an 0300 Betriebs- und Geschäftsausstattung	6 000 €
0885	Kapital	
	an 1800 Privat	59 777 €

GuV-Konto

3200	Wareneinkauf	1 483 800	8000	Warenverkauf	1 661 400
4610	Werbung	26 800			
4830	Abschreibungen auf Anlagen	6 000			
4900	Sonstige Geschäftsausgaben	59 200			
	Gewinn	85 600			
		1 661 400			1 661 400

Anfangskapital 264 000 € + Gewinn 85 600 € ·/· Privatentnahme 59 777 € = Endkapital 289 823 €

Lösung zu Aufgabe 1.20 *Abschluss bei direkter und indirekter Abschreibung*

a) Vorbereitende Abschlussbuchungen:

490	Abschreibungen auf Anlagen	21 600 €	
	an 034 Fuhrpark		7 200 €
	033 Geschäftsausstattung		14 400 €
380	Wareneinsatz		
	an 300 Wareneinkauf		306 000 €
060	Kapital		
	an 160 Privat		25 950 €

Die Umsatzsteuer-Verbindlichkeit wird als Saldo aus Vorsteuer- und Umsatzsteuerkonto ausgewiesen.

Schlussbilanz

033 Geschäftsausstattung	81 600	060 Eigenkapital	250 794
034 Fuhrpark	28 800	170 Verbindlichkeiten	71 256
300 Waren	92 400	180 Umsatzsteuer	14 940
100 Forderungen	76 572		
153 Besitzwechsel	6 000		
151 Kasse	7 218		
131 Bank	44 400		
	336 990		336 990

GuV-Konto

380 Wareneinsatz	306 000	800 Warenverkauf	549 600
400 Personalkosten	113 656		
480 Verwaltungskosten	51 600		
490 Abschreibungen auf Anlagen	21 600		
Gewinn	56 744		
	549 600		549 600

Entwicklung des Kapitalkontos:

Anfangsstand 220 000 € + Gewinn 56 744 € ·/· Privatentnahme 25 950 € = 250 794 €

b) Die indirekte Abschreibung wird gebucht:

490 Abschreibungen auf Anlagen
 an 051 Wertberichtigung bei Sachanlagen   21 600 €

Es ergibt sich eine Bilanzverlängerung, denn die Anlagekonten werden nicht um die Abschreibungen gemindert. Das GuV-Konto ändert sich gegenüber der Lösung a) nicht. Zu beachten ist, dass Kapitalgesellschaften allerdings die Wertberichtigungen in der Bilanz aktivisch abzusetzen haben (§ 266 Abs. 3 i. V. m. § 268 Abs. 2 HGB), bei ihnen ergibt sich also keine Bilanzverlängerung.

Lösung zu Aufgabe 1.21 *Bildung und Auflösung einer Einzelwertberichtigung auf Forderungen*

(1) Buchungen im Abschlussjahr:
 Zweifelhafte Forderungen
  an Forderungen aus Lieferungen und Leistungen   5 800 €
 Abschreibungen auf Forderungen
  an Einzelwertberichtigung auf Forderungen   1 500 €

(2) Buchungen im Folgejahr:
 a) Der Kunde zahlt 100 % des Forderungsbetrags
  Bank
   an Zweifelhafte Forderungen   5 800 €
  Einzelwertberichtigung auf Forderungen
   an Erträge aus Herabsetzung der Einzelwertberichtigung   1 500 €

b) Der Kunde zahlt 60 % des Forderungsbetrags
Bank 3 480 €
Forderungsverluste 2 000 €
Umsatzsteuer 320 €
 an Zweifelhafte Forderungen   5 800 €
Einzelwertberichtigung auf Forderungen
 an Erträge aus Herabsetzung der Einzelwertberichtigung   1 500 €

c) Der Kunde zahlt 70 % des Forderungsbetrags
Bank 4 060 €
Forderungsverluste 1 500 €
Umsatzsteuer 240 €
 an Zweifelhafte Forderungen   5 800 €
Einzelwertberichtigung auf Forderungen
 an Erträge aus Herabsetzung der Einzelwertberichtigung   1 500 €

Lösung zu Aufgabe 1.22 *Einzel- und Pauschalwertberichtigung auf Forderungen*

(1) Gesamte Kundenforderungen   179 800
 ·/· uneinbringliche Forderung an GmbH Mau & Co.   1 740
   178 060
·/· Umsatzsteuer   24 560
Forderungen (netto)   153 500

Mit Ausfällen ist zu rechnen bei:

	Nennwert	Geschätzter Ausfall
Emil Krach	2 000	1 400
Rudolf Schlenkrich	800	320
Ernst Ungewiss	1 000	500
	3 800	2 220

Zweifelhafte Forderungen (netto)   3 800
Verbleiben gute Forderungen (netto)   149 700
3 % pauschale Wertberichtigung von 149 700 €   4 491

(2) a) Ausbuchen der uneinbringlichen Forderung an die GmbH Mau & Co.:
Forderungsverluste   1 500 €
Umsatzsteuer   240 €
 an Forderungen aus Lieferungen und
  Leistungen   1 740 €

Auch das Personenkonto ist entsprechend zu berichtigen.

b) Umbuchen und Abschreiben der zweifelhaften Forderungen (3 800 € + 16 % Umsatzsteuer):

Zweifelhafte Forderungen
 an Forderungen aus Lieferungen und
  Leistungen   4 408 €

Abschreibungen auf Forderungen
an Einzelwertberichtigung auf Forderungen   2 220 €

c) Bildung der Pauschalwertberichtigung:
Abschreibungen auf Forderungen
an Pauschalwertberichtigung auf Forderungen   4 491 €

Lösung zu Aufgabe 1.23 *Endgültig eintretende Zahlungsausfälle bei einzel- und pauschal-wertberichtigten Forderungen*

(1) a) Eingang der Insolvenzdividende von Firma Emil Krach
Bank   812,00 €
Forderungsverluste   1 300,00 €
Umsatzsteuer   208,00 €
an Zweifelhafte Forderungen   2 320,00 €

b) Überweisung der Firma Rudolf Schlenkrich
Bank   556,80 €
Forderungsverluste   320,00 €
Umsatzsteuer   51,20 €
an Zweifelhafte Forderungen   928,00 €

c) Ausbuchen der uneinbringlichen Forderung
an die Firma Ernst Ungewiss
Forderungsverluste   1 000,00 €
Umsatzsteuer   160,00 €
an Zweifelhafte Forderungen   1 160,00 €

Durch die Buchungen a) bis c) ist das Konto »Zweifelhafte Forderungen« ausgeglichen. Die im Vorjahr gebildete Einzelwertberichtigung ist noch aufzulösen. Buchungssatz:

Einzelwertberichtigung
an Erträge aus Herabsetzung der Einzelwertberichtigung   2 220 €

(2) Bei Verrechnung von endgültigen Forderungsausfällen mit der im Vorjahr gebildeten Einzelwertberichtigung müsste man kontrollieren, ob der geschätzte Ausfall (d. h. die Wertberichtigung) und der tatsächliche Verlust übereinstimmen. Die erforderlichen Buchungen wären von der Abweichung abhängig. Bei zu geringer Wertberichtigung müsste eine zusätzliche Restabschreibung erfolgen, bei zu hoher Wertberichtigung wäre ein periodenfremder Ertrag zu erkennen.

Beim Buchen der wirklichen Ausfälle in ihrer jeweils anfallenden Höhe über das Forderungsverlustkonto entfällt eine solche Kontrolle. Die Auflösung des während des Jahres nicht bebuchten Einzelwertberichtigungskontos korrigiert als periodenfremder Ertrag (= Ertrag aus Herabsetzung der Einzelwertberichtigung) automatisch die ansonsten zu hohen Abschreibungsbeträge auf Forderungen. Diese Buchungsweise ist weniger fehleranfällig und erlaubt im Übrigen (im Gegensatz zur anderen Buchungsweise) die Umsatzsteuerverprobung.

(3) Buchung der Ausfälle, für die im Vorjahr eine Pauschalwertberichtigung gebildet worden war:

Forderungsverluste   4 800 €
Umsatzsteuer   768 €
an Forderungen aus Lieferungen und Leistungen   5 568 €

Auflösung der vorjährigen und Bildung der neuen Pauschalwertberichtigung (Bruttobuchungstechnik):

Pauschalwertberichtigung auf Forderungen	
an Erträge aus Herabsetzung der Pauschalwertberichtigung	4 491 €
Abschreibungen auf Forderungen	
an Pauschalwertberichtigung auf Forderungen	4 560 €

oder diese beiden Buchungen zusammengefasst (Nettobuchungstechnik):

Abschreibungen auf Forderungen	
an Pauschalwertberichtigung auf Forderungen	69 €

Lösung zu Aufgabe 1.24 *Zeitliche Abgrenzung*

(1) a) Kfz-Kosten
    an Bank   840 €

  b) Aktive Rechnungsabgrenzung
    an Kfz-Kosten   630 €

  c) Kfz-Kosten
    an Aktive Rechnungsabgrenzung   630 €

(2) a) Privat
    an Bank   3 120 €

Für b) und c) keine Buchungen, da diese nicht durch den Betrieb veranlasst sind.

(3) a) —

  b) Fernsprechgebühren   470,00 €
    Vorsteuer   75,20 €
    an Sonstige Verbindlichkeiten   545,20 €

  c) Sonstige Verbindlichkeiten
    an Bank   545,20 €

(4) a) Reisekosten   400,00 €
    Umsatzsteuer   64,00 €
    an Postbank   464,00 €

  b) Aktive Rechnungsabgrenzung
    an Reisekosten   400,00 €

  c) Reisekosten
    an Aktive Rechnungsabgrenzung   400,00 €

(5) a) Kauf der Wertpapiere:
    Wertpapiere
      an Bank   30 000,00 €
    Zinstermin Juli:
    Bank
      an Zinserträge   1 200,00 €

  b) Sonstige Forderungen
    an Zinserträge   1 000,00 €

c) Zinstermin Januar:
    Bank   1 200,00 €
        an Sonstige Forderungen   1 000,00 €
            Zinserträge   200,00 €

(6) a) —

    b) Sonstige Forderungen   2 204,00 €
        an Lieferantenboni   1 900,00 €
           Vorsteuer   304,00 €

    c) Bank
        an Sonstige Forderungen   2 204,00 €

(7) a) Bank   464,00 €
        an Mieterträge   400,00 €
           Umsatzsteuer   64,00 €

    b) Mieterträge
        an Passive Rechnungsabgrenzung   200,00 €

    c) Passive Rechnungsabgrenzung
        an Mieterträge   200,00 €

Lösung zu Aufgabe 1.25 *Abschluss einer GmbH*

(1) Zusammenstellung der Berichtigungs- und Umbuchungen per 31. Dezember 20..

Lfd. Nr.		Soll		Haben	
		Kto.-Nr.	Betrag	Kto.-Nr.	Betrag
1	Abschreibungen				
	a) Geschäfts- oder Firmenwert	65	20 000	03	20 000
	b) Firmengebäude	65	48 000	05	48 000
	c) Technische Anlagen und Maschinen	65	194 000	07	194 000
	d) Andere Anlagen, Betriebs- und Geschäftsausstattung	65	230 000	08	230 000
2	Inventurbestände				
	a) Roh-, Hilfs- und Betriebsstoffe	60	4 930 000	20	4 930 000
	b) Unfertige Erzeugnisse	21	40 000	52	40 000
	c) Fertige Erzeugnisse	52	130 000	22	130 000
3	Pauschalwertberichtigung	66–69	15 000	24	15 000
4	Wertpapiere				
	a) des Anlagevermögens		—		—
	b) des Umlaufvermögens	74	10 000	27	10 000
5	a) –				
	b) Belegschaftsveranstaltung	66–69	13 000	28	13 000
6	Werbekampagne	29	23 000	66–69	23 000
7	Kfz-Versicherung	29	1 000	66–69	1 000
8	Steuerrückstellung				
	a) vom Einkommen und vom Ertrag	77	36 000	38	36 000
	b) sonstige Steuern	70	8 000	38	8 000
9	Patentprozess	76	175 000	39	175 000
10	(Nicht buchungs-, sondern nur vermerkpflichtig)		—		—
11	Januarmiete	54	11 000	49	11 000
12	Pensionsrückstellungen	64	100 000	37	100 000
			5 984 000		5 984 000

(2) Verkürzte Bilanzübersicht vom 1. Januar bis 31. Dezember 20..

Siehe Seite 403.

Lösungen zum 1. Hauptteil

Kto. Nr.	Sachkontenbezeichnung	3 (1+2) Summenbilanz Soll	3 (1+2) Summenbilanz Haben	4 Vorl. Saldenbilanz Soll	4 Vorl. Saldenbilanz Haben	5 Vorzunehmende Berichtigungen Erläuterungen	5 Belastung	5 Gutschrift	6 Endg. Saldenbilanz Soll	6 Endg. Saldenbilanz Haben	7 Vermögensbilanz Soll	7 Vermögensbilanz Haben	8 Erfolgsbilanz Aufwand	8 Erfolgsbilanz Ertrag
03	Geschäfts- oder Firmenwert	280 000		280 000		1 a		20 000	260 000		260 000			
05	Grundstücke und Bauten	2 310 000		2 310 000		1 b		48 000	2 262 000		2 262 000			
07	Technische Anlagen und Maschinen	1 900 000	30 000	1 870 000		1 c		194 000	1 676 000		1 676 000			
08	Andere Anlagen, Betriebs- und Geschäftsausstattung	780 000	10 000	770 000		1 d		230 000	540 000		540 000			
15	Wertpapiere des Anlagevermögens	180 000		180 000					180 000		180 000			
20	Roh-, Hilfs- und Betriebsstoffe	5 740 000		5 740 000		2 a		4 930 000	810 000		810 000			
21	Unfertige Erzeugnisse	710 000		710 000		2 b	40 000		750 000		750 000			
22	Fertige Erzeugnisse	1 250 000		1 250 000		2 c		130 000	1 120 000		1 120 000			
24	Forderungen aus Lieferungen und Leistungen	22 671 200	22 190 000	481 200		3		15 000	466 200		466 200			
26	Sonstige Vermögensgegenstände	4 278 800	4 190 000	88 800					88 800		88 800			
27	Sonstige Wertpapiere	130 000		130 000		4 b		10 000	120 000		120 000			
28	Schecks, Kassenbestand, Postbankguthaben, Guthaben bei Kreditinstituten	25 360 000	25 265 000	95 000		5 b, 6, 7	24 000	13 000	82 000		82 000			
29	Rechnungsabgrenzungsposten		10 000			6, 7			24 000		24 000			
30	Gezeichnetes Kapital		1 750 000		1 750 000					1 750 000		1 750 000		
31	Kapitalrücklage		50 000		50 000					50 000		50 000		
324	Andere Gewinnrücklagen		100 000		100 000					100 000		100 000		
339	Gewinnvortrag		130 000		130 000					130 000		130 000		
37	Rückstellungen für Pensionen u. ä. Verpflichtungen		750 000		750 000			100 000		850 000		850 000		
38	Steuerrückstellungen	40 000	40 000			12		44 000		44 000		44 000		
39	Sonstige Rückstellungen	240 000	240 000			8		175 000		175 000		175 000		
42	Verbindlichkeiten gegenüber Kreditinstituten	2 660 000	5 669 000		3 009 000	9				3 009 000		3 009 000		
44	Verbindlichkeiten aus Lieferungen und Leistungen	4 370 000	4 980 000		610 000					610 000		610 000		
45	Verbindlichkeiten aus der Annahme gezogener Wechsel u. dem Ausstellen eigener Wechsel	1 320 000	1 500 000		180 000					180 000		180 000		
48	Sonstige Verbindlichkeiten	5 200 000	5 860 000		660 000					660 000		660 000		
49	Rechnungsabgrenzungsposten	20 000	20 000			11		11 000		11 000		11 000		
50	Umsatzerlöse		24 220 000		24 220 000					24 220 000				24 220 000
52	Erhöhung oder Verminderung des Bestands an fertigen und unfertigen Erzeugnissen					2 b, 2 c	90 000		90 000				90 000	
54	Sonstige betriebliche Erträge		55 000		55 000	11	11 000			44 000				44 000
56	Erträge aus anderen Wertpapieren		18 000		18 000					18 000				18 000
57	Sonstige Zinsen u. ä. Erträge		10 000		10 000					10 000				10 000
58	Außerordentliche Erträge		14 000		14 000					14 000				14 000
60	Aufwendungen für Roh-, Hilfs- und Betriebsstoffe	6 345 000		6 345 000		2 a	4 930 000		4 930 000				4 930 000	
62/63	Löhne und Gehälter								6 345 000				6 345 000	
64	Soziale Abgaben und Aufwendungen für Unterstützung und für Altersversorgung	1 270 000		1 270 000		12	100 000		1 370 000				1 370 000	
65	Abschreibungen auf immaterielle Vermögensgegenstände des Anlagevermögens u. Sachanlagen					1, 3, 5 b, 6, 7	492 000		492 000				492 000	
66–69	Sonstige betriebliche Aufwendungen	8 541 000		8 541 000		8 b	4 000		8 545 000				8 545 000	
70	Betriebliche Steuern	15 000		15 000			8 000		23 000				23 000	
74	Abschreibungen auf Finanzanlagen und auf Wertpapiere des Umlaufvermögens					4	10 000		10 000				10 000	
75	Zinsen u. ä. Aufwendungen	220 000		220 000		9			220 000				220 000	
76	Außerordentliche Aufwendungen	15 000		15 000		8 a	175 000		190 000				190 000	
77	Steuern vom Einkommen und vom Ertrag	1 245 000		1 245 000			36 000		1 281 000				1 281 000	
		97 101 000	97 101 000	31 556 000	31 556 000		5 920 000	5 920 000	31 875 000	31 875 000	7 569 000	8 379 000	23 496 000	24 306 000
											810 000		810 000	
											8 379 000	8 379 000	24 306 000	24 306 000

Lösungen zum 2. Hauptteil:
Allgemeine rechtliche Vorschriften und Grundsätze ordnungsmäßiger Buchführung

Lösung zu Aufgabe 2.01 *Zur Buchführung nach Handels- und Steuerrecht*

(1) Während das Handelsrecht die Buchführungspflicht an die Kaufmannseigenschaft knüpft, ist die in § 141 AO geregelte originäre steuerliche Buchführungspflicht an das Erreichen bestimmter betrieblicher Leistungsmerkmale gekoppelt. Daher ist es z. B. möglich, dass ein Landwirt, der nicht im Handelsregister eingetragen ist, somit nicht die Kaufmannseigenschaft (Kannkaufmann) erworben hat und nach Handelsrecht keiner Buchführungspflicht unterliegt, steuerrechtlich buchführungspflichtig ist, weil sein land- und forstwirtschaftliches Vermögen die in § 141 AO genannten Grenzen übersteigt. Der andere Fall, dass die Verpflichtung, Bücher zu führen, nach Handels-, nicht aber nach Steuerrecht besteht, kann durch die Bestimmung des § 140 AO, die so genannte abgeleitete Buchführungspflicht, nicht eintreten.

(2) Die Aufzeichnungen dienen der besonderen Kontrolle der Warenbewegung. Die Bedeutung der Vorschriften über den Warenein- und -ausgang liegt vor allem darin, dass sie – im Gegensatz zu § 141 AO – **alle** gewerblichen Unternehmer erfassen, also auch nicht buchführungspflichtige Kleinunternehmer. Dadurch wird die Nachprüfbarkeit von Angaben der nicht buchführungspflichtigen Gewerbetreibenden sichergestellt.

Lösung zu Aufgabe 2.02 *Zeitgerechtes Buchen*

(1) Im Interesse der Rationalisierung werden häufig über Tage hinweg gleichartige Buchungen zusammengefasst, ohne dass Einwendungen dagegen berechtigt wären (vgl. auch R 29 Abs. 1 EStR).
(2) Kassenvorgänge bedürfen tagfertiger Aufzeichnungen, damit eine Kontrolle des Kassenbestandes jederzeit möglich ist (§ 146 Abs. 1 AO).
(3) Wer Provisionsabrechnungen nur in regelmäßigen Abständen bucht, verfährt zweifellos noch zeitgerecht, wenn auch unter Umständen nicht ganz zeitnah. Barvorgänge aber werden nur zeitgerecht behandelt, wenn sie täglich aufgezeichnet sind.
(4) Tagfertig heißt Verbuchung am Tage des Buchungsanfalls. Zeitnah wird gebucht, wenn zwar nicht täglich, aber kurzfristig übersehbar aufgezeichnet wird. Zeitgerecht ist der übergeordnete Begriff (vgl. § 239 Abs. 2 HGB).

Lösung zu Aufgabe 2.03 *Zeitlich verlegte Inventur*

(1) Bei der **zeitnahen bzw. ausgeweiteten Stichtagsinventur**, die 10 Tage vor oder nach dem Stichtag erfolgen kann, ist der Bestand **wert- und mengenmäßig** auf den Bilanzstichtag umzurechnen.

Bei der **zeitlich verlegten bzw. vor- oder nachverlegten Inventur** (§ 241 Abs. 3 HGB) erfolgt die körperliche Aufnahme innerhalb der letzten drei Monate vor oder der ersten zwei Monate nach dem Bilanzstichtag. Der dabei festgestellte Bestand ist nach Art und Menge in einem **besonderen Inventar** zu verzeichnen. Der in dem besonderen Inventar erfasste Bestand ist auf den Tag der Bestandsaufnahme

(**Inventurstichtag**) nach allgemeinen Grundsätzen zu bewerten. Der sich danach ergebende Bestandswert muss **lediglich wertmäßig** auf den Bilanzstichtag umgerechnet werden. Auf den **Bilanzstichtag** erfolgt dann keine neuerliche Bewertung (vgl. Ausführungen in R 30 Abs. 2 EStR).

(2) Die Bestandsaufnahme erfolgte innerhalb der letzten drei Monate vor dem Bilanzstichtag, sodass die Grundsätze der verlegten Inventur angewandt werden können.

Bestand am Inventurstichtag 78 Einheiten zu 1 000 €		78 000
Es ist von den niedrigeren Wiederbeschaffungskosten auszugehen, da die Bewertung nach allgemeinen Grundsätzen auf diesen Inventurstichtag erfolgt.		
+ Einkauf 17. 10. bis 31. 12.		55 000
– noch nicht erfasster Diebstahl vom 14. 12.		4 000
– Verkauf 17. 10. bis 31. 12.	87 000	
abzüglich Kundenrücksendungen	6 000	
	81 000	
Bei einem Rohaufschlagsatz von 50 % entspricht dieser Wert 150 % des Nettoeinkaufspreises		54 000
= Bestand 31. 12.		75 000

Lösung zu Aufgabe 2.04 *Frist für die Erstellung des Jahresabschlusses bei besonderen Umständen*

Eine ordnungsgemäße Erstellung des Jahresabschlusses bedeutet in diesem Fall, dass sie **unverzüglich** vorzunehmen ist. Dies gebietet der Gläubigerschutz. Die Interessen der Gläubiger könnten unmittelbar beeinträchtigt sein. Zudem muss eventuell geprüft werden, ob Insolvenz anzumelden ist. Bei tatsächlich eintretender Zahlungsunfähigkeit droht Freiheits- oder Geldstrafe, falls der Jahresabschluss nicht in der vorgeschriebenen Zeit aufgestellt wurde (§§ 283, 283b StGB).

Wäre die Zahlungsfähigkeit der Firma Schmidt nicht beeinträchtigt, würde es genügen, den Jahresabschluss im Zeitraum bis spätestens ein Jahr nach dem Bilanzstichtag aufzustellen.

Lösung zu Aufgabe 2.05 *Unterzeichnung*

Die **Firma eines Kaufmann** ist der **Name**, unter dem er seine Geschäfte betreibt und die Unterschrift abgibt (§ 17 Abs. 1 HGB). Die Firma selbst (nebst Rechtsformzusatz, Ort der Handelsniederlassung, Registergericht und Nummer, unter der die Firma in das Handelsregister eingetragen ist) muss nach § 37a Abs. 1 HGB aus allen Geschäftsbriefen des **Kaufmanns** (auch Bestell- und Lieferscheinen, Rechnungen, Quittungen u. a.) hervorgehen, die an einen bestimmten Empfänger gerichtet werden.

Von der Firma zu unterscheiden ist der **Name des Kaufmanns**. § 29 Satz 1 Halbsatz 2 HGB verpflichtet den Kaufmann zur Zeichnung der Namensunterschrift unter Angabe der Firma zur Aufbewahrung bei Gericht. Diese Namensunterschrift ist persönlich zu bewirken (Baumbach/Hopt, Handelsgesetzbuch, München 2000, § 29 Rz 6).

Auf den Geschäftsbriefen muss also die weiter geführte Firma »Giuseppe Bandolini e. K.« angegeben werden. Der Inhaber hat (mit seinem Namen) »Eugen Maier« zu unterzeichnen.

Lösung zu Aufgabe 2.06 *Zur Aufbewahrung von Unterlagen*

(1) Ordnungsmäßige Aufbewahrung bedeutet Griffbereitschaft, d. h. Einhaltung eines Aufbewahrungssystems, das eine mühelose Vorlage der Unterlagen bzw. eine Einsicht in dieselben jederzeit ermöglicht.
(2) Von der 10-jährigen Frist sind Handelsbriefe und sonstige für die Besteuerung bedeutsame Unterlagen ausgenommen.
(3) Originalunterlagen können durch Bild- oder andere Datenträger ersetzt werden. Das ist rationeller. Eine ordnungsmäßige Wiedergabe muss gesichert sein, vor allem bildliche/inhaltliche Übereinstimmung mit den Originalunterlagen (§ 257 Abs. 3 HGB, § 147 Abs. 2 AO).
(4) Die Aufbewahrungsfristen dürfen nicht kürzer sein als die Festsetzungsfristen für Steuern (vgl. §§ 169 ff. AO).
(5) Registrierkassenstreifen müssen nicht aufbewahrt werden, denn allabendlich muss eine Abstimmung der Kasse gemacht werden (vgl. H 29 »Aufbewahrungspflichten« EStH).
(6) Rechnungen mit Buchfunktion sind 10 Jahre aufzubewahren, da sie die sonst zu führenden Bücher vertreten (vgl. H 29 »Aufbewahrungspflichten« EStH).

Lösung zu Aufgabe 2.07 *Aufbewahrungsfristen*

(1)–(7) 10 Jahre,
(8)–(10) 6 Jahre, da es sich zunächst nur um Handelsbriefe handelt. Wird allerdings auf den entsprechenden Unterlagen eine Kontierung vorgenommen, dann ist ein Buchungsbeleg gegeben, mit den Folgen der 10-jährigen Aufbewahrungfrist.

Lösungen zum 3. Hauptteil:
Organisation der Buchführung und EDV

Lösung zu Aufgabe 3.01 *Zur Durchschreibebuchführung*

(1) Sämtliche Konten sind mit Nummer und Namen in einem Register festgehalten. Sämtliche Buchungen sind mit Kontonummer, -namen und Buchungsbetrag im Journal verankert. Die monatliche Saldenliste erfasst jeden einzelnen Kontensaldo am Ende des Monats.
(2) Mit Hilfe des Journals ist Rekonstruktion möglich (Spalte »Kontonummer« durchsehen). Die Rekonstruktion erstreckt sich bis zur letzten Saldenliste.
(3) Die Durchschriften müssen stets den Urschriften gleich sein.

Lösung zu Aufgabe 3.02 *Zur manuellen Offenen-Posten-Buchführung*

(1) Nur dann lässt sich aus den Namenskopien der Forderungsstand ersehen.
(2) Die Offene-Posten-Buchführung will in den getrennt registrierten noch nicht ausgeglichenen Rechnungskopien den Forderungsstand ermitteln.
(3) Die Restbeträge werden für die Abstimmung benötigt.
(4) Die Namenskopien entsprechen den Personenkonten. Die offenen Posten müssen abgestimmt werden.
(5) Die Abstimmung der offenen Posten ist eine wesentliche Voraussetzung dafür, dass die Offene-Posten-Buchführung als ordnungsmäßig anerkannt wird.
   Die Abstimmung ist am Beispiel der Forderungen wie folgt vorzunehmen:

   Summe der offenen Posten (gemäß noch nicht endgültig abgelegter Namenskopien)
   ·/· etwaige Summe offener Habenposten
   = Saldo des Kontos »Forderungen an Kunden«

Lösung zu Aufgabe 3.03 *Abgrenzung von Aufwand und Kosten*

(1) Neutraler Aufwand
- Spenden
- Pacht für Werksportplatz   } betriebsfremd
- Spekulationsverluste

- Maschinenbruch
- Hochwasserschäden   } außergewöhnlich
- außerordentliche Abschreibungen und Forderungsverluste

- Gewerbeertragsteuernachzahlung
- Nachzahlung für soziale Abgaben   } periodenfremd

- Haus- und Grundstücksaufwendungen
- Zinsaufwendungen für langfristige Verbindlichkeiten   } wertverschieden
- normale Abschreibungen auf Forderungen

- Erbschaft- und Schenkungsteuer   } nicht kalkulierbare Steuern

(2) Zweckaufwand (Grundkosten)
- Fertigungslöhne
- Rohstoffverbrauch
- Postspesen

- allgemeine Verwaltungskosten
- Schleusenbeiträge
- Hilfslöhne für Transportarbeiter
- Kfz-Kosten
- kaufmännische Gehälter
- Aufwendungen für Werksverpflegung
- Vertriebskosten
- Miete für Geschäftsräume

(3) **Zusatzkosten**
- kalkulatorische Abschreibungen für buchhalterisch bereits abgeschriebene Maschinen
- kalkulatorische Wagnisse
- kalkulatorischer Unternehmerlohn
- kalkulatorische Zinsen

Lösung zu Aufgabe 3.04 *Abgrenzung von Ertrag und Leistung*

Neutrale Erträge:

- Gewinne aus Devisenspekulationen } betriebsfremd

- Ertrag aus Anlagenverkauf
- Erträge aus Wertaufholung des Anlagevermögens
- Versicherungsleistungen (Brandschaden)
} außergewöhnlich

- nachträglicher Forderungseingang
- Gewerbeertragsteuerrückzahlung
- Erträge aus Auflösung von Rückstellungen
} periodenfremd

- verrechneter kalkulatorischer Unternehmerlohn } wertverschieden

- Wertpapierzinsen
- Mieterträge
} nicht kalkulierbare Steuern

Betriebserträge (Leistungen):

- Umsatzerlöse
- Nebenerlöse aus Schrottverkäufen
- Erlöse aus Patenten

Lösung zu Aufgabe 3.05 *Zusammenhänge zwischen Buchhaltung und Kalkulation in prozessgegliederten Kontennetzen*

(1) Die Übereinstimmung wird dadurch herbeigeführt, dass in die Klasse der Kostenarten nur die Grundkosten und die Zusatzkosten aufgenommen werden. Die Zahlen dieser Klasse gehen in die Kalkulation ein. Außerordentlicher und betriebsfremder Aufwand wird in der Klasse 2 erfasst.

(2) Kalkulatorischer Unternehmerlohn ist Kostenelement und gehört deshalb in die Kontenklasse der Kostenarten. Der Gegenposten gehört in die Kontenklasse 2 als neutraler Ertrag. Buchung: Klasse 4 Kostenart »Unternehmerlohn« an Klasse 2 »Verrechneter kalkulatorischer Unternehmerlohn«. Das Gesamtergebnis bleibt durch diese Buchung unberührt.

(3) Buchhalterischer Reingewinn + neutraler Aufwand ·/· neutrale Erträge = Kalkulationsgewinn (Betriebsergebnis).

Lösung zu Aufgabe 3.06 *Verbuchung von Wertdifferenzen aus Verrechnungspreisen bei prozessgegliederten Kontennetzen*

(1) Buchung des Verbrauchs von 8 Einheiten

Materialaufwand	9 600 €	
an Bestände an Rohstoffen		8 000 €
an Verrechnete kalkulatorische Posten		1 600 €

(2) Abschluss

a) Betriebsergebnis
   an Materialaufwand .... 9 600 €

b) Verrechnete kalkulatorische Posten
   an Neutrales Ergebnis .... 1 600 €

c) GuV-Konto
   an Betriebsergebnis .... 9 600 €

d) Neutrales Ergebnis
   an GuV-Konto .... 1 600 €

	Neutrales Ergebnis				Betriebsergebnis		
d)	1 600 €	b)	1 600 €	a)	9 600 €	c)	9 600 €

	Gesamtergebnis (GuV-Konto)		
c)	9 600 €	d)	1 600 €

Auf dem GuV-Konto kommen nur die effektiven Aufwendungen in Höhe von 8 000 € zur Auswirkung. Der gleiche Effekt wäre auch erreicht worden, wenn man die Verrechnungsdifferenzen zwischen den tatsächlich entstandenen Istkosten (8 000 €) und den auf den Kostenträgern verrechneten Kosten (9 600 €) über das Konto »Verrechnungsergebnis« statt über »Verrechnete kalkulatorische Posten« und »Neutrales Ergebnis« aufgefangen hätte.

Lösung zu Aufgabe 3.07 Durchführung der Abgrenzungsrechnung bei abschlussgegliederten Kontennetzen am Beispiel des IKR '86

(1)

	Kto. Nr.	Konto	GUV (aus Kontenklassen 5, 6, 7 der Finanzbuchführung)		Abgrenzungsrechnung 90 und 91								92 Kosten- und Leistungsarten (Rechnungskreis II)	
					90 Unternehmensbezogene Abgrenzung		91 Betriebsbezogene Abgrenzung (kosten- und leistungsrechnerische Korrektur)							
					betriebsfremd		außerordentl.		wertversch.		periodenfremd			
			I		II		III						IV	
			1 Aufw.	2 Erträge	3 Aufw.	4 Erträge	5 Aufw.	6 Erträge	7 Aufw.	8 Erträge	9 Aufw.	10 Erträge	11 Kosten	12 Leistung
1	5000	Umsatzerlöse		1 000 000										1 000 000
2	5202	Bestandserhöhung		20 000										20 000
3	5300	Aktivierte Eigenleistung		23 000										23 000
4	5401	Nebenerlöse aus Vermietung		11 000		11 000								
5	5460	Erträge aus Abgang von Vermögensgegenständen		19 000				19 000						
6	5480	Erträge aus Herabsetzung von Rückstellungen		2 000								2 000		
7	5490	Periodenfremde Erträge		3 000								3 000		
8	5500	Erträge aus Beteiligungen		5 000		5 000								
9	5710	Zinserträge		10 800		10 800								
10	5800	Außerordentliche Erträge		32 000				32 000						
11	6000	Aufwendungen für Rohstoffe	300 000						300 000	310 000			310 000	
12	6010	Aufwendungen für Fremdbauteile	14 000										14 000	
13	6160	Fremdinstandhaltung	6 000		2 000								4 000	
14	6200	Löhne	210 000						200 000	206 000	10 000		206 000	
15	6300	Gehälter	170 000						170 000	175 100			175 100	
16	6400	Soziale Abgaben	75 000						75 000	77 200			77 200	
17	6440	Aufwendungen für Altersversorgung	15 000										15 000	
18	6520	Abschreibungen auf Sachanlagen	45 000		5 000				40 000					
19	6690	Sonstige Personalaufwendungen	2 700		300								2 400	
20	6800	Büromaterial	4 000										4 000	
21	6870	Werbung	8 000										8 000	
22	6953	Pauschalwertberichtigung	3 000						3 000					
23	6960	Verluste aus Abgang von Vermögensgegenständen	9 200				9 200							
24	7000	Betriebliche Steuern	37 100										37 100	
25	7400	Abschreibungen auf Finanzanlagen	3 100		3 100									
26	7510	Zinsaufwendungen	52 000						52 000					
27	7600	Außerordentliche Aufwendungen	13 000				13 000							
28	7700	Gewerbeertragsteuer	15 500										15 500	
29	7710	Körperschaftsteuer	45 700		45 700									
		Kalkulatorische Kosten												
30		Kalkulatorische Abschreibungen								40 000			40 000	
31		Kalkulatorische Zinsen								60 000			60 000	
32		Kalkulatorische Wagnisse								4 000			4 000	
33		Summen	1 028 300	1 125 800	56 100	26 800	22 200	51 000	840 000	872 300	10 000	5 000	972 300	1 043 000
34		Salden		97 500		29 300	28 800			32 300		5 000		70 700
		Ergebnisrechnung		Gesamtergebnis	Betriebsfremdes Ergebnis		Außerordentliches Ergebnis		Verrechnungsergebnis		Periodenfremdes Ergebnis		Betriebsergebnis	
					Abgrenzungsergebnis (entspricht neutralem Ergebnis)									

Die Abgrenzungsrechnung führt zu folgender Ergebnisaufteilung:

	Betriebsfremdes Ergebnis	./. 29 300
+	Außerordentliches Ergebnis	+ 28 800
+	Verrechnungsergebnis	+ 32 300
+	Periodenfremdes Ergebnis	./. 5 000
=	Abgrenzungsergebnis	26 800
+	Betriebsergebnis	+ 70 700
=	Gesamtergebnis	97 500

(2) Wenn keine kalkulatorischen Kosten angesetzt werden, so sind die ihnen entsprechenden Aufwendungen in die Spalte der Kostenarten einzuordnen und nicht in die Spalten der Abgrenzungsrechnung. Es handelt sich hier um Pos. 18 »Abschreibungen auf Sachanlagen«, Pos. 22 »Pauschalwertberichtigung« und Pos. 26 »Zinsaufwendungen«.

Lösung zu Aufgabe 3.08 *Abschluss unter Einbeziehung kalkulatorischer Kosten*

(1) Erstellen der Umbuchungen und der Hauptabschlussübersicht:

a) 4830 Abschreibungen auf Sachanlagen   38 000
    an 0090 Geschäftsbauten   20 000
        0060 Fabrikbauten   18 000

b) 4830 Abschreibungen auf Sachanlagen
    an 0300 Betriebs- und Geschäftsausstattung   80 000

c) 4830 Abschreibungen auf Sachanlagen
    an 0320 Pkw   50 000

d) 4990 Kalkulatorischer Unternehmerlohn
    an 2890 Verrechneter kalkulatorischer
              Unternehmerlohn   150 000

e) 4992 Kalkulatorische Zinsen
    an 2892 Verrechnete kalkulatorische Zinsen   156 000

f) 3200 Wareneingang
    an 3980 Bestände an Handelswaren   375 000

g) 1460 Zweifelhafte Forderungen
    an 1400 Forderungen aus Lieferungen und
              Leistungen   23 200

    0998 Einzelwertberichtigung zu Forderungen
    an 2731 Erträge aus Herabsetzung der
              Einzelwertberichtigung   2 000

    2450 Einstellungen in Pauschalwertberichtigung
    an 0996 Pauschalwertberichtigung zu
              Forderungen   1 800

h) 0885 Eigenkapital
    an 1800 Privat   124 000

i) Nach erfolgter Zahllastbildung:
    1770 Umsatzsteuer   1 296 000
    an 1570 Abziehbare Vorsteuer   896 000
        1780 Umsatzsteuervorauszahlungen   292 000
        1736 Verbindlichkeiten aus Betriebssteuern
              und -abgaben   108 000

Diese Umbuchung darf entweder erst nach erfolgter Zahllastbildung oder gar nicht gemacht werden, denn ansonsten ist keine Umsatzsteuerverprobung mehr möglich. Statt der Verbuchung werden in der Praxis die Umsatzsteuer- und Vorsteuerkonten auch über Bilanzkennziffern den entsprechenden Bilanzpositionen (Forderungen oder Verbindlichkeiten aus Betriebssteuern und Abgaben) zugeordnet.

Hauptabschlussübersicht

Kto. Nr.	Konto	Saldenbilanz I Soll	Saldenbilanz I Haben	Umbuchungen Soll	Umbuchungen Haben	Vermögensbilanz Aktiva	Vermögensbilanz Passiva	Erfolgsbilanz Aufwand	Erfolgsbilanz Ertrag
0060	Grundstücke	100 000				100 000			
0090	Geschäftsbauten	700 000			20 000	680 000			
0100	Fabrikbauten	500 000			18 000	482 000			
0300	Betriebs- und Geschäftsausstattung	640 000			80 000	560 000			
0320	Pkw	150 000			50 000	100 000			
0630	Verbindlichkeiten gegenüber Kreditinstituten		1 880 000				1 880 000		
0885	Eigenkapital		2 000 000	124 000			1 876 000		
0996	Pauschalwertberichtigung zu Forderungen		8 000		1 800		9 800		
0998	Einzelwertberichtigung zu Forderungen		12 000	2 000			10 000		
1000	Kasse	22 000				22 000			
1200	Bank	428 000				428 000			
1400	Forderungen aus Lieferungen und Leistungen	1 160 000			23 200	1 136 800			
1460	Zweifelhafte Forderungen			23 200		23 200			
1570	Abziehbare Vorsteuer								
1600	Verbindlichkeiten aus Lieferungen und Leistungen		833 000				833 000		
1736	Verbindlichkeiten aus Betriebssteuern und -abgaben				108 000		108 000		
1770	Umsatzsteuer		1 296 000	1 296 000					
1780	Umsatzsteuervorauszahlungen	292 000			292 000				
1800	Privat	124 000			124 000				
2110	Zinsaufwendungen	131 000						131 000	
2350	Sonstige Grundstücksaufwendungen	37 000						37 000	
2400	Forderungsverluste	21 000						21 000	
2450	Einstellungen in Pauschalwertberichtigung			1 800				1 800	
2731	Erträge aus Herabsetzung der Einzelwertberichtigung				2 000				2 000
2890	Verrechneter kalkulatorischer Unternehmerlohn				150 000				150 000
2892	Verrechnete kalkulatorische Zinsen				156 000				156 000
3200	Wareneingang	5 600 000		375 000				5 975 000	
3980	Bestände an Handelswaren	1 800 000			375 000	1 425 000			
4100	Löhne und Gehälter	977 000						977 000	
4130	Soziale Abgaben	215 000						215 000	
4320	Gewerbeertragsteuer	39 000						39 000	
4330	Sonstige betriebliche Steuern	31 000						31 000	
4500	Fahrzeugkosten	80 000						80 000	
4760	Verkaufsprovisionen	76 000						76 000	
4830	Abschreibungen auf Sachanlagen			168 000				168 000	
4900	Sonstige betriebliche Aufwendungen	110 000						110 000	
4990	Kalkulatorischer Unternehmerlohn			150 000				150 000	
4992	Kalkulatorische Zinsen			156 000				156 000	
8000	Umsatzerlöse		8 100 000						8 100 000
		14 129 000	14 129 000	2 296 000	2 296 000	4 957 000	4 716 800	8 167 800	8 408 000
						Gewinn	240 200	240 200	

(2) Das neutrale Ergebnis von 117 200 € ergibt sich als Summe der Salden der Abgrenzungskonten (Kontenklasse 2), das Betriebsergebnis von 123 000 € ermittelt sich aus dem Wareneinsatz sowie den Klassen 4 und 8.

Neutrales Ergebnis

2110	Zinsaufwendungen	131 000	2731	Erträge aus Herabsetzung der Einzelwertberichtigung	2 000
2350	Sonstige Grundstücksaufwendungen	37 000	2890	Verrechneter kalkulatorischer Unternehmerlohn	150 000
2400	Forderungsverluste	21 000	2891	Verrechnete kalkulatorische Zinsen	156 000
2450	Einstellungen in Pauschalwertberichtigung	1 800			
	Saldo	117 200			
		308 000			308 000

Betriebsergebnis

3200	Wareneingang	5 975 000	8000	Umsatzerlöse	8 100 000
4100	Löhne und Gehälter	977 000			
4130	Soziale Abgaben	215 000			
4320	Gewerbeertragsteuer	39 000			
4330	Sonstige betriebliche Steuern	31 000			
4500	Fahrzeugkosten	80 000			
4760	Verkaufsprovisionen	76 000			
4830	Abschreibungen auf Sachanlagen	168 000			
4900	Sonstige betriebliche Aufwendungen	110 000			
4990	Kalkulatorischer Unternehmerlohn	150 000			
4992	Kalkulatorische Zinsen	156 000			
	Saldo	123 000			
		8 100 000			8 100 000

Neutrales Ergebnis	117 200 €
Betriebsergebnis	123 000 €
Gesamtergebnis	240 200 €

(3) Beim prozessgegliederten DATEV-Kontenrahmen SKR 03 sind sowohl die bilanzmäßigen Abschreibungen (Konto-Nr. 4822 ff.) als auch die kalkulatorischen Abschreibungen (Konto-Nr. 4990 ff.) in Kontenklasse 4 eingeordnet. Würden beide gebucht, wäre das Betriebsergebnis doppelt belastet.
  Dieser Kontenrahmen unterstellt demnach, dass kalkulatorische Abschreibungen i. d. R. grundsätzlich nicht gebucht oder wegen nur geringer Unterschiede zu den bilanzmäßigen vernachlässigt werden können. Werden deshalb nur die bilanzmäßigen Abschreibungen gebucht, so sind sie damit automatisch dem richtigen Ergebnis, nämlich dem Betriebsergebnis (statt wie beim GKR – vgl. hierzu die Darstellung auf S. 101 – dem neutralen Ergebnis), zugeordnet. Unternehmen, die trotzdem während des Geschäftsjahrs kalkulatorische Abschreibungen buchen, um die notwendigen Daten in der Kalkulation zur Verfügung zu haben, müssen daher am Ende des Wirtschaftsjahrs die bilanzmäßigen Abschreibungen buchhal-

terisch erfassen und die kalkulatorischen und verrechneten kalkulatorischen Abschreibungen wieder stornieren.

(4) Bilanz und GuV-Rechnung in Anlehnung an die Schemata der §§ 266, 275 HGB (die Bezifferung richtet sich nach den tatsächlich vorhandenen Positionen):

Bilanz nach § 266 HGB

A. Anlagevermögen			A. Eigenkapital	
I. Sachanlagen			I. Kapital	1 876 000
1. Grundstücke und Bauten	1 262 000		II. Jahresüberschuss	240 200
2. Betriebs- und Geschäfts-				
ausstattung	660 000		B. Verbindlichkeiten	
B. Umlaufvermögen			1. Verbindlichkeiten gegenüber	
I. Vorräte			Kreditinstituten	1 880 000
1. Waren	1 425 000		2. Verbindlichkeiten aus Liefe-	
II. Forderungen und sonstige			rungen und Leistungen	833 000
Vermögensgegenstände			3. Sonstige Verbindlichkeiten	108 000
1. Forderungen aus Lieferungen			– davon aus Steuern	
und Leistungen	1 140 200		108 000 €	
III. Kassenbestand, Guthaben				
bei Kreditinstituten	450 000			
	4 937 200			**4 937 200**

Wie bereits gesagt, werden Vorsteuer und Umsatzsteuer in der Praxis in der Bilanz saldiert ausgewiesen. Wegen der Umsatzsteuerverprobung müssen die Salden der Vorsteuer- und Umsatzsteuerkonten im Einzelnen in der Buchführung ersichtlich sein.

GuV-Rechnung (nach § 275 HGB)

1. Umsatzerlöse	8 100 000
2. Sonstige betriebliche Erträge	2 000
3. Materialaufwand	
a) Aufwendungen für bezogene Waren	– 5 975 000
4. Personalaufwand	
a) Löhne und Gehälter	– 977 000
b) Soziale Abgaben	– 215 000
5. Abschreibungen	
a) auf Sachanlagen	– 168 000
6. Sonstige betriebliche Aufwendungen	– 325 800
7. Zinsen und ähnliche Aufwendungen	– 131 000
8. Ergebnis der gewöhnlichen Geschäftstätigkeit	310 200
9. Steuern vom Ertrag	– 39 000
10. Sonstige Steuern	– 31 000
11. Jahresüberschuss	**240 200**

(5) Aus der GuV-Rechnung nach § 275 HGB ist nicht zu erkennen, dass der Jahresüberschuss zu einem Großteil, nämlich 117 200 € , auf so genannte neutrale Posten zurückzuführen ist und 123 000 € auf das Betriebsergebnis entfallen. Kalku-

latorische Überlegungen sind diesem Schema fremd. Das als Zwischenergebnis ausgewiesene »Ergebnis der gewöhnlichen Geschäftstätigkeit« bringt in diesem Beispiel keine neuen Erkenntnisse. Für unternehmensinterne Analysen ist daher die Zusammenstellung der Salden der Abgrenzungskonten, die das neutrale Ergebnis ausmachen, sehr hilfreich. Abschlussgegliederte Kontenrahmen bieten diese Möglichkeit allerdings nicht.

Lösungen zum 4. Hauptteil:
Abschlüsse nach Handels- und Steuerrecht

Lösung zu Aufgabe 4.01 *Vollständigkeitsgebot*
Liefert die Opitz KG erst nach dem Bilanzstichtag, so wirkt sich der Kauf nicht mehr im Jahresabschluss der beiden Firmen aus, obwohl sie gegenseitige Forderungen aneinander haben bzw. sich gegenseitig etwas schulden. Das Vollständigkeitsgebot bezieht sich also nicht auf beiderseitig unerfüllte Schuldverhältnisse (so genannte schwebende Geschäfte). Man geht nämlich zunächst von der Annahme aus, dass Leistung und Gegenleistung sich entsprechen, übersieht dabei allerdings, dass die Liquiditätsverhältnisse doch stark beeinflusst werden können. Erst die einseitige Erfüllung des Vertrages wirkt sich in der Buchführung aus; es sei denn, ein Verlust droht. Dann sind Rückstellungen für drohende Verluste aus schwebenden Geschäften zu bilden.

Lösung zu Aufgabe 4.02 *Gründungsaufwendungen*
Die Aufwendungen für die Gründung des Unternehmens von insgesamt 6 250 € sind nicht aktivierbar (§ 248 Abs. 1 HGB). Selbstverständlich sind aber die Aufwendungen im Zusammenhang mit der Einbringung des Grundbesitzes, aufgeteilt nach Grundstücken und Gebäuden, zu aktivieren.

Lösung zu Aufgabe 4.03 *Immaterielle Anlagewerte*
Für selbst erstellte immaterielle Vermögensgegenstände des Anlagevermögens besteht ein Aktivierungsverbot, weil ihr Wert schwer schätzbar und daher unsicher ist. Eine Aktivierung im Umlaufvermögen zu Herstellungskosten (80 000 €) kommt jedoch in Betracht, wenn das Patent nur zum Zweck der Veräußerung entwickelt worden ist. Dann hat es nämlich den Charakter von Vorratsvermögen und ist nicht als immaterieller Anlagewert auszuweisen.

Erfindervergütungen an Arbeitnehmer für im Unternehmen genutzte Erfindungen sind aber handels- wie steuerrechtlich aktivierungspflichtig.

Lösung zu Aufgabe 4.04 *Verrechnungsverbot*
Ende 01 sind auf beiden Konten Guthaben. Fischer kann die Beträge addieren und in seiner Bilanz wie folgt ausweisen:

Guthaben bei Kreditinstituten	22 000 €

Dies verstößt nicht gegen das Verrechnungsverbot, denn die Bilanz soll nicht alle Konten des Kontenplans einzeln aufnehmen, sondern sinnvoll verdichtet wiedergeben.

Am Ende des Folgejahres ist auf dem Konto der Landesbank ein Minus von 2 000 €. Hier greift das Verrechnungsverbot. Die Verrechnung zwischen Posten der Aktivseite und Posten der Passivseite ist nicht zulässig (§ 246 Abs. 2 HGB).

Ausweis:

Guthaben bei Kreditinstituten (Aktivseite)	8 000 €
Verbindlichkeiten gegenüber Kreditinstituten (Passivseite)	2 000 €

Hätte Fischer beide Konten bei der gleichen Bank, so stünde einer Verrechnung nur dann nichts entgegen, wenn Guthaben und Verbindlichkeiten mit gleicher Fälligkeit ausgestattet sind.

Lösung zu Aufgabe 4.05 *Ingangsetzungsaufwendungen, Gründungskosten*

(1)–(4) Aktivierungsfähige Aufwendungen für die Ingangsetzung
(5) Immaterielles Wirtschaftsgut
(6) Aktiver Rechnungsabgrenzungsposten
(7) Nicht aktivierungsfähige Gründungskosten
(8) Keine Ingangsetzungsaufwendungen, sondern als Nebenkosten zu den Anschaffungskosten des Grundstücks gehörig

Lösung zu Aufgabe 4.06 *Anlage- oder Umlaufvermögen*

(1) Vorführwagen eines Kfz-Händlers sind auf Grund ihrer Funktion, das Verkaufsprogramm vorzuführen, dem Anlagevermögen zuzuordnen. Ihre Zweckbestimmung liegt in der wiederholten Verwendung als Vorführgegenstände. Dabei kommt es nicht darauf an, dass die Zweckbestimmung bis zum Ende der Nutzungsdauer beibehalten wird (BFH-Urteil, BStBl 1982 II S. 344).

Solange Musterhäuser dazu dienen, das Produktionsprogramm dem Publikum vorzuführen, bleiben sie dem Anlagevermögen zugehörig. Dem Umlaufvermögen können sie erst zugeordnet werden, wenn der Unternehmer eine entsprechende, nach außen hin erkennbare Änderung ihrer Zweckbestimmung vorgenommen hat, z. B. durch Herrichtung und Angebot der Häuser zum Verkauf (BFH-Urteil, BStBl 1977 II S. 686).
(2) Ausstellungsgegenstände auf Verkaufsausstellungen von kurzer Dauer dürften in der Regel dem Vorratsvermögen (Umlaufvermögen) zuzuordnen sein, da sie zwar das Programm dem Publikum vorführen sollen, jedoch bereits während der Ausstellung zum Verkauf bereitstehen mit der – durch den Messezweck bedingten – Besonderheit, dass ihre Lieferung an den Abnehmer erst nach Beendigung der Messe erfolgt (BFH-Urteil, BStBl 1977 II S. 686).
(3) Die Zuordnung eines Wirtschaftsgutes ist nicht nur hinsichtlich der Bilanzgliederung von Bedeutung, sondern vor allem hinsichtlich der Bewertung. Anlagevermögen unterliegt anderen Bewertungsregeln als Umlaufvermögen.

Lösung zu Aufgabe 4.07 *Immaterielle Vermögensgegenstände*

(1) a) Lizenz an gewerblichen Schutzrechten
    b) Ähnliche Rechte
    c)–d) Nicht aktivierungsfähig
    e) Gewerbliche Schutzrechte, ähnliche Rechte und Werte
    f) Ähnliche Rechte
    g) Geleistete Anzahlungen (auf Lizenzen an gewerblichen Schutzrechten)
(2) 50 000 € aktivierungsfähig als »Geschäfts- oder Firmenwert«

Lösung zu Aufgabe 4.08 *Bilanzierung von Mietereinbauten*
Mietereinbauten und -umbauten können gem. BFH BStBl 1997 II S. 533 **in der Bilanz des Mieters aktiviert** werden, wenn es

a) sich um gegenüber dem Gebäude selbstständige Wirtschaftsgüter handelt, für die der Mieter Herstellungskosten aufgewendet hat,
b) die Wirtschaftsgüter seinem Betriebsvermögen zuzurechnen sind und
c) sich die Nutzung durch den Mieter zur Einkünfteerzielung sich erfahrungsgemäß über einen Zeitraum von mehr als einem Jahr erstreckt (ständige Rechtsprechung BFH BStBl 1994 II S. 164).

Diese Voraussetzungen sind in diesem Fall erfüllt.

a) Selbstständiges Wirtschaftsgut

Der Umbau führte zu einem gegenüber dem Gebäude selbstständigen Wirtschaftsgut.

Nach ständiger Rechtsprechung des BFH ist Voraussetzung für die Behandlung von Gebäudeteilen als selbstständige Wirtschaftsgüter, dass sie in einem vom Gebäude **verschiedenen Nutzungs- und Funktionszusammenhang** stehen (BFH BStBl 1995 II S. 72 m. w. N.). Das ist u. a. dann anzunehmen, wenn sie von einem zur Nutzung des Gebäudes oder einzelner Räume des Gebäudes berechtigten Mieter für die besonderen Zwecke seines Unternehmens errichtet oder umgestaltet worden sind.

Die dadurch geschaffenen zusätzlichen Nutzungsmöglichkeiten sind »wie ein materielles Wirtschaftsgut« mit den Herstellungskosten anzusetzen. Das gilt auch für die Handelsbilanz.

Die OHG hat die von ihr gemieteten Wohnungen für eigene betriebliche Zwecke umgebaut. Es ist zwischen den Beteiligten unstreitig, dass mit der Vermietung an den Arzt der Umsatz der Apotheke gesteigert werden sollte. Damit sind die Umbauten sachlich dem Betrieb der OHG zuzurechnen.

b) Entstehen von Herstellungskosten

Die Aufwendungen der OHG führten auch zu Herstellungskosten.

Herstellungskosten liegen u. a. dann vor, wenn die angemieteten Räume durch den Umbau in ihrem Wesen verändert werden. Hierfür ist nicht erforderlich, dass sich durch die Umbauten die Nutzungsfunktion des ganzen Gebäudes verändert. Es genügt, dass sie zu einer **Änderung der Nutzungsfunktion** der angemieteten Räume in der Hand des Mieters führen.

Das ist bei einer mit erheblichen Aufwendungen durchgeführten Umgestaltung von Mietwohnungen in eine Arztpraxis der Fall. Die Baumaßnahme hätte auch dann zu Herstellungskosten geführt, wenn sie vom Gebäudeeigentümer selbst durchgeführt worden wäre.

c) Zurechnung der Umbauten

Die Umbauten sind der OHG und nicht dem Eigentümer des Gebäudes persönlich zuzurechnen.

Die Aktivierung eines Wirtschaftsguts in der Bilanz des Mieters setzt zwar voraus, dass dieses zu **seinem Vermögen gehört**. Dies ist aber bereits dann der Fall, wenn der Vermögensgegenstand **wirtschaftlich** zu diesem Vermögen zu rechnen ist. Diese Voraussetzung ist hier erfüllt.

Dafür ist **nicht erforderlich**, dass der Mieter **bürgerlich-rechtlicher Eigentümer** der mit eigenen Aufwendungen geschaffenen Einbauten und Umbauten wird.

Für die persönliche Zurechnung genügt die **Befugnis zur Nutzung** der Bauten gegenüber dem Grundstückseigentümer. Dies gilt jedenfalls dann, wenn die Befugnis dem Mieter vollständig und für die gesamte Dauer der mit den Baumaßnahmen geschaffenen Nutzungsmöglichkeit zusteht.

Davon ist hier auszugehen. Die OHG war nach Beendigung des Mietverhältnisses verpflichtet, den ursprünglichen Zustand wiederherzustellen.

Die **Höhe der Absetzung für Abnutzung (AfA)** bestimmt sich nach den für **Gebäude geltenden Grundsätzen** (Anschluss an BFH-Beschluss vom 30.01.1995 BStBl 1995 II S. 281). Der BFH hat seine **frühere Rechtsprechung aufgegeben**, nach der bei Gebäudeteilen, die in einem gegenüber dem Gebäude verschiedenen Nutzungs- und Funktionszusammenhang stehen, die Herstellungskosten nach § 7 Abs. 1 EStG **entsprechend der Dauer des Nutzungsrechts** abzuschreiben seien. Sie sind vielmehr nach dem Vorbild von Bauten auf fremdem Grund und Boden entsprechend den für Gebäude geltenden Bestimmungen vorzunehmen. Demnach sind die der OHG entstandenen Umbaukosten nur in Höhe der für Betriebsgebäude zulässigen Jahres-AfA als Aufwand abziehbar.

Lösung zu Aufgabe 4.09 *Sachanlagen*

(1) Es sind zwei Fälle denkbar:
 – Sind die Fässer, Flaschen, Bierkästen Pfandgut der Brauerei, gehören sie zur Betriebs- und Geschäftsausstattung.
 – Können die Abnehmer entscheiden, ob sie die Fässer, Flaschen, Bierkästen zurückgeben oder erwerben wollen, sind sie, soweit sie sich am Bilanzstichtag am Lager befinden, als Hilfsstoffe unter den Vorräten zu erfassen.
 Bei Berechnung solcher Materialien gibt es zwei Ausweismöglichkeiten:
 – einmal Forderungsausweis bei Ausgabe des Pfandgutes bei gleichzeitigem Ansatz einer Verbindlichkeit in Höhe des berechneten Pfandgeldes, wenn einzelne Pfandkonten geführt werden,
 – zum anderen Bildung einer »Sonstigen Rückstellung« auf Schätzungsbasis (vgl. ADS § 266 Tz 115).
(2) Geleistete Anzahlungen und Anlagen im Bau
(3) Grundstücke und Bauten
(4) Nicht maschinengebundenes Werkzeug gehört zu »Andere Anlagen, Betriebs- und Geschäftsausstattung«, ansonsten zu »Vorräten«
(5)–(6) Bauten (unselbständiger Gebäudeteil, R 13 Abs. 3 und 5 EStR)
(7)–(10) Technische Anlagen und Maschinen
(11) Bauten (Mietereinbauten als selbstständige Wirtschaftsgüter beim Mieter, R 13 Abs. 3 EStR und BMF-Schreiben zu Mieterein- und -umbauten, BStBl 1976 I S. 66 und 1994 II S. 164).
(12) Andere Anlagen, Betriebs- und Geschäftsausstattung
(13) Die Werksbahn gehört zu »Andere Anlagen, Betriebs- und Geschäftsausstattung«, die Gleisanlage zu »Technische Anlagen und Maschinen«.

Lösung zu Aufgabe 4.10 *Finanzanlagen*

(1) Ausleihung an Unternehmen, mit denen ein Beteiligungsverhältnis besteht
(2)–(5) Sonstige Ausleihungen
(6) Anteile an verbundenen Unternehmen

Lösung zu Aufgabe 4.11 *Vorräte*

(1) Betriebsstoffe
(2) Betriebsstoffe

(3) Unfertige Erzeugnisse
(4) Rohstoffe (nicht geltend gemachter Eigentumsvorbehalt ist für die Bilanzierung ohne Bedeutung)
(5) a) Waren
    b) Hilfsstoffe
(6) Unfertige Erzeugnisse
(7) Waren (Gefahrübergang auf Käufer am 31. 12.)
(8) Fertige Erzeugnisse
(9) Fertige Erzeugnisse
(10) Geleistete Anzahlungen auf Vorräte

Lösung zu Aufgabe 4.12 *Forderungen und sonstige Vermögensgegenstände*

(1) Sonstige Vermögensgegenstände
(2) Forderungen aus Leistungen
(3) Forderungen aus Leistungen an Gesellschafter oder Forderungen aus Leistungen bei gleichzeitigem Vermerk »davon an Gesellschafter ...« bzw. Angabe im Anhang (§ 42 Abs. 3 GmbHG)
(4) Forderungen gegen verbundene Unternehmen (die Mitzugehörigkeit zu »Forderungen aus Lieferungen und Leistungen« ist entweder in der Bilanz oder im Anhang zu vermerken, § 265 Abs. 3 HGB)
(5) Forderungen aus Lieferungen (mit 2 480 €)
(6) Sonstige Vermögensgegenstände
(7) Keine echte Forderung (der Vorschuss ist auf den Abschlussstichtag abzurechnen und als Sonderkasse zu behandeln)

Lösung zu Aufgabe 4.13 *Wertpapiere*

Es handelt sich um »Anteile an verbundenen Unternehmen«, die wegen ihrer Zwecksetzung dem Umlaufvermögen zuzuordnen sind.

Die Position B.III.1 »Anteile an verbundenen Unternehmen« steht unter der Gruppenüberschrift B.III »Wertpapiere«. Da GmbH-Anteile nicht als Wertpapiere verbrieft sind, könnten sie genau genommen dort nicht ausgewiesen werden, sondern wären als B.II.4 »Sonstige Vermögensgegenstände« zu bilanzieren. Um Konzernverflechtungen deutlich zu machen und wegen der Einheitlichkeit des Vorgehens, sollte dennoch eine Eingliederung unter B.III.1 erfolgen, in wesentlichen Fällen mit einem entsprechenden Hinweis im Anhang (vgl. ADS § 266 Tz 139).

Lösung zu Aufgabe 4.14 *Flüssige Mittel*

(1) Da Guthaben bei Bausparkassen i. d. R. langfristig festgelegt sind, könnte fraglich sein, ob sie nicht unter B.I.4 »Sonstige Vermögensgegenstände« auszuweisen wären. Bausparkassen werden jedoch in § 1 BausparkG als Kreditinstitute bezeichnet. ADS § 266 Tz 154 rechnen deshalb deren Guthaben zu den flüssigen Mitteln, d. h. zum Posten B.IV.
(2) Bestände an Barrengold oder Goldmünzen, die keine gesetzlichen Zahlungsmittel sind, gehören nicht zu den Kassenbeständen, sondern zu B.II.4 »Sonstige Vermögensgegenstände«.
(3) Bestehen bei ein- und demselben Kreditinstitut laufende Guthaben und Verbindlichkeiten gleicher Fristigkeit und Kondition, so werden diese Posten gegeneinan-

der aufgerechnet, nicht aber im Falle unterschiedlicher Konditionen. Guthaben und Verbindlichkeiten bei verschiedenen Kreditinstituten dürfen nicht gegeneinander aufgerechnet werden (§ 246 Abs. 2 HGB).

Lösung zu Aufgabe 4.15 *Kapitalerhöhung*

1 000 000 € führen zur Erhöhung des gezeichneten Kapitals,
3 000 000 € Ausgabekursdifferenz sind der Kapitalrücklage zuzuführen.

Lösung zu Aufgabe 4.16 *Eigenkapital*

(1) a) 1. Jahr: 0, 2. Jahr: 5 000 €, 3. Jahr: 12 500 €.
    b) Die Rücklage wird so lange jährlich aufgefüllt, bis sie zusammen mit den Kapitalrücklagen nach § 272 Abs. 2 Nr. 1 bis 3 HGB 10 % des gezeichneten Kapitals, also 300 000 € beträgt (§ 150 Abs. 2 AktG).
    c) Wenn Kapitalrücklagen nach § 272 Abs. 2 Nr. 1 bis 3 HGB und gesetzliche Rücklage zusammen 10 % des Grundkapitals übersteigen, darf der übersteigende Betrag zur Kapitalerhöhung verwendet werden (§ 150 Abs. 4 AktG).

(2) a) Aus vorhandenen frei verfügbaren Gewinnrücklagen oder dem Bilanzgewinn muss in Höhe von 900 000 € eine Rücklage für eigene Anteile gebildet werden (§ 272 Abs. 4 HGB).
    b) Die unter dem Umlaufvermögen ausgewiesenen eigenen Aktien müssen bei Kursverfall auf 750 000 € abgewertet werden. Im gleichen Zuge werden 150 000 € der »Rücklage für eigene Anteile« auf Gewinnrücklagen umgebucht.

(3) Nach § 270 Abs. 2 HGB ist dies zulässig.

(4) Die Bezeichnung besagt, dass die Bilanz unter Berücksichtigung der teilweisen Verwendung des Jahresergebnisses aufgestellt ist (§ 268 Abs. 1 HGB).

Lösung zu Aufgabe 4.17 *Ausstehende Einlagen und Jahresfehlbetrag*

(1)

Aktiva	Bilanz bei Bruttoausweis		Passiva
A. Ausstehende Einlagen, nicht eingefordert	20 000	A. Eigenkapital Gezeichnetes Kapital	50 000
B. Anlagevermögen	180 000	B. Verbindlichkeiten	220 000
C. Umlaufvermögen	70 000		
	270 000		270 000

Aktiva	Bilanz bei Nettoausweis		Passiva
A. Anlagevermögen	180 000	A. Eigenkapital Gezeichnetes Kapital	50 000
B. Umlaufvermögen	70 000	Nicht eingeforderte Einlagen	·/· 20 000
		Eingefordertes Kapital	30 000
		B. Verbindlichkeiten	220 000
	250 000		250 000

Ein Vergleich der beiden Darstellungsarten ergibt, dass beim Nettoausweis eine Bilanzverkürzung in Höhe der nicht eingeforderten ausstehenden Einlagen erfolgt. Dies kann für die Größenmerkmale nach § 267 HGB von Bedeutung sein, wenn Werte sich in der Nähe der nächsten Größenklasse bewegen.

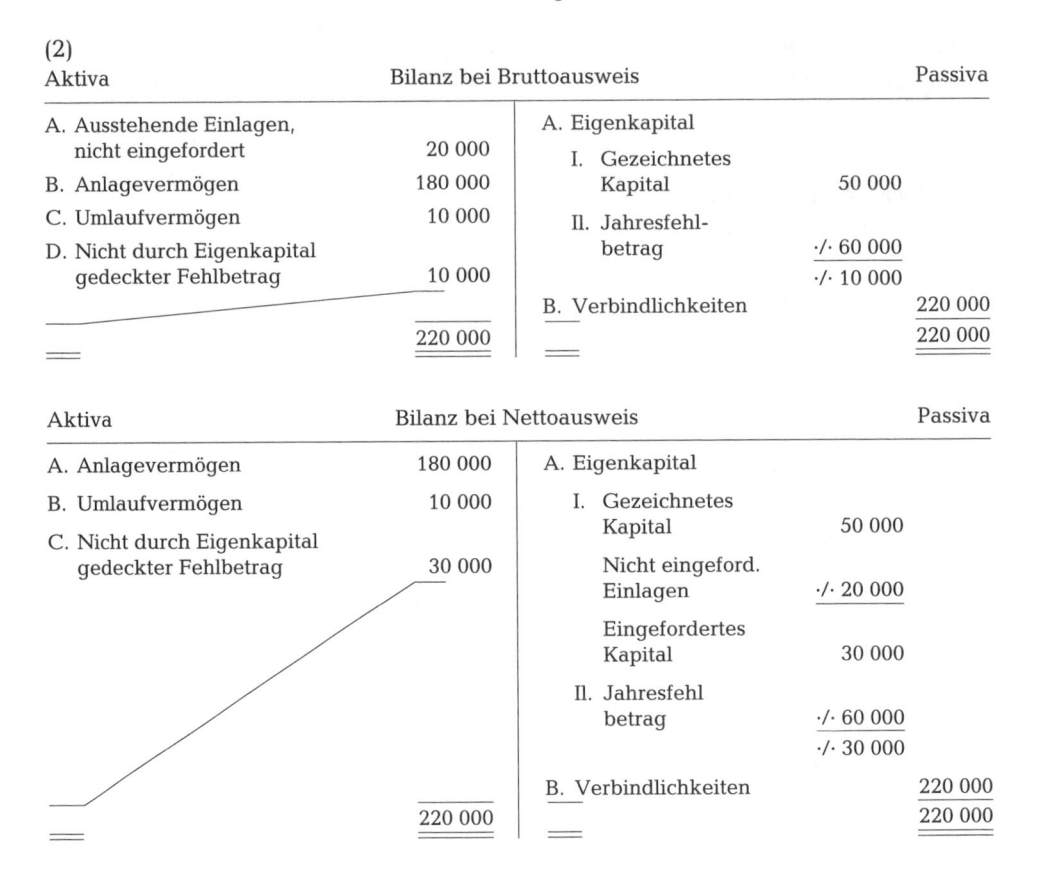

(2)

Aktiva	Bilanz bei Bruttoausweis		Passiva
A. Ausstehende Einlagen, nicht eingefordert	20 000	A. Eigenkapital	
B. Anlagevermögen	180 000	I. Gezeichnetes Kapital	50 000
C. Umlaufvermögen	10 000	II. Jahresfehlbetrag	./. 60 000
D. Nicht durch Eigenkapital gedeckter Fehlbetrag	10 000		./. 10 000
		B. Verbindlichkeiten	220 000
	220 000		220 000

Aktiva	Bilanz bei Nettoausweis		Passiva
A. Anlagevermögen	180 000	A. Eigenkapital	
B. Umlaufvermögen	10 000	I. Gezeichnetes Kapital	50 000
C. Nicht durch Eigenkapital gedeckter Fehlbetrag	30 000	Nicht eingeford. Einlagen	./. 20 000
		Eingefordertes Kapital	30 000
		II. Jahresfehlbetrag	./. 60 000
			./. 30 000
		B. Verbindlichkeiten	220 000
	220 000		220 000

Wie das Beispiel verdeutlicht, wird beim Nettoausweis der nicht durch Eigenkapital gedeckte Fehlbetrag um den Betrag der nicht eingeforderten ausstehenden Einlagen höher ausgewiesen als beim Bruttoausweis. Durch die Einforderung der Einlagen kann er aber auf den Betrag beim Bruttoausweis herabgemindert werden.

Anzufügen wäre noch, dass die hier ausgewiesene buchmäßige Überschuldung nicht notwendigerweise eine Überschuldung im Sinne des Insolvenzrechts darstellen muss. Hierbei wären in einer Überschuldungsbilanz Aktiva und Passiva mit den jeweiligen Zeitwerten anzusetzen.

Lösung zu Aufgabe 4.18 *Sonderposten mit Rücklageanteil*

(1) a) Buchungen im Schadensjahr

Wareneinkauf				Sonstige Forderungen		
AB	30 000	(1)	30 000	(1)	50 000	

Rücklage für Ersatzbeschaffung		
	(1)	20 000

AB = Anfangsbestand; (1) = Buchung des Diebstahls, der Rücklage und des Versicherungsanspruchs

b) Buchungen im Folgejahr

Wareneinkauf			
(2)	51 000	(3)	20 000

Sonstige Forderungen			
AB	50 000	(1)	50 000

Bank			
(1)	51 000	(2)	51 000

Rücklage für Ersatzbeschaffung			
(3)	20 000	AB	20 000

(1) = Eingang der Entschädigung; (2) = Wareneinkauf; (3) = Auflösung der Rücklage für Ersatzbeschaffung

(2) Nach § 281 Abs. 2 HGB sind Einstellungen in den »Sonderposten mit Rücklageanteil« in den »Sonstigen betrieblichen Aufwendungen« und Erträge aus der Auflösung in den »Sonstigen betrieblichen Erträgen« gesondert auszuweisen oder im Anhang anzugeben. Die Konten »Einstellungen« und »Auflösungen« des Sonderpostens sind deshalb beim Jahresabschluss den »Sonstigen betrieblichen Aufwendungen« bzw. entsprechenden Erträgen zuzuordnen.

a) Buchungen im Schadensjahr

Wareneinkauf			
AB	30 000	(1)	30 000

Das Übliche überschreitende Abschreibungen auf Waren			
(1)	30 000		

Rücklage für Ersatzbeschaffung			
		(3)	20 000

Einstellungen in Sonderposten mit Rücklageanteil			
(3)	20 000		

Sonstige Forderungen			
(2)	50 000		

Sonstige betriebliche Erträge			
		(2)	50 000

(1) = Buchung des Diebstahls; (2) = Anspruch an Versicherung; (3) = Bildung der Rücklage für Ersatzbeschaffung

b) Buchungen im Folgejahr

Wareneinkauf			
(2)	51 000	(4)	20 000

Sonstige Forderungen			
AB	50 000	(1)	50 000

	Bank				Rücklage für Ersatzbeschaffung		
(1)	50 000	(2)	51 000	(3)	20 000	AB	20 000

Steuerliche Sonderabschreibungen auf Waren		Erträge aus Auflösung von Sonderposten mit Rücklageanteil	
(4)	20 000	(3)	20 000

(1) = Eingang der Entschädigung; (2) = Wareneinkauf; (3) = Auflösung der Rücklage für Ersatzbeschaffung; (4) = Übertragung der stillen Reserven

Lösung zu Aufgabe 4.19 *Rückstellungen für rückständige Urlaubsansprüche*
Hat ein Arbeitnehmer am Bilanzstichtag den ihm zustehenden **Urlaub noch nicht in vollem Umfang genommen**, so hat der Arbeitgeber für den rückständigen Urlaub eine Rückstellung zu bilden, weil er die arbeitsvertragliche Verpflichtung, Urlaub zu gewähren, nur teilweise erfüllt hat. Es handelt sich um eine **Rückstellung für ungewisse Verbindlichkeiten** gem. § 249 Abs. 1 Satz 1 HGB.

Die **Urlaubsrückstellung errechnet sich** aus den **noch offenen Urlaubstagen**, erhöht um nicht in Entgelt zu entrichtende Überstunden. Bei der Ermittlung der **Höhe** der rückständigen Urlaubsverpflichtung sind gem. BFH BStBl 1996 II S. 406 (H 38 »Urlaubsverpflichtung« EStH) **einzubeziehen:**

- das Bruttoarbeitsentgelt,
- die Arbeitgeberanteile zur Sozialversicherung,
- das Urlaubsgeld und
- andere lohnabhängige Nebenkosten.

Nicht zu berücksichtigen sind

- jährlich vereinbarte Sondervergütungen (z. B. Weihnachtsgeld, Tantiemen oder Zuführungen zu Pensions- und Jubiläumsrückstellungen) sowie
- Gehaltssteigerungen nach dem Bilanzstichtag.

Letzteres war Gegenstand des BFH-Urteils BStBl 1993 II S. 446. Nach dem **Stichtagsprinzip** können **werthaltende Umstände, die erst nach dem Bilanzstichtag eintreten** – im Gegensatz zu werterhellenden Umständen – **keinen Einfluss auf die Bewertung** haben, selbst wenn sie bei Bilanzerstellung bekannt sind.

Gem. BFH BStBl 1992 II S. 910 sind bei der Berechnung des Jahresarbeitsentgelts die **regulären Arbeitstage** anzusetzen, es sind also keine Kürzungen um Urlaubs- oder Krankheitstage vorzunehmen.

Danach ergibt sich folgende Berechnung:

	A	B	C
Brutto-Jahresarbeitsentgelt	55 200,00	64 200,00	72 000,00
Urlaubsgeld	2 000,00	2 000,00	2 000,00
	57 200,00	66 200,00	74 000,00
Arbeitgeberanteil zur Sozialversicherung 21 %	12 012,00	13 902,00	15 540,00
Gesamt	69 212,00	80 102,00	89 540,00
Tagessatz bei 250 regulären Arbeitstagen	276,85	320,41	358,16
Urlaubsrückstellung	4 568,00	6 408,00	5 372,00

Die Buchung lautet:

Urlaubsansprüche des abgelaufenen Geschäftsjahrs	16 348	
an Sonstige Rückstellungen		16 348

Die Urlaubsrückstellungen können (BFH BStBl 1992 II S. 910)
- **individuell** (wie hier dargestellt) für jeden Urlaubsberechtigten nach Maßgabe des geschuldeten Urlaubsentgelts oder
- auch im Wege einer **Durchschnittsberechnung für die Belegschaft** ermittelt werden.

Lösung zu Aufgabe 4.20 *Rückstellungen für Altlastensanierung*

In seinem Urteil zu diesem Fall führte der BFH BStBl 1993 II S. 891 hierzu aus:

Die Pflicht zur Bildung von Rückstellungen für ungewisse Verbindlichkeiten setzt allgemein voraus:

- das Bestehen oder die Wahrscheinlichkeit des künftigen Entstehens einer Verbindlichkeit dem Grunde und/oder der Höhe nach,
- die wirtschaftliche Verursachung der Verbindlichkeit in der Zeit vor dem Bilanzstichtag,
- dass der Schuldner ernsthaft mit seiner Inanspruchnahme rechnen muss; die bloße Möglichkeit des Bestehens oder Entstehens einer Verbindlichkeit reicht zur Bildung einer Rückstellung nicht aus.

Ungewisse öffentlich-rechtliche Verpflichtungen müssen nach der Rechtsprechung des BFH darüber hinaus **hinreichend konkretisiert** sein,

a) sei es durch eine Verfügung der zuständigen Behörde, die ein bestimmtes Handeln vorsieht,
b) sei es unmittelbar durch das Gesetz selbst, wenn dieses
   - in sachlicher Hinsicht ein inhaltlich genau bestimmtes Handeln vorsieht,
   - in zeitlicher Hinsicht ein Handeln innerhalb eines bestimmten Zeitraums fordert und
   - dieses Handlungsgebot sanktionsbewusst und damit durchsetzbar ist.

Diese Konkretisierungserfordernisse sind zwar vom Schrifttum zunehmend in Frage gestellt worden, mit dem Hinweis darauf, dass weder das Handels- noch das Steuerrecht ein Sonderrecht für öffentlich-rechtliche Verpflichtungen zulasse. Der BFH setzte sich aber mit diesen Einwänden nicht auseinander; er hielt im Ergebnis an seinen Konkretisierungserfordernissen fest.

Danach darf eine **Rückstellung jedenfalls dann nicht gebildet werden**, wenn im Zeitpunkt der Bilanzaufstellung **keine hinreichenden Anhaltspunkte** dafür vorliegen, dass der Schaden der für die Entscheidung über die Rechtsfolgen zuständigen Behörde **bekannt ist oder alsbald bekannt sein wird** und der Unternehmer deshalb mit seiner Inanspruchnahme ernsthaft rechnen muss.

Nachdem er die Rückstellungsbildung für unzulässig erklärt hatte, verwies der BFH den Fall jedoch an das Finanzgericht zurück. Dieses sollte klären, ob die **Voraussetzungen für eine Teilwertabschreibung** für das Grundstück gegeben sind. Diese ist **notwendig**, wenn die in den Boden eingesickerten Schadstoffe zu einer **dauernden Wertminderung** des Grundstücks geführt haben.

Lösung zu Aufgabe 4.21 *Rückstellungen für Zahlungen nach dem Mutterschutzgesetz*

In diesem Fall ist nach BFH BStBl 1998 II S. 205 zu prüfen, ob

a) Rückstellungen für drohende Verluste aus schwebenden Geschäften oder
b) Rückstellungen für ungewisse Verbindlichkeiten

in Frage kommen.

Zur Bildung von **Drohverlustrückstellungen** ist es nach ständiger Rechtsprechung erforderlich, dass

– das Gleichgewicht der gegenseitig miteinander verknüpften Leistungen gestört ist und
– die den Steuerpflichtigen treffende Leistungsverpflichtung einen höheren Wert als die ihm zustehende Gegenleistung hat.

Für **Arbeitsverhältnisse** gilt die Vermutung, dass **Leistung und Gegenleistung ausgeglichen** sind und ein Verpflichtungsüberhang des Arbeitgebers auch nicht durch Sozialleistungen entsteht, zu denen der Arbeitgeber auf Grund arbeits- oder sozialrechtlicher Vorschriften verpflichtet ist.

Einem Arbeitgeber, der eine Frau im gebärfähigen Alter beschäftigt, sind die **Folgelasten bekannt**, die aus den gesetzlichen Regelungen zum Mutterschutz erwachsen können. Wenn er gleichwohl ein Arbeitsverhältnis eingeht, schließt er diese Lasten in seine **Kalkulation** mit ein.

Dies gilt auch dann, wenn sich das **Schwangerschaftsrisiko konkretisiert** und dem Arbeitgeber der Eintritt der Schwangerschaft mitgeteilt wird, denn es erhöht sich dadurch nur die Wahrscheinlichkeit, dass der Arbeitgeber Leistungen erbringen muss, deren Umfang er bei Abschluss des Arbeitsvertrags einkalkuliert hat.

Auch die Bildung von **Rückstellungen für ungewisse Verbindlichkeiten scheidet aus**, da die **Zuschussleistungen erst nach dem Bilanzstichtag zu erbringen** sind und ein **Erfüllungsrückstand** der Arbeitnehmerinnen bis dahin **nicht vorliegt**. Es sind keine Verbindlichkeiten auf Grund bereits erbrachter Leistungen der Arbeitnehmerinnen zurückzustellen.

Der BFH lehnte demnach eine Rückstellungsbildung ab.

Lösung zu Aufgabe 4.22 *Nach Abschlussstichtag entstehende Verbindlichkeiten*

Gemäß § 268 Abs. 5 HGB besteht für große und mittelgroße Kapitalgesellschaften (§ 274a Nr. 3 HGB) eine Erläuterungspflicht für Verbindlichkeiten größeren Umfangs, die erst nach dem Abschlussstichtag rechtlich entstehen. Voraussetzung für die Passivierung einer Verbindlichkeit ist jedoch, dass sie hinreichend konkretisiert ist, z.B. durch Erbringen der vertraglich vereinbarten Leistungen (bei Kauf) oder Erfüllung gesetzlicher Tatbestände (bei Steuern), womit die Verbindlichkeit aber auch rechtlich entstanden ist. Rechtlich noch nicht feststehende, d.h. ungewisse Verbindlichkeiten sind nach § 249 Abs. 1 HGB als Rückstellungen bezeichnet.

Verbindlichkeiten in der nach § 268 Abs. 5 HGB bezeichneten Art gibt es also nicht, ausgenommen so genannte faktische Verpflichtungen wie z.B. die Übernahme einer gesetzlich bereits verjährten Schuld. Es handelt sich hier also um eine missglückte Transformation von Art. 21 der 4. EG-Richtlinie. Der dortige Wortlaut »Aufwendungen vor dem Abschlussstichtag, welche erst nach diesem Tag zu Ausgaben führen« zeigt, dass damit eigentlich antizipative Passiva (wie noch nicht belastete Schuldzinsen) gemeint sind.

Lösung zu Aufgabe 4.23 Verbindlichkeiten

(1) »Sonstige Verbindlichkeiten«, nicht »Anzahlungen auf Bestellungen«
(2) Bei der Baugesellschaft »Erhaltene Anzahlungen auf Bestellungen«
(3) Verbindlichkeiten aus Lieferungen und Leistungen
(4) Sonstige Verbindlichkeiten
(5) Verbindlichkeiten aus Lieferungen und Leistungen
(6) Verbindlichkeiten aus Lieferungen und Leistungen
(7) Sonstige Verbindlichkeiten
(8) Sonstige Verbindlichkeiten
(9) Anleihen (da Rückzahlung feststeht)
(10) Nicht zu passivierender Sicherungswechsel
(11) »Verbindlichkeiten gegenüber Unternehmen, mit denen ein Beteiligungsverhältnis besteht« mit dem Vermerk in Bilanz oder Anhang, dass es sich um Verbindlichkeiten aus Lieferungen und Leistungen handelt (§ 265 Abs. 3 HGB)

Lösung zu Aufgabe 4.24 Rechnungsabgrenzungsposten

(1) Es sind 120 000 € passiv abzugrenzen. Nur 40 000 € sind sonstige betriebliche Erträge des Abschlussjahres.
(2) Der Gesamtposten gehört in die passive Rechnungsabgrenzung.
(3) Es sind 6 250 € passiv abzugrenzen.
(4) Die passive Abgrenzung lautet über 2 100 €.
(5) Der Posten gehört zu »Erhaltene Anzahlungen auf Bestellungen«.

Lösung zu Aufgabe 4.25 Rechnungsabgrenzungsposten für Abschlussgebühren von Bausparverträgen

Die Behandlung der Abschlussgebühren von Bausparverträgen hatte der BFH in seinem Urteil BStBl 1998 II S. 381 zu entscheiden. Er stellte hierbei folgende Überlegungen an:

Nach § 5 Abs. 3 Satz 1 Nr. 2 EStG haben Gewerbetreibende, die ihren Gewinn durch Bestandsvergleich ermitteln, für **Einnahmen vor dem Abschlussstichtag einen passiven Rechnungsabgrenzungsposten zu bilden**, soweit sie Ertrag für eine **bestimmte** Zeit nach diesem Tag darstellen. Die Vorschrift soll gewährleisten, dass ein vom Steuerpflichtigen vereinnahmtes Entgelt für eine von ihm noch zu erbringende zeitbezogene Gegenleistung erst nach der Leistungserbringung durch Auflösung des Rechnungsabgrenzungspostens vereinnahmt wird.

Der **Bausparvertrag** stellt seiner Rechtsnatur nach einen rechtlich und wirtschaftlich **einheitlichen Spar- und Kreditvertrag** dar, durch den sich

– der Bausparer zur Leistung von Bauspareinlagen und
– die Bausparkasse zur Gewährung eines zinsgünstigen Baudarlehens unter Rückzahlung des angesammelten Bausparguthabens für den Zeitpunkt verpflichtet, zu dem die Zuteilung erfolgt.

Die vom Bausparer zu entrichtende **Abschlussgebühr** ist gleichwohl **keine konkret zuordenbare Gegenleistung für die Sparphase und/oder die (etwaige) spätere Kreditgewährung**. Sie ist auch kein unbestimmter Bestandteil eines »Gesamtentgelts«. Sie stellt vielmehr eine (Gegen-)Leistung dar, die dem jeweiligen Bausparvertrag als **Entgelt für den eigentlichen Vertragsabschluss** zuzuordnen ist. Durch sie werden unmittelbar (lediglich) die eigentlichen Abschlusskosten, insbesondere

- die Kosten der erstmaligen Vertragsbearbeitung sowie
- die Abschlussprovisionen und
- der der Bausparkasse entstehende Werbeaufwand ausgeglichen.

Da die Gebühren dem jeweiligen Bausparvertrag als Entgelt für den eigentlichen Vertragsabschluss zuzuordnen sind, wirken sie sich **unmittelbar mit ihrer Vereinnahmung erfolgswirksam** aus und sind bilanziell nicht passiv abzugrenzen.

Lösung zu Aufgabe 4.26 *Anlagenspiegel beim Verkauf eines Anlageguts*

Jahr	Bilanzposten	Gesamte Anschaffungs-/ Herstellungskosten	Zugänge +	Abgänge −	Umbuchungen +/−	Abschreibungen kumuliert −	Zuschreibungen +	Buchwert 31.12. Abschlussjahr	Buchwert 31.12. Vorjahr	Abschreibungen Abschlussjahr
		1	2	3	4	5	6	7	8	9
1.	A. II	—	+75 000			−15 000		60 000	—	15 000
2.		75 000				−30 000		45 000	60 000	15 000
3a)		75 000		−75 000		−40 000 +40 000		—	45 000	10 000
3b)		75 000		−75 000		−40 000 +40 000		—	45 000	10 000

Es zeigt sich, dass die Entwicklung in beiden Fällen gleich darzustellen ist. Buchgewinne oder -verluste aus der Veräußerung von Anlagegegenständen werden nur in der GuV- Rechnung ausgewiesen. Im Veräußerungsjahr werden die Abgänge zu Anschaffungskosten erfasst (./. 75 000 €) und die kumulierten Abschreibungen (+ 40 000 €) herausgenommen. Die Differenz dieser beiden Beträge entspricht dem Buchrestwert im Zeitpunkt des Verkaufs. Buchungsmäßig könnte man die Zusammenhänge wie folgt verdeutlichen (ohne Berücksichtigung der Umsatzsteuer):

a) Bank   35 000
    kumulierte Abschreibungen   40 000
      an Betriebs- und Geschäftsausstattung   75 000

b) Bank   25 000
    kumulierte Abschreibungen   40 000
    Verluste aus dem Abgang von Anlagegütern   10 000
      an Betriebs- und Geschäftsausstattung   75 000

Lösung zu Aufgabe 4.27 *Anlagenspiegel bei Zuschreibung*

Jahr	Bilanzposten	Gesamte Anschaffungs-/ Herstellungskosten	Zugänge +	Abgänge −	Umbuchungen +/−	Abschreibungen kumuliert −	Zuschreibungen +	Buchwert 31.12. Abschlussjahr	Buchwert 31.12. Vorjahr	Abschreibungen Abschlussjahr
		1	2	3	4	5	6	7	8	9
6.	A. II	140 000				− 84 000		56 000	70 000	14 000
7.		140 000				− 98 000 − 42 000		—	56 000	14 000 42 000
8.		140 000				− 140 000	+ 28 000	28 000	—	—
9.		140 000				− 154 000 + 28 000		14 000	28 000	14 000
10.		140 000				− 140 000		—	14 000	14 000

Die Spalten »Abschreibungen Abschlussjahr« und »Abschreibungen kumuliert« nehmen planmäßige und außerplanmäßige Abschreibungen auf, was im Anlagenspiegel im 7. Jahr ersichtlich wird. Da die Spalte 6 nur die Zuschreibungen des jeweiligen Abschlussjahres zeigt, muss die im 8. Jahr erfolgte Zuschreibung im Folgejahr gleichsam als Korrekturbuchung mit den kumulierten Abschreibungen verrechnet werden. Deren Vorjahresstand von 140 000 € erhöht sich um die planmäßigen Abschreibungen auf 154 000 € und vermindert sich in Höhe der Zuschreibung des Vorjahres.

Die Verrechnung der Zuschreibungen mit den kumulierten Abschreibungen ist nicht als Verstoß gegen das Verrechnungsverbot von Aufwendungen und Erträgen des § 246 Abs. 2 HGB anzusehen, denn im Jahr der Zuschreibung wird diese in der GuV-Rechnung zutreffend als Ertrag behandelt. Die Verrechnung mit den kumulierten Abschreibungen im Anlagenspiegel im Jahr darauf ergibt sich aus der Logik eines Anlagenspiegels ohne eine Spalte mit kumulierten Zuschreibungen; eine Verrechnung hat hier den Charakter einer Stornierung zu hoch vorgenommener Abschreibungen. Werden kumulierte Zuschreibungen jedoch als zusätzliche Spalte in den Anlagenspiegel aufgenommen, so kann man anders verfahren als hier dargestellt.

Lösung zu Aufgabe 4.28 *Geringwertige Wirtschaftsgüter im Anlagenspiegel*

Das durch das Bilanzrichtlinien-Gesetz eingeführte Bruttoverfahren beim Anlagenspiegel sieht grundsätzlich den Ausweis eines Anlagegutes auch dann vor, wenn es bereits vollständig abgeschrieben ist. Solange ein Anlagegegenstand betrieblich genutzt wird, muss er also im Anlagenspiegel erscheinen. Die strenge Anwendung dieses Verfahrens auch auf die geringwertigen Wirtschaftsgüter hätte zur Folge, dass z. B. bei Getränkeherstellern alle Abgänge an Mehrwegflaschen und -kästen durch Untergang, Veräußerung oder Entnahme lückenlos festzuhalten wären.

Aus dem Grundsatz der Wesentlichkeit folgt, hier eine Vereinfachungsregelung anzuwenden. Die einfachste, praktikable Lösung ist, geringwertige Wirtschaftsgüter im Fall der Sofortabschreibung im Jahr der Anschaffung als Abgang zu behandeln (ADS § 268 Tz 77). Geringwertige Wirtschaftsgüter von insgesamt 6 000 € würden dann wie folgt im Anlagenspiegel ausgewiesen sein.

Jahr	Bilanz-posten	Gesamte Anschaffungs-/ Herstellungs-kosten	Zugänge +	Abgänge -	Um-buchungen +/-	Abschrei-bungen kumuliert -	Zuschrei-bungen +	Buchwert 31.12. Abschluss-jahr	Buchwert 31.12. Vorjahr	Abschrei-bungen Abschluss-jahr
		1	2	3	4	5	6	7	8	9
	A. II		+6 000	–6 000						6 000

Entsprechend den steuerlichen Aufzeichnungsvorschriften brauchen Anlagegüter mit Anschaffungskosten von bis zu 60 € im Anlagenspiegel nicht als Zu- und Abgang zu erscheinen (vgl. R 40 Abs. 2 EStR).

Lösung zu Aufgabe 4.29 *Festbewertung im Anlagenspiegel*
Die Behandlung von Festwerten im Anlagenspiegel ist davon abhängig, ob der Festwert beibehalten werden darf oder nicht. Verändert sich der Bestand nur geringfügig und entsprechen sich in etwa Zugänge und Verbrauch, so sind die Zugänge in der GuV-Rechnung sofort als Aufwand zu erfassen, jedoch nicht im Anlagenspiegel. Ist der Festwert dagegen mengen- oder wertmäßig zu verändern, so ist die Veränderung im Anlagenspiegel auszuweisen. Je nach Charakter der Änderung ist der Vorgang als Zu- oder Abgang (Mengenänderung) bzw. als Zuschreibung oder kumulierte Abschreibung (Wertänderung) zu behandeln.

Lösung zu Aufgabe 4.30 *Steuerliche Sonderabschreibungen im Anlagenspiegel*
Steuerliche Sonderabschreibungen nach § 254 HGB können entweder

1. direkt beim entsprechenden Anlagegut oder
2. indirekt als Wertberichtigung über den Sonderposten mit Rücklageanteil (§§ 273, 281 HGB)

vorgenommen werden.

Im Fall 1 sind die steuerlichen Sonderabschreibungen im Anlagenspiegel in der Spalte »Abschreibungen kumuliert« und – falls im Anlagenspiegel verwendet – in der Spalte »Abschreibungen Abschlussjahr« mit zu erfassen, im Fall 2 dagegen nicht. Die Erläuterungen zum Sonderposten mit Rücklageanteil im Anhang (§ 281 Abs. 2 HGB) sind dann besonders zu beachten.

Lösung zu Aufgabe 4.31 *Umbuchungen im Anlagenspiegel*
Die Position »Geleistete Anzahlungen und Anlagen im Bau« sammelt die Anschaffungs- bzw. Herstellungskosten bis zur Fertigstellung der Anlage. Anschließend erfolgt eine Umbuchung auf das Gebäudekonto. Auf diesem Konto erhöhen sich im 3. Jahr die Anschaffungs- bzw. Herstellungskosten entsprechend. Die Umbuchungsspalte ist in sich ausgeglichen. Das in das Umlaufvermögen zu übernehmende Schnittholz wird meist als Abgang aus dem Anlagevermögen behandelt. Es stellt keine Umbuchung innerhalb des Sachanlagevermögens dar. Teilweise werden aber auch Umgliederungen ins Umlaufvermögen als Umbuchung dargestellt; dann ist aber die Umbuchungsspalte in sich nicht mehr ausgeglichen.

Jahr	Bilanz-posten	Gesamte Anschaffungs-/Herstellungs-kosten	Zugänge +	Abgänge −	Um-buchungen +/−	Abschrei-bungen kumuliert −	Zuschrei-bungen +	Buchwert 31.12. Abschluss-jahr	Buchwert 31.12. Vorjahr	Abschrei-bungen Abschluss-jahr
		1	2	3	4	5	6	7	8	9
1.	A. II. 1 A. II. 4	1 200 000 —	+ 210 500			− 400 000		800 000 210 500	820 000 —	20 000
2.	A. II. 1 A. II. 4	1 200 000 210 500	+ 160 500	− 3 000	+ 368 000 − 368 000	− 420 000		1 148 000	800 000 210 500	20 000
3.	A. II. 1 A. II. 4	1 568 000 —				− 447 360		1 120 640 —	1 148 000 —	27 360

Lösung zu Aufgabe 4.32 *Wertaufhellung*
Grundsätzlich gilt, dass am Bilanzstichtag eingetretene Umstände, die erst zwischen Bilanzstichtag und Bilanzaufstellung **bekannt werden**, zu berücksichtigen sind (Grundsatz der Wertaufhellung). Vorgänge, die sich erst im neuen Geschäftsjahr **ereignen**, sind dagegen nicht mehr zu berücksichtigen, da sie dieses betreffen.

Demnach ist im Fall (1) die Forderung als uneinbringlich abzuschreiben und im Fall (2a) in voller Höhe zu bilanzieren. Im Fall (2b) ist der Umstand, der die Zahlung ermöglicht, erst im Januar eingetreten und deshalb nicht mehr im alten Geschäftsjahr zu berücksichtigen. Maßgeblich für die Bewertung ist deshalb der Kenntnisstand am Bilanzstichtag; die Forderung ist abzuschreiben. Im Folgegeschäftsjahr ist der Zahlungseingang ertragserhöhend zu erfassen.

Lösung zu Aufgabe 4.33 *Umfang der Anschaffungskosten*
Nicht zu den Anschaffungskosten gehören die Vorsteuer, denn sie ist nach § 15 UStG abziehbar, sowie die Fremdkapitalzinsen (5), weil zwischen Anschaffungs- und Finanzierungskosten streng zu trennen ist.

Zu den Anschaffungsnebenkosten zählen (2)–(4), (6) und (7). Diese Aufwendungen sollen nicht im Jahr der Anschaffung abgezogen, sondern – wie der Anschaffungspreis – auf die Nutzungsdauer der Maschine verteilt werden. Der Skonto ist eine Anschaffungskostenminderung; er ist um die darin enthaltene Vorsteuer zu korrigieren. Die Anschaffungskosten der Presse betragen somit 51 885 €.

Lösung zu Aufgabe 4.34 *Erschließungsbeiträge als nachträgliche Anschaffungskosten*
Über die bilanzielle Behandlung von Beiträgen für Zweiterschließung eines Betriebsgrundstücks hatte sich der BFH in seinem Urteil BStBl 1995 II S. 632 auseinanderzusetzen. Er unterschied dabei

− erstmalige Erschließungsanlagen,
− Modernisierung vorhandener Erschließungsanlagen und
− Herstellung einer weiteren Erschließungsanlage.

Erstmalige Erschließungsanlagen
Zu den **Anschaffungskosten** eines Wirtschaftsguts gehören nach ständiger Rechtsprechung des BFH nicht nur die dem Veräußerer geschuldete Gegenleistung, son-

dern auch sonstige Aufwendungen, die in einem unmittelbaren wirtschaftlichen Zusammenhang mit der Anschaffung stehen, insbesondere zwangsläufig im Gefolge der Anschaffung anfallen und zu einer Erhöhung des Werts des Wirtschaftsguts führen.

Als **nachträgliche Anschaffungskosten des Grund und Bodens** hat die Rechtsprechung des BFH daher auch grundstücksbezogene Beiträge zur Errichtung **erstmaliger Erschließungsanlagen** angesehen. **Voraussetzung** für die Annahme nachträglicher Anschaffungskosten in diesem Sinne ist:

– dass durch die Baumaßnahmen, für die die Beiträge geleistet worden sind, eine **Werterhöhung des Grund und Bodens** eintritt, die unabhängig ist von der Bebauung des Grundstücks und dem Bestand eines auf dem Grundstück errichteten Gebäudes, und ferner
– dass die **Beiträge in einem Sachbezug zum Grundstück** stehen.

Die **Grundstücksbezogenheit** ergibt sich daraus, dass die Beitragspflicht den Grundstückseigentümer unabhängig von einer bestimmten Grundstücksnutzung trifft.

Die **bleibende Werterhöhung** wird mit der Erwägung bejaht, dass Beiträge zur Errichtung erstmaliger Erschließungsanlagen der allgemeinen Erweiterung der Nutzbarkeit (insbesondere der Bebaubarmachung) des Grund und Bodens dienen.

Modernisierung vorhandener Erschließungsanlagen
Werden hingegen vorhandene Erschließungsanlagen **ersetzt oder modernisiert**, so führen Erschließungsbeiträge **nicht zu nachträglichen Anschaffungskosten, es sei denn**, das Grundstück wird durch die Maßnahme in seiner Substanz oder in seinem Wesen verändert; solche Beiträge sind daher – ungeachtet einer etwaigen Werterhöhung des Grundstücks – nur dann zu aktivieren, wenn die grundstücksbezogenen Kriterien, die den Charakter des Grundstücks bestimmen (insbesondere Lage, Erschließung und Grad der Bebaubarkeit) berührt werden.

Herstellung einer weiteren Erschließungsanlage
Entsprechend kann nach den Ausführungen des BFH auch ein Beitrag für die erstmalige Herstellung einer weiteren Erschließungsanlage den nachträglichen Anschaffungskosten des Grund und Bodens zuzurechnen sein. Da im Urteilsfall aber nicht eine vorhandene Erschließungsanlage ersetzt oder modernisiert wird, **ist für die Aktivierung eine Werterhöhung des Grundstücks entscheidend**. Ob durch eine Zweiterschließung eine solche bewirkt wird, hängt von den Umständen des Einzelfalls ab. Dies hat der BFH im entschiedenen Fall unter zwei Aspekten geprüft:

1. Bei **Eckgrundstücken** kann sich eine Werterhöhung in erster Linie aus einer **Erweiterung der Nutzbarkeit**, insbesondere einer größeren baulichen Ausnutzbarkeit, ergeben. Dies war beim vorliegenden Sachverhalt aber nicht der Fall, da es sich um ein Gärtnereigrundstück handelte, auf dem eine weitere bauliche Nutzung nicht vorgesehen war.
2. Die Zweiterschließung kann den **Bodenwert auf Grund einer günstigeren Lage erhöhen**. Ein günstigerer Wert auf Grund einer Ecklage ist aber nicht schlechthin anzunehmen, sondern nur bei Grundstücken an **Geschäftsstraßen** sowie bei Grundstücken an **Wohnstraßen**, wenn auf ihnen Gebäude mit gewerblich genutzten Räumen (z. B. Eckläden oder Gastwirtschaften) errichtet werden können; die Annahme der Werterhöhung beruht bei derartigen Eckgrundstücken auf einer **Steige-**

rung der Ertragsfähigkeit, die durch die erhöhten Bewirtschaftungskosten nicht aufgehoben wird.

Dagegen bedingt die Ecklage **keinen Vorteil** für Grundstücke, die für eine offene Bauweise oder für die Errichtung von **Ein- und Zweifamilienhäusern** vorgesehen sind. Gleiches gilt für **Industriegrundstücke**.

Soweit die Ecklage keinen Vorteil in dem erwähnten Sinne bedingt, kann die Annahme einer entscheidenden Werterhöhung auch nicht allein darauf gestützt werden, dass die zweite Erschließungsanlage dem Grundstück eine weitere Zufahrtsmöglichkeit eröffnet.

Da dies das Argument der Finanzverwaltung war, hat der BFH die Aktivierungspflicht bezüglich des Eckgrundstücks verneint und die Aufwendungen für die Erschließungsbeiträge zum **sofortigen Betriebsausgabenabzug** zugelassen.

Lösung zu Aufgabe 4.35 *Retrograde Ermittlung der Anschaffungskosten*

In diesem Fall gelten als Anschaffungskosten die Verkaufspreise abzüglich der Handelsspanne. Zur Vereinfachung des Verfahrens können annähernd gleichwertige Vermögensgegenstände nach § 240 Abs. 4 HGB zu einer Gruppe zusammengefasst werden.

Lösung zu Aufgabe 4.36 *Anschaffungskosten bei Rentenzahlungen*

Die Rentenverpflichtung ist zu ihrem Barwert anzusetzen (§ 253 Abs. 1 HGB). Bei der Ermittlung des Barwerts ist handelsrechtlich von einem Zinssatz auszugehen, der dem langfristigen Kapitals entspricht, für steuerliche Zwecke grundsätzlich von 5,5 %. Gemäß R 32a EStR kommen zwei Ermittlungsmethoden in Betracht:

a) Nach 12 ff. BewG: Es handelt sich um eine Rente auf bestimmte Zeit nach § 13 Abs. 1 BewG.

10 000 € (Jahreswert) · 7,745 (Vervielfältiger nach Anlage 9a) = 77 450 €

b) Nach versicherungsmathematischen Grundsätzen gilt die Formel:

$$R_0 = r \cdot \frac{1 - \left(\frac{1}{1+i}\right)^n}{i}$$

mit R_0 = Rentenbarwert
r = einzelne Rentenzahlung
i = Zinsfuß
n = Anzahl der Jahre

Für i = 5,5 % beträgt der Rentenbarwert 75 376 €.

Der Rentenbarwert nach Anlage 9a ist höher, weil der Anlage 9a der Mittelwert zwischen vorschüssiger und nachschüssiger Zahlungsweise zu Grunde liegt.

Anschaffungskosten des Grundstücks	Anlage 9a	Versicherungsmathematische Berechnung
Zahlung per Bank	50 000	50 000
+ Rentenbarwert	77 450	75 376
= Grundstückskaufpreis	127 450	125 376
+ Grunderwerbsteuer 3,5 %	4 460	4 388
+ Notariats- und Grundbuchkosten	1 217	1 217
= Anschaffungskosten des Grundstücks	133 127	130 981

Lösung zu Aufgabe 4.37 *Anschaffungskosten bei Zuschüssen*

Im Bilanzrecht ist eigentlich bereits vorgegeben, dass öffentliche Zuschüsse die Ausgaben für die Anschaffung oder Herstellung, also die Anschaffungs- oder Herstellungskosten, mindern.

Wenn die Ausgaben für die Anschaffung oder Herstellung aktiviert werden müssen, bedeutet dies, dass der Anschaffungs- oder Herstellungsvorgang erfolgsneutral sein soll; dann dürfen auch Einnahmen, die mit diesem Vorgang in Zusammenhang stehen, nicht als Ertrag in Erscheinung treten. Dies bedeutet z. B., dass der Unternehmer Lohnkostenzuschüsse der öffentlichen Hand für Herstellungsarbeiten nicht als Ertrag vereinnahmen darf, sondern sie von den aktivierten Kosten absetzen muss. Der Gedanke hat in (§ 255 Abs. 1 Satz 3 HGB) der Anweisung Gestalt gewonnen, dass (nachträgliche) Minderungen des Anschaffungspreises die Anschaffungskosten mindern.

Zudem wird auch dem Grundsatz der Periodenabgrenzung eher Rechnung getragen als bei der sofortigen Ertragsverbuchung, weil sich aus der Absetzung von den Anschaffungs- oder Herstellungskosten zwangsläufig ergibt, dass die Abschreibungen auf das Anlagevermögen um die zeitanteiligen Beträge der Zuwendungen gemindert ausgewiesen werden.

Lösung zu Aufgabe 4.38 *Umfang der Herstellungskosten*
Handelsrechtlich gilt:

Aktivierungspflicht:
(1)–(3); Position (3) »Sonderkosten der Fertigung« aber nur dann, wenn es sich um auftragsgebundene Entwicklungs- und Versuchskosten handelt.

Aktivierungswahlrecht:
(4)–(25), dabei gehören zu

– Materialgemeinkosten (4)–(7),
– Fertigungsgemeinkosten (8)–(19),
– allgemeinen Verwaltungskosten (20)–(25).

Die Abgrenzung zwischen Fertigungsgemeinkosten und allgemeinen Verwaltungskosten ist bisweilen schwierig (z. B. Position (22) »Porto, Telefon«). Hier kommt es auf die Verhältnisse des Betriebes an.

Aktivierungsverbot:
(26)–(30) »Vertriebskosten«.

Steuerrechtlich ist die Aktivierungspflicht auf die Positionen (4)–(12) auszudehnen (vgl. R 33 EStR). Für die restlichen Positionen entsprechen sich handels- und steuerrechtliche Vorschriften.

Lösung zu Aufgabe 4.39 *Einzelbewertung oder Bewertungsvereinfachungsverfahren*

Um eine Einzelbewertung vornehmen zu können, müsste zunächst einmal festgestellt werden, welche der insgesamt 290 Aktien als verkauft gelten sollen und welche nicht. Eine Einzelbewertung der am Bilanzstichtag noch vorhandenen Aktien aber wäre nur durchführbar, wenn ein Identitätsnachweis (z. B. durch Nummerierung der Aktien beim Ankauf) geführt werden könnte. Aus Vereinfachungsgründen wird deshalb bei der Bewertung gleichartiger Vermögensgegenstände nicht beanstandet, wenn für die

Ermittlung des Verkaufsgewinns oder -verlusts sowie für die Bewertung des Endbestands der gewogene Durchschnitt aus allen Einstandspreisen des Jahres, hier 128,62, zu Grunde gelegt wird, der auch in der Steuerbilanz heranzuziehen ist.

Lösung zu Aufgabe 4.40 *Gebäudeabschreibung*

(1) Bei dem Anbau handelt es sich gemäß § 255 Abs. 2 Satz 1 HGB um **nachträgliche Herstellungskosten** eines Gebäudes, nämlich um eine Erweiterung (vgl. BMF BStBl I 2003, S. 386 Tz 17, 20).

Nach H 43 »Nachträgliche Anschaffungs- und Herstellungskosten« EStH ist des Weiteren **zu prüfen, ob durch die Erweiterung ein anderes Wirtschaftsgut entstanden** ist, denn danach richtet sich die weitere Vorgehensweise. Nach R 43 Abs. 5 EStR gilt: Sind nachträgliche Herstellungsarbeiten an einem Wirtschaftsgut so umfassend, dass hierdurch ein anderes Wirtschaftsgut entsteht, ist die weitere AfA nach der Summe aus dem Buchwert oder Restwert des bisherigen Wirtschaftsgutes und nach den nachträglichen Herstellungskosten zu bemessen. Aus Vereinfachungsgründen kann der Steuerpflichtige bei unbeweglichen Wirtschaftsgütern von der Herstellung eines anderen Wirtschaftsgutes ausgehen, wenn der im zeitlichen und sachlichen Zusammenhang mit der Herstellung des Wirtschaftsgutes angefallene Bauaufwand zuzüglich des Werts der Eigenleistung nach überschlägiger Berechnung den Verkehrswert des bisherigen Wirtschaftsgutes übersteigt.

Im vorliegenden Fall liegt der Restbuchwert mit 300 000 € über den nachträglichen Herstellungskosten von 200 000 €. Über den Verkehrswert des Gebäudes vor der Erstellung des Anbaus ist nichts ausgesagt, sodass auf Grund des Restbuchwerts zu schließen ist, dass auch der Verkehrswert über dem Bauaufwand liegt. Folge: **Es ist kein anderes Wirtschaftsgut entstanden**.

Im Fall 1 (ursprüngliche Nutzungsdauer 50 Jahre) bemisst sich die AfA, die sich nach § 7 Abs. 4 Satz 1 Nr. 2 Buchstabe a EStG richtet, nach der Erweiterung nach H 43 »nachträgliche Anschaffungs- oder Herstellungskosten« EStH wie folgt:

Ermittlung der AfA- Bemessungsgrundlage:

Ursprüngliche Herstellungskosten	600 000
Erweiterungskosten	200 000
Bemessungsgrundlage nach Erweiterung	800 000
AfA nach Erweiterung (2 % aus 800 000)	16 000

Ermittlung des Restwerts:

Ursprüngliche Herstellungskosten	600 000
·/· bisherige AfA (25 Jahre x 2 %)	300 000
+ Erweiterungskosten	200 000
Restwert	500 000

Das Gebäude ist demnach nach 31,25 Jahren abgeschrieben (500 000 € geteilt durch AfA von 16 000 €).

(2) Die Änderung der ursprünglichen Nutzungsdauer auf 40 Jahre hätte eine andere Ermittlung der **Abschreibungsbasis** zur Folge, denn die AfA würde sich nun nach § 7 Abs. 4 Satz 2 EStG richten.

Die Abschreibung würde bemessen vom Buchrestwert zuzüglich der nachträglichen Herstellungskosten (H 43 »Nachträgliche Anschaffungs- und Herstellungskosten« EStH). Bei einer ursprünglichen Nutzungsdauer von 40 Jahren ergibt sich ein AfA-Satz von 2,5 %.

Ermittlung des Restwerts und der neuen Bemessungsgrundlage:

Ursprüngliche Herstellungskosten	600 000
./. bisherige AfA (25 Jahre x 2,5 %)	375 000
= Buchrestwert	225 000
+ nachträgliche Herstellungskosten	200 000
= Bemessungsgrundlage nach Erweiterung	425 000

Nach R 44 Abs. 10 EStR ist bei nachträglichen Herstellungskosten für Wirtschaftsgüter, die nach § 7 Abs. 4 Satz 2 EStG abgeschrieben werden, die **Restnutzungsdauer** unter Berücksichtigung des Zustands des Wirtschaftsgutes im Zeitpunkt der Beendigung der nachträglichen Herstellungsarbeiten **neu zu schätzen**. Aus **Vereinfachungsgründen** wird es aber nicht beanstandet, wenn die **weitere AfA nach dem bisher angewandten Vomhundertsatz** bemessen wird. Bei der Bemessung der AfA für das Jahr der Entstehung von nachträglichen Anschaffungs- und Herstellungskosten sind diese so zu berücksichtigen, als wären sie zu Beginn des Jahres aufgewendet worden.

Bei Anwendung der Vereinfachungsregel beträgt die Abschreibung im Falle 2 demnach 2,5 % aus 425 000 € = 10 625 €. Das ergibt eine Abschreibungsdauer von 40 Jahren.

Lösung zu Aufgabe 4.41 *Realisations- und Imparitätsprinzip*

(1) Der am Abschlussstichtag beizulegende Wert beträgt 1 000 €, obwohl man dafür bei einem Verkauf am Bilanzstichtag 1 500 € erhalten würde. Der Kaufmann hatte für die Aktien Anschaffungskosten in Höhe von insgesamt 1 000 €, über die er im Bilanzansatz nicht hinausgehen darf, weil nur solche Erträge berücksichtigt werden dürfen, die am Abschlussstichtag realisiert sind (Realisationsprinzip, § 252 Abs. 1 Nr. 4 HGB). Ein fiktiver Käufer dagegen müsste sie (entsprechend seinen Anschaffungskosten) zu 1 500 € bilanzieren.

(2) Im Gegensatz zur Behandlung unrealisierter Erträge sind vorhersehbare Verluste zu berücksichtigen (Imparitätsprinzip, § 252 Abs. 1 Nr. 4 HGB). Im Umlaufvermögen ist der niedrigere Börsenkurs **handelsrechtlich** zwingend zu übernehmen (strenges Niederstwertprinzip, § 253 Abs. 3 HGB). Der Wert der Aktien ist um 300 € herabzusetzen. Der Handelsbilanzansatz der Aktien beträgt jetzt 700 €.

Steuerlich ist eine Teilwertabschreibung zum Bilanzstichtag grundsätzlich zulässig (BMF BStBl I 2000 S. 372). Die Erkenntnisse bis zum Zeitpunkt der Bilanzaufstellung haben jedoch gezeigt, dass die ursprüngliche Wertminderung in Höhe von 30 € je Aktie nicht von Dauer war. Vielmehr ist eine **dauernde Wertminderung** nur in Höhe von 20 € je Aktie gegeben, sodass eine Teilwertabschreibung nur in dieser Höhe vorgenommen werden kann. Die Aktien können demgemäß mit 80 € je Stück angesetzt werden, Steuerbilanzansatz also 800 €.

Derartige zu Handelszwecken gehaltene Wertpapiere **(trading Wertpapiere)** sind das **typische Beispiel** für eine sog. »**Fair-value-Bewertung**« bei den **IAS/IFRS**, d. h. einer **Bewertung zum Stichtags-Zeitwert**. Sich daraus ergebende Wertänderungen gehen in das Ergebnis des Geschäftsjahres ein, in dem die Wertänderung eingetreten ist (IAS 39.69). Nach IAS/IFRS also Ansatz am ersten Bilanzstichtag zu 1 500 €, am folgenden Bilanzstichtag zu 700 €.

Lösung zu Aufgabe 4.42 *Bewertung des Umlaufvermögens bei fallenden Preisen*
Die genannten Stoffe zählen zum Umlaufvermögen, für welches das strenge Niederstwertprinzip gilt. Dieses verlangt einen Ansatz von 4,50 €/lfd. m, denn das entspricht dem Wert zum Bilanzstichtag. Der niedrigere Zukunftswert beträgt 2,50 €/lfd. m. Für die Abschreibung auf diesen Wert besteht ein Wahlrecht. Der Ansatz eines unter 2,50 €/lfd. m liegenden Wertes ist wegen des Gebots der Willkürfreiheit nicht zulässig.

Die Abschreibung auf einen erst in Zukunft erwarteten Wert ist freilich eine Abkehr vom Stichtagsprinzip (§ 252 Abs. 1 Nr. 3 HGB), welches in der Steuerbilanz einen höheren Rang einnimmt. In der Steuerbilanz sind die Wiederbeschaffungskosten, hier 4,50 €/lfd. m., anzusetzen; ein niedrigerer Wert ist nur insoweit zulässig, als die voraussichtlich erzielbaren Verkaufserlöse die Selbstkosten und einen durchschnittlichen Unternehmergewinn nicht decken (R 36 Abs. 2 EStR).

Lösung zu Aufgabe 4.43 *6b-Rücklage*

(1) Gewinn ist gemäß § 6b Abs. 2 EStG der Betrag, um den der Veräußerungspreis nach Abzug der Veräußerungskosten den Buchwert im Zeitpunkt der Veräußerung übersteigt.

Grund und Boden (alt)
Verkaufspreis	400 000
Buchwert zum 30. 6. 01	200 000
Gewinn/aufgedeckte stille Reserve	200 000

Gebäude (alt)
Verkaufspreis	1 600 000
Buchwert zeitanteilig zum 30. 6. 01	600 000
Gewinn/aufgedeckte stille Reserve	1 000 000

(2) Gemäß § 6b EStG können Veräußerungsgewinne/aufgedeckte stille Reserven auf ein im gleichen bzw. späteren Jahr angeschafftes Reinvestitionsgut übertragen werden, wenn das ausgeschiedene Wirtschaftsgut mindestens 6 Jahre ununterbrochen zum Anlagevermögen einer inländischen Betriebsstätte gehört hat. Die im Beispiel aufgedeckten stillen Reserven dürfen übertragen werden

– vom Grund und Boden auf Grund und Boden, Gebäude,
– vom Gebäude auf Gebäude.

Zum 31. 12. 01 kann der Veräußerungsgewinn aus dem **Grund und Boden** des Stadtgrundstücks gemäß § 6b Abs. 1 EStG in voller Höhe auf das im gleichen Jahr erworbene Grundstück übertragen werden:

Anschaffungskosten Grund und Boden (neu)	250 000
./. übertragungsfähiger Gewinn	200 000
geminderte Anschaffungskosten	50 000
(Bilanzansatz zum 31. 12. 01)	

Der Gewinn aus dem verkauften **Gebäude** ist gemäß § 6b Abs. 1 EStG voll übertragbar, jedoch fehlt für das Jahr 01 ein reinvestiertes Wirtschaftsgut. Um die Besteuerung des Veräußerungsgewinnes für das Jahr 01 zu vermeiden, kann gemäß § 6b Abs. 3 EStG eine den Gewinn mindernde Rücklage gebildet werden. Der Gewinn aus dem Gebäudeverkauf wird neutralisiert durch Umbuchung und Ausweis unter der passiven Bilanzposition »**Sonderposten mit Rücklageanteil**«. Diese darf nach § 5 Abs. 1 Satz 2 EStG in der Steuerbilanz nur gebildet werden, wenn sie gemäß §§ 247 Abs. 3 und 273 HGB auch für die Handelsbilanz gebildet wird (**umgekehrtes Maßgeblichkeitsprinzip**).

(3) Zum 31. 12. 02 kann die 6b-Rücklage in Handels- und Steuerbilanz ausgewiesen werden. Eine Gewinn erhöhende Auflösung ist nicht notwendig, da bei Reserven aus Gebäuden gemäß § 6b Abs. 3 EStG eine Regelfrist von 4 Jahren besteht.

(4) Der Grund und Boden wird zum 31. 12. 03 in Handels- und Steuerbilanz mit jeweils 50 000 € Buchwert ausgewiesen.

(5) Die Herstellungskosten des Neubaus werden gemindert um den Sonderpostenbetrag. Es können demzufolge maximal 900 000 € anteilige Reserven übertragen werden. Die geminderten Herstellungskosten belaufen sich gemäß § 6b Abs. 6 EStG auf 0 bzw. 1 €. Eine weitere planmäßige Abschreibung ist deshalb nicht mehr möglich, selbst wenn man eine Nutzungsdauer von 25 Jahren zu Grunde legt. Diese Regelung gilt handels- und steuerrechtlich.

Herstellungskosten 15. 10. 03	900 000
./. übertragener Sonderposten nach § 6b EStG (aus 1 000 000 €)	900 000
Herstellungskosten (Bilanzansatz Gebäude – neu – zum 31. 12. 03)	0

(6) **Anlagenspiegel zum 31. 12. 03**

Bilanzposten	Gesamte Anschaffungs-/ Herstellungskosten	Zugänge +	Abgänge −	Umbuchungen +/−	Abschreibungen kumuliert −	Zuschreibungen +	Buchwert 31.12.03	Buchwert 31.12.03	Abschreibungen
	1	2	3	4	5	6	7	8	9
A. II. 1	250 000	900 000			1 100 000		50 000	50 000	900 000

In der ersten Spalte sind die ungekürzten ursprünglichen Anschaffungs- und Herstellungskosten des Grund und Bodens mit 250 000 € zu erkennen, der infolge der Übertragung der stillen Reserven mit 50 000 € zu Buche steht. Die Übertragung der stillen Reserven auf das neue Gebäude wird handelsrechtlich bei Kapitalgesellschaften in Form einer Abschreibung vorgenommen (vgl. ADS § 268 Tz 50). Das Gebäude wird mit 900 000 € als Zugang und gleichzeitig als Abschreibung und kumulierte Abschreibung in gleicher Höhe erfasst.

(7) Wenn bis zum Jahr 05 weder neue bewegliche Wirtschaftsgüter investiert wurden, noch mit der Planung eines weiteren Gebäudes begonnen wurde, muss zum 31. 12. 05 der verbleibende Rücklagebetrag von 100 000 € Gewinn erhöhend in Handels- und Steuerbilanz aufgelöst werden.

Ein Beibehalten des Sonderpostenwertes auf insgesamt 5 Jahre für eventuelle weitere Neubauten ist nicht möglich, da dies voraussetzt, dass im Viertjahr mit einer weiteren Bauaktivität begonnen werden müsste. Daher ergeben sich folgende **Bilanzansätze zum 31. 12. 05**:

Grund und Boden	50 000 €
Gebäude (neu)	0 €
Sonderposten (6b-Rücklage)	0 €

Nach § 6b Abs. 7 EStG ist der aufzulösende Sonderpostenbetrag von 100 000 € für jedes volle Wirtschaftsjahr, in dem er anteilig enthalten war, mit 6 % p. a. zu verzinsen. Das bedeutet für die Jahre 02 bis 05 jeweils 6 % von 100 000 €, also insgesamt 24 000 €. Dieser zinsähnliche Betrag ist außerhalb der Buchführung, also statistisch, dem Gewinn der Steuerbilanz hinzuzurechnen. Handelsrechtlich wirkt sich diese Regelung nicht aus.

(8) **Buchungen bei Nicht-Kapitalgesellschaft**

a) Kauf des Ersatzgrundstücks im Jahr 01:
Grund und Boden 250 000
an Bank 250 000

b) Verbuchung der Veräußerung:
Bank 2 000 000
an Grund und Boden 200 000
Gebäude 600 000
6b-Rücklage 1 200 000

c) Übertragung der gebildeten Rücklage auf Grund und Boden:
6b-Rücklage 200 000
an Grund und Boden 200 000

d) Verbuchung des Gebäude-Neubaus im Jahr 03:
Gebäude 900 000
Vorsteuer 144 000
an Bank (oder Verbindlichkeiten) 1 044 000

e) Übertragung der gebildeten Rücklage auf das Gebäude:
6b-Rücklage 900 000
an Gebäude 900 000

f) Auflösung der restlichen 6b-Rücklage:
6b-Rücklage 100 000
an Erträge aus der Auflösung des Sonderpostens mit Rücklageanteil 100 000

Eine Verbuchung des Gewinnzuschlags erfolgt nicht, sondern Zurechnung außerhalb der Bilanz.

Buchungen bei Kapitalgesellschaft
Die oben beschriebene Möglichkeit der Übertragung der stillen Reserven können nur **Einzelkaufleute und Personenhandelsgesellschaften** in der beschriebenen vereinfachten Form vornehmen. **Kapitalgesellschaften** haben dagegen die verschärften Vorschriften der §§ 264 ff. HGB zu beachten. Einschlägig sind hierzu die Vorschriften

- über den Anlagenspiegel (insbesondere Ausweis der gesamten ursprünglichen Anschaffungskosten, § 268 Abs. 2 HGB) und
- über die Bildung des Sonderpostens mit Rücklageanteil. Nach § 281 Abs. 2 Satz 2 HGB sind Erträge aus der Auflösung des Sonderpostens mit Rücklageanteil in dem Posten »Sonstige betriebliche Erträge«, Einstellungen in den Sonderposten mit Rücklageanteil in dem Posten »Sonstige betriebliche Aufwendungen« der GuV-Rechnung gesondert auszuweisen oder im Anhang anzugeben.

Die Bestimmungen haben zur Folge, dass die Übertragung stiller Reserven auf Anlagevermögen handelsrechtlich bei Kapitalgesellschaften – wie bereits unter (6) gesagt – in Form einer Abschreibung vorgenommen werden muss.

Die Buchungen bei Kapitalgesellschaften sind daher wie folgt vorzunehmen:

a) Kauf des Ersatzgrundstücks im Jahr 01:
   Grund und Boden   250 000
       an Bank   250 000

b) Verbuchung der Veräußerung:
   Bank   2 000 000
       an Grund und Boden   200 000
          Gebäude   600 000
          Sonstige betriebliche Erträge   1 200 000

c) Übertragung der stillen Reserven auf Grund und Boden durch Vornahme einer Abschreibung:
   Außerplanmäßige Abschreibung   200 000
       an Grund und Boden   200 000

d) Neutralisierung des sonstigen betrieblichen Ertrags, der auf das Gebäude entfällt, durch Bildung einer 6b-Rücklage:
   Einstellung in Sonderposten mit Rücklageanteil   1 000 000
       an 6b-Rücklage   1 000 000

e) Verbuchung des Gebäude-Neubaus im Jahr 03:
   Gebäude   900 000
   Vorsteuer   144 000
       an Bank (oder Verbindlichkeiten)   1 044 000

f) Übertragung der gebildeten Rücklage auf das Gebäude:
   Außerplanmäßige Abschreibung   900 000
       an Gebäude   900 000

g) Auflösung der restlichen 6b-Rücklage:
   6b-Rücklage   100 000
       an Erträge aus der Auflösung des Sonderpostens
          mit Rücklageanteil   100 000

Lösung zu Aufgabe 4.44 *Buchung von Pensionsrückstellungen*

(1) Gemäß § 6a EStG darf die Pensionsrückstellung erstmals im Wirtschaftsjahr der Zusage bis zur Höhe des Teilwertes von Anwartschaften gebildet werden, das sind hier 4 320 €.

Buchung:

Zuführung zu Pensionsrückstellung
    an Pensionsrückstellung   4 320

Das Konto »Zuführung zu Pensionsrückstellung« ist ein Unterkonto der »Aufwendungen für Altersversorgung« (GuV-Posten 6b).

(2) Gemäß § 6a Abs. 4 EStG darf in den auf die erstmalige Bildung der Rückstellung folgenden Jahren höchstens der Unterschiedsbetrag zwischen dem Teilwert am Ende des Jahres (Bilanzstichtag) und dem Teilwert am Ende des vorangegangenen Jahres zugeführt werden.

Teilwert Bilanzstichtag	8 930 €
Teilwert letzter Bilanzstichtag	4 320 €
maximaler Zuführungsbetrag	4 610 €

Buchung:

Zuführung zu Pensionsrückstellung	4 610 €	
an Pensionsrückstellung		4 610 €

Der Saldo des Kontos »Pensionsrückstellung« beträgt demnach am Jahresende 8 930 €.

(3) Auch nach Beendigung des Dienstverhältnisses ist der Teilwert jeweils nach versicherungsmathematischen Grundsätzen weiter zu ermitteln, wobei als besonderes Kennzeichen ein Sinken des Teilwertes festzustellen ist. Buchungstechnisch führt dies zu einem auf die Jahre verteilten stufenweisen Auflösen der Rückstellung in Verbindung mit einer Gewinnerhöhung. Unabhängig davon sind gemäß R 41 Abs. 23 EStR die laufenden Pensionszahlungen als Gewinn mindernde Betriebsausgaben abzusetzen.

Buchung der Rentenzahlung:

Pensionszahlungen (soweit nicht zu Lasten von Pensionsrückstellungen geleistet)	10 000 €	
an Bank		10 000 €

Das Konto »Pensionszahlungen (soweit nicht zu Lasten von Pensionsrückstellungen geleistet)« ist ein Unterkonto der »Aufwendungen für Altersversorgung« (GuV-Posten 6b).

Der Auflösungsbetrag der Pensionsrückstellung ermittelt sich wie folgt:

Teilwert Bilanzstichtag	88 070 €
Teilwert letzter Bilanzstichtag	91 050 €
Auflösungsbetrag	2 980 €

Buchung des Auflösungsbetrags:

Pensionsrückstellung	2 980 €	
an Erträge aus Auflösung von Rückstellungen		2 980 €

Der Vorteil der versicherungsmathematischen Auflösung besteht u. a. darin, dass dem Rentenaufwand ein Auflösungsertrag gegenübersteht und sich somit der Aufwand für den nicht mehr aktiven ehemaligen Mitarbeiter auf 7 020 € reduziert.

GuV-Konto

Aufwendungen für Altersversorgung	10 000	Sonstige betriebliche Erträge	2 980

Lösung zu Aufgabe 4.45 *Ansatz von Rückstellungen*

(1) In allen drei Fällen sind handels- und steuerrechtlich Rückstellungen zu bilden, bei a) und c) für ungewisse Verbindlichkeiten, bei b) für Gewährleistungen, die ohne rechtliche Verpflichtung erbracht werden. **Steuerlich** ist im Fall b) § 6 Abs. 1 Nr. 3a Buchst. a EStG zu prüfen, der verlangt, dass die Wahrscheinlichkeit zu berücksichtigen ist, dass der Steuerpflichtige auf Grund der Erfahrungen in der Vergangenheit nur zu einem Teil der Summe dieser Verpflichtungen in Anspruch genommen wurde.

(2) Die Rekultivierungsverpflichtung verlangt handels- und steuerrechtlich die Bildung einer Rückstellung für ungewisse Verbindlichkeiten. Es spielt dabei keine Rolle, dass es sich um eine öffentlich-rechtliche und nicht um eine privatrechtliche Verpflichtung handelt. Der **Umfang** der Rekultivierungsverpflichtung richtet sich nach den am jeweiligen Bilanzstichtag tatsächlich entstandenen Verpflichtungsumfang (d. h. Verhältnis Aushub des Jahres zum Gesamtvolumen des Aushubs). Darüber hinaus ist die Summe der in früheren Wirtschaftsjahren angesammelten Rückstellungsraten am Bilanzstichtag auf das Preisniveau des Stichtags anzuheben (R 38 Satz 5 EStR).

(3) Nur im Fall b) ist **handelsrechtlich** eine Rückstellung für drohende Verluste aus schwebenden Geschäften in Höhe von 4 000 € zu bilden (§ 249 Abs. 1 Satz 1 HGB).

Dies resultiert aus dem Imparitätsprinzip (§ 252 Abs. 1 Nr. 4 HGB), nach welchem unrealisierte Verluste bereits dann zu erfassen sind, wenn mit ihrem Eintritt gerechnet werden muss.

Rückstellungen für drohende Verluste aus schwebenden Geschäften werden für Wirtschaftsjahre, die nach dem 31. 12. 1996 enden, **steuerlich** generell nicht mehr zugelassen (§ 5 Abs. 4a EStG). Für diese Rückstellungen ist das Maßgeblichkeitsprinzip durchbrochen, da sich zwingende Ansatzvorschriften in Handels- und Steuerbilanz widersprechen.

Die temporäre Durchbrechung der Maßgeblichkeit erlaubt in der Handelsbilanz den Ansatz einer **aktiven latenten Steuerabgrenzung** nach § 274 Abs. 2 HGB (bei einer angenommenen Ertragsteuerbelastung von insgesamt 37,5 % also 1 500 €). Die Buchung würde lauten:

Aktive latente Steuerabgrenzung	1 500 €	
an Steuern vom Einkommen und Ertrag		1 500 €

Während des Bestehens dieser Bilanzierungshilfe ist die Ausschüttungssperre des § 274 Abs. 2 Satz 3 HGB zu beachten. Sobald die Rückstellung in der Handelsbilanz aufgelöst wird, ist die latente Steuerabgrenzung wieder aufzulösen. Der Buchungssatz hierfür lautet:

Steuern vom Einkommen und Ertrag	1 500 €	
an Aktive latente Steuerabgrenzung		1 500 €

(4) In den Fällen a), b) und g) müssen handels- und steuerrechtlich Rückstellungen für ungewisse Verbindlichkeiten gebildet werden; es handelt sich um Verpflichtungen, die am Bilanzstichtag wirtschaftlich begründet sind und Ausgaben in der Zukunft erfordern.

In den Fällen c) und d) kann handelsrechtlich eine Aufwandsrückstellung gemäß § 249 Abs. 2 HGB gebildet werden. Steuerlich entfällt die Rückstellungsbildung.

Im Fall e) kommt es darauf an, ob die Pensionszusagen vor oder nach dem 1. Januar 1987 erteilt wurden. Für alte Zusagen besteht ein Passivierungswahlrecht, sonst die Verpflichtung zum Ausweis, und zwar in Handels- und Steuerbilanz.

Im Fall f) ist noch zu klären, ob eine Nachholung der Reparaturen innerhalb der ersten drei Monate möglich und geplant ist. Wenn ja, dann sind Rückstellungen für im Geschäftsjahr unterlassene Aufwendungen für Instandhaltung zu bilden. Bei einer längeren Frist innerhalb des folgenden Geschäftsjahres besteht handelsrechtlich ein Wahlrecht, steuerlich ist die Bildung verboten.

Lösung zu Aufgabe 4.46 *Wertaufholung bei Finanzanlagen*

(1) Werte in der Handels- und Steuerbilanz einer Kapitalgesellschaft

	Buchwert in Handelsbilanz	Buchwert in Steuerbilanz
a) Anschaffungskosten	100 000 €	100 000 €
b) erster Bilanzstichtag	100 000 € oder 90 000 €	100 000 €
c) zweiter Bilanzstichtag	100 000 €	100 000 €

Am ersten Bilanzstichtag besteht bei einer Wertminderung, die voraussichtlich nicht von Dauer ist, nach Handelsrecht für Finanzanlagen ein Wahlrecht zwischen dem Ansatz zu den ursprünglichen Anschaffungskosten oder dem niedrigeren Wert am Bilanzstichtag (§ 279 Abs. 1 HGB). Steuerlich ist eine Teilwertabschreibung nicht mehr zulässig, denn der durch die Kursschwankung verursachte niedrigere Wert stellt eine nur vorübergehende Wertminderung dar (§ 6 Abs. 1 Nr. 2 Satz 2 EStG).

Am zweiten Bilanzstichtag gilt handelsrechtlich das Wertaufholungsgebot des § 280 Abs. 2 HGB. Bei einer Zuschreibung bilden die ursprünglichen Anschaffungskosten die Obergrenze.

(2) Einzelkaufleute und Personenhandelsgesellschaften

Bei Einzelkaufleuten und Personenhandelsgesellschaften besteht handelsrechtlich kein Wertaufholungsgebot, sondern ein Wahlrecht. Ein niedrigerer Wertansatz darf nach § 253 Abs. 5 HGB beibehalten werden, auch wenn die Gründe dafür nicht mehr bestehen. War auf 90 000 € abgeschrieben, so kann eine Zuschreibung auf 100 000 € erfolgen, muss aber nicht. Steuerlich unterscheidet sich der Bilanzansatz bei Nicht-Kapitalgesellschaften nicht von dem der Kapitalgesellschaften; eine Teilwertabschreibung ist nicht mehr möglich.

Lösung zu Aufgabe 4.47 *Verbuchung und Bilanzierung latenter Steuern*

(1) Höhe des derivaten Firmenwerts

Die Höhe des derivaten Geschäfts- oder Firmenwerts ermittelt sich im Zeitpunkt der Übernahme wie folgt (§ 255 Abs. 4 HGB):

Summe der Aktiva	4 200 000
Summe der Passiva	./. 2 700 000
	= 1 500 000
Kaufpreis für das Unternehmen	1 800 000
Geschäfts- oder Firmenwert	= 300 000

(2) Handelsrechtliche Behandlung des derivaten Firmenwerts
Handelsrechtlich gestattet § 255 Abs. 4 HGB drei Möglichkeiten:

- Sofortabschreibung in voller Höhe,
- pauschale Abschreibung zu mindestens 25 %,
- planmäßige Abschreibung auf die Geschäftsjahre, in denen der Geschäfts- oder Firmenwert voraussichtlich genutzt wird.

Die letzte Möglichkeit soll eine übereinstimmende Behandlung in Steuer- und Handelsbilanz ermöglichen.

(3) Steuerrechtliche Behandlung des derivaten Firmenwerts
Das Steuerrecht lässt keine unterschiedlichen Behandlungsmöglichkeiten des derivaten Geschäfts- oder Firmenwerts zu. Es schreibt in § 7 Abs. 1 Satz 3 EStG zwingend eine betriebsgewöhnliche Nutzungsdauer von 15 Jahren vor (lineare Abschreibung).

(4) Verbuchung des derivaten Firmenwerts
Zunächst sind, im Zusammenhang mit dem Kauf des Unternehmens, die Aktiva und Schulden einzubuchen.

Aktiva	4 200 000	
Geschäfts- oder Firmenwert	300 000	
an Verbindlichkeiten		2 700 000
Bank		1 800 000

a) Wird der Geschäfts- oder Firmenwert sofort voll abgeschrieben, so ist folgende Buchung anzuschließen:

Sonstige betriebliche Aufwendungen	300 000 €	
an Geschäfts- oder Firmenwert		300 000 €

Die Verbuchung erfolgt in diesem Fall also nicht über »Abschreibungen«; der Vorgang wird auch nicht im Anlagenspiegel ausgewiesen.

b) Erfolgt am Geschäftsjahresende die pauschale oder planmäßige Abschreibung nach § 255 Abs. 4 Satz 2 oder 3 HGB, so wird diese wie üblich verbucht, z. B. bei 25 % linearer Abschreibung:

Abschreibungen an Geschäfts- oder Firmenwert	75 000 €

Im Anlagenspiegel wird im Jahr des Kaufs der Geschäfts- oder Firmenwert als Zugang ausgewiesen, auch die Abschreibung am Jahresende wird dort dokumentiert.

Jahr	Bilanzposten	Gesamte Anschaffungs-/ Herstellungskosten	Zugänge +	Abgänge −	Umbuchungen +/−	Abschreibungen kumuliert −	Zuschreibungen +	Buchwert 31.12. Abschlussjahr	Buchwert 31.12. Vorjahr	Abschreibungen Abschlussjahr
		1	2	3	4	5	6	7	8	9
01	A. I. 2		300 000			75 000		225 000		75 000

(5) Ermittlung der Ergebnisdifferenzen

Jahre 01–04:	Aufwand Handelsbilanz	75 000
	Aufwand Steuerbilanz	20 000
	Ergebnisdifferenz pro Jahr	55 000
	kumulierte Ergebnisdifferenz von 01–04	220 000
Jahre 05–15:	Aufwand Handelsbilanz	0
	Aufwand Steuerbilanz	20 000
	Ergebnisdifferenz pro Jahr	20 000
	kumulierte Ergebnisdifferenz von 05–15	220 000

Infolge der in der Handelsbilanz höheren Abschreibung im Jahr 01 ist der Jahresüberschuss laut Handelsbilanz um 55 000 € niedriger als in der Steuerbilanz. Diese Ergebnisdifferenz erhöht sich bis Ende 04 auf 220 000 €. Dann ist der Geschäfts- oder Firmenwert in der Handelsbilanz voll abgeschrieben. Dagegen beträgt der Buchwert in der Steuerbilanz im Jahr 04 noch 220 000 € (300 000 € abzüglich AfA für 4 Jahre in Höhe von 20 000 €). Die Ergebnisdifferenz zwischen Handels- und Steuerbilanz wird sich erst nach Ablauf des Jahres 15 ausgeglichen haben.

(6) Voraussetzungen für eine latente Steuerabgrenzung

Es handelt sich um eine temporäre Ergebnisabweichung auf Grund einer Durchbrechung des Maßgeblichkeitsgrundsatzes, die sich nach 15 Jahren wieder ausgeglichen haben wird. Da die Handelsbilanzergebnisse in den ersten Jahren (01–04) kleiner sind als die Steuerbilanzergebnisse, wird dieser Sachverhalt in der Zukunft (05–15) umgekehrt sein. Daher ist in der Zukunft mit geringeren Steuerzahlungen zu rechnen, als dem Handelsbilanzergebnis entsprechen wird. Damit sind die Voraussetzungen für eine aktive latente Steuerabgrenzung gemäß § 274 Abs. 2 HGB – unterschiedlicher Steueraufwand und sein Ausgleich in der Folgezeit – gegeben.

(7) Pflicht oder Wahlrecht für latente Steuerabgrenzungen

Da es sich um einen aktiven Posten der latenten Steuerabgrenzung handelt, besteht für seine Bildung nach § 274 Abs. 2 HGB ein Ansatzwahlrecht. Wird er angesetzt, so ist er unter entsprechender Bezeichnung gesondert auszuweisen und im Anhang zu erläutern; in diesem Falle dürfen Gewinne nur ausgeschüttet werden, wenn die nach der Ausschüttung verbleibenden jederzeit auflösbaren Gewinnrücklagen zuzüglich eines Gewinnvortrages und abzüglich eines Verlustvortrages dem angesetzten Betrag mindestens entsprechen. Der Betrag ist aufzulösen, sobald die Steuerentlastung eintritt oder mit ihr voraussichtlich nicht mehr zu rechnen ist.

(8) Bildung der latenten Steuerabgrenzung

Nach § 274 Abs. 2 HGB bemisst sich die Höhe der latenten Steuerabgrenzung nach der voraussichtlichen Steuerminderbelastung (zwischen steuer- und handelsrechtlichem Ergebnis) der nachfolgenden Geschäftsjahre. Zu berücksichtigen sind dabei die Gewerbeertrag- und die Körperschaftsteuer.

Bei der Berechnung ist zu beachten, dass die Gewerbeertragsteuer bei ihrer eigenen Bemessungsgrundlage und bei der Körperschaftsteuer abzugsfähig ist.

- Für die Berücksichtigung der Abzugsfähigkeit der Gewerbeertragsteuer bei sich selbst gilt folgende Formel:

$$s^{ge} = \frac{\text{Hebesatz}}{2\,000 + \text{Hebesatz}}$$

Bei einem Hebesatz von angenommen 400 und der Steuermesszahl nach § 11 Abs. 2 GewStG von 5 % beträgt der Gewerbeertragsteuersatz (s^{ge}) daher nicht $0,05 \cdot 400 = 20\,\%$, sondern

$$\frac{400}{2\,000 + 400} = 16,67\,\%.$$

- Die Abzugsfähigkeit der Gewerbeertragsteuer bei der Körperschaftsteuer (25 %) kann im Körperschaftsteuersatz wie folgt berücksichtigt werden:

    $0,25\,(100 - s^{ge})$

    $= 0,25\,(100 - 16,67)$

    $= 20,83\,\%$

- Die Ertragsteuerbelastung aus Gewerbeertrag- und Körperschaftsteuer unter Berücksichtigung der Abzugsfähigkeit der Gewerbeertragsteuer beträgt demnach

    $16,67\,\% + 20,83\,\% = 37,5\,\%.$

- Die latente Steuerabgrenzung errechnet sich aus:

    Ergebnisdifferenz $\cdot$ Steuersatz = latente Steuerabgrenzung

    $55\,000\,€ \cdot 37,5\,\% = 20\,625\,€$

Die erforderliche Buchung in den Jahren 01 bis 04 lautet:

Rechnungsabgrenzungsposten für latente Steuern	20 625 €
an Latente Steuererträge	20 625 €

Das Konto »Latente Steuererträge« wird über die GuV-Position »Steuern vom Einkommen und vom Ertrag« abgeschlossen (ADS § 275 Tz 190). Gemäß § 274 Abs. 2 ist die Bildung der Abgrenzung unter entsprechender Bezeichnung gesondert auszuweisen und im Anhang zu erläutern.

(9) Latente Steuern auch in der Steuerbilanz?
Die Abgrenzung für latente Steuern bedeutet einen Ausnahmetatbestand zu dem grundsätzlichen steuerrechtlichen Aktivierungsgebot. Bei einer Übernahme in die Steuerbilanz würde man bei der steuerlichen Gewinnermittlung gerade das Gegenteil dessen erzielen, was man eigentlich beabsichtigt, denn der in der Steuerbilanz schon größere Gewinn würde durch die Übernahme der Abgrenzung für latente Steuern nochmals erhöht. Demzufolge dienen die Steuerabgrenzungen lediglich der handelsrechtlichen Informations- und Ausschüttungssperrfunktion. Der Ermittlung des steuerlichen Gewinns widersprechen sie. Deshalb erfolgt kein Ansatz in der Steuerbilanz.

(10) Auflösung der latenten Steuerabgrenzung

Der Steuerbilanzgewinn ist von Jahr 05–15 um die Ergebnisdifferenz von 20 000 € niedriger als das Handelsbilanzergebnis. Für die Auflösung der latenten Steuerabgrenzung gilt:

Ergebnisdifferenz · Steuersatz = Auflösung der latenten Steuerabgrenzung

20 000 € · 37,5 % = 7 500 €

Die Buchung in den Jahren 05–15 lautet:

Steuern vom Einkommen und vom Ertrag	7 500 €	
an Rechnungsabgrenzungsposten für latente Steuern		7 500 €

Nach Ablauf des Jahres 15 ist die Rechnungsabgrenzung vollständig aufgelöst.

Kontrolle:

Bildung der latenten Steuerabgrenzung (4 · 20 625 €)	82 500 €
Auflösung der latenten Steuerabgrenzung (11 · 7 500 €)	82 500 €
	0 €

Die Auflösung der latenten Steuerabgrenzung als periodenfremder Posten ist gemäß § 277 Abs. 4 HGB hinsichtlich ihres Betrages und ihrer Art im Anhang zu erläutern, soweit der Betrag nicht von untergeordneter Bedeutung ist.

Lösung zu Aufgabe 4.48 *Latente Steuern in Verlustsituationen*

(1) Verlust im Jahr der Entstehung temporärer Differenzen

Der handelsrechtliche Verlust (vor Steuern) fällt um 100 000 € (Bilanzierungshilfe handelsrechtlich erfolgsneutral, steuerlich sofort abziehbare Betriebsausgabe) geringer aus als der steuerliche. Der Verlust ist steuerlich voll rücktragsfähig in das Jahr 02 (§ 10d EStG). Es entsteht ein Steuererstattungsanspruch in Höhe von

390 000 € · 37,5 % = 146 250 €

Buchung:

Sonstige Forderung an Steuererstattungen   146 250 €

Das Konto »Steuererstattungen« wird über GuV-Position »Steuern vom Einkommen und Ertrag« abgeschlossen. Zur Verdeutlichung sollte dann die Postenbezeichnung in »Erstattete Steuern vom Einkommen und Ertrag« geändert werden (ADS § 275 Tz 187).

Ob die Bildung einer latenten Steuerposition in Betracht kommt, ist nach den Voraussetzungen

- Vorliegen eines Steueraufwands im Geschäftsjahr oder in früheren Geschäftsjahren und
- Ausgleich in den Folgejahren

zu prüfen. Im Vorjahr wurden Gewinne erwirtschaftet, womit die erste Voraussetzung erfüllt ist. Ein Ausgleich der Steuerbelastungen zwischen Handels- und Steuerbilanz in den Folgeperioden ist nur bei positiver Unternehmensentwicklung möglich. Werden auf absehbare Zeit keine Gewinne erwirtschaftet, entfällt die Bildung einer Rückstellung für latente Steuern.

(2) Verlust im Jahr nach der Bildung der latenten Steuerabgrenzung
Ermittlung der Handelsbilanzergebnisse im Jahr 02 und 03:

	Jahr 02	Jahr 03
Steuerbilanzergebnis	+ 800 000 €	·/· 750 000 €
Ergebnisdifferenz	+ 100 000 €	·/· 25 000 €
Rückstellungsbildung/Auflösung für latente Steuern	·/· 37 500 €	+ 9 375 €
Handelsbilanzergebnis	+ 862 500 €	·/· 765 625 €

Das Handelsbilanzergebnis im Jahr 02 ist um die Bilanzierungshilfe (vermindert um die entsprechende Rückstellungsbildung für latente Steuern) höher als das Steuerbilanzergebnis. Im Jahr 03, das durch die Umkehr der Ergebnisdifferenz gekennzeichnet ist, ist das Handelsbilanzergebnis um die Abschreibung auf die Bilanzierungshilfe (erhöht um die entsprechende Rückstellungsauflösung) niedriger als das Steuerbilanzergebnis.

Ob es lediglich bei der turnusmäßigen Rückstellungsauflösung bleibt (wie im Fall eines Gewinnes) oder ob die Rückstellung für latente Steuern eventuell gänzlich aufzulösen ist, hängt von der zukünftigen Gewinnerwartung ab. Bei einem nur vorübergehenden Gewinneinbruch wird man es bei der turnusmäßigen Rückstellungsauflösung belassen.

Ist auf längere Sicht jedoch nicht mit Gewinnen zu rechnen, so ist die Steuerabgrenzung aufzulösen, weil nicht mehr mit einer entsprechenden Belastung zu rechnen ist. Die Auflösungsbeträge sollten aber nicht in den Steuerausweis mit einbezogen, sondern unter »Sonstigen betrieblichen Erträgen« ausgewiesen werden (SABI 3/1988 Nr. 7). ADS § 275 Tz 189 haben aber inzwischen keine Bedenken mehr gegen eine Verrechnung mit den Steueraufwendungen.

Lösung zu Aufgabe 4.49 *Differenzenspiegel*

Jahr	Ent-stehungs-ursache	Datum	Betrag	Stand Vorjahr	Neu-bildung	Auflösung		Stand 31. Dez.		Ergebnis-unter-schied	Jahr der voraus-sichtl. Umkehr/Auflösg.
						nach Handels-recht	nach Steuer-recht	nach Handels-recht	nach Steuer-recht		
	1	2	3	4	5	6		7 (= 4 + 5 + 6)		8 (= 5 + 6 + Vorjah-ressaldo)	9
1	Waren (Fifoverf.)	31. 12. 1	30 000	—	+ 30 000	—	—	+ 30 000	—	+ 30 000	2
	Rückstell. f. unterl. Instand-haltung	31. 12. 1	80 000	—	– 80 000	—	—	– 80 000	—	– 80 000	2
										– 50 000	
2	Vorjahres-saldo									– 50 000	
	Waren (Fifoverf.)	31. 12. 1	30 000	+ 30 000	—	– 30 000	—	—	—	– 30 000	
	Rückstell. f. unterl. Instand-haltung	31. 12. 1	80 000	– 80 000	—	+ 80 000	—	—	—	+ 80 000	
	Waren (niedrig. Zukunfts-wert)	31. 12. 2	15 000	—	– 15 000	—	—	– 15 000	—	– 15 000	3
										– 15 000	
3	Vorjahres-saldo									– 15 000	
	Waren	31. 12. 2	15 000	– 15 000	—	+ 15 000	—	—	—	+ 15 000	
										—	

+ = handelsrechtliches Ergebnis höher als steuerrechtliches (= Rückstellung für latente Steuern)
– = handelsrechtliches Ergebnis niedriger als steuerrechtliches (= Bilanzierungshilfe für latente Steuern)

Sowohl im 1. als auch im 2. Jahr ist der Saldo der Ergebnisunterschiede negativ, d. h., das handelsrechtliche Ergebnis ist um den Saldo niedriger als das steuerliche. Es darf eine Bilanzierungshilfe für aktive latente Steuern angesetzt werden (§ 274 Abs. 2 HGB). Bei einem unterstellten Steuersatz von z. B. 37,5 % kann die Bilanzierungshilfe bis zum Höchstbetrag von

    50 000 € · 37,5 % = 18 750 €

angesetzt werden. Dann ergibt sich folgende Buchung im 1. Jahr:

    Aktiver Steuerabgrenzungsposten   18 750 €
        an Steuern vom Einkommen und Ertrag   18 750 €

Im 2. Jahr ist die Bildung einer Bilanzierungshilfe bis zur Höhe von

    15 000 € · 37,5 % = 5 625 €

möglich. Das heißt, die Differenz gegenüber dem Vorjahr muss aufgelöst werden (§ 274 Abs. 2 Satz 4 HGB). Buchung im 2. Jahr:

	Steuern vom Einkommen und Ertrag	13 125 €	
	an Aktiver Steuerabgrenzungsposten		13 125 €

Im 3. Jahr lösen sich die Ergebnisunterschiede auf. Der Steuerabgrenzungsposten ist ganz aufzulösen. Buchung im 3. Jahr:

	Steuern vom Einkommen und Ertrag	5 625 €	
	an Aktiver Steuerabgrenzungsposten		5 625 €

Auch wenn auf den Ausweis der Bilanzierungshilfe in der Handelsbilanz verzichtet wird, müssen ein Differenzspiegel oder ähnliche Aufzeichnungen angefertigt werden. Denn im Jahr 2 entstünde ohne den Saldo aus dem Vorjahr ein positiver Ergebnisunterschied (+ 80 000 € ./. 30 000 € ./. 15 000 €), wodurch eine Rückstellung für latente Steuern zu bilden wäre. Das Wissen um die Auswirkungen aus Vorjahren kann aber nur aus »sonst erforderlichen Aufzeichnungen« (§ 239 HGB) gewonnen werden.

Lösung zu Aufgabe 4.50 *Zur buchhalterischen Methode der Ableitung der Steuer- aus der Handelsbilanz*

		Saldenbilanz II		Umbuchungen		Saldenbilanz III		Steuerbilanz		GuV-Rechnung	
		Soll	Haben	Soll	Haben	Soll	Haben	Aktiva	Passiva	Aufwand	Ertrag
030	Firmenwert	37 500	—	(2) 9 165	—	46 665	—	46 665	—	—	—
050	Unbebaute Grundst.	150 000	—	—	—	150 000	—	150 000	—	—	—
053	Gebäude	320 000	—	(3) 22 500	—	342 500	—	342 500	—	—	—
070	Maschinen	392 500	—	—	—	392 500	—	392 500	—	—	—
084	Fuhrpark	90 000	—	—	—	90 000	—	90 000	—	—	—
085	Flaschen u. Gebinde	132 000	—	—	—	132 000	—	132 000	—	—	—
087	Sonst. Betriebs- u. Geschäftsausstattg.	40 000	—	—	—	40 000	—	40 000	—	—	—
200	Roh-, Hilfs- u. Betriebsstoffe	150 000	—	—	—	150 000	—	150 000	—	—	—
210	Unfert. Erzeugnisse	130 000	—	(1) 90 000	—	220 000	—	220 000	—	—	—
240	Ford. a. Lieferg. u. Leistungen	311 000	—	—	—	311 000	—	311 000	—	—	—
260	Vorsteuer	—	—	—	—	—	—	—	—	—	—
280	Bank	218 000	—	—	—	218 000	—	218 000	—	—	—
288	Kasse	18 000	—	—	—	18 000	—	18 000	—	—	—
300	Eigenkapital A	—	550 000	—	—	—	550 000	—	550 000	—	—
3001	Privat A	89 000	—	—	—	89 000	—	89 000	—	—	—
301	Eigenkapital B	—	508 000	—	—	—	508 000	—	508 000	—	—
3011	Privat B	92 000	—	—	—	92 000	—	92 000	—	—	—
390	Rückstellungen	—	50 000	(4) 30 000 (5) 20 000	—	—	—	—	—	—	—
440	Verb. a. Lieferg. u. Leistungen	—	388 000	—	—	—	388 000	—	388 000	—	—
480	Umsatzsteuer	—	10 000	—	—	—	10 000	—	10 000	—	—
489	Darlehen	—	300 000	—	—	—	300 000	—	300 000	—	—
500	Umsatzerlöse	—	2 695 500	—	—	—	2 695 500	—	—	—	2 695 500
5001	Kundenskonti	8 000	—	—	—	8 000	—	—	—	8 000	—
5201	Bestandsveränderg.	10 000	—	—	(1) 90 000	—	80 000	—	—	—	80 000
548	Ertr. a. Herabsetzung v. Rückstellg.	—	—	—	(4) 30 000 (5) 20 000	—	50 000	—	—	—	50 000
571	Zinserträge	—	6 500	—	—	—	6 500	—	—	—	6 500
600	Materialaufwand	1 207 000	—	—	—	1 207 000	—	—	—	1 207 000	—
6001	Lieferantenskonti	—	19 000	—	—	—	19 000	—	—	—	19 000
620	Löhne, Gehälter	512 000	—	—	—	512 000	—	—	—	512 000	—
640	Soziale Abgaben	94 000	—	—	—	94 000	—	—	—	94 000	—
650	Abschreibungen	110 000	—	—	(2) 9 165 (3) 22 500	78 335	—	—	—	78 335	—
685	Reisekosten	70 000	—	—	—	70 000	—	—	—	70 000	—
687	Werbung	120 000	—	—	—	120 000	—	—	—	120 000	—
689	Sonst. Aufwend.	100 000	—	—	—	100 000	—	—	—	100 000	—
700	Betriebssteuern	22 000	—	—	—	22 000	—	—	—	22 000	—
751	Zinsaufwand	18 000	—	—	—	18 000	—	—	—	18 000	—
760	A. o. Aufwand	5 000	—	—	—	5 000	—	—	—	5 000	—
770	Gewerbeertragst.	81 000	—	—	—	81 000	—	—	—	81 000	—
		4 527 000	4 527 000	171 665	171 665	4 607 000	4 607 000	2 291 665	1 756 000	2 315 335	2 851 000
							Jahresüberschuss		535 665	535 665	
								2 291 665	2 291 665	2 851 000	2 851 000

(1) Die Geschäftsvorfälle 1 bis 5 sind Bilanzpostenabweichungen und betreffen das Steuerbilanzergebnis. Die Geschäftsvorfälle 6 und 7 sind nicht abziehbare Betriebsausgaben bzw. Aufwendungen (§§ 4 Abs. 5, 12 EStG). Sie werden zweckmäßigerweise außerhalb der Bilanz zum Steuerbilanzergebnis hinzugerechnet. Geschäftsvorfall 8 ist in Handels- und Steuerbilanz gleich zu behandeln. Vertragsstrafen eines Geschäftspartners wegen verspäteter Auslieferung fallen nicht unter das Abzugsverbot des § 4 Abs. 5 Nr. 8 EStG.

Die Umbuchungsspalte kann man sich ohne weiteres als »besonderen« Monat der EDV-Buchhaltung vorstellen.

Aktiva		Steuerbilanz zum 31. 12. 20..		Passiva
A. Anlagevermögen		A. Eigenkapital		
I. Immaterielle Vermögensgegenstände	46 665	I. Gesellschafter A Stand 1. 1. 20.. ./. Privatentnahmen + Gewinnanteil 60 %	550 000 89 000 321 399	
II. Sachanlagen 1. Grundstücke und Gebäude	492 500	Stand 31.12. 20..		782 399
2. Technische Anlagen und Maschinen	392 500	II. Gesellschafter B Stand 1. 1. 20..	508 000	
3. Betriebs- und Geschäftsausstattung	262 000	./. Privatentnahmen + Gewinnanteil 40 %	92 000 214 266	
B. Umlaufvermögen		Stand 31.12. 20..		630 266
I. Vorräte 1. Roh-, Hilfs- u. Betriebsstoffe 2. Unfertige Erzeugnisse	150 000 220 000	B. Verbindlichkeiten 1. Aus Lieferungen und Leistungen 2. Sonstige Verbindlichkeiten	388 000 310 000	
II. Forderungen aus Lieferungen u. Leistungen	311 000	– davon aus Steuern:	10 000	
III. Kassenbestand/Guthaben bei Kreditinstituten	236 000			
	2 110 665			2 110 665

Gewinn- und Verlustrechnung für die Zeit vom 1. 1. bis 31. 12. 20..

1.	Umsatzerlöse		2 687 500
2.	Bestandserhöhung unfertige Erzeugnisse		80 000
3.	Sonstige betriebliche Erträge		50 000
4.	Materialaufwand		./. 1 188 000
5.	Personalaufwand		
	a) Löhne und Gehälter		./. 512 000
	b) Soziale Abgaben		./. 94 000
6.	Abschreibungen auf Anlagevermögen		./. 78 335
7.	Sonstiger betrieblicher Aufwand		./. 312 000
8.	Zinserträge		6 500
9.	Zinsaufwendungen		./. 18 000
10.	Ergebnis der gewöhnlichen Geschäftstätigkeit		621 665
11.	Außerordentliche Aufwendungen		./. 5 000
12.	Außerordentliches Ergebnis		./. 5 000
13.	Gewerbeertragsteuer		./. 81 000
14.	Jahresüberschuss		535 665

(3) Steuerbilanzgewinn 535 665 €
+ nicht abziehbare Aufwendungen
(Geschäftsvorfälle 6 und 7) 7 740 €
= steuerpflichtiger Gewinn 543 405 €

Lösung zu Aufgabe 4.51 *Bilanzänderung*

(1) Gem. **Teilwertabschreibungserlass** (BMF BStBl I 2000 S. 372) kann für Wirtschaftsgüter des abnutzbaren Anlagevermögens von einer voraussichtlich dauernden Wertminderung ausgegangen werden, wenn der Wert des jeweiligen Wirtschaftsgutes zum Bilanzstichtag mindestens für die **halbe Restnutzungsdauer unter dem planmäßigen Restbuchwert** liegt. Die verbleibende Restnutzungsdauer ist dabei nach den amtlichen AfA-Tabellen zu ermitteln.

Eine Teilwertabschreibung um 10 000 € auf 30 000 € ist nicht zulässig. Die Minderung ist voraussichtlich nicht von Dauer, da der Wert der Maschine zum Bilanzstichtag bei planmäßiger Abschreibung schon nach 2 weiteren Jahren und damit früher als nach mehr als der Hälfte der Restnutzungsdauer von 8 Jahren erreicht wird.

(2) Der nachträglichen Abschreibung der geringwertigen Wirtschaftsgitter steht der Wortlaut von § 6 Abs. 2 EStG entgegen, der die sofortige volle Abschreibung nur für das Jahr der Anschaffung, Herstellung oder Einlage vorsieht. H 40 »Nachholung« EStH sagt ausdrücklich: Hat der Steuerpflichtige von der Bewertungsfreiheit im Jahr der Anschaffung oder Herstellung keinen Gebrauch gemacht, so kann er sie in einem späteren Jahr nicht nachholen.

Lösung zu Aufgabe 4.52 *Bilanzänderung oder Bilanzberichtigung*

(1)–(3) Es handelt sich um Bilanzberichtigungen, für die eine Genehmigung des Finanzamts nicht benötigt wird. Die Berichtigung muss auch auf die Gewerbesteuer ausgedehnt werden.

(4) Mehr- und Weniger-Rechnung

Bilanzposten	Erfolgsposten	Gewinnänderung	
		+	./.
Betriebsausstattung	Abschreibung		1 500
Vorräte	Materialaufwand	13 500	
Sonstige Forderungen	Sonstige Erträge	5 900	
Gewerbesteuerrückstellung	Gewerbeertragsteuer		2 984
		19 400	4 484
Mehr oder weniger		+ 14 916	

Berichtigte Bilanzposten	Aktiva	Passiva
Betriebsausstattung	./. 1 500	
Vorräte	+ 13 500	
Sonstige Forderungen	+ 5 900	
Steuerrückstellungen		+ 2 984
Kapital		
– Mehrgewinn		+ 14 916
	+ 17 900	+ 17 900

(5) Nach vorläufiger Veranlagung (§ 165 AO) und Steuerfestsetzung unter Vorbehalt der Nachprüfung (§ 164 AO) ist Berichtigung noch möglich.

(6) Nach bestandskräftiger Veranlagung im Anschluss an die Betriebsprüfung ist die Berichtigung nicht mehr möglich, weil keine Steuerhinterziehung oder leichtfertige Steuerverkürzung vorliegt (§ 173 Abs. 2 AO).

Lösung zu Aufgabe 4.53 *Bilanzberichtigung über 3 Jahre mit Mehr- und Weniger-Rechnung*

(1) Mehr- und Weniger-Rechnung

Bilanzposten	Erfolgsposten	Auswirkungen auf das Jahresergebnis					
		1. Jahr		2. Jahr		3. Jahr	
		+	./.	+	./.	+	./.
Immaterielle Wirtschaftsgüter – Alleinvertriebsrecht	Aufwend. f. Inanspruchnahme von Rechten	30 000					
Maschinen	Abschreibungen			2 900			
Roh- Hilfs- und Betriebsstoffe – Nicht erfasster Bestand – Verbrauch Folgejahr	Materialaufwand Materialaufwand			8 600			8 600
Fertigerzeugnisse – Stornierte Teilwert- Abschreibung	Bestandserhöhung fertiger Erzeugnisse Bestandsmind. fertiger Erzeugnisse	7 000			7 000		
Forderungen an Gesellschafter	Reisekosten					5 000	
Gewerbesteuer- rückstellungen	Gewerbesteuer		2 100		2 817	534	
Sonst. Rückstellungen – Zu hohe Instand- haltungsrückstellung – Garantiearbeit	Erträge aus Auflösung von Rückstellungen Zuführung zu Rückst. f. Gewährleistung					4 000	3 600
Kundenanzahlungen – Zu hoch ausgewiesener Umsatz – Auswirkung Folgejahr	Umsatzerlöse Umsatzerlöse		2 400	2 400			
Verbindlichk. aus Lieferungen u. Leistungen – Nicht bilanzierte Warenschuld – Auswirkung Folgejahr	Wareneinsatz Wareneinsatz		10 000	10 000			
Sonstige Verbindlichk.	Sonstige Erträge		12 000				
		37 000	26 500	23 900	9 817	9 534	12 200
Mehr oder Weniger		+ 10 500		+ 14 083		./. 2 666	

(2) Erhaltene Anzahlungen sind nach BFH (BStBl 1979 II S. 625) in der Bilanz brutto darzustellen. Darüber hinaus ist § 5 Abs. 5 Satz 2 Nr. 2 EStG zu beachten, der vor-

schreibt, dass die Umsatzsteuer auf am Abschlussstichtag auszuweisende erhaltene Anzahlungen als aktiver Rechnungsabgrenzungsposten auszuweisen ist.

		Aktiva	Passiva
1. Jahr:	Immaterielle Vermögensgegenstände	+ 30 000	
	Fertige Erzeugnisse	+ 7 000	
	Aktive Rechnungsabgrenzung	+ 384	
	Steuerrückstellungen		+ 2 100
	Erhaltene Anzahlungen auf Bestellungen		+ 2 784
	Verbindlichkeiten aus Lieferungen und Leistungen		+ 10 000
	Sonstige Verbindlichkeiten		+ 12 000
	Eigenkapital		+ 10 500
		+ 37 384	+ 37 384

		Aktiva	Passiva
2. Jahr:	Maschinen, technische Anlagen	+ 2 900	
	Roh-, Hilfs- und Betriebsstoffe	+ 8 600	
	Fertige Erzeugnisse	./. 7 000	
	Aktive Rechnungsabgrenzung	./. 384	
	Steuerrückstellungen		+ 2 817
	Kundenanzahlungen		./. 2 784
	Verbindlichkeiten aus Lieferungen und Leistungen		./. 10 000
	Eigenkapital		+ 10 500
		+ 4 116	+ 4 116

		Aktiva	Passiva
3. Jahr:	Forderungen an Gesellschafter	+ 5 000	
	Roh-, Hilfs- und Betriebsstoffe	./. 8 600	
	Steuerrückstellungen		./. 534
	Sonstige Rückstellungen		./. 4 000
			+ 3 600
	Eigenkapital		./. 2 666
		./. 3 600	./. 3 600

(3) Bei Kapitalgesellschaften ist die Behandlung nicht grundsätzlich anders, denn der Mehr- oder Mindergewinn ist Eigenkapital. Falls in Gesellschaftsvertrag oder Satzung die Behandlung von Ergebnisunterschieden auf Grund von Betriebsprüfungen geregelt ist (z. B. Zuführung zu Gewinnrücklagen), ist entsprechend zu verfahren. Ansonsten ist es zweckmäßig, die Ergebnisunterschiede

– entweder auf einem Sonderkonto etwa unter der Bezeichnung »Ausgleichsposten infolge Betriebsprüfung« zu sammeln, im Beispiel

  + 10 500 €
  + 14 083 €
  ./. 2 666 €
  = 21 917 €

  welches über »Vortrag auf neue Rechnung« abzuschließen ist, oder

– von vornherein auf »Vortrag auf neue Rechnung« zu erfassen.

Damit ist sichergestellt, dass der Mehr- oder Mindergewinn bei der nächsten Gewinnverwendungsentscheidung miterfasst wird.

Lösung zu Aufgabe 4.54 *Abschluss einer GmbH*

(1)

Aktiva		Bilanz zum 31.12.20..	Passiva

Aktiva		Passiva	
A. Anlagevermögen		**A. Eigenkapital**	
I. Immaterielle Vermögens-gegenstände		I. Gezeichnetes Kapital	1 750 000
Geschäfts- oder Firmenwert	260 000	II. Kapitalrücklage	50 000
II. Sachanlagen		III. Andere Gewinnrücklagen	100 000
1. Grundstücke und Bauten	2 262 000	IV. Gewinnvortrag	130 000
2. Technische Anlagen und Maschinen	1 676 000	V. Jahresüberschuss	810 000
3. Andere Anlage, Betriebs- und Geschäftsausstattung	540 000	**B. Rückstellungen**	
III. Finanzanlagen		1. Rückstellungen für Pensionen und ähnliche Verpflichtungen	850 000
Wertpapiere des Anlage-vermögens	180 000	2. Steuerrückstellungen	44 000
B. Umlaufvermögen		3. Sonstige Rückstellungen	175 000
I. Vorräte		**C. Verbindlichkeiten**	
1. Roh-, Hilfs- und Betriebsstoffe	810 000	1. Verbindlichkeiten gegenüber Kreditinstituten	3 009 000
2. Unfertige Erzeugnisse	750 000	– davon mit Restlaufzeit bis 1 Jahr 2 009 000	
3. Fertige Erzeugnisse	1 120 000	2. Verbindlichkeiten aus Lieferungen und Leistungen	610 000
II. Forderungen und sonstige Vermögensgegenstände		– davon mit Restlaufzeit bis 1 Jahr 610 000	
1. Forderungen aus Lieferungen und Leistungen	466 200	3. Verbindlichkeiten aus der Annahme gezogener und der Ausstellung eigener Wechsel	180 000
– davon mit Restlaufzeit von mehr als 1 Jahr 0		– davon mit Restlaufzeit bis 1 Jahr 180 000	
2. Sonstige Vermögens-gegenstände	88 800	4. Sonstige Verbindlichkeiten	660 000
– davon mit Restlaufzeit von mehr als 1 Jahr 0		– davon aus Steuern 70 000 – davon im Rahmen der sozialen Sicherheit 15 000 – davon mit Restlaufzeit bis 1 Jahr 660 000	
III. Wertpapiere Sonstige Wertpapiere	120 000		
IV. Schecks, Kassenbestand, Postbankguthaben, Guthaben bei Kreditinstituten	82 000	**D. Rechnungsabgrenzungsposten**	11 000
C. Rechnungsabgrenzungsposten	24 000		
	8 379 000		8 379 000

(2) **GuV-Rechnung zum 31.12.20..**

1.	Umsatzerlöse		24 220 000
2.	Verminderung des Bestands an fertigen und unfertigen Erzeugnissen	./. 90 000	
3.	Sonstige betriebliche Erträge	44 000	
4.	Materialaufwand Aufwendungen für Roh-, Hilfs- und Betriebsstoffe	./. 4 930 000	
5.	Personalaufwand		
	a) Löhne und Gehälter	./. 6 345 000	
	b) Soziale Abgaben und Aufwendungen für Altersversorgung und Unterstützung	./. 1 370 000	
6.	Abschreibungen auf immaterielle Vermögensgegenstände des Anlagevermögens und Sachanlagen	./. 492 000	
7.	Sonstige betriebliche Aufwendungen	./. 8 568 000	
	– davon aus sonstigen Steuern 23 000		
8.	Erträge aus anderen Wertpapieren	18 000	
9.	Sonstige Zinsen und ähnliche Erträge	10 000	
10.	Abschreibungen auf Wertpapiere des Umlaufvermögens	./. 10 000	
11.	Zinsen und ähnliche Aufwendungen	./. 220 000	
12.	Ergebnis der gewöhnlichen Geschäftstätigkeit		2 267 000
13.	Außerordentliche Erträge	14 000	
14.	Außerordentliche Aufwendungen	./. 190 000	
15.	Außerordentliches Ergebnis		./. 176 000
16.	Steuern vom Einkommen und vom Ertrag		./. 1 281 000
17.	Jahresüberschuss		810 000

Lösung zu Aufgabe 4.55 *Zuordnungsfragen in der GuV-Rechnung*

(1)	Pos. 7a		(11)	Pos. 8
(2)–(3)	Pos. 8		(12)	Pos. 4
(4)	Pos. 4		(13)–(14)	Pos. 13
(5)	Pos. 13		(15)–(16)	Pos. 6a
(6)	Pos. 6a		(17)	Pos. 6b
(7)–(8)	Pos. 4		(18)–(22)	Pos. 8
(9)	Pos. 12		(23)–(24)	Pos. 4
(10)	Pos. 5a		(25)	Pos. 1

Lösung zu Aufgabe 4.56 *Aufstellung der GuV-Rechnung nach Gesamt- und Umsatzkostenverfahren*

(1) **GuV nach dem Gesamtkostenverfahren**

1. Umsatzerlöse	2 829 000
2. Erhöhung des Bestands an unfertigen und fertigen Erzeugnissen	34 000
Übertrag	2 863 000

Übertrag		2 863 000	
3. Andere aktivierte Eigenleistungen		15 000	
4. Sonstige betriebliche Erträge		19 000	
5. Materialaufwand			
Aufwendungen für Roh-, Hilfs- und Betriebsstoffe	./.	1 162 000	
6. Personalaufwand			
a) Löhne und Gehälter	./.	820 000	
b) Soziale Abgaben und Aufwendungen für Altersversorgung und Unterstützung	./.	240 000	
– davon für Altersversorgung 55 000			
7. Abschreibungen auf immaterielle Vermögensgegenstände des Anlagevermögens und Sachanlagen	./.	140 000	
– davon außerplanmäßig (§ 253 Abs. 2 Satz 3 HGB) 8 000			
8. Sonstige betriebliche Aufwendungen	./.	226 000	
– davon Einstellungen in den Sonderposten mit Rücklageanteil 14 000			
9. Zinsen und ähnliche Aufwendungen	./.	31 000	
10. Ergebnis der gewöhnlichen Geschäftstätigkeit			278 000
11. Außerordentliche Aufwendungen	./.	19 000	
12. Außerordentliches Ergebnis		./.	19 000
13. Steuern vom Einkommen und vom Ertrag		./.	98 000
14. Jahresüberschuss			161 000

(2) Bei Erstellung der GuV nach dem Umsatzkostenverfahren hat die Zuordnung der Aufwendungen zu den Bereichen

- Herstellung,
- Vertrieb und
- allgemeine Verwaltung

im Allgemeinen zwar nach den Regeln der Kostenstellenrechnung (Betriebsabrechnungsbogen) zu erfolgen. **Abweichungen** gegenüber dem Betriebsabrechnungsbogen sowohl **betragsmäßig** als auch **der Zuordnung** nach ergeben sich aber, weil

- sich aus dem GuV-Schema zwingende Abweichungen ergeben (z.B. hinsichtlich der Gewerbeertragsteuer, die unter der GuV-Position 17 und nicht unter den Herstellungs-, Vertriebs- oder Verwaltungskosten auszuweisen ist),
- der primäre Ausweis von Betriebssteuern und Zinsen unter den GuV-Posten 18 und 12 erfolgen sollte (vgl. Stellungnahme SABI 1/1987: Probleme des Umsatzkostenverfahrens, in: HFA Fachgutachten/Stellungnahmen, S. 22),
- bei der innerbetrieblichen Kostenverrechnung nicht nur Ist-Kosten, sondern auch kalkulatorische Kosten (z.B. für Abschreibungen, Zinsen) angesetzt werden,
- dem Betriebsabrechnungsbogen die Abgrenzungsrechnung (bzw. neutrale Ergebnisrechnung) vorgelagert ist, sodass er ausschließlich Kosten, aber keine neutralen Aufwendungen umfasst (z.B. **periodenfremde Herstellungs-, Vertriebs-, Verwaltungsaufwendungen**); eine solch strikte Trennung erfolgt in der GuV-Rechnung nicht (vgl. S. 104 f.), denn sie verfolgt ja andere Zwecke als die innerbetriebliche Kostenverrechnung.

Konto	Betrag	Herst. Kosten (GuV Pos. 2)	Vertr.- Kosten (GuV- Pos. 4)	Allg. Verw. Kosten (GuV Pos. 5)	Sonst. betr. Aufw. (GuV Pos. 7)	Übrige Aufw.- Posten der GuV	Anhangangabe bzw. gesonderter Ausweis
600 Aufwendungen für Fertigungsmaterial	847 000	847 000					§ 285 Nr. 8a HGB
601 Aufwendungen für Vorprodukte	255 000	255 000					§ 285 Nr. 8a HGB
605 Aufwendungen Energie	60 000	50 000		10 000			§ 285 Nr. 8a HGB
620 Löhne	610 000	566 000	22 000	22 000			§ 285 Nr. 8b HGB
630 Gehälter	210 000	70 000	70 000	70 000			§ 285 Nr. 8b HGB
640 Arbeitgeberanteil Sozialvers., Löhne	137 000	127 000	5 000	5 000			§ 285 Nr. 8b HGB
641 Arbeitgeberanteil Sozialvers., Gehälter	48 000	16 000	16 000	16 000			§ 285 Nr. 8b HGB
644 Aufwendungen für Altersversorgung	55 000	35 000	10 000	10 000			§ 285 Nr. 8b HGB
652 Abschreibungen auf Sachanlagen	127 000	97 000		30 000			
654 Abschreib. a. geringw. Wirtschaftsgüter	5 000			5 000			
655 Außerplanm. Abschr. a. Sachanlagen	8 000	8 000					§§ 277 Abs. 3, 253 Abs. 2 HGB
671 Leasing	60 000	60 000					
672 Lizenzen	49 000	49 000					
675 Kosten d. Geldverk.	2 000			2 000			
677 Rechts- u. Beratungsk.	15 000			15 000			
680 Büromaterial	11 000			11 000			
685 Reisekosten	9 000		9 000				
687 Werbung	32 000		32 000				
690 Versicherungsbeiträge	12 000	4 000		8 000			
696 Verluste aus Abgang v. Vermögensgegenst.	22 000				22 000		
697 Einstell. in Sonderp. m. Rücklageanteil	14 000				14 000		§ 281 Abs. 2 HGB
751 Zinsaufwendungen	31 000					31 000	
760 Außerordentliche Aufwendungen	19 000					19 000	
770 Gewerbeertragsteuer	15 000					15 000	
771 Körperschaftsteuer	83 000					83 000	
Summe	2 736 000	2 184 000	164 000	204 000	36 000	148 000	

Korrekturen:
52 Bestandsveränderungen ./. 34 000
53 Andere aktivierte Eigenleistungen ./. 15 000

Berichtigte Herstell.-Kost. (GuV-Pos. 2) 2 135 000

Zuordnungstabelle (für Erstellung der GuV nach Umsatzkostenverfahren)

(3) Die Zuordnungstabelle ist ein wichtiges **Hilfsmittel** zur Erstellung der GuV nach dem Umsatzkostenverfahren und zweckmäßig, um die Einhaltung des **Grundsatzes der Darstellungsstetigkeit** nach § 265 Abs. 1 HGB beim Umsatzkostenverfahren zu gewährleisten. Sie basiert auf

- der endgültigen Saldenliste (nach Berichtigungen und Umbuchungen) und
- den wichtigsten Zuordnungskriterien aus der innerbetrieblichen Kostenstellenrechnung.

Bei der Zuordnungstabelle ist zu beachten, dass

- positive Bestandsveränderungen und
- andere aktivierte Eigenleistungen

zu **Korrekturen** (Abzügen) bei den »Herstellungskosten der zur Erzielung der Umsatzerlöse erbrachten Leistungen« führen müssen. Denn ihnen stehen noch keine Umsatzerlöse gegenüber.

(4) **GuV nach dem Umsatzkostenverfahren**

1.	Umsatzerlöse		2 829 000
2.	Herstellungskosten der zur Erzielung der Umsatzerlöse erbrachten Leistungen	./. 2 135 000	
3.	Bruttoergebnis vom Umsatz		694 000
4.	Vertriebskosten	./. 164 000	
5.	Allgemeine Verwaltungskosten	./. 204 000	
6.	Sonstige betriebliche Erträge	19 000	
7.	Sonstige betriebliche Aufwendungen	./. 36 000	
8.	Zinsen und ähnliche Aufwendungen	./. 31 000	
9.	Ergebnis der gewöhnlichen Geschäftstätigkeit		278 000
10.	Außerordentliche Aufwendungen	./. 19 000	
11.	Außerordentliches Ergebnis		./. 19 000
12.	Steuern vom Einkommen und vom Ertrag		./. 98 000
13.	Jahresüberschuss		161 000

Anhangangaben zur GuV:

- Angabe nach § 277 Abs. 3 HGB:
  In den »Herstellungskosten der zur Erzielung der Umsatzerlöse erbrachten Leistungen« sind außerplanmäßige Abschreibungen im Sinne des § 253 Abs. 2 Satz 3 HGB in Höhe von 8 000 € enthalten.
- Angabe nach § 281 Abs. 2 Satz 2 HGB:
  Von den »Sonstigen betrieblichen Aufwendungen« entfallen 14 000 € auf »Einstellungen in den Sonderposten mit Rücklageanteil«.
- Angabe von mittelgroßen und großen Kapitalgesellschaften nach § 285 Nr. 8a HGB:
  Der Materialaufwand beträgt:
  Aufwendungen für Roh-, Hilfs- und Betriebsstoffe   1 162 000 €
- Angabe von allen Kapitalgesellschaften nach § 285 Nr. 8b HGB:
  Der Personalaufwand beträgt:
  a) Löhne und Gehälter   820 000 €
  b) Soziale Abgaben und Aufwendungen für Altersversorgung und Unterstützung   240 000 €
     – davon für Altersversorgung 55 000 €

Lösung zu Aufgabe 4.57 *Bestätigungsvermerk bei freiwilliger Prüfung*

(1) Dieser Vermerk bestätigt neben der Ordnungsmäßigkeit der Buchführung, dass der Jahresabschluss ein den tatsächlichen Verhältnissen entsprechendes Bild der Vermögens-, Finanz- und Ertragslage der Unternehmung vermittelt. Ein solcher Bestätigungsvermerk kann deshalb für den Jahresabschluss nur dann erteilt werden,

- wenn bezüglich der Rechnungslegung die entsprechend strengeren Vorschriften, die für Kapitalgesellschaften gelten (§§ 264 ff. HGB), angewandt werden und
- wenn die Prüfung nach Art und Umfang der Pflichtprüfung gemäß den Vorschriften des HGB entspricht.

Ansonsten kann der Wirtschaftsprüfer nur die Ordnungsmäßigkeit von Buchführung und Abschluss bestätigen.

(2) Ein Steuerberater kann keinen »Bestätigungsvermerk« erteilen, sondern eine »**Bescheinigung**«. Für die Erteilung einer Bescheinigung unterscheidet man drei Grundfälle, die sich wie folgt abgrenzen lassen:

a) Erstellung ohne Prüfungshandlungen,
b) Erstellung mit Plausibilitätsbeurteilung,
c) Erstellung mit umfassenden Prüfungshandlungen.

Bescheinigungen nach b) und c) werden auf Grund **§ 18 KWG von Banken** verlangt, um die wirtschaftlichen Verhältnisse im Zusammenhang mit einer Kreditgewährung besser beurteilen zu können.

Für Steuerberater dürfte die Erstellung einer Bescheinigung mit Plausibilitätsbeurteilung häufiger sein als mit umfassenden Prüfungshandlungen. Die **Plausibilitätsbeurteilung** ist dadurch gekennzeichnet, dass der Steuerberater die dem Jahresabschluss zugrunde liegenden Bücher und Bestandsnachweise durch Befragungen und Analysen auf ihre Plausibilität hin beurteilt – also nicht »prüft«, ob z. B. die durch Inventur nachgewiesenen Vorräte tatsächlich vorhanden sind. Die Plausibilitätsbeurteilung soll die Feststellung ermöglichen, dass keine Sachverhalte bekannt geworden sind, die gegen die Ordnungsmäßigkeit der Buchführung und der Bestandsnachweise in allen für den Jahresabschluss wesentlichen Belangen sprechen. Dem entspricht auch der Text der Bescheinigung bei Jahresabschlüssen mit Plausibilitätsbeurteilung (vgl. Bundessteuerberaterkammer (Hrsg.), Berufsrechtliches Handbuch, Berufsfachlicher Teil, Tz 3.1.1).

ANHANG

1 Prozessgegliederter Kontenrahmen: Gemeinschafts-Kontenrahmen der Industrie (GKR)[1]

KLASSE 0	KLASSE 1	KLASSE 2	KLASSE 3
Anlagevermögen und langfristiges Kapital	Finanz-Umlaufvermögen und kurzfristige Verbindlichkeiten	Neutrale Aufwendungen und Erträge	Stoffebestände

KLASSE 0		KLASSE 1		KLASSE 2		KLASSE 3	
Anlagevermögen		**Finanz-Umlaufvermögen**		20	**Betriebsfremde Aufwendungen und Erträge**	30	**Rohstoffe**
00	**Grundstücke und Gebäude**	10	**Kasse**	200/05	Betriebsfremde außerordentliche Aufwendungen und Erträge	31	**Hilfsstoffe**
	000 Unbebaute Grundstücke	11	**Geldanstalten**			32	**Betriebsstoffe**
	001/02 Bebaute Grundstücke		110 Postscheck	206/09	Betriebsfremde ordentliche Aufwendungen und Erträge	39	**Handelswaren und auswärts bezogene Fertigerzeugnisse (Fertigwaren)**
	003/07 Gebäude		113 Bank				
	008 Im Bau befindliche Gebäude	12	**Schecks, Besitzwechsel**				
			120 Schecks	21	**Aufwendungen und Erträge für Grundstücke und Gebäude**		
			125 Besitzwechsel				
01	**Maschinen und Anlagen der Hauptbetriebe**	13	**Wertpapiere des Umlaufvermögens**	210/19	Aufwendungen und Erträge für Grundstücke und Gebäude		
02	**Maschinen und Anlagen der Neben- und Hilfsbetriebe**	14/15	**Forderungen**				
			140 Forderungen auf Grund von Warenlieferungen und Leistungen	23	**Bilanzmäßige Abschreibungen**		
03	**Fahrzeuge, Werkzeuge, Betriebs- und Geschäftsausstattung**			230/39	Bilanzmäßige Abschreibungen		**Zu Klasse 2**
	030/33 Fahrzeuge und Transportgeräte		148 Zweifelhafte Forderungen				Neutrale Aufwendungen und Erträge
	034/36 Werkzeuge, Werksgeräte und dergleichen		151 Selbst geleistete Anzahlungen	24	**Zins-Aufwendungen und Erträge**		
	037/38 Betriebs- und Geschäftsausstattung		154 Sonstige Forderungen		Zins-Aufwendungen und dergleichen	266	Entwicklungs- und Versuchsarbeiten
05	**Sonstiges Anlagevermögen** (Urheber- und sonstige bewertbare Rechte)		**Kurzfristige Verbindlichkeiten**	240/41	Zins-Aufwendungen	267	Steuern
		16/17	**Verbindlichkeiten**	242	Diskont-Aufwendungen	268	Sonstige betriebliche periodenfremde Aufwendungen
	Langfristiges Kapital		160 Verbindlichkeiten auf Grund von Warenlieferungen und Leistungen	243	Kreditprovisionen	269	Betriebliche periodenfremde Erträge
06	**Langfristiges Fremdkapital**			244	Skonto-Aufwendungen		
	060/61 Anleihen				Zins-Erträge und dergleichen		
	062/65 Grundpfandschulden		171 Anzahlungen von Kunden	245/46	Zins-Erträge	27/28	**Gegenposten der Kosten- und Leistungsrechnung**
07	**Eigenkapital**		175 Sonstige Verbindlichkeiten	247	Diskont-Erträge	27	**Verrechnete Anteile betrieblicher periodenfremder Aufwendungen** (Aufgliederung entsprechend Kontengruppe 26)
	– Bei Kapitalgesellschaften			248	Skonto-Erträge		
	070/71 Grundkapital	18	**Schuldwechsel, Bankschulden**	25/26	**Betriebliche außerordentliche Aufwendungen und Erträge**		
	072 Gesetzl. Rücklage		180 Schuldwechsel				
	073/76 Freie Rücklagen		182 Bankschulden	25	**Betriebliche außergewöhnliche Aufwendungen und Erträge**		
	077/78 Kapitalentwertungs- und -verlustkonten		**Durchgangs-, Übergangs- und Privatkonten**	250/51	Eingetretene Wagnisse (gegebenenfalls aufgegliedert nach Wagnissen)	28	**Verrechnete kalkulatorische Kosten**
	079 Gewinn- und Verlust-Vortrag	19	**Durchgangs-, Übergangs- und Privatkonten**			280	Verrechnete verbrauchsbedingte Abschreibungen
	– Bei Personengesellschaften		190/91 Durchgangskonten für Rechnungen	252/59	Andere betriebliche außergewöhnliche Aufwendungen und Erträge	281	Verrechnete betriebsbedingte Zinsen
	070/73 Kapitalkonten		192/93 Durchgangskonten für Zahlungsverkehr (Kasse und Geldanstalten)			282	Verrechnete betriebsbedingte Wagnisprämien
	Berichtigungen zur Bilanz- und Ergebnisrechnung			26	**Betriebliche periodenfremde Aufwendungen und Erträge**	283	Verrechneter Unternehmerlohn
08	**Wertberichtigungen, Rückstellungen und dgl.**		194 Durchgangskonten für Zwischenkontierungen		Betriebliche periodenfremde Aufwendungen	284	Verrechnete sonstige kalkulatorische Kosten
	080/84 Passive Wertberichtigungen		195/96 Übergangskonten		Mehrere oder andere Zeitabschnitte betreffende Aufwendungen für:	29	**Das Gesamtergebnis betreffende Aufwendungen und Erträge**
	085/87 Rückstellungen		197/99 Privatkonten	260	Sachanlagen	290/99	Das Gesamtergebnis betreffende Aufwendungen und Erträge z.B. Körperschaftsteuer
09	**Rechnungsabgrenzung**			261/65	Instandhaltung usw.		
	098 Aktive Rechnungsabgrenzungsposten der Jahresbilanz						
	099 Passive Rechnungsabgrenzungsposten der Jahresbilanz						

1 Der 1951 entwickelte GKR war Vorbild für viele später entstandene Kontenrahmen. Das Prozessgliederungsprinzip ist bei ihm am besten verwirklicht.

Anhang

KLASSE 4 Kostenarten	KLASSE 5/6 Kostenstellen	KLASSE 7 Kostenträger Bestände an halbfert. u. fert. Erzeugnissen	KLASSE 8 Erträge	KLASSE 9 Abschluss
40/42 **Stoffkosten und dergleichen** 401 Fertigungsstoffe 402 Hilfs- und Betriebsstoffe 42 **Brennstoffe, Energie und dergleichen** 420 Brenn- und Treibstoffe 429 Energie und dergleichen 43/44 **Personalkosten und dergleichen** 430 Löhne 431 Fertigungslöhne 433 Hilfslöhne 439 Gehälter 440 Gesetzliche Sozialkosten 447 Freiwillige Sozialkosten 45 **Instandhaltung, verschiedene Leistungen und dergleichen** 450 Instandhaltung gegebenenfalls Aufgliederung 450/54 *Instandhaltung an Grundstücken, Gebäuden* *Instandhaltung an Maschinen und Anlagen* *Instandhaltung an Fahrzeugen, Werkzeugen Betriebs- und Geschäftsausstattung* *Instandhaltungs-Ratenverrechnung/Ratenausgleich* 455 Allgemeine Dienstleistungen 456 Entwicklungs-, Versuchs- und Konstruktionskosten 46 **Steuern, Gebühren, Beiträge, Versicherungsprämien und dergleichen** 460 Steuern gegebenenfalls Aufgliederung: 460 Vermögen-, Grundsteuer und dergleichen 461 Gewerbesteuer 462 Umsatzsteuer 463 andere Steuern 464 Abgaben, Gebühren und dergleichen. Gegebenenfalls Aufgliederung: 464 Allgemeine Abgaben und Gebühren	*Frei für Kostenstellen-Kontierungen der Betriebsabrechnung* Zu Klasse 4 Kostenarten 465 Gebühren und dergleichen für den gewerblichen Rechtsschutz 466 Gebühren und dergleichen für den allgemeinen Rechtsschutz 467 Prüfungsgebühren und dgl. 468 Beiträge und Spenden 469 Versicherungsprämien 47 **Mieten, Verkehrs-, Büro-, Werbekosten und dergleichen** 470/71 Raum-, Maschinen-Mieten (-Kosten) und dergleichen 472/75 Verkehrskosten Gegebenenfalls Aufgliederung: 472 Allgemeine Transportkosten 473 Versandkosten 474 Reisekosten 475 Postkosten 476 Bürokosten 477/78 Werbe- und Vertreterkosten 479 Finanzspesen und sonstige Kosten 48 **Kalkulatorische Kosten** 480 Verbrauchsbedingte Abschreibungen 481 Betriebsbedingte Zinsen 482 Betriebsbedingte Wagnisprämien 483 Unternehmerlohn 484 Sonstige kalkulatorische Kosten 49 **Sondereinzelkosten**	78 **Bestände an halbfertigen Erzeugnissen** 780/89 Bestände an halbfertigen Erzeugnissen 79 Bestände an fertigen Erzeugnissen 790/98 Bestände an fertigen Erzeugnissen	83/84 **Erlöse für Erzeugnisse und andere Leistungen** 85 **Erlöse für Handelswaren** 86 **Erlöse aus Nebengeschäften** 87 **Eigenleistungen** 870/79 Eigenleistungen 88 **Erlösberichtigungen** 880/82 Zusatzerlöse 883/89 Erlösschmälerung 89 **Bestandsveränderungen an halbfertigen und fertigen Erzeugnissen und dergleichen**	98 **Gewinn- und Verlust-Konten (Ergebniskonten)** 980 Betriebsergebnis 987 Neutrales Ergebnis 988 Das Gesamt-Ergebnis betreffende Aufwendungen und Erträge 989 Gewinn- und Verlust-Konto 99 **Bilanzkonten** 998 Eröffnungsbilanz-Konto 999 Schlussbilanz-Konto

2 Prozessgegliederter Kontenrahmen: Kontenrahmen für den Groß- und Außenhandel 1988[1]

0 Anlage- und Kapitalkonten	1 Finanzkonten	2 Abgrenzungskonten	3 Wareneinkaufs- und Warenbestandskonten
00 Ausstehende Einlagen und Aufwendungen für die Ingangsetzung und Erweiterung des Geschäftsbetriebs	10 Forderungen 101 Forderungen aus Lieferungen und Leistungen	20 Außerordentliche und sonstige Aufwendungen	30 Warengruppe I 301 Wareneingang 302 Warenbezugskosten 305 Rücksendungen 306 Nachlässe 307 Boni 308 Lieferantenskonti
01 Immaterielle Vermögensgegenstände	11 Sonstige Vermögensgegenstände	21 Zinsen und ähnliche Aufwendungen	31 Warengruppe II
02 Grundstücke	12 Wertpapiere	22 Steuern vom Einkommen	32 Warengruppe III
03 Anlagen, Maschinen, Betriebs- und Geschäftsausstattung 031 Technische Anlagen und Maschinen 032 Andere Anlagen 033 Betriebs- und Geschäftsausstattung 034 Fuhrpark 035 Geleistete Anzahlungen 036 Anlagen im Bau	13 Banken	23 Forderungsverluste	33 Warengruppe IV
04 Finanzanlagen	14 Vorsteuer	24 Außerordentliche und sonstige Erträge	34 Warengruppe V
05 Wertberichtigungen	15 Zahlungsmittel 151 Kasse 152 Schecks 153 Wechselforderungen 159 Geldtransit	25 Erträge aus Beteiligungen, Wertpapieren und Ausleihungen des Finanzanlagevermögens	35 Warengruppe VI
06 Eigenkapital 061 Gezeichnetes Kapital (Kapitalgesellschaft) oder Eigenkapital (bei Einzelkaufmann oder Personengesellschaft) 062 Kapitalrücklage 063 Gewinnrücklage 064 Gewinnvortrag, Verlustvortrag	16 Privatkonten	26 Sonstige Zinsen und ähnliche Erträge	36 Sonstige Minderungen der Wareneinstandskosten
07 Sonderposten mit Rücklageanteil und Rückstellungen	17 Verbindlichkeiten 171 Verbindlichkeiten aus Lieferungen und Leistungen 175 Erhaltene Anzahlungen auf Bestellungen 176 Wechselverbindlichkeiten	27 Sonstige betriebliche Erträge	37 Sonstige Anschaffungsnebenkosten sowie anschaffungsbezogene Leistungen Dritter
08 Verbindlichkeiten 081 Anleihen 082 Verbindlichkeiten gegenüber Kreditinstituten 085 Verbindlichkeiten gegenüber Gesellschaften (§ 42 Abs. 3 GmbHG) 086 Verbindlichkeiten gegenüber sonstigen Gläubigern	18 Umsatzsteuer 181 Umsatzsteuer-Verbindlichkeiten 182 Geleistete/empfangene Umsatzsteuer-Zahlungen	28 Verrechnete kalkulatorische Kosten	38 Warenbestandsveränderungen
09 Rechnungsabgrenzungsposten	19 Sonstige Verbindlichkeiten	29 Abgrenzung innerhalb des Geschäftsjahres	39 Warenbestände

1 Der 1988 vom Bundesverband des Deutschen Groß- und Außenhandels e.V. auf §§ 266 und 275 HGB umgestellte Kontenrahmen ist entsprechend den Bedürfnissen seiner überwiegend mittelständischen Mitglieder ausgerichtet und im Kern dem Prozessgliederungsprinzip verhaftet. Auffallend ist die Gliederung nach Warengruppen in den Klassen 3 und 8.

4 Konten der Kostenarten	5 Konten der Kostenstellen	6 Konten für Umsatzkostenverfahren	7 frei	8 Warenverkaufskonten (Umsatzerlöse)	9 Abschluss- konten

40 Personalkosten	Einkauf			80 Warengruppe I
				    801 Warenverkauf
				    805 Rück-
				           sendungen
				    806 Nachlässe
				    807 Boni
				    808 Kundenskonti	

41 Mieten, Pachten, Leasing	Lager			81 Warengruppe II	91 Eröffnungsbilanz
42 Steuern, Beiträge, Versicherungen	Vertrieb			82 Warengruppe III	92 Warenabschluss
43 Energie, Betriebsstoffe	Verwaltung			83 Warengruppe IV	93 G + V
44 Werbe- und Reisekosten	Fuhrpark			84 Warengruppe V	94 Schlussbilanz
45 Provisionen	Be-/Verarbeitung			85 Warengruppe VI	
46 Kosten der Warenabgabe				86 Sonstige Erlös- minderungen (soweit die Erlösminderungen nicht einzelnen Warengruppen zuzuordnen sind)	

47 Betriebskosten,
    Instandhaltung
				87 Sonstige Erlöse aus
				Warenverkäufen
				    871 Eigenverbr.
				           von Waren
				    872 Provisions-
				           erträge	

48 Allgemeine Verwaltung					
49 Abschreibungen					

3 Prozessgegliederter Kontenrahmen: DATEV SKR 03[1]

KONTENKLASSE 0

ANLAGE- UND KAPITALKONTEN

BILANZPOSTEN

Konto	Bezeichnung	Bilanzposten
0010	Konzessionen, gewerbliche Schutzrechte und ähnliche Rechte und Werte sowie Lizenzen an solchen Rechten und Werten	Konzessionen, gew. Schutzrechte u. ähnl. Rechte und Werte sowie Lizenzen an solchen Rechten und Werten
0027	Software	
0035	Geschäfts- oder Firmenwert	Geschäfts- oder Firmenwert
0039	Geleistete Anzahlungen auf immatrielle Vermögensgegenstände	Geleistete Anzahlungen

Sachanlagen

Konto	Bezeichnung	Bilanzposten
0050	Grundstücke, grundstücksgleiche Rechte und Bauten einschließlich der Bauten auf fremden Grundstücken	Grundstücke, grundstücksgleiche Rechte und Bauten einschließlich der Bauten auf fremden Grundstücken
0060	Grundstücke und grundstücksgleiche Rechte ohne Bauten	
0065	Unbebaute Grundstücke	
0070	Grundstücksgleiche Rechte (Erbbaurecht, Dauerwohnrecht)	
0080	Bauten auf eigenen Grundstücken und grundstücksgleichen Rechten	
0085	Grundstückswerte eigener bebauter Grundstücke	
0090	Geschäftsbauten	
0100	Fabrikbauten	
0110	Garagen	
0112	Hof- und Wegbefestigungen	
0113	Einrichtungen für Geschäfts-, Fabrik- und andere Bauten	
0115	Andere Bauten	
0140	Wohnbauten	
0146	Außenanlagen für Geschäfts-, Fabrik- und andere Bauten	
0150	Geschäfts-, Fabrik-, Wohnbauten im Bau	
0159	Anzahlungen auf Geschäfts-, Fabrik-, Wohnbauten	Geleistete Anzahlungen und Anlagen im Bau
0160	Bauten auf fremden Grundstücken	Grundstücke, grundstücksgleiche Rechte und Bauten einschließlich der Bauten auf fremden Grundstücken
0178	Einrichtungen für Geschäfts-, Fabrik-, Wohn- und andere Bauten	
0200	Technische Anlagen und Maschinen	Technische Anlagen und Maschinen
0205	Technische Anlagen	
0210	Maschinen	
0220	Maschinengebundene Werkzeuge	
0280	Betriebsvorrichtungen	

---

[1] Wiedergabe mit Genehmigung der DATEV eG, Nürnberg. Dieser Kontenrahmen ist in Deutschland am weitesten verbreitet. Er ist inhaltsgleich mit STOTAX HKR 1.

KONTENKLASSE 0
ANLAGE- UND KAPITALKONTEN

BILANZPOSTEN

Konto	Bezeichnung	Bilanzposten
0290	Technische Anlagen und Maschinen im Bau	Geleistete Anzahlungen und Anlagen im Bau
0299	Anzahlungen auf Technische Anlagen und Maschinen	
0300	Andere Anlagen, Betriebs- und Geschäftsausstattung	Andere Anlagen, Betriebs- und Geschäftsausstattung
0310	Andere Anlagen	
0320	PKW	
0350	LKW	
0380	Sonstige Transportmittel	
0420	Büroeinrichtung	
0430	Ladeneinrichtung	
0440	Werkzeuge	
0460	Gerüst- und Schalungsmaterial	
0480	Geringwertige Wirtschaftsgüter bis 410 €	
0490	Sonstige Betriebs- und Geschäftsausstattung	
0498	Andere Anlagen, Betriebs- und Geschäftsausstattung im Bau	Geleistete Anzahlungen und Anlagen im Bau
0499	Anzahlungen auf andere Anlagen, Betriebs- und Geschäftsausstattung	

Finanzanlagen

Konto	Bezeichnung	Bilanzposten
0500	**Anteile an verbundenen Unternehmen**	Anteile an verbundenen Unternehmen
0510	**Beteiligungen**	Beteiligungen
0525	**Wertpapiere des Anlagevermögens**	Wertpapiere des Anlagevermögens
0540	**Sonstige Ausleihungen**	Sonstige Ausleihungen
0550	Darlehen	
0570	**Genossenschaftsanteile zum langfristigen Verbleib**	
0580	Ausleihungen an Gesellschafter	
0595	Rückdeckungsansprüche aus Lebensversicherungen zum langfristigen Verbleib	
0600	**Anleihen**	Anleihen
0630	**Verbindlichkeiten gegenüber Kreditinstituten**	Verbindlichkeiten gegenüber Kreditinstituten
0700	**Verbindlichkeiten gegenüber verbundenen Unternehmen**	Verbindlichkeiten gegenüber verbundenen Unternehmen
0730	**Verbindlichkeiten gegenüber Gesellschaftern**	Sonstige Verbindlichkeiten
0800	**Gezeichnetes Kapital (Kapitalgesellschaften)**	Gezeichnetes Kapital
0801	Ausstehende Einlagen, nicht eingefordert	Ausstehende Einlagen auf das gezeichnetes Kapital
0810	Ausstehende Einlagen, eingefordert	

KONTENKLASSE 0
ANLAGE- UND KAPITALKONTEN

BILANZPOSTEN

Konto	Bezeichnung	Bilanzposten
0840	Kapitalrücklage	Kapitalrücklage
0846	Gesetzliche Rücklage	Gesetzliche Rücklage
0851	Satzungsmäßige Rücklagen	Satzungsmäßige Rücklagen
0860	Gewinnvortrag vor Verwendung	Gewinnvortrag oder Verlustvortrag
0868	Verlustvortrag vor Verwendung	
0869	Vorträge auf neue Rechnung	Gewinnvortrag oder Verlustvortrag auf neue Rechnung

Kapital Vollhafter/Einzelunternehmer

Konto	Bezeichnung	Bilanzposten
0870	Festkapital	Kapital (Einzelunternehmer)
0880	Variables Kapital	
0885	**Eigenkapital** (Einzelunternehmer)	
0890	Gesellschafter-Darlehen	
0900	Kommandit-Kapital	
0930	Sonderposten mit Rücklagenanteil	Sonderposten mit Rücklagenanteil

Rückstellungen

Konto	Bezeichnung	Bilanzposten
0950	**Rückstellungen für Pensionen und ähnliche Verpflichtungen**	Rückstellungen für Pensionen und ähnliche Verpflichtungen
0955	Steuerrückstellungen	Steuerrückstellungen
0970	Sonstige Rückstellungen	Sonstige Rückstellungen

Rechnungsabgrenzungsposten

Konto	Bezeichnung	Bilanzposten
0980	**Aktive Rechnungsabgrenzung**	Rechnungsabgrenzungsposten Aktiva
0983	Aktive latente Steuern	
0985	Als Aufwand berücksichtigte Umsatzsteuer auf Anzahlungen	
0986	Dammnum/Disagio	
0990	Passive Rechnungsabgrenzung	Rechnungsabgrenzungsposten Passiva
0996	**Pauschalwertberechtigung zu Forderungen**	Forderungen aus Lieferungen und Leistungen
0998	**Einzelwertberechtigung zu Forderungen**	

KONTENKLASSE 1
FINANZ- UND PRIVATKONTEN

BILANZPOSTEN

Schecks, Kassenbestand, Guthaben bei Kreditinstituten

Konto	Bezeichnung	Bilanzposten
1000	Kasse	Schecks, Kassenbestand, Guthaben bei Kreditinstituten
1100	Postbank	
1200	Bank	

KONTENKLASSE 1
FINANZ- UND PRIVATKONTEN

BILANZPOSTEN

1300 Wechsel aus Lieferungen und Leistungen (Besitzwechsel)

| Forderungen aus L/L |

1330 Schecks

| Schecks, Kassenbestand, Guthaben bei Kreditinstituten |

Wertpapiere

1340 Anteile an verbundenen Unternehmen (Umlaufvermögen)

| Anteile an verbundenen Unternehmen |

1348 Sonstige Wertpapiere

| Sonstige Wertpapiere |

Forderungen und sonstige Vermögensgegenstände

1355 Ansprüche aus Rückdeckungsversicherungen
1360 Geldtransit
1365 Geldverkehr (EDV)

| Sonstige Vermögensgegenstände |

1400 Forderungen aus Lieferungen und Leistungen
1410 Forderungen aus Lieferungen und Leistungen (ohne Kontokorrent)
1460 Zweifelhafte Forderungen

| Forderungen aus Lieferungen und Leistungen |

1500 Sonstige Vermögensgegenstände
1507 Forderungen gegen Gesellschafter

| Sonstige Vermögensgegenstände |

1510 Geleistete Anzahlungen auf Vorräte
1516 Geleistete Anzahlungen auf Vorräte, Regelsteuersatz

| Geleistete Anzahlungen |

1521 Agenturwarenabrechnung
1525 Kautionen
1530 Forderungen gegen Personal
1540 Steuerüberzahlungen
1542 Steuererstattungsansprüche gegenüber anderen EU-Ländern
1545 Umsatzsteuerforderungen
1547 Forderungen aus entrichteten Verbrauchsteuern
1549 Körperschaftsteuerrückforderungen
1550 Darlehen

| Sonstige Vermögensgegenstände |

1570 Abziehbare Vorsteuer
1571 Abziehbare Vorsteuer 7 %
1572 Abziehbare Vorsteuer aus innergemeinschaftlichem Erwerb
1575 Abziehbare Vorsteuer 16 %
1588 Entrichtete Einfuhrumsatzsteuer
1590 Durchlaufende Posten

| Sonstige Vermögensgegenstände oder Sonstige Verbindlichkeiten |

1593 Verrechnungskto. erh. Anzahlungen bei Buchungen über Deb.-Konto

| Sonstige Verbindlichkeiten |

KONTENKLASSE 1
FINANZ- UND PRIVATKONTEN

BILANZPOSTEN

Konto	Bezeichnung	Bilanzposten
1600	Verbindlichkeiten aus Lieferungen und Leistungen	Verbindlichkeiten aus Lieferungen und Leistungen
1610	Verbindlichkeiten aus L/L (ohne Kontokorrent)	
1660	Wechselverbindlichkeiten (Schuldwechsel)	Verbindlichkeiten aus der Annahme gezogener Wechsel
1700	Sonstige Verbindlichkeiten	Sonstige Verbindlichkeiten
1710	Erhaltene Anzahlungen auf Bestellungen	Erhaltene Anzahlungen auf Bestellungen
1716	Erhaltene Anzahlungen auf Bestellungen, Regelsteuersatz	
1731	Agenturwarenabrechnungen	Sonstige Verbindlichkeiten
1732	Erhaltene Kautionen	
1736	Verbindlichkeiten aus Betriebssteuern und -abgaben	
1740	Verbindlichkeiten aus Lohn- und Gehalt	
1741	Verbindlichkeiten aus Lohn- und Kirchensteuer	
1742	Verbindlichkeiten im Rahmen der sozialen Sicherheit	
1746	Verbindlichkeiten aus Einbehaltungen	
1750	Verbindlichkeiten aus Vermögensbildung	
1755	Lohn- und Gehaltsverrechnungskonto (nur für EDV)	
1767	Umsatzsteuer aus im anderen EU-Land steuerpfl. Lieferungen	
1770	Umsatzsteuer	Sonstige Verbindlichkeiten
1771	Umsatzsteuer 7 %	
1772	Umsatzsteuer aus innergemeinschaftlichem Erwerb	oder
1775	Umsatzsteuer 16 %	Sonstige Vermögensgegenstände
1780	Umsatzsteuervorauszahlungen	
1781	Umsatzsteuervorauszahlungen 1/11	
1789	Umsatzsteuer lfd. Jahr (Verbindlichkeiten gegenüber dem Finanzamt)	
1790	Umsatzsteuer Vorjahr	
1791	Umsatzsteuer frühere Jahre	
1792	Sonstige Verrechnungskonten, durchlaufende Posten	
1793	Verrechnungskonto geleistete Anzahlungen bei Buchung über Kreditoren-Konto	
1800	Privatentnahmen allgemein	Kapital (Einzelunternehmen)
1880	Unentgeltliche Wertabgaben (Eigenverbrauch)	
1890	Privateinlagen	

KONTENKLASSE 2
ABGRENZUNGSKONTEN

GUV-POSTEN

Außerordentliche Aufwendungen

2000 Außerordentliche Aufwendungen

| Außerordentliche Aufwendungen |

Betriebsfremde und periodenfremde Aufwendungen

2010 Betriebsfremde Aufwendungen
2020 Periodenfremde Aufwendungen, soweit nicht außerordentlich

| Sonstige betriebliche Aufwendungen |

Zinsen und ähnliche Aufwendungen

2100 Zinsen und ähnliche Aufwendungen
2107 Zinsaufwendungen aus betrieblich abzugsfähigen Steuern
2109 Zinsaufwendungen an verbundene Unternehmen

2110 Zinsaufwendungen für kurzfristige Verbindlichkeiten
2120 Zinsaufwendungen für langfristige Verbindlichkeiten

2130 Diskontaufwendungen
2140 Zinsähnliche Aufwendungen

| Sonstige Zinsen und ähnliche Aufwendungen |

2150 Aufwendungen für Kursdifferenzen

| Sonstige betriebliche Aufwendungen |

Steueraufwendungen

2200 Körperschaftssteuer (einschließlich Solidaritätszuschlag)
2210 Kapitalertragsteuer (einschließlich Solidaritätszuschlag)
2215 Zinsabschlagsteuer (einschließlich Solidaritätszuschlag)
2280 Steuernachzahlung Vorjahre für Steuern vom Einkommen und Ertrag
2282 Steuererstattung Vorjahre für Steuern vom Einkommen und Ertrag
2284 Erträge aus der Auflösung von Rückstellungen für Steuern vom Einkommen und Ertrag

| Steuern vom Einkommen und vom Ertrag |

2285 Steuernachzahlungen Vorjahre für sonstige Steuern
2287 Steuererstattungen Vorjahre für sonstige Steuern
2289 Erträge aus der Auflösung von Rückstellungen für sonstige Steuern

| Sonstige Steuern |

2300 Sonstige Aufwendungen
2307 Sonstige Aufwendungen, betriebsfremd
2310 Anlagenabgänge (Restbuchwert bei Buchverlust)

| Sonstige betriebliche Aufwendungen |

2315 Anlagenabgänge (Restbuchwert bei Buchgewinn)

| Sonstige betriebliche Erträge |

KONTENKLASSE 2
ABGRENZUNGSKONTEN

GUV-POSTEN

Konto	Bezeichnung	GUV-Posten
2320	Verluste aus dem Abgang von Gegenständen des Anlagevermögens	Sonstige betriebliche Aufwendungen
2325	Verluste aus dem Abgang von Gegenständen des Umlaufvermögens (außer Vorräten)	
2340	Einstellung in Sonderposten mit Rücklagenanteil (stfr. Rücklagen)	
2345	Einstellung in Sonderposten mit Rücklagenanteil (Sonderabschreibungen)	
2350	Sonstige Grundstücksaufwendungen	
2375	Grundsteuer	Sonstige Steuern
2380	Spenden (bei Kapitalgesellschaften)	Sonstige betriebliche Aufwendungen
2385	Nicht abziehbare Hälfte der Aufsichtsratsvergütungen	
2400	Forderungsverluste (übliche Höhe)	
2402	Forderungsverluste aus steuerfreien EU-Lieferungen (übliche Höhe)	
2405	Forderungsverluste 16 %	
2430	Forderungsverluste (soweit unüblich hoch)	Abschreibungen auf Vermögensgegenstände des Umlaufvermögens, soweit diese die in der Kapitalgesellschaft üblichen Abschreibungen überschreiten
2450	Einstellung in die Paulschalwertberichtigung zu Forderungen	Sonstige betriebliche Aufwendungen
2451	Einstellung in die Einzelwertberichtigungen zu Forderungen	
2496	Einstellung in die gesetzlichen Rücklagen	Einstellungen in die Gewinnrücklagen
2497	Einstellung in die satzungsmäßigen Rücklagen	
2498	Einstellung in die Rücklage für eigene Anteile	
2499	Einstellung in andere Gewinnrücklagen	
2500	**Außerordentliche Erträge**	Außerordentliche Erträge
	Betriebsfremde und periodenfremde Erträge	
2510	Betriebsfremde Erträge (soweit nicht außerordentlich)	Sonstige betriebliche Erträge
2520	Periodenfremde Erträge (soweit nicht außerordentlich)	
2600	Erträge aus Beteiligungen	Erträge aus Beteiligungen
2620	Erträge aus anderen Wertpapieren und Ausleihungen des Finanzanlagevermögens	Sonstige betriebliche Erträge
	Sonstige Zinsen und ähnliche Erträge	
2650	Sonstige Zinsen und ähnliche Erträge	Sonstige Zinsen und ähnliche Erträge
2657	Zinserträge aus betrieblich abzugsfähigen Steuern	

KONTENKLASSE 2
ABGRENZUNGSKONTEN

GUV-POSTEN

2658 Zinserträge aus Körperschaftsteuer 2659 Sonstige Zinsen und ähnliche Erträge aus verbundenen Unternehmen	Sonstige Zinsen und ähnliche Erträge
2660 Erträge aus Kursdifferenzen	Sonstige betriebliche Erträge
2670 Diskonterträge 2680 Zinsähnliche Erträge	Sonstige Zinsen und ähnliche Erträge
2700 Sonstige Erträge 2710 Erträge aus Zuschreibungen des Anlagevermögens 2715 Erträge aus Zuschreibungen des Umlaufvermögens, außer Vorräten 2720 Erträge aus dem Abgang von Gegenständen des Anlagevermögens 2725 Erträge aus dem Abgang von Gegenständen des Umlaufvermögens (außer Vorräten) 2730 Erträge aus der Herabsetzung der Pauschalwertberichtigung zu Forderungen 2731 Erträge aus der Herabsetzung der Einzelwertberichtigung zu Forderungen 2732 Erträge aus abgeschriebenen Forderungen 2735 Erträge aus der Auflösung von Rückstellungen 2740 Erträge aus der Auflösung von Sonderposten mit Rücklagenanteil (steuerfreie Rücklagen) 2741 Erträge aus der Auflösung von Sonderposten mit Rücklagenanteil (Sonderabschreibungen) 2742 Versicherungsentschädigungen 2743 Investitionszuschüsse (steuerpflichtig) 2744 Investitionszulagen (steuerfrei) 2750 Grundstückserträge	Sonstige betriebliche Erträge
2795 Entnahmen aus Kapitalrücklagen	Entnahmen aus Kapitalrücklagen
2796 Entnahmen aus der gesetzlichen Rücklage 2797 Entnahmen aus satzungsmäßigen Rücklagen 2798 Entnahmen aus der Rücklage für eigene Anteile 2799 Entnahmen aus anderen Gewinnrücklagen	Entnahmen aus Gewinnrücklagen
2860 Gewinnvortrag nach Verwendung 2868 Verlustvortrag nach Verwendung	Gewinnvortrag oder Verlustvortrag
2869 Vorträge auf neue Rechnung	Gewinnvortrag oder Verlustvortrag auf neue Rechnung
2870 Ausschüttung	Ausschüttung
Verrechnete kalkulatorische Kosten 2890 Verrechneter kalkulatorischer Unternehmerlohn 2891 Verrechnete kalkulatorische Miete und Pacht 2892 Verrechnete kalkulatorische Zinsen 2893 Verrechnete kalkulatorische Abschreibungen 2894 Verrechnete kalkulatorische Wagnisse	Sonstige betriebliche Aufwendungen

KONTENKLASSE 3
WARENEINGANGS- UND BESTANDSKONTEN

Materialaufwand

3000 Einkauf Roh-, Hilfs- und Betriebsstoffe
3010 Einkauf Rohstoffe
3020 Einkauf Hilfsstoffe
3030 Einkauf Betriebsstoffe
3090 Energiestoffe (Fertigung)

Aufwendungen für bezogene Leistungen

3100 Fremdleistungen

3200 Wareneingang
3300 Wareneinkauf Handelsware 7 %

3400 Wareneinkauf Handelsware 16 %

3420 Innergemeinschaftlicher Erwerb 7 %
3425 Innergemeinschaftlicher Erwerb 16 %
3435 Innergemeinschaftlicher Erwerb ohne Vorsteuer
3550 Steuerfreier innergemeinschaftlicher Erwerb

3700 Nachlässe
3710 Nachlässe 7 %
3720 Nachlässe 16 %

3724 Erhaltene Skonti/Nachlässe aus ig. Erwerb 7 %
3725 Erhaltene Skonti/Nachlässe aus ig. Erwerb 16 %
3730 Erhaltene Skonti
3731 Erhaltene Skonti 7 %
3726 Erhaltene Skonti 16 %

3740 Erhaltene Boni/Rabatte
3750 Erhaltene Boni/Rabatte 7 %
3760 Erhaltene Boni/Rabatte 16 %

3800 Anschaffungsnebenkosten
3830 Leergut
3850 Zölle und Einfuhrabgaben

GUV-POSTEN

Aufwendungen für Roh-, Hilfs- und Betriebsstoffe und für Waren

Fremdleistungen

Aufwendungen für Roh-, Hilfs- und Betriebsstoffe und für Waren

KONTENKLASSE 3

3970 Bestand Roh-, Hilfs- und Betriebsstoffe (zusammengefasst)
3971 Rohstoffe (Bestand)
3972 Hilfsstoffe (Bestand)
3973 Betriebsstoffe (Bestand)

3980 Warenbestand Handelsware

BILANZPOSTEN

Roh-, Hilfs- und Betriebsstoffe

Fertige Erzeugnisse und Waren

KONTENKLASSE 4
BETRIEBLICHE AUFWENDUNGEN

GUV-POSTEN

Material- und Stoffverbrauch

4000	Aufwendungen für Roh, Hilfs- und Betriebsstoffe	Aufwendungen für Roh-, Hilfs- und Betriebsstoffe

Personalaufwand

4100	Löhne und Gehälter	Löhne und Gehälter
4110	Löhne (produktiv)	
4115	Gemeinkostenlöhne	
4120	Gehälter	
4125	Ehegattengehalt	
4127	Geschäftsführergehälter	
4130	gesetzliche soziale Aufwendungen (AG-Anteil)	Soziale Abgaben und Aufwendungen für Altersversorgung und für Unterstützung
4138	Beiträge zur Berufsgenossenschaft	
4139	Ausgleichsabgabe im Sinne des Schwerbehindertengesetzes	Sonstige betriebliche Aufwendungen
4140	Freiwillig soziale Aufwendungen, lohnsteuerfrei	Soziale Abgaben und Aufwendungen für Altersversorgung und für Unterstützung
4145	Freiwillig soziale Aufwendungen, lohnsteuerpflichtig	Löhne und Gehälter
4146	Geldwerte Vorteile und Sachbezüge	
4150	Krankengeldzuschüsse	
4160	Versorgungskassen	Soziale Abgaben und Aufwendungen für Altersversorgung und für Unterstützung
4165	Aufwendungen für Altersversorgung (z.B. Pensionszahlungen, Zuführungen zu Pensionsrückstellungen, Direktversicherungen)	
4169	Aufwendungen für Unterstützung (z.B. betriebliche Beihilfen für Krankheit, Geburt, Heirat, Unfall, Kur- und Arztkosten, Zuführung zu Unterstützungskassen)	
4170	Vermögenswirksame Leistungen	Löhne und Gehälter
4175	Fahrtkostenerstattung Wohnung/Arbeitsstätte	
4180	Periodenfremde Personalaufwendungen (z.B. Abfindungen, die Vorjahre betreffen)	
4190	Aushilfslöhne	
4199	Lohnsteuer für pauschalisierungspflichtige Bezüge	(oder sonstige Steuern)
4200	Raumkosten	Sonstige betriebliche Aufwendungen
4210	Miete	
4220	Pacht	
4230	Heizung	
4240	Gas, Strom, Wasser (Verwaltung, Vertrieb)	
4250	Reinigung	
4260	Instandhaltung betrieblicher Räume	

KONTENKLASSE 4
BETRIEBLICHE AUFWENDUNGEN

GUV-POSTEN

Konto	Bezeichnung	GUV-Posten
4270	Abgaben für betrieblich genutzten Grundbesitz	Sonstige betriebliche Aufwendungen
4280	Sonstige Raumkosten	
4300	Nicht anrechenbare Vorsteuer	
4320	Gewerbesteuer	Steuern vom Einkommen und vom Ertrag
4340	Sonstige Betriebssteuern	Sonstige Steuern
4350	Verbrauchssteuer (z.B. Getränkesteuer)	
4360	Versicherungen	Sonstige betriebliche Aufwendungen
4380	Beiträge	
4390	Sonstige Abgaben und Gebühren	
4500	Fahrzeugkosten	
4510	Kfz-Steuer	Sonstige Steuern
4520	Kfz-Versicherungen	Sonstige betriebliche Aufwendungen
4530	Laufende Kfz-Betriebskosten	
4540	Kfz-Reparaturen	
4550	Garagenmiete	
4570	Fremdfahrzeuge (auch Kfz-Leasing)	
4580	Sonstige Kfz-Kosten	
4610	Werbekosten	
4630	Geschenke, steuerlich abzugsfähig	
4635	Geschenke, steuerlich nicht abzugsfähig	
4640	Repräsentationsaufwendungen	
4650	Bewirtungskosten	
4651	30 % nicht abzugsfähige Bewirtungskosten	
4654	Bewirtungskosten, unangemessen hoch	
4655	Nicht abzugsfähige Betriebausgaben	
4660	Reisekosten Arbeitnehmer	
4670	Reisekosten Unternehmer	
4700	Kosten der Warenabgabe	
4710	Verpackungsmaterial	
4730	Ausgangsfrachten	
4750	Transportversicherung	
4760	Verkaufsprovisionen	
4780	Fremdarbeiten	
4790	Aufwand für Gewährleistung	
4800	Reparaturen und Instandhaltung von technischen Anlagen und Maschinen	
4805	Reparaturen und Instandhaltung von anderen Anlagen, Betriebs- und Geschäftsausstattung	
4809	Sonstige Reparaturen und Instandhaltung	
4810	Mietleasing	

KONTENKLASSE 4
BETRIEBLICHE AUFWENDUNGEN

GUV-POSTEN

4822 Abschreibungen auf immaterielle Wirtschaftsgüter 4826 Außerplanmäßige Abschreibungen auf immaterielle Vermögensgegenstände 4830 Abschreibungen auf Sachanlagen 4840 Außerplanmäßige Abschreibungen auf Sachanlagen 4850 Abschreibungen auf Sachanlagen auf Grund steuerlicher Sondervorschriften 4855 Sofortabschreibung geringwertiger Wirtschaftsgüter 4860 Abschreibungen auf aktivierte GwG	Abschreibungen auf immaterielle Vermögensgegenstände des Anlagevermögens und Sachanlagen sowie auf aktivierte Aufwendungen für die Ingangsetzung und Erweiterung des Geschäftsbetriebs
4870 Abschreibungen auf Finanzanlagen 4875 Abschreibungen auf Wertpapiere des Umlaufvermögens	Abschreibungen auf Finanzanlagen und auf Wertpapiere des Umlaufvermögens
4880 Abschreibungen auf Vermögensgegenstände des Umlaufvermögens (soweit unüblich hoch)	Abschreibungen auf Vermögensgegenstände des Umlaufvermögens, soweit diese die in der Kapitalgesellschaft üblichen Abschreibungen überschreiten
4886 Abschreibungen auf Umlaufvermögen (außer Vorräte und Wertpapiere des UV, soweit übliche Höhe) 4887 Abschreibungen auf Umlaufvermögen, steuerrechtlich bedingt 4900 Sonstige betriebliche Aufwendungen 4901 Andere Personalkosten (z. B. Werkarzt, Betriebsveranstaltungen) 4910 Porto 4920 Telefon 4925 Telefax, Fernschreiber 4930 Bürobedarf 4940 Zeitschriften, Bücher 4945 Fortbildungskosten 4950 Rechts- und Beratungskosten 4955 Buchführungskosten 4957 Abschluss- und Prüfungskosten 4960 Mieten, Mietleasing für Einrichtungen 4969 Aufwendungen für Abraum- und Abfallbeseitigung 4970 Nebenkosten des Geldverkehrs 4980 Sonstiger Betriebsverkehr 4985 Werkzeuge und Kleingeräte	Sonstige betriebliche Aufwendungen

Kalkulatorische Kosten

4990 Kalkulatorischer Unternehmerlohn 4991 Kalkulatorische Miete und Pacht 4992 Kalkulatorische Zinsen 4993 Kalkulatorische Abschreibungen 4994 Kalkulatorische Wagnisse	Sonstige betriebliche Aufwendungen

KONTENKLASSE 7
BESTÄNDE AN ERZEUGNISSEN

BILANZPOSTEN

7050 Unfertige Erzeugnisse (Bestand)
7080 Unfertige Leistungen (Bestand)

Unfertige Erzeugnisse, unfertige Leistungen

7100 Fertige Erzeugnisse und Waren (zusammengefasst)
7110 Fertige Erzeugnisse (Bestand)
7140 Waren (Bestand)

Fertige Erzeugnisse und Waren

KONTENKLASSE 8
ERLÖSKONTEN

GUV-POSTEN

Umsatzerlöse

8000 Umsatzerlöse
8100 Steuerfeie Umsätze § 4 Nr. 8 ff. UStG
8110 Sonstige steuerfeie Umsätze, Inland
8120 Steuerfeie Umsätze § 4 Nr. 1a, 2–7 UStG (z. B. Ausfuhr)
8125 Steuerfreie innergemeinschaftliche Lieferungen, 4 Nr. 1b UStG
8150 Sonstige steuerfreie Umsätze, Ausland
8300 Erlöse, ermäßigter Regelsteuersatz
8315 Erlöse aus im Inland steuerpfl. EU-Lieferungen 16 %
8320 Erlöse aus im anderen EU-Land steuerpflichtigen Lieferungen

Umsatzerlöse

8400 Erlöse, Regelsteuersatz

8405 Erlöse aus Verkauf an das Personal
8490 Umsatzsteuerpflichtige Anzahlungen von Kunden
8500 Provisionserlöse
8508 Provisionserlöse 16 %
8520 Erlöse aus Abfallverwertung
8540 Erlöse aus Leergut

8590 Verrechnete Sachbezüge, steuerfrei
8591 Verrechnete Sachbezüge 16 % (z. B. Kfz-Gestellung)
8595 Verrechnete Sachbezüge 7 % (z. B. Verpflegung)

Sonstige betriebliche Erträge

8600 Sonstige betriebliche Erträge

8650 Erlöse Zinsen und Diskontspesen 16 %

Sonstige Zinsen und ähnliche Erträge

8655 Erlöse aus weiterberechneten Kosten

Umsatzerlöse

8700 Erlösschmälerungen
8710 Erlösschmälerungen 7 %
8720 Erlösschmälerungen 16 %
8724 Erlösschmälerungen aus steuerfreien innergem. Lieferungen
8725 Erlösschmälerungen aus steuerfreien innergem. Lieferungen 7 %

KONTENKLASSE 8
ERLÖSKONTEN

	GUV-POSTEN
8726 Erlösschmälerungen aus steuerfreien innergem. Lieferungen 16 % 8727 Erlösschmälerungen aus im anderen EU-Land steuerpflichtigen Lieferungen 8730 Gewährte Skonti 8731 Gewährte Skonti 7 % 8736 Gewährte Skonti 16 % 8740 Gewährte Boni 8741 Gewährte Boni 7 % 8746 Gewährte Boni 16 %	Umsatzerlöse
8800 Erlöse aus Anlagenverkäufen 16 % 8801 Erlöse aus Anlagenverkäufen (bei Buchgewinn)	Sonstige betriebliche Erträge
8820 Erlöse aus Anlagenverkäufen (bei Buchverlust)	Sonstige betriebliche Aufwendungen
8900 Unentgeltliche Wertabgaben (Eigenverbrauch) 8905 Entnahme von Gegenständen ohne Umsatzsteuer 8910 Entnahme von Gegenständen 16 % (z. B. Waren) 8915 Entnahme von Gegenständen 7 % (z. B. Waren)	Umsatzerlöse
8918 Entnahme von Gegenständen 16 % (z. B. Sachanlagen) 8920 Entnahme von sonstigen Leistungen (Pkw-, Telefon-Nutzung) 16 % 8939 Entnahme von sonstigen Leistungen ohne Umsatzsteuer	Sonstige betriebliche Erträge
8950 Nicht steuerbare Umsätze (Schadenersatz)	Umsatzerlöse
8960 Bestandsveränderungen unfertige Erzeugnisse 8970 Bestandsveränderungen unfertige Leistungen 8980 Bestandsveränderungen fertige Erzeugnisse und Leistungen	Erhöhung oder Verminderung des Bestandes an fertigen und unfertigen Erzeugnissen
8990 Andere aktivierte Eigenleistungen	And. aktivierte Eigenleistungen

KONTENKLASSE 9

VORTRAGSKONTEN, STATISTISCHE KONTEN

9000 Saldenvorträge (Eröffnungsbilanzkonto)
9090 Summenvortragskonto

9100 Schlussbilanzkonto
9200 Gewinn- und Verlustkonto

DEBITORENKONTEN (Kunden)

Konten-Nummern im Bereich 10 000–69 999
(empfohlen 10 000–19 999)

KREDITORENKONTEN (Lieferanten)

Konten-Nummern im Bereich 70 000–99 999
(empfohlen 70 000–79 999)

4 Abschlussgegliederter Kontenrahmen: Industriekontenrahmen IKR '86[1]

KONTENKLASSE 0   **BILANZPOSTEN**

Klasse 0: Immaterielle Vermögensgegenstände und Sachanlagen

00 Ausstehende Einlagen
    000 Ausstehende Einlagen

Ausstehende Einlagen auf das gezeichnete Kapital

01 frei

Immaterielle Vermögensgegenstände

02 Konzessionen, gewerbliche Schutzrechte und ähnliche Rechte und Werte sowie Lizenzen an solchen Rechten und Werten
    020 Konzessionen, gewerbliche Schutzrechte und ähnliche Rechte und Werte sowie Lizenzen an solchen Rechten und Werten

Konzessionen, gew. Schutzrechte u. ähnliche Rechte und Werte sowie Lizenzen an solchen Rechten und Werten

03 Geschäfts- oder Firmenwert
    030 Geschäfts- oder Firmenwert

Geschäfts- oder Firmenwert

04 frei

Sachanlagen

05 Grundstücke, grundstücksgleiche Rechte und Bauten einschließlich der Bauten auf fremden Grundstücken
    050 Unbebaute Grundstücke
    051 Bebaute Grundstücke
    053 Betriebsgebäude
    054 Verwaltungsgebäude
    055 Andere Bauten
    056 Grundstückseinrichtungen
    057 Gebäudeeinrichtungen
    059 Wohngebäude

Grundstücke, grundstücksgleiche Rechte und Bauten einschließlich der Bauten auf fremden Grundstücken

06 frei

07 Technische Anlagen und Maschinen
    070 Anlagen und Maschinen der Energieversorgung
    071 Anlagen der Materiallagerung und -bereitstellung
    072 Anlagen und Maschinen der mechanischen Materialbearbeitung, -verarbeitung und -umwandlung
    073 Anlagen für Wärme-, Kälte- und chemische Prozesse sowie ähnliche Anlagen
    074 Anlagen für Arbeitssicherheit und Umweltschutz

Technische Anlagen und Maschinen

---

[1] Bundesverband der Deutschen Industrie e.V. (Hrsg.): Industriekontenrahmen (IKR '86), gekürzte Fassung für Aus- und Fortbildung, Heider-Verlag, Bergisch Gladbach.

| KONTENKLASSE 0 | BILANZPOSTEN |

Sachanlagen

| 075 Transportanlagen und ähnliche Betriebsvorrichtungen
076 Verpackungsanlagen und -maschinen
077 Sonstige Anlagen und Maschinen
078 Reservemaschinen und -anlageteile
079 Geringwertige Anlagen und Maschinen | Technische Anlagen und Maschinen |

08 Andere Anlagen, Betriebs und Geschäftsausstattung
   080 Andere Anlagen
   081 Werkstätteneinrichtung
   082 Werkzeuge, Werksgeräte und Modelle, Prüf- und Messmittel
   083 Lager- und Transporteinrichtungen
   084 Fuhrpark
   085 Sonstige Betriebsausstattung
   086 Büromaschinen, Organisationsmittel und Kommunikationsanlagen
   087 Büromöbel und sonstige Geschäftsausstattung
   088 Reserveteile für Betriebs- und Geschäftsausstattung
   089 Geringwertige Vermögensgegenstände der Betriebs- und Geschäftsausstattung

| | Andere Anlagen, Betriebs- und Geschäftsausstattung |

09 Geleistete Anzahlungen und Anlagen im Bau
   090 Geleistete Anzahlungen auf Sachanlagen
   095 Anlagen im Bau

| | Geleistete Anzahlungen und Anlagen im Bau |

Klasse 1: Finanzanlagen

10–12 frei

13 Beteiligungen
   130 Beteiligungen

| | Beteiligungen |

14 frei

15 Wertpapiere des Anlagevermögens
   150 Wertpapiere des Anlagevermögens

| | Wertpapiere des Anlagevermögens |

16 Sonstige Finanzanlagen
   160 Sonstige Finanzanlagen

| | Sonstige Ausleihungen |

17–19 frei

Klasse 2: Umlaufvermögen und aktive Rechnungsabgrenzung

Vorräte

20 Roh-, Hilfs- und Betriebsstoffe
   200 Rohstoffe/Fertigungsmaterial
      2001 Bezugskosten
      2002 Nachlässe
   201 Vorprodukte/Fremdbauteile
      2011 Bezugskosten
      2012 Nachlässe

| | Roh-, Hilfs- und Betriebsstoffe |

| KONTENKLASSE 2 | BILANZPOSTEN |

Vorräte

202 Hilfsstoffe
    2021 Bezugskosten
    2022 Nachlässe
203 Betriebsstoffe
    2031 Bezugskosten
    2032 Nachlässe
207 Sonstiges Material
    2071 Bezugskosten
    2072 Nachlässe
	Roh-, Hilfs- und Betriebsstoffe

21 Unfertige Erzeugnisse, unfertige Leistungen
   210 Unfertige Erzeugnisse
   219 Unfertige Leistungen
	Unfertige Erzeugnisse, unfertige Leistungen

22 Fertige Erzeugnisse und Waren
   220 Fertige Erzeugnisse
   228 Waren (Handelswaren)
      2281 Bezugskosten
      2282 Nachlässe
	Fertige Erzeugnisse und Waren

23 Geleistete Anzahlungen auf Vorräte 230 Geleistete Anzahlungen auf Vorräte	Geleistete Anzahlungen

Forderungen und sonstige Vermögensgegenstände (24–26)

24 Forderungen aus Lieferungen und Leistungen
   240 Forderungen aus Lieferungen und Leistungen
   245 Wechselforderungen aus Lieferungen und Leistungen (Besitzwechsel)
   247 Zweifelhafte Forderungen
   248 Protestwechsel
	Forderungen aus Lieferungen und Leistungen

25 frei	

26 Sonstige Vermögensgegenstände
   260 Vorsteuer
   263 Sonstige Forderungen an Finanzbehörden (ausgezahlte Arbeitnehmersparzulage)
   265 Forderungen an Mitarbeiter
   269 Übrige sonstige Forderungen
	Sonstige Vermögensgegenstände

27 Wertpapiere des Umlaufvermögens 270 Wertpapiere des Umlaufvermögens	Sonstige Wertpapiere

28 Flüssige Mittel
   280–284 Guthaben bei Kreditinstituten
   285 Postbank
   286 Schecks
   287 Bundesbank
   288 Kasse
   289 Nebenkassen
	Schecks, Kassenbestand, Bundesbank- und Postbankguthaben, Guthaben bei Kreditinstituten

29 Aktive Rechnungsabgrenzung 290 Aktive Jahresabgrenzung	Rechnungsabgrenzungsposten
292 Umsatzsteuer auf erhaltene Anzahlungen 299 Nicht durch Eigenkapital gedeckter Fehlbetrag	Nicht durch Eigenkapital gedeckter Fehlbetrag

KONTENKLASSE 3

Klasse 3: Eigenkapital und Rückstellungen

Eigenkapital

Kontenklasse	Bilanzposten

30 Eigenkapital/Gezeichnetes Kapital
– bei Einzelkaufleuten
  300 Eigenkapital
  3001 Privatkonto
– bei Personengesellschaften
  300 Kapital Gesellschafter A
  3001 Privatkonto A
  301 Kapital Gesellschafter B
  3011 Privatkonto B
  307 Kommanditkapital Gesellschafter C
  308 Kommanditkapital Gesellschafter D
– bei Kapitalgesellschaften
	Kapital (Einzelunternehmen und Personengesellschaften)

300 Gezeichnetes Kapital (Grundkapital/Stammkapital)	Gezeichnetes Kapital
31 Kapitalrücklage 310 Kapitalrücklage	Kapitalrücklage
32 Gewinnrücklagen 321 Gesetzliche Rücklagen	Gesetzliche Rücklage
323 Satzungsmäßige Rücklagen	Satzungsmäßige Rücklagen
324 Andere Gewinnrücklagen	Andere Gewinnrücklagen
33 Ergebnisverwendung 331 Jahresergebnis des Vorjahres 332 Ergebnisvortrag aus früheren Perioden	Gewinn- oder Verlustvortrag
334 Veränderungen der Rücklagen	Rücklagen
335 Bilanzergebnis (Bilanzgewinn/Bilanzverlust) 336 Ergebnisausschüttung	Bilanzgewinn
339 Ergebnisvortrag auf neue Rechnung	Gewinn-/Verlustvortrag a. n. R.
34 Jahresüberschuss/Jahresfehlbetrag 340 Jahresüberschuss/Jahresfehlbetrag	Jahresüberschuss/-fehlbetrag
35 Sonderposten mit Rücklageanteil 350 Sonderposten mit Rücklageanteil	Sonderposten mit Rücklagenanteil
36 Wertberichtigungen (bei Kapitalgesellschaften als Passivposten der Bilanz nicht mehr zulässig) 361 Wertberichtigung zu Sachanlagen 365 Wertberichtigung zu Finanzanlagen 367 Einzelwertberichtigung zu Forderungen 368 Pauschalwertberichtigung zu Forderungen	

Rückstellungen

37 Rückstellungen für Pensionen und ähnliche Verpflichtungen 370 Rückstellungen für Pensionen und ähnliche Verpflichtungen	Rückstellungen für Pensionen und ähnlichen Verpflichtungen

| KONTENKLASSE 3 | BILANZPOSTEN |

Klasse 3: Eigenkapital und Rückstellungen

Rückstellungen

38 Steuerrückstellungen 380 Steuerrückstellungen	Steuerrückstellungen

39 Sonstige Rückstellungen
   391 Rückstellungen für Gewährleistung
   393 Rückstellungen für andere ungewisse Verbindlichkeiten
   397 Rückstellungen für drohende Verluste aus schwebenden Geschäften
   399 Rückstellungen für Aufwendungen
	Sonstige Rückstellungen

Klasse 4: Verbindlichkeiten und passive Rechnungsabgrenzung

40 frei

41 Anleihen 410 Anleihen	Anleihen

42 Verbindlichkeiten gegenüber Kreditinstituten
   420 Kurzfristige Bankverbindlichkeiten
   425 Langfristige Bankverbindlichkeiten
	Verbindlichkeiten gegenüber Kreditinstituten

43 Erhaltene Anzahlungen auf Bestellungen 430 Erhaltene Anzahlungen auf Bestellungen	Erhaltene Anzahlungen auf Bestellungen
44 Verbindlichkeiten aus Lieferungen und Leistungen 440 Verbindlichkeiten aus Lieferungen und Leistungen	Verbindlichkeiten aus Lieferungen und Leistungen
45 Wechselverbindlichkeiten 450 Schuldwechsel	Verbindlichkeiten aus der Annahme gezogener Wechsel

46–47 frei

48 Sonstige Verbindlichkeiten
   480 Umsatzsteuer
   483 Sonstige Verbindlichkeiten gegenüber Finanzbehörden
   484 Verbindlichkeiten gegenüber Sozialversicherungsträgern
   485 Verbindlichkeiten gegenüber Mitarbeitern
   486 Verbindlichkeiten aus vermögenswirksamen Leistungen
   487 Verbindlichkeiten gegenüber Gesellschaftern
   489 Übrige sonstige Verbindlichkeiten
	Sonstige Verbindlichkeiten

49 Passive Rechnungsabgrenzung
   490 Passive Jahresabgrenzung
   492 Vorsteuer auf geleistete Anzahlungen
	Passive Rechnungsabgrenzung

KONTENKLASSE 5

Klasse 5: Erträge

	GUV-POSTEN

50 Umsatzerlöse für eigene Erzeugnisse und andere eigene Leistungen
   500 Umsatzerlöse für eigene Erzeugnisse
       5001 Erlösberichtigungen
   505 Umsatzerlöse für andere eigene Leistungen
       5051 Erlösberichtigungen
 	
51 Umsatzerlöse für Waren und sonstige Umsatzerlöse
   510 Umsatzerlöse für Waren
       5101 Erlösberichtigungen
   519 Sonstige Umsatzerlöse
       5191 Erlösberichtigungen
	Umsatzerlöse

52 Erhöhung oder Verminderung des Bestandes an unfertigen und fertigen Erzeugnissen
   520 Bestandsveränderungen
       5201 Bestandsveränderungen an unfertigen Erzeugnissen und nicht abgerechneten Leistungen
       5202 Bestandsveränderungen an fertigen Erzeugnissen
	Erhöhung oder Verminderung des Bestandes an fertigen und unfertigen Erzeugnissen

53 Andere aktivierte Eigenleistungen 530 Aktivierte Eigenleistungen	Andere aktivierte Eigenleistungen

54 Sonstige betriebliche Erträge
   540 Nebenerlöse
       5401 Erlöse aus Vermietung und Verpachtung
       5403 Erlöse aus Werksküche und Kantine
       5409 Sonstige Nebenerlöse
   541 Sonstige Erlöse (z.B. aus Provisionen, Lizenzen oder aus dem Abgang von Gegenständen des Anlagevermögens)
   542 Eigenverbrauch
   543 Andere sonstige betriebliche Erträge (z.B. Schadensersatzleistungen)
   544 Erträge aus Werterhöhungen von Gegenständen des Anlagevermögens (Zuschreibungen)
   545 Erträge aus der Auflösung oder Herabsetzung von Wertberichtigungen auf Forderungen
   546 Erträge aus dem Abgang von Vermögensgegenständen (Nettoerträge: Erlös ·/· Buchwert)
   547 Erträge aus der Auflösung von Sonderposten mit Rücklageanteil
   548 Erträge aus der Herabsetzung von Rückstellungen
   549 Periodenfremde Erträge (soweit nicht bei den betroffenen Ertragsarten zu erfassen)
	Sonstige betriebliche Erträge

55 Erträge aus Beteiligungen 550 Erträge aus Beteiligungen	Erträge aus Beteiligung

KONTENKLASSE 5

Klasse 5: Erträge

56 Erträge aus anderen Wertpapieren und Ausleihungen des Finanzanlagevermögens
   560 Erträge aus anderen Finanzanlagen

57 Sonstige Zinsen und ähnliche Erträge
   571 Zinserträge
   573 Diskonterträge
   578 Erträge aus Wertpapieren des Umlaufvermögens
   579 Sonstige zinsähnliche Erträge

58 Außerordentliche Erträge
   580 Außerordentliche Erträge

59 frei

Klasse 6: Betriebliche Aufwendungen

Materialaufwand

60 Aufwendungen für Roh-, Hilfs- und Betriebsstoffe (gegebenenfalls Erfassung der »Bezugskosten« und »Nachlässe« hier statt in Gruppe 20)
   600 Aufwendungen für Rohstoffe/Fertigungsmaterial
   601 Aufwendungen für Vorprodukte/Fremdbauteile
   602 Aufwendungen für Hilfsstoffe
   603 Aufwendungen für Betriebsstoffe/Verbrauchswerkzeuge
   604 Aufwendungen für Verpackungsmaterial
   605 Aufwendungen für Energie
   606 Aufwendungen für Reparaturmaterial
   607 Aufwendungen für sonstiges Material
   608 Aufwendungen für Waren

61 Aufwendungen für bezogene Leistungen
   610 Fremdleistungen für Erzeugnisse und andere Umsatzleistungen
   614 Frachten und Fremdlager (einschließlich Versicherungen und anderer Nebenkosten)
   615 Vertriebsprovisionen
   616 Fremdinstandhaltung
   617 Sonstige Aufwendungen für bezogene Leistungen

Personalaufwand

62 Löhne
   620 Löhne für geleistete Arbeitszeit einschließlich tariflicher, vertraglicher oder arbeitsbedingter Zulagen
   621 Löhne für andere Zeiten (Urlaub, Feiertag, Krankheit)
   622 Sonstige tarifliche oder vertragliche Aufwendungen für Lohnempfänger

GUV-POSTEN

Erträge aus anderen Wertpapieren und Ausleihungen des Finanzanlagevermögens

Sonstige Zinsen und ähnliche Erträge

Außerordentliche Erträge

Aufwendungen für Roh-, Hilfs- und Bertriebsstoffe und für bezogene Waren

Aufwendungen für bezogene Leistungen

Löhne und Gehälter

| KONTENKLASSE 6 | GUV-POSTEN |

Klasse 6: Betriebliche Anwendungen

Personalaufwand

623 Freiwillige Zuwendungen
625 Sachbezüge
626 Vergütungen an gewerbliche Auszubildende
 	
63 Gehälter
   630 Gehälter einschließlich tariflicher, vertraglicher oder arbeitsbedingter Zulagen
   631 Urlaubs- und Weihnachtsgeld
   632 Sonstige tarifliche oder vertragliche Aufwendungen
   633 Freiwillige Zuwendungen
   635 Sachbezüge
   636 Vergütung an technische/kaufmännische Auszubildende
	Löhne und Gehälter

64 Soziale Abgaben und Aufwendungen für Altersversorgung und Unterstützung
   640 Arbeitgeberanteil zur Sozialversicherung (Lohnbereich)
   641 Arbeitgeberanteil zur Sozialversicherung (Gehaltsbereich)
   642 Beiträge zur Berufsgenossenschaft
   644 Aufwendungen für Altersversorgung
   649 Aufwendungen für Unterstützung
	Soziale Abgaben und Aufwendungen für Altersversorgung und für Unterstützung

65 Abschreibungen
   651 Abschreibungen auf immaterielle Vermögensgegenstände des Anlagevermögens
   652 Abschreibungen auf Sachanlagen
   654 Abschreibungen auf geringwertige Wirtschaftsgüter
   655 Außerplanmäßige Abschreibungen auf Sachanlagen
	Abschreibungen auf immaterielle Vermögensgegenstände des Anlagevermögens und Sachanlagen sowie auf aktivierte Aufwendungen für die Ingangsetzung und Erweiterung des Geschäftsbetriebs

657 Unüblich hohe Abschreibungen auf Umlaufvermögen	Abschreibungen auf Vermögensgegenstände des UV, soweit diese die in der Kapitalgesellschaft üblichen Abschreibungen überschreiten

Sonstige betriebliche Aufwendungen (66–70)

66 Sonstige Personalaufwendungen
   660 Aufwendungen für Personaleinstellung
   661 Aufwendungen für übernommene Fahrtkosten
   662 Aufwendungen für Werkarzt und Arbeitssicherheit
   663 Personenbezogene Versicherungen
   664 Aufwendungen für Fort- und Weiterbildung
	Sonstige betriebliche Aufwendungen

KONTENKLASSE 6	GUV-POSTEN

Klasse 6: Betriebliche Anwendungen

Sonstige betriebliche Aufwendungen (66–70)

665 Aufwendungen für Dienstjubiläen
666 Aufwendungen für Belegschaftsveranstaltungen
667 Aufwendungen für Werksküche und Sozialeinrichtungen
668 Ausgleichsabgabe nach dem Schwerbehindertengesetz
669 Übrige sonstige Personalaufwendungen
 	
67 Aufwendungen für die Inanspruchnahme von Rechten und Diensten
670 Mieten, Pachten
671 Leasing
672 Lizenzen und Konzessionen
673 Gebühren
675 Kosten des Geldverkehrs
676 Provisionsaufwendungen (außer Vertriebsprovisionen)
677 Rechts- und Beratungskosten
 	
68 Aufwendungen für Kommunikation (Dokumentation, Information, Reisen, Werbung)
680 Büromaterial
681 Zeitungen und Fachliteratur
682 Postgebühren
685 Reisekosten
686 Bewirtung und Präsentation
687 Werbung
688 Spenden
 	
69 Aufwendungen für Beiträge und Sonstiges sowie Wertkorrekturen und periodenfremde Aufwendungen
690 Versicherungsbeiträge
692 Beiträge zu Wirtschaftsverbänden und Berufsvertretungen
693 Verluste aus Schadensfällen
695 Abschreibungen auf Forderungen
    6951 Abschreibungen auf Forderungen wegen Uneinbringlichkeit
    6952 Einzelwertberichtigungen
    6953 Pauschalwertberichtigungen
696 Verluste aus dem Abgang von Vermögensgegenständen
697 Einstellungen in den Sonderposten mit Rücklageanteil
698 Zuführungen zu Rückstellungen für Gewährleistung
699 Periodenfremde Aufwendungen (soweit nicht bei den betreffenden Aufwandsarten zu erfassen)
	Sonstige betriebliche Aufwendungen

KONTENKLASSE 7 — GUV-POSTEN

Klasse 7: Weitere Aufwendungen

70 Betriebliche Steuern
   700 Gewerbekapitalsteuer
   701 Vermögensteuer
   702 Grundsteuer
   703 Kraftfahrzeugsteuer
   705 Wechselsteuer
   707 Ausfuhrzölle
   708 Verbrauchsteuern
   709 Sonstige betriebliche Steuern

> Sonstige Steuern

71–73 frei

74 Abschreibungen auf Finanzanlagen und auf Wertpapiere des Umlaufvermögens und Verluste aus entsprechenden Abgängen
   740 Abschreibungen auf Finanzanlagen
   742 Abschreibungen auf Wertpapiere des Umlaufvermögens
   745 Verluste aus dem Abgang von Finanzanlagen
   746 Verluste aus dem Abgang von Wertpapieren des Umlaufvermögens

> Abschreibungen auf Finanzanlagen und auf Wertpapiere des Umlaufvermögens

75 Zinsen und ähnliche Aufwendungen
   751 Zinsaufwendungen
   753 Diskontaufwendungen
   759 Sonstige zinsähnliche Aufwendungen

> Sonstige Zinsen und ähnliche Aufwendungen

76 Außerordentliche Aufwendungen
   760 Außerordentliche Aufwendungen

> Außerordentliche Aufwendungen

77 Steuern vom Einkommen und Ertrag
   770 Gewerbeertragsteuer
   771 Körperschaftsteuer
   772 Kapitalertragsteuer

> Steuern vom Einkommen und vom Ertrag

78–79 frei

Klasse 8: Ergebnisrechnungen

80 Eröffnung/Abschluss
   800 Eröffnungsbilanzkonto
   801 Schlussbilanzkonto
   802 GuV-Konto Gesamtkostenverfahren
   803 GuV-Konto Umsatzkostenverfahren

Konten der Kostenbereiche für die GuV im Umsatzkostenverfahren

81 Herstellungskosten

82 Vertriebskosten

83 Allgemeine Verwaltungskosten

84 Sonstige betriebliche Aufwendungen

Konten der kurzfristigen Erfolgsrechnung (KER) für innerjährige Rechnungsperioden (Monat, Quartal oder Halbjahr)

85 Korrekturkonten zu den Erträgen der Kontenklasse 5

86 Korrekturkonten zu den Aufwendungen der Kontenklasse 6

87 Korrekturkonten zu den Aufwendungen der Kontenklasse 7

88 Kurzfristige Erfolgsrechnung (KER)
   880 Gesamtkostenverfahren
   881 Umsatzkostenverfahren

89 Innerjährige Rechnungsabgrenzung
   890 Aktive Rechnungsabgrenzung
   895 Passive Rechnungsabgrenzung

Klasse 9: Kosten- und Leistungsrechnung (KLR)

90 Unternehmensbezogene Abgrenzungen (betriebsfremde Aufwendungen und Erträge)

91 Kostenrechnerische Korrekturen

92 Kostenarten und Leistungsarten

93 Kostenstellen

94 Kostenträger

95 Fertige Erzeugnisse

96 Interne Lieferungen und Leistungen sowie deren Kosten

97 Umsatzkosten

98 Umsatzleistungen

99 Ergebnisausweise

Literaturverzeichnis

Adler H./Düring W./Schmaltz K.: Rechnungslegung und Prüfung der Unternehmen, Kommentar zum HGB, AktG, GmbHG, PublG nach den Vorschriften des Bilanzrichtlinien-Gesetzes, 6. Auflage, Stuttgart 1994–2000

Baumbach A./Hopt K.J.: Handelsgesetzbuch, 30. Auflage, München 2000

BDI (Hrsg.): Empfehlungen zur Kosten- und Leistungsrechnung, Band 1: Kosten- und Leistungsrechnung als Istrechnung, Bergisch Gladbach, Köln

BDI (Hrsg.): Industriekontenrahmen IKR, Neufassung '86 nach BiRiLiG, Bergisch Gladbach

BGA (Hrsg.): Kontenrahmen für den Groß- und Außenhandel, Bundesverband des Deutschen Groß- und Außenhandels e.V. (BGA), Bonn

Bundessteuerberaterkammer (Hrsg.): Hinweise zum Ausweis des Eigenkapitals in der Handelsbilanz der Personenhandelsgesellschaften, in Berufsrechtliches Handbuch, (Loseblatt), Berufsfachlicher Teil, 3.2.2

Castan E./Heyman H./Ordelheide D./Pfitzer N./Scheffler E. (Hrsg.): Beck'sches Handbuch der Rechnungslegung (Loseblatt), München

DRSC (Hrsg.): Deutsche Rechnungslegungs Standards (DRS) – German Accounting Standards (GAS), Deutsch – Englisch (Loseblatt), Stuttgart

Eisele W.: Technik des betrieblichen Rechnungswesen, 7. Auflage, München 2002

Falterbaum, H./Bolk, W./Reiß, W./Eberhart, R.: Buchführung und Bilanz, 19. Auflage, Achim 2003

Hayn, S./Graf Waldersee, G.: IFRS/US-GAAP/HGB im Vergleich, Synoptische Darstellung für den Einzel- und Konzernabschluss, 4. Auflage, Stuttgart 2003

Horschitz, H./Groß, W./Weidner, W.: Bilanzsteuerrecht und Buchführung, 9. Auflage, Stuttgart 2002

Hottmann J./Grobshäuser, U./Hübner, H./Meermann A./Schaeberle J./Zimmermann, R.: Die GmbH im Steuerrecht, Achim 2002

Hüttche, T./von Brandis, H.: Lexikon Rechnungslegung – Bilanzanalyse – Bilanzpolitik, Stuttgart 2003

IDW (Hrsg.): Fachgutachten/Stellungnahmen (Loseblatt), Düsseldorf

IDW (Hrsg.): IDW Prüfungsstandards (IDW PS), IDW Stellungnahmen zur Rechnungslegung (IDW RS) einschließlich der dazugehörigen Entwürfe (Loseblatt), Düsseldorf

Jenak, K.: Lehrgang der Lohn- und Gehaltsabrechnung, 20. Auflage, Stuttgart 2004

Kresse W./Leuz N. (Hrsg.): Besondere Buchungsvorgänge, Bilanzanalyse, Kostenrechnung, Finanzwirtschaft, 10. Auflage, Stuttgart 2003

Küting K./Weber C.-P.: Handbuch der Rechnungslegung Einzelabschluss, Kommentar zur Bilanzierung und Prüfung (Loseblatt), 5. Auflage, Stuttgart

Leffson, U.: Die Grundsätze ordnungsmäßiger Buchführung, 7. Auflage, Düsseldorf 1987

Loidl, Ch.: Buchführung leicht und praxisnah, 5. Auflage, Stuttgart 2003

Lück W. (Hrsg.): Lexikon der Rechnungslegung und Abschlussprüfung, 4. Auflage, München 1998

Moxter, A.: Bilanzlehre, Band I: Einführung in die Bilanztheorie, 3. Auflage, Frankfurt 1984

Pacioli, L.: Abhandlung über die Buchhaltung 1494, 2. Reprint der 1993 erschienenen Auflage, Stuttgart 1997

Preißer M., Hrsg.: Unternehmenssteuerrecht und Steuerbilanzrecht, Stuttgart 2002

Schiederer, D./Loidl, Ch.: Aufbaukurs der Buchführung, 5. Auflage, Stuttgart 1999

Schiederer, D./Loidl, Ch.: Grundkurs der Buchführung, 10. Auflage, Stuttgart 2003

Schmalenbach, E.: Der Kontenrahmen, Leipzig 1927

Simon, P./Göhring, H.: Bilanzberichtigungen, 7. Auflage, Stuttgart 2001

Weidner, W./Wuttke, R: Buchführungstechnik und Bilanzsteuerrecht, 13. Auflage, Stuttgart 2003

Winnefeld R.: Bilanzhandbuch, 3. Auflage, München 2002

Wobbermin, M.: Buchhaltung, Jahresabschluss, Bilanzanalyse – Einführung mit Fallbeispielen Stuttgart 1999

Wobbermin, M.: Arbeitsbuch Buchhaltung, Jahresabschluss, Bilanzanalyse – Aufgaben und Lösungen mit SAP R/3, Stuttgart 2000

Zell, M./Pochmann, G.: Buchführung und Jahresabschluss interaktiv, Trainingsprogramm für Bilanzbuchhalter, Steuerberater und Wirtschaftsprüfer, Stuttgart 2004

Zimmermann R./Hottmann J./Hübner, H./Schaeberle, J./Völkel D.: Die Personengesellschaft im Steuerrecht, 8. Auflage, Achim 2003

Stichwortverzeichnis

Abgrenzung
- sachliche 97
- zeitliche 38, 40, 354, 400

Abgrenzungsrechnung
- Durchführung bei abschlussgegliederten Kontennetzen 361, 410

Abschlussbuchung, vorbereitende 21
Abschlussgliederungsprinzip 108
Abschlussprüfer 322
Abschlussprüfung 320
Abschreibung
- Anschaffung oder Herstellung im Laufe des Jahres 235
- auf Anlagen 29
- auf Finanzanlagen und auf Wertpapiere des Umlaufvermögens 299
- auf Forderungen 33, 297
- auf immaterielle Vermögensgegenstände des Anlagevermögens und Sachanlagen sowie auf aktivierte Aufwendungen für die Ingangsetzung und Erweiterung des Geschäftsbetriebs 296
- auf Umlaufvermögen, soweit diese die in der Kapitalgesellschaft üblichen Abschreibungen überschreiten 296
- Ausscheiden eines Wirtschaftsgutes 235
- außerplanmäßige 227, 233, 310
- Bemessungsgrundlage 229
- Bemessungsmethode 30
- Bestimmungsgründe 30
- Buchung 32
- degressive 31, 230, 351, 394
- digitale 31, 351, 395
- direkte 32, 35
- GuV-Rechnung 296
- Handelsbilanz im Überblick 228
- indirekte 32, 35
- Kombinationsformen 231
- lineare 30, 230, 351, 394
- nach Maßgabe der Leistung 231, 351, 396
- nach Staffelsätzen 230
- nachträgliche Anschaffungs- oder Herstellungskosten 236

- periodenfremde 297
- planmäßige 225, 227, 229
- progressive 230
- Restwert 231
- Sofortabschreibung geringwertiger Wirtschaftsgüter 236
- Sonderfragen 235
- steuerliche 227
- steuerliche Sonderregelungen 231
- vom Anschaffungswert bei gleich bleibendem Abschreibungssatz 30
- vom Anschaffungswert unter Berücksichtigung der Inanspruchnahme 32
- vom Restbuchwert 31
- Vornahme 227
- Wechsel der Abschreibungsmethoden 236
- Wesen 29

Abschreibungsmethoden 229
- Wechsel 236

Abschreibungsplan, Determinanten 226
AfA 227
- bei Gebäuden 232
- Grundsätzliches 232
AfaA, Grundsätzliches 233
AfS 229
- Grundsätzliches 232
AG, Zusatzangaben im Anhang 315
Agio 179
Ähnliche Rechte 159
Ähnliche Werte 160
Aktien, Anhang 315, 317
Aktiva, die einzelnen Bilanzpositionen 156
Aktiver Rechnungsabgrenzungsposten 38
Aktivierung 135
Aktivierungswahlrecht 147
Aktivkonto 7, 10, 105
Aktivposten 8
Aktivtausch 5
Andere aktivierte Eigenleistungen, GuV-Rechnung 293
Andere Anlagen 165
Anhang
- Allgemeines 306
- Anhangangaben der Genossenschaften 318
- Begriff 58
- Berichterstattungsarten 307
- Checklisten 307
- Gliederung 307

- Pflichtangaben aller Kapitalgesellschaften (& Co.) 308
- verkürzter 329
- weitere Anhangangaben großer Kapitalgesellschaften (& Co.) 314
- weitere Anhangangaben mittelgroßer und großer Kapitalgesellschaften (& Co.) 312
- Zusatzangaben der AG und KGaA 315
- Zusatzangaben der GmbH 318

Anlagen im Bau 165
Anlagenbuch 67
Anlagenbuchführung 89
Anlagenspiegel 158, 312
- Anwendungsweise 191
- Begriff 190
- bei Zuschreibung 370, 429
- beim Verkauf eines Anlageguts 370, 428
- Festbewertung 371, 430
- geringwertige Wirtschaftsgüter 370, 429
- kumulierte Abschreibungen 192
- Sonderabschreibungen 371, 430
- Umbuchungen 192, 371, 430

Anlagevermögen
- Begriff 158
- Bewertung 218, 219, 224, 225

Anleihen, konvertible 186
Ansammlungsrückstellungen 247
Anschaffungskosten
- Begriff 201
- bei Erwerb auf Rentenbasis 202
- bei Erwerb mehrerer Vermögensgegenstände zu einem Gesamtpreis 205
- bei Kaufverträgen zwischen Konzernunternehmen 207
- bei Leasing 203
- bei Mietkaufverträgen 202
- bei Ratenkäufen 202
- bei Rentenzahlungen 372, 433
- bei Schwund 206
- bei Tausch 204
- bei Übernahme von Verbindlichkeiten 207

- bei Übertragung stiller Reserven 206
- bei unentgeltlichem Erwerb 205
- bei Zuschüssen 206, 372, 434
- in ausländischer Währung 207
- nachträgliche 372, 431
- retrograde Ermittlung 372, 433
- Umfang 371, 431

Anschaffungsnebenkosten 302
Anschaffungswertprinzip 52
Ansparabschreibung 244
Anteile
- an verbundenen Unternehmen 166, 173
- eigene 173

Antizipativa 38, 39
Anwartschaftsbarwert 249
Anwendersoftware 159
Anzahlungsverrechnungskonto 188
Aufbewahrungsfrist 61, 86, 358, 406
Aufbewahrungsvorschrift 60, 358, 406
- beim Einsatz elektronischer Datenübermittlung (EDI) 62
- beim Einsatz elektronischer Registrierkassen 60

Auftragsfertigung, langfristige 341
Aufwand
- Abgrenzung 359, 407
- Begriff 97, 282
- Beziehungen zwischen Aufwand und Kosten 98
- neutraler 98

Aufwandskonto 9, 105
Aufwandsrückstellungen 137, 245
- Bildung 254
- in der Steuerbilanz 254

Aufwendungen
- aus Verlustübernahme 299
- außergewöhnliche 98
- außerordentliche 98, 300, 313
- betriebsfremde 98
- für bezogene Leistungen 294
- für die Altersversorgung 295
- für Roh-, Hilfs- und Betriebsstoffe und für bezogene Waren 294
- für Unterstützung 295
- periodenfremde 98, 310
- sonstige betriebliche 297, 305
- wertverschiedene 98

Aufwendungen für die Ingangsetzung und Erweiterung des Geschäftsbetriebs 157
Aufzeichnungspflicht
- Bewilligung von Erleichterungen 47
- steuerliche 46

Ausgleichsposten, für aktivierte eigene Anteile 179
Ausleihungen
- an Unternehmen, mit denen ein Beteiligungsverhältnis besteht 167
- an verbundene Unternehmen 166
- sonstige 168

Ausschüttungsbemessungsfunktion 118
Ausschüttungssperre 146
Außenanlagen, Begriff 162
Außenverpackung 210
Ausstehende Einlagen
- auf das gezeichnete Kapital 157
- Jahresfehlbetrag 368, 421

Bankguthaben, Inventur 114
Bankschulden, Inventur 115
Bargeschäfte, Verbuchung im Einzelhandel 53
Basel II, IAS/IFRS 342
Beherrschungsvertrag 298
Beleg, Gliederung 67
Belegarten 67
Belegbehandlung, Grundsatz 67
Belegbuchführung 73
Belegfunktion 80, 85
- EDV-Anwendung 68

Belegorganisation 67
Belegregistratur 67
Belegzwang 51, 67
Bestandsveränderungen, GuV-Rechnung 292
Bestandsvergleich 127, 131
Bestätigungsvermerk 320, 324
- bei freiwilliger Prüfung 382, 460

Beteiligungen 167
Betriebs- und Geschäftsausstattung 165
Betriebsausgaben
- Abgrenzung zwischen abzugs- und nicht abzugsfähigen Betriebsausgaben und Kosten der Lebensführung 283
- Begriff 283
- Überblick 284

Betriebsbuchführung 96, 97
Betriebsergebnis 413
Betriebsertrag 100
Betriebsstatistik, Aufgaben 2
Betriebsstoffe 169

Betriebsvermögen
- Abgrenzung zwischen Betriebs- und Privatvermögen 142, 143
- gewillkürtes 143
- notwendiges 143

Betriebsvermögensvergleich 126, 127
Betriebsvorrichtungen, Begriff 162
Bewertung 193
- der Rückstellungen 245
- der Verbindlichkeiten 255
- des abnutzbaren Anlagevermögens 225
- des nicht abnutzbaren Anlagevermögens 223
- des Sonderpostens mit Rücklageanteil 241
- des Umlaufvermögens 237, 239
- einzelner Verbindlichkeiten 258
- einzelner Wirtschaftsgüter des Umlaufvermögens 238
- im Zusammenhang mit dem Eigenkapital 241
- Sonderfälle 256

Bewertungsgrundsätze, allgemeine 193
Bewertungsmaßstab 201
- in der Handelsbilanz für Einzelkaufleute und Personengesellschaften 218
- in der Handelsbilanz für Kapitalgesellschaften 219
- Überblick 217

Bewertungsmethode, Begriff 199
Bewertungsvereinfachungsverfahren 220, 373, 434
Bezugsrechtsobligationen 180, 186
Bilanz
- Begriff 58
- Gliederung 149
- verkürzte 329
- Weiterführung in den Konten 6

Bilanzänderung
- Begriff 273
- Fallbeispiel 378, 452
- Handelsrechtliche Zulässigkeit 274
- Steuerliche Zulässigkeit 274
- Unterschiede zwischen Bilanzänderung und Bilanzberichtigung 276

Bilanzberichtigung
- Begriff 273, 275
- Beispiele für erfolgsneutrale 278
- Beispiele für erfolgswirksame 278

- Durchbrechung des Bilanzenzusammenhangs bei Verstoß gegen Treu und Glauben 278
- Durchführung 279
- erfolgswirksame oder erfolgsneutrale 277
- Fallbeispiel 379, 452
- über 3 Jahre mit Mehr- und Weniger-Rechnung 379, 453
- Unterschiede zwischen Bilanzänderung und Bilanzberichtigung 276
- Zusammenwirken von Bilanzberichtigung und steuerlicher Veranlagung 276

Bilanzenzusammenhang 194
- Durchbrechung 278

Bilanzgewinn 182
Bilanzgliederung 149
- abweichende Gliederung 155
- bei mehreren Geschäftszweigen 155
- für Einzelkaufleute und Personenhandelsgesellschaften 151
- für große und mittelgroße Kapitalgesellschaften 149
- für kleine Kapitalgesellschaften 151
- Leerposten 156
- weitere Untergliederung und neue Posten 155
- Zusammenfassung 156

Bilanzidentität 194
Bilanzierungsfähigkeit 135
Bilanzierungshilfe 146, 147
Bilanzierungspflicht 140
- rechtliche oder wirtschaftliche Zugehörigkeit 140

Bilanzierungsverbot 145
Bilanzierungswahlrecht 146, 147
Bilanzierungszeitpunkt 145
Bilanzkontinuität, formelle 194
Bilanzkonto 105
Bilanzprogramm 76
Bilanzrechtsreformgesetz 125
Bilanztheorie 117
- dynamische 121, 122
- statische 122

Bilanzübersicht 20, 356, 402
- Aufstellung 347, 388
- Verständnisfragen 347, 388

Bilanzvergrößerung 5
Bilanzverkleinerung 6
Bilanzverlust 182
Boni 27
Börsenpreis, Begriff 213
Bruchteilsverfahren, Umsatzsteuer 25

Buchführung
- als »bewegte Bilanz« 5
- Aufgaben 2
- Dokumentationscharakter 3
- doppelte 4, 9, 65, 66, 70
- einfache 65
- Erfüllung gesetzlicher Vorschriften 3
- formelle Mängel 335
- Grundlagen 1
- materielle 335
- Organisation 65
- Umsatzsteuer 24

Buchführungspflicht
- abgeleitete 45
- Beginn 44, 46
- Ende 45, 46
- Kreis der Buchführungspflichtigen 43
- nach Handelsrecht 43
- nach Steuerrecht 45
- originäre steuerliche 46

Buchführungssysteme 65
Buchungssatz 17
- einfacher 345, 386
- zusammengesetzter 345, 346, 387

Buchungsstempel 17
Buchungsvorbereitung 69
Bundesanzeiger 330
Bundling 159
Bürokosten 297
Bußgeldvorschriften
- handelsrechtliche 333, 335
- steuerrechtliche 335

Darstellungsstetigkeit 154
Datensicherheit 83, 87
DATEV-Kontenrahmen SKR 03 96, 107, 413, 466
DATEV-Kontenrahmen SKR 04 96
Debitor 7
Defferred-Methode, latente Steuern 262
Deutsches Rechnungslegungs Standards Commitee e.V. 338
Differenzenspiegel 376, 449
- latente Steuern 266
- Schema 267

Disagio 256
- Anhang 313

Divisormethode 247
Dokumentation, ordnungsgemäße 117
Doppik, Wesen 4
Durchschnittsmethode 220
Durchschreibebuchführung 71, 72, 359, 407

E-Commerce
- Definition 83
- Kommunikationsrisiken 84

- Kriterien für die Beurteilung der Ordnungsmäßigkeit 85
- Verarbeitungsrisiken 84

EDI 62
EDV-Abschlusstechnik 23
EDV-Buchführung 23, 74
- Aufbewahrung 77
- Auskunftsbereitschaft 77
- Besonderheiten bei Datenverarbeitung außer Haus 77
- Datenverbund von PC und RZ 78
- Jahreswechsel 75
- laufendes Buchen 74
- Mahnwesen 77
- Monatswechsel 75
- Ordnungsmäßigkeit 79

Eigenkapital 367, 421
- Begriff 139, 177
- Gliederung 177
- Nettoausweis 178

Eigentum, wirtschaftliches 140
Eigentumsvorbehalt, Bilanzierung 140
Einbauten, modeabhängige 164
Einkreissystem 95
Einnahmen-Ausgaben-Rechnung 126, 127
Einzahlungsverpflichtung
- Kommanditisten 172
- persönlich haftender Gesellschafter 172

Einzelkaufmann, Bilanzgliederung 149, 152
Einzelwertberichtigung 34, 35, 353, 397
Entgeltänderung, Umsatzsteuer 26, 349, 390
Entwicklungskosten 340
Erfolgsbilanz 22, 412
Erfolgskonto 9, 105
Ergebnis
- außerordentliches 286, 290, 301
- der eigentlichen Betriebstätigkeit 286, 290
- der gewöhnlichen Geschäftstätigkeit 286, 290, 300
- neutrales 413

Erhaltene Anzahlungen, auf Bestellungen 170, 187
Erhöhte Absetzung 140, 229
- Grundsätzliches 234

Erlöskonto 9
Erlösschmälerung 292
Eröffnungsbilanz 9, 10, 16
Eröffnungsbilanzkonto 19
Eröffnungsbuchung 20
Ersatzbeleg 68
Erschließungsanlagen 431

Erträge
- Abgrenzung 360, 408
- aus anderen Wertpapieren und Ausleihungen des Finanzanlagevermögens 298
- aus Anlagenabgängen 293
- aus Auflösung von Rückstellungen 294
- aus Auflösung von Sonderposten mit Rücklageanteil 294
- aus Beteiligungen 298
- aus Verlustübernahme 302
- aus Währungen 293
- aus Zuschreibungen 293
- außergewöhnliche 100
- außerordentliche 100, 300, 313
- Begriff 97, 282
- betriebsfremde 100
- neutrale 100
- periodenfremde 100, 300, 310
- sonstige betriebliche 293, 305

Ertragskonto 105

Fair-value-Bewertung 341, 436
FAIT 62, 83
Fehlbetrag, nicht durch Eigenkapital gedeckter 175
Fertige Erzeugnisse 169
Fertigungsgemeinkosten 211
Fertigungslöhne 211
Fertigungsmaterial 211
Festwert, Bestimmung 221
Festwertbildung
- Anwendungsbereich 221
- Voraussetzungen 221

Fifo 222
Filialbuchführung 93
Finanzanlagen 166, 366, 419
- Inventur 112

Finanzbuchführung 96, 97
Finanzergebnis 286, 290
Finanzierungskosten, Bearbeitungsgebühren 256
Finanzwechsel 171
Firmenwagen, Überlassung an das Personal 29
Firmenwert, derivativer 147
Forderungen 367, 420
- aus Lieferungen und Leistungen 171
- Begriff 170
- Bewertung 240
- dubiose 33
- gegen Unternehmen, mit denen ein Beteiligungsverhältnis besteht 172
- gegen verbundene Unternehmen 171
- Inventur 113
- mittel- und längerfristige unverzinsliche 240
- niederverzinsliche 240
- uneinbringliche 34
- zweifelhafte 34, 240

Forderungsspiegel 171
Formkaufmann 44
Framework 339

Gängigkeitsabschlag 239
Garantierückstellungen 245
Gästehäuser, Abzugsfähigkeit 284
Gebäude
- Begriff 162
- Bilanzierungspflicht 142

Gebäudeabschreibung 232, 373, 435
Gebäudeteile
- selbstständige 163
- unselbstständige 163

Geleistete Anzahlungen 160, 165, 170
Gemeiner Wert, Begriff 213
Gemeinschafts-Kontenrahmen der Industrie (GKR) 462
Gemeinschaftskontenrahmen der Industrie (GKR) 106
Genossenschaften, Anhang 319
Genossenschaftsregister 330
Genussrecht 187
- Anhang 316

Genussrechtskapital 179
Geringwertige Wirtschaftsgüter 165
Gesamtkostenverfahren
- betriebswirtschaftliche Grobstruktur 286
- Einzelposten 292
- Unterschiede zwischen Gesamt- und Umsatzkostenverfahren 288

Geschäfts- oder Firmenwert 160
- Anhang 309
- derivativer 232

Geschäftsjahr 57
Geschenke, Abzugsfähigkeit 284
Gesellschafterschutz 118
Gesetzliche Rücklage 181
Gewährleistungsvertrag 190
Gewerbeertragsteuer 301
Gewerbesteuerrückstellung
- 5/6-Methode 247
- Divisormethode 248

Gewerbliche Schutzrechte 159
Gewinnermittlung, Möglichkeiten 127
Gewinnermittlungsart, Wechsel 129, 131
Gewinngemeinschaft 298, 302
Gewinnrücklagen
- andere 181
- Anhang 315
- Begriff 180
- Einstellungen 316
- Entnahmen 316

Gewinnschuldverschreibungen 187
Gewinnvortrag 182
Gewogener Durchschnittswert 220
Gezeichnetes Kapital 177
Gläubigerschutz 118
Gliederungsprinzipien für Bilanz und GuV-Rechnung 154
GmbH
- Abschluss 380, 455
- Zusatzangaben im Anhang 318

GoB, weitere bewertungsrelevante 200
Going-Concern-Prinzip 194
Größenklassen, Kapitalgesellschaften 125
Grund und Boden, Bilanzierungspflicht 144
Grundbuch, Funktion 66
Grundkosten 98, 99
Grundleistung 100
Grundsatz
- der Bewertung zum Abschlussstichtag 195
- der Bewertungseinheit 161
- der Einzelbewertung 196
- der Gleichmäßigkeit der Besteuerung 120
- der Klarheit 52
- der Kontinuität 52
- der Maßgeblichkeit 132
- der Methodenstetigkeit 199
- der Ordnungsmäßigkeit des Belegwesens und der Belegaufbewahrung 51
- der Periodenabgrenzung 38, 199
- der Unternehmensfortführung 194
- der Vollständigkeit 50, 140
- der Vorsicht 52, 196
- der Wahrheit 52
- der Wesentlichkeit 155
- des systematischen Aufbaus der Buchführung 50
- Dokumentation 50
- Rechenschaftslegung 50

Grundsätze ordnungsmäßiger Buchführung (GoB)
- Begriff 48
- im Einzelnen 49
- kodifizierte 49
- nicht kodifizierte 49
- Quellen 49

Grundsätze ordnungsmäßiger Buchführung bei Einsatz von Electronic Commerce (E-Commerce) 83
Grundsätze ordnungsmäßiger DV-gestützter Buchführungssysteme (GoBS) 79

- Belegfunktion 80
- Datensicherheit 83
- internes Kontrollsystem 82
- Journalfunktion 80
- Kontenfunktion 81
- Nachvollziehbarkeit des einzelnen Geschäftsvorfalls 80
- Nachvollziehbarkeit des Verarbeitungsverfahrens 82

Grundstücke 160
Grundstücksgleiche Rechte 160, 161
Gründungsaufwendungen 364, 416
Grundvermögen, Begriff 162
Guthaben bei Kreditinstituten 174
Gutschrift 8
GuV-Konto 285
GuV-Rechnung
- Aufstellung nach Gesamt- und Umsatzkostenverfahren 381, 456
- Begriff 58
- Ergänzungsposten 287
- Erleichterungen für kleine und mittelgroße Kapitalgesellschaften 287
- Gesamt- und Umsatzkostenverfahren als Alternative 288
- Gliederung 285
- Gliederungsschemata 286
- Inhalt 282
- Staffelform 285
- steuerliche Besonderheiten 282
- Übersicht 282
- Zuordnungsfragen 380, 456
- Zuordnungsfragen im Zusammenhang mit der betriebswirtschaftlichen Grobstruktur der GuV-Schemata 290

GWG 165
- Anlagenspiegel 370, 429
- Computer mit Zubehör 236
- Sofortabschreibung 236
- Verzeichnis 236

Habensaldo 9
Haftungsverhältnisse 190
Handelsbilanz, Aufgaben 3
Handelsregister 330
Handelswechsel 171
Hauptabschlussübersicht 412
Hauptbuch
- Funktion 66
Herstellungskosten
- Abgrenzung vom Erhaltungsaufwand 212
- Begriff 208
- Bestandteile 211
- Bewertungsstetigkeit 209

- der zur Erzielung der Umsatzerlöse erbrachten Leistungen 303
- Einzelkosten 211
- Gemeinkosten 211
- nachträgliche 209
- Umfang 208, 372, 434
- Unterschiede zwischen HGB und IAS/IFRS 341
- Vergleich handels- und steuerrechtlicher Vorschriften 209
- von Gebäuden 210
- Ziel der Aktivierung 209

Hifo 222
Hilfskonto 19
Hilfsstoffe 169
Höchstwertprinzip 52, 255

IAS/IFRS
- Anhang 306
- Aufbau des Regelwerks 339
- Aufwandsrückstellungen 245
- Entwicklungskosten 340
- GuV-Rechnung 285
- Herstellungskosten 210
- immaterielle Vermögensgegenstände 340
- Kreditvergabe 342
- Lagebericht 320
- langfristige Auftragsfertigung 198, 341
- Rechtscharakter 339
- Rückstellungen 340
- statische 121
- steuerliche Werte 213
- Unterschiede zwischen HGB und IAS/IFRS 341
- Vergleich ausgewählter Ansatz- und Bewertungsvorschriften zwischen IAS/IFRS und HGB 339
- Vorsichtsprinzip 197
- Währungsumrechnung 341
- wesentliche Unterschiede zwischen den deutschen Rechnungslegungsvorschriften und den IAS/IFRS 338
- Zielsetzungen 339
- zu Handelszwecken gehaltenen Wertpapiere 341
- Zweck der IAS/IFRS-Bilanzierung 120

IASB 338
IKS 82
Immaterielle Vermögensgegenstände 159, 340, 365, 416, 417
- Inventur 112
Immobilien, Inventur 112
Imparitätsprinzip 52, 198, 373, 436
Industriekontenrahmen IKR '86 106, 481

Ingangsetzungsaufwendungen 364, 417
Innenverpackung 210
Insolvenzstraftaten 337
Instandhaltungsrückstellungen, Fälle 253
International Accounting Standards Board 338
Interne Revision 325
Inventar 5, 53
- Aufstellungsfrist 57
- Beispiel 116
- besonderes 404
- Gliederung 115
Inventur 53
- Aufnahmelisten 110
- Besonderheiten bei der Erfassung der verschiedenen Bestände 112
- Organisation 109
- permanente 55
- Technik 109
- zeitlich verlegte 54, 357, 404

Inventurerleichterung 54
Inventurplanung 110
Inventurstichtag 55
Investitionszulage 207
Istkaufmann 44
IT-Kontrollsystem 87

Jahresabschluss
- als Grundlage für die Besteuerung 119
- Aufgaben 117
- Aufstellungsfrist 58, 59, 357, 405
- Aufstellungspflicht 58
- Feststellungsfrist 59
- Sprache 60
- Unterzeichnung 60, 357, 405
- Währungseinheit 60
- Zwecke 117

Jahresabschlusszwecke
- Ausschüttungsrichtgröße 118
- Dokumentation 117
- Vergleich zu den Zwecken nach IAS/IFRS 120
- Vergleich zum Steuerrecht 120
- wesentliche Unterschiede zwischen den deutschen Rechnungslegungsvorschriften und den IAS/IFRS 338

Jahresergebnis, Aufspaltung 104
Jahresfehlbetrag 182
- GuV-Rechnung 302
Jahresüberschuss 182
- GuV-Rechnung 302
Journal 17, 66
- amerikanisches 70
Journalfunktion 80, 85

Jubiläumsrückstellungen
- Bildung 251
- in der Steuerbilanz 251

Kannkaufmann 44
Kapitalanteile, bei & Co. 177
Kapitaleinlagen
- eingeforderte, noch ausstehende 172
- persönlich haftender KGaA-Gesellschafter 179
Kapitalerhaltung
- nominelle 118
- Sicherung 118
Kapitalerhöhung 367, 421
Kapitalertragsteuer 301
Kapitalgesellschaft
- Bilanzgliederung 149
- Offenlegung 327
- Pflichtangaben im Anhang 308
Kapitalherabsetzung, Anhang 316
Kapitalkonto 10, 11, 16
Kapitalrücklage
- Anhang 315
- Begriff 179
- Entnahmen 316
Kassenbeleg 60
Kassenbestand 174
- Inventur 113
Kassenprotokoll 114
Kauf nach Miete 202
Kaufleute, im Sinne der Buchführungsvorschriften 43
Kaufmann 44
Kaufmannsrecht 44
KGaA, Zusatzangaben im Anhang 315
Kleingewerbetreibender 43
Kommissionsgeschäfte, Bilanzierungspflicht 141
Kontenfunktion 81, 85
Kontenklasse 19
Kontenplan 18
- Ordnungsprinzipien 94
Kontenrahmen 19
- Aufbau 105
- historische Entwicklung 94
- Ordnungsprinzipien 94
Kontenrahmen für den Groß- und Außenhandel 1988 107, 464
Kontenruf 18
Kontierung 17
Kontierungsregeln 8
Kontinuität
- formelle 52
- materielle 52
Konto
- gemischtes 12
- Gesamtzusammenhang 15
- Ordnung 18
Kontokorrentbuch 67
Konzession 159
Körperschaftsteuer 301

Kosten
- Abgrenzung 359, 407
- Begriff 97
- Beziehungen zwischen Aufwand und Kosten 98
- der privaten Lebensführung 283
- kalkulatorische 98, 362, 411
Kostenrechnung, Aufgaben 2
Kreditbetrug 337
Kreditor 7
Kreditvermittlungsprovision 256
Kulanzrückstellungen 245
- Bildung 253

Lagebericht 319
Lagerbuchführung 90
Lastschrift 8
Latente Steuern
- Anwendungsbereich 263
- Beispiele für aktive latente Steuerabgrenzungen 264
- Beispiele für passive latente Steuerabgrenzungen 265
- Differenzenspiegel 266
- Ermittlung des Abgrenzungspostens 265
- Festlegung des Steuersatzes 265
- Gründe für die Abgrenzung 262
- Handelsrechtliche Zulässigkeit 263
- Handhabung von in Vorjahren gebildeten latenten Steuern im Verlustfalle 269
- in Verlustsituationen 266, 376, 443
- Methoden der Steuerabgrenzung 262
- Neubildung einer Steuerabgrenzung 267
- Verbuchung und Bilanzierung 376, 443
- zeitlich begrenzte Differenzen 262
Leasing
- Bilanzierungspflicht 141
- Zurechnung zum Leasinggeber 203
- Zurechnung zum Leasingnehmer 203
Leasingforderungen, Bewertung 240
Leistung
- Begriff 97
- Abgrenzung 360, 408
Leistungs-AfA 229
Leistungsabschreibung 231
Liability-Methode, latente Steuern 262
Lifo 222
Lohn- und Gehaltsabrechnung 87

Lohn- und Gehaltsbuch 67
Löhne und Gehälter, GuV-Rechnung 295

Mahnwesen 77
Marktpreis, Begriff 214
Maschinen 161
Maßgeblichkeitsprinzip 132
- Bewertung 132
- Bilanzansatz 132
- faktische umgekehrte Maßgeblichkeit 133
- Herstellungskosten 134
- kodifizierte umgekehrte Maßgeblichkeit 133
- Wertaufholung 134, 261
Materialaufwand
- GuV-Rechnung 294
Materialaufwandskonto 13
Materialgemeinkosten 211
Materiality-Grundsatz 155
Materialrechnung 90
Mehr- und Weniger-Rechnung 272, 281
Mehraufwendungen für Verpflegung, Abzugsfähigkeit 284
Memorial 17, 66
Miet- und Pachtverhältnisse, Bilanzierungspflicht 141
Mietereinbauten 164, 365, 417
Mietkauf 203
Mindestausschüttungsregelung 119
Mitzugehörigkeit, zu anderen Posten 154
Mobilien-Leasing-Erlass 141
Multiplikationsverfahren, Umsatzsteuer 25
Musterhäuser 365, 417

Nachschüsse
- bei GmbHs 180
- eingeforderte 172
Nebenbuch, Funktion 67
Nebenbuchführung 67
Net-of-Tax-Methode, latente Steuern 263
Nicht abzugsfähige Ausgaben 284
Niederstwertprinzip 52
- Begriff 214
- gemildertes 224
- strenges 239
Niedrigerer beizulegender Wert 218, 219
- Begriff 214
Niedrigerer nach vernünftiger kaufmännischer Beurteilung zulässiger Wert 216, 218
Niedrigerer steuerlicher Wert 216, 218, 219
Niedrigerer Wert zur Vermeidung von Wertansatzänderungen auf Grund von Wertschwankungen in

nächster Zukunft 215, 218, 219
Nießbrauch, Bilanzierungspflicht 141
Null-Kupon-Anleihen, Bilanzierung 257
Nutzungs- und Funktionszusammenhang, einheitlicher 196

Offene-Posten-Buchführung, manuelle 73, 359, 407
Offenlegung
- abgestufte Offenlegungspflichten 327
- Formvorschriften 331
- großer Kapitalgesellschaften 328
- kleiner Kapitalgesellschaften 331
- mittelgroßer Kapitalgesellschaften 328
- Prüfungspflicht des Registergerichts und Festsetzung von Ordnungsgeld 331
- Überblick 330
- Zweigniederlassungen von ausländischen Kapitalgesellschaften 331
Optionsanleihen 179, 186
Ordnungsgeld 334
Ordnungswidrigkeit 334, 335

Passiva, die einzelnen Bilanzpositionen 177
Passiver Rechnungsabgrenzungsposten 39
Passivierung 135
Passivierungspflicht 137
Passivierungsverbote 137
Passivierungswahlrecht 137, 147
Passivkonto 7, 8, 10, 105
Passivtausch 5
Pauschalwertberichtigung 34, 36, 353, 398
Pensionsrückstellungen
- Anwartschaftsbarwert 249
- Auflösung 250
- Bewertung 249
- Bilanzierungspflicht 144
- Buchung 374, 440
- Maßgeblichkeitsprinzip 148
- Rentenbarwert 249
Periodenlifo 223
Personalaufwand, GuV-Rechnung 295
Personengesellschaft
- Abgrenzung von Eigen- und Fremdkapital 153
- ausstehende Einlagen 153
- Bilanzgliederung 149, 152
- Entnahmen 153
- Forderungen und Verbindlichkeiten gegenüber Gesellschaftern 154

- Gewinnanteile 153
- Kapitalanteile 153
- Rücklagen 153
- Verlustanteile 153
- Vermögenseinlagen stiller Gesellschafter 154
Personenkonto 7
Planungsrechnung, Aufgaben 2
Plausibilitätsbeurteilung 323, 460
Plausibilitätsprüfung 321
Posten »unter« der Bilanz 190
Postenüberschneidungen 155
Postkosten 297
Primanota 17, 66
Primärprinzip, GuV-Rechnung 290
Privatentnahme 9
Privatkonto 11
Privatvermögen, notwendiges 143
Prozessgliederungsprinzip 96, 108
Prüfung
- Anforderungen an die Objektivität des Prüfers 326
- Art und Umfang der Prüfungshandlungen 323
- Auskunftsrecht 324
- Bestellung und Abberufung des Abschlussprüfers 322
- der Rechnungslegung 320
- des Jahresabschlusses 321
- freiwillige 322
- Gegenstand und Umfang 321
- Meinungsverschiedenheiten zwischen Kapitalgesellschaft und Abschlussprüfer 327
- Pflicht 321
- Verantwortlichkeit des Abschlussprüfers 326
- Vorlagepflicht 324
- Ziele 321
Prüfungsbericht 320, 324
Publizitätserleichterung 328
Publizitätspflicht, Überblick 330

Rating, IAS/IFRS 342
Realisationsprinzip 52, 197, 373, 436
Realisationszeitpunkt 197
Rechnungsabgrenzungsposten 174, 370, 427
- Begriff 138, 189
- für Abschlussgebühren von Bausparverträgen 370, 427
Rechnungslegungsvorschriften
- ergänzende Vorschriften für eingetragene Genossenschaften 125
- ergänzende Vorschriften für Kapitalgesellschaften (& Co.) 124

- ergänzende Vorschriften für Unternehmen bestimmter Geschäftszweige 125
- handelsrechtliche 123
- Kreditinstitute 126
- Pensionsfonds 126
- steuerrechtliche Vorschriften zur Gewinnermittlung 126
- Versicherungsunternehmen 126
- Vorschriften für alle Kaufleute 124
Rechnungslegungszweck, handelsrechtlicher 117
Rechnungswesen
- Aufgaben 1
- Gliederung 1
Registrierkassenstreifen 60
Rentenbarwert 249, 433
Rentenverpflichtungen, Bewertung 255, 259
Risikomanagement 325
Rohstoffe 169
Rücklage
- bei Kapitalgesellschaften & Co. 180
- für eigene Anteile 181
- für Ersatzbeschaffung 242
- für Veräußerungsgewinne 242, 374, 437
- steuerfreie 140, 182, 241, 243, 247, 255
Rückstellungen
- Abzinsung 246, 247
- Ansatz 375, 442
- Begriff 137, 183
- Bewertungsmaßstab 245
- Bildung nach § 249 HGB 137
- drohende Verluste 245
- für Altlastensanierung 369, 425
- für die Verpflichtung zur Stilllegung von Kernkraftwerken 247
- für drohende Verluste aus schwebenden Geschäften 252
- für gleichartige Verpflichtungen 246
- für latente Steuern 248
- für Pensionen und ähnliche Verpflichtungen 183
- für rückständige Urlaubsansprüche 368, 424
- für Sachleistungsverpflichtungen 246
- für unterlassene Instandhaltung und Abraumbeseitigung 252
- für Zahlungen nach dem Mutterschutzgesetz 369, 426
- sonstige 184, 313
- steuerliche Bewertung 246

- Überblick 245
- Unterschiede zwischen HGB und IAS/IFRS 340
Rumpfgeschäftsjahr 57

Sachanlagen 160, 366, 419
Sachanlagevermögen, Inventur 112
Sachgesamtheit 196
Sachkontenbuch 66
Sachkonto 7
Sachliche Abgrenzung
- als Bindeglied zwischen Finanz- und Betriebsbuchführung 97
- Durchführung 100
- in abschlussgegliederten Kontenrahmen 102
- in prozessgegliederten Kontenrahmen 100
- Unterschiede zwischen sachlicher Abgrenzung und handelsrechtlicher Ergebnisaufspaltung 104
Saldenbestätigung 113
Saldenbilanz I 20, 22, 412
Saldenbilanz II 21, 22
Saldenliste 113
Saldo 7
Sammelgegenbuchung 69
Satzungsmäßige Rücklagen 181
Schecks 174
- Inventur 113
Scheinbestandteile (Einbauten)
- für vorübergehende Zwecke 163
Schlussbilanz 9, 10, 16
Schlussbilanzkonto 19
Schulden
- Begriff 137
- unsichere 137
Schuldscheindarlehen 187
Schwebende Geschäfte 145
Schwellenwertrichtlinie 125
Sekundärprinzip, GuV-Rechnung 290
Selbstinformation, des Kaufmanns 118
Sicherungsübereignung 190
Skonto 26
Software 159
Sollsaldo 8
Sonderabschreibung 140, 229
- Erfassung 243
- Grundsätzliches 234
Sondereinzelkosten, der Fertigung 211
Sonderposten mit Rücklageanteil 182, 368, 422
- Anhang 309
- Ansparabschreibung 244
- Auflösung 310
- Begriff 139
- Einstellungen 310
- Inhalt 241

- steuerfreie Rücklagen 241
- steuerliche Sonderabschreibungen 243
Sonstige betriebliche Aufwendungen, GuV-Rechnung 297
Sonstige betriebliche Erträge, GuV-Rechnung 293
Sonstige Verbindlichkeiten, Inventur 115
Sonstige Vermögensgegenstände 367, 420
- Begriff 170, 172
Sonstige Zinsen und ähnliche Erträge, GuV-Rechnung 299
Soziale Abgaben, GuV-Rechnung 295
Stage-of-completion-method 198, 341
Stammaktien 178
Stetigkeitsgrundsatz, sachlich begründeter Methodenwechsel 200
Steuerabgrenzung
- aktive 175
- nach § 274 HGB 264
Steuerbilanz
- Ableitung aus der Handelsbilanz 270, 271, 377, 450
- Aufgaben 3
Steuererstattung 301
Steuergefährdung 337
Steuerhinterziehung 336
Steuern
- sonstige 302
- vom Einkommen und vom Ertrag 301, 313
Steuerordnungswidrigkeiten 336
Steuerrückstellungen 184
- auf Grund steuerlicher Außenprüfungen 248
- Auflösung 301
- Bewertung 247
Steuerverkürzung, leichtfertige 336
Stichprobeninventur 56
Stichtagsinventur 54, 404
Stichtagsprinzip, Abweichungen 195
Straftaten, Ahndung 334
Strafvorschriften
- handelsrechtliche 333, 335
- steuerrechtliche 335
Summenbilanz 20, 22
System- und Funktionsprüfung 323
Systemsoftware 159

Tausch
- gleichwertiger Vermögensgegenstände 204
- mit Zuzahlung 204
- mit Zuzahlung und verdecktem Preisnachlass 205

Technische Anlagen 161
Teilkostenaktivierung 209
Teilwert, Begriff 212
Teilwertabschreibung 229, 234
Teilwertvermutung 213
Transitorien 38
Treuhandverhältnisse, Bilanzierung 140
Trivialprogramm 159

Überschuldung 121, 335, 337
Überschussrechnung 131
- Besonderheiten 128
Übertragungsbuchführung 70
Umbuchungsspalte 23
Umlaufvermögen
- Begriff 168
- bei fallenden Preisen 374, 437
- Bewertung 218, 219, 237, 239
Umsatzerlöse
- Aufgliederung 314
- GuV-Rechnung 292, 303
Umsatzkostenverfahren
- betriebswirtschaftliche Grobstruktur 286
- Einzelposten 303
- Unterschiede zwischen Gesamt- und Umsatzkostenverfahren 288
Umsatzsteuer
- Abschluss von Vor- und Umsatzsteuer 29
- als Aufwand berücksichtigt 175
- Entgeltänderung 26, 349, 390
- Herausrechnen bei Bruttobeträgen 25
- in der Buchführung 24
- mehrere Umsatzsteuersätze 27, 349, 391
- unentgeltliche Wertabgaben 27, 350, 393
Umsatzsteuerkonto 14
Umsatzsteuerschlüssel 25
Unentgeltliche Wertabgaben 27
Unfertige Erzeugnisse 169
Unfertige Leistungen 169
Urbeleg 68

Valutaforderungen, Bewertung 240
Valutaverbindlichkeiten, Bewertung 258
Verbindlichkeiten 369, 427
- Anhangangaben 185
- aus der Annahme gezogener Wechsel und der Ausstellung eigener Wechsel 188
- aus Lieferungen und Leistungen 114, 188, 258
- Begriff 184

- Bewertungsmaßstab 255
- gegenüber Kreditinstituten 187
- gegenüber Unternehmen, mit denen ein Beteiligungsverhältnis besteht 188
- gegenüber verbundenen Unternehmen 188
- generelles Abzinsungsgebot 256
- mit Indexklauseln 257
- nach Abschlussstichtag entstehende 369, 426
- sonstige 189

Verbindlichkeitenspiegel 186
Verbrauchsfolgeverfahren 222
Verfahrensdokumentation 82, 86
Verlustanteil, nicht durch Vermögenseinlagen gedeckter 176
Verlustvortrag 182
Vermögensbilanz 22, 412
Vermögensgegenstände, Begriff 136
Vermögensstatus 121
Verrechnungsverbot 148, 364, 416
Vertriebskosten 211
- GuV-Rechnung 304
Verwaltungsgemeinkosten 211
Verwaltungskosten, allgemeine 304
Vollständigkeitsgebot 364, 416

Vorführwagen 365, 417
Vorjahresbezug 154
Vorräte 366, 419
- Begriff 168
- Bewertung 238
Vorratsvermögen, Inventur 113
Vorzugsaktien 178

Währungsumrechnung 341
Wandelschuldverschreibung 180, 186
- Anhang 316
Waren 169
Warenausgang, Aufzeichnungspflicht 47
Wareneingang, Aufzeichnungspflicht 47
Wareneinkaufskonto 12, 13
- Handelsbetriebe 14
- Industriebetriebe 13
Warenkonto 12
- Bruttoabschluss 12
- Nettoabschluss 12
Warenverkaufskonto 12, 13
Warenwechsel 171
Warenwirtschaftssystem 91
Wechsel 171
- Inventur 113
Wechselbuch 67
Wechselbuchführung 92
Wechselobligo 190
Wechselverbindlichkeiten
- Bewertung 258
- Inventur 115
Wertaufhellung 194, 371, 431

Wertaufhellungsprinzip 198
Wertaufholung 134
- bei Finanzanlagen 375, 443
- im Handelsrecht 260
- im Steuerrecht 261
- Maßgeblichkeitsprinzip 261
Wertaufholungsgebot 261
Wertpapiere 367, 420
- Begriff 173
- des Anlagevermögens 167
- sonstige 173
- zu Handelszwecken gehaltene 341, 436
Wirtschaftsgut
- Begriff 138
- gemischt genutztes 129
Wirtschaftsjahr 57

Zahlungsunfähigkeit 335, 337
Zeitliche Abgrenzung, Übersicht 41
Zerobonds, Bilanzierung 257
Zinsen und ähnliche Aufwendungen 299
Zölle, als Aufwand berücksichtigte 175
Zusatzkosten 99
Zuschüsse, Begriff 206
Zwangsgeld 334
Zwangsgeldvorschriften
- handelsrechtliche 333, 335
- steuerrechtliche 335
Zweckaufwand 98
Zweikreissystem 95, 96

Neue Schule des Bilanzbuchhalters

Reihenweise Prüfungswissen

Die Reihe „**Neue Schule des Bilanzbuchhalters**" ist maßgeschneidert auf die Vorbereitung zur Bilanzbuchhalter-Prüfung. Schritt für Schritt werden die angehenden Praktiker an die zentralen Themen des Berufs herangeführt. Viele Beispiele erleichtern den Einstieg. Aufgaben mit Lösungen überprüfen den Wissenstand. Auch als Nachschlagewerk für das gesamte kaufmännische Rechnungswesen ideal.

Band 1
Buchführung, Abschlüsse nach Handels- und Steuerrecht
11., überarb. Auflage 2004. 534 S. Geb., € 49,95
ISBN 3-7910-2247-4

Band 2
Besondere Buchungsvorgänge, Bilanzanalyse, Kostenrechnung, Finanzwirtschaft
10., überarb. Auflage 2003. 563 S. Geb., € 49,95
ISBN 3-7910-2127-3

Band 3
Steuerrecht
11., überarb. Auflage 2004. 346 S. Geb., € 49,95
ISBN 3-7910-2246-6

Band 4
Volks- und Betriebswirtschaft, Recht, EDV
6., überarb. und erw. Auflage 2004. 592 S. Geb., € 49,95 | ISBN 3-7910-2236-9

Band 5
Die mündliche Bilanzbuchhalterprüfung
3., überarb. Auflage 2004. 454 S. Geb., € 49,95
ISBN 3-7910-2245-8

Band 6
Internationale Rechnungslegung, Internationales Steuerrecht
2002. 568 S. Geb., € 49,95
ISBN 3-7910-2003-X

Band 7
Sonderbilanzen
2003. 408 S. Geb., € 49,95
ISBN 3-7910-2174-5

SCHÄFFER POESCHEL

mehr wissen
mehr erreichen

Fax: (07 11) 21 94 -119 | info@schaeffer-poeschel.de | www.schaeffer-poeschel.de

QP 829

07 0223 04 07